HEYNE
JUBILÄUMS
REIHE

In derselben Reihe
erschienen außerdem als Heyne-Taschenbücher:

HEYNE
JUBILÄUMS
REIHE

Hinter dem Schleier

**Drei bewegende
Lebensgeschichten**

WILHELM HEYNE VERLAG
MÜNCHEN

HEYNE JUBILÄUMSBÄNDE
Nr. 50/94

QUELLENHINWEIS

Zana Muhsen, NOCH EINMAL MEINE MUTTER SEHEN/
Sold. A Story of Modern-Day Slavery
Copyright © 1991 by Zana Muhsen und Andrew Crofts
Copyright © der deutschen Übersetzung 1991
by Schweizer Verlagshaus, Zürich,
und Wilhelm Heyne Verlag GmbH & Co. KG, München
Aus dem Englischen übersetzt von Silvia Morawetz
(Der Titel erschien bereits in der Reihe HEYNE SACHBUCH
mit der Bd.-Nr. 19/2008)

Fadhma Aïth Mansour Amrouche, MEKTOUB/Histoire de ma Vie
Copyright © 1986 by Librairie François Maspero, Paris
Copyright © der deutschen Übersetzung 1989
by Verlag Donata Kinzelbach, Mainz
(Der Titel erschien bereits in der Reihe HEYNE SACHBUCH
mit der Bd.-Nr. 19/2029)

Djura, DER SCHLEIER DES SCHWEIGENS/Le Voile du Silence
Copyright © 1990 by Éditions Michel Lafon
Copyright © der deutschen Übersetzung 1991
by Wilhelm Heyne Verlag GmbH & Co. KG, München
Aus dem Französischen übersetzt von Rudolf Kimmig
(Der Titel erschien bereits in der Reihe HEYNE SACHBUCH
mit der Bd.-Nr. 19/176)

Copyright © dieser Ausgabe 1994
by Wilhelm Heyne Verlag GmbH & Co. KG, München
Printed in Germany 1994
Umschlaggestaltung: Atelier Ingrid Schütz, München
Umschlagillustration: FPG/Bavaria Bildagentur, Gauting
Satz: Schaber Satz- und Datentechnik, Wels
Druck und Bindung: Elsnerdruck, Berlin

ISBN 3-453-08302-4

Inhalt

ZANA MUHSEN

Noch einmal meine Mutter sehen

INHALT

Einleitung

Die Geschichte dieses Buches hätte ein Märchen aus Tausendundeiner Nacht sein können, wenn sie sich nicht in den achtziger Jahren des zwanzigsten Jahrhunderts ereignet hätte. Sie ist bittere Realität in einem der ärmsten Länder der Welt und für die meisten Menschen hier nahezu unvorstellbar.

Für die Mehrheit der Bevölkerung im Jemen hat sich das Leben in den letzten eintausend Jahren kaum verändert. Die Männer suchen sich größtenteils im Ausland Arbeit, um Geld für Lebensmittel nach Hause schicken zu können, ihre Frauen bleiben in den Dörfern, hinter Schleiern verborgen, versorgen die Familien unter primitivsten Bedingungen und arbeiten bis zur Erschöpfung.

Zana und Nadja Muhsen, zwei Teenager aus Birmingham, wurden von ihrem Vater unter dem Vorwand in den Jemen geschickt, dort Urlaub machen und die Heimat ihres Vaters kennenlernen zu dürfen. Man erzählte ihnen, daß märchenhafte Strände auf sie warteten, daß sie lernen würden, wie man Pferde ohne Sattel und auf Kamelen durch die Wüste reitet. Statt dessen aber sind sie – fünfzehn und vierzehn Jahre alt – schon vor der Abreise von ihrem eigenen Vater an jemenitische Ehemänner in den von Familienclans beherrschten Dörfern der Bergregion Mukbana verkauft worden. In dieser mittelalterlichen Welt haben Frauen praktisch keine Rechte und sind den Männern und deren Familien vollkommen ausgeliefert.

Zana und Nadja sind nicht die ersten Mädchen aus westlichen Ländern, die mit üblen Tricks in Ehen und in eine lebenslange Sklaverei verkauft wurden und werden, aber Zana ist die erste, der mit Hilfe ihrer Mutter und einer großangelegten Pressekampagne die Flucht aus dem Jemen gelang.

Sechs lange Jahre hat es gedauert, bis Zanas Mutter ihre in den Bergen der Mukbana versteckten Töchter ausfindig machen konnte, und weitere zwei Jahre vergingen, bis ein Weg gefunden war, Zana nach England zurückzuholen. Obwohl sie gezwungen wurde, zumindest äußerlich zu dem zu werden, was sie nach dem Willen der Männer zu sein hatte – eine jemenitische Ehefrau –, hat Zana nie die Hoffnung aufgegeben, eines Tages zu ihrer Familie nach England zurückkehren zu können. Ihr Wille sollte gebrochen werden: Durch nicht endenwollende Arbeit, durch Schläge, Vergewaltigung, seelische Grausamkeiten und die Ängste, die eine Frau durchsteht, die – ganz auf sich gestellt – ein Kind zur Welt bringen muß. Doch Zanas Widerstände waren größer.

Ihre Schwester Nadja dagegen wird noch immer in der Mukbana gefangengehalten, und Zana kämpft verzweifelt darum, Nadja, ihren Sohn Marcus und die Kinder ihrer Schwester aus der Sklaverei zu befreien. Mit diesem Buch hofft sie, die Öffentlichkeit aufzurütteln und den Männern, die ihre Schwester gefangenhalten, bewußt zu machen, welches unermeßliche Leid sie ihr durch eine ihr völlig fremde, erzwungene Lebensweise zufügen.

1

Kindheit und Jugend in Birmingham

Ich muß ungefähr sieben gewesen sein. Ich hatte mit meiner Schwester Nadja Streit und weiß noch, daß ich sie geschlagen habe und daß sie geweint hat. Meine Mutter lief mir nach, und ich rannte durch die Haustür auf die Lincoln Street, in der wir wohnten. Halb fürchtete ich mich vor dem, was mir blühen würde, wenn Mum mich zu fassen bekäme, halb mußte ich aber auch lachen.

Neben dem Gehweg war ein Lieferwagen geparkt, und um den herum sprang ich auf die Straße. Von dem, was danach geschah, weiß ich nur noch, daß ich von einem vorbeifahrenden Auto in die Luft gehoben wurde, daß ich eine Ewigkeit flog und dann mit den Knien und dem Kopf auf dem Pflaster aufschlug. Danach ging alles durcheinander, und Leute schrien und trugen mich zur Seite.

Ich weiß noch, daß ein Krankenwagen gekommen ist und mich ins Krankenhaus gebracht hat. Die Wunde am Kopf mußte vernäht werden, und die Narben auf den Knien sieht man heute noch. Das ist meine erste deutliche Erinnerung.

Von meinem Leben vor diesem Tag weiß ich nichts mehr, ganz genau aber weiß ich, daß ich niemals unglücklich gewesen bin. Das Leben in meiner Familie war schön.

In der Lincoln Street wohnten viele von unserer Familie. Es war das Haus meiner Großmutter, und wir waren alle aus Sparkbrook, wo ich geboren wurde, zu ihr gezogen. Außer meinem Dad und meiner Mum wohnten noch vier ihrer Brüder mit uns zusammen, meine Onkel. Diese Onkel waren nicht viel älter als ich, sie waren wie Brüder. Mum kümmerte sich zu der Zeit um sie. Da sie das älteste von Großmutters dreizehn Kindern war, führte sie, als Großmutter älter wurde, den Haushalt, kümmerte sich um die Brüder, die nicht ausgezogen waren, und gleichzeitig um ihre eigenen Kinder.

Mum und Dad hatten vor mir schon zwei Kinder, Leilah und Ahmed, doch die hatte mein Dad, als ich erst zwei Jahre alt war, zu seiner Familie nach Aden mitgenommen. Zu Mum hat er damals gesagt, daß sie nur zu Besuch mitfahren würden, sie waren drei und vier Jahre alt, aber dann kamen sie nicht wieder. Später fand ich heraus, wie verzweifelt meine Mum darüber war, daß sie sie verloren hatte, doch zu der Zeit wußte ich davon nichts. Mum sprach nie viel über das, was sie beschäftigte, und wir kamen nicht auf die Idee, zu fragen, warum sie fortgegangen waren und nun woanders wohnten.

Als Dad sie zu seiner Familie nach Aden mitnahm, war er anscheinend neun Monate fortgeblieben und hatte Mum kein einziges Mal geschrieben. Als er ohne Leilah und Ahmed zurückkehrte, konnte Mum gar nicht fassen, was geschehen war. Er sagte ihr, daß es das beste für die Kinder sei, in Aden zu bleiben, sie würden bei ihren Großeltern ein besseres Leben haben als das, das er und Mum ihnen in England bieten konnten.

»Mein Vater hat in dem Dorf Marais ein großes, schönes Haus«, machte er ihr weis. »Die Kinder wollten dort bleiben.«

»Aber das konnten sie doch gar nicht beurteilen«, widersprach Mum. »Sie sind doch noch so klein.«

Sie schrieb ans Außenministerium und ans Innenministerium, doch von dort bekam sie nur zur Antwort, daß Leilah und Ahmed eine doppelte Staatsbürgerschaft hätten, die britische durch ihre Mutter und die jemenitische durch ihren Vater, und daß man sie nun als jemenitische Staatsbürger betrachtete. Zwei Jahre lang schrieb sie an verschiedene Leute, aber niemand wollte ihr helfen, und dann wurde sie wieder schwanger und mußte ihr Leben in England weiterführen. Sie redete sich ein, daß Leilah und Ahmed es da unten bei ihrem Großvater wirklich besser hätten, und es wurde, als wir heranwuchsen, nur selten über sie gesprochen.

Nadja und ich hatten noch zwei jüngere Schwestern, Ashia und Tina, und einen kleinen Bruder, der Mo hieß. Und alle wohnten wir in der Lincoln Street.

An dem Tag des Unfalls war ich zur Haustür hinausgelaufen, dabei hatten wir an der Rückseite des Hauses sogar einen ziemlich großen Garten, in dem wir Tauben hielten. Es waren immer viele Leute da, meist Verwandte von Mum. Von Dads Verwandten lebte niemand in England, deshalb erfuhren wir nicht viel über seine Familie oder seine Vergangenheit, abgesehen von dem, was er uns selbst erzählte. Er arbeitete damals bei British Steel und hatte andere kleine Jobs nebenbei, um etwas mehr zu verdienen. Mum mußte das Haushaltsgeld wohl sehr genau einteilen, um so viele Kinder zu ernähren, aber ich kann mich trotzdem nicht daran erinnern, daß es mir je an etwas gefehlt hätte. Als Großmutter gestorben war, zogen alle nacheinander aus der Lincoln Street aus. Meine Onkel gingen zuerst fort, und danach zogen Mum, Dad und wir Kinder für eine Zeitlang nach Washwood Heath. Irgendwann später muß Dad beschlossen haben, daß er sein Leben ändern wollte.

Als wir nach Sparkbrook zogen, war ich glücklich. Ich war ungefähr zehn, und mir gefiel die Gegend gleich, als ich sie zum erstenmal sah. Mein Dad hatte unser Haus mit einem seiner türkischen Freunde getauscht für einen Fish and Chip Shop in der Stratford Road, und wir sollten alle über dem Café wohnen. Es war eine ganz gewöhnliche Wohn- und Geschäftsstraße, aber sie wirkte freundlich, und ich fühlte mich dort sofort sehr wohl. Ich wollte immer da bleiben.

Wir kamen schon vor dem großen Möbelwagen hin, und Mum sagte mir, daß das das Stadtviertel sei, in dem Nadja und ich geboren worden waren. Nachdem wir unsere Sachen hineingebracht hatten, fingen wir an, im Café sauberzumachen und die Böden zu wischen, damit wir öffnen konnten. Nadja und ich halfen Mum immer gern bei der Arbeit. Dad machte noch ein paar Umbauten im Laden und eröffnete ihn dann eine Woche später.

Als wir Mädchen klein waren, schenkte Dad uns wenig Beachtung. Er war den ganzen Tag über bei der Arbeit, und wenn er abends nach Hause kam, war er gewöhnlich mit Freunden zusammen und sprach Arabisch. Erst als wir in die Secondary School kamen, fing er an, sich anders als alle anderen Väter zu benehmen. Seiner Meinung nach wurden wir allmählich erwachsene Frauen, und er war überzeugt davon, daß wir gefährlichen Versuchungen ausgesetzt wären. Von da an war er sehr streng zu uns.

Als Nadja und ich zwölf oder dreizehn Jahre alt waren, ließ er uns nicht mehr aus den Augen. Jedesmal wenn ich aus dem Haus gehen wollte, mußte ich mir seinetwegen Geschichten ausdenken. Ich erzählte ihm, daß ich bei meinem Onkel auf das Baby aufpassen würde, wenn ich eine Freundin zu Hause besuchen oder zu einer

Party oder in die Disco gehen wollte. Bei unserem Café gleich um die Ecke gab es ein Family Association Centre, eine Art Klubhaus, in dem jede Woche Discos stattfanden. Dort ging ich sehr gern mit meinen Freundinnen hin. Wenn mein Onkel Dad sah, hielt er immer zu mir und sagte, daß ich bei ihm zu Hause sei. Mum wußte auch, wo wir waren, aber sie verriet uns nicht.

Er war dagegen, daß wir Röcke trugen und die Beine zeigten, selbst wenn die Röcke knielang waren. Er hatte etwas gegen die Leute, mit denen ich zusammen war. Und wegen der Männer, die sich nach seiner Meinung nach Einbruch der Dunkelheit auf den Straßen herumtrieben, mochte er auch Sparkbrook nicht. Schwarze haßte er am meisten. Seine arabischen Freunde hatten alle die gleichen Ansichten. In den Klub kamen viele schwarze Jungen, und er wußte, daß ich mit ihnen befreundet war. Er haßte sogar die Musik, die ich hörte, Reggae und Soul, weil sie hauptsächlich von Schwarzen gemacht wurde. Ich fragte Mum immer wieder: »Was hat er denn gegen Schwarze?« Sie antwortete jedesmal: »Ich weiß es nicht, frag ihn doch«, aber ich hatte nie den Mut, solche Fragen zu stellen. Er sagte immer, daß die Schwarzen dort, wo er herkam, Sklaven seien und daß das auch so sein müßte.

Ich war damals zu jung, um etwas von der Geschichte der Schwarzen zu wissen. Erst später lernte ich, wieviel die Äthiopier beim Aufbau Ägyptens und der anderen arabischen Länder geleistet hatten und daß die Araber ursprünglich aus Afrika kamen. Ich konnte nie begreifen, warum er solche Ansichten hatte, weil ich zwischen Angehörigen der verschiedensten Rassen aufwuchs und sie niemals als Fremde betrachtete. Ich hatte alle Kinder gern, die wie ich in die St. Albans-Schule der Church of England gingen – ich hatte immer viel Spaß mit allen meinen Freunden, ganz gleich, welche Hautfarbe sie hatten. Wenn ich mit den Jungs und Männern redete, die als Kunden ins Café kamen, hatte Dad nichts dagegen, wenn ich aber draußen mit einem Mann sprach, egal, ob er schwarz oder weiß war, fragte er mich aus, wer das sei, auch wenn er ihn kannte, und drohte mir, mich nicht noch einmal von ihm erwischen zu lassen. Nadja hatte genau die gleichen Probleme mit ihm.

Manchmal war er schlecht gelaunt, und es gab Zeiten, zum Beispiel wenn er mich nicht einmal um die Ecke zu meinem Onkel gehen lassen wollte, in denen ich ihn wirklich haßte. Meine Freundinnen durften anscheinend jeden Abend weggehen. Ihre Väter verlangten zwar, daß sie zu einer festgesetzten Zeit wieder zu Hause sein mußten, aber sie durften wenigstens raus. Wenn ich aus der Schule gekommen war, durfte ich das Haus nicht wieder verlassen, es sei denn, ich erfand irgendeine Geschichte, die ihn überzeugte. Ich ließ mir aber mein Leben nicht von ihm zerstören. Als ich fünfzehn war, schlich ich mich einfach fort, ganz egal, was er sagte, und überließ es meiner Mum zu erklären, wo ich war. Ich wußte, daß ich, wenn ich wieder nach Hause kam, eine Ohrfeige kriegen oder abgekanzelt werden würde, aber das war mir die Freiheit wert. Er schlug nie fest zu, meistens schimpfte er mich nur aus. Wenn ich nach Hause kam, ging ich immer möglichst gleich in mein Zimmer, ohne mit ihm zu sprechen. Weil er uns nicht traute, spionierte er uns manchmal nach und überprüfte, ob unsere Angaben stimmten. Wenn er uns aus den Augen verlor, stellte er uns bei unserer Rückkehr zur Rede und wollte wissen, wo wir gewesen seien, was wir gemacht und mit wem wir uns getroffen hätten.

Ich gewöhnte mir allmählich an, ihn nicht zu beachten, und das machte ihn noch wütender. Von den schrecklichen Dingen, die uns angeblich passieren konnten, wenn wir abends allein ausgingen, glaubte ich ihm kein Wort. Ich hatte nie Angst auf der Straße, ich fühlte mich immer sicher. Es war ja mein Viertel, ich kannte jeden, der vorüberging, und ich wußte, was ich tat. Auch wenn wir schon um sechs Uhr abends nach Hause kamen, wollte er wissen, wo wir gewesen waren. Ich sagte dann immer, in der Schule, obwohl wir meistens mit unseren Freunden ins Familienzentrum oder in den Park gegangen waren. In dem Alter hatten wir nie Lust, zu Hause zu bleiben. Mum war immer sehr schweigsam, aber ich wußte, daß sie uns verteidigte, wenn wir nicht da waren.

Nicht, daß wir ständig ausgegangen wären, an den meisten Abenden blieben Nadja und ich zu Hause und halfen Mum im Café. Sie hatte früher auch gearbeitet, aber nie ein Café geführt. Es war schwere Arbeit, aber wir taten sie alle gern. Wir hatten immer viele Leute um uns. Oben, über dem Laden, hatten wir zwei Wohnzimmer und drei Schlafzimmer. Meine Schwestern und ich schliefen alle zusammen im Dachgeschoß des Hauses. Wie alle Schwestern stritten wir uns oft, aber wir kamen im Grunde gut miteinander aus. Ashia war jünger als Nadja, und von einem bestimmten Alter ab hing sie wie eine Klette an uns. Ich hielt sie für zu jung und versuchte immer sie abzuschütteln. Um in meiner Nähe bleiben zu können, erpreßte sie mich mit der Drohung, Dad zu verraten, was wir vorhatten, wenn wir sie nicht dabeihaben wollten. Nadja und ich hatten die engste Beziehung, mit ihr wollte ich immer zusammensein. Ich hatte das Gefühl, mich um sie kümmern zu müssen, und sie war der wichtigste Mensch für mich.

Obwohl Nadja und ich die meiste Zeit zusammen waren, hatten wir unterschiedliche Freundeskreise. Nadja war eine Klasse unter mir, und sie war im Gegensatz zu mir ein richtiger Wildfang. Wenn wir zusammen in den Park gingen, war sie mit ihren Freunden auf dem Fußballfeld oder kletterte in den Bäumen herum. Ich dagegen war lieber im Klub und spielte Tischtennis oder Billard oder las ein Buch. Wir hatten unterschiedliche Interessen, aber wir wußten immer, wo die andere gerade war. Nadjas Freunde gerieten öfter in Schwierigkeiten als meine, aber es ging nur um harmlose Raufereien auf der Straße, nie um etwas Ernstes.

Im Familienzentrum gab es immer etwas zu tun. Die meiste Zeit verbrachten wir damit, Bilder und Basteleien für die Kindergruppen zu machen. Das Zentrum stand allen Altersgruppen offen, und wir halfen den Angestellten gern bei der Arbeit mit den jüngeren Kindern. Sie veranstalteten die verschiedensten Wettbewerbe, so zum Beispiel für die originellste Kostümierung. Ich weiß noch, daß wir einmal eine riesige Weihnachtskarte gemacht haben, die jemand bei einem Wettbewerb als Kostüm angehabt hat, sie gewann den Preis von zwei Pfund! Ich hätte das Kostüm am liebsten selbst angezogen, aber ich traute mich nicht, weil ich dachte, für so etwas sei ich nun wirklich schon zu alt.

Mit dem Café lief es anscheinend gut. Wir boten Fish and Chips zum Mitnehmen an, hatten aber auch ein paar Tische, an denen Leute sitzen und essen konnten. Ein Billardtisch war da, den die Jungen aus der Nachbarschaft ständig umlagerten, und Glücksspielautomaten. Es schien nie an Kunden zu mangeln. Dadurch, daß wir Mum servieren halfen, lernten Nadja und ich alle Leute aus dem Viertel kennen. Es ging überall sehr freundschaftlich zu, und wir hatten nie irgendwelche Probleme.

In der Schule waren Nadja und ich guter Durchschnitt. Nadja wurde manchmal gerügt, weil sie sich mit ihren Freunden im Klassenzimmer herumstritt, und bei mir schrieben die Lehrer am Ende eines Trimesters immer ins Zeugnis, ich sei zu ›schwatzhaft‹. Ich war gut in Englisch; Lesen, Schreiben und Orthographie machten mir Spaß. Der Lehrer forderte immer mich auf, aufzustehen und der Klasse laut vorzulesen, und das gefiel mir.

Ich hatte immer auch Bücher, die ich allein las. Ständig trug ich irgendeinen Roman, in dem es um Herz und Schmerz ging, in der Tasche, egal wohin ich ging. Ich nahm die Bücher auch mit in den Park. Hatte ich eins angefangen, dann konnte ich es nicht wieder weglegen. Manches Wochenende saß ich den ganzen Tag auf einer Schaukel im Park und verlor mich in den Geschichten. Am Ende eines traurigen Romans weinte ich. Ich bin immer sehr gefühlvoll gewesen. Über traurige Geschichten im Fernsehen oder in Zeitungen weine ich heute immer noch.

Der Roman *Wurzeln* über die Sklaven, die aus ihrer Heimat in Afrika auf die Plantagen des amerikanischen Südens verschleppt worden waren, hat mich so beschäftigt, daß ich ihn wohl insgesamt sechsmal gelesen habe. Ich konnte damals nicht ahnen, wieviel dieses Thema später mit meinem eigenen Leben zu tun haben würde.

An einem Samstagmorgen im Jahre 1979 gingen Mum, Nadja und ich in die Stadt, um ein paar Einkäufe zu machen. Wir waren auf einem gutbesuchten Markt, schlenderten zwischen den Ständen umher und schauten die Kleiderständer und die Verkaufstische durch, auf denen von Handtaschen bis Schallplatten alles ausgelegt war. Nadja stand vor einer Auslage mit Schmuckstüeken und sah sich an, was es dort gab. Sie entdeckte einen Ring, der ihr gefiel, nahm ihn und drehte sich zu Mum um.

»Mum«, rief sie, »kaufst du mir den?«

Der Ring kostete neunzig Pence. Als Mum zu ihr hinüberging, kam der Besitzer des Stands hinter seinem Tisch hervorgerannt, hielt Nadja fest und warf ihr vor, daß sie mit dem Ring fortlaufen wollte, ohne ihn zu bezahlen. Alle Leute um uns herum fingen an wild durcheinanderzuschreien, und der Standbesitzer rief die Polizei und beschuldigte Nadja des Diebstahls. Wir mußten alle zum Gericht, und Mum und ich sagten als Zeugen aus. Weitere Zeugen gab es nicht. Wir erklärten, wie es wirklich gewesen war, aber der Standbesitzer beteuerte weiter, daß Nadja habe stehlen wollen, und das Gericht glaubte ihm. Meine Mum mußte eine Geldstrafe zahlen, und Nadja bekam Bewährung und wurde einer Sozialarbeiterin zugeteilt. Noch nie hatte jemand von uns Schwierigkeiten mit der Polizei gehabt, und wir waren alle sehr aufgeregt, weil wir wußten, daß Nadja den Ring auf keinen Fall hatte nehmen wollen.

Was wir nicht geahnt hatten war, daß Dad es so schwernehmen würde. Er begleitete uns weder zum Gericht noch bot er uns in irgendeiner Weise seine Hilfe an. Im Gegenteil, seinen arabischen Freunden klagte er über die Schande, daß der Name seiner Familie vor Gericht gezerrt und seine Tochter als Diebin gebrandmarkt worden sei. Das schien seine Befürchtung zu bestätigen, daß wir moralischen Gefahren ausgesetzt wären und auf den ›Pfad der Tugend‹ zurückgebracht werden müßten. Wir sollten lernen, uns wie gute Araberinnen zu benehmen.

Obwohl Dad einen solchen Skandal daraus machte, daß Nadja nun als Diebin überführt war, fand ich später heraus, daß er in seiner eigenen Familie selbst als Dieb und Betrüger angesehen wurde. Als ich sie später im Jemen kennenlernte, erzählten sie mir, daß er das Gold seiner Stiefmutter gestohlen hätte, um es für die Reise nach England zu Geld zu machen.

In den späten sechziger Jahren bekam Mum von Dad einmal ein Telegramm aus dem Winson Green-Gefängnis, darin bat er sie, zu einem seiner Freunde zu gehen und das Geld zu leihen, das er dem Gericht schuldete. Mum hatte gewußt, daß er am Vormittag zum Gericht gegangen war, um dort über das Geld zu sprechen, aber sie hatte bis zu diesem Telegramm am Abend keine Ahnung, daß sie ihn eingesperrt hatten.

Sie tat, worum er sie gebeten hatte, und sein Freund bezahlte die Summe, die für seine Freilassung nötig war. Danach mußte Mum jede Woche zum Gericht gehen und Strafen für Verkehrsdelikte oder für versäumte Ratenzahlungen bezahlen. Sie mußte sogar für ihn die Gerichtsvollzieher bezahlen, weil er sich zu sehr schämte und ihnen nicht selber begegnen wollte.

2

Der geheime Plan eines Vaters

Solange ich zurückdenken kann, waren bei uns zu Hause immer arabische Freunde von Dad zu Besuch. Es waren nur Männer, die zu jeder Tageszeit und abends vorbeikamen, und sie sprachen stets Arabisch miteinander. Als ich noch klein war, war das für mich ganz alltäglich, und ich schenkte ihnen nie Beachtung. Frauen und Mädchen bezogen sie in ihre Gespräche niemals ein; es war, als ob wir für sie gar nicht existierten.

Schon seit der Zeit, als wir noch ganz klein waren, war insbesondere ein Mann sehr häufig da. Sein Name war Gowad. Er und Dad waren enge Freunde, sie unterhielten sich und spielten Karten. Ich schnappte arabische Höflichkeitsfloskeln wie »Danke« oder »Möchten Sie eine Tasse Tee?« auf, aber ich hatte nie die geringste Vorstellung, worüber sie miteinander sprachen. Ich interessierte mich auch nicht dafür; das waren die Gespräche erwachsener Männer, nach allem was ich wußte, nichts, was mich betraf.

Abends gingen die Männer oft zusammen in den Pub, und Mum blieb dann mit uns im Café. Wir wußten nie, was sie vorhatten. Mum machte es wohl nichts aus, wie er sie behandelte, ich nehme an, sie hatte sich daran gewöhnt. Ich glaube, verglichen mit einigen der Männer, mit denen ihre Freundinnen zusammenlebten, war mein Dad für sie schon ganz in Ordnung. Sie hat sich uns gegenüber nie über ihn beklagt, obwohl ich später von anderen Leuten hörte, daß es sie traurig machte, wenn sie mit uns Kindern allein in den Park ging und andere Väter sah, die mit ihren Familien etwas unternahmen. Obwohl Mum und Dad fast zwanzig Jahre zusammenlebten und sieben Kinder hatten, hat Dad sie nie geheiratet.

Kennengelernt haben sie sich, als Mum siebzehn war. Dad stammt aus dem Dorf Marais, das in der Nähe der Hafenstadt Aden im Südjemen liegt. Er hatte ihr erzählt, daß er als Fünfzehnjähriger nach England fortgelaufen war, weil seine Familie ihn in eine vermittelte Ehe gezwungen hatte, aus der er fliehen wollte.

Er verreiste oft und blieb dann lange weg, so wie das eine Mal, als er Leilah und Ahmed nach Marais brachte. Da war er neun Monate fort und ließ Mum ganz allein in einem Zimmer in Birmingham zurück. Die meisten seiner Freunde waren so; sie fuhren für ein paar Monate nach Hause in den Jemen und kamen dann für eine Weile zum Arbeiten nach England zurück. Viele gingen zum Geldverdienen auch in Länder mit reichen Ölvorkommen wie Saudi-Arabien oder Kuwait. Im Jemen gibt es für Männer nicht viel Arbeit, deshalb müssen die meisten ins Ausland gehen und ihren Eltern und Frauen Geld nach Hause schicken. Die mit dem Herumreisen in der Welt verbundene Lebensweise gefällt anscheinend vielen von ihnen, sie gibt ihnen ein Gefühl von Freiheit und erlaubt ihnen, sich zu benehmen, wie sie wollen. Sie wissen ja, daß die Frauen zu Hause bleiben, ihre Kinder erziehen und die Häuser und die kleinen Äcker versorgen.

Kurz bevor ich die Schule abschloß, bekam ich einen Teilzeitjob als Reinigungskraft in Büros. Mit Lynette, meiner besten Schulfreundin, meldete ich mich nachmittags in den Büros, und man wies uns unsere Arbeit zu. Ich verdiente mir so ein wenig Taschengeld für Zigaretten und Schallplatten. Ich hab immer gern Reggae und Soul gehört, noch heute kaufe ich mir ständig Platten.

Anfangs rauchte ich nur ein oder zwei Zigaretten am Tag, mußte es aber vor Dad geheimhalten. Man konnte zu der Zeit Zigaretten noch einzeln in den Läden kaufen, und als ich noch nicht genug Geld hatte, um mir meine eigenen zu kaufen, hab ich immer welche von Mum stibitzt. Im Hof an der Rückseite des Cafés hatten wir eine Toilette, und dorthin ging ich zum Rauchen. Einmal kam Mum gerade nach mir auf die Toilette und bemerkte den Rauch, sie warnte mich, daß Dad mich umbringen würde, wenn er mich erwischte.

Ich weiß nicht mehr, warum ich anfing zu rauchen, aber ich weiß noch, daß die Leute mir vorher immer Komplimente wegen meiner blendendweißen Zähne gemacht hatten. Die Zigaretten sorgten dafür, daß damit bald Schluß war. Bevor ich England verließ, habe ich aber nicht wirklich stark geraucht.

In der Regel hatte Dad nichts dagegen, wenn ich mich mit Lynette traf. Ihre Eltern besaßen in der Stratford Road einen Laden, und so oft ich konnte, ging ich dorthin und half ihnen.

Ich hatte nie vorgehabt, den Bürojob lange zu machen. Ich hatte ihn seit zwei oder drei Monaten, als ich von dem geplanten Urlaub im Jemen erfuhr. In Wirklichkeit wollte ich eine Ausbildung als Kindergärtnerin machen. Die Arbeit mit den Kindern im Familienzentrum machte mir viel Spaß, und ich hatte auch in der Schule Kurse über Kindererziehung belegt. Jeden Mittwoch durften wir uns ein Hobby aussuchen, mit dem wir uns ernsthaft beschäftigen wollten. Einige Kinder wollten Bibliothekare werden und gingen mittwochs in Bibliotheken. Ich ging in Kindergärten und beaufsichtigte Kinder und beobachtete die Kindergärtnerinnen bei der Arbeit. Es war wie ein Kurs. Ich wollte aufs College gehen und eine richtige Fachausbildung machen. Ich habe mich immer gern um kleine Kinder gekümmert, ich glaube, ich war für mein Alter sehr vernünftig.

Eines Abends waren Nadja, Ashia und ich im Zentrum um die Ecke. Als wir zum Café zurückkamen, war es ungefähr neun Uhr. Wir rannten nach oben ins Wohnzimmer und sahen eine ganze Runde von Arabern bei Mum und Dad sitzen. Dads alter Freund Gowad war auch dabei.

Anscheinend war Dad einmal nicht böse, daß wir uns verspätet hatten. Er stellte uns den Fremden vor, was ungewöhnlich war, und sie redeten alle Englisch und bezogen uns in die Unterhaltung mit ein. Die Atmosphäre war sehr freundschaftlich. Ein Mann war mit seinem erwachsenen Sohn da. Der Mann hieß Abdul Khada, und sein Sohn Mohammed. Ich fragte Mohammed, wie lange er schon in England sei, und er erzählte mir, daß er seit vier Jahren in einer Fabrik arbeite. Davor hatte er einen guten Job in Saudi-Arabien gehabt und viel Geld verdient. Ich glaube, daß er sich so lange in England aufhielt, weil er eingebürgert werden wollte, damit er nach Belieben kommen und gehen konnte. Die meisten Jemeniten machten es so. Sie lernen gern Englisch, weil sie mit einer zweiten Sprache etwas Besseres sind, wenn sie in den Jemen zurückkehren. Mohammed sprach gut Englisch und schien sehr nett zu sein. Abdul Khada war klein und dick. Er hatte einen großen Schnurrbart, lockiges

Haar und große Augen. Er war anscheinend ein übellauniger Mensch, zu mir war er aber damals sehr nett.

Gowad hatte Fotos von seiner Familie und besonders viele von seinem Sohn mit, die er uns zeigte. Wir schauten sie mit höflichem Interesse an, aus Respekt, dachten uns aber nichts weiter. Zu Nadja war Gowad besonders nett. Wir unterhielten uns eine Zeitlang, und dann verabschiedeten sich die fremden Männer.

Nachdem sie gegangen waren, erzählte Dad Nadja, daß Gowad angeboten habe, sie für einen einmonatigen Urlaub mit in den Jemen zu nehmen, wo sie dann auch unseren Bruder Ahmed und unsere Schwester Leilah besuchen sollte. Er hatte oft davon gesprochen, wie wunderschön sein Heimatland sei, und nun malte er uns ein Bild, als wäre der Jemen einer der Orte, an denen die Filmwerbung für die Bounty-Schokoladenriegel gedreht wird. Er sprach von wunderschönen, palmengesäumten Stränden, ewigem Sonnenschein und Kamelritten durch die Wüste. Er beschrieb, daß die Häuser, in denen sie dort alle lebten, auf Klippen stünden, und daß man von ihnen auf blaues Meer und weißen Sand blickte, und er sprach von Schlössern auf Sanddünen. Er sagte, sie würde auf einer Farm wohnen und lernen, wie man ohne Sattel Pferde reitet.

Es klang so wunderbar, daß Ashia und ich auch dorthin fahren wollten. Ich war auch nicht so glücklich darüber, daß Nadja allein fahren sollte, mit vierzehn hielt ich sie für zu jung, um in Begleitung Fremder so weit zu reisen, und außerdem ging sie ohne mich nie irgendwohin. Ich sagte Dad, daß ich sie begleiten wolle. Zum einen war ich eifersüchtig, daß sie so wunderbare Ferien bekommen sollte, und zum anderen wollte ich nicht sechs Wochen ohne sie verbringen, aber ich war auch beunruhigt, daß sie ganz allein fahren sollte.

Dad hörte mir zu, und ich hatte den Eindruck, daß er in diesem Augenblick zum erstenmal darüber nachdachte, mich ebenfalls fahren zu lassen. Er nickte schlau und sagte: »Wir werden sehen.« Er wollte sich diese Ideen offensichtlich sehr genau durch den Kopf gehen lassen.

Er muß anschließend zu seinen Freunden gegangen sein, um mit ihnen darüber zu sprechen, und ein paar Tage später sagte er mir, daß Abdul Khada und sein Sohn Mohammed ein paar Wochen früher als Gowad in den Jemen zurückfahren würden und freundlicherweise angeboten hatten, mich mitzunehmen, so daß ich ihre Familie besuchen und danach mit Nadja weiterfahren und die Ferien bei Leilah und Ahmed verbringen konnte. Ich war sehr aufgeregt. Ich würde zum erstenmal in die Ferien fahren, und gleich mit einem Flugzeug. Ich freute mich auf die Abwechslung und das Faulenzen in der Sonne. Und dann würde ich zurückkommen und meine Ausbildung als Kindergärtnerin anfangen.

Obwohl ich lieber am gleichen Tag wie Nadja abreisen wollte, hatte ich doch Angst, zu Hause bleiben zu müssen, wenn ich nicht an dem Tag fahren würde, für den mir das Flugticket angeboten wurde. Darum war ich einverstanden, zwei Wochen vor Nadja mit Abdul Khada und Mohammed zu reisen.

Mum war sehr schweigsam, schien sich aber zu freuen, daß wir einen schönen Urlaub haben sollten. Ich erinnere mich noch, daß ich sie fragte, wie ich mich mit Leilah und Ahmed verständigen könnte, da ich kein Arabisch konnte und sie wiederum kein Englisch. Ich wußte das, weil sie Dad regelmäßig Tonbandkassetten schickten und ihm auf arabisch erzählten, wie es ihnen ging. Er spielte sie seinen Freunden vor, um ihnen zu beweisen, wie glücklich seine Kinder waren. Mum hat nie darüber gesprochen, was sie von den Kassetten hielt. Ich glaube, sie litt sehr, aber da sie das Gefühl hatte, sowieso nichts unternehmen zu können, hielt sie sich einfach heraus. Und ich bin einfach davon ausgegangen, daß es ihnen gut gehen mußte, wenn Dad das sagte.

Damit Nadja in den Jemen fahren konnte, mußte Mum eine Genehmigung von ihrer Sozialarbeiterin einholen, daß sie das Land verlassen durfte. Mum meinte, daß eine Abwechslung Nadja nach der Belastung, die sie mit der Gerichtssache gehabt hatte, guttun würde, und sie rief an und bat um die Genehmigung. Man wollte die Entscheidung nicht sofort fällen, sie mußten sich gedulden. Nadjas Sozialarbeiterin machte dann einen Hausbesuch und sagte, daß sie Gowad überprüft habe und sie mit ihm in die Ferien fahren dürfe. Wir waren beide schrecklich aufgeregt bei der Aussicht auf ein solches Abenteuer, und wir hatten auch ein bißchen Angst.

3

Abreise

Wir reisten Ende Juni 1980, eine Woche vor meinem sechzehnten Geburtstag und vier Monate vor Nadjas fünfzehntem.

Am Abend vor meinem Abflug luden ein paar meiner Freunde uns beide ins Zentrum ein. Dad wußte, daß wir hingingen, und es störte ihn anscheinend nicht. Es schien ihm auch egal zu sein, wann wir an diesem Abend nach Hause kamen. Das hätte uns eigentlich auffallen müssen, aber wir waren einfach glücklich darüber, daß wir uns an dem Abend amüsieren durften.

Meine Freunde holten mich zu Hause ab, alle kicherten und tuschelten und freuten sich über irgend etwas. Unsere ganze Clique ging zum Klub, Ashia war auch dabei. Als ich das Zentrum betrat, sah ich, daß der Raum mit Luftballons geschmückt und voller Menschen war.

»Was ist denn los?« fragte ich beim Umschauen.

»Das wird eine Abschiedsparty«, sagten sie, »für dich und Nadja.«

Ich traute meinen Augen nicht, als ich sah, was sie alles organisiert hatten. Es gab eine Disco mit einem Discjockey und Essen und Getränke. Es war ein toller Abend, alle Leute, die ich kannte, drängten sich in den Raum, und alle wünschten uns viel Spaß und sagten, wie sie uns beneideten, weil wir das Glück hatten, etwas von der Welt zu sehen und das exotische Leben in der Wüste kennenzulernen. Sie alle kannten Dad und wußten, daß er von irgendwo kommt, wo es sehr geheimnisvoll und schön ist.

Einer der Klubverantwortlichen trat auf ein Podest, nahm das Mikrofon und hielt eine Rede für uns, und er wünschte uns beiden viel Spaß. Bei dem Gedanken, von ihnen wegzufahren, fing ich an zu weinen. Ich wußte zwar, daß es nur für sechs Wochen sein würde, aber ich war bis dahin noch nie von ihnen getrennt gewesen, und es kam mir wie eine Ewigkeit vor. Wir blieben bis Mitternacht dort und tanzten und redeten.

Während wir uns auf der Party amüsierten, bereiteten sich die Männer in der Stille und Dunkelheit der Nacht von Birmingham auf die Reise vor. Sie hatten alles Notwendige erledigt und warteten nun bei uns zu Hause auf uns. Während wir tanzten und lachten und klönten, saßen sie über dem Café und unterhielten sich.

Schließlich verließen wir die Party und gingen durch die kühlen, leeren nächtlichen Straßen nach Hause. Wir waren immer noch glücklich, in Erwartung der vor uns liegenden Abenteuer aber zunehmend auch nervös.

Um drei Uhr morgens sollte uns ein Bus abholen und zum Flughafen Heathrow in der Nähe von London bringen. Als Nadja, Ashia und ich nach Mitternacht in der Wohnung eintrafen, sahen wir, daß Mum und Dad noch auf waren und sich mit Abdul Khada und seinem Sohn Mohammed im Wohnzimmer unterhielten. Mum sagte, daß wir nach oben gehen und noch etwas schlafen sollten, und versprach, uns zu wecken, wenn der Bus da sei. Ich antwortete, ich wäre nicht müde. Ich war zu aufgeregt, um schlafen zu können. Die Männer nahmen kaum Notiz von uns.

Alle meine Freunde hatten mir versprochen, daß sie zwischen ein und zwei Uhr noch mal vorbeikommen und sich endgültig verabschieden würden. Ich hatte sie gebeten, zur Rückseite des Hauses zu gehen und draußen auf mich zu warten, weil ich wußte, daß Dad verrückt werden würde, wenn er sie sah.

Die drei Männer blieben im vorderen Zimmer. Ich hörte, daß sie Arabisch sprachen, und wußte deshalb, daß sie nicht herauskommen würden. Nadja und ich schlichen uns hinunter, als wir sicher waren, daß sich unsere Freunde hinten eingefunden hatten, und wir standen am Hoftor und flüsterten. Eine meiner besten Freundinnen, Susan, fing an zu weinen und sagte: »Fahr nicht, ich will nicht, daß du fährst.« Ich bat sie, sich keine Sorgen zu machen: »Ich bin doch in Nullkommanichts wieder da, ich bleibe nicht lange.« Ich war selber den Tränen nahe, weil ich sie alle zurücklassen mußte, und nervös, weil ich so weit weg fahren sollte von allem, was mir vertraut war.

»Na gut«, sagte Susan, »aber vergiß nicht, mir zu schreiben.«

In den frühen Morgenstunden verschwanden sie dann nacheinander, und Nadja und ich gingen hinein. Nadja küßte mich zum Abschied und ging nach oben schlafen. Ich war ganz nervös vor Aufregung und setzte mich zu den drei Männern, die im vorderen Zimmer

Karten spielten, bis der Bus kurz vor drei eintraf. Das Motorgeräusch war der einzige Laut, der in der Nacht zu hören war, die Männer sprangen auf und ließen Karten und Geld liegen. Sie hatten es anscheinend sehr eilig, loszufahren. Als ich Nadja das nächste Mal sah, berichtete sie mir, daß sie und unsere Geschwister, als sie am folgenden Morgen aufgestanden waren, die Karten und das Geld auf dem Tisch gefunden hätten. Sie hätten alles für Süßigkeiten ausgegeben.

Als wir aus dem Haus traten, war es kühl geworden. Im Bus saßen schon ein paar andere Leute. Das Licht im Businnern erhellte ihre Gesichter; mit großen Augen, in denen eine Mischung aus Müdigkeit und Erregung lag, starrten sie zu uns heraus. Mum und Dad fuhren bis zum Flughafen mit und wollten die Männer und mich dort verabschieden. Während der ganzen Fahrt schlief ich nicht, sondern starrte aus dem Fenster in die Dunkelheit und versuchte mir vorzustellen, was mich im Jemen erwarten würde.

Als wir in Heathrow ankamen, wurde es gerade hell, das Flugzeug sollte aber erst um zehn Uhr starten. Der Flughafen begann sich schon mit Leben zu füllen, denn die ersten Frühmaschinen flogen ab, und Geschäftsleute, die sie noch erreichen wollten, hasteten vorüber.

Wir hatten Hunger, und von irgendwo drangen köstliche Küchengerüche. Wir gingen alle ins Flughafenrestaurant und frühstückten. Abdul Khada war sehr freundlich und großzügig, er bestellte mir alles, was ich wollte, und war nur darauf bedacht, daß ich mich wohl fühlte und glücklich war. Ich hatte uneingeschränktes Vertrauen zu ihm. Zu der Zeit vertraute ich allen arabischen Männern blind, weil ich glaubte, daß sie tiefreligiös wären und deshalb keinem Menschen etwas Böses antun könnten. Er hatte alle Flugkarten, ich bekam sie nie zu sehen, und darum setzte ich einfach voraus, daß ich ein Rückflugticket hatte und daß er schon aufpassen würde, daß ich nach meinen Ferien ins richtige Flugzeug einstieg. Ich hatte keine Lust, mir über diese Einzelheiten Gedanken zu machen, ich war froh, daß die Männer sich um alles kümmerten.

Mum und Dad blieben bis zum Start des Flugzeuges bei uns. Ich wurde immer nervöser. »Wenn es mir dort nicht gefällt«, fragte ich Mum einmal, als die Männer nicht zuhörten, »darf ich dann zurückkommen?«

»Aber natürlich«, beruhigte sie mich. »Du darfst zurückkommen, wann immer du willst.«

Als wir zu dem Jumbo-Jet auf dem Rollfeld hinausgingen, hatte ich große Angst vor meinem ersten Flug. Das Flugzeug wirkte, als wir näher kamen, so groß, und da war so viel Lärm und Wind. Ich drehte mich zum Flughafengebäude um und hoffte, daß ich Mum sehen und ihr ein letztes Mal zuwinken könnte, doch die Leute, die dort standen, waren zu weit entfernt, um die Gesichter zu erkennen. Einen Augenblick lang spürte ich Panik, so plötzlich von allem abgeschnitten zu sein, was mir vertraut war, unterwegs mit zwei Männern, die ich kaum kannte, zu etwas ganz Neuem und Unbekannten.

Wir hatten drei Plätze in der Mittelreihe des Flugzeugs. Ich saß neben einer Frau aus England, die nach Abu Dhabi unterwegs war. Weil ich so aufgeregt war, redete ich die ganze Zeit, während das Flugzeug zum Starten vorbereitet wurde, auf sie ein. Sie erzählte mir, daß sie Hebamme sei, und antwortete sehr freundlich auf meine neugierigen Fragen und half mir dadurch, mich zu entspannen. Abdul Khada saß auf der anderen Seite neben mir und schlief, eingelullt durch das Motorengebrumm, fast den ganzen zehnstündigen Flug hindurch. Ich rutschte auf meinem Sitz hin und her und redete und versuchte mich abzulenken.

Wir flogen nicht nonstop in den Jemen, sondern mußten einmal in ein kleineres Flugzeug umsteigen. Als wir am späten Nachmittag dort landeten und auf die Gangway des Jumbos hinaustraten, schlug mir die heiße Luft wie ein Tuch entgegen, das mich ersticken wollte, und nahm mir den Atem. Nie zuvor hatte ich eine derartige Hitze erlebt. Zunächst glaubte ich, daß sie von den Flugzeugmotoren kommen mußte. Als wir über die Landebahn gingen, rief ich Abdul Khada durch den Motorenlärm zu: »Wo ist denn der Heizlüfter, der diese Hitze verbreitet?«

Er lachte. »Das ist das Wetter«, erklärte er mir. »Das ist hier die normale Temperatur. Du bist nicht mehr in deinem kalten alten England.«

Man hatte zwar über die Lautsprecher durchgesagt, wo wir landeten, aber ich hatte die Durchsage nicht richtig verstanden.

»Wo sind wir?« fragte ich.

»In Syrien«, antwortete Abdul Khada, und ich spürte auf einmal, wie sich mein Magen vor Angst zusammenkrampfte – ich war so weit weg von zu Hause und in einem so fremd klingenden Teil der Welt. Panik überfiel mich, und einen Augenblick lang wollte ich einfach nur ins Flugzeug zurückrennen und nach Hause nach Sparkbrook zu Mum und Nadja fliegen. Ich sah mich nach einer Fluchtmöglichkeit um, doch die Leute gingen alle ganz ruhig auf das Flughafengebäude zu und spürten nicht, daß etwas nicht stimmte. »Es ist alles in Ordnung«, redete ich mir ein. »Du machst nur Ferien.« Der Gedanke daran, daß Nadja bald in meiner Nähe sein würde, hielt mich davon ab, irgend etwas zu unternehmen, und ich ging wie die übrigen weiter.

Unser Anschlußflug hatte Verspätung und wir mußten in der Flughafenhalle warten. Ich dachte, es würde sich nur um ein paar Minuten handeln, doch aus den Minuten wurden Stunden. Die Hitze war überwältigend, und aus verschiedenen Flugzeugen strömten weitere Menschentrauben herein und verstopften die Halle. Was mir so fremd vorkam, war ihnen anscheinend ganz vertraut. Ich trank die ganze Zeit Coke und schaute mir das Defilee von Kleidern und Gesichtern an.

Zum Sitzen gab es nur Holzbänke, ich war so müde und verschwitzt, und mir war so heiß, daß ich mir wünschte, ich hätte diese Reise nie angetreten. Ich sehnte mich nach Abkühlung, nach einer Dusche oder einem Bad. Ich beschloß, zur Damentoilette zu gehen und mich frisch zu machen. Beim Eintreten schlug mir ein entsetzlicher Gestank entgegen. Der Raum war voller Menschen, und als Toiletten dienten Löcher im Boden. Überall war Schmutz, es war unglaublich. Ich hatte so etwas noch nie zu Gesicht bekommen. Ich rannte wieder hinaus und fühlte mich so unwohl wie zuvor und erzählte Abdul Khada, wie es dort aussah, in der Hoffnung, er würde mir etwas Sauberes zeigen, wohin die Touristen aus Ländern wie England gehen konnten. Er aber lachte wieder bloß und sagte, ich sollte mich nicht so anstellen. Ich setzte mich wieder auf die Holzbank und starrte unglücklich vor mich hin.

Mit einem klaren, sternenübersäten Himmel senkte sich die Nacht über den Flughafen, und das Gedränge in der Halle ließ langsam nach, je mehr Leute nach draußen auf die Rollbahn zu den beleuchteten Flugzeugen gingen, die im Dunkeln regelrecht zu glühen schienen. Am Ende waren in dem riesigen, hallenden Flughafengebäude nur noch ungefähr zwanzig Leute übriggeblieben, die alle auf den gleichen Flug warteten wie wir. Wir sprachen nicht mehr viel, und je schwärzer die Nacht wurde, desto niedergeschlagener wurde ich. Wir saßen nun schon sieben Stunden dort.

Es war tiefe Nacht, als unser Flugzeug kam und wir zum Abflug aufgerufen wurden. Ich war zwar froh, den Flughafen endlich zu verlassen, aber mich ängstigte die Vorstellung, in ein so kleines Flugzeug einsteigen zu müssen. Verglichen mit dem Jumbo fühlte man sich in seinem Inneren so beengt und ungeschützt.

Diesmal bekam ich einen Platz am Fenster und konnte die Tragfläche sehen, die, als wir abhoben, im Wind zu flattern schien. Ich war überzeugt davon, daß sie abgerissen war und wir abstürzen würden. Ich geriet in Panik und machte Abdul Khada darauf aufmerksam. Er erklärte mir, daß alles in Ordnung sei. Ich glaubte ihm, aber es war ausgeschlossen, daß ich in diesem Flugzeug hätte schlafen können, ganz egal, wie müde ich auch war. Um fünf Uhr morgens, er wurde gerade hell, landeten wir auf dem Flughafen von Sanaa.

Sanaa ist die Hauptstadt des Jemen und liegt fast dreitausend Meter über dem Meeresspiegel. Man nennt sie manchmal ›das Dach Arabiens‹. Die Luft war so dünn, daß mir schwindlig wurde und ich kaum atmen konnte, als wir über die Landebahn gingen. In diesem Gemisch von Sinneseindrücken, Müdigkeit und Hunger fühlte ich mich wie betrunken.

Wir hatten unseren Zielort noch nicht erreicht, sondern mußten noch weiter nach Süden fahren, nach Ta'izz, in dessen Nähe das Dorf lag, in dem Abdul Khadas Familie lebte. In Sanaa war es viel kühler als in Damaskus, einerseits natürlich, weil es noch so früh am Morgen war, aber man sagte mir, es sei auch sonst die jemenitische Stadt mit den niedrigsten Temperaturen.

Der Flughafen lag außerhalb der Stadt in der Wüste, daher gab es nichts zu sehen, als wir die Zollabfertigung passiert hatten. Ich bemerkte, daß mich viele Leute wegen meiner Kleidung anstarrten. Ich trug einen knielangen Rock, eine ärmellose Baumwollbluse und Sandalen und hatte das Haar nicht bedeckt. Es waren nicht viele andere Frauen auf dem Flughafen, aber alle trugen nach arabischer Sitte Schleier und lange Kleider.

»Was starren sie denn nur alle so?« fragte ich mürrisch.

»Mach dir nichts daraus«, lächelte Abdul Khada freundlich, »hier bei uns ziehen sich nicht alle Frauen so an. In den Städten gibt es mehr moderne Frauen, die wie du gekleidet sind.«

Außerhalb des Flughafens lag keine romantische Wüste mit Sanddünen wie in den Filmen, es gab dort anscheinend nur viele heruntergekommene alte Steinhäuser und unbefestigte Straßen. Wir standen vielleicht zehn Minuten herum und warteten, bis ein großes, weißes Taxi kam, das uns in einer vierstündigen Fahrt nach Ta'izz bringen sollte. Wir drei ließen uns auf der Rückbank des sechssitzigen Autos nieder.

Von der Landschaft nahm ich während der Fahrt nicht viel wahr. Ich war müde und hungrig und versuchte, mich von dem Flug zu erholen. Die beiden Männer unterhielten sich mit dem Fahrer auf arabisch, aber ich war kaum in der Lage, überhaupt etwas aufzunehmen. Es war ein bißchen so wie in einem Traum.

Als wir in Ta'izz ankamen, war ich enttäuscht, wie klein und schmutzig dort alles war. Die engen Straßen waren von Menschen verstopft. Die Häuser und Geschäfte auf beiden Seiten der Straße stießen fast aneinander. In der Hitze vermengte sich der Gestank von Schmutz und Tieren mit Autoabgasen und Essensgerüchen. Wegen der vielen Menschen, die sich auf den Straßen bewegten und zum Teil sogar Esel oder Kühe hinter sich herführten, kam das Auto nur sehr langsam voran. Die Luft war von Geschrei und Staub erfüllt. Überall lagen Abfälle, Essensreste und verfaultes Obst einfach auf der Straße und wurden von den Rädern der Autos und den Füßen der Vorübergehenden zerquetscht. Alle Gebäude waren in traditioneller arabischer Bauweise errichtet, gebaut wie schon vor tausend Jahren. Von Ferne gesehen wirkte das sehr schön und exotisch, aus der Nähe betrachtet war es ein einziges Chaos aus Menschen, Tieren und Taxis. Ich sah ein paar Frauen in westlicher Kleidung, die überwiegende Mehrheit aber trug traditionelle arabische Gewänder, zu denen die das Gesicht verdeckenden Schleier gehören.

»Ich habe einen Freund hier in der Stadt«, sagte Abdul Khada.

»Wir fahren zu seinem Haus. Dort bleiben wir über Nacht, und du kannst dich mal richtig ausschlafen, und morgen fahren wir ins Dorf.«

»Okay.« Ich wäre mit allem einverstanden gewesen, wenn es nur bedeutete, daß wir nicht mehr unterwegs sein mußten und ich mich waschen konnte.

Wir bogen in eine Seitenstraße ein, die nur wenige Zentimeter breiter war als das Auto, drängten uns zwischen den neben den drei- und vierstöckigen Häusern entlanglaufenden Menschen hindurch und suchten das richtige Haus. Schließlich hielten wir vor einer großen braunen Tür an.

»Komm, steig aus«, sagte Abdul Khada, »wir sind da.«

Als wir aus dem Taxi in die Hitze und den Staub traten, flog die Haustür auf, und Abdul Khadas Freund kam und begrüßte uns. Er trug einen bis zu den Knöcheln reichenden arabischen Rock, der, wie ich später erfahren sollte, ›Futa‹ genannt wird. Abdul Khada und er waren etwa gleichaltrig, er sprach jedoch kein Englisch.

Wir traten durch die Tür in einen breiten, betonierten Vorraum, dessen Boden mit gemustertem Linoleum bedeckt war. Im Wohnzimmer dahinter lag ein Teppich auf dem Boden, und überall im Raum waren Matten und Kissen ausgelegt, auf die wir uns setzen sollten. für einen Jemeniten waren das Symbole von Reichtum, aber ich war den englischen Lebensstandard gewöhnt und sah darin nichts Besonderes. Es gab einen Fernsehapparat, und auf dem Tisch stand ein elektrisch betriebener Ventilator, der die Luft ein wenig abkühlte. Nach der mehr als vierundzwanzigstündigen Reise war ich durchgeschwitzt und müde und völlig fertig. Meine Nerven waren gespannt wie Drahtseile. Der Besitzer des Hauses zeigte mir das Badezimmer, in dem ich duschen und mich umziehen konnte. Es war ein großer, nach westlichem Vorbild eingerichteter Raum, aber auch hier war statt einer Toilette nur ein Loch im Boden. Es machte mir nichts mehr aus, wenn ich mich nur waschen konnte.

Nachdem ich geduscht und frische Sachen angezogen hatte, fühlte ich mich wohler und ging ins Wohnzimmer zurück. Die Männer saßen auf dem Boden und unterhielten sich. Als ich herein- kam, standen sie auf und teilten mir mit, daß sie einkaufen gehen würden, damit wir etwas essen konnten. Ich blieb allein in einer

Zimmerecke auf den Kissen sitzen. Ich fühlte mich sehr verloren und einsam ohne Abdul Khada, der mir nun nichts erklären und übersetzen konnte. Unmittelbar nachdem die Haustür zugeschlagen war, kamen die Frauen des Hausherrn und zwei kleine Töchter herein. Ich erfuhr später, daß eine Frau ein Zimmer nicht betreten darf, wenn ihr Mann sich dort mit anderen Männern aufhält, ausgenommen, es sind Verwandte. Solange Männer im Haus sind, bleiben die Frauen unsichtbar. Sie warten aber in Hörweite, falls ihnen befohlen wird, Essen oder Getränke zuzubereiten oder vielleicht die kleinen Söhne des Ehemanns hineinzuschicken, damit der Gast sie bewundern kann.

Diese Frau und ihre Töchter sprachen kein Wort Englisch, und ich wollte mich doch so gern mit ihnen unterhalten. Ich war inzwischen so müde und hungrig und fühlte mich so weit weg von zu Hause, daß ich plötzlich zu weinen anfing. Ich konnte mich nicht beruhigen, die Tränen und das Schluchzen brachen einfach aus mir heraus. Mir war zumute, als hätte man mich am Ende der Welt ausgesetzt.

Die Frau kam zu mir und küßte mich auf die Wange. Sie und die Kinder setzen sich neben mich auf den Boden und versuchten, ein Gespräch anzufangen. Ihre Augen sahen so freundlich aus, und ihre Blicke waren voller Mitleid mit mir. Ich hatte das Gefühl, mich dumm aufzuführen, und wollte mich zusammennehmen. Durch Handbewegungen zeigte ich einem der Mädchen, daß ich einen Stift und ein Stück Papier haben wollte. Sie stand auf und holte die Sachen, und fing an, kleine Bilder zu zeichnen und englische Worte aufzuschreiben. Ich weiß nicht, warum ich das tat, ich fühlte mich einfach so einsam und war so verzweifelt, weil ich mit niemandem sprechen konnte. Das Mädchen malte die Buchstaben nach, die ich aufschrieb. Ich konnte die Tränen immer noch nicht zurückhalten, als ich mich mit ihnen beschäftigte, und die Frau fing ebenfalls zu weinen an.

Als die Männer zurückkamen, wollten sie wissen, was zwischen uns vorging. »Warum weinst du denn?« fragte einer von ihnen.

»Ich weiß nicht«, sagte ich. »Frag sie, warum sie weint.«

Abdul Khada sprach auf arabisch mit der Frau und erklärte mir dann, daß sie weinte, weil ich ihr leid tat und weil sie sich auch mit mir unterhalten wollte. Jahre später, als ich mit ihr bereits in ihrer eigenen Sprache sprechen konnte, sollte ich die Frau wiedertreffen. Ich erfuhr, daß sie an jenem Tag geweint hatte, weil sie wußte, was mit mir geschehen würde, und mich nicht warnen konnte. Ich liebte sie dafür, daß ihr das so naheging, doch zu der Zeit hätte sie absolut nichts unternehmen können, es war schon zu spät. Niemand hätte zu dem Zeitpunkt mehr verhindern können, was danach geschah, sie hatten mich schon in der Falle, und alle Fluchtwege waren versperrt.

Wir aßen etwas, obwohl ich mittlerweile zu müde war, um noch viel essen zu können. An dem Abend gaben sie mir ein Bettlaken, und ich legte mich im Wohnzimmer auf eine der Matten. Endlich schlief ich, tief und fest.

4

Verschleppung in die Berge

Am nächsten Morgen wachte ich von dem Geruch von Eiern und gedünsteten Zwiebeln schon zeitig auf. Ich stand auf, wusch mich und frühstückte, und dann verabschiedeten wir uns von der Familie. Nachdem ich eine ganze Nacht durchgeschlafen hatte, ging es mir schon viel besser. Ich hatte das Gefühl, daß meine Ferien jetzt beginnen konnten, und ich freute mich auf die Abenteuer, die ich erleben würde.

»Können wir in die Stadt gehen und uns ein bißchen die Geschäfte ansehen?« fragte ich. »Ich möchte ein paar Geschenke kaufen, die ich nach Hause mitnehmen kann.«

»Dafür hast du später noch genug Zeit«, versicherte mir Abdul Khada. »Heute fahren wir in die Mukbana, in die Berge, damit du meine Familie kennenlernen und in meinem Haus zu Gast sein kannst.« Er kündigte an, daß es eine lange Fahrt über holprige Straßen werden würde, und ich packte daraufhin etwas Obst und Orangensaft ein, um unterwegs nicht schlappzumachen. Im Innern des Hauses war es kühl und friedlich. Als wir durch die große Holztür auf die Straße traten, schlugen uns der Lärm, die Gerüche und die Hitze wie eine Wand entgegen. In dieser bedrückenden Hitze war mir nie groß nach Essen zumute, ich hatte nur ständig Durst.

Abdul Khada schlug mir vor, daß ich ein paar Postkarten nach Hause schreiben und mitteilen sollte, daß ich gut angekommen sei und daß es mir gut ginge. Er wollte sie dann in der Stadt aufgeben, damit sie eher in England ankämen. Ich war einverstanden.

In das Dorf in der Mukbana kam man nur mit Jeeps, mit einem Land Rover oder Range Rover. Sie waren für das ganze Gebiet als Busse und Taxis im Einsatz, denn es waren die einzigen Fahrzeuge, die die unbefestigten, gewundenen Straßen in die Berge hinauf bewältigen konnten. Alle Straßen standen voll von gewöhnlichen Taxis, doch Abdul Khada hatte für diesen Tag einen Range Rover bestellt.

Als wir nach dem Mittagessen in das Auto einstiegen, brannte die Sonne so heiß wie noch nie. Am Steuer saß der Ehemann von Abdul Khadas Nichte. Mit jedem, den wir trafen, war Abdul Khada anscheinend bekannt oder verwandt. Wir waren nicht die einzigen Fahrgäste, mit Abdul Khada, Mohammed und mir waren wir insgesamt zwölf Passagiere. Vorn saßen zwei ganz in Schwarz gehüllte Frauen, und wir übrigen saßen hinten dicht zusammengepfercht.

Ungefähr eine Stunde lang fuhren wir auf einer befestigten Straße und wurden daher kaum durchgeschüttelt. Man sagte mir, daß die Straße von Deutschen gebaut worden sei. Aus beiden Seiten war die Landschaft nur trockene Ödnis, auf der außer kümmerlichem Gestrüpp nichts wuchs. Im Abstand von ungefähr dreißig Kilometern passierten wir Straßensperren und Kontrollpunkte, die von bewaffneten Polizisten und Soldaten bewacht wurden. Sie kauten fast immer ›Qat‹, die landesübliche Droge, und spielten geistesabwesend mit den Fingern am Abzug ihrer Gewehre. Jedesmal wollten sie unsere Papiere sehen.

Jeder, der im Jemen umherreisen will, braucht eine Erlaubnis, auch die Einwohner des Landes, doch die Soldaten interessierten sich anscheinend für keinen von uns besonders. Später erfuhr ich, daß diese Straßensperren meist die Grenzen zwischen verschiedenen Stammesgebieten markieren. In den einzelnen Dörfern sind alle miteinander verwandt und gehören zum gleichen ›Stamm‹. In der Vergangenheit hatte es viele Stammesfehden und Tote gegeben, und die Armee sollte dazu beitragen, für Ruhe zu sorgen.

Nach einer Stunde bogen wir von der Hauptstraße auf einen Weg ab, der ins Gebirge führte. Die übrigen Männer im Range Rover waren anscheinend auch mit Abdul Khada und seinem Sohn befreundet. Sie unterhielten sich und lachten während der ganzen Fahrt. Mir fiel ein, daß die Männer eines Dorfs sich ja alle kennen mußten. Von der Landschaft gelangweilt, fing ich an zu überlegen, was für Geschenke ich für Mum und die anderen zu Hause kaufen würde. Ich aß etwas Obst und trank aus der Packung Orangensaft.

Die Dörfer, durch die wir fuhren, sahen kahl und unwirtlich aus, nur wenig deutete überhaupt auf Leben hin. Gelegentlich sahen wir ein verwahrlost wirkendes Kind, das ziellos zwischen ein paar Schafen oder in der Nähe einer Kuh umherstrich, während die abgemagerten Tiere den steinigen Boden nach etwas zu fressen absuchten, oder ein paar Hühner, die zwischen den zerbrochenen Steinen alter Häuser nach Futter herumstöberten. In ganzen Rudeln streunten magere, von Flohbissen gepeinigte Hunde zwischen den Häusern umher und suchten Nahrung.

Als wir durch die kleinen Dörfer fuhren, sahen wir verschleierte Frauen, die mit Wassergefäßen auf dem Kopf vom Brunnen zurückkamen, und ältere Dorfbewohner, die in kleinen Grüppchen vor ihren Häusern standen und plauderten. Wenn der Range Rover näher kam, hörten sie auf zu sprechen, drehten sich um und musterten die Eindringlinge. Mich schienen sie besonders lange anzustarren, wohl weil ich immer noch westliche Kleidung trug und nicht verschleiert war. In einigen Dörfern hielten wir an, um Leute aus- und einsteigen zu lassen. Ein paar Frauen mit Wasserkrügen auf dem Kopf blieben stehen und beobachteten uns neugierig. Zerlumpte, barfüßige Kinder standen mit dem Finger im Mund da. Kleine Mädchen, die wie ihre Mütter Wasser oder Gestrüpp auf dem Kopf trugen, wandten schüchtern den Blick ab. Die Männer, die mit angezogenen Beinen dahockten und Qat kauten, winkten Abdul Khada und riefen ihm Willkommensgrüße zu, wohl weil er vier Jahre fortgewesen war, dachte ich.

Ich bemerkte, daß sie über mich sprachen, aber ich konnte nicht einmal erraten, was sie sagten. Ich lächelte einfach immer weiter und nickte so höflich wie möglich und sah mich um, solange sie redeten.

Die Häuser mit den flachen Dächern wirkten auf mich, als wären sie schon hundert Jahre alt. Es waren kaum mehr als Steinhaufen in der Wüste, die winzigen Fenster waren zum Schutz vor der gleißenden Sonne mit Fensterläden dicht verschlossen. Tausend Jahre lang wurden hier die Häuser auf diese Weise gebaut, und daher war es unmöglich, die neuen von den alten zu unterscheiden. Jedes Dorf war ganz isoliert. Manchmal fuhren wir von einem Dorf bis zum nächsten eine halbe Stunde oder noch länger, ohne in der Zwischenzeit Häuser oder Menschen zu sehen.

Ein Ort, in dem wir anhielten, um etwas zu trinken, hieß Risean. Durch ihn hindurch verlief ein Flüßchen, so daß im Umkreis von mehreren Kilometern alles grün war. Es war, als wären wir in einer Oase angekommen. Ringsherum lagen Kornfelder, wuchsen Obstbäume. Ich stand da und sah den Bewohnern zu, die ihre Felder bestellten und sich um ihr Dorf kümmerten. Auf den Feldern gedieh Gemüse, so zum Beispiel Kartoffeln, Karotten, Zwiebeln, Lauch und Kohl, aber auch Gewürzpflanzen, die ich nicht kannte. Obwohl Wein im Jemen verboten ist, gab es sogar ein paar Weinberge, denn die Rosinen werden gern gegessen. An den Obstbäumen hingen Mandeln, Walnüsse, Pfirsiche, Aprikosen, Birnen, Zitronen und Früchte, die ich nicht kannte, Granatäpfel, wie ich später erfuhr.

Während man in den anderen Dörfern, durch die wir gefahren waren, kaum Menschen zu Gesicht bekommen hatte, hielten sich hier anscheinend alle draußen in der Sonne auf, arbeiteten und waren beschäftigt. Es war der schönste Ort, den ich mir denken konnte, und ich hoffte, daß ich auch irgendwo bleiben würde, wo alles so üppig und gepflegt war. Die Bewohner von Risean waren Araber schwarzer Hautfarbe. Ich wollte mehr über sie erfahren, traute mich aber nicht zu fragen und stieg schweigend wieder in den Range Rover ein, als die Fahrt weitergehen sollte. Später erfuhr ich, daß der Jemen nur durch einen schmalen Meeresstreifen von schwarzafrikanischen Ländern wie Äthiopien oder Somalia getrennt ist.

»Mein Dorf wird dir sehr gefallen.« Ich begriff, daß Abdul Khada mich auf englisch ansprach, als wir weiterfuhren.

»Ja?« lächelte ich zurück. Ich freute mich darauf, neue Menschen kennenzulernen.

»Wir haben herrliche Apfelbäume und Orangenbäume.«

»Klingt gut.« Ich betrachtete wieder die Gegend, durch die wir fuhren, und malte mir aus, daß wir zu einem zweiten Dorf wie Risean unterwegs waren, doch die Landschaft wurde schon bald wieder zu der ausgedörrten, nichtssagenden Wüste, die wir vor Risean durchquert hatten. Ich fragte mich, wann es endlich von neuem grün werden würde.

Je höher wir ins Gebirge hinauffuhren, desto weiter konnte man das Land überschauen. Der Range Rover lief im niedrigsten Gang, als er eine beinahe senkrecht aufsteigende Felswand erklomm und sich holpernd über loses Geröll und über Felsbrocken quälte. Nach zwei Stunden derartiger Fahrt hielten wir am Ende der Welt an.

»Hier steigen wir aus«, verkündete Abdul Khada, und wir drei kletterten aus dem Auto und standen neben dem Fahrweg. Alle Männer riefen uns auf Wiedersehen zu, und von einer Staubwolke eingehüllt setzte sich der Range Rover wieder in Bewegung und fuhr weiter die Straße aufwärts. Ich schaute mich um, konnte aber keine Häuser entdecken. Tatsächlich sah ich außer kahlen Hügeln und ein paar verkrüppelten Bäumen nichts. »Wo wohnst du denn?« fragte ich.

Abdul Khada zeigte auf den Berg hinter uns. »Da oben.« Er grinste, nahm meinen Koffer, und wir drei stiegen langsam die fast senkrecht verlaufenden steinigen Gebirgspfade hinauf. Ich begann mir zu wünschen, daß ich mich auf diese Reise niemals eingelassen hätte. Auf den losen Steinen rutschten mir die Sandalen unter den Füßen weg, ich schwitzte, fühlte mich wieder schmutzig und hatte Durst.

Als wir den Berggipfel erreicht hatten, breitete sich das Dorf Hockail vor uns aus, und ich seufzte vor Erleichterung. Es war zwar längst nicht so schön wie Risean, aber wenigstens waren wir angekommen, und ich konnte mich waschen.

»Wo ist denn dein Haus?« fragte ich in der Hoffnung, es wäre eins der am nächsten gelegenen.

»Da oben.« Abdul Khada zeigte vom Dorf weg auf ein Haus, das ganz allein auf dem Gipfel des höchsten der umliegenden Berge stand. Bussarde kreisten in seiner Nähe in der Luft. Um dorthin zu kommen, mußten wir über einen mit Stufen in den Felsen gehauenen groben Weg eine senkrecht aufragende Felswand hinaufsteigen. Beim Anblick des absolut einsamen Hauses war ich vor Schreck wie gelähmt. Kahl und trostlos ragte es auf dem Gipfelpunkt dieser dürren, leeren, leblosen Welt empor. Von unten gesehen, wirkte es zwar groß, aber weder einladend noch gemütlich. Na gut, dachte ich, es ist ja nur für eine Nacht oder zwei, dann gehen wir wieder weg und fahren zu Leilah und Ahmed. Dieses schreckliche Haus war einfach nur eine weitere Station des großen Abenteuers, und ich war neugierig zu erfahren, wie diese Leute in ihren so merkwürdig aussehenden Häusern wohnten.

Das erste Haus, an dem wir haltmachten, gehörte Abdul Noor, Abdul Khadas Bruder. Es war ein ganz winziger, einstöckiger Bau mit einer Tür und nur zwei Fenstern. Ich konnte mir nicht vorstellen, wie ein Mensch an einem solchen Ort leben konnte. Es lag direkt unter Abdul Khadas Haus, und dieses wiederum stand auf dem dahinter aufragenden Felsen, so daß jemand, der auf dem Dach des unteren Hauses stand, den Leuten weiter oben etwas zurufen und sie informieren konnte, wenn sich im Dorf etwas tat oder wenn jemand zu Besuch gekommen war und in einem der übrigen Häuser wartete. Neuigkeiten, die auf der Straße mitgebracht wurden, kamen zuerst in Abdul Noors Haus an, und von dort konnten sie zu dem Haus auf dem Felsgipfel hinaufgerufen werden.

»Komm weiter.« Abdul Khada führte mich zum Fuß des Felshangs.

»Ich kann da nicht raufsteigen«, protestierte ich.

»Natürlich kannst du«, sagte er und ging mir auf dem kaum erkennbaren Pfad voran.

Als wir den Aufstieg nach oben in Angriff nahmen und ich verzweifelt versuchte, nicht in den Abgrund unter mir zu schauen, wurde wie durch ein Wunder an der Felswand eine winzige Ziegenspur sichtbar. Auf halber Höhe spürte ich auf einmal, wie die losen Steine unter meinem Fuß wegbröckelten, als ich gerade zu einem Schritt ansetzte. Es riß mir die Sandale herum, und ich fiel schmerzhaft auf die Knie und rutschte mit dem rieselnden Geröll abwärts. Ich schrie auf, und Abdul Khada packte mich an der Hand und zog mich auf den Weg zurück. Nach etwa einer halben Stunde hatten wir endlich den Gipfel erreicht. Ich war schweißgebadet, meine Knie waren zerschrammt und bluteten, und alle Muskeln taten mir weh. Die Männer waren wohl daran gewöhnt.

Von dem Haus auf dem obersten Endpunkt der Welt bot sich in jeder Himmelsrichtung Hunderte von Kilometern weit ein Ausblick über Gebirgshügel. Das Haus glich einer im Himmel treibenden Insel. Die Luft war sehr kühl. Inzwischen war die Dämmerung hereingebrochen, und es wurde frisch. In der Ferne verschwand die Sonne hinter den Bergen, und die Tiere hatte man für die Nacht schon ins Haus geholt.

Bei unserem Eintreffen kam die Familie heraus und begrüßte uns. Zu ihr gehörten Abdul Khadas Frau Ward, seine alte Mutter Saeeda und sein blinder Vater, außerdem noch Mohammeds Frau Bakela und ihre beiden kleinen Töchter Shiffa und Tamanay, die ungefähr acht und fünf Jahre alt waren.

Ich wurde allen vorgestellt, und ich lächelte und nickte ununterbrochen und hatte nur den einen Wunsch, verstehen zu können, was sie sagten. Anscheinend freuten sie sich alle sehr, mich kennenzulernen, und waren ausgesprochen herzlich. Ich hatte das Gefühl, daß ich für sie ein Ehrengast war.

Alle Frauen, sogar die kleinen Mädchen, trugen die traditionelle arabische Kleidung: die Kleider fielen bis zum Knie, und darunter trugen sie Hosen, die bis zu den Knöcheln reichten. An den Füßen hatten sie Gummipantoffeln, die durch zwei Riemen zwischen den Zehen gehalten wurden. Um die Köpfe waren Tücher geschlungen, die das Haar bedeckten, denn Mädchen müssen, sobald sie laufen können, ihre Sittsamkeit demonstrieren. Wenn die Frauen sich in der Nähe ihrer Häuser und Dörfer aufhalten, dürfen sie das Gesicht und den Haaransatz zeigen, und das Haar darf am Rücken in langen Flechten aus dem Tuch herausschauen. Sobald sie aber in ein anderes Dorf oder auf der Straße unterwegs sind, wo sie von fremden Männern gesehen werden könnten, müssen sie das Gesicht vollständig hinter einem Schleier verbergen. Alle hatten Gummipantoffeln an den Füßen, nur der Großvater trug Schuhe aus schwerem Holz, die mit einem angenagelten Lederriemen gehalten wurden.

Als ich ins Haus ging, war mir, als beträte ich einen Käfig. Ich spürte, hier waren auch die Tiere untergebracht, denn ich nahm ihren Geruch wahr und hörte, wie sie sich hinter den Stalltüren bewegten. Es war so dunkel, daß ein paar Sekunden vergingen, bis ich wieder etwas erkennen konnte. Ein paar Hühner liefen zwischen unseren Füßen herum.

Ein paar Steinstufen führten zu dem oberen Bereich, in dem die Familie wohnte. Alle Wände und Böden waren aus Stein, aber von Hand mit einer Mischung aus getrocknetem Kuhdung und Sand bestrichen, wodurch es im ganzen Haus wie in einem Kuhstall roch.

Von der Treppe gelangte man zuerst in einen Aufenthaltsraum, der bis auf einen Stapel kleiner, selbstgenähter Kissen in einer Ecke völlig leer war. Von diesem Hauptwohnbereich gingen sämtliche Zimmer der Familienmitglieder ab. Alle Räume waren klein und wurden durch Stalltüren mit schweren Riegeln verschlossen. Die Türöffnungen waren sehr schmal, man konnte nur seitlich durchgehen.

Ich bemerkte, daß ich tatsächlich wie ein Ehrengast behandelt wurde. Ward hatte mir ihr Zimmer zur Verfügung gestellt. Es war das einzige Zimmer, das mit Linoleum ausgelegt war, und es hatte fünf kleine Fenster mit verriegelbaren Läden, zwei in der einen Wand und drei in der andern. Das bedeutete, daß man bei geöffneten Läden wenigstens einen Windhauch spürte und daß man in zwei Richtungen auf die Berge hinaussehen konnte. An der Decke hing eine Petroleumlampe, die nach Sonnenuntergang angezündet wurde und einen beißenden Geruch verströmte.

In dem Zimmer stand auch ein kleiner, an eine Autobatterie angeklemmter Schwarzweißfernseher, den Abdul Khada für mich gekauft hatte, damit ich mich nicht langweilte. Ich stellte bald fest, daß ich damit nur arabische Sender empfangen konnte, bei denen ich kein Wort verstand und die nichts Interessantes zu bieten hatten. Ich wollte aber sowieso nicht im Haus herumhocken, ich wollte die ganze Zeit draußen im Licht und an der frischen Luft sein.

Das einzige Möbelstück in dem Zimmer war eine Bettstelle aus Metall mit einer dünnen Matratze, einem Kissen und einem Laken, und vor einer Wand befand sich ein Podest, der aus der gleichen groben Paste aus Kuhdung und Sand gemacht war. Dort saß ich, wenn ich nicht im Bett lag. Eine ähnliche Sitzgelegenheit befand sich vor der Haustür, und dort hockten die beiden alten Leute fast den ganzen Tag lang auf einer winzigen Matte in der Sonne und genossen die Aussicht. Die Menschen dort achten die Alten. Man ist der Meinung, daß sie ihren Beitrag zum Erhalten der Familie geleistet haben, und erwartet nicht, daß sie die Hausarbeit übernehmen; im Gegenteil, alle anderen Familienmitglieder kümmern sich um sie.

Auf der Wohnebene befanden sich auch der Raum der Großeltern, ein zweiter für Mohammed und seine Familie – die Kinder schliefen hier auf dem Boden –, und ein langes, schmales Zimmer, das Abdul Khada und Ward gehörte. Eine zweite Steintreppe führte zum Dach hinauf, auf dem wir viel Zeit verbringen sollten. Auf halber Höhe lag da oben eine winzige schwarze Küche mit einem Holzofen, in dem die ›Tschapatis‹, das Fladenbrot zubereitet wurden, dem Hauptnahrungsmittel hier. Auf einem Petroleumkocher wurde Wasser heiß gemacht und auch gebraten. Neben der Küche war das Badezimmer.

Ich mußte zur Toilette und fragte Abdul Khada, wo sie sei. Er führte mich zu einer kleinen Vertiefung in der Mauer und öffnete die Tür. Ich mußte mich bücken, um hineinzukommen. Im Innern war es bis auf den kleinen Lichtkegel, der in einer Ecke durch ein Loch im Boden kam, völlig dunkel. Die Decke war so niedrig, daß ich mich nur gebückt aufhalten konnte, und wenn ich in der Mitte des Raums stand, konnte ich alle vier Wände berühren. Um zu sehen, was ich tat, brauchte ich immer eine Taschenlampe.

Zum Waschen stand eine Schüssel da, und wenn ich die Toilette benutzen wollte, mußte ich mich über die Öffnung hocken. Was durch das Loch fiel, lag dann einfach auf den Steinen unter dem Haus und trocknete zwischen den Dornensträuchern in der Sonne. Wenn jemand in der Nähe war, schämte ich mich zu sehr, zur Toilette zu gehen, und später gewöhnte ich mir an, nachts dorthin zu schleichen. Wenn ich tagsüber einmal mußte, kletterte ich zuerst aufs Dach und schaute um das ganze Haus herum, um mich zu vergewissern, daß niemand sehen konnte, was ich tat.

Im Badezimmer stand ein Behälter mit Wasser, in dem man sich nach der Benutzung der Toilette waschen konnte. Die Frauen füllten ihn aus den unten stehenden Kanistern immer wieder auf.

Wenn ich mir das Gesicht waschen wollte, mußte ich mir eine

Waschschüssel holen und die kleine Seifendose mitnehmen, die ich aus England mitgebracht hatte. Heißes Wasser gab es nicht, aber bei der ständigen Hitze, die draußen herrschte, wollte man sowieso am liebsten den ganzen Tag unter einer kalten Dusche stehen. An diesem Abend fragte ich nicht danach, woher das Wasser in den Kanistern kam. Es war einfach da, wie in England, und das war alles, was ich wissen mußte. In den darauffolgenden Tagen wurde mir klar, wie sich die Frauen abrackern mußten, damit das Wasser auch wirklich da war, wenn es gebraucht wurde.

Am ersten Abend hatte ich keinen Hunger. Es war alles so eigenartig. Ich war eingeschüchtert und brauchte Zeit, um wieder Atem zu schöpfen und zu begreifen, was geschah. Ich setzte mich in meinem Zimmer auf den Boden und sah der Familie zu, die sich zum Essen draußen im Aufenthaltsraum niederließ.

Sie setzten sich auf Kissen, der Raum war von Öllampen erleuchtet, und in der Mitte des Kreises stand eine Schüssel mit in Stücke gebrochenen und in Milch eingeweichten Tschapatis. Diese teigartige Mischung schöpften sie dann mit den Händen aus der großen Schüssel in ihre kleinen Eßschüsseln. Alle unterhielten sich und lachten, und ich konnte mir nicht vorstellen, daß ich mich je dazu überwinden könnte, so zu essen. Fasziniert sah ich zu, konnte aber nichts von dem, was sie sagten, verstehen. Alle tranken Wasser, obwohl sie anläßlich meiner Ankunft und der Rückkehr der Männer auch Vimto gekauft hatten. Vimto ist so etwas wie ein verdünnter Kirschsaft, den es nur zu besonderen Festtagen gab.

Ich sah, daß Abdul Khada, nachdem er so lange fortgewesen war, nun im Zentrum der Aufmerksamkeit stand. Er sprach am meisten, und alle übrigen hörten ihm respektvoll zu. Als sie das Essen beendet hatten, kam die ganze Familie zum Sitzen und Reden in mein Zimmer. Es tat mir wohl, so geehrt zu werden; ich freute mich schon darauf, meinen Freunden in England alles über diese Menschen erzählen zu können. Schließlich gingen alle schlafen, und ich schlich mich ins Badezimmer und versuchte herauszufinden, wie ich mich nach der langen Reise in dieser Hitze waschen konnte.

Als ich endlich ins Bett ging, fühlte ich mich sehr unwohl. An das Bett selbst konnte ich mich nur schwer gewöhnen. Ich fühlte mich nicht sauber und hatte nun doch Hunger, aber trotzdem war es immer noch ein Abenteuer, und ich rechnete nicht damit, lange in dem seltsamen Haus zu bleiben. Endlich schlief ich ein.

Am nächsten Tag wurde ich schon im Morgengrauen vom Krähen des Hahns und den Arbeitsgeräuschen der Frauen geweckt, die Wasser vom Brunnen geholt hatten und in der Küche hantierten. In das frühe Morgenlicht getaucht, sahen die Berge vor meinem Fenster sehr bewegend aus. Zum Frühstück gab es wieder Tschapatis, diesmal aber mit ein wenig Öl in der Pfanne gebraten, und Eier. Es wurde auch schwarzer, süßer Tee gekocht und in eine Flasche gefüllt, aus der die Familie tagsüber trank. für mich hatten sie im Laden sogar Milch besorgt, weil sie wußten, daß Engländer den Tee gern mit Milch trinken.

Die folgenden zwei Tage verbrachte ich völlig arglos als ihr Gast. Ich freute mich darauf, daß es bald wieder losgehen sollte und ich noch mehr von dem Land sehen und Leilah und Ahmed besuchen würde. Obwohl ich sie noch nie getroffen hatte und ja auch wußte, daß sie nicht Englisch sprachen, gehörten sie doch zur Familie, und das würde uns so weit von zu Hause verbinden. Trotz meiner Ungeduld fragte ich nicht. Ich wartete darauf, daß Abdul Khada mir sagen würde, wann es weiterginge. Die meiste Zeit spielte ich mit den Kindern vor dem Haus. Sie versuchten mir einige einfache arabische Wörter beizubringen. Es waren sehr liebe, glückliche kleine Mädchen, und ich schloß sie sofort ins Herz.

An diesen zwei Tagen war Abdul Khada sehr freundlich zu mir. Er bemerkte, daß ich mich schwer damit tat, auf dem Boden zu sitzen und mit den Händen zu essen, und er brachte mir eine Gabel und einen Teller in mein Zimmer und kochte mir anderes Essen. Am zweiten Nachmittag ging er mit mir in die Geschäfte hinunter. Für mich sahen sie mehr wie Verschläge aus, die mit Obst, Zigaretten, Dosen und anderen Lebensmitteln vollgestopft waren. Obwohl Frauen dort normalerweise nicht rauchen dürfen, wußte Abdul Khada, daß es keinen Sinn hatte, es mir wieder abgewöhnen zu wollen, und kaufte mir deshalb Zigaretten. Die ganze Zeit über behandelte er mich wie ein englisches Mädchen, so als wäre ich, im Unterschied zu den einheimischen Frauen, ihm gleichgestellt. Ich hatte immer noch keinen Grund zu vermuten, daß irgend etwas nicht stimmte.

Mit allen Leuten im Dorf war er gut bekannt, und mit den meisten anscheinend auch verwandt. Ständig blieb jemand stehen und sprach ihn an, und viele ältere Männer, die früher auch in England gearbeitet hatten, knüpften auch mit mir ein Gespräch an und fragten mich auf englisch, ob es mir im Jemen gefiele. Keiner von ihnen machte eine Andeutung darüber, warum man mich in Wahrheit hergebracht hatte.

Als Abdul Khada und ich vom Einkaufen zurück waren und auf dem Podest vor dem Haus saßen und uns mit den Großeltern und den Kindern unterhielten, erschien plötzlich Mohammeds jüngerer Bruder Abdullah. Er war den gleichen Weg heraufgekommen, den wir am ersten Tag auch gegangen waren. Ich wußte, daß es noch einen zweiten Sohn gab, und hatte gehört, daß er sich in Campais, ungefähr zwei Autostunden von hier, aufhielt. Abdul Khada besaß in Campais ein Restaurant an der Hauptstraße nach Sanaa. Abdullah hatte seinem Vater bei den Vorbereitungen für die Eröffnung geholfen. Schon vor meiner Abreise hatte er mir Fotos des Jungen gezeigt, aber ich hatte nicht weiter auf sie geachtet. Ich wußte, daß er vierzehn war, er sah aber mehr wie zehn aus. Er war ein körperlich schwacher, dünner und blasser Junge, der krank wirkte. Die ganze Familie kam zu seiner Begrüßung vors Haus, und seine Mutter trug ihm die Tasche hinein. Ward hatte anscheinend ihren jüngeren Sohn besonders gern. Später sollte ich erfahren, daß er von Geburt an nie sehr gesund gewesen war, deshalb hatte sie ihn immer besonders bemuttert und beschützt.

»Das ist mein Sohn Abdullah.« Abdul Khada machte uns miteinander bekannt, und wir reichten uns sehr förmlich die Hände, so wie ich es bei allen anderen zwei Tage vorher auch gemacht hatte. Sein Händedruck war kraftlos, und seine Hand war kleiner als meine. Wir setzten uns alle wieder, und ich achtete nicht mehr auf Abdullah, als es die Höflichkeit gebot. Er schien sich auch nicht besonders für mich zu interessieren. Ich wollte aber mit jedem aus der Familie möglichst gut auskommen und alle kennenlernen. Ich wollte, daß es schöne Ferien würden.

Als die Sonne hinter den Bergen versank und es kühler wurde, gingen wir hinein und unterhielten uns in meinem Zimmer weiter. Nach einer Weile verließ der Rest der Familie den Raum. Abdul

Khada saß zwischen mir und dem Jungen auf dem mit einem Laken bedeckten Podest. Ich hockte auf meinem Lieblingsplatz neben dem Fenster, es war das kühlste Fleckchen im Zimmer. Der Junge starrte schweigend zu Boden.

Ganz leise und beiläufig sagte Abdul Khada zu mir: »Er ist dein Ehemann.«

Ich hielt das für einen Witz. Ich schaute ihn verblüfft an und wußte nicht, ob ich lachen sollte. »Was?« fragte ich.

»Abdullah ist dein Ehemann«, wiederholte er, und ich versuchte, mich auf die Worte, die er sprach, zu konzentrieren, ich wußte nicht, ob ich sie richtig wahrnahm. Mein Herz schlug zwischen den Rippen einen solchen Lärm, daß mir nicht klar war, was ich hörte. Mein Atem setzte aus, und ich war vor Panik wie gelähmt.

»Er kann nicht mein Ehemann sein.« Ich wußte immer noch nicht, ob das ein Scherz war oder ob er es ernst meinte. Ich verstand gar nichts.

Mohammed mußte draußen gelauscht haben, denn er kam zur Tür und schaute herein.

»Wovon redet er, Mohammed?« fragte ich.

»Abdullah ist wirklich dein Ehemann, Zana«, antwortete Mohammed, und mir dämmerte jetzt, daß sie es ernst meinten. Ich versuchte mir rational klarzumachen, was passiert sein konnte.

»Wie kann er denn mein Ehemann sein?« war alles, was ich sagen konnte. »Was ist los?«

»Dein Vater hat die Heirat in England vereinbart«, erklärten sie, »und für deine Schwester Nadja ebenfalls. Sie ist mit Gowads Sohn verheiratet. Wir haben Heiratsurkunden, es ist also legal. Du bist verheiratet, und Abdullah hier ist dein Mann.«

Wie betäubt saß ich in dem kühlen Luftzug, der durchs Fenster hereinkam, schüttelte den Kopf und sagte stumpfsinnig immer wieder: »Das kann nicht sein. Wie ist das nur möglich?«

Die Gedanken überschlugen sich in meinem Kopf. Abdul Khada und seine Söhne unterhielten sich wieder auf arabisch, als ob ich gar nicht da wäre. Schließlich gingen sie aus dem Zimmer und ließen mich weinend zurück. Ich glaube, sie waren etwas essen gegangen. Es war mir egal. Ich wollte bloß wieder zu Hause bei Mum sein. Ich wollte zu jemandem gehen, zu jemandem, der alles in Ordnung bringen konnte. Ich hatte keine Ahnung, wie ich mich in dieser Situation verhalten sollte.

Es wurde dunkel im Zimmer, während ich nur dasaß und in die Luft stierte, und dann kam Abdullah wieder herein, und mir wurde klar, daß es Nacht war und daß er mit mir schlafen wollte. Abdul Khada war bei ihm.

»Er wird nicht hier schlafen«, sagte ich. »Ich will allein sein.«

»Er ist dein Mann«, erwiderte Abdul Khada streng. »Du mußt mit ihm schlafen.« Er stieß den Jungen herein und schlug die Tür zu. Ich hörte, wie von draußen der Riegel vorgeschoben wurde.

Ich sah Abdullah nicht an, und er sagte kein Wort zu mir. Ich spürte, daß er im Zimmer umherging, er wußte ebensowenig wie ich, wie er sich verhalten sollte. Er legte sich ins Bett, und ich ließ mich auf dem Laken auf dem Podest unter dem Fenster nieder. Ich wollte auf keinen Fall mit ihm im gleichen Bett liegen. In dieser Nacht schlief ich nicht, ich konnte nichts gegen die in meinem Kopf rasenden Gedanken tun. Immer wieder fragte ich mich, was passiert war, betrachtete die Ereignisse aus allen möglichen Blickwinkeln, versuchte zu verstehen, was mit meinem Leben geschehen war. Ich hörte das Geheul der Wölfe und Hyänen in den Bergen und das Rascheln der Tiere im unteren Stockwerk. Da der Mond schien, sah ich die Eidechsen an der Decke. Die Stunden quälten sich langsam dahin.

Am folgenden Tag muß Abdullah seinem Vater berichtet haben, daß ich nicht im Bett geschlafen hatte. Abdul Khada war wütend und schrie mich an. »Warum hast du nicht mit ihm geschlafen?«

»Ausgeschlossen«, sagte ich, »ich will nicht mit ihm schlafen.« Jedesmal, wenn mich jemand ansprach, spürte ich, wie ich wieder in Panik geriet. Ich weinte den ganzen Tag, lief hinter Abdul Khada her und bat ihn, mir zu sagen, was sie mit mir vorhatten, und mich nach Hause fahren zu lassen. Ich klammerte mich an diesen Hoffnungsschimmer, glaubte, daß ich, wenn ich nur den Mut nicht verlor, aus dem Alptraum erwachen würde und in mein Zuhause in Birmingham zurückkehren könnte.

»Wann«, flehte ich, »wann kann ich nach Hause fahren?« Doch er gab mir keine Antwort.

Abdullah hatte anscheinend genausoviel Angst wie ich. Er mußte gewußt haben, daß man ein Mädchen aus England mitbringen würde, das er heiraten sollte, aber wie ich war und wie ich mich kleidete, so ganz anders als alle Frauen, die er in seinem bisherigen Leben kennengelernt hatte, das muß ein Schock für ihn gewesen sein. In seinen Augen war ich unrein und unanständig. Ich glaube, er fürchtete sich vor mir. Noch mehr aber fürchtete er sich vor seinem Vater.

Niemand beachtete mich, und ich wankte wie betäubt in dem Haus umher. Ich trat in Mohammeds Zimmer. Bakela war vor kurzem krank gewesen, und auf dem Podest lagen noch ein paar Tabletten. Mir fiel ein, daß ich solche schon einmal gesehen hatte. Ich wußte nicht, was für Tabletten das waren, aber ich dachte, daß sie ein Ausweg aus dem Alptraum sein konnten, wenn ich nur genug davon schluckte. Ich ging in das Zimmer und nahm das Röhrchen. Dann kehrte ich in mein Zimmer zurück, leerte den Inhalt des Röhrchens auf meine Hand und schluckte die Tabletten hinunter. Mohammed mußte mich beobachtet haben, denn er kam genau in der Sekunde in mein Zimmer gerannt, packte mich am Hals und würgte mich, so daß die Tabletten wieder herauskamen.

Ich hatte Mohammed gern, ich konnte mich mit ihm unterhalten, und ich glaubte, daß ich ihm leid tat, und meistens war er auch nett zu mir. »Bitte, hilf mir«, bat ich ihn, doch er zuckte bloß mit den Schultern.

»Ich kann nichts für dich tun«, sagte er. »Ein Sohn muß seinem Vater gehorchen.«

Er fürchtete sich ebenfalls vor seinem Vater, obwohl er ein erwachsener Mann mit einer eigenen Familie war. Arabische Männer gehorchen ihren Vätern immer, stellte ich fest, auch wenn sie nicht mit ihnen einer Meinung sind. Mir fiel keine andere Lösung ein, als mich solange zu weigern, bis sie genug von mir haben und mich nach Hause schicken würden. An jedem Abend kam Abdul Khada zu mir und sagte, daß ich mit Abdullah schlafen müßte.

»Das werd ich nicht«, erwiderte ich.

»Du wirst«, sagte er streng, »denn sonst müssen wir dich dazu zwingen und dich am Bett festbinden.« Mohammed kam herein und bestätigte es. Nach ihren Mienen zu urteilen meinten sie das wirklich. Sie hatten nicht erwartet, daß eine Frau ihnen so viele

Schwierigkeiten machen würde, und erst recht nicht ein junges Mädchen, das weit weg von zu Hause war. Sie waren entschlossen, mich zu dem zu zwingen, was sie verlangten. Wenn ich nicht wollte, daß sie Gewalt anwendeten, mußte ich nachgeben.

In der Nacht mußten sie uns nicht zusammen einsperren, ich hätte sowieso nirgendwohin weglaufen können. Abdullah kam herein und tat, was sein Vater ihm befohlen hatte. Ich hielt still und ließ es ihn hinter sich bringen.

5

Gefangen

Am nächsten Morgen, als Abdullah und ich aufgestanden waren, ging ich mit einer Taschenlampe ins Bad, um mich in dem Eimer mit dem kalten Wasser zu waschen. Als ich fertig war und wieder ins Zimmer kam, begegnete ich dort Ward, Abdullahs Mutter, die das Bett machte und das untere Laken inspizierte.

»Was hat sie in dem Zimmer zu schaffen?« fragte ich Abdul Khada so frech ich nur konnte, obwohl ich wußte, daß sie nach Blutspuren auf dem Laken suchte, um sich zu vergewissern, daß ich noch Jungfrau gewesen war und daß Abdullah seine Sache richtig gemacht hatte. In dem Augenblick hätte es mich gefreut, wenn ich nicht mehr Jungfrau gewesen wäre, denn ich gönnte ihnen diese Genugtuung nicht, mir die Jungfernschaft genommen zu haben.

Ich haßte sie so sehr, daß ich meine Zunge kaum im Zaum halten konnte. Ich war so häßlich zu allen, wie ich nur konnte, warf ihnen verächtliche Blicke zu, schaute böse und machte Abdul Khada und Mohammed gegenüber sarkastische Bemerkungen, denn sie waren ja die einzigen, die verstanden, was ich sagte. Doch sie ließen sich durch nichts aus der Ruhe bringen. Die Erwachsenen gingen mir einfach aus dem Weg und warfen mir nur von Zeit zu Zeit spöttische Blicke zu. Ich nehme an, sie hatten damit gerechnet, daß ich anfangs wütend reagieren würde.

Nachdem Ward das Zimmer verlassen hatte, ging ich hinein und dachte über mein Schicksal nach. Das einzige, was ich von diesem Tag noch weiß, ist, daß die beiden Mädchen, Shiffa und Tamanay, kamen und mir etwas sagen wollten. Es waren wirklich ganz liebe Kinder, und ich wollte sie nicht kränken, denn sie konnten ja nicht ahnen, was vorging und wie mir zumute war. Aber ich wollte an dem Tag einfach allein sein. Den ganzen Tag lang sagte ich mir, früher oder später wird Mum davon erfahren und mich hier rausholen. In den folgenden acht Jahren hab ich mir jeden Tag gesagt, daß ich aus diesem Dorf rauskommen, daß ich auf keinen Fall für immer dort bleiben würde. Diese Entschlossenheit, glaube ich, hat mich am Leben erhalten.

In den ersten Tagen erlaubte mir Abdul Khada, allein in meinem Zimmer zu bleiben. Er brachte mir Essen und gab mir Messer und Gabel, so daß ich nicht essen mußte wie sie. Er kochte weiter englische Gerichte wie Huhn und Chips für mich, obwohl mir wirklich nicht danach war, etwas zu essen. Ich war so durcheinander und hatte keinen Hunger, und ich ekelte mich vor den vielen Fliegen. Im Jemen ist jeder und natürlich auch alle Speisen, die irgendwo offenstehen, ständig von einem Schwarm von Fliegen umgeben. Am Tage wurden wir von Fliegen geplagt und in der Nacht von Moskitos. Man konnte nicht verhindern, daß man gestochen wurde, aber man mußte versuchen, sich zu beherrschen und die Stiche tagsüber nicht aufzukratzen. Am Anfang schaffte ich das nicht und kratzte, bis es blutete. Doch der Juckreiz ließ nicht nach. Ich brauchte ungeheuer viel Willenskraft, um damit aufzuhören, mir die eigene Haut aufzureißen, doch ich schaffte es. In diesen ersten Tagen konnte ich aber kein Essen anrühren, ich trank Vimto und wartete darauf, daß etwas geschehen würde.

Mein Mut stieg und sank. Manchmal war ich sicher, daß es nicht lange dauern konnte, bis jemand herausgefunden hatte, was geschehen war, und nach mir suchen kam. Dann fiel mir wieder ein, was für eine lange Reise es von Birmingham bis dorthin war, und ich hatte keinen Grund mehr anzunehmen, daß Mum mich je finden würde.

In Augenblicken der tiefsten Verzweiflung dachte ich, daß Mum vielleicht die ganze Zeit über gewußt hatte, was Dad ausheckte, daß sie vielleicht sogar daran beteiligt war. Wenn das stimmte, hatte ich in der ganzen Welt keinen Menschen mehr, dem ich vertrauen konnte, außer Nadja.

Ich wollte Nadja so dringend sehen, doch der Gedanke daran, daß meine kleine Schwester die gleiche Tortur wie ich durchmachen sollte, war unerträglich. Ich mußte irgendwie verhindern, daß sie mit Gowad abreiste.

Ich hatte aus England einen Block Schreibpapier und Briefumschläge mitgenommen, und ich fing an, Mum und Nadja zu schreiben. Es war ein sehr langer Brief, und ich berichtete ihnen alles, was Abdul Khada und seine Familie mir angetan hatten, und ich flehte Mum an, mir zu helfen, und schärfte Nadja ein, nicht herzukommen. Ich steckte den Brief in einen Umschlag und gab ihn Abdul Khada, der nach Ta'izz fuhr. Es wäre nur ein kurzer Gruß an Mum, daß ich angekommen sei und daß es mir gutginge, erzählte ich ihm. Er schöpfte anscheinend keinen Verdacht und sagte, er würde ihn abschicken. Ich weiß bis heute nicht, ob er es wirklich getan hatte. Später hat er es jedenfalls behauptet und gesagt, Dad wäre an dem Tag, an dem der Brief in England ankam, als erster zum Briefkasten gegangen, hätte ihn an sich genommen und gelesen und vor Mum und Nadja versteckt.

Fast die ganze folgende Woche tat ich gar nichts, saß vor dem Haus und ging auch einmal mit Abdul Khada einkaufen. Immer noch starrten mich alle Leute wegen meiner Kleidung an, aber das machte mir nichts aus. Ich wollte zeigen, daß ich anders war, ein Mädchen aus England, keine von ihnen. Ins Dorf hinunter führten zwei verschiedene Wege. Der Hauptweg war eine holprige Straße, die vor Abdul Noors Haus am Fuße des Felsen begann. Er wurde von den Autos und den Männern benutzt. Die Alternative dazu war ein Seitenweg, der durch Büsche einen Berghang hinabführte und den die Frauen nehmen mußten. Zu dieser Zeit gestattete mir Abdul Khada noch, mit ihm zusammen auf dem Hauptweg zu gehen, als ich jedoch wie die einheimischen Frauen wurde, mußte ich wie sie auch den Seitenweg gehen. Sie waren so klug, nicht von mir zu verlangen, daß ich mich zu schnell an zu vieles auf einmal anpaßte. Sie waren sich wohl sicher, daß sie mich zu guter Letzt ja doch kleinkriegen würden.

Im Dorf kaufte Abdul Khada mir viel Obst. Es war zwar nicht besonders gut, aber ich war froh, etwas zu haben, das ich von zu Hause kannte. Auf dem Rückweg machten wir im Haus seines Bruders Station. Abdul Noor war nicht da, er arbeitete auswärts, seine Frau und seine Schwiegertochter waren allein. Weil ihre Familie nicht so groß war, war das Haus viel kleiner als das von Abdul Khada. Es war nur einstöckig, die Zimmer zweigten alle von einem langen Korridor ab. Wir gingen hinein und besuchten Amina, die Frau seines Bruders. Sie war sehr freundlich und höflich. Ihre Schwiegertochter Haola wohnte ebenfalls dort. Ich begann zu begreifen, daß es zum Los der Frauen gehörte, in den Dörfern zurückgelassen zu werden, während die Männer auf Arbeitssuche durch die ganze Welt fuhren.

Ich hatte Amina und Haola sehr gern, beide waren sehr warmherzig und gaben mir ein Gefühl von Geborgenheit. Amina sprach die ganze Zeit mit mir, und ich wollte die Sprache so gern lernen, damit ich sie verstehen konnte. Die Atmosphäre in diesem Haus war ganz anders als bei Abdul Khada und Ward. Amina weinte an dem Tag aus Mitleid mit mir, doch Abdul Khada herrschte sie an, sie solle stark sein. Ich konnte aus seinen Handbewegungen erraten, was er sagte.

Seit dem ersten Abend, an dem Mohammed mir bestätigt hatte, daß man mich festbinden würde, damit Abdullah mich vergewaltigen konnte, war er fast immer nett zu mir, obwohl er mich manchmal auch provozierte. Er redete viel und gab sich so, als sei überhaupt nichts geschehen. Abdullah, mein angeblicher Mann, schwieg, wenn ich in der Nähe war. Er nahm von mir so wenig Notiz wie ich von ihm. Nachts mußten wir weiter im gleichen Zimmer schlafen, und ich tat alles mögliche, um zu vermeiden, mit ihm ins Bett zu gehen. Jeden Morgen fragte Abdul Khada den Jungen darüber aus, was in der Nacht passiert war, und ich glaube, Abdullah hat ihm wahrheitsgemäß berichtet, daß ich nicht mit ihm schlafen wollte, denn Abdul Khada war ständig wütend auf mich. Als mich Abdullah eines Abends anfassen wollte, verlor ich die Nerven und trat so heftig nach ihm, daß er von einer Ecke des Zimmers in die andere stolperte. Ich bin sicher, daß ich ihm weh getan hatte, denn er sagte es seinem Vater, und ich wurde wieder ausgeschimpft. Obwohl ich mich die ganze Zeit dagegen zu wehren versuchte, wußte ich, daß ich am Ende doch nachgeben mußte, denn mir war klar, daß Abdullah Sex mit mir haben mußte. Es war Gesetz, daß eine Frau sich den sexuellen Bedürfnissen ihres Mannes zu fügen hatte. Ich konnte es ihnen zwar so schwer machen wie nur möglich, sie wußten aber, daß sie letztendlich alles von mir erzwingen konnten, was sie wollten.

Abdul Khada war entschlossen, meinen Widerstand zu brechen, und er war kein Mann, gegen den man sich ewig auflehnen konnte. Abdullah wenigstens konnte es nicht. Wenn es nicht nach seinem Willen ging, wurde Abdul Khada zu einem böswilligen Tyrannen. Er erwartete von der Familie absolute Unterordnung, und keiner von ihnen hatte den Mut, gegen seine Herrschaft aufzubegehren. In dieser Gesellschaft haben die Männer das Recht auf ihrer Seite und die Freiheit, zu tun, was ihnen gefällt.

Sie hatten wohl die Hoffnung, daß ich bald schwanger werden würde, denn sie bildeten sich ein, daß ich mich beruhigen würde, wenn ich erst einmal ein Kind hätte. Wenn ich mich um ein Baby kümmern müßte, so ihre Berechnung, würde ich nicht mehr aus dem Jemen fortgehen und nach England zurückkehren wollen. Wenn ich schwanger wäre, beteuerte mir Abdul Khada oft, dürfte ich zurück nach England fahren, um das Baby dort bei Mum zur Welt zu bringen. Je schneller ich meinen Widerstand aufgeben würde, desto schneller käme ich zurück nach Birmingham, sagte er. Sie verlangten nur, daß ich nachgäbe und mich in mein Schicksal fügte. Obwohl ich entschlossen war, niemals aufzuhören zu kämpfen, begann ich zu begreifen, daß ich mich ihren Ansichten annäherte. Mein Verstand sagte mir, daß ich früher nach England zurückkommen würde, wenn es mir gelang, ihnen vorzuspielen, daß sie mir vertrauen konnten. Schon bei der nächsten Gelegenheit aber mußte ich feststellen, daß ich in den Gesprächen meinen Sarkasmus und meinen Unwillen nicht unterdrücken konnte. Ich haßte sie zu tief, um ihnen etwas anderes vorgaukeln zu können.

Eines Abends, ungefähr eine Woche nach der Eröffnung, daß ich mit Abdullah verheiratet sei, kam ein Freund von Abdul Khada zu Besuch. Er kam herein, begrüßte mich und ging dann in Abdul Khadas Zimmer und redete mit ihm. Ich war höflich zu dem Gast und unterhielt mich dann mit Bakela in ihrem Zimmer. Ich trug immer noch meine englischen Sachen und mein Haar nicht bedeckt. Ein wenig später, als der Mann gegangen war, kam Abdul Khada hereingestürmt. Er hatte ein Kleiderbündel in der Hand, warf es mir vor die Brust und befahl mir, die Sachen anzuziehen.

»Wozu?« fragte ich.

»Es gehört sich nicht, daß fremde Männer dich so sehen!« schrie er. »Es bringt Schande über mich, wenn ich in meinem Haus eine Frau habe, die sich so vor Männern zeigt.«

Ich sah mir die Sachen an, die er mir zugeworfen hatte. Die Farbe des Stoffs war ein scheußliches Orange, und er war mit kleinen angenähten Metallplättchen übersät. Die Kleider gehörten Ward.

»Ich zieh das nicht an«, sagte ich und warf sie zu Boden. Abdul Khada machte einen Satz nach vorn, seine Wut entlud sich, und er schlug mir mitten ins Gesicht. Ich schrie auf, der Kopf tat mir weh, ich war so wütend über ihn wie er über mich. Ich schleuderte ihm das Kleiderbündel entgegen. Er kam mit erhobener Hand auf mich zu und wollte mich wieder schlagen. Ich sprang an ihm hoch und biß ihm so fest ich nur konnte in den Daumen und ließ nicht los. Wie ein Hund ein Kaninchen packt, biß ich so lange auf seinen Daumennagel, bis ich sein Blut schmeckte. Er schrie vor Schmerz, und der Tumult führte dazu, daß Mohammed angerannt kam.

»Was machst du denn?« schrie er seinen Vater an und riß uns auseinander. Beide Männer gingen aus dem Zimmer, Abdul Khada rieb sich die blutende Hand, und ich und die vor Angst und Entsetzen schlotternde Bakela blieben allein. Ward kam herein, als ihr Mann verschwunden war, und hob die auf dem Boden verstreuten Kleider auf. Ich verstand nicht, was sie sagte, aber ich konnte ihrer Zeichensprache entnehmen, daß ich die Sachen jetzt anziehen müßte, denn sonst würde Abdul Khada vor Wut verrückt. Sie war entsetzt darüber, daß ich es gewagt hatte, ihn so in Rage zu bringen.

Beide Frauen redeten so lange auf mich ein, bis ich schließlich einwilligte, die Kleider wenigstens anzuprobieren, aber nur über meine eigenen Sachen. Der Stoff war schwer und schon abgetragen, und er kratzte. Ich stand da und fühlte mich lächerlich und unwohl; Bakela legte mir tröstend die Hand auf die Schulter, und vor Mitleid standen ihr Tränen in den Augen. Ich zog die Sachen wieder aus und schüttelte den Kopf. »Tut mir leid«, sagte ich, »ich kann das nicht anziehen.« Ich war entschlossen, ihnen nicht nachzugeben, jedenfalls noch nicht.

Ich war weiter so böse zu allen, wie ich nur konnte, und Abdul Khada schlug mich jedesmal, wenn ich ihm eine freche Antwort gab, und sorgte dafür, daß ich mich nicht körperlich wehren konnte. Er wußte anscheinend nicht, was er mit einer Frau anfangen sollte, die ihm einfach nicht gehorchen wollte. Mein Benehmen machte ihn immer mißmutiger. Ich begriff bald, daß jeder im Dorf Angst vor ihm hatte und daß nur sehr wenige Leute ihn mochten. Die ganze Freundlichkeit, mit der er mich zu Beginn behandelt hatte, war nur Theater und sollte über seine Gemeinheit hinwegtäuschen, und jetzt zeigte er seinen wahren Charakter.

Die Frauen versuchten, mich zur täglichen Hausarbeit heranzuziehen, zwangen mich anfangs aber zu keiner Arbeit. Sie versuchten, mich durch Überredung für ihre Arbeit zu interessieren, damit ich ihnen freiwillig half. In diesen ersten Wochen tat ich ihnen wahrscheinlich noch leid, und deshalb wollten sie mir Zeit lassen, mich an ihre Lebensweise zu gewöhnen, und bestanden nicht darauf, daß ich für sie arbeitete. Die Tschapatis buken sie auf den glutroten Platten des Ofens, in dessen Mitte ein Holzfeuer brannte. Ward fragte mich, ob ich helfen wollte, und zeigte mir, was ich tun sollte. Ich schaute in den Ofen und sah, wie die Flammen an den Wänden, die die Frauen mit den Händen berühren mußten, hochzüngelten. Als ich mich über den Ofen neigte, brannte mir die starke Hitze ins Gesicht, und ich rannte voller Angst weg. Ich sah, daß ihre Hände schon ledrig waren und ihnen die Hitze nichts mehr ausmachte, meine Hände waren aber nicht abgehärtet, und für mich sah es wie eine entsetzliche Tortur aus, als müßte man Tag für Tag in der Hölle schmoren.

Tschapatis wurden auf zwei verschiedene Arten zubereitet und gegessen: gebraten und gebacken. Die gebratenen wurden aus einem Mehl gemacht, das wir bereits gemahlen im Laden kauften. Wir besorgten immer gleich einen Vorrat für mehrere Monate und bewahrten ihn unten im Haus auf. Die Frauen mußten die Säcke auf dem Kopf vom Dorf herauftragen, und weil sie prallvoll waren, hatte man immer Angst, daß sie aufreißen würden. Das war eine Arbeit, die ich später auch lernen mußte, zu dem Zeitpunkt aber schien sie mir unausführbar schwer. Das Mehl wurde dann geknetet und zu runden Fladen geformt. Man gab ein wenig Fett in eine

Bratpfanne und legte den Teig in das heiße Fett, bis er auf beiden Seiten gebräunt war.

Meistens wurden die Fladen jedoch im Feuer gebacken, dazu mußte man sich in den Ofen beugen und den Teig mit den Händen an die weißglühenden Wände drücken. Diese gebackenen Tschapatis wurden aus Weizenmehl gemacht, das die Frauen mit einem großen Stein selbst mahlten, eine endlose Schinderei, die ich bald zu hassen begann. Waren die Fladen an die Ofenplatten angedrückt, wurde Holz nachgelegt, um das Feuer noch stärker anzufachen, und dann wartete man, bis sich im Teig Blasen bildeten. Nach ungefähr fünf Minuten nahmen die Frauen die Fladen mit den bloßen Händen von den heißen Platten ab. Als diese Arbeit mir zufiel, mußte ich lernen, die Fladen so schnell abzunehmen, daß ich mir nicht die Finger verbrannte, aber auch nicht zu schnell, damit sie nicht ins Feuer fielen. Wenn die Tschapatis herausgeholt wurden, waren sie natürlich brennend heiß, und man mußte sie so schnell wie möglich ablegen. Als ich mit dieser Arbeit anfing, bildeten sich von der Hitze Blasen auf meinen Händen, aber Ward zwang mich zum Weitermachen, und schließlich wurden die Hände härter und ich so geübt, daß ich mich nicht mehr verbrannte. Die Tschapatis waren unser Hauptnahrungsmittel und wurden entweder trocken gegessen oder mit Milch und Butter vermengt und als Brei mit den Fingern geschöpft.

Anfangs weigerte ich mich jedoch, eine dieser Arbeiten auch nur auszuprobieren, und weil ich im Haushalt nicht half, blieb mir nichts anderes übrig als herumzusitzen und über das nachzugrübeln, was mir widerfahren war. Eines Morgens, als Abdul Khada zum Einkaufen ins Dorf gegangen war, hielt ich das Herumsitzen nicht mehr aus. Ein schmaler Pfad, auf dem die Frauen manchmal Wasser holen gingen, führte vom Haus weg in den Wald. Von meinem Zimmer aus konnte ich ihn sehen, und er kam mir wie ein Ausweg aus meiner Lage vor. Im Nu beschloß ich, wegzulaufen.

Ich mußte einfach nur rennen und so lange weiterrennen, bis ich aus den Bergen und aus dem Jemen heraus sein würde. Ich hatte keine Ahnung, wie ich das schaffen sollte, wie ich den Männern im Dorf, die doch wußten, wie man in den Bergen jagt, Spuren verfolgt und kämpft, entkommen und wie ich in der Tageshitze überleben sollte. Ich hatte keine Ahnung, was ich essen und trinken und wo ich schlafen wollte, von den Schlangen und wilden Tieren ganz zu schweigen. Ich wußte nur, daß ich aus diesem Haus und vor Abdul Khada und seiner Familie fliehen mußte, daß alles andere besser sein würde als die Aussicht, ihre Gefangene zu bleiben.

Zeit zum Warten und Nachdenken hatte ich nicht, ich mußte gehen, solange Abdul Khada fort war. Ich lief die Treppe hinunter zur Hintertür. Der alte Mann ging gerade hinaus, und ich stieß ihn beiseite und rannte in die Sonne.

Ich lief so schnell ich konnte den Berg ins Tal hinab, die Steine rutschten unter meinen Füßen weg und flogen zur Seite, in meinen Beinen hämmerte es, und ich hatte das Gefühl, daß mir die Lunge gleich zerplatzen würde. Ich lief an dem kleinen Dorffriedhof hinter dem Haus vorbei und rannte immer weiter. Wohin, wußte ich nicht. Ich hörte die Stöße meines Atems im Kopf, und ich dachte an Kunta Kinte, den Sklaven in *Wurzeln*, der versucht hatte, von der Plantage zu fliehen, auf die man ihn verschleppt hatte. Ich dachte daran, daß sie ihn eingefangen und zurückgebracht hatten und daß er bestraft worden war, und zwang meine Beine, noch schneller zu laufen.

Der Alte mußte die anderen alarmiert haben, denn Mohammed und Ward fingen an, mich zu verfolgen. Ich hörte sie hinter mir, und wenn ich mich umschaute, hatten sie jedesmal ein Stückchen aufgeholt und riefen mir nach. Es war ein Alptraum, und von der Anspannung des Rennens tat mir der ganze Körper weh, und ich sah, daß sie schneller liefen, als ich es je gekonnt hätte. Unten im Tal hatten sie mich eingeholt. Ich hatte keine Ahnung, wo ich war und wohin ich mich wenden konnte. Ich konnte mich nirgends vor ihnen verstecken. Mohammed packte mich und schüttelte mich brutal. Er keuchte ebenfalls. »Was machst du nur?« rief er. »Wohin rennst du denn? Du mußt verrückt sein, so einfach wegzulaufen. Komm zurück ins Haus. Mein Vater wird bald vom Einkaufen wieder da sein, und wenn er erfährt, daß du fortlaufen wolltest, wird er sehr wütend sein.«

Mir blieb nichts anderes übrig, als mit ihnen ins Haus zurückzukehren. Als wir dort ankamen, wartete Abdul Khada bereits auf uns, und ich spürte, wie eine Welle der Furcht vor dem, was er nun tun würde, in mir aufstieg. Er war so wütend, wie Mohammed es vorausgesagt hatte, aber ich hatte ihm nichts zu sagen. Ich konnte nichts rechtfertigen, ich wollte einfach nur weg.

Am Wochenende vor Nadjas geplantem Eintreffen im Jemen bot Abdul Khada an, mit mir nach Marais zu fahren, um meinen Bruder Ahmed und meine Schwester Leilah zu besuchen. Ich war sofort einverstanden und hoffte, sie dazu bewegen zu können, mir zu helfen. Abdul Khada mußte mich hinbringen, weil er es meinem Dad versprochen hatte. Er erzählte mir, ich dürfte so lange bei Leilah und Ahmed und ihren Familien bleiben, wie ich wollte. Ich war ganz verwirrt von seinen Versprechungen. Obwohl ich bereits gelernt hatte, jedem seiner Worte zu mißtrauen, hoffte ich trotzdem, daß es eine Möglichkeit wäre zu fliehen. Ich packte meinen Koffer.

Vom Dorf aus dauerte die Fahrt sieben Stunden, und wie immer brachen wir schon sehr früh am Morgen auf, um nicht in den heißesten Stunden des Tages unterwegs zu sein. Wir fuhren mit einem Land Rover-Taxi, das Abdul Khada und mich an der Hauptstraße erwartete. Für unterwegs hatten wir Obst eingepackt.

Nachdem wir eine Weile gefahren waren, kamen wir in einen zweiten Gebirgszug. Die Straße war holprig und in schlechtem Zustand und wand sich von da an in Haarnadelkurven bergauf. Als wir um eine Kurve fuhren, schaute ich aus dem Fenster und sah, daß der Berg direkt neben dem Auto senkrecht nach unten abfiel. Wir schaukelten und rumpelten am Rand einer Bergkuppe entlang. Ich geriet in Panik und schrie und flehte sie an, mich aussteigen zu lassen, doch Abdul Khada redete auf mich ein und versuchte, mich zu beruhigen, und der Fahrer fuhr weiter. Die Wege wurden immer schlechter, und an jeder Biegung schienen wir uns dem Rand des Abgrunds weiter zu nähern. Vor Angst wurde ich hysterisch, doch die Fahrt dauerte noch Stunden.

Einmal hielten wir zur Rast auf einem kleinen Platz, und ich stieg aus, um frische Luft zu schöpfen. Wir standen unmittelbar neben einer steilen Felswand, und ich beschwor Abdul Khada, mich den Rest des Wegs zu Fuß gehen zu lassen. »Zu weit«, sagte er kopfschüttelnd und bedeutete mir, wieder ins Auto einzusteigen.

Als wir endlich in Marais angekommen waren, war ich den Tränen nahe. Ich hatte solche Angst, ich war müde und verschwitzt.

Kaum war ich mit zitternden Beinen aus dem Auto ausgestiegen, da umringten uns schon die Dorfbewohner, plapperten auf arabisch und wollten mich kennenlernen. Ich bat Abdul Khada, mir zu übersetzen, aber es drängten sich einfach zu viele Leute zu uns durch, und alle redeten, lächelten und lachten auf einmal.

In der Menge sah ich einen alten Mann, der, auf einen Stock gestützt, auf uns zugehumpelt kam. Er war klein, und sein Rücken war vom Alter gekrümmt. Er hatte weißes Haar und trug eine Brille.

»Das ist dein Großvater«, sagte Abdul Khada zu mir, und ich brach in Tränen aus. Ich wollte mit dem alten Mann sprechen und ihn um Hilfe bitten und konnte es nicht. Adbul Khada übersetzte für uns, deshalb konnte ich ihm nicht sagen, was geschehen war. Ich fragte, wo meine Geschwister seien.

»Dein Bruder ist schon unterwegs«, antworteten sie mir, und ein paar Minuten später kam Ahmed durch die Menschenmenge auf uns zugelaufen. Er trug die traditionelle arabische Männerkleidung, den ›Futa‹, und darüber ein Hemd, doch ich erkannte in ihm sofort ein Mitglied der Familie Muhsen. Er weinte, noch bevor er sich den Weg durch die Leute aus dem Dorf gebahnt hatte und am Auto angekommen war. Weinend fielen wir uns in die Arme und setzten uns zusammen ins Auto. Abdul Khada mußte auch für uns übersetzen, denn Ahmed hatte, seit mein Vater ihn im Alter von drei Jahren aus Birmingham weggebracht hatte, kein Wort Englisch mehr gesprochen. Ich wollte ihm unbedingt sagen, wovor ich mich so fürchtete, konnte ihn aber nur höflich fragen, wie es ihm ging und wo meine Schwester sei. Er sagte, daß wir sie jetzt gleich besuchen könnten.

Wir fuhren noch über ein paar löchrige Straßen durch ein Tal bis in ein anderes Dorf, in dem meine Schwester wohnte. Ringsherum um das Dorf lag offenes Land, und auf den Feldern stand das Getreide gut. Nach der entsetzlichen Fahrt durchs Gebirge war nun alles flach und grün, und die Flüsse, an denen wir vorüberfuhren, versorgten die Gegend ausreichend mit Wasser. Wir hielten vor einem alten Steinhaus an, und die Bewohner kamen heraus, begrüßten uns lächelnd, waren höflich und neugierig. Sie teilten uns mit, daß Leilah nicht zu Hause sei. Sie und ihr Mann waren irgendwohingegangen, sie hatten ja nicht wissen können, daß wir kommen würden.

Wir fuhren zurück nach Marais, und Abdul Khada befahl mir, mich von Ahmed zu verabschieden. »Wir müssen fahren«, sagte er nur.

»Was meinst du damit?« Ich spürte, wie mir wieder Tränen in die Augen stiegen. »Du hast doch gesagt, ich kann hierbleiben.«

»Du kannst eben nicht«, sagte er schulterzuckend. »Deine Schwester Nadja kommt morgen aus England an, und du mußt sie mit mir abholen.«

Nadja zu sehen, war mir wichtiger als alles andere, und so widersprach ich nicht mehr. Abdul Khada befahl mir, am Auto zu warten, während er für die Rückfahrt etwas zu trinken kaufen wollte. Er ging zu einem Stand unter freiem Himmel und begann mit dem Besitzer zu sprechen. Ein Mann, der einen westlichen Anzug mit Schlips trug, kam auf mich zu und sprach mich sehr aggressiv auf englisch an.

»Was willst du hier?« fragte er drohend und musterte mich von Kopf bis Fuß. »Du bist doch nur gekommen, um Ahmed und Leilah durcheinanderzubringen.« Ich war über seinen Ton verblüfft, aber es tat gut, jemanden Englisch sprechen zu hören. Ich wollte ihn sogar um Hilfe bitten und ihm erzählen, was hier vorging, doch die Worte kamen mir nicht über die Lippen, und er wandte sich ab, als Abdul Khada mit ein paar Flaschen Coke von dem Laden zurückkam. Ich erzählte ihm, was der Mann gesagt hatte.

»Was denn für ein Mann?« wollte er wissen und sah sich um, doch der Mann war weg. Einen Augenblick lang war nun Abdul Khada meinetwegen ganz durcheinander.

Der Fahrer des Land Rovers stieg wieder ein, und Ahmed umarmte mich fest. Ich gab meinem Großvater höflich die Hand, und als wir abfuhren und eine Staubwolke hinter uns zurückließen, stand Ahmed winkend und weinend am Straßenrand.

Später sollte ich mehr darüber erfahren, was für ein Leben Ahmed in seiner Kindheit gehabt hatte. Unser Großvater war durchaus nicht der gütige alte Mann, für den ich ihn gehalten hatte. Er hatte seinen Haß auf seinen Sohn, meinen Dad, an Ahmed ausgelassen. Als er noch klein war, hatte er ihn ständig geschlagen.

Jetzt, wo Ahmed erwachsen war, wollte Großvater ihm nicht erlauben zu heiraten. Das gehört zu dem Schlimmsten, was einem Mann im Jemen passieren kann, denn er darf unverheiratete Mädchen nicht anrühren, und ein Ehebrecher wird, wenn man ihn erwischt, gesteinigt.

Unsere Großmutter war gestorben, bevor die Kinder im Jemen angekommen waren. Großvater war als Gastarbeiter nach Kuwait gegangen und hatte die Kinder bei seiner neuen Frau, unserer Stiefgroßmutter, gelassen. Ahmed war ein kränkliches Kind, und die alte Frau hatte keine Geduld mit ihm. Ahmed und Leilah mußten sich in dem seltsamen neuen heißen Land, so gut sie konnten, allein zurechtfinden, und sie hatten keine Ahnung, was mit ihrer Mutter und mit ihrem Vater geschehen war. Sie bekamen nur die alten, kalten Reste zu essen und mußten vom Augenblick ihrer Ankunft an barfuß gehen und Wassergefäße auf dem Kopf tragen. Jeden Abend wurden sie ohne Licht zum Holzsammeln hinausgeschickt. Oft mußten sie kilometerweit laufen, um genug zu finden. Beide wurden schwer krank, aber niemand pflegte sie, sie mußten ohne Hilfe leiden. Ihr einziger Trost war, daß sie sich gegenseitig hatten.

Im Alter von dreizehn Jahren wurde Ahmed von der Armee angeworben. Das Land brauchte zu der Zeit dringend junge Männer, denn es führte in verschiedenen Gebieten Krieg, und weil man von der brutalen Härte des militärischen Lebens wußte, meldete sich niemand freiwillig. Rekrutierungstrupps der Polizei durchkämmten die Dörfer und verschleppten alle Jungen im geeigneten Alter, die sie aufstöberten, ohne sich um Eltern zu scheren, die für ihre Söhne flehten. Als ein solcher Trupp auch in Marais einfiel, wollten sie Ahmed nicht nehmen, er sah zu krank und schwach aus, aber die alte Frau lief ihnen nach und sagte, daß sie Ahmed aus dem Haus haben wolle. Weil er viele grausame Geschichten über das Leben in der Armee gehört hatte, fürchtete sich Ahmed sehr, aber er wurde trotzdem weggeschleppt. Er war immer noch in der Armee, als ich ihn kennenlernte. Das Leben dort war wirklich sehr hart, aber er gewöhnte sich schließlich daran und kam ab und zu mit Geld ins Dorf zurück und besuchte seinen Großvater. Es war nur Zufall, daß er am Tag unseres Besuchs dort war.

Mir war bald klar, daß der Land Rover für die Rückfahrt durchs

Gebirge den gleichen Weg benutzte wie bei unserer Hinfahrt, und ich fing wieder an zu weinen. Es wurde dunkel, und ich hatte schreckliche Angst, daß wir eine Kurve zu schnell nehmen und in den Tod stürzen könnten. Ich fragte, ob wir nicht eine andere Strecke fahren und den Klippen und den losen Felsbrocken ausweichen konnten, doch sie verneinten und meinten, ich solle aufhören zu jammern.

Im Dunkeln über diese Berge zu fahren war entsetzlich. Ich konnte zwar die Felsabbrüche unter uns nicht sehen, wußte aber, daß sie da waren. Als wir in einer kleinen, wie ausgestorben wirkenden Stadt namens Ibb ankamen, war ich vor Angst wie von Sinnen.

»Wir übernachten hier«, teilte mir Abdul Khada mit und zeigte auf ein altes, dreistöckiges Haus. Ich nahm meinen kleinen Koffer mit. Ein alter Mann öffnete die Tür. Er vermietete Zimmer an Durchreisende und verdiente sich auf diese Weise etwas dazu. Ich bekam ein Zimmer für mich allein und lag bis zum Morgen auf dem Boden und zitterte vor Müdigkeit, Aufregung und Furcht.

Männer wie Abdul Khada und Gowad, die ständig umherreisen und ihre Familien verlassen, müssen Vermittler anheuern, die ihnen bei ihren geschäftlichen Transaktionen helfen, den Familien Briefe überbringen und dafür sorgen, daß das nach Hause geschickte Geld auch wirklich bei den Frauen ankommt.

Abdul Khadas und Gowads Vermittler hieß Nasser Saleh und lebte in Ta'izz. In seinem Haus sollten wir auch Nadja abholen. Wir trafen dort am Vormittag des folgenden Tages ein und gingen davon aus, daß Nadja im Laufe des Tages ankommen würde. Es war ein großes, sauberes Haus, er war offenbar ein erfolgreicher Geschäftsmann. Wir gingen eine Steintreppe hinauf in ein geräumiges Zimmer, in dem sich viele Männer aufhielten. Als erstes sah ich Abdullah, meinen sogenannten Mann, und danach Gowad und seinen Sohn und eine ganze Traube von Männern, die wohl mit ihnen zusammen gereist waren. Plötzlich erblickte ich Nadja, die schweigend inmitten all dieser Männer saß und so verloren und müde aussah wie ich zwei Wochen zuvor auch.

Ihr Flugzeug war eher angekommen, als erwartet, und als ich sie sah, wußte ich im gleichen Augenblick auch, daß mein Brief sie nicht erreicht hatte. Ich war glücklich, sie zu sehen, aber gleichzeitig auch so traurig darüber, daß es ihnen gelungen war, sie ebenfalls aus England herauszulocken. Es gab jetzt keine Möglichkeit mehr, sie vor dem ihr drohenden Schicksal zu bewahren, wir mußten eben gemeinsam dafür kämpfen, wegzukommen. Um sie machte ich mir größere Sorgen als um mich selbst, weil ich wußte, daß ich besser auf mich aufpassen konnte als sie auf sich, und weil sie mir so viel jünger vorkam.

»Dort sitzt deine Schwester«, sagte Abdul Khada. »Geh zu ihr und erklär ihr, daß sie verheiratet ist.«

»Ich kann ihr das nicht sagen«, flüsterte ich zurück.

»Sag's ihr«, befahl er. »Es ist besser, wenn sie es von dir erfährt.«

»Gut«, stimmte ich zögernd zu und ging zu ihr.

Nadja stand auf, und wir sahen uns ein paar Sekunden lang nur an. Ich spürte, wie die Tränen in mir aufstiegen, mir war, als würden meine Gefühle mich überschwemmen und als müßte ich zusammenbrechen. Als ich auf sie zurannte, und wir uns umarmten, konnte ich den Tränenfluß nicht mehr aufhalten.

»Was ist denn mit dir los?« fragte sie.

Ich konnte es nicht erklären, alles war mir auf einen Schlag bewußt geworden: Die Wut über das, was Abdul Khada und seine Familie mir angetan hatten und was nun auch Nadja widerfahren würde, vermischte sich mit den Gefühlen, die der Besuch bei meinen Bruder Ahmed aufgewühlt hatte und mit der Erschöpfung nach der entsetzlichen Autofahrt über die Gebirgsstraßen. Das alles wollte ich Nadja in einem Zuge mitteilen, fand aber nicht die richtigen Worte und wußte nicht, wo ich anfangen sollte. Sie half mir, mich zu setzen, und jemand brachte mir etwas zu trinken. Ich begann ihr zu erklären, was los war.

»Du siehst doch den Jungen da drüben.« Ich zeigte auf Gowads Sohn Mohammed am anderen Ende des Zimmers. »Er ist dein Ehemann.«

Sie schaute erst den Jungen an und dann wieder mich. »Was?« Sie verstand nicht, was ich ihr sagte. Der Junge war erst dreizehn, sogar jünger als sie, obwohl er kräftiger aussah als Abdullah.

»Dad hat uns verheiratet. Er hat uns beide für jeweils 1300 Pfund an Gowad und an Abdul Khada verkauft.«

Von allen diesen Männern im Zimmer umringt, konnten wir nicht frei sprechen, und sie wollten auch, daß wir verschwanden. Abdul Khada führte uns in ein kleines Zimmer und ließ uns allein, und dann konnte ich ihr endlich die ganze Geschichte vom Anfang bis zum Ende erzählen. »Hast du meinen Brief nicht bekommen?« wollte ich wissen.

»Was für einen Brief denn?« Sie schüttelte den Kopf. Sie konnte wohl nicht glauben, daß man ihr das angetan hatte. Während ich sprach, war mir bewußt, daß es sich wie ein schreckliches Märchen aus Tausendundeiner Nacht anhören mußte, und doch hatte es tatsächlich mit uns zu tun.

»Was können wir tun?« fragte Nadja.

»Wir müssen einfach so lange weiter an Mum schreiben, bis ein Brief durchkommt«, erklärte ich. »Das ist das einzige, was wir tun können. Mach dir keine Sorgen, wir sind ja jetzt zusammen, und wenn Mum erfährt, was geschehen ist, wird sie sich an die Behörden wenden und uns hier rausholen. Ausgeschlossen, daß sie zuläßt, daß die uns hierbehalten, wenn sie davon erfährt.«

»Vielleicht hat Mum auch davon gewußt?« Mit dieser Vermutung sprach Nadja Gedanken aus, die mir manchmal selber durch den Kopf gingen.

»Das glaube ich nicht«, sagte ich leidenschaftlich. »Ich bin sicher, sie hat nicht mehr gewußt als wir. Sie ist bestimmt auch auf Dads Märchen reingefallen.«

»Ja«, nickte Nadja, »das glaube ich auch.«

Aber keine von uns beiden war wirklich sicher. Wir konnten nur den Gedanken nicht ertragen, daß alle miteinander uns betrogen hatten, wir mußten daran glauben, daß da draußen jemand war, der uns retten würde. Ohne diesen Gedanken hätten wir auch das letzte Fünkchen Hoffnung verloren.

Schließlich gingen wir in das große Zimmer zurück, in dem die Männer ihre Gespräche führten.

»Hast du's ihr gesagt?« wollte Abdul Khada wissen. Er sah Nadja an. »Und hast du's verstanden?« Sie antwortete nicht, ihr Gesicht war völlig ausdruckslos geworden. Von da an war sie immer still und lächelte nie mehr, so als habe ihr der Schock die Sprache geraubt. In ein paar Augenblicken war aus dem offenen, fröhlichen, lustigen Mädchen, mit dem ich aufgewachsen war, ein Zombie mit traurigem Blick geworden.

Am Nachmittag setzte man uns wieder in einen Land Rover und karrte uns in die Dörfer zurück. In dem Augenblick hätte ich das nicht für möglich gehalten, doch für viele Jahre sollte das das letzte Mal sein, daß wir beide in einem Auto fuhren.

6

In Nadjas Nähe

Das Dorf, in dem Gowad und seine Frau lebten, heißt Aschube. Es ist kleiner als Hockail, aber in einer halben Stunde Fußmarsch über die hinter unserem Haus beginnenden steinigen Wege zu erreichen. Während sich die Häuser in Hockail über eine größere Fläche verteilen, stehen sie in Aschube dichter nebeneinander, was dem Dorf ein freundlicheres Aussehen verleiht.

Auf der Rückfahrt von Ta'izz kamen wir zuerst nach Aschube. Der Land Rover hielt, und sie befahlen Nadja, mit Gowad und seinem Sohn Mohammed auszusteigen.

»Wo geht sie hin?«

»Sie geht zu Gowad«, erfuhr ich von Abdul Khada. »Wir besuchen sie morgen vormittag.«

Der Gedanke, so schnell von Nadja getrennt zu werden, nachdem ich sie doch gerade erst wiedergesehen hatte, versetzte mich plötzlich in Panik.

Ich fing an zu weinen und bat sie, uns doch zusammenbleiben zu lassen. Nadja war ausgestiegen und weinte leise am Straßenrand. Ich begriff, daß ich ihr Angst machte, und versuchte mich zu beruhigen. Sie warfen die Autotüren zu, und Nadja ging mit den Männern das wenige hundert Meter lange Stück von der Straße zum Dorf. Da ich wußte, was mit ihr in der folgenden Nacht geschehen würde, konnte ich es nicht ertragen, sie gehen zu sehen. Ich schlug die Hände vors Gesicht und weinte. Das Auto sprang an, und wir fuhren weiter nach Hockail.

Während der Fahrt sagte ich Abdul Khada meine Meinung ins Gesicht, schrie ihn an, daß er wahnsinnig sei, daß er nicht ungestraft davonkäme und daß Nadja und ich nach Hause fahren würden. Ich warf ihm alle Schimpfwörter an der Kopf, die mir einfielen, und das im Beisein der übrigen Leute im Auto. Ich wußte, es würde mir nicht gut bekommen, aber ich fühlte mich wenigstens besser.

Am folgenden Morgen war ich als erste im Haus aufgestanden. Ich zog mich an und blieb dann wie ein kleines Kind Abdul Khada ständig auf den Fersen und fragte, wann wir endlich Nadja besuchen würden, bis er schließlich einwilligte, mich zu Gowads Haus hinunterzubringen. Dorthin führte der schmale Weg, auf dem ich ein paar Tage zuvor hatte fliehen wollen. Er führte an Feldern vorüber, die durch niedrige Mauern und Hecken abgegrenzt waren, und durch dunkle Wälder. Bis Aschube brauchten wir ungefähr eine halbe Stunde. Im Haus hatten sich schon viele Leute eingefunden, die die Reisenden aus England begrüßen wollten. Wie üblich befanden sich alle Männer in einem Zimmer und alle Frauen in einem anderen. Nadja war nicht bei den Frauen. Ich ließ mir ihr Zimmer zeigen und lief schnurstracks zu ihr.

Sie saß auf dem Bett, als ich reinkam. Wir hielten uns aneinander fest und fingen wieder an zu weinen. Als sie sprechen konnte, erzählte sie mir, was geschehen war. Gowad hatte dem Jungen und ihr mitgeteilt, daß sie in dieser Nacht miteinander schlafen müßten, doch keiner von ihnen beiden hatte gewollt. Mohammed war zwar nicht so schwach und kränklich wie Abdullah, den ich ja angeblich geheiratet hatte, aber er war erst dreizehn und hatte vor Gowad ebensoviel Angst wie Abdullah vor Abdul Khada.

»Gowad hat mich in das Zimmer hier gezerrt und die Tür verriegelt. Ich hab mich gesetzt und abgewartet, was passieren würde. Dann hab ich gehört, wie er draußen Mohammed angeschrien hat. Ich glaube, Mohammed hat sich geweigert, mit mir zu schlafen. Gowad hat den Jungen dann wirklich brutal verprügelt. Mohammed hat geschrien, es war schrecklich.« Sie hörte ein paar Sekunden auf zu sprechen. »Dann hab ich gehört, daß die Tür aufgeriegelt wurde, und Gowad hat ihn zu mir hereingestoßen und die Tür hinter ihm zugeschlagen. Es war so, wie wenn man ein Tier in einen Käfig sperrt. Ich werde den letzten Abend nie vergessen.«

Später fragte ich Abdul Khada, warum Gowad seinen Sohn geschlagen habe, und er erwiderte, daß der Junge sich geweigert hatte, mit Nadja zu schlafen, weil ihre Kleidung und ihr unbedecktes Haar Zeichen ihrer Schamlosigkeit seien. Er hatte seinem Vater vorgeworfen, daß er nicht um eine Braut aus dem Ausland gebeten hatte und daß er eine solche auch nicht haben wollte, und daraufhin hatte Gowad die Beherrschung verloren und ihn geschlagen. Jungen wie Mohammed und Abdullah hatten vor uns nur Frauen kennengelernt, die wie ihre Mütter und Verwandten waren. Aus allem, was sie bisher gehört hatten, mußten sie schließen, daß Frauen, die nicht diesem Bild entsprachen, schlecht sein mußten. Dann aber erfuhren sie plötzlich, daß sie mit zwei solchen schrecklichen Wesen verheiratet waren.

Gowads Frau hieß Salama, und sie hatte anscheinend mehr Verständnis für Nadjas Lage als Ward für meine. Nadja tat ihr wohl leid, und sie nahm sie wie eine Mutter in die Arme und tröstete sie, konnte aber auch nichts ändern. Sie mußte ihrem Mann gehorchen wie alle Frauen dort, und sie schien Gowad zu lieben und zu achten.

Obwohl sich Nadja in ihrer Familie nicht so demonstrativ frech benahm wie ich in meiner, gab sie doch patzige Antworten und fragte Gowad, warum er ihr das antat, wenn auch weniger aggressiv als ich. Wenn sie ihn anflehte, sie zu Mum nach England zurückfahren zu lassen, lachte er nur. Doch einmal, als er aus dem Zimmer gegangen war, war Salama zu ihr gekommen und hatte sie getröstet.

Gowad ist sehr groß. Zu der Zeit war er außerdem ziemlich dick. Seitdem hat er aber viel Gewicht verloren und sieht jetzt regelrecht mager aus. Er hat eine Glatze und harte Gesichtszüge, er ist ein furchteinflößender Mann.

Sein Haus ähnelte dem von Abdul Khada, hatte aber weniger Zimmer, weil seine Familie kleiner war. Zu ihr gehörten neben ihm nur Salama, ihre beiden Söhne und Nadja. Der jüngere Sohn, Shiab, war bei Nadjas Ankunft erst fünf. Kurz darauf bekam Salama noch eine kleine Tochter.

Nadjas Zimmer sah aus wie meins und war ebenso einfach eingerichtet. Es war zwar ein wenig größer, hatte dafür aber kleinere Fenster und wirkte deshalb ständig muffig und dunkel. Das Wohnzimmer war ein großer, heller, luftiger Raum, und sie hatten sogar

im Badezimmer ein Fenster, so daß man tagsüber ohne Taschenlampe sehen konnte, wohin man trat, und die Decke war so hoch,
daß man aufrecht stehen konnte, ohne sich den Kopf einzuschlagen.
Sie kochten ihr Essen an einem geschützten Platz auf dem Dach,
eine althergebrachte Methode, um das Haus vom Rauch freizuhalten. Wasser machten sie ebenfalls auf kleinen Petroleumkochern
warm, und sie aßen die gleichen Speisen.

Anfangs kümmerte sich Gowad um Nadja genauso, wie Abdul
Khada sich um mich gekümmert hatte, kochte ihr englisches Essen
und kaufte ihr die Dinge, von denen er annahm, daß sie sie haben
wollte. Während ihrer ersten Woche dort durften wir uns ständig
sehen. Den einen Tag kam sie mit Gowad und seiner Familie zu uns
herauf, den nächsten gingen wir zu ihnen hinunter. Wir rechneten
tagtäglich damit, von Mum zu hören, doch es kam keine Zeile an.
Meistens saßen wir draußen und betrachteten den Himmel und
träumten davon, daß ein Hubschrauber aus den Bergen auftauchen
und herabschweben und uns retten würde.

Sie erlaubten uns noch eine Weile, uns wie englische Mädchen zu
verhalten, und wir stiegen oft auf die Hausdächer und sonnten uns.
Die Bräune, die wir damals bekamen, verblaßte während unserer
ganzen Zeit dort nie mehr, obwohl wir bald darauf von Kopf bis
Fuß in arabische Kleider gesteckt wurden und unsere Haut der
Sonne nicht mehr direkt ausgesetzt war. Die Hitze ist dort so inten-
siv, daß die Haut wahrscheinlich sogar durch die Kleider hindurch
braun wird. Die Stellen, die unbedeckt blieben, unsere Füße und
Hände beispielsweise, wurden von der Arbeit auf den Feldern am
Ende beinahe schwarz.

Die einzigen Neuigkeiten aus England trafen an meinem sechzehnten Geburtstag ein, der ein paar Tage vor Nadjas Ankunft war.
Alle meine Freunde aus England hatten mir Karten geschickt, und
Mum schrieb mir in einem Brief, daß es zu Hause allen gutging und
daß alle mir herzlich gratulierten. Es hat mir fast das Herz gebrochen, die Karten all der Menschen zu lesen, die ich gern hatte und
die immer noch der Meinung waren, daß ich einen wunderschönen
Urlaub verlebte.

Mum erzählte mir später, daß sie sich an meinem Geburtstag für
mich gefreut und sich vorgestellt hatte, daß ich mit meinen neuen

jemenitischen Freunden tanzen und singen und die tollste Party meines Lebens haben würde. Bis zu diesem Zeitpunkt hatte sie nur die Postkarte erhalten, auf der ich geschrieben hatte, daß es mir gut ging. Sie war stolz, daß ihre Töchter die Möglichkeit hatten, ein anderes Land kennenzulernen. Hätte sie doch damals nur gewußt, daß wir hilflose Gefangene waren!

Für lange Zeit war dies die einzige Nachricht von Mum. Danach ließen sie keine Briefe mehr durch. Ich vermute, daß der Vermittler in Ta'izz Gowad und Abdul Khada die Briefe aushändigte und daß sie sie einfach behielten.

Inzwischen verlangte Abdul Khada von mir, daß ich den Seitenweg benutzte, wenn ich einkaufen oder nach Aschube ging. Er war gruselig und führte durch einen dunklen Wald voller Schlangen und Skorpione. Wie ich wußte, gab es außer den Pavianen, die ich, wenn ich aus dem Fenster schaute, oft in den Feldern sah, da draußen auch Wölfe und Hyänen. Man erzählte mir, daß Abdul Khada eifersüchtig über die Frauen seiner Familie wachte und nicht wollte, daß fremde Männer sie zu sehen bekämen. Deshalb durften sie nicht den Hauptweg benutzen. Auf mich war er besonders böse, vielleicht, weil er wußte, daß ich fliehen wollte und daß er mir nicht trauen konnte.

In dem Punkt hatte er recht. Jedesmal wenn ich im Dorf Männer traf, die Englisch sprachen, bat ich sie, mir zu helfen. Manchmal kamen auch welche ins Haus zu Abdul Khada, und ich versuchte es dann so einzurichten, daß ich einen Augenblick mit ihnen allein sprechen und sie um Hilfe anflehen konnte. Sie schenkten mir jedoch nie Beachtung. Ausnahmslos alle Männer standen mit Abdul Khada in einer Beziehung, sei es als Blutsverwandte, durch eine Ehe, durch Geschäfte oder gleich durch mehrere Verbindungen. Ihnen war daran gelegen, daß ich blieb, wo ich war, und daß ich den anderen Frauen des Dorfs keine ketzerischen Gedanken einflüsterte, die die männliche Autorität untergraben hätten.

Es war schwierig, überhaupt ein Wort mit ihnen wechseln zu können. Wenn Abdul Khada männliche Besucher hatte, befahl er mir jedesmal, in mein Zimmer zu gehen und mich nicht mehr blicken zu lassen. Am Anfang ließ er mich noch mit ihnen sprechen, so wie ich es in England auch getan haben würde, aber als ich in seinen Augen allmählich zu einer Araberin wurde, stellte er immer strengere Forderungen. Auch die Männer aus dem Dorf fürchteten sich vor Abdul Khada, obwohl ich einigen offenbar leid tat. Alle sagten mir, ich solle mir keine Sorgen machen. »Laß dir Zeit«, hieß es, »du wirst schon zur Ruhe kommen und glücklich sein. Jetzt, wo du verheiratet bist, wirst du deine Mutter und deinen Vater bald vergessen.« Ich hoffte, es würde sich jemand bereit erklären, einen Brief für uns nach Ta'izz mitzunehmen und dort abzuschicken, aber das wollte niemand riskieren. Außerdem hatte ich selbst viel zuviel Angst davor, jemandem einen Brief auszuhändigen. Ich traute ihnen nicht, ich wußte, sie würden den Brief einfach Abdul Khada geben.

Einmal fand Abdul Khada es selbst an der Zeit, daß Mum wieder etwas von uns zu hören bekam. Er teilte mir mit, daß wir auf eine Tonbandkassette sprechen sollten, die er abschicken würde. Einen Augenblick lang glaubte ich, das gäbe mir die Gelegenheit, Mum wissen zu lassen, was sich wirklich abspielte, aber ich hätte wissen müssen, daß Abdul Khada zu clever dafür war. Ich mußte meinen Teil des Bands in einem Zimmer voller Männer besprechen, die mir genaue Anweisungen gaben, was ich sagen sollte. Ich mußte erzählen, wie wunderschön es im Jemen sei und daß wir für ein Fest gerade ein Lamm schlachteten und wie glücklich ich wäre. Hinterher war ich sehr niedergeschlagen und befürchtete, Mum würde den ganzen Schwindel glauben und nicht versuchen, uns rauszuholen.

Jahre später erzählte mir Mum, daß Dad die Kassette vor ihr versteckt hatte, aus Furcht, sie könnte am Klang unserer Stimmen merken, daß etwas nicht in Ordnung war. Er erzählte aber allen seinen Freunden davon, und mein Bruder Mo hat sie einmal aus seiner Tasche stibitzt, und so konnte Mum sie doch hören. Sie erkannte am Ton unserer Stimmen gleich, daß man uns zum Lügen gezwungen hatte. Wir hatten uns alle Mühe gegeben, trotz der Worte, die wir sprechen mußten, unsere traurige Stimmung im Tonfall durchklingen zu lassen, und wir hatten gehofft, daß Mum das auffallen würde.

Wenn die Männer aus dem Ausland in die Dörfer zurückkamen, blieben sie gewöhnlich sechs Monate oder ein Jahr zu Hause, je nachdem, wieviel Geld sie gespart hatten. Sie arbeiteten nicht, wenn sie im Jemen waren, es gab nichts für sie zu tun. Sie saßen nur rum und redeten und kauten Qat.

Qat ist eine einheimische Droge, die in den fruchtbaren Landesteilen auf riesigen Feldern angebaut wird. Die Pflanze sieht wie der Liguster aus, der als Hecken in englischen Vorgärten steht. Man bekommt Qat in allen Dörfern zu kaufen, entweder an einem Verkaufsstand, oder bei einem Händler, der die Häuser mit einem Esel direkt beliefert. Man kaut die Blätter. Die Pflanze verhilft den Bauern in den fruchtbaren Gebieten zu großem Reichtum. Qat in noch besserer Qualität kommt aus Afrika und wird täglich per Schiff aus Äthiopien in den Jemen gebracht. Der im Land selbst angebaute Qat schmeckte bitter und ist nicht so gut.

Die Männer, und manchmal auch die Frauen, zupfen die Blätter ab und zerkauen sie zu einer breiigen Paste, die sie in der Wange behalten. In bestimmten Abständen spucken sie einen Teil davon aus und versprühen dabei überall grüne Speichelhäufchen. Es heißt, die Droge macht die Menschen ruhiger und heiterer und eröffnet ihnen eine ganz eigene Welt, und sie unterdrückt Hungergefühle. Im Ramadanmonat kauen sie Qat gern abends, weil er sie wach hält, so daß sie tagsüber, wenn sie fasten, schlafen können. Zu besonderen Gelegenheiten wie Hochzeiten oder Geburten geben sie dafür viel Geld.

Ich habe ihn auch eine Weile ausprobiert, aber ich mochte den bitteren Geschmack nicht und wurde zu schläfrig davon. Eine Zeitlang habe ich ihn wie Schlaftabletten benutzt, aber nur kurz.

Die Männer rauchen in der Mehrzahl Zigaretten, doch Frauen dürfen das in der Regel nicht. Dafür rauchen sie eine Art Wasserpfeife, wobei sie in becherförmigen Gefäßen einen ›Tutan‹ genannten Tabak verbrennen. Er sieht aus wie ein Stück Holz, und sie kaufen ihn in den Geschäften. In den Bechern verbrennen sie kleine Kohlestücke, brechen auch den Tabak in kleine Stücke, streuen ihn auf die Kohle und lassen ihn dann langsam verglühen. Gleichzeitig wird in dem Gefäß Wasser mit verkocht, und der Tutan wird durch ein Pfeifenrohr inhaliert. Man verwendet ihn im Ramadan ebenfalls sehr häufig.

Im Verlauf der Wochen schnappten Nadja und ich immer mehr Arabisch auf. Wenn man von Menschen umgeben ist, die eine bestimmte Sprache sprechen, lernt man sie leichter. Shiffa und Tamanay, die beiden kleinen Mädchen, halfen mir dabei, indem sie auf Gegenstände zeigten und mir die Wörter dafür sagten. Ich brauchte sechs Monate, bis ich mich verständlich machen, und ein Jahr, bis ich flüssig sprechen und verstehen konnte. Ich brachte mir auch Lesen und Schreiben selbst bei. Nadja lernte schneller Arabisch als ich, aber sie durfte sich damals in ihrem Dorf auch freier bewegen und mit anderen Frauen Umgang haben. Sie sprach ständig mit den verschiedensten Leuten, wohingegen ich isolierter war. Einen Großteil der Zeit wich Ward nicht von meiner Seite, und sie sprach nicht viel mit mir. Ihr Schweigen störte mich nicht, denn ich haßte sie so sehr wie die ganze übrige Familie. Und ich sorgte auch dafür, daß sie meinen Haß spürten. Ich konnte mich ihnen gegenüber nicht anders verhalten, und sie wußten, warum.

Auf dem Land verlief das Leben alljährlich nach einem regelmäßig wiederkehrenden Arbeitskalender. Der Christdorn, der in manchen Landesteilen geradezu wucherte, wurde einmal im Jahr zurückgeschnitten, und die abgeschnittenen Zweige auf den Steinmauern zu scharfen, dichten Hecken aufgeschichtet, um die Tiere in den Gevierten zu halten. Wenn die Männer rechtzeitig zu Hause waren, stiegen sie auf die Bäume und schneitelten sie. Waren sie nicht da, und das war die Regel, mußten wir das tun. Sobald sie gut ausgetrocknet waren, wurden die stachligen Zweige gebündelt, und die Frauen trugen sie dann auf dem Kopf nach Hause und lagerten sie unten als Brennmaterial für den Küchenofen. Wenn uns das Holz ausging, mußten wir es in Nachbardörfern kaufen. Schlangen in allen Größen, darunter auch viele giftige Arten, lebten zwischen den Ästen und Zweigen des Christdorns. Mich erfaßte schon beim bloßen Gedanken daran Angst.

Eines Tages schallte aus dem Dorf ein gellender Schrei herauf, und eine Frau kam zum Haus und sagte Ward, daß ihr Bruder von einer giftigen Schlange gebissen worden sei. Er war von Ta'izz nach Hockail gefahren. Als er am Straßenrand aus dem Auto ausstieg, hatte sie ihn in den Zeh gebissen. Er verlor das Bewußtsein, und man brachte ihn ins Dorf. Wir gingen alle den Berg hinunter und besuchten ihn in seinem Haus. Dort hatte sich bereits eine Menschenmenge versammelt, und er lag im Bett und murmelte im Fieber. Zu der Zeit war in dem Gebiet kein Arzt aufzutreiben, daher behandelten ihn die Frauen mit einer selbstangefertigten Salbe. Er hatte Glück, die Salbe half, und ein paar Tage später war er wieder gesund. Von da an war ich noch mehr vor den in der Mittagssonne dösenden Schlangen auf der Hut.

Das Bestellen der Felder, auf denen zum Beispiel Hirse, Kleie und Weizen angebaut wurde, war vom Aussäen der Samen bis zum Backen der Tschapatis ausschließlich Frauenarbeit. Es ist eine schreckliche Plackerei, die die Männer ihren Frauen manchmal etwas erleichtern können, wenn sie sich gegenseitig Maschinen ausleihen. Abdul Khada und Ward liehen niemals Maschinen aus, die uns hätten helfen können, sie waren in der ganzen Umgebung für ihren Geiz bekannt.

Wenn ein Mädchen in eine jemenitische Familie einheiratet, erwartet man von ihr, daß sie sich die Arbeitslast mit den anderen Frauen teilt und den älteren einige der schwersten Pflichten abnimmt. Das ist einer der Gründe, warum die Männer so erpicht darauf sind, als Bräute für ihre Söhne gesunde, kräftige Mädchen zu kaufen.

Jemenitische Mädchen werden, sobald sie laufen gelernt haben, zur Arbeit angehalten. Sie lernen, wie man Wasser auf dem Kopf trägt, kocht, saubermacht, die Felder bestellt und die Tiere versorgt. Andere Möglichkeiten werden ihnen nicht eröffnet. Sie lernen auch, ihre Männer zu achten oder zumindest zu fürchten.

Keine der beiden Familien, in die wir gepreßt wurden, war so unrealistisch zu erwarten, daß Nadja und ich die Arbeit vom ersten Tage an voll übernehmen würden. Sie richteten uns allmählich ab, beschnitten unsere Freiheiten Stück für Stück und bürdeten uns immer größere Lasten auf. Wir waren wie Tiere, deren Willen erst gebrochen werden muß, bevor sie richtig dressiert werden können.

Gowad verlangte von Nadja, daß sie anfing, arabische Kleider zu tragen, so wie es Abdul Khada auch von mir verlangt hatte, aber er setzte seine Forderungen nicht mit Gewalt durch. Geduldiges Vorgehen lag ihm offenbar mehr. Er wußte, daß Nadja nicht weggehen konnte und daß er sie am Ende kleinkriegen und sie alles tun würde, was er forderte. Vielleicht ahnten sie bereits, daß Nadja leichter zu bändigen und zur Zusammenarbeit zu überreden sein würde als ich. Er zwang Nadja jedoch gleich nach ihrer Ankunft im Jemen dazu, Wasser zu holen, wohingegen man mir Zeit zur Eingewöhnung ließ, bevor man mir das abverlangte.

Wenn die Frauen Wasser vom Brunnen holen, gehen sie mit leeren Stahlfässern ins Tal. Manche Fässer sind nur wenig größer als ein normaler Eimer, andere aber auch riesig. Das war eine nichtendenwollende Arbeit, oft ein dutzendmal am Tag. Sobald die Frauen geübter waren, trugen sie die größeren Fässer, die bis zu fünfundvierzig Liter Wasser aufnehmen konnten. Mit Kannen, die an Seilen hinabgelassen und wieder heraufgezogen und in die Fässer geleert werden, schöpfen sie das Wasser aus dem Brunnen. Wenn ein Faß voll war, hob ich es mir zuerst auf die Knie und dann auf den Kopf, auf den ich als Polster ein ringförmig gedrehtes Stück Stoff gelegt hatte. Die meisten anderen Frauen brauchten ein solches Stoffpolster nicht, sie brauchten die Fässer nicht einmal mit den Händen festzuhalten, sie hielten die Balance beim Gehen ganz selbstverständlich, ohne einen Tropfen zu verschütten. Da sie seit frühester Kindheit Wasser holen, haben sie viel Übung. Tamanay war erst fünf und mußte trotzdem mit uns zum Brunnen gehen und ihrer Größe entsprechende Wasserfässer herauftragen.

Als ich diese Arbeit erlernte, stellte ich mich sehr ungeschickt an, stolperte oft und verschüttete dabei Wasser, Ward würde dann zornig. »Sie muß das lernen«, sagte sie zu Abdul Khada, »damit ich mich ausruhen kann.«

Wir besaßen das Nutzungsrecht für einen Brunnen auf einem Stück Land, das einem Nachbarn gehörte. Meist gingen wir dorthin. Es gab aber noch einen zweiten Brunnen, zwanzig Minuten entfernt, zu dem wir uns aufmachen mußten, wenn es lange nicht geregnet hatte und die erste Wasserquelle versiegt war. Er war ganz mit Stein ausgekleidet, und das Wasser floß durch Gitter hinein. Wir mußten dort die Schuhe ausziehen, um ihn sauberzuhalten. Als ich das erste Mal zu dem Brunnen in der Nähe von Abdul Khadas Haus kam, war ich entsetzt über die vielen Frösche und Insekten, die auf dem Rand umherhüpften und -krochen. Wir mußten sie erst verscheuchen, bevor wir an das Wasser herankamen. Ich fürchtete mich vor den Krankheiten, die wir von dem unsauberen Wasser bekommen konnten. Doch wenn man Durst hat, muß man trinken, was da ist. Als ich das Wasser zum erstenmal probierte, wurde mir schlecht, aber dann gewöhnte ich mich daran. Es war natürliches Regenwasser, und später schmeckte es mir sogar.

Der erste Gang zum Brunnen fand ungefähr um fünf Uhr morgens statt, wenn die Frauen aufstanden, um das Frühstück zu machen und das Haus für den Tag herzurichten. Wenn man so zeitig aufbrach, war die Sonne noch nicht aufgegangen und das Wasser noch ziemlich kühl. Ging man zu spät, war das Trinkwasser den ganzen Tag heiß. Tagsüber verdunstete das Wasser oft in den Behältern im Haus, und dann mußten wir am Nachmittag zwei- oder dreimal hinuntergehen und neue Vorräte holen. Wenn es abends kühler wurde, waren wir wieder unterwegs. Manchmal ging jede von uns zehn- oder zwölfmal am Tag zum Brunnen.

Um Gesellschaft zu haben, machten wir uns oft zu zweit auf den Weg, und manchmal ging ich auch mit einem der Kinder oder mit Haola vom Haus unter uns. Einmal war ich mit Haola zu dem weiter entfernten Brunnen unterwegs. Als wir am Fuß des Berghangs um eine Biegung kamen, standen wir plötzlich einem Tier gegenüber, das wie ein kleiner Dinosaurier aussah. Es war gut einen Meter lang und etwa einen halben hoch. Es schaute uns direkt an, das gezackte Maul stand offen, und es zischte.

»Komm, wir kehren um«, stammelte ich.

»Hab keine Angst«, sagte Haola unsicher, »sie können nicht so schnell laufen wie wir. Aber geh nicht näher ran. Wenn sie beißen, lassen sie nicht wieder los und müssen mit Gewalt abgerissen werden.«

Der kleine Drachen, vor dem wir standen, wechselte vor unseren Augen die Farbe. Ein anderes Mädchen aus dem Dorf kam auf dem gleichen Weg näher. Es stieß einen Schrei aus, hob einen großen Stein auf und begann auf das Tier einzuschlagen, bis es tot war. Seine Haut war so fest, daß sie mit dem Stein immer wieder abrutschte, und das Ungeheuer wand sich und zischte und schnappte nach ihr. Es verging fast eine Viertelstunde, bis es tot war. Als es verendete, rollte sich der Schwanz zusammen, und das Mädchen spießte es auf einen Stock auf. An dem hing es nun und schrumpfte zusammen, als die Luft aus ihm entwich.

»Was machst du denn damit?« fragte ich.

»Das nehm ich mit nach Hause und koch's«, sagte sie und lachte über meinen entsetzten Gesichtsausdruck. Sie schlenkerte es ein paarmal vor mir hin und her und neckte mich und schleuderte es dann über die Steine.

Als ich schon einige Jahre im Jemen gelebt hatte, blieb einmal der Regen aus. Es regnete fast zwei Jahre nicht, und in den letzten sechs Monaten davor war das Wasser völlig versiegt. Kilometerweit kamen die Leute aus den umliegenden Dörfern und suchten Brunnen, die noch Wasser hatten. Brunnen sind überall zwischen den Dörfern verstreut, und wenn das Wasser in dem einen versiegt ist, müssen es die Leute eben bei ihren Nachbarn holen. Eigentlich dürfen sie das nicht, aber wenn sie überleben wollen, bleibt ihnen nichts anderes übrig.

Wenn wir in einer solchen Dürreperiode die Kannen bis auf den Grund des Brunnens hinunterließen, zogen wir Schlamm mit herauf. Wir seihten ihn heraus und tranken, was danach übrig blieb.

Am unteren Ende des Gartens neben dem Friedhof gab es einen sehr alten Brunnen, dessen Wasser aber nicht als Trinkwasser benutzt wurde. Auf dem Friedhof standen keine Grabsteine wie in England. Wenn jemand beerdigt wurde, wurde die Grube mit Zement vollgegossen und der Name des Toten in den Zement geschrieben, bevor er ausgetrocknet war. Der Brunnen sah aus wie eine kleine Steinhütte mit einer Tür. Weil er kein Trinkwasser enthielt, durften wir hier unsere Sachen waschen. Wenn ich nur sehr wenig zu waschen hatte, nahm ich Wasser von den Vorräten, die wir im Haus hatten, aber Ward schimpfte, wenn ich dafür sauberes Trinkwasser vergeudete. Darum ging ich meistens zum Friedhofsbrunnen und wusch die Sachen dort in einer Schüssel. Da hier kaum jemand Wasser holte, war der Brunnen immer voll, und man konnte das Wasser leicht schöpfen.

Bis zum Mittag war auch das Brunnenwasser heiß geworden, und wir konnten dann mit Waschpulver waschen. Anschließend legten wir die Sachen zum Trocknen auf die Steine oder nahmen sie naß mit nach Hause und trockneten sie auf dem Dach. Ich trocknete meine Sachen aber meistens gleich neben dem Brunnen, um nicht bei den anderen im Haus sein zu müssen.

Je besser wir uns kennenlernten, desto weniger konnten Ward und ich uns leiden. Wir kamen nie wirklich miteinander aus, und ich tat alles, um ihr aus dem Weg gehen zu können. Mit Bakela, Mohammeds Frau, war das anders, und ihre Töchter hatte ich wirklich gern. Ich ging oft mit einer von ihnen zum Brunnen, und als ich einmal mit Shiffa, der Achtjährigen, am Waschbrunnen war, bekam ich plötzlich Lust auf ein Bad.

»Halt die Augen offen«, sagte ich zu ihr, »ich will mal ins Wasser steigen.« Obwohl ich zu der Zeit noch nicht Arabisch sprechen konnte, machte ich mich ihr verständlich, und sie hatte nichts dagegen. Ich stieg in meinen Sachen die Stufen ins Wasser. Es war kühl und dunkel, und ich tauchte ganz hinein. Als ich nach oben schaute, sah ich, daß Shiffa mit angstverzerrtem Gesicht zu mir herunterstarrte. Ich konnte sie durch das klare Wasser hindurch sehen, sie mich jedoch nicht, und sie dachte, ich sei ertrunken. Solange mein Atem reichte, blieb ich in dem kühlen, dunklen Schweigen, am liebsten wäre ich nie mehr aufgetaucht. Meine Lungen zwangen mich schließlich nach oben zurück. Shiffa zeigte mir mit einer lebhaften Pantomime, daß sie Angst gehabt hatte und daß sie Schritte zu hören glaubte, und ich kletterte auf die Stufen.

Als wir zum Haus zurückkamen, waren meine Sachen immer noch tropfnaß. Ward wollte wissen, was passiert sei, und Shiffa erzählte es ihr. Ich bekam wieder Ärger, weil jemenitischen Frauen das Schwimmen verboten ist und in dem Brunnen giftige Schlangen sein sollten.

Von meinem Fenster aus sah ich manchmal, wie Affen auf dem Feld hinter dem Haus das Getreide fraßen. Wenn die Männer hörten, daß Affen in der Nähe waren, vertrieben sie sie mit Gewehren, um das Getreide zu retten. In der trockenen Jahreszeit wurden die Affen jedoch immer dreister und aggressiver und kamen zum Trinken an die Brunnen. Wenn Leute auftauchten, rannten sie weg.

Einmal, als ich mit Tamanay ins Dorf zum Einkaufen unterwegs war, gingen wir über den Seitenweg durch die Felder, in denen ganze Affenhorden saßen. Ich hatte gehört, daß sie auf Frauen losgehen und hatte ein wenig Angst, aber Tamanay machte sich anscheinend keine Sorgen. Am Fuß des Berghangs angekommen, fing sie an, die Affen mit einem Kinderreim zu necken: »Alle Affen, die da gaffen...« Mit ihren Possen brachte sie mich zum Lachen, aber die Affen wurden böse, und einer kam mit gebleckten Zähnen auf uns zugerannt und trieb uns schreiend den Berg hinauf. Er sah noch zu, wie wir davonliefen, und trollte sich dann wieder zu den anderen im Feld. Einige Affen wurden fast so groß wie Gorillas, die meisten aber erreichten nur die Größe von Schimpansen. Einmal, als ich auf dem Rückweg von dem Brunnen hinter dem Berg war, stand ich plötzlich einem großen Exemplar gegenüber. Der Affe saß auf einem vorspringenden Stein und fraß eine Pflanze. Kauend behielt er mich im Auge, als ich an ihm vorüberschlich und versuchte, mir meine Angst nicht anmerken zu lassen.

Unsere Nachbarn auf dem Berg, auf deren Land sich der Trinkwasserbrunnen befand, waren, verglichen mit der von Abdul Khada, eine kleine Familie. Bei meiner Ankunft waren nur die Frau, die mit Ward befreundet war, und ihre Tochter da. Der Vater war als Gastarbeiter in England, und der vierzehnjährige Sohn hatte gerade seinen ersten Job in Saudi-Arabien bekommen. Ich bekam sie nicht oft zu sehen.

Als ich mich immer besser mit den Frauen verständigen konnte, fand ich heraus, wie bedrückt die meisten über ihr gesamtes Leben waren, vor allem darüber, daß sie fast immer zu Hause bleiben mußten, während ihre Männer in der ganzen Welt umherfuhren. Hend, eine junge Frau aus Hockail, besuchte mich einmal und vertraute mir an, daß sie unglücklich sei und in die Stadt fliehen und dort ein modernes Leben führen wolle. Sie hatte schon sechs Töchter und war erst Anfang zwanzig. Abdul Khada bekam heraus, daß sie in seinem Haus gewesen war, und verbot mir, noch einmal mit ihr zu sprechen, weil sie im Dorf nicht gut angesehen war. Sie war sehr offen und nett, doch ich durfte mich nicht mehr mit ihr treffen, weil sie angeblich den Anstand nicht wahrte. Die Männer aus dem Dorf sahen in Frauen wie Hend und mir wohl eine Bedrohung. Daß wir andere Frauen gegen sie aufbringen und sie zum Nachdenken bewegen könnten, dieser Gedanke behagte ihnen gar nicht. Sie sollten die ihnen von den Männern aufgezwungene Ordnung nicht in Frage stellen.

In den Dörfern kennt jeder jeden, und die meisten Menschen sind Blutsverwandte oder durch Ehen verwandt. Der Koran befürwortet die Ehen zwischen Verwandten, und viele Frauen aus Hockail wurden mit ihren Cousins verheiratet. Haola, Abdul Khadas Nichte, war eine der nettesten Frauen, die ich dort kennengelernt habe, und auch sie hat ihren Cousin geheiratet. Ich verstand das nicht und fragte Abdul Khada danach.

»Hier draußen machen wir das gern«, erklärte er mir. »Wenn Abdullah eine Cousine im passenden Alter gehabt hätte, hätte er sie auch geheiratet, und nicht dich.«

Ich bezweifle, daß ein Mädchen, wenn sie Abdullah gesehen hätte, ihn überhaupt freiwillig genommen hätte. Abdul Khada hätte sicher viel mehr für eine Braut bezahlen müssen, deren Vater wußte, was für einen schlechten Ehemann der Junge abgeben würde.

Mit Ausnahme von Nadja und mir war aber keine Frau aus dem Dorf wirklich zu einer Ehe gezwungen worden. Wenn sie den für sie ausgewählten Jungen nicht heiraten wollten, mußten sie es auch nicht. Deswegen war es ja so ein großes Unrecht, daß man Nadja und mich gezwungen hatte, denn es war gegen unseren Willen und auch gegen ihren Glauben geschehen. Im Koran steht, daß ein Mädchen bei der Hochzeitszeremonie dreimal gefragt werden muß, ob sie mit der Heirat wirklich einverstanden ist. Wir hatten nicht einmal eine Hochzeitsfeier gehabt. Die meisten Mädchen fügten sich zwar der Entscheidung, die ihre Familien für sie getroffen hatten, und machten das Beste daraus, aber es war durchaus nicht ungewöhnlich, daß Frauen später von ihren Männern die Einwilligung zur Scheidung erhielten. Davon wußten Nadja und ich zu der Zeit jedoch nichts. Wir mußten einfach ihrer Behauptung glauben, daß wir rechtmäßig verheiratet waren, obwohl wir nicht begriffen, wie das möglich sein konnte.

Vier Wochen nach Nadjas Ankunft im Jemen erzählte mir Abdul Khada von dem Restaurant, das er im Dorf Campais gekauft hatte und das er nun eröffnen wollte, um Geld zu verdienen. Ward, Abdullah und ich sollten zum Helfen mitkommen.

Es war für mich unfaßbar, daß er von mir verlangte, Nadja schon so bald wieder allein zu lassen. Ich wollte mich nicht von ihr trennen und sagte ihm, daß ich bei meiner Schwester bleiben würde. Er erwiderte, ich hätte keine andere Wahl und müßte tun, was mir befohlen würde. Als ich Nadja erzählte, was er vorhatte, flehte sie Abdul Khada an, mich zu Hause bleiben zu lassen, doch er sagte, das sei unmöglich. Er versprach uns, daß wir uns trotzdem besuchen könnten, wir wußten aber, daß wir nicht erwarten konnten, daß sie uns fahren ließen, wenn der Weg zu Fuß zu weit wäre. Und wir hatten recht: In den folgenden sechs Monaten sahen wir uns nur zweimal.

7

Wieder allein

Ein Verwandter Abdul Khadas holte uns früh am Morgen des folgenden Tages mit dem Land Rover ab, um uns nach Campais zu bringen. Ich war sehr niedergeschlagen, als wir abfuhren, und die Landschaft heiterte mich nicht auf, denn sie wurde immer öder und kahler.

Das Dorf liegt an der Hauptstraße, die die Hauptstadt Sanaa mit den Häfen verbindet, in denen die Lebensmittelimporte des Landes eintreten. Der Großteil der Gebäude, und dazu gehörte auch das Restaurant, in dem wir wohnten, war erst vor kurzem errichtet worden. Die Zimmer hinter dem Restaurant waren erheblich sauberer als Abdul Khadas Haus in Hockail. Es war ein recht hübsches, großes Restaurant und stand in der Nachbarschaft ähnlicher Häuser an der Hauptstraße. Aber das war für mich kein Trost, ich wollte nur wieder bei Nadja sein.

In der Stadt mischt sich das Moderne mit dem Traditionellen. Auf der Straße donnerten zwar große Lastwagen vorbei, die Waren ins Landesinnere brachten, in der Stadt aber wurden für den Transport zum Beispiel von Getreidesäcken immer noch Kamele eingesetzt.

Die drei im Erdgeschoß liegenden Zimmer waren größer als die in Hockail, die Wände waren aus richtigem Zement, und wir hatten fließendes Wasser und Strom, was uns im Dorf ja fehlte, wo wir uns, wenn wir nach sechs Uhr abends noch etwas sehen wollten, mit Petroleumlampen behelfen mußten. Wir mußten die Lampen ständig mit uns herumtragen, und ihr übelriechender Rauch erfüllte das ganze Haus. In diesem Haus gab es wenigstens eine Dusche, wenn auch noch immer keine richtige Toilette. Von den Schlafzimmern aus konnte man aufs Dach gehen und dort sitzen. Das Haus lag in einem ziemlich großen Garten, der von einer hohen Mauer umgeben war, über die man nicht hinwegsehen konnte. Abdul Khada zog selbst Gemüse, Kartoffeln und Tomaten, und ich saß gern dort, fern von den andern. Bei der Hitze benötigten die Pflanzen freilich viel Wasser.

Es war hier viel heißer als in Hockail, und rote Ameisen, Fliegen und Moskitos waren überall. Den Ameisen entging man nur, wenn man mit hochgezogenen Beinen auf dem Stuhl saß. Wegen dieser Hitze und der Insekten begann ich die Vorteile arabischer Kleidung zu erkennen, da die Hose die Beine vor Insektenstichen schützte. Ich fing an, Kopftücher und lange Kleider über Hosen zu tragen. Die äußeren Umstände zwangen mich dazu, eine Jemenitin zu werden.

Ward und ich arbeiteten den ganzen Tag in der im hinteren Teil des Hauses gelegenen Küche, die genaugenommen nur ein Gang war, während vorn Abdul Khada und Abdullah die Gäste bedienten. Am Tage wurde die Hitze in der Küche unerträglich, auch wenn die Tür zum Garten ständig offenstand. Ward und ich wechselten kaum ein Wort, wir haßten uns zu tief. Einmal warf sie mit einem gefrorenen Huhn nach mir und herrschte mich an: »Zerschneiden und kochen!«, und ich schrie »Nein!« und warf es zurück.

Die meiste Zeit beachteten wir uns einfach nicht, und ich war nun völlig allein und hatte keinen Menschen, mit dem ich reden konnte. Weil niemand mit mir sprach, konzentrierte ich mich darauf, Arabisch lesen und schreiben zu lernen, bevor ich es sprechen konnte. Abdul Khada gab mir ein Blatt Papier mit dem Alphabet, und damit arbeitete ich, las Kinderbücher oder was sonst herumlag. Ich äußerte meine Wünsche immer ziemlich direkt. Wenn ich ihn um solche Dinge bat, war er immer bereit, sie mir zu besorgen, was in dieser Gesellschaft ungewöhnlich ist.

Keine der anderen Frauen aus dem Dorf konnte lesen und schreiben, die Männer erlaubten das nicht. Frauen erhielten nie irgendeine Bildung – dafür sorgten schon die Männer –, denn wenn sie etwas gelernt hätten, wäre es ihnen vielleicht eingefallen, gegen die ihnen aufgezwungene Lebensweise aufzubegehren und mit den Männern zu streiten; das aber war unvorstellbar! Nur Jungen besuchten die Dorfschulen, und zwar schon vom frühen Alter an, wie in England. Wenn Frauen aus den Dörfern in Städte oder in andere Länder entkommen wollten, mußten sie darauf hoffen, daß ihre Männer sie mitnehmen würden, und dazu waren nicht viele bereit.

Jeder Morgen verlief im Restaurant nach der gleichen Routine. Ward machte in einem großen Kessel Teewasser für die Frühstücksgäste heiß, während ich saubermachte. Abdul Khada bereitete Eier und Bohnen zu, die mit Brot aus der Stadt gereicht wurden. Der Junge kam, der vor dem Restaurant in einer Pfanne Tschapatis briet. Die Leute bezahlten bei ihm, und er händigte das Geld Abdul Khada aus, der ihm dann am Ende der Woche seinen Lohn auszahlte.

Zu Mittag bereiteten wir große Fleischgerichte mit Kartoffeln und Reis zu, und am Abend noch mal ein ähnliches Gericht wie zum Frühstück, das dann von sechs bis elf Uhr angeboten wurde. Den ganzen Abend lang kamen Männer und aßen, tranken Tee oder Kaffee, spielten Karten oder plauderten mit Abdul Khada, der hinter dem Tresen saß und auf ihre Bestellungen wartete. Wir anderen mußten hinten alle beim Kochen helfen, auch Abdullah, aber abends ging er nach vorn und redete mit den anderen Männern, und Ward und ich hatten keinen Aufpasser mehr. Fleisch zum Beispiel kochte Abdul Khada vorn, während wir hinten die meiste Zeit damit beschäftigt waren, Wasser heiß zu machen, Reis zu kochen und abzuwaschen.

Wenn spätabends geschlossen wurde, ging ich gewöhnlich schlafen, denn es gab ja keine Alternative. In Ländern wie dem Jemen ist das Leben für Frauen schrecklich langweilig. Arbeitet man nicht, dann kann man nur rumsitzen und nachdenken, jahraus, jahrein. Es gibt nichts Anregendes und keine Möglichkeit, sich zu vergnügen. Meist ist man nur in Gesellschaft anderer Frauen, die ein ebenso eintöniges Leben führen. Das einzige, worüber man reden kann, ist Klatsch und Tratsch. Gerüchte verbreiten sich im Jemen wie die Pest, weil sich alle so langweilen. Sie warten so begierig auf Neuigkeiten über andere Leute, daß sie schnell von Lügen und Falsch-informationen zu beeinflussen sind.

In Campais sah ich von meinem Fenster aus auf eine Ziegelmauer. Aus Ziegeln war auch die Mauer, die unseren Garten umgab und die uns daran hinderte, auf die Straße zu schauen und Vorübergehende von uns abschirmte. Ich fühlte mich wie in einem Gefängnis. Die Männer konnten spazierengehen, mit ihren Autos herumfahren oder reisen, die Frauen konnten nichts tun und nirgendwohin gehen. Die ewige tägliche Routine machte einen fast verrückt. Das einzige Vergnügen, das ich hatte, war mein kleines Kassettengerät mit ein paar Kassetten, das ich aus England mitgebracht hatte.

Ich hatte Glück, daß mir Abdul Khada überhaupt erlaubte, die Kassetten zu behalten, denn er war sonst der Meinung, daß ich nichts besitzen dürfe, was mich an England erinnerte. Er glaubte, daß ich mich schneller mit meinem neuen Leben abfinden würde, wenn ich das alte völlig aus meinem Gedächtnis strich. Eines Tages kam er in mein Zimmer und begann meinen Koffer zu durch-suchen.

»Was machst du da?« fragte ich, doch er antwortete nicht. »Was suchst du denn?«

»Das da!« Er zog ein paar Fotos von Mum, meiner Familie und meinen Freunden hervor, die ich mitgenommen hatte. Wenn ich allein war, nahm ich sie manchmal heraus und schaute sie an.

»Die gehören mir«, rief ich und wollte sie an mich reißen. »Gib sie zurück!«

»Nein.« Er hob sie so hoch, daß ich nicht hinauflangen konnte. »Die machen dich nur unglücklich. Es ist besser, wenn du keine An-denken an dein früheres Leben mehr hast. Wir sind jetzt deine Fa-milie.«

Ich versuchte seinen Arm runterzuziehen und an die Fotos zu kommen, aber er hielt sie fest und zerriß sie. Dann gab er mir die Schnipsel. »Wirf das ins Feuer!«

»Bitte nicht«, bettelte ich.

»Wirf das rein!« Er kam mit erhobener Hand auf mich zu, und ich rannte in die Küche und warf die zerrissenen Fotos ins Feuer, wie er es befohlen hatte. Jeden Tag rechnete ich damit, daß er meine Musik auf die gleiche Art zerstören würde, doch er tat es nicht.

In Campais mußten Ward und ich den ganzen Tag saubermachen und, wenn die Gäste gegessen hatten, abwaschen. Wenn das Restaurant geöffnet war und Männer da waren, durften wir nicht hinein. Wenn Abdul Khada nach hinten kam und etwas holen wollte, erzählte er uns manchmal etwas von dem Leben vorn, zum Beispiel, daß da ein paar amerikanische oder deutsche Touristen saßen. Wir dagegen saßen in unserer heißen, dunstigen, von Ameisen und Fliegen bevölkerten Welt in der Falle.

Eines Tages fragte mich Abdul Khada, ob ich einen Tag frei haben und zum Strand fahren wollte. Ich dachte, ich hätte mich verhört und er machte sich über mich lustig, und war darauf gefaßt, daß er mich schlagen würde, wenn ich ja sagte. Doch er meinte es ernst. Er fragte Ward, ob sie auch mitkommen wollte, sie sagte zwar nein, doch er bestand darauf. Wir fuhren schon früh am Morgen los, denn in Campais konnte die Temperatur bis zum Mittag auf über 80°C in der Sonne ansteigen. Wir schlossen das Restaurant, und er brachte Ward, Abdullah und mich mit einem Taxi zum Roten Meer.

Die Fahrt bis zur Küste dauerte nur zwanzig Minuten. Unterwegs durchquerten wir reine Wüste, nichts als Sand. Am Straßenrand bildeten Telefonmasten eine punktierte Linie. Nach der Hälfte der Strecke hörte die mit ausländischer Hilfe gebaute Straße auf und wurde von holprigen Landesstraßen abgelöst.

Der Küstenstreifen wird Tihama genannt, was ›heißes Land‹ bedeutet. Das Land ist über Kilometer hinweg ganz flach wie eine Sandebene in den Tropen und wirkt, wenn man aus den Bergen kommt, überwältigend.

Es gab nur wenige Anzeichen von Leben. Als wir schon ganz nahe am Meer waren, kamen wir an ein paar verfallenen Steinhäusern vorüber. Der menschenleere Strand war so eindrucksvoll, wie mein Dad und seine Freunde es uns beschrieben hatten, bevor wir in den Jemen kamen. Die wunderschönen Badebuchten und die Palmen gab es also – aber während all der Jahre, die ich in den Dörfern verbrachte, bekam ich sie nur dieses eine Mal zu sehen.

Es war so, als wäre vor uns noch niemand an diesem Strand gewesen, nur die alten Fischer, die mit den Booten draußen waren, als wären sie schon vom Anbeginn aller Zeiten dort. Sie achteten nicht auf uns. Wir stiegen aus dem Auto aus und wirkten wie eine typisch arabische Familie an ihrem freien Tag. Der Wind wehte uns den feinen Sand in die Augen.

»Möchtest du schwimmen?« fragte Abdul Khada mit freundlichem Lächeln.

Ich traute mich zuerst nicht, ja zu sagen, falls er mich weiter auf die Probe stellen und für meine Zügellosigkeit dann schlagen würde. Ich hatte inzwischen ein langes arabisches Kleid und darunter eine Hose an und trug ein Kopftuch, das mein Haar verbarg.

»Möchtest du schwimmen?« fragte er noch einmal. »Du kannst in deinen Sachen ins Wasser gehen, wenn du willst. Es macht nichts, es ist ja niemand hier.«

Das mußte er mir nicht noch einmal sagen. Ich zog die Sandalen aus und lief so weit, bis das Wasser tief genug war und ich schwimmen konnte. Meine arabischen Kleider wurden an die Wasseroberfläche gedrückt, und das Tuch rutschte mir vom Kopf und trieb in dem warmen Salzwasser hinter mir her. In England war ich eine gute Schwimmerin gewesen, hatte in der Schule oft Bronze- und Goldmedaillen gewonnen; ich schwamm leidenschaftlich gern. Ich kniff die Augen zusammen, weil die von der Wasseroberfläche reflektierte Sonne mich blendete, und schaute zum fernen Horizont. Ich wollte ins offene Meer hinausschwimmen und erst aufhören, wenn ich in Afrika war. Abdul Khada planschte am Ufer herum und ließ mich nicht aus den Augen.

»Schwimm nicht so weit raus«, rief er, als hätte er meine Gedanken gelesen, »da draußen sind Haie.«

In England hatte ich den Film *Der weiße Hai* gesehen, und die Erinnerung daran sorgte dafür, daß ich mich nicht zu weit vom Ufer entfernte. Ich schwamm zurück und ging durch den Sand. Es war bereits viel heißer geworden, und meine Sachen waren innerhalb weniger Minuten trocken. Als ich mich in den Sand legte, spürte ich, das mich von unten etwas drückte, und ich buddelte ein paar leere Dosen Lagerbier aus. Anscheinend kamen die Männer abends zum Strand und tranken dort den Alkohol, den ihnen das Gesetz verbietet. Der Taxifahrer war allein fortgeschlendert, und wir saßen noch ungefähr eine halbe Stunde im Sand, bevor wir wieder ins

Auto einsteigen und ins Restaurant zurückfahren mußten. Das sollte mein einziger Tag am Strand gewesen sein.

Eines Morgens wachte ich vor Fieber glühend und mit schrecklichen Schmerzen in der Brust auf. Ich wollte aufstehen, aber ich war zu benommen und zu schwach und fiel wieder aufs Bett. Ich sagte Abdul Khada, wie es mir ginge, doch er winkte ab. »Das ist nur die Hitze.«

An dem Tag konnte ich nicht aufstehen, und zwei Tage später mußte ich mich übergeben. Abdul Khada sah nun doch besorgt aus. Es ging mir so schlecht, daß ich die ganze Zeit nur im Bett lag. Ich hatte nicht einmal die Kraft, etwas zu essen, und dachte, daß ich womöglich sterben müßte. Der Gedanke ans Sterben machte mich froh, denn dann würde ich aus dem Jemen herauskommen. In diesem Zustand wollte ich nicht weiterleben.

Abdul Khada muß wohl auch befürchtet haben, daß ich sterben könnte, denn er holte einen Arzt. Es gab im Jemen nicht viel Ärzte, aber in Campais praktizierte einer, ein Sudanese, der Englisch sprach. Er untersuchte mich und sagte mir, daß ich Malaria hätte. Er gab mir eine Spritze und Medizin. In den nächsten Tagen kam er zweimal täglich und spritzte mir etwas. Ich wurde allmählich so kräftig, daß ich aufstehen und wieder an die Arbeit gehen, saubermachen und in der Küche kochen konnte. Doch solange ich in Campais in dieser Hitze blieb, fühlte ich mich nie mehr richtig wohl, und ich hatte später noch zweimal Malaria. Da kam mir kein Arzt mehr zu Hilfe, ich mußte die Krankheit ganz allein überwinden. Die Frauen aus dem Dorf konnten nur insoweit helfen, daß sie mir zu trinken gaben, was sie für das Heilmittel gegen Malaria halten: Kamelmilch. Die Milch ist nicht leicht zu bekommen und schmeckt sogar recht gut.

In Abständen von ein paar Wochen kam Abdul Khadas Sohn Mohammed aus Hockail und besuchte seine Eltern. Er unterhielt sich dann immer eine Zeitlang auch mit mir. Es war schön, wenn noch jemand anders da war, auch wenn es nur für kurze Zeit war. Ich bat ihn, mich mit ins Dorf zurückzunehmen, damit ich bei Nadja sein könnte, aber er zuckte nur mit den Schultern und sagte, er wüßte, daß sein Vater nicht dazu zu überreden sei.

Eines Nachmittags saß ich hinten im Garten und langweilte mich wie üblich, als ich Abdul Khada vorn im Restaurant »Nadja!« rufen hörte. Ich wagte nicht, mir vorzustellen, mit welcher Nadja er da sprach. Dann hörte ich das Geräusch rennender Füße, und er kam aus dem Restaurant gelaufen und rief, ich solle kommen, meine Schwester sei da. Nadja kam durch den Gang nach hinten, und ich sah sie zum erstenmal in traditioneller arabischer Kleidung. Es war ein seltsames Gefühl, und ihr war es wohl ebenso gegangen, als sie mich erblickte. Ich war so glücklich, daß sie da war.

Wir gingen in mein Zimmer, und sie ließen uns auch fast den ganzen Tag in Ruhe, damit wir uns alle Neuigkeiten erzählen konnten. Keine von uns beiden hatte Post von Mum bekommen. Ich erzählte ihr, daß Abdul Khada meine Fotos zerrissen hatte, und sie sagte mir, daß sie im Dorf noch welche hätte. Wir redeten und weinten ohne Pause. Sie erzählte mir, daß sie die ganze Zeit Wasser schleppen mußte und daß Gowad ihre Hand ins Feuer gehalten hatte, als sie lernen sollte, Tschapatis zu machen, und daß sie sich die Hand schlimm verbrannt hatte. Sie zeigte mir die Narben. Sie hatte empfindlichere Haut als ich, und ich sah, daß sie auch noch andere Narben hatte. Sie hatte sich die Haut nach Moskitostichen aufgekratzt. Diese Flecken waren noch Jahre später zu erkennen. Sie erzählte mir, daß Gowad sie einmal, als sie sich geweigert hatte, mit seinem Sohn zu schlafen, geschlagen und in die Rippen getreten hatte. Gowads Frau Salama war ihr damals zu Hilfe gekommen. Ich beschwor sie, die Hoffnung nicht aufzugeben und stark zu bleiben, denn eines Tages mußte etwas zu unserer Rettung geschehen.

Wir hatten beide geglaubt, daß sie ein paar Tage bei uns bleiben würde, doch am Abend brachte Gowad sie ins Dorf zurück. Sie flehte ihn an, noch ein bißchen bei mir bleiben zu dürfen, doch er lehnte ab.

Als sie fort waren, kam Abdul Khada zu mir. "Du siehst ja, wie glücklich deine Schwester ist.«

»Woher weißt du denn, daß sie glücklich ist?« antwortete ich schnippisch. »Woher willst du wissen, wie sie sich fühlt?«

»Ich weiß es eben«, sagte er schulterzuckend. »Ohne dich kommt sie besser im Dorf zurecht, sie hat sich daran gewöhnt.«

»Sie ist aber nicht glücklich!« fauchte ich ihn an. »Sie haßt euch alle genauso wie ich.«

Sie wollten uns voneinander getrennt halten, weil sie meinten, daß ich einen schlechten Einfluß auf Nadja ausübte. Daher durfte sie mich, solange ich in Campais war, nur dieses eine Mal besuchen.

Einige Wochen später kam ein Verwandter von Ward zu uns und teilte ihr mit, daß ihre Freundin aus dem Nachbarhaus in Hockail von einem Blitz getroffen worden und gestorben sei. Abdul Khada sagte, daß wir uns sofort auf den Weg machen müßten, um an der Beerdigung teilzunehmen. Ich verschleierte mich zum erstenmal und stieg mit den anderen ins Auto ein. Es war mir inzwischen gleichgültig, was und wie ich mich anziehen sollte, solange ich nur ins Dorf zurückkam und Nadja sehen konnte, und sei es nur für wenige Minuten.

Als wir aus der Stadt rasten, wurde mir klar, daß ich äußerlich allmählich zu einer Araberin wurde. Jeder, der an diesem Abend in das Auto geschaut hätte, hätte nur eine verschleierte Frau gesehen, die die Männer ihrer Familie von einem Ort zu einem anderen brachten. Niemand starrte das englische Mädchen mit den kurzen Röcken und dem offenen Haar nun noch an. Für die Welt außerhalb der Familie war ich unsichtbar geworden.

Wir kamen spätabends an. Ward ging sofort ins Haus ihrer Nachbarin, und ich begleitete sie. Schon beim Näherkommen hörte ich von drinnen seltsam wimmernde Klagelaute. Ich ging nach Ward hinein, und das Zimmer war voller Frauen, die ihre Freundin beweinten. Die Frauen klagten so lange weiter, bis die Grube ausgehoben und der Leichnam von den Männern begraben war und die weisen Männer aus dem Dorf am Grab gesprochen und gebetet hatten. Frauen dürfen an der Zeremonie nicht teilnehmen, sondern sie nur vom Haus aus beobachten.

Da niemand auf mich aufpaßte, ging ich in Abdul Khadas Haus und in das Zimmer hinauf, in dem alles angefangen hatte.

Nach den langen Monaten im Restaurant war ich glücklich, dort zu sein. Es lag keine Matratze auf dem Bett, und Bakela brachte mir ein Laken und ein Kissen, damit ich auf dem Podest unter den Fenstern schlafen konnte. Ich freute mich, Bakela und die Kinder, Shiffa und Tamanay, zu sehen, und da meine Arabischkenntnisse gute

Fortschritte gemacht hatten, konnte ich mich nun auch besser mit ihnen unterhalten. Wir saßen eine Weile da und sprachen miteinander, bevor ich schlafen ging, und ich fing wieder an zu weinen und vertraute Bakela an, daß ich für immer ins Dorf zurückkehren wollte. Sie wußte nicht, was sie sagen sollte, sie weinte ebenfalls. Nachdem ich in Campais mit Ward wie eingesperrt gewesen war, tat mir der Anblick ihres Gesichts sehr wohl.

Am folgenden Morgen erfuhr Nadja, daß wir zum Begräbnis der Nachbarin ins Dorf gekommen waren, und eilte sogleich zu unserem Haus. Wir verbrachten den ganzen Tag in meinem alten Zimmer und unterhielten uns. Abdul Khada hatte gesagt, daß wir diese Nacht noch dort bleiben würden. Bevor Nadja abends zu Gowads Haus zurückgegangen war, hatte sie mir daher versprochen, am nächsten Morgen wiederzukommen. Ward war auch froh, daß wir noch blieben. Ihr gefiel es in Campais so wenig wie mir, aber sie mußte ihrem Mann gehorchen. Sie wäre gern nach Hockail zurückgekehrt, um bei ihrer Familie zu sein, insbesondere bei ihrer Mutter, die unten im Dorf wohnte und inzwischen alt und gebrechlich war. Frauen wie Ward erweisen ihren Männern jedoch immer Respekt, ganz gleich, ob sie sie gern haben oder nicht, sie lehnen sich niemals gegen deren Anordnungen auf.

In der Nacht änderte Abdul Khada seine Meinung und teilte uns mit, daß wir sofort nach Campais aufbrechen würden. Ich war entsetzt.

»Aber du hast doch gesagt, wir können noch eine Nacht bleiben.«

»Wir müssen aber zurück zum Restaurant«, sagte er streng.

»Aber du hast Nadja erlaubt, daß sie mich morgen früh wieder besuchen kann.« Ich war verzweifelt bei dem Gedanken, schon wieder von meiner Schwester fortgerissen zu werden. »Das macht doch nichts. Bakela kann ihr sagen, daß du fort bist.«

Ich versuchte, mit ihm zu feilschen, aber er wurde nur zornig, und ich hatte Angst, mir Schläge einzuhandeln, wenn ich ihn noch mehr bedrängte. Wir mußten also wieder packen und im Dunkeln abfahren. Als wir in die schwarze, öde Nacht fuhren und ich mir vorstellte, wie Nadja am nächsten Morgen voll Vorfreude den Berg heraufkommen würde, nur um dann zu erfahren, daß man mich schon wieder weggeschleppt hatte, brach mir beinahe das Herz.

Als Mohammed einmal in Campais zu Besuch war, hörte ich zufällig, wie er mit seinen Eltern über eine Heirat mit einem Jungen aus dem Dorf sprach, die er für Shiffa ausgehandelt hatte. Ich verstand inzwischen schon so viel Arabisch, daß ich das Wesentliche des Gesprächs mitbekam. Shiffa war erst neun Jahre alt, und ich mußte weinen bei dem Gedanken, daß sie das gleiche Schicksal erleiden sollte wie Nadja und ich. Als Mohammed fort war, kam Abdul Khada nach hinten, und ich fragte ihn über Shiffa aus. Er erzählte mir, daß die Heirat bereits fest vereinbart sei und daß der Junge aus einer wohlhabenden Familie stamme, in der sie es gut haben werde. Anscheinend besaß der Vater in Saudi-Arabien ein gutgehendes Unternehmen und viele Söhne, die für ihn arbeiteten.

Es war vielleicht nicht so schlimm, weil sie ja immer noch bei Leuten aus ihrem Stamm war und an den meisten Tagen ihre Mum besuchen und weiter das Leben eines Kindes führen durfte. Noch ein paar Jahre lang brauchte sie keinen Schleier zu tragen oder sich wie eine erwachsene Frau zu bewegen. Bakela ließ sich nie anmerken, was sie dabei empfand, ihre ältere Tochter schon in so jungen Jahren zu verlieren, vielleicht war es selbstverständlich für sie. Shiffas neue Familie besaß ein viel schöneres Haus mitten im Dorf, und es war eine große Familie. In mancher Beziehung ging es Shiffa bei ihnen also besser als bei uns.

Bei einer jemenitischen Hochzeit ist immer Geld im Spiel, und die Familie des Jungen bezahlt die des Mädchens für den ›Brautkauf‹. Die Summe hängt davon ab, wie reich die Familie ist, wie gern der Junge das Mädchen hat und wieviel er zu zahlen bereit ist. Die Väter der Mädchen haben ebenfalls eine Vorstellung, wieviel Geld sie für ihre Töchter verlangen wollen, und beide Seiten feilschen so lange, bis sie eine Übereinkunft erzielen. Einige Mädchen werden sehr billig verkauft, andere sehr teuer. Vom Ehemann wird darüber hinaus erwartet, daß er für das Mädchen teuren Goldschmuck und Kleidung kauft. Abdul Khada kaufte mir manchmal auch Goldschmuck, aber ich zeigte mich ihm nie dankbar dafür. Er konnte das nicht verstehen, und ich konnte nicht begreifen, wieso er das erwartete.

Tauschgeschäfte dieser Art werden in der Hauptsache zwischen den Familien in den Dörfern, die der Tradition noch stärker verpflichtet sind, abgeschlossen. In den Städten gehen viele Jungen zu den Vätern der Mädchen und halten wie in Europa um ihre Hand an. Den Mädchen werden wie im Westen auch Hochzeiten mit goldenen Ringen und weißen Kleidern ausgerichtet, obwohl sie im Haus und nicht in einer Kirche oder Moschee getraut werden. Die Braut und der Bräutigam fahren nach der Hochzeit in einem schicken Wagen durch die Stadt und machen, wenn sie sich das leisten können, sogar eine Hochzeitsreise ins Ausland. Die Verhältnisse ändern sich allmählich, aber nicht in den Dörfern. Und sogar in der Stadt ist vor der Hochzeit eine körperliche Beziehung nicht möglich.

Abdul Khada erzählte mir, daß Mohammed mit dem Vater des Jungen ein gutes Geschäft gemacht hatte und daß der Junge Shiffa, obwohl sie nun in der Familie ihres Mannes lebte, erst anrühren würde, wenn sie vierzehn war. Als ich nach Hockail zurückkam, erzählte mir eine Frau aus der Familie des Jungen, daß er das seinem Vater gegebene Wort nicht gehalten hatte und daß nach der ersten Nacht Blut auf dem Laken war.

Obwohl Ward ja Shiffas Großmutter war, fuhren wir nicht zur Hochzeit, weil Abdul Khada das Restaurant nicht noch einmal für einen Tag schließen wollte. Ich glaube, er tat das aus reiner Bosheit. Ward war sehr verärgert, weil sie Shiffa gern hatte, und ich war traurig bei dem Gedanken, daß ich nun in Hockail, falls ich überhaupt dorthin zurückkehrte, noch einen Menschen weniger hatte, mit dem ich reden konnte. Ich hatte Shiffa wirklich gern.

Weil sie schon so bald nach dem Tod der Nachbarin stattfand, mußte es eine sehr stille Hochzeit sein. Normalerweise wird bei ihren Hochzeiten ein großes Feuerwerk veranstaltet, die kleine Shiffa aber wurde am Abend in einem Auto ins Haus ihres Mannes gebracht.

Ihr Mann war ein hübscher Junge, und nach ein paar Jahren hatte sie ihn liebgewonnen. Mit dreizehn wurde sie zweimal schwanger und verlor beide Babys durch Fehlgeburten. Ein Jahr später wurde sie wieder schwanger. Zu der Zeit wohnte Bakela in der Stadt und nahm Shiffa zur Geburt des Kindes zu sich. Nach sieben Monaten brachte sie im Haus ihrer Mutter zwei Mädchen zur Welt; ein Baby starb sofort, das andere ein paar Tage später.

Bei der Hitze in Campais dauerte es nicht lange, und ich bekam wieder Malaria. Dieses Mal riefen sie den Arzt nicht, sondern gaben mir bloß Kamelmilch. Ich vermute, Ward hatte darum gebeten, wieder ins Dorf zurückgehen zu dürfen, und Abdul Khada hatte wohl auch endgültig genug von uns. Zu der Zeit muß er beschlossen haben, für eine Weile wieder als Gastarbeiter ins Ausland zu gehen, obwohl er uns kein Wort davon sagte. Er verkaufte jedenfalls das Restaurant, und wir zogen sechs Monate, nachdem wir von dort fortgegangen waren, wieder nach Hockail. Es war unglaublich, wie leicht es plötzlich war, aus Campais wegzugehen. Wenige Wochen zuvor wäre das noch ganz unmöglich gewesen. Als nur Ward und ich zurückwollten, geschah gar nichts, in dem Augenblick aber, als Abdul Khada auch fort wollte, konnten wir ohne weiteres gehen.

8

Vergebliche Hoffnungen

Zwei Wochen nach unserer Rückkehr verkündete Abdul Khada, daß er in Geschäften nach Ta'izz fahren würde, und danach sahen wir ihn viele Monate nicht mehr. Ungefähr vier Tage später bekam ich einen Brief von ihm, in dem er mir mitteilte, daß er nach Saudi-Arabien in sein dortiges Restaurant gefahren war. Er habe mir seine Abreise bewußt verschwiegen, schrieb er, weil er befürchtet hatte, ich würde mich ärgern, wenn ich nun mit keinem Menschen mehr Englisch sprechen konnte. Einerseits war ich auch verärgert, denn mit Ward kam ich ja überhaupt nicht aus, aber nun, wo ich wieder im Dorf war, hatte ich ja Nadja, und das war ja mein sehnlichster Wunsch gewesen.

Ich freute mich so bei dem Gedanken, daß er mich nun nicht ständig herumkommandieren würde, obwohl er unser Leben auch von Saudi-Arabien aus kontrollieren konnte. Sein Einfluß auf Ward, Mohammed und die anderen Männer aus dem Dorf hatte zur Folge, daß er uns allen jederzeit seinen Willen aufzwingen konnte. Er brauchte uns nur damit zu drohen, was uns nach seiner Rückkehr blühte. Ich hatte inzwischen gelernt, ihn so zu fürchten wie alle übrigen auch, denn ich wußte, wie brutal er mich schlagen konnte, wenn ich ihn enttäuschte. Trotzdem war ich weiter zuversichtlich, am Ende doch zu siegen. Irgendwie mußten wir entkommen. Eine Möglichkeit mußte es geben.

Während seiner Abwesenheit schickte er Ward über Nasser Saleh, den Vermittler, den ich in Ta'izz kennengelernt hatte, Geld. Nicht jeder traute den Leuten, die diese Geschäfte abwickelten. Die Frauen fürchteten oft, unterwegs um einen Teil ihres Geldes betrogen zu werden. Abdul Khada war aber ein kluger Geschäftsmann, er sorgte dafür, daß er eine Empfangsbestätigung bekam und daß nichts verlorenging. Ich glaube, jeder Vermittler, dem Abdul Khadas Ruf als gewalttätiger Mensch bekannt war, hätte sich einen Betrugsversuch zweimal überlegt.

Ward klagte manchmal darüber, daß sie nicht genug Geld hätte, um die in den Läden ausstehenden Rechnungen zu bezahlen, für das Notwendigste reichte es anscheinend aber immer. Wenn die Schulden zu hoch wurden, bat sie jemanden wie Mohammed, Abdul Khada in ihrem Namen zu schreiben, daß sie mehr Geld brauchte, und dann traf ein paar Tage später auch welches ein. Nach Saudi-Arabien kam die Post immer sehr schnell, weil ständig viele Männer in beiden Richtungen die Grenze überschritten.

Nach einer Weile fand Mohammed in Ta'izz Arbeit in einer Butterfabrik. Trotzdem kam er weiter an den Wochenenden nach Hause. Er erzählte mir, daß er die Arbeit gern mache und daß sie gut bezahlt werde, aber ich hatte nun zu Hause die meiste Zeit noch einen Menschen weniger zum Reden.

Als wir ins Dorf zurückgekommen waren, war Bakela schwanger. Sie freute sich anscheinend sehr darüber, denn sie sagte, daß sie sich dieses Mal einen Jungen wünsche. Ich hatte mir keine Gedanken darüber gemacht, was mit ihr geschehen würde, wenn der Geburtstermin heranrückte, ich war wohl einfach davon ausgegangen, daß man sie, wenn ihre Zeit kam, zur Entbindung nach Ta'izz in ein Krankenhaus bringen würde. Außer dem, was man uns in der Schule erzählt hatte, wußte ich nichts übers Kinderkriegen. Drei Monate später sah ich, wie Ward ihre Schwiegertochter auf dem blanken Boden ihres Zimmers entband und Bakela vor Schmerzen schrie. Ich war entsetzt und hatte Angst. Was, wenn irgendwas schiefging? Würde die Geburt für mich auch mit solchen Schmerzen verbunden sein, wenn ich schwanger würde? Verlief alles so, wie es sollte? Durfte da so viel Blut sein? Ich war erleichtert, als mir einfiel, daß Abdul Khada gesagt hatte, ich dürfte zur Entbindung nach England fahren.

Ich hatte verstanden, daß bei Bakela nun, ein paar Stunden vor der Geburt des Babys, die Wehen eingesetzt hatten. Sie stöhnte und jammerte, und als die Wehen in immer kürzeren Abständen kamen, legte sie sich in ihrem Zimmer auf den Boden. Ich ging auch hinauf, um zu fragen, ob ich irgendwie helfen konnte, und Haola, Abdul Khadas Nichte, kam aus dem Haus am Fuß der Klippe zu uns. Alle Frauen eines Dorfes helfen sich gegenseitig bei Geburten, obwohl zu uns nicht so viele kamen, denn unser Haus war etwas abgelegen und die Neuigkeit sprach sich deshalb nicht so schnell herum. Haola, Ward und die Alte schafften es allein, und sie ließen mich nichts tun.

Ich saß nur da, schaute, hörte zu und war bestürzt. Sie legten Bakela auf den Boden, nicht einmal auf eine Matratze, und Haola hielt ihr den Kopf. Für den Fall, daß irgend etwas nicht normal verlaufen wäre, hätte man keinen Arzt oder irgendeine andere medizinisch ausgebildete Person holen können. Die Frauen blieben ruhig und gelassen, liefen umher und wischten das viele Blut ab. Hinterher mußten wir besonders viel Wasser holen und die Sachen zum Waschen mit aufs Dach nehmen. Als es vorbei war, begriff ich, daß nichts schiefgegangen war und daß Bakela einen gesunden Jungen zur Welt gebracht hatte, aber während der Entbindung war mir nicht klar, ob ihr Schreien normal war oder nicht.

Als das Baby geboren war, schnitten sie die Nabelschnur mit einer Rasierklinge ab, und Bakela legte sich ins Bett. Die Frauen machten aus einem längeren Stück Stoff und Stricken eine Hängematte für das Baby und banden sie an den Bettenden fest, so daß es neben seiner Mutter hing. Mohammed wurde an diesem Abend erwartet, und er hörte schon unterwegs, daß er einen Sohn bekommen hatte. Er war überglücklich. Bakela durfte eine Woche lang im Bett bleiben und bekam Essen gebracht, und Ward badete das Baby. Ich übernahm ihre Aufgaben und half mit Shiffa beim Wasserholen und Zubereiten der Tschapatis. Damit ging ich noch ein paar Schritte weiter auf dem Weg hin zu einer gehorsamen arabischen

Frau und Tochter. In meinem Innersten wartete ich jedoch nach wie vor auf die Gelegenheit zur Flucht.

Wenn eine Frau im Jemen ein Kind zur Welt gebracht hat, bekommt sie viel Besuch. Jeden Tag kamen in dieser Woche Frauen mit Geschenken und mit Geld. Wenn es ein Junge ist, geht es noch feierlicher zu, und es kommen noch mehr Besucher mit noch mehr Geld. Wenn es ein Mädchen ist, bleibt es dagegen recht still.

Am siebten Tag wurde der Junge beschnitten. Diese Aufgabe fällt einem bestimmten Mann aus dem Dorf zu, den man dafür bezahlen muß. Für die große Familienfeier wird ein Lamm geschlachtet. Da die Beschneidung also sehr teuer kommt, warten sie wohl eine Woche ab, um zu sehen, ob das Baby überlebt. Der Mann, der die Beschneidung vornimmt, besitzt keinerlei medizinische Ausbildung, dieses Amt geht von seinem Vater auf ihn über.

Um die Beschneidung durchführen zu können, dehnt er die Vorhaut mit Daumen und Zeigefinger und bindet sie mit einem Baumwollfaden ab. Dann schneidet er die Haut an der abgebundenen Stelle mit einer Rasierklinge weg und schabt an der Spitze des Penis rundherum alles ab, bis er wirklich sauber ist. Das ganze Unternehmen ist von viel Blut und Geschrei des Säuglings begleitet. Danach wird der Schnitt mit einer jodähnlichen hellroten Flüssigkeit betupft, und die Mutter gibt dem Baby die Brust, damit es sich beruhigt. Noch ein paar Wochen lang wird ihm ein Polster zwischen die Beine gelegt, damit es die Wunde nicht aufscheuern kann und sie sich nicht entzündet.

In jedem Dorf ist eine bestimmte Frau auch für die Beschneidung der Mädchen zuständig. Salama bekam ein Mädchen, als Nadja schon bei ihr im Haus lebte. Nadja sah bei der Beschneidung zu und beschrieb sie mir später. Das nackte kleine Mädchen wird gehalten, und die Frau dehnt die beiden Hautläppchen neben der Vagina und sticht mit einer Nadel durch beide hindurch. Wenn sie die Hautläppchen so zusammengezogen hat, zieht sie sie nach vorn und schneidet die Haut mit einer Rasierklinge ab. Ich wollte wissen, ob die Beschneidung die Lust schmälern könnte, die eine Frau später beim Sex empfindet, und fragte eine Frau danach. Sie verneinte es, allerdings weiß ich nicht, ob sie sich eine Alternative vorstellen konnte. Ich weiß nicht, warum man die Mädchen beschneidet, vermutlich einfach aus Tradition. Obwohl man es in den Dörfern immer noch häufig macht, erlauben die modernen Frauen in den Städten nicht mehr, daß ihre kleinen Mädchen beschnitten werden. Die Männer behaupten, es sei unhygienisch, wenn Mädchen nicht beschnitten würden, aber Frauen, die zu dem Thema eine eigene Meinung vertreten, stimmen dem nicht zu.

Den kleinen Mädchen im Dorf erzählt man immer, daß die Hautläppchen mit der Zeit immer länger werden würden, wenn man sie nicht abschnitte, und man jagt ihnen damit Angst ein. Sie glauben daran und erfahren niemals die Wahrheit, weil sie normalerweise nie mit unbeschnittenen Frauen zusammenkommen. Als sie herausfanden, daß Nadja nicht beschnitten war, zogen sie sie deswegen auf. Ein Mädchen fragte sie, wie ihre Hautlappen denn aussähen, was Salama in Verlegenheit brachte, die es sehr unanständig fand, über solche Dinge zu sprechen. Salama berichtete Gowad von dem Mädchen, das sich den Scherz erlaubt hatte, und er schimpfte es aus. Das entspannte die Situation ein wenig, aber hinter unserem Rücken haben sie wahrscheinlich trotzdem über dieses Thema getuschelt.

Jedes Dorf hat seine eigenen ›weisen Männer‹. Diese Rollen werden ebenfalls innerhalb der Familie weitervererbt. Die weisen Männer stammen gewöhnlich aus den finanziell bessergestellten Familien. Sie haben in der Regel große Häuser, in denen andere Leute sie aufsuchen und über ihre Probleme sprechen können. für ihren Rat bekommen sie Geld. Wenn zum Beispiel eine Frau in ihrer Ehe unglücklich ist, muß sie zu einem bestimmten weisen Mann ihres Dorfes gehen und ihm sagen, warum sie unglücklich sei und welche Veränderungen sie sich wünscht. Wenn dieser Weise zu der Auffassung gelangt, daß sich der Ehemann etwas hat zuschulden kommen lassen – wenn er zum Beispiel untreu gewesen ist –, dann nimmt er Kontakt zu höhergestellten Personen in der Stadt auf, und die Frau kann geschieden werden.

Eine Frau, die sich scheiden läßt, muß die Kinder dem Ehemann geben und zu ihrer Familie zurückkehren, die weiter für sie sorgen muß. Der Mann läßt die Kinder dann in der Regel von seinen weiblichen Verwandten – seiner Mutter oder seiner Schwester – aufziehen. Die Furcht vor dem Verlust der Kinder ist einer der wesentlichen Gründe dafür, daß so viele Frauen im Jemen ihre Ehemänner so lange ertragen.

Als ich einmal zum Einkaufen ging, traf ich im Dorf einen weisen Mann, der ein wenig Englisch sprach. Er war nett und schien zu der Sorte Menschen zu gehören, die man respektieren kann, aber ich war zu schüchtern, um ihm meine Probleme zu schildern, und ich glaube auch nicht, daß er mir hätte helfen können. Inzwischen wußte ich, wie schnell sich in den Dörfern Gerüchte und private Mitteilungen herumsprachen, und wenn ich einem fremden Menschen meinen Kummer anvertraut hätte, wäre das bald überall herumposaunt worden. Zu der Zeit glaubte ich ja noch, so etwas müßte in der Familie bleiben. Der einzige Mensch, dem ich alles sagen konnte, war Haola aus dem Haus unter uns. Trotzdem wußten natürlich alle, wie es mir ging, und wenn mich die Frauen fragten, wie ich mit meinem Mann zurechtkäme, antwortete ich nur, daß ich unglücklich sei und nach Hause fahren wollte, mehr nicht. Ich tat wohl allen leid. Die Frauen aus dem Dorf klatschten gern, und manchmal wollten sie wissen, ob es mir nichts ausmache, daß mein Mann so dünn und schwach sei, und machten Witze über ihn. Ich wußte dann nie, was ich sagen sollte, wahrscheinlich wollten sie, wenn sie so redeten, mir einfach nur ihr Mitgefühl zeigen.

Wenn alle Männer irgendwo auswärts arbeiten, übernimmt die älteste Frau im Haus das Zepter. Bei uns war das Ward. Sie durfte mir Anweisungen geben, und ich mußte ihr gehorchen, wenn ich nicht bei seiner Rückkehr von Abdul Khada geschlagen werden wollte. Ward machte es Spaß, ihre Macht über mich auszunutzen. Mitunter gab sie mir mehrere Tage lang gar nichts oder nur die vom Vortag übriggebliebenen Reste zu essen. Manchmal nahm ich zwei Tage nichts als Tee und Zigaretten zu mir. Ich fragte Bakela, warum ich kaltes Essen bekam, wenn sie doch warm aßen, aber sie konnte nichts unternehmen, weil Ward dafür verantwortlich war. Bakela wurde von Ward nie so gemein behandelt wie ich, aber auch wenn sie unfreundlich zu ihr war, beschwerte sich Bakela nie. Sie behandelte ihre Schwiegermutter immer mit Respekt. Ich hätte mir ja selbst etwas zu essen gemacht, aber Ward schloß die Lebensmittel in ihrem Zimmer ein, und nur sie besaß einen Schlüssel. Da wir eigene Hühner hatten, genossen wir auch den Luxus frischer Eier, doch Ward gab sie stets den Männern oder Bakelas Kindern, niemals mir. Nadja hatte auch Hühner, und sie gab mir manchmal Eier und etwas Fleisch.

Als ich schon ein paar Jahre im Dorf gelebt hatte, vertrauten mir andere Frauen an, daß sie wußten, wie Ward mit mir umsprang und daß sie schon immer bose und gemein gewesen sei. Sogar ihre eigene Mutter beurteilte sie ebenso. Die anderen Frauen kamen mir alle so liebenswürdig vor, und ich konnte nicht begreifen, warum Ward so gräßlich war. Der Mann im Nachbarhaus heiratete wieder, nachdem seine erste Frau umgekommen war. Ich besuchte seine neue Frau, und sie schmuggelte Essen für mich heraus.

Eines Tages bemerkte ich beim Holzhacken, wie eine kleine Schlange aus dem Haufen davonkroch. Ich hatte große Angst, nahm ein Stück Holz, schlug auf die Schlange ein und tötete sie. Gerüchteweise hatte ich gehört, daß einige Leute Schlangen aßen, und dachte, ich könnte es ja mal probieren. Ich hackte den Kopf ab und machte mit einem Bündel Zweige ein Feuer, legte die Schlange darauf und briet sie, bis die Haut schwarz geworden war. Dann schnitt ich sie auf und aß das Fleisch. Es schmeckte gar nicht so schlecht.

Wie seine Frau mich behandelte, kam auch Abdul Khada in Saudi-Arabien zu Ohren. Er schrieb mir, daß er erfahren habe, daß ich hungern und in anderen Häusern um Essen bitten mußte. Ich antwortete ihm, daß das der Wahrheit entspräche und daß ich Ward, die mich so grausam behandelte, völlig ausgeliefert sei, weil er mir ja kein eigenes Geld gab. Danach schrieb er Ward einen Brief, den eine Frau aus dem Dorf ihr vorlesen mußte. In dem Brief befahl er ihr, nichts vor mir wegzuschließen. Sie wurde wütend, hatte aber Angst, irgend etwas gegen diese Vorschriften zu sagen, was ich dann ihrem Mann wieder berichten konnte. Sie wußte, daß ich mit fremden Leuten über sie sprach, und haßte mich nur noch erbitterter. Sie betonte immer wieder, daß ich den Rest meines Lebens in dem Dorf festsitzen und wie alle anderen dort leben müßte, daß ich niemals in mein ›geliebtes Luxus-England‹ zurückkehren würde. Ich hörte gar nicht hin.

Nach Abdul Khadas Abreise nach Saudi-Arabien wurde Abdullah krank. Er wurde zusehends schwächer und blasser. Ich bekam Angst und fürchtete, daß ich mich, als ich mit ihm geschlafen hatte, mit seiner sonderbaren Krankheit angesteckt haben könnte. Mohammed fuhr mit ihm ständig zwischen Hockail und dem Arzt in Ta'izz hin und her und versuchte festzustellen, was ihm fehlte. Niemand schien es zu wissen. Ward erzählte mir, daß er schon als Kind immer sehr mager war und nie viel gegessen hatte, und das wurde nun offenbar noch schlimmer. Er bekam zwar Medizin, aber man riet ihm, sich im Ausland, in England oder in Saudi-Arabien, von einem Spezialisten untersuchen zu lassen.

Mohammed schrieb seinem Vater, daß Abdullah krank sei und daß er etwas unternehmen solle. Abdul Khada reagierte nicht auf seine Bitten, bis es Abdullah schließlich so schlecht ging, daß er nicht einmal mehr aus dem Bett aufstehen konnte. Man brachte ihn nach Ta'izz ins Krankenhaus und behielt ihn mehrere Wochen dort, worüber ich sehr froh war. Offen gesagt wünschte ich mir, daß er sterben würde, denn dann wäre ich frei gewesen und hätte nach England zurückfahren können. Ich war erleichtert, ihn ein paar Wochen nicht im Haus zu haben und allein schlafen zu können. Er war zwar schon seit einiger Zeit zu schwach, um noch Sex zu wollen, aber ich mochte ihn trotzdem nicht um mich haben. Mehr als alles andere auf der Welt wollte ich meine Freiheit.

Schließlich kam Abdul Khada für einen Monat aus Saudi-Arabien zurück, und als er Abdullah sah, wurde ihm klar, wie krank sein Sohn war, und er begann Vorbereitungen für eine Reise nach England zu treffen, damit Abdullah dort behandelt werden konnte. Er fragte mich, ob ich ihn begleiten wolle, aber ich war nicht überzeugt, daß er das wirklich meinte. Ich hielt es nur für einen Trick, um zu testen, was ich sagen würde. Er versicherte mir, daß es ihm ernst sei, er habe ja meinen Reisepaß und würde alles arrangieren, wenn ich wollte.

Ich war nun überzeugt, daß er mir die Wahrheit sagte. Ich mußte ihm einfach ein bißchen vertrauen, weil ich mich sonst an gar nichts hätte klammern können. In all den Jahren hatte ich ihm immer wieder Briefe für Mum gegeben, obwohl mir zunehmend klarer wurde, daß er sie nicht abschickte, denn ich erhielt nie eine Antwort.

Diesmal schien er aufrichtig zu sein. Ich hatte mich während seiner Abwesenheit bemüht, mit der Familie auszukommen, sogar mit Ward. In dieser Zeit hatte er mir immer geschrieben und mir versprochen, daß ich nach England zurückgehen dürfte, wenn ich mich mit Abdullah abgefunden hätte. Er war nun, dachte ich, vielleicht davon überzeugt, daß ich mich mit ihm abgefunden hätte, und vertraute mir so, daß er mich nach Hause fahren ließ.

Es kostete ihn viel Zeit und eine Menge Geld, ein Ausreisevisum für Abdullah zu beschaffen. Nasser Saleh in Ta'izz und eine Bestätigung des Arztes, daß Abdullah dringend medizinisch behandelt werden müßte, waren dabei behilflich. Ich war überzeugt, daß er diesmal nicht log und daß ich das Land wirklich verlassen könnte. In einem langen Brief schilderte ich Mum noch einmal alles, was uns zugestoßen war, und bat sie um Hilfe. Ich teilte ihr mit, daß Abdul Khada mich mit Abdullah nach England kommen ließe und daß wir nach meiner Ankunft sofort alles dafür tun müßten, Nadja zur Flucht zu verhelfen. Ich bat Abdul Khada, den Brief für mich aufzugeben, und er willigte ein. Ungeduldig warteten wir weiter auf das Eintreffen der Papiere für Abdullah.

Eines Tages kam Abdul Khada zu mir nach oben und sagte: »Du hast deiner Mutter einen Brief geschrieben, den dein Vater mir zurückgeschickt hat.« Ich hatte sofort das sichere Gefühl, daß er den Brief nie aufgegeben, sondern ihn geöffnet hatte und ihn nun als Vorwand benutzte, um mir die Reise zu verbieten. »Dein Vater ist zornig«, fuhr er fort, »und er teilt mir mit, daß du nicht mit Abdullah nach England fahren darfst.«

Ich war dieses Mal so sicher gewesen, daß ich freikommen würde, daß dies wie eine Ohrfeige wirkte. Ich fing an, ihn zu schlagen und zu treten und zu weinen: »Du lügst«, schrie ich, »du hast meine Briefe gar nicht abgeschickt, du hast sie immer aufgemacht.« Völlig unkontrolliert ließ ich den ganzen angestauten Zorn heraus. Zu der Zeit konnte ich ja nicht wissen, daß Mum mit ihren Kindern Dad verlassen hatte, so daß meine Briefe an sie mit der Adresse des Cafés immer Dad in die Hände gefallen waren.

Abdullahs Reisepapiere kamen schließlich an. Er und Abdul Khada fuhren gemeinsam nach England, und ich blieb im Dorf zurück.

Wenn Abdul Khada und Mohammed gleichzeitig zu Hause waren, hänselten sie mich oft mit der Rückkehr nach England. Sie wollten mich provozieren und sagten: »Sollen wir sie gehen lassen?« Abdul Khada genoß die Macht, mich glücklich und unglücklich machen zu können. Obwohl sich Mohammed mir gegenüber manchmal wie ein älterer Bruder verhielt und sich meinen Kummer anhörte, war er bei anderen Gelegenheiten offenbar auf mich eifersüchtig. Manchmal registrierte er mich gar nicht oder sprach in meinem Beisein mit anderen Leuten über mich und machte sich über mich lustig. Seine Stimmungen wechselten ständig.

Wenn die Männer da waren, gab es immer gutes Essen, waren die Frauen aber allein, dann aßen sie nur Tschapatis. Abdul Khada wollte zum Abendessen immer gekochtes Huhn oder Lamm, und wir mußten die Tiere selbst schlachten.

Ein großes Lamm reichte für drei oder vier Tage. Das Fleisch wurde einfach an die Tür gehängt, so daß sich Schwärme von Fliegen darauf niederlassen konnten wie auf allem, das offen dastand. Meist kauften die Familien im Dorf lebende Hühner bei den Leuten, die welche hielten, aber Abdul Khadas Familie hatte ja eigene. Jeder mußte das Schlachten lernen.

Ich lernte, wie man Hühner mit einem Messer schlachtet, andere aus der Familie hingegen drehten ihnen mit bloßen Händen die Hälse um. Eine Schüssel mit heißem Wasser mußte bereitstehen, in die man das Tier gleich hineinlegen konnte. Dadurch werden die Nerven sofort abgetötet, und das Tier hört auf zu zappeln. Danach wird das Huhn gerupft und ausgenommen, gewaschen und zubereitet. Wenn ich ein Huhn schlachtete, stellte ich mir immer vor, Abdul Khada die Kehle durchzuschneiden.

Am ›Ead‹, das ist ein religiöser Feiertag wie in England Weihnachten, weigerte sich Ward einmal, das Lamm zu schlachten. Jemand anders mußte es also tun. Abdul Khadas Schwester, die im Dorf wohnte, war seit ein paar Wochen bei uns und erklärte sich dazu bereit. Ich ging mit ihr vors Haus und wollte helfen. Sie hielt das Lamm zwischen ihren Beinen, und es stand da und streckte den Hals vor, so daß sie ihm mit dem großen Küchenmesser in die Kehle hätte stechen können. »In Gottes Namen«, sagte sie auf arabisch, wie es beim Schlachten immer gemacht wird. Als sie dem

Lamm das Messer in den Hals stach, verfehlte sie die richtige Stelle, und das Lamm bäumte sich auf. Ich konnte den Anblick nicht ertragen. Wie gelähmt sah sie zu, als das Lamm zappelte und das Blut umherspritzte, und wußte nicht, was sie tun sollte.

»Du bist grausam!« schrie ich. »Du hast es falsch gemacht!« Ich nahm ihr das Messer aus der Hand und stach dem Lamm noch einmal in die Kehle, wie ich es bei den Männern gesehen hatte, und das Blut rann mir über die Hände, das Lamm starb sofort.

Ich ließ sie das Lamm häuten und warf die Haut fort. Die wilden Tiere, die in dieser Gegend umherstreiften, würden sie irgendwann fressen. Die Einheimischen erzählten mir, daß die Hyänen aus den Bergen auch schon Menschen angefallen und sogar kräftige Männer, die spätabends allein unterwegs waren, getötet hätten. Die Leute aus dem Dorf erzählten Geschichten von abgefetzten Händen und Füßen, die neben den Wegen zum Dorf liegengeblieben waren, nachdem die Hyänen und Wölfe ihren nächtlichen Beutezug beendet hatten. Früher gab es in dem Gebiet auch Tiger, doch sie waren ausgerottet worden, als man die Wälder geschlagen hatte.

Gesehen habe ich zwar solche Raubtiere nie, aber ich hörte, wenn ich nachts im Bett lag, wie sie in der Ferne heulten oder manchmal auch in der Nähe des Hauses herumschlichen und nach Delikatessen wie der Lammhaut suchten. Ich hörte sie unter meinem Fenster, wenn sie an den Häuten zerrten und dabei knurrten, schnaubten und die Beute beschnüffelten oder darum kämpften.

Alle Männer trugen Gewehre, um die in der Gegend lebenden Tiere zu jagen oder sich selbst vor Tieren und Banditen zu schützen. Eines Nachts lag ich im Bett und konnte nicht schlafen, und plötzlich schallten von der Straße unten am Berg Rufe herauf. Ich ging ans Fenster und sah, wie die Lichtkegel von Taschenlampen das Dunkel durchschnitten. Am nächsten Tag hörte ich, daß man eine Hyäne verfolgt hatte, die mitten ins Dorf gekommen war und die man töten wollte. Wenn die Männer eine Hyäne erwischen, erlegen sie sie und reißen ihr die Zähne aus, um sie als Souvenir zu behalten.

Ab und zu bekamen wir aber auch etwas anderes zu essen. Manchmal gab es Thunfisch mit Kartoffeln, und wir aßen zu allen Mahlzeiten immer sehr viel Reis. Das Hauptgetränk war Tee, wir bereiteten ihn aus Teebeuteln zu, wenn die Männer zu Hause waren, oder aus Teeblättern, wenn die Frauen allein waren. Teebeutel galten im allgemeinen als Luxusgut der Reichen, Teeblätter dagegen waren den Armen vorbehalten. Wir tranken auch den aus Kaffeeschalen zubereiteten Kaffee, den wir von anderen Familien aus der Gegend kauften, die ihn anbauten.

Wenn die Männer nicht zu Hause waren, lastete die gesamte Arbeit auf den Frauen. Ein- oder zweimal im Jahr bauten wir Getreide an. Einige Frauen liehen sich zum Pflügen der Felder von Nachbarn aus dem Dorf einen Ochsen, aber Ward war zu geizig, und wir mußten den Pflug selbst führen. Ein paar Wochen lang mußte ich jeden Tag mit einem kleinen Handspaten hinaus und jedes Saatkorn einzeln in die Erde legen. So arbeitete ich vom frühen Morgen bis zum späten Abend ohne Pausen, auch in den heißesten Stunden des Tages, über die Furchen gebeugt, ganz gleich, wie sehr mir der Rücken schmerzte oder wie zerschunden die Haut an meinen Händen und Füßen wurde. Wasser war das einzige, was ich tagsüber zu mir nahm. Manchmal half mir Bakela, aber weil sie sich um die Kinder kümmern mußte, schickte Ward sie nach Hause und übernahm einen Teil der Arbeit selbst. Ward war eine kräftige Frau, und sie erwartete, daß ich den ganzen Tag mit ihr Schritt hielt. Alle Frauen dort sind stark, und auch wenn sie schon alt sind, arbeiten sie immer noch auf den Feldern oder im Haus und tragen Lasten auf dem Kopf.

Das Getreide, meistens Weizen, aus dem die Tschapatis gemacht wurden, und Hirse, die als volles Korn zu dunklem Brot verbacken wurde, mußte dann ein paar Monate wachsen, je nachdem, wieviel Regen fiel. Wenn es reif war und wir es geerntet hatten, mußten wir es auch dreschen. Zunächst brachen wir die Ähren mit der Hand ab und trugen sie eimerweise ins Haus. Vier Jahre lang platzte mir dabei die Haut an den Fingern auf, erst dann war sie abgehärtet. Die Anzahl der Eimer reichte jeweils für ungefähr eine Woche, und wir mußten dann täglich Korn mahlen.

Wir weichten die Menge für den nächsten Tag über Nacht in Wasser ein. Am Morgen gingen wir dann nach unten und mahlten in den Ställen, in denen sonst die Tiere waren, das Korn, Ähre um Ähre, unter einem großen walzenförmigen Stein. Da man dabei ständig Druck ausüben mußte, taten mir die Handgelenke unaufhörlich weh. Auf diese mühsame Weise wurde das Mehl zum Kochen und Backen vorbereitet. Es war die schwerste Arbeit der Frauen und die einzige, über die sie sich beklagten. Später merkte ich, daß die meisten anderen Frauen Geräte dafür hatten, die wie kleine Mühlräder aussahen und mit einem Griff gedreht wurden. Andere brachten das Korn in einen Laden und ließen es sich gegen Bezahlung vom Besitzer mahlen, so daß sie dann nur noch das Mehl kneten und die Tschapatis backen mußten. Ward bestand jedoch darauf, daß wir es nach der althergebrachten Methode selbst mahlten, auch wenn wir uns deshalb den ganzen Tag schinden mußten.

Ein paar Frauen aus dem Dorf machten Ward deshalb Vorwürfe: »Warum machst du es dem englischen Mädchen denn so schwer?« Aber sie antwortete nur: »Laßt nur, sie muß lernen.« Ich mußte also jeden Morgen weitermachen, und wenn Leute zu uns zum Essen kamen, brauchte ich drei oder vier Stunden, bis ich genug Mehl gemahlen hatte. Wenn ich neues Getreide auf dem Feld aussäen sollte, mußte ich vorher so viel Mehl mahlen, daß wir einen Vorrat für mehrere Tage hatten und ich in der Zwischenzeit hinausgehen konnte. Außerdem mußte ich ja auch Wasser holen, Holz sammeln und das Haus mit einem kleinen Strohbesen ausfegen.

Von draußen wehte immer viel Staub herein, und die Eidechsen kamen und legten in kleinen Häufchen ihre Eier ab. Das Saubermachen hörte nie auf. Wenn man endlich damit fertig war, hatte sich schon wieder neuer Staub abgesetzt, und es tauchten neue Eierhäufchen auf. Manchmal kamen auch die kleinen, dinosaurierähnlichen Tiere ins Haus. Eins fanden wir einmal in Bakelas Zimmer, in dem das Baby schlief. Ich sah es als erste und schrie, und Bakela kam angelaufen und erschlug es. Ein anderes Mal entdeckte ich in einer Hängematte neben einem Baby eine zusammengerollte Schlange.

Wir hatten immer auch viele Taranteln im Haus. Einmal saß ich nachmittags mit aufgerollten Ärmeln draußen in der Sonne und döste und spürte plötzlich, daß sich auf den Haaren meines Unterarms etwas bewegte. Als ich die Augen aufmachte, sah ich, wie eine große, haarige, schwarz-braun gestreifte Tarantel langsam über meinen Arm spazierte. Mit Entsetzen beobachtete ich, wie ich entlang der Spur Gänsehaut bekam. Ich wagte kaum zu atmen. Dann hielt ich es nicht länger aus und schnippte sie weg. Sie flog durch die Luft und fiel zu Boden. Mit einem Satz sprang ich auf das Tier und spürte, wie es unter meinem Gummipantoffel zerquetscht wurde. Hysterisch weinend rannte ich ins Haus und erzählte, was mir passiert war. Die anderen zuckten bloß mit den Schultern. Für sie war das nichts Besonderes.

Skorpione waren eine weitere Gefahrenquelle. Als ich eines Tages im Dunkeln mit einem großen Wasserfaß die Treppe hinunterging, fühlte ich plötzlich einen stechenden Schmerz im großen Zeh. Ich schrie auf und ließ das Faß fallen, das polternd und krachend die Treppe hinunter ins Erdgeschoß rollte. Ich stolperte in das von der Tür einfallende Licht und sah einen riesigen schwarzen Skorpion, der sich mit den Scheren an mir festklammerte und den Körper hin und her bewegte, um mich mit dem Hinterteil stechen zu können. Er hing so schräg, daß es ihm nicht gelang. Auf mein Schreien hin kam Bakela angelaufen, nahm einen Stock und schlug nach ihm, und er wurde durch den ganzen Raum geschleudert.

Nadja hatte nicht solches Glück. Auf den Hausdächern ziehen die Frauen dort die Pflanze ›Mushkoor‹. Sie riecht süßlich, und wir benutzten sie, um unsere Kleider und Schränke zu parfümieren, und steckten sie uns auch ins Haar. Nadja pflanzte eines Tages neuen Mushkoor-Samen in ihre Töpfe, als ein kleiner Skorpion aus einem Loch kam, das sie in die Erde gedrückt hatte, und sie in die Hand stach. Salama hatte sie schreien hören und brachte sie, als sie sah, was passiert war, ins Haus.

Ihr Körper schwoll an wie ein Ballon, und ihre Haut wurde rot, da das Gift schon in ihrem Blut war. Ich hatte große Angst, daß sie sterben würde. Die Frauen behandelten sie mit einer Salbe aus einer einheimischen Pflanze, und nach ein paar Tagen erholte sich Nadja. Einige Leute überlebten Skorpionstiche, andere starben. Es war reiner Zufall.

Wir mußten auch ständig die Tiere versorgen. Wenn sie im Haus waren, mußte bei ihnen ausgemistet werden, und zwar mit bloßen Händen, und wenn sie zum Garten hinausgingen, mußten wir der Wölfe und Hyänen wegen bei ihnen bleiben. Sich bei der Hitze tagsüber draußen aufzuhalten war sehr anstrengend, und ich suchte Stellen, wo ich im Schatten sitzen konnte, aber das war nicht immer möglich. Draußen zu sein hatte aber den Vorteil, daß ich allein war und nachdenken konnte. Von diesen Tagen ist mir die Erinnerung geblieben, daß ich ständig weinte und Schmerzen hatte.

Ein paar freie Minuten hatte ich inzwischen nur noch abends, und ich ging dann meist hinaus und setzte mich zu dem Alten, der den ganzen Tag in der frischen Luft war. Mit ihm sprach ich über alles. Er erzählte mir aus seiner Vergangenheit und wie das Leben damals war, daß sie zum Beispiel die Steine für den Bau der Häuser mit den Händen brechen mußten.

Ich klagte ihm, wie unglücklich ich sei, wie schlecht man mich behandelte und wie sehr ich mir wünschte, nach England zu fahren. Er war sehr gütig, konnte aber nichts tun. Aber er versuchte mich zu trösten.

»Hab Vertrauen, hab nur Geduld, du kehrst nach England zurück. Mach dir nicht so viele Sorgen.«

9

Ein Leben voller Schmerz

Bei einem seiner Besuche im Dorf beschloß Abdul Khada, das Haus zu vergrößern. Bis dahin hatten wir das Dach wie eine Art Terrasse benutzt, jetzt wollte er aufstocken und dort einen großen Raum gewinnen, in den er seine männlichen Besucher führen konnte. Es vergingen Monate, bis dieser Bau abgeschlossen war.

Abdul Khada stellte zwei Männer ein, die die eigentliche Bauarbeit verrichteten. Wir mußten die Steine beschaffen, allerdings nicht mehr auf althergebrachte Weise, wie es mir der alte Mann beschrieben hatte, aus den Felsbrocken herausschlagen.

Jetzt wurde auf moderne Weise mit großen Schlackesteinblöcken gebaut, die ein Lastwagen aus der Stadt heranschaffte. Trotzdem mußten wir alle diese Blöcke aber noch zum Felsgipfel transportieren, die Gebirgspfade entlang, zwei oder drei auf einmal auf dem Kopf. Auch die Zementsäcke mußten wir hinaufschleppen, die so prall waren, daß sie jeden Augenblick reißen konnten. Dann hätte der Staub uns eingehüllt, wäre in Augen und Mund gedrungen und hätte sich mit unserem Schweiß vermischt.

Die Lastwagen brachten das Baumaterial bis zum Fuß des Berghangs, und die Männer arbeiteten oben im Haus. Ich mußte ihnen die Steine und den Zement bringen. Wenn ich den Berg hinaufstieg, blieb ich häufig stehen und holte erst einmal Luft, denn das Gewicht der Säcke drückte mir den Kopf auf die Brust, daß ich kaum atmen konnte. Eine ganze Woche lang stieg ich jeden Tag vom frühen Morgen bis zum späten Abend den Weg hinab und hinauf.

Manchmal kamen andere Leute und halfen mir, so zum Beispiel die Söhne von Abdul Noor, die inzwischen alt genug waren, um auch kleine Lasten tragen zu können, ich aber mußte ohne Pause ständig hinab und hinauf. Abdul Khada saß mit seinem Vater vor dem Haus, schaute zu und kritisierte, wenn ich kam und ging.

Ich versuchte, schneller fertig zu werden, indem ich mir noch mehr Steinblöcke auflud, aber das ließen die Schmerzen nicht zu. Abdul Khada wurde zornig, weil ich alles verkehrt machte; und während ich immer weiter Steine schleppte, wollten die Türme am Fuße des Berges überhaupt nicht kleiner werden.

Als das gesamte Baumaterial oben auf dem Berg war, mußte ich Abdul Khada helfen, der auf dem Linoleumboden des Dachs den Zement mischte. Dazu benötigten wir sehr viel Wasser, das zu der Zeit aber gerade knapp war. So mußten wir durch das ganze Dorf von einem Brunnen zum nächsten laufen, bis wir wieder einen Eimer voll hatten, der oben auf dem Dach für den Zement gebraucht wurde. Ein Zimmer zu bauen verschlingt eine unglaubliche Menge Wasser.

Ganz allein konnte ich unmöglich genug heranschaffen, Abdul Khada mußte Mädchen aus dem Dorf holen, die mir halfen. Ich war vom frühen Morgen bis tief in die Nacht auf den Beinen. Im Dunkeln ging ich mit einer Taschenlampe. Weil ich mich fürchtete, begleitete mich Bakela manchmal, meist aber mußte ich allein gehen. Nur so konnte der Wassernachschub gesichert werden.

Nach zwei Wochen ohne Regen gab es plötzlich ein Gewitter. Es regnete den ganzen Tag stark, und ich jubelte bei dem Gedanken, daß sich die Brunnen nun füllen würden und wir nicht mehr so weit laufen mußten. Die Brunnen wurden tatsächlich voll, doch dieser Segen würde nicht lange anhalten, und so mußten wir doppelt so schwer arbeiten, um so viel Wasser wie nur möglich heranzuschaffen, bevor andere Leute es holten oder es in der Erde versickerte. Auf dem Dach standen drei große Wassertanks, die ständig nachgefüllt werden mußten.

Weil ja auch fremde Männer im Haus arbeiteten, mußten wir das Gesicht ständig verschleiern, wodurch die außergewöhnliche Hitze noch schwerer zu ertragen war. Einen der drei Wassertanks hatte uns Salama, Gowads Frau, geliehen. Als wir erfuhren, daß sie einen besaß, bat Abdul Khada mich, ihn zu holen. Ich sagte sofort zu, weil ich jede Gelegenheit benutzte, um nach Aschube zu gehen und Nadja zu besuchen, und sei es nur für ein paar Minuten. Ich nahm Tamanay mit, Bakelas jüngste Tochter.

»Bleibt ja nicht lange«, schärfte uns Abdul Khada ein, als wir uns gegen halb zwei, zur heißesten Tageszeit, auf den Weg machten. »Ich will, daß ihr um drei Uhr wieder hier seid.«

Vom Staub und von der Hitze waren wir trotz des kurzen Wegs schon erschöpft, noch ehe wir in Aschube ankamen. Als wir das Haus erreicht hatten, fragte ich Salama, ob sie uns den Behälter leihen könnte, und sie war einverstanden. Ich saß ein paar Minuten mit Nadja zusammen und erzählte ihr, was sich in der Zwischenzeit in Hockail ereignet hatte, wie schwer ich arbeiten mußte und daß Abdul Khada mir keine Pause gönnte.

»Ich komme und helfe dir«, schlug sie vor.

»Nein!« Ich schrie sie beinahe an. Ich wollte nie, daß sie leiden mußte, wollte ihr immer die Schmerzen abnehmen, so als sei sie noch ein Kind und als müßte ich sie vor dem Schlechten im Leben beschützen.

Wir blieben länger sitzen, als wir durften, und mir wurde plötzlich klar, daß ich mich sehr beeilen mußte, wenn ich bei meiner Rückkehr nicht geschlagen werden wollte. Wir traten wieder in die gleißende Sonne hinaus.

Der Wasserbehälter war riesig, beinahe so groß wie ich, aber mit Nadjas und Salamas Hilfe schaffte ich es, ihn mir auf den Kopf zu heben. Ich war inzwischen schon recht geschickt in dieser traditionellen Art des Tragens. Ich machte mich auf den Rückweg und ging, so schnell ich konnte, Tamanay trottete neben mir her und trieb mich zur Eile an. An einer Stelle rutschte ich mit dem Pantoffel auf einem Stein ab, stolperte, und der Wasserbehälter stürzte neben einem Strauch zu Boden. Ich geriet in Panik, denn es war bereits nach drei, und ich wußte, daß Abdul Khada wütend auf uns sein würde.

»Sieh nur, wie spät es schon ist, Tamanay«, sagte ich. »Wir müssen uns beeilen, hilf mir auf.«

Die arme kleine Tamanay mühte sich mit aller Kraft, den Behälter wieder auf meinen Kopf zu befördern, aber sie konnte ihn nicht einmal anheben, sie war nur ein mageres kleines Mädchen. Die Anstrengung und die Furcht vor dem, was uns erwartete, wenn wir zu spät kamen, brachten sie zum Weinen.

Es gab keine andere Möglichkeit, ich mußte es alleine schaffen.

Ich hockte mich hin, hob mir den Tank auf den Kopf und versuchte aufzustehen, ohne daß er herunterfiel. Jeder Muskel meines Körpers schien vor Schmerz aufzuschreien, als ich meine Beine und meinen Rücken zwang, sich zu strecken. Von der Muskelanspannung abgelenkt, hatte ich nicht bemerkt, daß sich ein Dorn in mein Gesicht gebohrt hatte, und als ich unter dem Gewicht des Behälters aufzustehen versuchte, drang er noch tiefer ein und riß mir die Haut auf. Bei dem überraschenden Schmerz in der Wange schrie ich auf und ließ dabei den Behälter wieder fallen, Tamanay machte vor Schreck einen Satz rückwärts.

Ich zog den Dorn heraus, und das Blut floß mir übers Gesicht. Ich achtete nicht darauf, mehr Sorgen machte mir, was Abdul Khada tun würde, wenn ich ihn noch länger warten ließ. Ich ging ein zweites Mal in die Hocke, lud mir den Wasserbehälter auf den Kopf und schaffte es noch einmal, meine Muskeln dazu zu zwingen, mich nach oben zu stemmen. Dann stolperten wir weiter die Gebirgspfade entlang.

Gegen halb vier kamen wir schließlich am Haus an, und Ward half mir, den Wasserbehälter abzusetzen. Sie wollte wissen, warum ich Blutspuren im Gesicht hatte, aber ich war so außer Atem, daß ich es ihr nicht erklären konnte. Ich hatte das Gefühl, jeden Augenblick zusammenzubrechen. Ward schickte mich nach oben, um Abdul Khada zu sagen, daß ich wieder da sei. Ich schleppte mich die Treppe hinauf, jede einzelne Stufe war so hoch wie ein Berg.

»Warum kommst du so spät?« schrie Abdul Khada mich an, als ich hinaustrat, doch ich hatte noch immer nicht die Kraft zu antworten. Wütend über mein Schweigen hob er seinen Lederschuh auf und schlug mir damit mit voller Kraft mitten ins Gesicht. Durch die Wucht des Schlages geriet ich ins Taumeln und fiel rückwärts die Stufen hinunter, ich konnte mich einfach nicht halten. Er kam mir nach. »Warum kommst du so spät?« fragte er noch einmal.

Die Worte kamen nur stoßweise heraus, als ich ihm erzählte, warum ich den Wasserbehälter fallengelassen hatte und wie schwer er war und daß da ein Dornenbusch war, er aber hörte mir gar nicht zu. »Geh in den Laden«, befahl er, »und hol Paraffin.«

Weinend gingen Tamanay und ich noch einmal den ganzen Weg bis ins Dorf. In dem Laden war ein Mann, den ich schon einmal gesehen hatte und der Englisch sprach. Ich bemerkte, daß ihm das getrocknete Blut und die Tränen auf meinem Gesicht auffielen, er sprach mich jedoch nicht an. Der Riß blutete nicht mehr, nur die Schramme, die mir Abdul Khada mit dem Schuh geschlagen hatte, brannte, war aber durch den Schleier verdeckt.

Ich hob mir den Fünfzehn-Liter-Kanister mit dem Paraffin auf den Kopf, wie so oft war der Verschluß nicht ganz dicht, und das Paraffin tropfte mir langsam, aber unaufhörlich ins Gesicht, sickerte in die Rißwunde, floß über die Schramme und tränkte meinen Schleier, so daß ich an den Dämpfen fast erstickte. Es war mir gleichgültig, ich wollte nur noch sterben. Wie in Trance ging ich weiter.

Als ich am Haus anlangte, waren meine Kleider vom Paraffin völlig durchtränkt. Ich war darauf gefaßt, daß Abdul Khada mich wieder schlagen würde. Er stand nur da und betrachtete mich. »Geh dich waschen«, sagte er.

Als ich mich gewaschen hatte und wieder herauskam, trat er vor mich hin und küßte mich auf die Stirn. »Es tut mir leid, Zana«, sagte er. Ich achtete nicht auf ihn, für Entschuldigungen war es zu der Zeit längst zu spät. Bakela weinte aus Mitleid mit mir und rieb mir Salbe auf die Wunde. Alle waren empört darüber, wie er mit mir umsprang, aber niemand traute sich, Abdul Khada zur Rede zu stellen. Nur seine Mum, Saida, schimpfte mit ihm, weil er mich geschlagen hatte, aber er machte sich nichts daraus. Er widersprach ihr zwar nicht – dafür achtete er seine Eltern zu sehr –, aber er hörte ihr einfach nicht zu.

Der alte Mann konnte ja nicht sehen, was vorging, aber später am Abend erzählte ich ihm, was sein Sohn mir an dem Tag angetan hatte. »Hab nur Vertrauen«, sagte er, »eines Tages wirst du nach Hause zurückkehren. Sei stark.«

Ich entdeckte bald, daß wir im Gebiet von Mukbana nicht die einzigen Mädchen waren, die man aus ihren Heimatländern hierher verschleppt hatte. Abdul Khadas Familie ist über den ganzen Jemen verstreut. Er hat zwei sehr nette Schwestern, die in dem Dorf Rubak wohnen, aus dem auch Bakela stammt. Beide hatten Männer aus diesem Dorf geheiratet und lebten mit ihren Kindern dort. Es war ungefähr eine halbe Stunde Fußweg von Hockail entfernt. Sie kamen recht häufig zu Besuch, und dadurch lernte ich sie ziemlich gut kennen.

In den Dorfhäusern wurden die Wände nicht mit Farbe gestrichen, sondern mit einer Art Kalkstein, der an bestimmten Stellen an Berghängen zu finden ist. Dieser Kalkstein wird über Nacht in Wasser eingeweicht, bis er sich zu einem Brei zersetzt hat, mit dem man die Wände bestreichen kann. In der Gegend von Rubak kam Kalkstein in der Natur vor.

Ward fand das Haus verwohnt und wollte es aufhellen. Sie schickte Bakela und mich nach Rubak zum Kalksteinbrechen, damit wir das Haus neu streichen konnten. Ich war froh, einen Tag rauszukommen. Sie gab uns ein paar Säcke mit, und wir brachen frühmorgens auf.

Bakela war in dem Dorf gut bekannt, ich aber war zum erstenmal dort. Der Weg dorthin führte einen Berghang hinab, und wir konnten unser Ziel die ganze Zeit im Tal am Fuße des Berges liegen sehen. Als wir ankamen, hatte ich Durst, und wir gingen in das Haus einer der Schwestern Abdul Khadas, um etwas zu trinken. Kaum waren wir da, füllte sich das Haus mit Menschen, die mich sehen wollten und fragten, wer ich sei. Obwohl die Frauen alle sehr höflich waren, mochte ich es zu der Zeit nicht, daß fremde Leute mir Fragen stellten. Ich hielt sie alle für Klatschmäuler und gab nur sarkastische und freche Antworten.

Bakela war offenbar sehr beliebt, denn einige Frauen boten uns an, den Kalkstein für uns aus dem Felsen zu brechen, so daß wir ihn nur noch in die Säcke zu füllen brauchten. Bakela war sehr schüchtern und wollte das freundliche Angebot nicht annehmen. Aber da sie sie gut kannten, konnten sie ihr die Zurückhaltung ausreden und sagten uns, daß wir uns inzwischen ausruhen sollten.

Sie machten uns Kaffee und Tschapatis, und wir setzten uns und genossen den freien Vormittag. Immer mehr Frauen kamen und wollten uns sehen. Ich saß nur da und schaute zu, wie sie miteinander plauderten, als ein junges, etwa vierzehnjähriges Mädchen das Zimmer betrat. Es war pausbäckig wie ein Kind, aber sehr hübsch, und mit seinem blonden Haar sah es sehr englisch aus und stach von den anderen ab. »Wer ist das?« fragte ich Bakela.

»Auch ein englisches Mädchen«, antwortete sie. »Sie kam hierher, als sie noch sehr klein war.«

Ich brannte darauf, mehr zu erfahren. Bakela sagte ich, daß ich frische Luft schnappen wollte, ging aus dem Zimmer und bat das Mädchen, mich zu begleiten. Wir gingen, gefolgt von ein paar anderen, nach unten. Ich war aufgeregt bei dem Gedanken, mit jemandem zu sprechen, der in der gleichen Lage war wie wir. Sie hatte ihr Englisch vergessen, aber wir konnten uns ja auf arabisch unterhalten.

Sie erzählte mir, daß sie, bis sie sieben war, mit ihren Eltern und ihrer damals neunjährigen Schwester in England gelebt hatte. Ihre Mutter war Engländerin, ihr Vater Jemenite. Die Mutter starb, und ihr Vater heiratete wieder eine Engländerin und fuhr mit ihnen allen zu Besuch in sein Heimatdorf, nach Rubak. Die Stiefmutter war grob zu den Mädchen und wollte sie los sein, und der Vater mußte wohl begriffen haben, daß sich ihm hier eine gute Gelegenheit dazu bot. Die Eltern verschwanden und ließen sie und ihre Schwester bei einem Onkel zurück.

Sie erzählte mir, daß dieser sie im Alter von zehn Jahren mit seinem Sohn verheiratet hatte, und sie berichtete mir auch, wie ihre Schwiegermutter sie behandelte, genauso boshaft nämlich, wie Ward mit mir umsprang. Ihre Schwester wurde mit einem zweiten Cousin verheiratet. An England hatte sie keine Erinnerung mehr. Sie wußte nicht, ob sie dort Verwandte hatte, und das einzige Englisch, das sie noch beherrschte, waren die Zahlen von eins bis zehn.

Sie zählte sie mir ganz langsam vor, und ich spürte, wie mir die Tränen kamen, als ich daran dachte, was für ein Leben sie als kleines Kind gehabt haben mußte und daß sie jetzt nichts mehr davon wußte. Als wir das Dorf verließen, wünschte ich ihr Glück, aber mir war klar, daß es für sie keine Hoffnung gab, denn sie hatte niemanden mehr, der ihr helfen würde.

Die Geschichte des Mädchens brachte mich zum Weinen. Während meiner Zeit im Jemen fand ich heraus, daß es nicht ungewöhnlich war, daß Mädchen aus Ländern wie Amerika und eben England hierhergebracht wurden und in Bergdörfern ein bäuerliches Leben führen mußten. Von den meisten hörte man damals in ihren Heimatländern nie wieder etwas, und ich schwor mir noch einmal, daß es Nadja und mir nicht so ergehen sollte. Wie lange es auch dauern würde, ich mußte zu meiner Familie zurückkehren.

Obwohl er oft so grausam zu mir war, schien Abdul Khada manchmal großes Verständnis für meine Probleme aufzubringen. So brachte er mir zum Beispiel aus der Stadt Monatsbinden mit, die die anderen Frauen nicht hatten. Sie mußten sich damit begnügen, sich Stoffkissen in die Pluderhosen zu nähen, die sie dann während der Monatsblutung nicht auswechselten. Von mir verlangten sie dasselbe, aber ich fand es zu ekelhaft, um darauf auch nur einen Gedanken zu verschwenden. Ich weiß nicht, wie die anderen Frauen das aushalten, denn in anderer Hinsicht sind sie stets peinlich auf Sauberkeit bedacht. Sie waschen sich jedesmal, bevor sie ihre Gebete sprechen, das heißt fünf- oder sechsmal am Tag, und sie nehmen zweimal täglich ein Vollbad.

Mit Ausnahme der Kinder beteten alle Familienmitglieder in ihren Zimmern, knieten auf ihren Gebetsmatten und führten alle vorgeschriebenen Bewegungen aus. Die Frauen sprachen leise, doch die Männer beteten lauter, ihr Sprechen war beinahe ein Gesang. Das Gebet dauerte ungefähr zehn Minuten. Anfangs betete ich nicht, sondern saß nur dabei und schaute zu. Als ich die Sprache besser verstand, hörte ich mir die Prediger im Radio an und begann, an die muslimische Religion zu glauben. Ich überlegte mir, daß Gott mir vielleicht beistehen würde, wenn ich betete. Ich betete immer auf englisch und sagte bei jedem Gebet: »Bitte hilf mir,

Gott.« Es war nur schwer vorstellbar, daß irgendein Gott über die in den Dörfern der Mukbana lebenden Mädchen wachte.

Gowads Neffe wohnte in einem Haus oberhalb von Nadjas Berghaus. Er starb in Saudi-Arabien, und Nadja entwickelte eine enge Beziehung zu der Witwe, die er hinterlassen hatte. Sie hätte wieder heiraten können, entschied sich aber dafür, im Haus ihres toten Mannes zu bleiben und ihre Kinder, ein achtjähriges Mädchen und einen ganz kleinen Jungen, allein großzuziehen.

Sie mußte Geld verdienen, um den Lebensunterhalt für sich und ihre Kinder zu sichern, deshalb reiste sie zwischen den Dörfern umher und nähte für die Frauen Kleidung. Sie brachte Nadja das Nähen bei, und Nadja besorgte sich eine alte Nähmaschine und begann ebenfalls, Kleider zu nähen. Wenn sie in andere Dörfer ging, brachte sie den kleinen Jungen zu Nadja und Salama, das Mädchen blieb im Haus und versorgte den Haushalt, solange die Mutter fort war.

Ich war zu Hause in Hockail, als im Dorf unter uns ein gellender Schrei ertönte. Amina hatte etwas gehört von jemand, der auf der Straße vorbeigekommen war, und gab die Neuigkeit nun an uns weiter. Sie teilte uns mit, daß das kleine Mädchen tot sei und daß Nadja irgendwie darin verwickelt sei.

Den ganzen Weg nach Aschube legte ich rennend zurück, ich hatte keine Vorstellung, was mich dort erwarten würde. Nadja war sehr ruhig und gefaßt, als ich sie sah, und das kleine Mädchen war bereits beerdigt worden. Nadja erzählte mir, was geschehen war.

»Wir haben gerade den Jungen gesucht, als eine Frau ins Haus kam und sagte, daß sie am Brunnen Kinderpantoffeln gefunden hat und daß auf dem Wasser ein kleines Faß geschwommen ist. Als Salama und ich an Ort und Stelle waren, standen schon viele Leute um den Brunnen herum. Sie haben mit Stöcken im Wasser herumgestochert, schwimmen konnte aber niemand von ihnen. Wir haben uns durch die Leute nach vorn durchgedrängt, und Salama hat ihnen gesagt, daß ich schwimmen kann. ›Soll ich hineingehen‹, hab ich gefragt, und Salama hat genickt. Ich hatte große Angst davor, was ich dort finden würde, aber auch Hoffnung, daß sie vielleicht noch lebt.

Ich bin kopfüber runtergetaucht und herumgeschwommen. Von den Stöcken war der Schlamm aufgerührt, ich konnte gar nichts sehen und mußte mich vorwärtstasten. Ich bin bis auf den Grund getaucht und hab ihn abgesucht, aber nur noch mehr Schlamm aufgewühlt. Schließlich mußte ich auftauchen und wieder Luft holen.

Dann bin ich noch einmal runtergetaucht, und da hab ich plötzlich etwas Weiches gespürt. Es war das Mädchen. Ich hab es nach oben gezogen, und die Männer haben es herausgehoben. Sie hatte die Augen offen, und aus ihrem Mund kam Schaum.«

Nadja, die sich an das erinnerte, was sie in der Schule gelernt hatte, drehte das Mädchen auf den Rücken und versuchte, das Wasser aus ihr herauszupressen, aber es war bereits zu spät. Sie drückte so lange verzweifelt weiter auf den Brustkorb, bis der weise Mann des Dorfs ihr sagte, sie solle aufhören. Sie brachten den Leichnam ins Haus, und einige Leute aus dem Dorf gingen die Mutter suchen.

Sie war auf dem Heimweg von ihrer Arbeit, und als sie die Leute kommen sah, wußte sie sofort, daß etwas Schreckliches mit ihren Kindern passiert war. Sie erzählten es ihr, und sie rannte weinend zu ihrem Haus, ganz außer sich vor Kummer und Schmerz. Sie mußte gestützt werden, als sie das Zimmer betrat, in das man das Mädchen gelegt hatte. Weil sie eine Frau war, durfte sie bei der Beerdigung nicht am Grab ihrer Tochter stehen, das war Aufgabe der Männer.

Wenn ein Grab angelegt wird, wird eine Grube ausgehoben und seitlich dazu noch eine zweite. Man legt den Toten in die seitliche Grube und mauert sie zu. Dann füllt man die erste Grube mit Sand und spricht darüber die Gebete.

Die leidende Mutter mußte aus der Ferne zusehen, mit dem kleinen Jungen im Arm.

10

Neue Perspektiven

Nach unserer Ankunft im Jemen blieb Gowad genau zwei Jahre in Aschube, bevor er wieder ins Ausland fuhr. Zu der Zeit war Mohammed, Nadjas sogenannter Ehemann, alt genug, um ebenfalls arbeiten zu können, und er ging wie die meisten Männer und Jungen im Dorf nach Saudi-Arabien.

Körperlich hatte sich Mohammed von einem Jungen zu einem

Mann entwickelt, Abdullah, der Junge, der angeblich mein Mann war, jedoch nicht. Mohammed fand einen guten Job, er arbeitete in einer Boutique und verkaufte Parfum und Aftershaves. Er fing an, Nadja und seiner Mutter Salama Geld nach Hause zu schicken. Er blieb jeweils für sechs Monate in Saudi-Arabien und kehrte dann für ein paar Monate Urlaub nach Hause zurück.

Als er das erste Mal zurückkam, wurde Nadja schwanger. Gowad arbeitete damals in England, und er schrieb Nadja, daß sie auch dorthin kommen dürfte, sobald Mohammed das Geld für die Flugtickets zusammengespart hätte. Das war die gleiche Geschichte, die Abdul Khada schon mir aufgetischt hatte. Wenn wir schwanger würden, so rechneten sie sich aus, würden wir nicht mehr fliehen wollen oder gegen sie kämpfen, sondern uns damit abfinden, ›gute‹ arabische Ehefrauen zu sein.

Nadjas Schwangerschaft verlief unkompliziert. Ihr war morgens nicht übel, sie hatte auch keines der anderen Symptome, nur ihre Brüste wurden größer. Die Aussicht, im Dorf ein Kind zur Welt zu bringen, schien sie nicht zu beunruhigen. In mancher Hinsicht war sie sehr tapfer. Andererseits war sie sehr leicht zu beeinflussen. Ich glaube, wenn ich nicht gewesen wäre, hätte sie ihr Englisch vergessen und wäre genau die Sorte Frau geworden, die man aus ihr machen wollte. Ich redete ständig auf sie ein, daß sie nicht aufhören solle, sich zu wehren und die Hoffnung nicht verlieren dürfe. Ich glaube, ohne mich hätte sie es zugelassen, daß man sie völlig beherrschte.

Salama war während Nadjas Schwangerschaft gut zu ihr. Sie erlaubte ihr, sich auszuruhen, wenn sie zu müde wurde. Bis zum Schluß durfte sie nach Hockail kommen und mich besuchen. Ich ging, so oft ich konnte, selber zu ihr, um ihr den Weg zu ersparen, doch Abdul Khada, der zu der Zeit in Saudi-Arabien war, schrieb mir, daß ich nicht so oft nach Aschube gehen dürfe. Der Gedanke, daß Nadja und ich so viel Zeit miteinander verbrachten, gefiel ihm gar nicht. Ich nehme an, er hatte den Verdacht, daß wir unsere Flucht planten. Er sah es gar nicht gern, wenn ich nicht im Haus war, es sei denn, ich hatte Besorgungen zu machen. Er befürchtete wohl auch, daß er mich nicht unter Kontrolle hatte, wenn nicht jeder seiner Spione jederzeit wußte, wo ich war.

So durfte ich sie nur noch einmal pro Woche, und zwar tagsüber, besuchen. Je mehr ich mich an das arabische Leben gewöhnte, desto strenger schrieb mir Abdul Khada vor, wie ich mich zu verhalten hatte. Gehorchte ich ihm nicht, dann teilte ihm das postwendend jemand aus der Familie oder aus dem Dorf mit, und er ließ mich dann wissen, daß er mich bei seiner Rückkehr bestrafen würde, wenn ich seine Anordnungen nicht befolgte. Obwohl er seine Drohungen meist auch wahrmachte, gab ich mich in meinem tiefsten Innern nie geschlagen, ich hörte nie auf zu hassen.

Salama hinderte Nadja nie daran, zu mir heraufzukommen, doch im neunten Monat ihrer Schwangerschaft bat ich sie, damit aufzuhören, denn ich fürchtete, der Weg wäre für sie bei der Hitze zu lang und anstrengend. So war ich gerade in der Zeit, in der das Baby kommen sollte, von ihr abgeschnitten.

Eines Morgens ganz früh kam Nadjas Nachbarin zu unserem Haus und teilte Ward mit, daß Nadja in der Nacht zuvor einen Jungen zur Welt gebracht hätte und daß die Geburt gut verlaufen sei.

Ich war wütend, als ich hörte, daß die Entbindung schon vorbei war, ich wollte wissen, warum mich niemand geholt hatte. Sie erklärten mir, es sei schon so spät gewesen, daß keine der Frauen noch nach draußen gehen wollte. Und wenn mich ein Mann in der Nacht abgeholt und Abdul Khada davon erfahren hätte, dann hätte er mich getötet. Es wäre völlig unmöglich, wenn eine Frau in einer solchen Situation mit einem Mann gesehen würde.

Ich rannte aus dem Haus, und Ward rief mir nach: »Ich hoffe, du bist zum Mittagessen wieder da.«

»Ich komme heute nicht wieder«, rief ich zurück. »Ich bleibe bei meiner Schwester.«

Ich lief den ganzen Weg bis nach Aschube und in Nadjas Zimmer. Es war voller Frauen, und das Baby schlief in einer Hängematte neben dem Bett. Ich brach in Tränen aus, und ich glaube, ich habe an dem Tag nicht mehr aufgehört zu weinen. Nadja sah wirklich gut aus und wirkte ruhig. Sie sagte, ich solle aufhören zu weinen, weil sie sonst auch anfangen würde. An diesem Tag wurde ich wieder krank, ich fing an, die Stimme zu verlieren.

Nadja erzählte mir, daß ihre Wehen erst ziemlich spät am Abend eingesetzt und nicht lange gedauert hatten. Salama war ins nächste

Dorf gelaufen und hatte die nette alte Frau, die sie dort kannte, zu Hilfe geholt. Sie hatte keine großen Schmerzen gehabt, und die Anwesenheit der freundlichen Frau war sehr beruhigend gewesen.

Der Junge war ungefähr eine Stunde später zur Welt gekommen. Es war unfaßbar für mich, daß meine kleine Schwester Mutter geworden war.

Eine der Frauen im Zimmer schlug Namen für das Baby vor. Nadja gab ihm den Name Haney. Später bekamen wir einen Brief von Dad, der von der Geburt erfahren hatte, und Nadja mitteilte, wie sie das Baby nennen sollte. Ich weiß heute nicht mehr, was für einen Namen er wollte, und Nadja nahm den Brief gar nicht zur Kenntnis. Haney wurde am 29. Februar 1984 geboren, also in einem Schaltjahr, so daß er nur alle vier Jahre Geburtstag hat. Er wuchs zu einem sehr hübschen Kind heran und sah genauso aus wie seine Mutter.

Ich blieb drei Tage bei Nadja und schlief mit ihr in ihrem Zimmer. Mir ging es immer schlechter, schon in der ersten Nacht hatte ich mich richtig krank gefühlt und keinen Ton mehr herausgebracht. Wenn ich Nadja etwas sagen wollte, mußte ich ihr ins Ohr flüstern. Ich hatte nicht die Kraft, vom Fußboden aufzustehen, und Nadja mußte mich mit einem Löffel füttern, während sie gleichzeitig ihr Baby versorgte.

Sie fand sich sofort in ihre neue Rolle als Mutter ein, übernahm sie mit der gleichen Ruhe und Gelassenheit, mit der sie alles in Angriff nahm. Sie stillte Haney zwei Jahre lang. Ganz offensichtlich vergötterte sie ihn, und nun verunsicherte und verängstigte ich sie noch mehr, wenn ich davon sprach, nach England zurückzugehen.

»Wenn wir jetzt nach Hause fahren«, sagte sie oft, »nehmen sie mir Haney weg.« Die Vorstellung entsetzte sie. Ich war besorgt, wenn ich daran dachte, daß man nun vielleicht gerade ein Druckmittel gefunden hatte, um sie dortzubehalten, wenn ich einen Ausweg gefunden hätte.

Wenn Nadja und ich zusammen waren, sonderten wir uns von den anderen Frauen ab und blieben die ganze Zeit über allein. Wir sprachen oft über die alten Zeiten in England, und das waren die einzigen Dinge, die Nadja zum Lächeln oder sogar zum Lachen brachten. Im Jemen hatten wir nichts zu lachen. Wir entwarfen und planten und erträumten Varianten für eine Flucht, eine Idee war noch verrückter als die andere. Wir wußten, daß unsere einzige reelle Chance darin bestand, einen Brief zu Mum durchzuschleusen, sie wissen zu lassen, daß wir in Schwierigkeiten waren und sie dazu zu bewegen, Hilfe zu organisieren. Wir hatten keine Ahnung, was man ihr über uns erzählt hatte oder wie sie selber unsere Situation einschätzte. Wenn sie die Postkarten erhalten hatte, die man uns am Anfang diktiert hatte, mußte sie annehmen, daß wir wirklich glücklich waren und daß es uns im Jemen gefiel. Das zu glauben konnten wir nicht ertragen, wir mußten einfach davon ausgehen, daß sie von unserer Gefangenschaft wußte und daß sie versuchte, uns zu finden.

Dann war da noch die Kassette, die ich zu Beginn unseres Aufenthalts auf Befehl von Abdul Khada besprechen mußte. Er hatte mich geschlagen und mich gezwungen zu sagen, daß Dad ein guter Mensch sei und wir im Jemen viel glücklicher wären als früher in England und wie schön es hier draußen wäre. Dieses Band zu besprechen hat mir beinahe das Herz gebrochen, denn ich wußte, daß es Mum von der richtigen Spur abbringen konnte.

Kurz nachdem Haney geboren war, traf ein ausgebildeter Arzt in Hockail ein. Es war ein Einheimischer, der im Ausland studiert und seine Prüfungen abgelegt und sich dann dazu entschlossen hatte, in sein Heimatdorf zurückzugehen, um dort zu praktizieren und seinen Leuten zu helfen. Er war jung, und ich suchte ihn auf, wenn es mir nicht gut ging, was immer häufiger der Fall war. Er konnte kein Englisch, doch ich sprach inzwischen so gut Arabisch, daß ich ihm meine Probleme schildern konnte. Wenn ich nicht schlafen konnte, gab er mir Schlaftabletten. Ich bekam sehr starke Schmerzen in der Brust, und er gab mir Tabletten, durch die sie wieder verschwanden. Er schien ein sehr guter Arzt und ein freundlicher Mann zu sein.

Sein Haus unterschied sich sehr von den Häusern, in denen zu leben wir gewohnt waren. Es wirkte wie ein ins Dorf verpflanztes Stadthaus, war mit Teppichen, einem Kühlschrank und einem Fernsehapparat ausgestattet. Er hatte vermutlich einen Generator, denn sonst hätte er diese elektrischen Geräte nicht betreiben können. In dem Gebiet gab es damals keine Elektrizität. Es war das beste Haus im Ort und Dorfgespräch. Gebaut hatte es sein Vater, einer der einflußreichsten weisen Männer des Dorfes.

Mit jedem Besuch wurde er freundlicher, und ich hatte den Eindruck, daß ich offen mit ihm sprechen konnte. Ich erzählte ihm, daß ich nie Briefe von meiner Mum erhielt und fragte ihn, ob er, wenn er zwischen dem Dorf und der Stadt hin und her fuhr, was er häufig tat, in einem öffentlichen Postamt einen Brief für mich aufgeben könnte. Anfangs war er nicht begeistert, wohl weil er sich nicht in die Familienangelegenheiten eines fremden Mannes einmischen wollte. Ich mußte ihn mehrmals bitten, und am Ende verstand er, wie wichtig es für mich war und sagte zu. Er erlaubte auch, daß Mum umgekehrt Briefe an sein Postfach in Ta'izz adressierte und versprach mir, sie mir heimlich auszuhändigen. So konnten wir Nasser Saleh und seine Zensurmaßnahmen umgehen.

Als ich Nadja erzählte, endlich einen Menschen gefunden zu haben, dem wir wohl vertrauen konnten, träumten wir wieder von Flucht. Trotzdem war ich immer noch nicht überzeugt davon, daß es funktionieren würde. Ich hatte große Angst, daß irgend jemand im Dorf oder in Ta'izz den Brief öffnen und lesen könnte und Abdul Khada den Inhalt berichten würde. Er würde mich dann wieder schlagen, weil ich ihn zu betrügen versuchte. Deshalb konnte ich nicht alles in dem Brief so sagen, wie ich es gern gewollt hätte, sondern mußte Mum verschlüsselt schreiben und darauf bauen, daß sie zwischen den Zeilen lesen konnte und verstand, daß ich um Hilfe rief. Der Brief steckte voller Andeutungen, von denen ich wußte, daß Mum sie verstehen, ein Fremder aber keinen Verdacht schöpfen würde.

Ich schrieb den Brief schließlich auf ein Blatt Papier, das ich aus einem alten Schulheft gerissen hatte. Ich teilte Mum das Postfach des Arztes mit. Zwei Wochen später kam seine Frau zu Besuch in unser Haus. Als Ward einmal das Zimmer verließ, flüsterte sie mir zu, daß ihr Mann einen Brief für mich hätte und ich ihn abholen sollte.

Bei der ersten Gelegenheit, die sich mir bot, rannte ich ins Dorf hinunter und kam keuchend beim Haus des Arztes an. Ich traute meinen Augen nicht, als ich den Umschlag mit Mums Handschrift sah. Wie konnte es nach all den Jahren plötzlich so leicht sein, mit ihr Kontakt aufzunehmen, wo es so lange unmöglich gewesen war?

Der Arzt lächelte mich freundlich an und fragte, ob ich den Brief gleich lesen wollte. Ich dankte ihm und sagte, daß ich lieber irgendwo allein und ungesehen bliebe. Ich wollte nicht vor ihm weinen. Ich versteckte den Brief unter meinem Kleid und ging zurück nach Hause. Die Schläge meines Herzens hämmerten mir in den Ohren, als ich mit meinem Geheimbrief zum Haus hinaufstolperte. Ich konnte noch nicht glauben, daß ich ihn tatsächlich würde lesen können, daß nicht jemand auf mich zuspringen, mir den Umschlag wegnehmen und ihn zerreißen würde, so wie es Abdul Khada mit meinen Fotos gemacht hatte.

Ich schloß mich in mein Zimmer ein und riß den Umschlag auf. Ich war ganz sicher, daß wir nun, da Mum wußte, wo wir waren, in kürzester Zeit nach Hause fahren würden. Da ich so rasch eine Antwort auf meinen Brief erhalten hatte, zweifelte ich nicht mehr daran, daß die anderen Briefe nicht zu Mum durchgekommen waren. Ich weinte so sehr, daß ich mich nur mit Mühe auf die Worte konzentrieren konnte.

Obwohl Mum geahnt hatte, daß irgend etwas nicht stimmen konnte, war sie offenbar sehr verwirrt, denn ihr Brief war lang und enthielt so viele Fragen. Sie schrieb, daß sie nicht einen meiner Briefe bekommen, aber das Band gehört hatte, das ich besprechen mußte.

Abdul Khada hatte dieses Band meinem Dad geschickt, doch Mum hatte davon erfahren. Als mein Bruder Mo eines Tages Dad besuchte, stibitzte er es und brachte es ihr. Sie schrieb, daß sie an meiner Stimme gemerkt hatte, daß ich zum Sprechen gezwungen worden war, daß sie aber nicht wußte, was sie hätte unternehmen können. Dad war sehr wütend auf Mo und stellte ihn vor die Alternative, zwischen ihm und seiner Mum zu wählen. Mo entschied sich für Mum und besuchte Dad nicht mehr.

Ich war enttäuscht, daß Mum die Situation offenbar noch immer nicht richtig erfaßte und daß es wahrscheinlich viel länger dauern würde, aus dem Jemen herauszukommen, als ich es mir, während ich auf den Brief wartete, vorgestellt hatte. Zumindest wußten wir aber nun, daß sie nichts mit den Brautkäufen zu tun gehabt hatte, und daß sie jetzt, wo sie von unserem traurigen Los wußte, alles in ihrer Macht Stehende tun würde, um uns herauszuholen.

Nun, da ich einen Weg gefunden hatte, Briefe außer Landes zu bringen, schickte ich eine wahre Flut und erhielt auch eine Flut zurück. Nadja und ich wurden mutiger, wir schrieben weniger verschlüsselt und ließen die Leute auch merken, daß wir Verbindung zu Mum aufgenommen hatten. Wir gaben uns keine Mühe, vor irgendwem zu verbergen, was vorging. Die Frau des Arztes brachte die Briefe manchmal ganz offen ins Haus, und obwohl das der Familie nicht gefiel, machte niemand Anstalten, sie uns wegzunehmen. Der Arzt war ein gebildeter Mann aus einer guten Familie, er brauchte keine Angst zu haben, daß Abdul Khada ihm schaden könnte. Wir hatten endlich einen mächtigen Verbündeten gefunden, der uns helfen konnte.

Abdul Khada erfuhr bald, welche Wendung die Dinge genommen hatten, und er war zu schlau, um seine wirklichen Gefühle bei dieser Herausforderung seiner Autorität zu zeigen. Er schrieb mir, es hätte ihn gefreut zu hören, daß ich einen Brief von Mum erhalten hatte, und so als sei gar nichts passiert, spielte er den alten Freund der Familie und erkundigte sich nach ihrer Gesundheit. Er konnte ja auch nichts unternehmen, denn er hatte so lange vorgetäuscht, unsere Briefe nach England abgeschickt zu haben. Ich wußte, daß es uns zum erstenmal gelungen war, ihm ein Schnippchen zu schlagen, aber dennoch hatte sich unsere Situation noch immer nicht verändert. Auch wenn Mum nun von unserem Elend wußte, konnte sie wohl zu dem Zeitpunkt nicht sofort etwas dagegen unternehmen. Sie schilderte uns in ihren Briefen, daß sie zum erstenmal von unserer Lage gehört hatte, als ein paar meiner Freunde ins Café gekommen waren und ihr erzählt hatten, daß Nadja und ich verheiratet waren. Sie hatten es von einer Frau erfahren, deren Mann aus der Mukbana gekommen war. Mum schrieb, daß Dad unsere Geburtsurkunden aus dem Schrank genommen hatte, als sie im Laden bediente. Als sie ihn darauf ansprach, sagte er, daß er legale Heiratsurkunden erhalten hätte und daß zwei jemenitische Männer als Trauzeugen dabeigewesen wären.

Mum hatte bei diesen Worten die Beherrschung verloren und ihn angeschrien: »Wie konntest du nur, es sind meine Mädchen! Sie gehören mir! Sie sind deine Töchter, und du hast sie verkauft!«

Er lächelte sie an und sagte: »Kannst du das beweisen?«

»Ich werde sie zurückholen«, erwiderte sie, doch er lachte ihr nur ins Gesicht.

»Versuch's doch«, sagte er, »du kannst gar nichts machen. Sie sind weg, so wie die andern zwei.«

Mum schrieb danach ans Außenministerium, wie sie es so viele Jahre zuvor wegen Ahmed und Leilah auch getan hatte; von dort erfuhr sie, daß wir jetzt eine doppelte Staatsbürgerschaft hätten und die Regierung des Jemen uns als jemenitische Bürger betrachtete. Die einzige Möglichkeit für uns, nach Hause zu kommen, schrieb man ihr, bestehe darin, daß unsere ›Ehemänner‹ uns erlaubten, das Land zu verlassen und daß wir dann Ausreisevisa bekämen.

Nadjas Sozialarbeiterin, Mary Birchell, hatte auch angefangen, an Institutionen wie die britische Botschaft und verschiedene caritative Organisationen zu schreiben, alle antworteten jedoch das gleiche: Es täte ihnen leid, aber sie könnten nichts unternehmen.

Dann begann sie, uns Briefe an die Postfachnummer in Ta'izz zu schicken, die Gowad und Abdul Khada ihr mitgeteilt hatten, erhielt aber natürlich keine Antworten, weil die Briefe alle abgefangen wurden. Auch wenn die britische Botschaft in Sanaa uns hätte helfen wollen, hätte sie uns über die Nummer dieses Postfachs nicht erreichen können.

Lynettes Mum, Mrs. Wellington, die eng mit Mum befreundet war, setzte sich ebenfalls ein. Sie schrieb der englischen Königin einen Brief und bat sie um Hilfe. Eine Hofdame antwortete ihr in sehr mitfühlenden Zeilen, daß ihr Brief ans Außenministerium weitergeleitet worden sei. Mum und Mary Birchell schrieben an Nigel Cantwell, den Vorsitzenden des Internationalen Kinderhilfswerks in Genf. Mr. Cantwell antwortete dasselbe wie alle anderen, nämlich daß Nadja und ich durch die Heirat doppelte Staatsbürgerschaften hätten und es da nur wenig Hilfsmöglichkeiten gäbe. Aber er hatte zu der Frage der Ehen Auskünfte über die Rechtslage eingeholt. Da Mum und Dad niemals geheiratet hatten, besaß Mum dem Gesetz nach ganz offensichtlich das alleinige Sorgerecht. Und da vor der Verheiratung ihrer Töchter ihre Genehmigung nicht eingeholt worden war, bestand die Möglichkeit, daß die jemenitische Regierung juristisch die Illegalität unserer Ehen feststellen lassen konnte.

An diesen Strohhalm klammerte ich mich und glaubte, daß wir auf diese Weise herauskommen würden, denn ich war überzeugt davon, daß unsere Ehen nicht legal sein konnten. Etwas anderes war ja nicht möglich. Wir waren nie gefragt worden, hätten uns auch ganz gewiß niemals einverstanden erklärt, und wenn auch unsere Mum nichts davon wußte, dann konnten sie nicht rechtsgültig sein. Mum war jedoch sehr vorsichtig bei dem, was sie uns mitteilte, sie wollte keine unberechtigten Hoffnungen in uns wecken. Sie schien der Meinung zu sein, daß die Regierung des Jemen nicht viel Zeit auf die Überprüfung von ein paar illegalen Ehen in einem abgelegenen Dorf verwenden würde. Sie hatte auch Angst davor, daß Dad versuchen konnte, ihr Ashia und Tina wegzunehmen und mit ihnen genauso zu verfahren wie mit uns. Fremde Leute berichteten mir, daß Mum in der Zeit, in der wir keine Verbindung hatten, einen Nervenzusammenbruch gehabt hatte, daß der Druck, die Ängste und die Enttäuschungen ihre Seele offenbar gebrochen hatten. Als sie endlich unsere Briefe bekam, kehrte ihr Kampfgeist aber zurück.

Eines aber tat Mum nicht, nämlich zur Presse gehen und unseren Fall an die Öffentlichkeit bringen. In meinen Briefen beschwor ich sie immer wieder, genau das zu tun, die Öffentlichkeit wissen zu lassen, was uns widerfahren war. Einer oder zwei der alten Männer aus dem Dorf, die den blinden Alten in unserem Haus besuchten, sagten mir, ich sollte mir keine Sorgen machen. Die Mehrzahl von ihnen kannten die Briten, und wenn sie erführen, was geschehen war, würden sie dafür sorgen, daß die Regierung etwas unternahm. Ich deutete in meinen Briefen immer wieder an, daß sie es in die Zeitungen bringen sollte, aber sie schien nicht zu verstehen und versuchte weiterhin, alles allein zu machen. Ich war immer noch nicht so mutig, in den Briefen alles ganz offen auszusprechen, fürchtete, sie könnten doch in falsche Hände geraten.

Unser Briefwechsel funktionierte nun regelmäßig, obwohl es manchmal zwischen einzelnen Briefen eine Unterbrechung von einem oder zwei Monaten gab. Doch das war nichts verglichen mit den Jahren des Schweigens, die wir bereits durchlitten hatten. Mum schickte neue Familienfotos als Ersatz für die, die bei uns vernichtet worden waren. Ashia hatte inzwischen eine Tochter, von der ich noch nichts gewußt hatte. Abdul Khada besaß einen Fotoapparat und machte Aufnahmen von Nadja und mir, die ich Mum schickte. Ich glaube, er spekulierte darauf, daß unsere Behauptungen, wie Gefangene gehalten zu werden, angesichts solcher Gesten lächerlich wirken mußten. Seit Monaten gingen nun Briefe hin und her, die uns hoffen ließen, daß etwas geschehen würde und die unsere Ungeduld, den Jemen zu verlassen und zu unserer Familie zurückzukehren, nur noch vergrößerten.

11

Besuch von zu Hause

Abdul Khada fuhr mit Abdullah nach England, damit der Junge medizinisch behandelt werden konnte, und während ihres Aufenthalts stellte er ihn Dad vor. Dad muß ganz bestürzt gewesen sein, als er sah, wie klein und mickrig Abdullah war. Alle Männer aus seinem Freundeskreis lachten über Abdullah und fragten Dad, wie er seine Tochter nur mit einem solchen Menschen verheiraten konnte. Dad wurde von seinen eigenen Freunden beschämt, von Leuten, die seine Handlungsweise niemals kritisiert hätten, wenn Abdullah wie andere Männer ausgesehen hätte. Dies alles erzählte mir Abdul Khada, als er auf dem Rückweg nach Saudi-Arabien noch einmal in Hockail Zwischenstation machte. Abdullah war in England geblieben, um seine Behandlung fortzusetzen.

Ich habe nie genau herausgefunden, worin diese Behandlung eigentlich bestand, doch Abdullah blieb neun Monate in England und mußte das Land dann verlassen, bevor er geheilt worden war, denn sein Visum war abgelaufen. Die Behörden wußten, daß er die mit dem Visum verbundene Aufenthaltserlaubnis überschritten hatte, und dies wurde auch in seiner Akte vermerkt. Dieser Umstand sorgte später für eine weitere Komplikation in unserem Leben.

Abdul Khada erzählte mir, daß er in England meine Mum angerufen und sich mit ihr bei Gowad, der zu der Zeit in Birmingham war, verabredet hatte. Bei dem Treffen stellte Mum ihm Fragen über mich und Nadja, und er antwortete ihr, daß ich verheiratet und glücklich sei. Er erzählte mir auch, daß er meine Schwestern kennengelernt hatte. Abdullah blieb nach seiner Rückkehr nur ein paar Wochen im Dorf, dann schickte ihn Abdul Khada per Schiff nach Saudi-Arabien, wo er ihm helfen sollte. Während seines Aufenthalts in England war er zwar ein paar Zentimeter gewachsen, sah aber noch genauso dünn und krank aus wie vor seiner Abreise. Die Behandlung schien ihm überhaupt nicht geholfen zu haben. Abdullahs Bruder Mohammed nahm Kontakt mit Abdul Khada auf und berichtete ihm, daß Abdullah in sehr schlechter Verfassung sei und in Saudi-Arabien behandelt werden müsse. Abdul Khada willigte ein, und Abdullah verließ den Jemen. Ich war immer erleichtert, wenn er fortging, obwohl ich ihm auch keine Beachtung schenkte, wenn er da war.

Kurze Zeit später hörte ich, daß er sich einer riskanten Operation unterziehen mußte. Mit seiner Herzschlagader stimmte irgend etwas nicht. Der Blutfluß war an einer Stelle behindert, und sie mußte durch eine künstliche ersetzt werden. Es hieß, er würde 24 Stunden unter Narkose sein. Abdul Khada sagte, daß die Überlebenschance des Jungen nur fünfzig zu fünfzig wäre. Ich betete, daß er auf dem Operationstisch sterben sollte, damit ich frei würde und das Land verlassen konnte. Als ich ein paar Tage später erfuhr, daß er überlebt hatte, war ich enttäuscht. Abdul Khada schickte Ward, die sich große Sorgen machte, ein Telegramm, um sie wissen zu lassen, daß alles gut verlaufen war, und ein paar Tage später kam er selbst, um es ihr noch einmal persönlich zu bestätigen.

Abdullah blieb noch mehrere Monate in Saudi Arabien, um sich zu erholen und seinem Vater im Restaurant zu helfen. Sobald er wieder zu Kräften gekommen war, schickte ihn Abdul Khada ins Dorf zurück in der Hoffnung, daß er nun imstande sei, mich zu schwängern. Sie alle hatten sich schon lange gefragt, warum ich nicht vorher schon schwanger geworden war, ich aber hatte auf ihr Gerede gar nicht geachtet. Sie glaubten, daß Abdullahs Krankheit daran schuld war, und das war sie wohl wirklich. Als er nach der Operation zurückkam, sah er viel besser aus und nahm auch endlich ein bißchen zu.

Ich wurde sofort schwanger; im Jahre 1985 blieb bei mir zum erstenmal in meinem Leben eine Monatsblutung aus. Ich wußte sofort, was das bedeutet. Ich erzählte es Ward, und sie war überglücklich – alle freuten sich darüber. Ich fühlte mich nicht schlecht oder krank, ich wußte nur einfach, daß ich schwanger war.

Ich freute mich aber auch, denn Abdul Khada hatte mir immer versprochen, daß ich dann nach England gehen und das Kind dort bekommen dürfte. In den vergangenen Monaten hatte ich mein Möglichstes getan, um ihm den Eindruck zu vermitteln, daß ich mich schließlich doch mit allem abgefunden hatte und die Familie akzeptierte. Ich nahm inzwischen oft Zuflucht zur Lüge, um ihm so viel Vertrauen in mich einzuflößen, daß er mich mit Abdullah zur Entbindung nach Birmingham schicken würde.

Mohammed kehrte zur gleichen Zeit aus Saudi-Arabien zurück wie Abdullah, und Nadja wurde fast genau zur gleichen Zeit wie ich ein zweites Mal schwanger. Ihr Sohn Haney war inzwischen zwei Jahre alt.

Ward war zu mir nicht so gut wie Salama zu Nadja während ihrer Schwangerschaften. Die ganze Zeit über mußte ich genau die gleichen Arbeiten verrichten wie vorher. Es gab Tage, an denen ich glaubte, ich würde das nicht durchstehen, doch ich hatte keine andere Wahl, denn Bakela war zu der Zeit bei Mohammed in Ta'izz, und Ward weigerte sich, mir irgendeine Arbeit abzunehmen. Es war also niemand anders, der hätte Wasser holen, Essen machen, das Haus sauberhalten oder die Tiere versorgen können. Bakela hatte auch ein Kind bekommen, bevor sie aus Hockail weggegangen war, und ich beneidete sie darum, daß sie nicht im Dorf zu sein brauchte. Sie war am Ende doch in die moderne Welt entwischt, wenn auch nur nach Ta'izz. Sie hatte dieses Mal wieder einen Jungen bekommen, und er war krank, als er geboren war, zu klein und zu schwach, um beschnitten werden zu können. Er mußte nach Ta'izz gebracht und dort behandelt werden. Danach beschloß Mohammed, daß seine Frau in die Stadt kommen und dort mit ihm leben sollte. Ich hatte also nur noch Ward und die Alten um mich.

An manchen Tagen war ich sicher, daß ich den Alptraum bald überstanden haben würde, daß sie, wenn ich sie nur davon überzeugen konnte, eine gehorsame Schwiegertochter zu sein, mich zu

Besuch nach England fahren lassen würden und ich ihnen dann entkommen konnte. An anderen Tagen wieder hatte ich keine Hoffnung mehr, daß sich je etwas ändern würde. Ich tat weiter die viele Arbeit, und Nadja, die von Salama nicht so eingeschränkt wurde, versuchte mir zu helfen. Fremde Frauen, die mich am Brunnen trafen, sahen empört, daß ich am Ende des achten Monats immer noch Wasser tragen mußte. Ich wurde sehr dick, eine enorme Belastung in der ungeheuren Hitze.

Im letzten Monat versuchte ich mich so oft es nur ging auszuruhen. Eines Nachmittags lag ich ein paar Minuten auf dem Bett, als ich Amina hörte, die uns vom Dach ihres Hauses am Fuß des Berges etwas heraufrief: Ein Paket von Mohammed aus Ta'izz sei angekommen, und wir beide sollten herunterkommen und es abholen. Ward war als erste unten, denn ich brauchte eine Weile, um vom Bett aufzustehen und über den Felshang nach unten zu klettern.

Als ich unten ankam, sah ich ein paar Leute aus dem Dorf, die sich flüsternd unterhielten. Irgend etwas ging hier vor, denn sie sahen mich, während sie miteinander sprachen, so merkwürdig an. Ich schaute zur Straße hinüber, dort war aber kein Land Rover, den man noch hätte sehen müssen, wenn er bloß ein Paket abgeliefert hätte.

Haola kam zu mir und sagte freundlich: »Zana, da hinten auf der Straße wartet deine Mum auf dich.«

Als ich bis zum nächsten Felsvorsprung gekommen war, fuhr ein Auto davon. Hinten am Straßenrand standen zwei Leute, eine Frau mit einer roten Bluse und ein junger Mann, den ich nicht erkannte. Seit langer Zeit sah ich zum erstenmal wieder eine Frau, die ihr Haar nicht bedeckt hatte. Mit großen Augen und wild klopfendem Herzen stand ich da. Tränen strömten mir über die Wangen, und ich spürte in der Brust und in der Kehle, wie ich von Gefühlen überwältigt wurde, als ich zu ihnen hinstolperte und -taumelte. Mum erwartete mich mit ausgestreckten Armen am Straßenrand und sah mich nur an. Als ich bei ihr war, brachen wir beide in Schluchzen aus, und ich fiel ihr in die Arme. Mir kam es so vor, als klammerten wir uns stundenlang so aneinander. Die Frauen aus dem Dorf standen schweigend oben auf dem Felsen und starrten uns an.

Als ich mich schließlich aus ihren Armen löste, wies sie auf den Jungen neben ihr. »Sag guten Tag zu deinem Bruder«, sagte sie, und ich begriff, daß es Mo war. Von allein hätte ich ihn nicht erkannt, in den fünf Jahren hatte er sich sehr verändert. Nun fing auch er an zu weinen. Ich sah wieder Mum an und merkte, daß die Hitze ihr Schwierigkeiten machte.

»Komm«, sagte ich, »ich bring dich in den Schatten.«

Obwohl ich im neunten Monat schwanger war, ging ich den Weg so schnell hinauf, daß Mum nicht mit mir mithalten konnte und mich bitten mußte, langsamer zu gehen. Wir kamen vor Abdul Noors Haus an und setzten uns auf dem Steinpodest in den Schatten. Das gesamte Dorf schien sich hier versammelt zu haben, alle schauten auf uns. Ich wußte nicht, was ich sagen sollte.

Amina brach das Schweigen. »Da hast du nun deine Mum, Zana, wie ist das für dich?« Mir fiel keine Antwort ein. Ich fing an, sie mit Fragen zu bestürmen.

»Was ist passiert? Wie bist du überhaupt hierher gekommen? Kommst du uns abholen?«

»Laß mich ein wenig ausruhen, ich erkläre es dir dann«, sagte sie nur. »Wo ist das Haus?« Ich zeigte zur Spitze des Bergs, und sie wollte ihren Augen nicht trauen. »Da müssen wir hinauf?« brachte sie nur heraus.

Amina brachte ihr etwas Kaltes zu trinken, und sie ruhte sich aus. Ich war ungeduldig und wollte sie ins Haus hinaufbringen und endlich erfahren, was geschehen war. Ich war verzweifelt, wollte alles auf einmal hören.

Es dauerte ungefähr eine halbe Stunde, bis Mum auch den nächsten Berg geschafft hatte, und als sie oben ankam, brach sie genau vor dem Haus zusammen und hatte nicht einmal mehr die Kraft hineinzugehen.

Wenn ich gewußt hätte, daß sie kommt, hätte ich für sie wenigstens etwas Besonderes zu essen besorgt und einiges vorbereitet, damit sie es im Haus bequemer hatte. Für jemand aus England hatten wir nichts zu essen im Haus, nur das Mehl, an das ich mich inzwischen gewöhnt hatte. Mum konnte ich das nicht anbieten. Am meisten schienen sie die Fliegen aus der Fassung zu bringen, die sie umschwärmten und sich überall auf der Haut niederließen. Es war seltsam, wie ich das Haus nun wieder mit neuen Augen sah und mich daran erinnerte, wie fremd mir das alles bei meiner Ankunft hier vorgekommen war. Mir wurde klar, in welchem Maße ich mich an das alles schon gewöhnt hatte.

Haola brachte Mums Koffer und bot sich an, nach Aschube zu gehen und Nadja zu holen. Ich bat sie, Nadja in ihrem Zustand nicht zu erschrecken und nicht zu erwähnen, daß Mum hier sei, sondern ihr nur auszurichten, sie solle zu mir kommen.

Wir gingen in mein Zimmer, und Mum erzählte mir, was sich in der Zwischenzeit ereignet hatte. Sie hatte offenbar gleich, nachdem wir aus unseren ›Ferien‹ im Jemen nicht zurückgekehrt waren, gespürt, daß irgend etwas nicht in Ordnung war, obwohl sie nichts Genaueres wußte. Fremde, die aus dem Jemen herüberkamen, versorgten sie mit Neuigkeiten über uns, und der eine oder andere Brief kam zu ihr durch. Als ihr klargeworden war, was Dad getan hatte, verließ sie ihn und zog mit Mo, Tina und Ashia aus dem Café aus. Ungefähr ein Jahr nach unserem Verschwinden hatte sie sich an Mr. Cantwell von der Genfer Hilfsorganisation gewandt, und er hatte versucht zu helfen.

Sie sagte, sie habe Angst davor, an die Öffentlichkeit zu gehen, es könnte die Jemeniten verärgern, und dann würden sie uns noch tiefer in den Bergen verstecken. Mr. Cantwell schrieb zahllose Briefe an die Regierung des Jemen und bat sie um Hilfe, nur einmal erhielt er eine Antwort, in der es hieß, daß man den Fall überprüfen wollte, ansonsten bewegte sich gar nichts. Mr. Cantwell berichtete Mum von seinen Nachforschungen, die ergeben hatten, daß das Gebiet, in das wir gebracht worden war, kartographisch nicht vollständig erfaßt war und daß die Regierung und die Polizeikräfte von Ta'izz vermutlich bestochen worden waren, um zu garantieren, daß niemand uns suchte. Jede ihrer Bemühungen, an Informationen über unseren Aufenthaltsort zu gelangen, führte in eine Sackgasse.

Dann wurde Mum bei einem Autounfall verletzt. Sie telefonierte gerade in einer öffentlichen Telefonzelle in der Nähe ihres Hauses in Birmingham, als ein Auto in die Telefonzelle hineinraste. Sie wurde schwer verletzt und mußte sofort operiert werden. Danach wurden ihr 6500 Pfund Schmerzensgeld angeboten. Sie hätte viel mehr bekommen können, wenn sie vor Gericht gegangen wäre, doch sie wollte das Geld sofort. Da offenbar niemand imstande gewesen war, uns ausfindig zu machen, hatte sie beschlossen, in den Jemen zu fliegen, Mo mitzunehmen und uns auf eigene Faust zu suchen. Sie berichtete Mr. Cantwell von ihrem Vorhaben, und er riet ihr, sich, falls sie damit scheitern sollte, anschließend unbedingt an die Presse zu wenden, weil sie dann nichts mehr zu verlieren hätte. Den Autounfall hatte sie als glückliche Fügung betrachtet, die ihr das Geld für einen Besuch bei uns verschafft hatte. Sie hatte uns auch geschrieben, daß sie kommen würde, sobald das Geld da wäre, doch bis dahin vergingen drei Jahre.

Bei ihrer Ankunft im Jemen suchte sie mit Mo den britischen Vizekonsul, Mr. Colin Page, auf. Er war sehr grob und aggressiv und meinte, daß sie nur ihre Zeit verschwende, daß keine Hoffnung bestünde, uns aus dem Jemen herauszuholen. Sie könne ebensogut gleich nach England zurückfliegen. Er betonte auch noch einmal, daß wir das Land nur mit Erlaubnis unserer Ehemänner verlassen dürften. Als er wissen wollte, wie sie auf die Idee käme, uns finden zu können, nannte Mum ihm die Namen der Dörfer. Er hätte sie noch nie gehört und meinte, daß ihr die Namen nichts nützten, weil es von diesem Gebiet keine Karten gäbe.

Als sie sein Büro verließ, gab Mr. Page ihr den Rat, gut auf Mo aufzupassen, denn vielleicht wollten sie ihn auch in ihre Gewalt bringen.

Als ihr klar war, daß die Botschaft ihr nicht helfen würde, fuhr Mum mit einem Bus nach Ta'izz. Ich hatte ihr von Nasser Saleh, Abdul Khadas Vermittler, geschrieben und ihr geraten, sich an ihn zu wenden, falls sie herüberkäme. Mum besaß ein unscharfes Foto von Mohammed aus dem Jahr 1980, und sie wußte, daß er und Bakela mit den Kindern nun in Ta'izz lebten, wo er einen Job in der Butterfabrik hatte. Drei Tage lang irrte sie in der Stadt umher und fragte jeden, der Englisch sprach, ob er mit einem der Namen oder mit dem Foto etwas anfangen konnte oder von diesen Dörfern gehört hatte. Niemand konnte ihr helfen, doch schließlich erkannte jemand Nasser Salehs Namen und brachte sie zu ihm. Dieser ließ Mohammed zu sich holen.

Mohammed war zwar schockiert, dort Mum vorzufinden, aber er war auch so hilfsbereit wie möglich und versprach, für sie eine

Fahrgelegenheit in die Mukbana zu organisieren. Er muß auch Abdul Khada in Saudi-Arabien angerufen haben, denn er bat Mum, ans Telefon zu kommen und mit ihm zu sprechen. Abdul Khada klang zornig und erschrocken. Er wollte wissen, was sie vorhatte und warnte sie davor, Ärger zu machen. Sie tat so, als wüßte sie nicht, wovon er sprach, und sagte, daß sie nur gekommen wäre, um ihre Töchter zu besuchen. Er teilte ihr mit, daß er einen Brief von Dad erhalten hätte, in dem er ihn dazu ermächtigte, uns nach Marais in Aden zu schaffen, wenn sie Ärger machen würde.

Sie beruhigte ihn und hängte ein. Mohammed schämte sich wohl für das, was geschehen war, denn er beichtete Mum, daß Dad uns für 1300 Pfund an Abdul Khada und an Gowad verkauft hatte. Zum erstenmal hörte sie das nun aus sicherer Quelle.

Sie erzählte mir auch, daß sie schon sehr früh entdeckt hatte, daß unsere und ihre Briefe von Nasser Saleh abgefangen worden waren. Sie hatte die jemenitische Regierung darüber informiert, und Nasser Saleh war deswegen ins Gefängnis gekommen. Abdul Khada und Gowad mußten ihn freikaufen. Davon hatten wir nichts gewußt. Als sie ihn in Ta'izz aufgespürt hatte, erzählte er überall: »Das ist die Frau, die mir diese Schwierigkeiten gemacht hat.«

Sie blieb mit Mo über Nacht bei Mohammed, Bakela und den Kindern, und am nächsten Tag heuerte Mohammed ein Taxi an, das sie ins Dorf brachte. Als sie aus der Stadt hinausfuhren, waren Mum und Mo erschüttert über die kahle Einöde und die armseligen kleinen Hütten aus Stein und Dung. Auf sie wirkte es, als wäre eine Bombe gefallen, wie ein Alptraum.

Nachdem sie ihre Geschichte erzählt hatte, begann ich mit meiner und sah, wie entsetzt sie war. Damals war nicht die Zeit, jede Einzelheit zu schildern, ich umriß unser Leben nur in groben Zügen. Sie hatte nicht geahnt, wie schlimm es tatsächlich um uns stand, und sie hatte meine Andeutungen über eine Einschaltung der Presse nicht verstanden. Für sie war das alles überaus verwirrend.

Als ich hörte, daß Nadja aus Aschube angekommen war, ging ich hinaus, um erst einmal allein mit ihr zu sprechen und sie auf den Schock vorzubereiten, daß sie nach all den Jahren Mum wiedersehen würde. Sie reagierte wie ich und warf sich selig in Mums

Arme. Haney war damals zwei Jahre alt und war vom Anblick seiner seltsam gekleideten Großmutter ziemlich verschreckt.

Ward schien Mums Eintreffen in ihrem Haus ohne eine Gefühlsregung zu akzeptieren. Sie hatte anscheinend gar nicht bemerkt, daß hier etwas Außergewöhnliches vorging und machte den Gästen etwas zu trinken.

Als ich Mum dort am Straßenrand erblickt hatte, glaubte ich, wir würden nun endlich nach Hause fahren. Doch bei unserem Gespräch merkte ich schnell, daß wir nicht sofort eine Chance haben würden, das Land zu verlassen. Ich spürte, daß sie noch nicht genug getan oder nicht mit den richtigen Leuten gesprochen hatte. Ich riet ihr, zurück nach England zu fahren, zur Presse zu gehen und Lärm zu schlagen, um Hilfe zu erlangen.

Wir waren uns darüber im klaren, daß sie für das, was uns widerfahren war, Beweise vorlegen mußte, und ich schlug vor, ein Band zu besprechen, das sie Mr. Cantwell in Genf schicken und Journalisten vorspielen konnte. Dieses Mal würde ich meine eigenen Worte aufnehmen und die ganze Wahrheit schildern.

Mein Kassettengerät besaß ich immer noch, und deshalb ging ich allein aufs Dach und sprach auf das Band eine Bitte um Hilfe an Mr. Cantwell. Es war nicht einfach, frei ins Mikrofon zu sprechen, ich wußte nicht, wo ich anfangen sollte und hatte Schwierigkeiten, die richtigen englischen Worte zu finden. Während ich sprach, kamen mir immer wieder die Tränen, und ich mußte abschalten und über die Berge schauen, bis ich mich soweit beruhigt hatte, daß ich weitermachen konnte. Ich brauchte Stunden, aber schließlich gelang es mir, das Band fertigzustellen, und ich brachte es Mum. Ich bat sie, es sich nicht anzuhören, weil ich wußte, daß meine Schilderungen der Schläge, die ich von Abdul Khada bekommen hatte, sie zu sehr quälen würden. Sie sollte das Band nur einpacken und mitnehmen.

Sie blieb zwei Wochen bei uns, teils bei mir, teils bei Nadja. Da ich wußte, wie sie sich aufregen würde, wenn sie sah, wie schwer ich arbeiten mußte, wollte ich es vor ihr verbergen, aber das gelang mir nicht ganz. Ich mußte immer noch Wasser vom Brunnen holen, und wir brauchten sogar noch mehr, seitdem sie da war, weil sie ständig schwitzte und sich immerzu waschen wollte.

Sie wollte nirgendwohin gehen und sich nichts anschauen, sie wollte nur bei mir und Nadja im Haus bleiben. Alle Frauen aus dem Dorf wollten sie sehen, und das Haus war immer voll, solange sie da war. Sie konnte sich nicht daran gewöhnen, daß alle Leute Qat kauten und dann im Beisein anderer einfach ausspuckten. Einige Frauen waren von sehr weit gekommen, nur um sie zu sehen, und sie zu bemitleiden, daß sie ihre Töchter auf diese Weise verloren hatte.

Was man uns angetan hatte, machte Mo so zornig, daß er alle umbringen wollte, vor allem Dad und Abdul Khada.

Ich mußte noch häufiger als sonst ins Dorf gehen, um frische Lebensmittel für sie zu holen. Als Mum bei mir war, erlaubte Salama Nadja, bei uns zu wohnen, aber als Mum in der zweiten Woche zu Nadja ging, durfte ich sie nicht begleiten.

Mum wurde ständig von den Fliegen und Moskitos gepeinigt; alles, woran Nadja und ich uns in den letzten fünf oder sechs Jahren allmählich gewöhnt hatten, war ein Alptraum für sie. Wir konnten ihr den neuen Raum auf dem Dach als Zimmer anbieten, und ich hatte gehofft, daß sie es dort bequemer haben würde, aber es war genauso schlimm. Ihr war ständig übel, und Mo bekam von den Moskitostichen am ganzen Körper Hautausschlag. Nach zwei Wochen hielten Nadja und ich der Anspannung nicht mehr stand. »Je eher du fährst, Mum«, sagte ich, »desto schneller kommen wir hier raus. Mach dir um uns keine Sorgen, wir haben so lange gewartet und können auch noch ein bißchen länger warten, bis du etwas arrangiert hast.« Jetzt nach England zurückzufahren sei für sie zwar ein Eingeständnis ihrer Ratlosigkeit, sagte sie, mußte aber zugeben, daß es das beste war, dort noch mehr Leute um Hilfe zu bitten.

Über Aminas Schwiegersohn besorgten wir ihr ein Taxi, und ich begleitete sie auf dem Gebirgspfad bis zur Straße. Nadja sagte, daß sie den Trennungsschmerz nicht aushalten könne und hatte sich deshalb bereits am Abend zuvor von ihnen verabschiedet.

Als wir zur Straße kamen, sprach mir Mum noch einmal Mut zu. Sie wollte für die Veröffentlichung des Tonbands sorgen. Ich brachte die beiden zum Auto, verabschiedete mich schnell und ging den ganzen Weg bis in mein Zimmer zurück, ohne mich noch einmal umzudrehen. Ich hatte Angst, daß mir das Herz brechen würde, wenn ich mich umwandte und das Auto mit meiner Mum in die Ödnis fahren sähe.

Völlig erschöpft ließ ich mich in meinem Zimmer aufs Bett fallen, und meine Gefühle entluden sich in Schluchzen und wahren Tränenströmen.

Abdul Khada mochte uns nicht trauen, wenn wir mit Mum im Dorf zusammen waren, und so kam er aus Saudi-Arabien angereist, um sich zu vergewissern, daß nichts Gefährliches vorging. Er hatte damit gerechnet, daß Mum mehrere Monate bleiben würde und war überrascht zu erfahren, daß sie bereits in Ta'izz ihren Rückflug vorbereitete. Er suchte sie in der Stadt auf, und ein Gespräch mit ihr und ihre Absicht, schon bald nach England zurückzufliegen, überzeugten ihn davon, daß sie etwas zu unserer Rettung unternehmen wollte. Er sagte ihr, daß sie sich das aus dem Kopf schlagen sollte, daß sie nichts für uns tun könnte, sondern uns in Ruhe lassen sollte. Mum ließ ihn reden.

An diesem Abend kam er gemeinsam mit Mohammed nach Hockail zurück, er kochte bereits vor Zorn und war sicher, daß man ihn betrog. Er wollte ganz genau wissen, was wir Mum erzählt hatten und was vorging.

»Nichts«, erwiderte ich. »Es geht dich nichts mehr an.« Mehr hätte ich gar nicht sagen sollen, aber ich konnte mich nicht beherrschen, ich war so sicher, daß wir schließlich doch aus dem Jemen herauskommen würden. »Ich bleibe nicht länger hier, ich fahre jetzt nach Hause.«

Er schlug mir mit der Hand ins Gesicht. »Dein Glück, daß du das Kind in dir trägst«, schrie er, »ich würde sonst viel fester zuschlagen.«

»Wenn deine Mum dich wiederhaben will«, erklärte mir Mohammed »muß sie für dich bezahlen, so wie wir es mußten. So ist das Gesetz in diesem Land.« Ich achtete nicht auf ihn, und sie redeten weiter auf mich ein.

Als der Zeitpunkt der Entbindung näherrückte, wurde mir klar, daß mich Abdul Khada auf keinen Fall nach England fahren lassen würde. Mums Besuch hatte zur Folge, daß er mir nun natürlich nicht mehr vertraute. Ich mußte mich der beängstigenden Tatsache stellen, daß ich mein Kind im Dorf zur Welt bringen mußte, so wie Nadja und Bakela auch.

Als ich zwei Tage später allein im Haus war, platzte meine Fruchtblase. Ich war bestürzt darüber, wieviel Wasser das war. Da ich schon angezogen war, mußte ich die Hose wechseln und brachte die durchnäßte zum Waschen aufs Dach. Plötzlich spürte ich quälende Schmerzen im Rücken, und dann stellte ich fest, daß ich, ohne es zu merken, auch die zweite Hose durchnäßt hatte. Ich hatte keine Ahnung, was als nächstes passieren würde, mir war aber klar, daß wir für den Tag Wasservorräte brauchten, und ich machte mich auf den Weg zum Brunnen. Als ich mit dem Wasser auf dem Kopf zurückkam, wurden die Schmerzen unerträglich und ich ging wieder aufs Dach und legte mich hin.

Ward kam heraus, fand mich dort allein und fragte, was los sei. Ich sagte ihr, daß ich starke Schmerzen hätte und die Fruchtblase geplatzt sei. Sie rief Abdul Khada, und dann brachten sie mich nach unten in mein Zimmer. Ich hatte große Angst vor dem, was nun geschehen würde, obwohl die Schmerzen, verglichen mit dem, was ich seit meiner Ankunft im Jemen durchgemacht hatte, nicht so schlimm waren.

Die Schmerzen nahmen allmählich zu, und ich fing an zu weinen. Saida kam ins Zimmer und tröstete mich, und Ward war auch da. Ich konnte nicht stillsitzen und lief ständig im Zimmer herum. Da es inzwischen ungefähr zehn Uhr abends war, brannte die qualmende Petroleumlampe. Nach Mitternacht legte ich mich auf den Boden, ich konnte nicht mehr herumgehen. Die Wehen setzten gegen zwei Uhr nachts ein. Ward war eingeschlafen. Ich weckte sie und sagte ihr, daß das Baby nun kommen würde. Sie erwiderte, ich sollte nicht so dumm sein, das Baby würde frühestens am nächsten Tag kommen, ich sollte mit dem Getue aufhören. Ich fühlte, daß sie sich irrte. Ich stritt mich aber nicht mit ihr, sondern zog mir nur die Hose aus und preßte weiter. Sie sah bald ein, daß ich es ernst meinte, stand auf, ging im Zimmer herum und blieb dann zu meinen Füßen stehen, um zu beobachten, was passieren würde.

Saida, die alte Frau, band ein Seil am Fenster an und gab mir das andere Ende zum Festhalten. Ich wollte immer wieder die Beine schließen, und Ward wurde zornig und schrie mich an, sie zu öff-

nen. Als der Kopf des Babys heraustrat, schrie ich vor Schmerz auf.
Ward ging in die Hocke und sah zu. Das Baby kam heraus, und ich
wartete darauf, daß Ward es hochnehmen, die Nabelschnur durch-
schneiden und es mir zeigen würde, so wie sie es bei Bakela gemacht hatte. Aber sie blieb hocken und machte irgend etwas zwischen meinen Beinen, und ich hatte keine Ahnung, was. Sie rief
Abdul Khada zu, er solle eine Taschenlampe holen und sie ihr halten, weil sie bei dem Licht nicht genug sehen konnte.

»Was machst du denn?« schrie ich.

»Die Nabelschnur hat sich um den Hals gewickelt«, erwiderte sie,
ohne aufzuschauen. »Ich wickel sie ab.« Ein paar Sekunden später
befreite sie das Baby, trennte die Nabelschnur durch, und gab dem
Baby einen Klaps, damit es schrie. Es war ein Junge.

Abdul Khada war hocherfreut. »Na also«, sagte er, »wir haben
unser Souvenir. Jetzt brauchen wir dich nicht mehr. Du kannst nach
England zurück.« Er lachte, und ich wußte, daß er mich verhöhnte.
Er hatte weiterhin nicht die Absicht, mich gehen zu lassen. Wenn
ich überzeugt davon gewesen wäre, daß er es ernst meinte, wäre ich
auf der Stelle gegangen.

Ward richtete mir den Platz auf dem Fußboden neu. Ich konnte
mich nicht bewegen. Die Nachgeburt war nicht herausgekommen,
aber davon verstand ich nichts. Als es hell wurde, befahl mir Ward
aufzustehen. Sie band einen Strick ans Ende der Nabelschnur, die
immer noch aus mir heraushing, und band sie mir am Bein fest. Ich
erfuhr, daß das die Frauen immer tun, weil sie befürchten, daß die
Nabelschnur sonst wieder hineinwandern und die Nachgeburt nie
herauskommen würde. Ich mußte so stehenbleiben, und wir warteten darauf, daß sie herauskäme. Vor Müdigkeit war ich ganz benommen und schwach, und die Beine knickten mir weg, doch die
Frauen zwangen mich immer wieder nach oben. Schließlich konnte
ich wirklich nicht mehr stehen und mußte mich hinlegen. Ward
ging ins Dorf, eine Frau zu holen, die bei der Nachgeburt helfen
sollte. Inzwischen waren auch Amina und Haola zum Helfen gekommen.

Die Frau aus dem Dorf traf ein und ließ mich wieder aufstehen.
Dann begann sie auf meinem Bauch herumzudrücken. Dieser
Schmerz war noch schlimmer als die Geburt selbst, sie wollte die

Nachgeburt unbedingt herausholen und preßte deshalb ihre Hände fest in meinen Bauch. Sie schien beunruhigt, weil sie nicht kommen wollte, und ich geriet in Panik. Nach einer halben Stunde schrecklicher Qualen rutschte sie schließlich doch heraus. Es war eine größere Erleichterung als die eigentliche Geburt. Ich fühlte mich plötzlich sauber.

Die Frau badete und wusch mich und auch das Baby. Abdul Khada brachte mir etwas zu essen, aber ich war zu schwach, ich schlief ein. Das nächste, an das ich mich erinnere, ist Ward, die mich weckte und mir sagte, ich müßte das Baby stillen. Ich hatte nicht viel Milch, aber ich stillte es, so gut ich konnte.

Ward half mir in keiner Weise, sie kehrte nicht einmal mein Zimmer aus, und am dritten Tag hatte sich so viel Staub angesammelt, daß ich es nicht mehr aushielt und aufstand und selbst fegte, und dann nahm ich auch meine anderen Arbeiten wieder auf. Ein Baby zu versorgen, ist viel schwieriger, wenn man kein einziges der modernen Hilfsmittel zur Verfügung hat, keines der Dinge, die in England selbstverständlich sind. Wir hatten zum Beispiel keine Windeln, so mußten wir die Babys den ganzen Tag lang saubermachen und waschen, wenn sie sich naß gemacht oder beschmutzt hatten. Sobald sie feste Nahrung zu sich nehmen konnten, mußten wir ihnen in Milch eingeweichte Tschapatisstücke füttern. Wenn Abdul Khada aus Saudi-Arabien nach Hause kam, brachte er mir manchmal aber auch Babynahrung in Gläsern mit. Kinder großzuziehen ist überall auf der Welt schwer, aber es ist zehnmal schwerer, wenn man es ganz allein und ohne die modernen Hilfsmittel schaffen muß und zur gleichen Zeit noch die übrige traditionelle Frauenarbeit auf einem lastet.

Sie wollten das Baby Mohammed nennen, aber ich wollte einen englischer klingenden Namen und nannte ihn deshalb Marcus. Als sie mir meinen Sohn zum erstenmal gaben, war mir klar, daß ich ihn zurücklassen mußte, wenn ich nach England ging. Ich wußte, daß sie mir nicht erlauben würden, ihn mitzunehmen. Das hielt mich zwar nicht davon ab, ihn zu lieben, aber ich wußte, daß er mir niemals wirklich gehören würde.

12

Irgend jemand denkt an uns

Marcus wurde am 8. Mai 1986 geboren. Es war beinahe so, als ob er gewußt hätte, daß ich ihn eines Tages würde verlassen müssen. Er klammerte sich ständig an mir fest, aber er hatte ja auch keinen anderen Menschen. Im Haus waren außer mir und Ward nur die beiden alten Leute, und deshalb wich er nicht von meiner Seite, auch dann nicht, wenn ich ins Dorf zum Einkaufen ging. Ich tat mein Bestes, um ihm eine gute Mutter zu sein. Er war auch ein liebes Kind und weinte, solange ich in seiner Nähe war und ihn in die Arme nehmen konnte, nur selten.

Schon nach wenigen Wochen hatte ich keine Milch mehr, und Abdul Khada brachte mir aus Ta'izz Trockenmilch mit. Die ersten Tage vertrug Marcus sie überhaupt nicht und erbrach sich nach jedem Füttern, dann aber gewöhnte er sich doch daran.

Abdul Khada hatte seinen Enkel sofort ins Herz geschlossen und schickte mir für Marcus aus Saudi-Arabien Kleidung. Er glaubte wohl, daß er mich schließlich doch besiegt hätte und daß ich nun, wo Marcus da war, niemals nach England zurückkehren würde. Ich äußerte mich dazu nicht, hielt aber an meinem Entschluß fest: Ich mußte einfach wieder nach Hause kommen. Ich war erleichtert, daß das Kind ein Junge war, denn ich wußte, daß es ihm, auch wenn ich fort war, noch gut gehen würde. Wäre es ein Mädchen gewesen, hätte ich Angst gehabt um seine Zukunft, in der ich es nicht mehr würde beschützen können.

Ungefähr einen Monat nach Marcus' Geburt erhielt ich einen großen Brief aus England, auf dessen Umschlag ›Herzlichen Glückwunsch zum Geburtstag‹ stand. Er mußte von Mum sein, und deshalb ließ ich Nadja holen, um ihn gemeinsam mit ihr zu öffnen. Wir fanden zwei Formulare zur Beantragung britischer Pässe darin. Wir wußten in diesem Stadium nichts von Mums Plänen, füllten die Papiere aber aus und schickten sie über den Arzt an sie zurück. Mum hatte für unsere Rückantwort bereits einen großen Umschlag beigelegt, den wir mit der Aufschrift ›Herzlichen Glückwunsch zum 16. Geburtstag‹ an unsere Schwester in England adressierten.

Wir waren in bester Stimmung und lachten übermütig, als wir die Formulare ausfüllten; endlich schien sich etwas zu bewegen.

Der Brief kam durch, Mum bestätigte, daß sie die Formulare erhalten hatte und alles gut klappte. Es sah so aus, als würden wir doch etwas erreichen. Wir mußten nun nur noch warten und hoffen. Dann aber fiel Mum ein, daß wir für die Pässe neue Paßbilder benötigten, und sie fragte uns, ob wir nach Ta'izz fahren könnten, um die Aufnahmen machen zu lassen. Mir war unerklärlich, wie sie, nachdem sie mit eigenen Augen gesehen hatte, wie man uns im Dorf festhielt, annehmen konnte, daß wir einfach nach Ta'izz fahren dürften, wenn wir Lust dazu hatten. Plötzlich schien alles, was wir bisher unternommen hatten, wieder völlig umsonst gewesen zu sein.

Nadja bekam ihr zweites Baby Tina ein paar Wochen nach Marcus' Geburt, doch dieses Mal ging es nicht so glatt wie bei ihrer ersten Entbindung. Wie damals erfuhr ich erst davon, als alles schon vorbei war. Am Morgen nach der Geburt ging ich nach Aschube. Als ich ins Haus kam, schaute ich mich nach dem neuen Baby um und sah eins, das wie ein sechs Monate alter Säugling aussah. Das Mädchen hatte lange schwarze Haare und schien mich unverwandt anzustarren.

»Wo ist dein Baby?« fragte ich.

»Das ist es doch«, erwiderte Nadja.

Ich war bestürzt. »Wie hast du es geschafft, ein solches Riesenbaby zur Welt zu bringen?«

Sie berichtete mir, daß die Wehen drei Tage gedauert hätten – und niemand war gekommen und hatte mich informiert! Ich glaube, das hatte Nadja selbst veranlaßt, weil sie wußte, welche Sorgen ich mir machen würde. Am dritten Tag hatte sie angefangen zu pressen, und das ging sechs Stunden so, aber das Baby wollte nicht kommen. Sie hatte die ganze Zeit geschrien, und die anderen Frauen sagten, sie hätten damit gerechnet, daß Nadja sterben würde. Keine hatte geglaubt, daß sie eine so schreckliche Geburt überstehen würde. Alle hatten Angst.

Nach sechs Stunden kam eine alte Frau aus dem Dorf. Sie war eine der Frauen, die die Mädchen beschnitten. Als sie sah, wie verzweifelt Nadja sich abmühte, nahm sie eine Rasierklinge und schnitt, ohne sie vorher auch nur zu waschen, Nadja damit auf. Im gleichen Augenblick kam das Baby frei und wurde geboren.

Die Frau erklärte, daß sie schnell handeln mußte, denn sonst wären entweder die Mutter oder das Baby gestorben. Ich fragte Nadja, wie es ihr ginge, und sie klagte über große Schmerzen. Sie bekam weder einen Arzt zu sehen noch wurde sie medizinisch behandelt. Als es so aussah, als ob Nadja sterben würde, waren die Frauen einen Arzt holen gegangen, der am anderen Ende von Aschube wohnte. Doch als er eintraf, hatte die alte Frau dem Baby bereits durch den Schnitt ins Leben verholfen und so ging der Arzt wieder, ohne Nadja zu untersuchen. Der Arzt, der unsere Briefe besorgte, hätte ihr sicher leicht helfen können, aber die Frauen hätten es nicht erlaubt, daß ein Mann aus dem Dorf zu einer Frau in einer so heiklen Situation kam.

Eine Frau aus dem Dorf, die sogar eine Cousine des Arztes war, hatte einmal eine Steißgeburt gehabt, bei der das Baby nur mit den Beinen herausgekommen und dann gestorben war. Man hatte den Arzt schließlich doch benachrichtigt, und er rannte zu dem Haus, doch es war bereits zu spät. Er fragte seine Cousine und die Frauen, warum sie ihn nicht schon viel früher geholt hätten, denn dann hätte er das Leben des Kindes noch retten können. Sie antworteten, daß sie sich zu sehr geschämt hätten, einen Mann in einer solchen Angelegenheit um Hilfe zu bitten.

Wenn ich den Arzt aufsuchte, stellte ich ihm immer Fragen, und er bemühte sich jedesmal um eine aufrichtige Antwort. Er war wohl sehr schüchtern und war es nicht gewöhnt, mit Frauen aus dem Dorf über persönliche Dinge zu sprechen. Als ich ihn fragte, was mit mir nicht in Ordnung sei und warum ich solche Schmerzen in der Brust bekäme, sagte er mir, das sei Stress, und deswegen bekäme ich auch die Tabletten.

Sie beschnitten Tina, Nadjas neues Baby, am vierten Tag, wie es bei Mädchen traditionell üblich ist, obwohl sie es bei Jungen, wenn sie kräftig und gesund sind, erst am siebten Tag machen.

Kurze Zeit später wurde Marcus krank. Er fing an zu weinen und hörte einfach nicht wieder auf. Er erbrach sich und nahm keine

Nahrung an. Ich wußte nicht, was ich tun sollte, denn der Arzt war wieder auf Reisen. 48 Stunden lang weinte Marcus ununterbrochen. Ich hatte ihn die ganze Zeit bei mir, und kein Mensch nahm tagsüber von uns Notiz. Nachts aber kam Ward herein und beschuldigte mich, den Jungen zu quälen und ihn dadurch wachzuhalten und unglücklich zu machen. Ich befahl ihr, aus meinem Zimmer zu verschwinden und uns in Ruhe zu lassen. Ich konnte nichts anderes tun als ihn halten und zu trösten versuchen. Ich bekam große Angst um ihn, und je müder ich wurde, desto mehr wuchs auch meine Verzweiflung.

Am dritten schlaflosen Tag hielt ich es nicht mehr aus. Abdul Noor war zu der Zeit zu Hause. Ich ging zu ihm und sagte ihm, daß ich Marcus ins Krankenhaus bringen müßte. Wenn er mir nicht helfen würde, würde ich ein Auto mieten und allein fahren. Ich bezweifle, daß mich irgend jemand mitgenommen hätte, aber ich sagte es trotzdem, damit ihm klar wurde, daß ich mich nicht davon abbringen lassen würde. Er willigte ein, mich zu begleiten.

Am folgenden Morgen fuhren wir ganz früh mit Marcus, der immer noch weinte, nach Ta'izz. Abdul Noor wußte von einem Kinderkrankenhaus, und wir gingen direkt dort hin. Als wir hineinkamen, schlug uns eine Welle von Lärm entgegen, weinend, schreiend, stöhnend warteten die Kinder auf ihre Untersuchung. Auf zahllosen Bankreihen saßen Mütter und Väter, die ihre Kinder im Arm hielten und hilflos und verzweifelt aussahen. Wir setzten uns zu ihnen auf eine Holzbank. Ein paar der Kinder waren nach Autounfällen schwer verletzt und bluteten oder hatten schlimme Verbrennungen, doch auch sie mußten warten, bis sie an der Reihe waren. Marcus und ich saßen stundenlang dort, und Abdul Noor irrte durch das Krankenhaus um jemanden aufzutreiben, der uns drannahm, aber es war umsonst. Marcus hörte die ganze Zeit nicht auf zu weinen. Ich dachte, wir würden nie in ein Behandlungszimmer kommen.

Schließlich sprachen wir mit einem Arzt, der sich zwar anhörte, was ich sagte, mir jedoch nichts erklärte. Er händigte mir Medizin aus, die ich Marcus geben sollte. Mehr sagte er nicht, und da er offenbar schon den nächsten Patienten untersuchen wollte, blieb uns nichts anderes übrig, als zu gehen. Wir stiegen sofort wieder ins Taxi ein und fuhren ins Dorf zurück.

Ich gab Marcus die Medizin, und es ging ihm dann ein wenig besser, zumindest hörte er auf zu weinen, aber er blieb weiter ein kränkliches Kind, wollte nichts essen und blieb dünn und schwach. Ward erzählte mir immer wieder, daß sein Vater in diesem Alter genauso gewesen sei, und ich haßte die Vorstellung, daß Marcus wie Abdullah werden könnte.

Einige Monate vor Tinas Geburt waren Gerüchte aufgetaucht, daß Salama, Nadjas Schwiegermutter, zu Gowad nach England fahren würde. Gowad hatte sich zwei Jahre lang darum bemüht, ihr ein Reisevisum zu beschaffen, und nun hatte sie ein gesundheitliches Problem und mußte sich in England behandeln lassen. Salama drängte darauf, nach England zu fahren und klagte immer, wie sehr Gowad ihr fehle, zu der Zeit hatte sie ihn seit vier Jahren nicht gesehen. Sie versicherte Nadja, daß sie sie nicht alleinlassen wolle, sowie es ihr besser gehe, werde sie zurückkommen.

Aus dem Gerücht wurde plötzlich Realität, und Salama fuhr ab. Gowad schrieb Nadja, daß sie sich keine Sorgen machen sollte und daß Salama in Kürze zurückkommen würde. Aber Nadja blieb ganz allein im Haus, war mit Tina schwanger und mußte sich um Haney und dazu noch um Salamas zwei Kinder kümmern, die zu der Zeit neun und vier Jahre alt waren. Nadja konnte wunderbar mit Kindern umgehen, trotzdem war es eine große Belastung für sie. Die Frauen aus dem Dorf halfen ihr, wo sie nur konnten, sie holten Wasser und kümmerten sich um das Baby. Meist mußte sie jedoch ganz allein zurechtkommen. Das kleine Mädchen, Madschida, war lieb, aber der neun Jahre alte Junge, Schiab, war schrecklich. Er war ständig ungezogen und hörte nicht auf sie, er half ihr nie bei der Arbeit mit den anderen Kindern oder beim Saubermachen des Hauses, und er biß sie sogar, wenn sie ihn ausschimpfte.

Ich wollte ihr gerne helfen, aber Ward erlaubte mir immer seltener, Nadja zu besuchen. Sie war der Meinung, ich vernachlässigte meine häusliche Arbeit und berichtete Abdul Khada alles haarklein in Briefen, die sie sich von Fremden schreiben ließ. Einmal verbot er mir monatelang, nach Aschube zu gehen. Er drohte mir in den Briefen, daß ich ihm ja gehorchen sollte, und ich hatte Angst davor, wieder geschlagen zu werden, wenn er nach Hause kam, und schämte mich bei dem Gedanken, daß andere Leute von den Schlägen wußten. Deshalb sah ich Nadja nur, wenn sie mich besuchen konnte. Ihre Besuche wurden immer seltener, weil sie mit den vielen Kindern überfordert war. Nach einiger Zeit gab Abdul Khada ein wenig nach und erlaubte mir, einmal im Monat zu ihr zu gehen, aber eine große Hilfe konnte ich ihr dadurch nicht sein. Wir mußten nun noch schwerer schuften als je zuvor und waren noch mehr zu Sklavinnen geworden. Es war so, als sei Mum nie bei uns gewesen: wir saßen weiter hilflos in der Falle.

Gowad hielt Nadja brieflich über Salamas Zustand auf dem laufenden, sagte ihr aber nicht die Wahrheit. Er schrieb ihr, daß Salama bald in den Jemen zurückkehren würde und daß Nadja und Mohammed mit den Kindern nach England kommen könnten. Zu der Zeit pendelte Mohammed immer noch zwischen dem Dorf und Saudi-Arabien hin und her, blieb ein Jahr dort und kam dann für ein paar Monate nach Hause. Zumindest wenn er zu Hause war, konnte er Schiab, seinen kleinen Bruder, ein wenig im Zaum halten, und das brauchte Nadja mehr als alles andere.

Anfangs glaubte Nadja wohl an Gowads England-Versprechungen, doch als die Monate verstrichen, wurde offensichtlich, daß Salama nicht in den Jemen zurückkehren und daß Nadja nirgendwohin fahren würde. Ich durchschaute bald, daß es Gowad nur darum ging, Salama ebenfalls einen britischen Paß zu verschaffen, und daß er nicht die Absicht hatte, seine Versprechungen Nadja gegenüber zu halten.

Als Salama noch da war, hatte Nadja ihr ziemlich nahegestanden, und als sie nun endlich begriff, was gespielt wurde, fühlte sie sich betrogen und haßte Salama und Gowad für das, was sie ihr angetan hatten. Mit Geld hielten sie sie immer knapp. An manchen Tagen weinte sie, weil sie ihr kein Geld für Lebensmittel geschickt hatten und sie nicht wußte, was sie tun sollte. Sie mußte sich im Dorf Geld und Nahrungsmittel leihen, um die Kinder zu versorgen. Ich gab ihr den Rat, im Laden anschreiben zu lassen und es ihnen zu überlassen, die Schulden zu begleichen. Der Vorschlag gefiel ihr nicht, doch am Ende mußte sie ihn annehmen. Die Ladenbesitzer hatten nichts dagegen, sie kannten die Situation. Wie ihre Nachbarin begann auch sie mit der Nähmaschine für andere Leute Kleider zu nähen und ließ sich für diese Arbeit bezahlen. Es gab nicht eine Sekunde, in der sie nicht gearbeitet hätte.

Freunde, die auch nach Saudi-Arabien fuhren, redeten Mohammed ins Gewissen, weil seine Frau sich so mühsam durchschlagen mußte, und von da ab schickte er ihr mehr Geld. Viel mehr konnte er nicht tun, denn er konnte ja weder seine Mutter zur Rückkehr zwingen noch seinen Vater dazu überreden, Nadja das Leben zu erleichtern.

Mohammed war ein besserer Ehemann und Vater als Abdullah. Als Abdullah aus Saudi-Arabien zurückkam und unseren Sohn zum erstenmal sah, zeigte er keinerlei Interesse. Vielleicht dachte er, daß Marcus ihm ja aufgezwungen worden war, so wie ich auch. Er hatte jedenfalls nie Lust, bei uns im Haus zu bleiben, er wollte immer nur draußen sein. Er war ja selber noch eher wie ein Kind. Nicht daß ich ihn in meiner Nähe hätte haben wollen. Je mehr Zeit er fern von mir verbrachte, desto besser, was mich betraf. Ich haßte ihn so sehr, daß ich ihn gar nicht beachtete, wenn er nach Hause kam. Ich schlief mit ihm, wenn er es verlangte, nahm ihn ansonsten aber nicht zur Kenntnis.

Marcus war ein knappes Jahr, als mein Bruder Ahmed aus Marais überraschend bei uns aufkreuzte. Seit dem Besuch in Aden am Tag vor Nadjas vereinbarter Ankunft im Jemen sah ich ihn nun zum erstenmal wieder. Weder Abdul Khada noch Abdullah waren im Land, als er ankam. Ich saß in meinem Zimmer, und Ward rief mich nach unten. Sie stand vor dem Haus. Ich ging hinaus und sah einen Mann neben ihr, den ich nicht kannte.

»Hallo«, sagte er. »Ich bin dein Bruder Ahmed.«

Ich mußte inzwischen seelisch völlig ausgebrannt sein, denn ich fühlte überhaupt nichts bei dieser Begegnung. Trotzdem umarmte ich ihn, um ihm zu zeigen, daß ich mich freute, ihn zu sehen, und bat ihn ins Haus. Er hatte kein Gepäck dabei, nur die Sachen, die er auf dem Leibe trug, und eine kleine Tasche mit einem Hemd zum Wechseln.

Er folgte mir nach oben. Wir setzten uns und fingen an einander Fragen zu stellen. Ich erzählte ihm unsere Geschichte, und er war empört. Er sagte mir, daß er damals in Marais nicht geahnt habe, was vorging, denn sonst hätte er versucht, etwas dagegen zu unternehmen. Ich schilderte ihm noch einige Einzelheiten aus meinem unglücklichen Schicksal, und er weinte aus Mitleid mit mir. Dann erzählte er mir mehr von unserer Schwester Leilah.

Nachdem Dad sie im Jemen zurückgelassen hatte, wuchsen die beiden miteinander auf, bis Leilah im Alter von zehn Jahren zum erstenmal verheiratet wurde. Sie gewann ihren Ehemann schließlich lieb und lebte ein paar Jahre mit ihm zusammen. Doch dann ging er zur Armee und wurde bei einem Kampfeinsatz getötet. Die Familie zwang sie, ein zweites Mal zu heiraten, einen Mann, den sie nicht mochte. Ihr neuer Mann war grob zu ihr und schlug sie. Er brachte sie nach Aden, sie hatte inzwischen drei Kinder und war mit dem vierten schwanger. Ahmed hatte sie seit Jahren nicht gesehen, aber durch andere Leute etwas von ihr gehört. Leilah muß wie ich eine Kämpfernatur sein – vielleicht liegt das an Mums Blut in uns –, denn sie war nicht bereit, sich alles gefallen zu lassen, was dieser Mann ihr antat.

In Aden, erzählte mir Ahmed, haben die Frauen das Recht, ihren Ehemann vor Gericht zu bringen, wenn sie sich ungerecht behandelt fühlen. Leilah tat das, und das Gericht drohte ihrem Mann, daß man ihr das Scheidungsrecht einräumen würde, wenn er sie nicht besser behandelte. Danach war er freundlicher zu ihr, und nun kamen sie gut miteinander aus.

Nachdem wir uns eine Weile unterhalten hatten, schlief Amed erschöpft ein. Später am Abend wachte er wieder auf, und ich machte ihm etwas zu essen, und wir sprachen über Mum. Er konnte sich gar nicht mehr an sie erinnern, und er besaß auch keine Familienfotos. Ich zeigte ihm welche, die Mum mir gegeben hatte. Er sprach über unseren Dad, wie sehr er ihn haßte und wie schrecklich das sei, was er uns allen angetan hatte. Ahmed hatte früher Briefe von ihm erhalten, sie aber nicht beantwortet. Er wollte wissen, ob ich mir vorstellen könnte, warum Dad seinen Kindern das angetan hatte, doch ich konnte ihm darauf nichts antworten. Er erzählte mir auch, wie sehr er inzwischen die Armee haßte und daß er sie verlassen wollte.

Die Tatsache, daß er so überraschend auftauchte, kurz nachdem

Mum abgefahren war, machte mich mißtrauisch und ich fragte mich, ob er von Abdul Khada oder Dad geschickt worden war, um auszuspionieren, was bei uns vorging. Ich wollte ihm nicht alles sagen. Ich hatte bereits gelernt, niemandem zu trauen. Die einzigen Menschen, bei denen ich sicher sein konnte, sie auf meiner Seite zu haben, waren Nadja und Mum, und sogar bei ihnen hatte ich das Gefühl, daß ich sie zum Weiterkämpfen drängen mußte.

Ahmed blieb ungefähr drei Tage bei mir, und es war schön, einen freundlichen Menschen um mich zu haben. Am Tag nach seiner Ankunft kam Nadja herauf und lernte ihren Bruder zum ersten Male kennen. Er war empört darüber, wie schwer Nadja und ich arbeiten mußten. Er sagte, daß heute kaum noch jemand den Frauen solche Last von Pflichten aufbürdete.

Er erzählte mir von meinem Großvater und davon, was er und Leilah empfunden hatten, als Dad sie in Marais alleingelassen hatte. Er konnte sich noch daran erinnern, wie Dad an dem Tag fortgegangen war und er und Leilah ihm voller Angst nachgeschrien hatten. Von dem, was in den folgenden paar Jahren geschah, wußte er nicht mehr viel. Als Großvater wieder heiratete, bekam er mit seiner zweiten Frau weitere Kinder, und Ahmed und Leilah wurden sehr schlecht behandelt. Den Haß, den Großvater für Dad empfand, ließ er, wie Ahmed glaubte, an dem Jungen aus, den Dad bei ihm gelassen hatte. Ich sah den grauhaarigen Mann mit dem krummen Rücken, den ich in Marais kennengelernt hatte, allmählich in einem anderen Licht.

Ahmed ging mit Nadja nach Aschube und verbrachte ein paar Tage in ihrem Haus, und die Leute im Dorf begannen zu argwöhnen, daß er gekommen war, um uns rauszuholen. Doch mir war klar, daß er nichts tun konnte. Er besaß nicht die Macht, uns zu helfen, er war im Gegenteil wie wir ein Gefangener seines Lebens im Jemen. Abdul Khada erfuhr, daß unser Bruder bei uns war und wurde nervös. In Briefen warnte er mich und Ahmed davor, irgend etwas zu unternehmen, gleichzeitig schickte er mir wie ein perfekter Gastgeber aber auch Geld für das Essen unseres Gastes. Ahmed hatte ein schlechtes Gewissen, weil er keine Lebensmittel aus der Stadt mitgebracht hatte und es bei uns zu der Zeit nur wenig Obst gab. Es war lange her, daß ich zum letztenmal eine Orange oder einen Apfel gegessen hatte. Er versprach, in ein paar Wochen wiederzukommen und Obst mitzubringen.

Während Ahmed bei uns war, kam eine Frau aus Nadjas Dorf zu uns herauf. Sie sagte mir, daß Mum mit ein paar Engländern wiedergekommen sei. Ich versuchte, meine Überraschung zu verbergen, nahm Marcus in den Arm und ging in Richtung Tür.

»Wohin willst du?« rief Ward.

»Ich geh zu meiner Schwester«, sagte ich.

»Da kannst du nicht hin, du wirst Ärger bekommen«, drohte sie mir.

»Das ist mir egal, ich gehe«, sagte ich und lief mit der Frau den Berg hinunter zu Nadjas Haus. Dort fand ich einen Mann und eine Frau aus England vor. Sie sahen wie Touristen aus, hatten Kameras umgehängt. Das Haus war voll mit Leuten aus dem Dorf, die wissen wollten, was da vorging. Von Mum keine Spur. Es war ein Mißverständnis gewesen. Ich war enttäuscht, daß sie nicht da war. Nadja kam zu mir und flüsterte mir zu: »Das sind Reporter, sie sind aus England gekommen und wollen uns abholen.«

Ich war plötzlich ganz aufgeregt, aber auch verwirrt, weil ich nach Mums Worten davon ausgegangen war, daß es den Leuten von Mr. Cantwells Hilfsorganisation in Genf am ehesten gelingen würde, uns herauszuholen. Zu wissen, daß die britische Presse hier war, versetzte mich in Jubelstimmung. Wenn sie sich ein Bild über unsere Lage machten, war es ausgeschlossen, daß sie danach in England nicht Alarm schlagen würden. Es sah so aus, als hätte Mum doch eine Möglichkeit gefunden, uns zu befreien.

13

Auf des Messers Schneide

Die Frau war Eileen Macdonald, eine Journalistin von der Londoner Zeitung *Observer*. Der Mann war Ben Gibson, ein Fotograf, der sie bei der Recherche für unsere Geschichte begleitete. Mit ihnen reisten auch eine Dolmetscherin – sie hatte die Frau aus dem Dorf für Mum gehalten – und ein Fahrer. Der Fahrer hatte eine Pistole im Gürtel stecken, an der er nervös mit den Fingern spielte. Einige der Männer im Zimmer hatten ebenfalls Gewehre.

Ich ging gleich zu Eileen und sprach sie an: »Wir haben auf Sie gewartet. Werden Sie uns hier rausholen? Ich bitte Sie, uns mitzunehmen.« Ich glaubte, sie seien gekommen, um uns endlich zu befreien. Sie wirkte sehr ruhig und sanft. Ich bat sie, sich genau zu überlegen, was sie sagen würde, denn viele Männer im Zimmer verstanden Englisch.

Eileen sprach mit dem Fahrer. »Ist es irgendwie möglich, daß wir diese Mädchen und ihre Kinder mit dem Jeep nach Ta'izz bringen?«

Der Fahrer machte ein besorgtes Gesicht. Anscheinend hatten sie ihm nicht gesagt, daß sie Journalisten waren. Er fuhr einen Jeep der UNICEF und hielt sie für Ärzte, die uns während ihres Urlaubs besuchen wollten, weil sie mit Mum befreundet waren. Den glänzenden weißen Jeep kannte man in den Bergdörfern gut, er brachte medizinische Hilfsgüter zu einem kleinen Krankenhaus im Zentrum der Mukbana. Er wurde nie behindert. Ahmed erzählte dem Fahrer unsere Geschichte, während Nadja und ich mit Eileen sprachen. Der Fahrer wollte uns zwar behilflich sein, hatte aber Angst vor den Konsequenzen. Er schüttelte den Kopf und redete schnell und leise auf die Dolmetscherin ein.

»Ich kann die Mädchen nicht mitnehmen, ich bin in diesen Gebieten bekannt. Wenn ich es täte, würden mich die Männer aus der Umgebung zu Tode hetzen. Sie wissen, daß ich in Ta'izz im Krankenhaus arbeite, sie würden mich schnell finden. Es wäre Selbstmord für uns alle, wenn wir sie so einfach wegbrächten. Außerdem würde man uns sowieso nicht aus den Bergen herauslassen.«

Inzwischen waren noch mehr Männer ins Zimmer gekommen, und einer rief, daß sie Nadja und mich ruhig mitnehmen könnten, die Kinder aber nicht. Beide hielten wir unsere Babys im Arm. Ich war außer mir und schrie zurück: »Na gut, ich laß den Jungen hier! Man hat mich sowieso vergewaltigt, als ich ihn bekam! Ich laß ihn hier!«

Nadja versuchte mich zu beruhigen. Sie sah so unglücklich aus. Sie wußte, wie sehr ich mir wünschte fortzukommen, und sie sehnte sich auch danach, doch sie konnte die Vorstellung nicht ertragen, ihre Kinder zurücklassen zu müssen. Bestürzt stand Haney zwischen diesen Erwachsenen.

Die Männer schrien nun alle auf einmal, ein paar standen auf und schüttelten die Fäuste. Die Hand des Fahrers fuhr an die Pistole. Die Dolmetscherin warnte Eileen vor einer Eskalierung der Situation und schlug vor, den mitgebrachten Qat herumzureichen. Eileen war offensichtlich erleichtert, jemand bei sich zu haben, der die gespannte Lage entschärfen konnte. Der Qat machte die Runde, und die Männer beruhigten sich, als sie zu kauen begannen.

»Können wir irgendwo ungestört reden?« fragte Eileen mich.

»Ja, kommen Sie«, sagte ich, und sie, Ben, Nadja und ich gingen ins Freie. Ich führte sie den Berg hinunter, und wir hockten uns an der Rückseite eines der Häuser hin, die unter einem steilen Felsabbruch standen. Hier konnten wir nicht belauscht werden.

»Wir haben schon gedacht, alle hätten uns vergessen«, sagte ich. »Wir warten seit sieben Jahren darauf, daß uns jemand rettet, und wir hofften, jetzt wäre es soweit.«

»Es tut mir leid.« Unsere Situation hatte Eileen sichtlich aus der Fassung gebracht; sie mußte eine mutige Frau sein, wenn sie es überhaupt geschafft hatte, bis zu uns vorzudringen. »Ich glaube nicht, daß wir das einfach so tun können. Das Ziel dieser Reise war, erst einmal mit Ihnen zu sprechen, nicht aber Sie zu befreien. Ich glaube, wir müssen wieder wegfahren und mehr offizielle Hilfe organisieren.«

Sie erzählte uns dann, wie man überall versucht hatte, sie von der Fahrt ins Gebirge der Mukbana abzuhalten. In Ta'izz hatten die Leute ihr erzählt, daß die Männer aus den Bergen samt und sonders Banditen sind, die einen Fremden, der dort herumschnüffelt, ohne Skrupel töten. Offenbar hatte man ein paar Jahre zuvor im gesamten Jemen eine Volkszählung durchführen wollen, doch die Helfer, die mit Fragebögen in die Mukbana gekommen waren, waren alle auf Nimmerwiedersehen verschwunden. Eileen und Ben hatte man gesagt, daß sich niemand ohne ein Gewehr in die Bergregionen wagt, auch wenn er nur zu einem Picknick fährt.

Jemanden aufzutreiben, der überhaupt wußte, wo die Dörfer lagen, war schon schwierig. Sie war auch über den schlechten Zustand der Straßen erschüttert, selbst mit dem Land Rover konnten sie den größten Teil der Strecke nur mit Schrittgeschwindigkeit fahren.

»Ich konnte es nicht fassen, wie sich die Landschaft veränderte«, erzählte sie mir später. »Eben waren wir noch an einem Fluß mit Bäumen und Eisvögeln an den Ufern und dann plötzlich in einer kahlen Gebirgslandschaft.«

Erst als sie in die Berge kamen, trafen sie Leute, die von uns gehört hatten. Sie sagten ihnen, daß wir als ›die armen, traurigen Schwestern aus der Mukbana‹ bekannt seien, weil wir immerzu weinten, und daß wir nach Hause wollten und die Männer uns niemals fortlassen würden. Jeder da oben kannte unsere Geschichte.

Als sie schon nicht mehr weit von unseren Dörfern entfernt waren, trafen sie Leute, die uns sogar persönlich kannten, und jemand sagte ihnen, Nadjas Haus könnten sie an den gelben Fenstern erkennen. Bis zu diesem Augenblick hatten sie gezweifelt, ob sie uns tatsächlich finden würden.

Obwohl man sie darauf hingewiesen hatte, daß es fast unmöglich sei, uns herauszuholen, hatte sie doch weiterhin geglaubt, daß es ihr schließlich gelingen würde, wenn auch nicht während dieses Besuchs. Nun wurde ihr klar, wie schwierig es wirklich werden würde. Wenn wir jetzt mit ihr führen, würde man uns an den Straßensperren anhalten und unsere Papiere sehen wollen. Weder Nadja noch ich hatten irgendwelche Identitätsbescheinigungen. Und wenn es sich herumspräche, daß sie gekommen waren, um uns zu holen, würden sie die Hauptstraße nicht lebend erreichen. Das begriff sie jetzt. Es kursierten auch Gerüchte über ein Armeelager in den Bergen unweit der Dörfer, und man hatte Eileen davor gewarnt, daß sich die Nachricht von ihrem Eintreffen bald bis zu den Soldaten herumsprechen würde und daß diese nicht zögern würden zu schießen und erst danach Fragen zu stellen.

Was wir damals nicht wußten war, daß fast genau zu der gleichen Zeit, als wir miteinander sprachen, Gowad mit dem Polizeikommandeur der Dörfer telefonierte und ihn davon unterrichtete, daß sich zwei gefährliche Journalisten in der Mukbana aufhielten, die Spione und Unruhestifter seien. Der Kommandeur versprach Gowad, sofort Maßnahmen zu ergreifen. Er wollte noch am gleichen Nachmittag eine Polizeieinheit in die Berge schicken und die

Journalisten verhaften lassen, überlegte dann aber, daß sie lieber abends aufbrechen sollte, wenn es kühler sein würde. Hätte Gowad einen Tag früher angerufen, dann wären Eileen und Ben geradewegs in einen Hinterhalt gelaufen.

In England lief die Berichterstattung an, doch die *Birmingham Post* brachte einen Artikel mit der Schlagzeile: ›Jemenitische Schwestern ohne Hoffnung auf Hilfe‹. Er berichtete über eine Unterredung zwischen Roy Hattersley, dem für Mums Wahlkreis zuständigen Mitglied im britischen Unterhaus, und dem jemenitischen Botschafter in London.

In der Zwischenzeit bestürmte Eileen, die von diesen Entwicklungen nichts ahnte, uns in den Bergen mit Fragen und wollte so viel wie möglich von unserer Story hören, bevor uns jemand stören konnte. Wir berichteten ihr alle Einzelheiten, die uns einfielen. Sie hatte uns einen Brief von Mum mitgebracht und schilderte uns, was Mum inzwischen unternommen hatte. Mein Tonband hatte die Reporter zu Tränen gerührt, und einen Teil davon hatte man im Radio gesendet. Sie sagte mir nicht, doch ich fand das später heraus, daß viele Zeitungen nur Bruchstücke der Geschichte gebracht hatten und sich auf das Thema ›Schwestern als Sex-Sklavinnen‹ stürzten. Sie schrieben nur darüber, daß man uns mit Gewalt zwang, mit Abdullah und Mohammed zu schlafen, und ließen alles andere weg.

Mums erster Kontakt zur Presse war ein Mann namens Alf Dickens, der sie mit Tom Quirke, einem Journalisten der *Birmingham Post,* bekannt machte. Tom hatte sich mein Band angehört, unsere Briefe gelesen und dann verkündet, das sei die größte Story, die seine Zeitung je hatte. Er suchte Dad auf, um sich auch seine Version der Geschichte anzuhören, und Dad erzählte ihm, daß ihm unser Benehmen in England nicht gefallen hatte und daß er uns die Gelegenheit geben wollte, von der traditionellen muslimischen Kultur des Jemen zu lernen. Die Anwälte der Zeitung rieten anfangs davon ab, Dad zu beschuldigen, uns verkauft zu haben, und deshalb erschien auf der Titelseite eine Story darüber, wie wir unter ›mysteriösen Umständen‹ verschwunden waren.

Am Erscheinungstag dieser Geschichte hielten Alf Dickens und Mum eine Pressekonferenz ab. Die anwesenden Journalisten glaubten Mum danach anscheinend nicht, Tom Quirke aber nahm Kontakt zum Observer auf, und Eileen sollte nun die Geschichte weiter recherchieren.

Die Vorstellung, daß Eileen und Ben einfach wegfahren und uns alleinlassen würden, war für mich unerträglich. Verzweifelt versuchte ich mir einen Plan auszudenken, wie wir mit ihnen mitfahren könnten. Ich redete und dachte zur gleichen Zeit nach. »Wie wäre es, wenn wir ihnen erzählen würden, daß Mum in Ta'izz ist, so schwer krank, daß sie nicht in die Berge kommen kann, und daß sie uns abholen sollen, damit sie ihre Enkel noch einmal sehen kann, bevor sie stirbt?«

In dieser Atmosphäre der Hoffnungslosigkeit hatte ich das Gefühl, daß eine so verrückte Geschichte vielleicht funktionieren würde, und wir beschlossen, den Versuch zu wagen. Die Männer waren inzwischen aus dem Haus gekommen und hörten unserem Gespräch zu, deshalb gingen wir mit den anderen wieder hinein, und Nadja und ich erklärten ihnen die Geschichte mit unserer Mum und ihrer Krankheit.

Einer der ältesten Männer nickte schlau: »Wir werden erst mal einen Mann nach Ta'izz schicken, der überprüft, wie krank deine Mutter ist. Wenn alles stimmt, wird er zurückkommen und euch bei dem Besuch begleiten.«

Uns mußte nun schnell etwas einfallen. Ich fragte Eileen, ob ihre Zeitung nicht Mum einfliegen und sie in Ta'izz in ein Krankenhaus bringen könnte, merkte aber schon, daß die Idee zu fantastisch war und nicht funktionieren konnte. Ahmed steuerte nun eigene verrückte Ideen bei, wollte am folgenden Tag mit Freunden aus der Armee anrücken, das Problem mit den Männern ausschießen und dann einfach mit uns wegfahren. Mir war klar, daß das unrealistisch war, gleichzeitig wollte ich aber, daß irgend etwas passiert. Mir dämmerte allmählich, daß man uns ein weiteres Mal in den Bergen zurücklassen würde, während die Menschen, die zu unserer Rettung gekommen waren, allein wieder abfuhren. Eileen versprach mir, daß sie nach ihrer Ankunft in Sanaa sofort zur britischen Botschaft gehen würde. Sie versprach mir baldige Hilfe, wir müßten nur Geduld haben.

»Was, glauben Sie, haben wir denn in den letzten sieben Jahren gehabt?« fragte ich sarkastisch. »Im Geduldhaben sind wir Meister.«

»Machen Sie sich keine Sorgen«, sagte Eileen, »es kann nur noch ein paar Wochen dauern, bis Sie rauskommen.«

»Sie provozieren die Leute aus dem Dorf, wenn Sie ständig sagen, daß Sie fortgehen wollen«, warnte mich die Dolmetscherin. »Wenn Sie das immer wieder sagen, bringt man Sie vielleicht in ein noch abgelegeneres Dorf, in dem Sie dann niemand mehr finden kann.«

»Wir können nicht immer verschweigen, daß wir fortwollen!« brach es aus mir heraus, »das ist das einzige, wovon wir leben und träumen. Nur wenn wir es immer wieder sagen, verlieren wir nicht den Verstand.«

Als Eileen und Ben gingen, war das ganze Dorf auf den Beinen, die Kinder rannten vor ihnen her, als sie über den gewundenen Gebirgspfad zum Land Rover abstiegen. Nadja und ich weinten schon wieder. Wir waren so durcheinander, weil das alles so schnell gegangen war.

Später erfuhr ich, daß man sie zweimal an Straßensperren aufgehalten hatte. Bewaffnete Männer wollten wissen, was sie in den Bergen gemacht hatten und durchsuchten das Auto, um zu verhindern, daß sie uns herausschmuggelten. Es bestand kein Zweifel daran, daß sie ihr Leben aufs Spiel gesetzt hatten, als sie sich in dieses Gebiet wagten. für uns war Eileen wie ein Engel, den uns der Himmel geschickt hatte.

Nachdem wir unsere anfängliche Enttäuschung darüber, nicht mit ihnen mitfahren zu können, überwunden hatten, blickten wir optimistischer in die Zukunft. Wir spürten, daß nun wirklich eine gewisse Hoffnung bestand und setzten all unser Vertrauen in Eileen.

Ahmed folgte ihnen nach Ta'izz, und sie gingen zuerst zum Direktor des Krankenhauses, der ihnen den Jeep geliehen hatte. Er hatte auch angeboten, über ihr Anliegen noch vor ihrer Abreise in die Berge mit Muhsen Al Usifi, dem Gouverneur von Ta'izz, zu sprechen. Doch der Gouverneur war zu der Zeit noch nicht aus Sanaa zurückgekehrt.

»Ich versichere Ihnen«, sagte der Direktor, »daß der Gouverneur sofort nach seiner Rückkehr informiert wird und man die Mädchen in die Stadt holen und befragen wird.«

An Eileen gewandt sagte er dann: »Wenn es der Gouverneur wünscht, können sie sofort zu ihrer Mutter nach Hause zurückkehren. Wenn er auch die Meinung der Ehemänner hören will, wird man sie aus Saudi-Arabien nach Ta'izz zurückrufen, und es wird zu einer Gerichtsverhandlung kommen. Die Mädchen müssen dann die Scheidung beantragen. Das wird eine Menge Geld kosten und kann vielleicht fünf Jahre dauern. Man muß alle bestechen – angefangen von den Soldaten, die in die Mukbana fahren und sie holen – bis zu den Rechtsanwälten und den Richtern.«

Mit der jemenitischen Geheimpolizei dicht auf den Fersen flogen Eileen und Ben danach nach Sanaa und nahmen Kontakt zu Jim Halley auf, einem neuen Botschaftsrat, der ihnen weiterhalf. Er holte sie am Flughafen ab und brachte sie in einem kugelsicheren Jeep zum britischen Botschafter.

Sie kamen vor einem hohen Metallzaun an. Jim hupte, und ein bewaffneter Wachposten öffnete eine kleine Tür im Zaun, tastete sie ab, und das Tor wurde geöffnet.

Eileen entwickelte diesen Leuten gegenüber die gleiche Aggressivität wie ich. Sie machte dem Botschafter die Dringlichkeit unseres Problems klar, und er versuchte die richtigen Gesprächspartner bei den einheimischen Behörden zu finden. Da Eileen und Ben vor den Verfolgungen durch die Geheimpolizei Angst hatten, baten sie darum, die Nacht in der bewachten Botschaft verbringen zu dürfen.

Ben mußte die Fotos nach England bringen, die in der nächsten Sonntagsausgabe des *Observer* erscheinen sollten, und er schmuggelte auch Eileens Story mit hinaus, an der sie fast die ganze Nacht geschrieben hatte.

Der Botschafter und Jim waren sich darin einig, daß Eileen aus dem Jemen herausgebracht werden mußte, bevor die Geschichte in England in der Zeitung erschien. Würde sie sich dann noch im Land aufhalten, würde man sie vermutlich bei dem Versuch, es zu verlassen, verhaften und ins Gefängnis werfen. Schließlich konnten sie ihr für Samstagabend einen Flug besorgen. Als Eileen in London-Heathrow ankam, holte sie ihr Verlobter Paul ab und hatte bereits ein Exemplar der Sonntagsausgabe des *Observer* dabei. Ihre Geschichte stand auf der Titelseite, daneben war ein Foto von Nadja, die Tina im Arm hielt. Wir waren berühmt.

14

Wichtige Gespräche

Kurz nach Eileens Abreise aus der Mukbana kamen Gerüchte in Umlauf. Alle Leute wußten nun, daß Journalisten unter Vorspiegelung falscher Tatsachen bei uns waren, doch als sie das begriffen hatten, waren Eileen und Ben schon wieder in England und in Sicherheit. Ich wage nicht, mir vorzustellen, was mit ihnen passiert wäre, wenn man sie gefaßt hätte. Wären sie noch in den Bergen gewesen, dann hätte man sie sicher erschossen. Wenn man sie in Ta'izz oder in Sanaa verhaftet hätte, wären sie vermutlich ins Gefängnis gebracht und wegen versuchter Entführung angeklagt worden. Das hätte dann sehr wohl mit einer Hinrichtung enden können.

Als uns klar wurde, daß alle Leute nun über sie Bescheid wußten, hatten wir große Angst, daß sie es nicht rechtzeitig geschafft haben könnten, aus dem Jemen herauszukommen. Wir hatten ja keine Möglichkeit zu erfahren, was in Ta'izz vor sich ging, von Sanaa oder London ganz zu schweigen. Wir hatten nur gesehen, daß sie abgefahren waren, konnten aber nicht in Erfahrung bringen, was danach passiert war, ob die Welle aus Gerüchten und Zorn sie erreicht hatte oder ob sie ihren Vorsprung bis zum Flugzeug halten konnten.

Wir tappten völlig im Dunkeln, bis ein Brief von Mum eintraf, in dem sie uns berichtete, was Eileen seit ihrer Rückkehr nach England unternommen hatte. Sie hatte einen langen Artikel über ihre Begegnung mit uns im Dorf geschrieben, und alle waren nun interessiert. Plötzlich sei die Sache in der ganzen Welt wie eine Bombe eingeschlagen. Die Regierungen waren eingeschaltet worden und sahen sich nun gezwungen, unser Anliegen ernstzunehmen. Nachdem wir sieben Jahre im Dunkeln geweint hatten, standen wir im Brennpunkt des Weltinteresses, obwohl sich in der Mukbana selbst nichts veränderte und wir von den Ereignissen nur aus zweiter Hand erfuhren.

Bei ihren früheren Versuchen, uns zu retten, hatte sich Mum mit der Bitte um Hilfe an Roy Hattersley gewandt, den Abgeordneten ihres Wahlkreises im Unterhaus und Innenminister des Schattenkabinetts. Nach dem ersten Gespräch war nichts passiert, nach dem zweiten jedoch wurde er bei der Regierung vorstellig und sprach mit dem damaligen Außenminister Sir Geoffrey Howe und mit dem Innenminister Douglas Hurd über unseren Fall. Die britische Regierung wollte ihn vertuschen, ihr war mit Sicherheit wenig daran gelegen, daß Journalisten die Beziehungen zur Regierung des Jemen belasteten. Nun aber war es für Geheimhaltungsversuche zu spät, und die ganze Welt konnte sich mit eigenen Augen von der Wahrheit unserer Geschichte überzeugen, die durch Fotos belegt war.

Wie immer hatte Abdul Khada, obwohl er in Saudi-Arabien war, schneller als alle anderen davon erfahren. Es war, als ob er seine Informationen schon bekam, wenn die Dinge sich gerade erst ereigneten. Er mußte überall Mittelsmänner haben, die ihn über alles auf dem laufenden hielten, was im Jemen und in Großbritannien vorging. Alle jemenitischen Männer machen Geschäfte mit Gerüchten und Gerede, und weil so viele zwischen den Ländern hin und her pendeln, verbreiten sich Neuigkeiten schnell. Er schrieb mir postwendend, daß er von den Reportern im Dorf wüßte und versicherte mir, daß sie gar nichts für uns tun könnten und drohte, Gott möge mir beistehen, wenn sie irgendwelche Tricks versuchten.

Mir wurde klar, daß ich mich nun zum erstenmal nicht vor ihm fürchtete. Keiner von ihnen konnte mich noch einschüchtern. Noch mehr Leid konnten sie mir nicht zufügen. Ich dachte nur noch an meine Freiheit und war zuversichtlich, daß früher oder später etwas geschehen würde.

Während eines Armeeurlaubs besuchte uns unser Bruder Ahmed noch einmal, hatte diesmal aber große Schwierigkeiten, bis zu uns durchzukommen. Die Leute aus dem Dorf hatten der Polizei gemeldet, daß er ein Unruhestifter und Dieb sei und daß seit seinem vorherigen Besuch viele Gegenstände aus den Dörfern verschwunden wären. Alle waren gegen jeden, der so aussah, als wollte er uns helfen, sehr mißtrauisch, und taten ihr Möglichstes, um zu verhindern, daß er uns erreichte. Ahmed kam zuerst nach Aschube und wurde dort schon von den Männern des Dorfs empfangen. Sie teilten ihm mit, daß Abdul Khada von seinem Besuch erfahren und ein Telegramm geschickt hatte: Er dürfte uns guten Tag sagen, müßte aber dann sofort wieder gehen. Sie wollten dafür sorgen, daß er auch gehorchte, sie würden ihn verhaften, wenn er versuchte, uns zu helfen. Weinend kam er bei mir an.

Abdul Noor, Abdul Khadas Bruder, war zu der Zeit von Saudi-Arabien nach Hockail gekommen. Als er hörte, daß Ahmed bei mir war, kam er herauf, um mit ihm zu sprechen. Er war zwar umgänglicher als sein Bruder, handelte aber auch nur auf dessen Geheiß. Er wollte wissen, warum Ahmed hier war und ob er uns wegbringen wollte. Ich versicherte ihm, daß Ahmed nicht gekommen war, um Schwierigkeiten zu machen, und bat, ihn nicht wegzuschicken. Abdul Noor glaubte mir, und Ahmed durfte bleiben.

Ein paar Tage später brachte mir Abdul Noor einen zweiten Brief von Abdul Khada und ein Tonband. Ich las zuerst den Brief. Abdul Khada schrieb, daß man ihm aus Großbritannien eine Kopie von Eileens Artikel geschickt hatte, und forderte mich auf, das Band zu hören. Ich holte meinen Recorder und reichte ihn Abdul Noor. Abdul Khadas Stimme ertönte aus dem Lautsprecher:

»So viel habe ich für dich getan, und du dankst es mir nicht. Ich dachte, daß du jetzt glücklich bist und deine Familie endlich vergessen hast. Ich dachte, du akzeptierst die Tatsache, daß du jetzt verheiratet bist, dann hättest du deine Mutter und deinen Vater nämlich besuchen dürfen. Wenn du fahren willst, laß es mich einfach wissen, und ich werde dich nicht daran hindern. Dein Sohn muß aber bei uns bleiben. Deine Mutter ist eine sehr starke Frau. Unglaublich, was sie für ihre Kinder getan hat. Mir ist klar, was sie getan hat, und ich werde dich nicht daran hindern zu gehen.«

Ich wußte, daß er immer noch nicht glaubte, daß ich Marcus zurücklassen würde. Mit dem Angebot, mich gehen zu lassen, wiegte er sich in Sicherheit; er rechnete sich aus, daß es dann so aussehen würde, als bliebe ich aus freien Stücken. So redete er auf dem Band immer weiter, wie ein Geisteskranker. Einmal sagte er, daß Eileens Artikel mir überhaupt nichts nützen, daß niemand ihn beachten würde, und im nächsten Augenblick, daß er mich nicht hindern würde zu gehen. Einmal schien er mir zu drohen, im nächsten Augenblick bot er mir Versöhnung an. Ich freute mich über die Veränderungen in seinem Tonfall. Das hieß ja, daß sich die Situation schließlich doch gewandelt hatte und für ihn außer Kontrolle geriet.

Als das Band zu Ende war, nahm es Abdul Noor aus dem Gerät heraus und steckte es in die Tasche.

»Kann ich es behalten?« fragte ich und dachte, ich könnte es den anderen Männern im Dorf vorspielen, und sie würden mich dann gehen lassen.

»Nein«, sagte er kopfschüttelnd. »Du solltest es nur anhören.«

Ich sah das Band nie wieder.

Ich ging in mein Zimmer und schrieb ihm einen Antwortbrief. Da er ja hören wollte, ich würde mich von Marcus nicht trennen, schrieb ich statt dessen, ich wollte fahren, und fragte ihn, wann ich gehen dürfte. Ich wußte, daß er das Angebot nicht noch einmal machen würde, jetzt wo er wußte, daß ich es annahm.

Ich ging zu Nadja und erzählte ihr von dem Band. Sie interessierte sich offenbar für gar nichts mehr. Eileen schrieb, als sie sie kennengelernt hatte, wären Nadjas Augen wie ›tot‹ gewesen, und zu einer Toten war sie vermutlich auch geworden. Es war ihr zwar recht, nach Hause zu gehen, und sie wußte auch, daß sie ihre Kinder verlassen mußte, aber das hätte ihr das Herz gebrochen. Sie konnte es wohl nicht mehr ertragen, auch nur noch einmal daran zu denken, und deshalb sperrte sie den Gedanken aus und lebte weiter wie ein Zombie. Sie hatten es geschafft, die ganze Lebendigkeit, die in Nadja steckte, als sie noch ein Kind war, abzutöten.

Wir vereinbarten, daß wir, wenn eine von uns als erste fahren dürfte, die Kinder bei der anderen lassen und in England weiter dafür kämpfen würden, daß auch sie freikam. Ich hoffte, daß man Nadja zuerst gehen lassen würde, denn ich wußte, daß ich, falls ich im Jemen zurückbleiben mußte, die Kraft haben würde, immer weiter zu kämpfen. Ich bezweifelte aber, daß Nadja das konnte, wenn ich nicht mehr in der Nähe war.

Am folgenden Tag rief mich Abdul Noor von seinem Dach aus zu sich. Als ich unten ankam, stand er schon vor dem Haus.

»Es will dich jemand sehen«, sagte er.

»Wer denn?« fragte ich.

»Abdul Walli. Er ist Polizeikommandant und ein wichtiger Mann. Du mußt ihm viel Respekt zeigen, wenn du zu ihm gehst. Die Regierung von Ta'izz hat ihn zur Untersuchung eures Falles hergeschickt.«

»Wo ist er?« wollte ich wissen.

»Er wartet in dem Haus der Familie seiner Frau auf dich.«

Ich hatte schon von ihm gehört und wußte, wie einflußreich er war, hatte ihn aber nie kennengelernt. Es hieß, er hätte einen Draht zu allen wichtigen Leuten des Landes.

»Was will er denn wissen?« Ich wollte mir Klarheit darüber verschaffen, was mich erwartete.

»Er hat von eurem Fall gehört«, sagte Abdul Noor. »Die Zeitungen aus England sind auch in Libyen und Saudi-Arabien gelesen worden. Die Regierung will wissen, was vorgeht, und hat ihn beauftragt, das zu ermitteln.«

Wir gingen die Straße entlang zu dem Haus, in dem Abdul Walli wartete. Zu der Zeit trug ich schon wie gefordert immer einen Schleier, wenn die Möglichkeit bestand, daß fremde Männer mich sehen konnten. Auf der Straße fuhren mit Männern besetzte Autos vorbei, deshalb mußte ich den Anstand wahren, bis ich ins Haus kam. Das Haus war voller Menschen, und Abdul Noor befahl mir, zu den Frauen zu gehen und in ihrem Zimmer zu warten.

»Ich rufe dich, wenn Abdul Walli mit dir sprechen will«, sagte er.

Die Frauen wollten brennend gern erfahren, was hier vorging und warum ein so wichtiger Mann mich sprechen wollte. Alle hatten von den Zeitungsartikeln gehört und stellten mir Fragen über Fragen. Ich wollte sie irgendwie zum Schweigen bringen und mich sammeln und auf das Zusammentreffen mit einem Menschen vorbereiten, der uns vielleicht retten konnte. Ich war unverhohlen mürrisch und grob zu ihnen, damit sie endlich mit ihren Fragen aufhörten.

Ein paar Minuten später kam Abdul Noor zur Tür und rief mich. Ich folgte ihm in ein anderes Zimmer, und er hielt mir die Tür auf. Der Raum war groß, und in der hinteren Ecke saß ein Mann allein mit untergeschlagenen Beinen auf einem Kissen. Er war wie ein Saudi gekleidet, trug ein langes, weites Kleid und hatte den Turban abgesetzt und auf den Boden gelegt. Vor ihm auf dem Tisch lagen ein paar Papiere. Er war klein und sehr dick und hatte dunkles, lockiges Haar und war vermutlich Mitte bis Ende dreißig. Er sah sehr bedeutend aus.

»Guten Tag«, sagte er höflich.

»Guten Tag.«

»Bitte«, wies er auf den Boden vor dem Tisch, »bitte setz dich.«

»Bitte lassen Sie uns allein«, sagte er zu Abdul Noor und sprach erst weiter, als dieser das Zimmer verlassen hatte. »Ich hatte keine Ahnung, was hier im Dorf mit dir geschah«, leitete er das Gespräch ein. »Erzähl es mir bitte.«

In groben Zügen erzählte ich meine Geschichte ein weiteres Mal. Als ich geendet hatte, versuchte er mir die Bräuche seines Landes und die Religion der Jemeniten zu erklären und fragte mich, ob ich je daran gedacht hätte, mich mit Abdullah abzufinden und ob ich ihn während all dieser Ehejahre einmal geliebt hätte.

Ich blieb standhaft. »Nein, ich hasse ihn, und ich will ihn nicht.« Ich weinte und sah, daß ich ihn mit meinem Gefühlsausbruch verwirrt hatte.

»Ich habe heute auch deine Schwester Nadja aufgesucht«, sagte er, »und ich habe mit ihr das gleiche Gespräch geführt wie jetzt mit dir. Sie berichtete mir ebenfalls, daß sie unglücklich ist und nach England zurückmöchte, doch sie will ihre Kinder und ihren Mann mitnehmen. Was sagst du dazu?«

Nadja hatte das gesagt, weil es die einzige Chance war, Haney und Tina auch herauszubekommen. Wenn sie Mohammed ablehnte, blieben die Kinder automatisch bei ihm. Obwohl sie Mohammed und Gowad so tief haßte wie ich Abdullah und Abdul Khada, fürchtete sie sich, das vor anderen zu zeigen, denn dann würde man ihr die Kinder wegnehmen. Den Männern war es gelungen, sie in dieser Falle zu fangen. Ich konnte meine Gefühle nicht wie sie verbergen.

Wohl minutenlang saß er schweigend da und dachte nach, und ich wartete respektvoll, wie Abdul Noor es mir befohlen hatte. Schließlich sagte er:

»Gut, du kannst jetzt gehen. Auf Wiedersehen.« Ich stand auf und verließ das Zimmer. Obwohl er kein Wort darüber verloren hatte, glaubte ich sicher zu wissen, was nun geschehen würde. Ich war sicher, daß er nach Ta'izz zurückkehren und höheren Beamten die Richtigkeit der Zeitungsmeldungen bestätigen würde und daß wir dann herauskämen. Daß seit unserer Ankunft im Jemen inzwischen beinahe sieben Jahre vergangen waren, bedeutete, daß wir auch noch ein wenig länger warten konnten. Ich war sehr aufgeregt bei dem Gedanken, daß wir nun endlich mit einflußreichen Persönlichkeiten sprachen, die viel mächtiger waren als Abdul Khada und alle übrigen Männer des Dorfs.

Ich legte den Schleier wieder an und verließ das Haus allein. Auf dem Weg zum Berggipfel kam ich an Aminas Haus vorbei, und sie wollte wissen, was passiert war. Ich sagte ihr nur, sie sollte sich um ihre eigenen Angelegenheiten kümmern, und ging weiter. Ich fühlte mich erleichtert, so als hätte man mir eine schwere Last abgenommen. Ich hatte mein Anliegen endlich den Leuten geschildert, die das Sagen hatten.

Ward und die beiden Alten kommentierten nie, was gerade vor sich ging. Vermutlich waren sie der Meinung, daß sie sowieso nichts dagegen tun konnten, und daß ich, wenn sie mit mir darüber sprachen, ohnehin nur unverschämt antworten würde. Wie oft sie sich auch untereinander darüber unterhalten mochten, mir gegenüber äußerten sie sich nicht.

Saida, die alte Frau, war all die Jahre hindurch gut zu mir gewesen. Da sie jeden Tag zu Hause war, hatte sie gesehen, wie ich leiden und arbeiten mußte. Sie sagte immer: »Mach dir keine Sorgen, mein Kind, möge Gott dich beschützen. Wenn er glaubt, daß du unschuldig bist und daß das, was man dir angetan hat, unrecht ist, dann wird er es richten.« Allmählich glaubte ich, daß sie recht hatte.

Ich besuchte Nadja, und wir unterhielten uns über unsere Gespräche mit Abdul Walli. Sie erklärte mir, warum sie gesagt hatte, daß sie mit Mohammed nach England gehen wollte, und ich hatte Angst um sie. Sie hatte Haney und Tina so in ihr Herz geschlossen, daß ich die Konsequenzen fürchtete, wenn man versuchen sollte, sie zu trennen. Mir gelang es noch, die Vorstellung, Marcus zurücklassen zu müssen, aus meinem Denken zu verbannen. Wenn es soweit war, würde ich es tun können, es hatte also keinen Sinn, wenn ich mich selbst quälte, indem ich daran dachte.

Haney hatte ein Alter erreicht, in dem er zu verstehen begann, was um ihn herum vorging, und stellte Fragen wie: »Mami, läßt du mich allein?« Mir brach das Herz, wenn ich ihn so reden hörte, und ich konnte mir vorstellen, welche Wirkung seine Worte auf Nadja ausübten.

Zwei Tage später kam Abdul Noor ins Haus herauf, um mit mir zu sprechen. »Man hat mir befohlen, dich und Nadja in die Stadt zu bringen«, erklärte er. »Wir werden ganz früh am Morgen fahren, halte dich also bereit.«

»Aus welchem Grund?« fragte ich.

»Jemand will euch sprechen.«

»Fahren wir im selben Auto?«

»Ja.«

Ich konnte das kaum glauben, denn es wäre das erste Mal seit Nadjas Ankunft im Jemen vor sieben Jahren, daß wir gemeinsam irgendwohin fahren dürften. Schon das alleine fand ich aufregend.

»Was wird mit dem Kind?«

»Du wirst nur einen Tag weg sein, laß ihn hier, abends bist du wieder zurück. Sei um fünf Uhr unten am Berg, ich warte dort auf dich.«

»Gut.«

Ich lag die ganze Nacht wach und dachte nach. Ward kam früh am Morgen in mein Zimmer, holte Marcus und half mir beim Anziehen meiner Sachen. Für diese Fahrt in die Stadt trug ich festlichere Kleidung, einen schwarzen Umhang und einen Schleier. Der Umhang ging mir bis zur Taille, und nach unten schloß sich ein bis zum Boden reichender Rock an. Darunter trug ich die normale arabische Hose. Dieses Festgewand hatte Abdul Khada für mich in Saudi-Arabien nähen lassen. Nadja hatte ein gleiches, das man aber im Dorf gemacht hatte. Zu der Zeit machte uns die Hitze nichts mehr aus, auch dann nicht, wenn wir so viele Kleidungsstücke übereinander trugen. Zu dieser offiziellen Kleidung trugen wir aber dennoch Gummipantoffeln, weil sie hier die geeignetste Fußbekleidung waren. Die Riemen, unter die man mit dem Fuß schlüpfte, rissen leicht aus und mußten praktisch jeden Monat ersetzt werden.

Als ich fertig angezogen war, machte ich mich im Dunkeln auf den Weg den Berg hinunter. Den Rock hatte ich an der Taille mehrmals umgeschlagen. Abdul Noor stand auf dem Dach seines Hauses und leuchtete mir mit einer Taschenlampe. Ich hatte Angst, im Dunkeln danebenzutreten, obwohl ich den Pfad am Tag gut kannte. Er stand dann unten schon bereit, und gemeinsam stiegen wir den nächsten Berg hinab bis zur Straße, auf der der Land Rover uns erwartete. Er hatte zwölf Sitzplätze, wir waren an dem Tag aber die einzigen Fahrgäste.

Wir fuhren nach Aschube und warteten auf Nadja, die ebenfalls im Dunkeln einen Berg hinabgehen mußte. Als sie ankam, stieg sie rasch ein, und wir saßen tatsächlich gemeinsam im Auto. Es war so aufregend, mit ihr unterwegs zu sein, wir glaubten beide zu träumen.

»Ich kann es nicht fassen«, sagte ich. »Wir fahren nicht wirklich irgendwohin, wir sitzen nur ein paar Minuten im Auto, aber dann kommt jemand und nimmt es uns weg und sagt, daß wir ins Dorf zurück müssen, und in dieses schreckliche Haus.« Aber niemand hielt uns an, der Land Rover holperte und rumpelte über die einsamen Straßen, und die Scheinwerfer schnitten Lichtkegel in die schwarze Nacht.

Als wir in Ta'izz ankamen, ging die Sonne auf.

15

Gefangene in einem Palast

Wir waren ohne anzuhalten bis Ta'izz gefahren. »Wohin fahren wir eigentlich?« fragte ich Abdul Noor, als wir in die Stadt einbogen.

»Zu einem Haus«, sagte er nur. »Dem Haus eines wichtigen Mannes.« In nachdenklichem Schweigen fuhren wir weiter durch die schmutzigen, belebten Straßen. Die Männer umgaben gern alles, was sie taten, mit einem Geheimnis. Sie glaubten wohl, das würde ihnen mehr Macht über uns verleihen.

Ganz gleich, wo man sich in Ta'izz befindet, von jeder Stelle aus kann man einen mit Häusern bebauten Berg über dem Hauptteil der Stadt aufragen sehen. Von unten, von den heißen, lauten, staubigen und schmutzigen Straßen der Innenstadt aus gesehen, wirkt dieser Berg immer ruhig und friedlich. Der Fahrer steuerte weiter an den engen Seitenstraßen vorbei, wir fuhren offenbar direkt auf den Berg zu. Kurz darauf fuhren wir schon nach oben und sahen unter uns die Hausdächer.

Die Straßen wurden eben, die Häuser in dieser schönen Gegend sahen hübsch und gepflegt aus. Verglichen mit dem Rest der Stadt war es wie eine andere Welt, und verglichen mit den Dörfern der Mukbana ein anderer Planet. Wir fuhren auf sanft gewundenen Straßen an hohen Mauern vorüber, zwischen denen wir ab und zu einen Blick in liebliche Gärten erhaschen konnten, wir bewunderten ein prächtiges Haus nach dem anderen, bevor wir schließlich in die Straße einbogen, die zu unserem Ziel führte.

Am Ende der Straße stand das wundervollste Haus von allen, es war direkt in den vor uns liegenden Berg hineingebaut und von einer hohen Mauer umgeben. Mit seinen regenbogenfarbigen Glasfenstern sah es für uns aus wie ein kleiner Palast. Als wir näher kamen, verstellte die Mauer das Gebäude, und wir hielten schließlich vor einem Tor aus massivem Stahl an.

Abdul Noor stieg aus dem Auto und drückte auf den Knopf der Wechselsprechanlage neben dem Tor. Ein uniformierter und bewaffneter Polizist erschien daraufhin am Eingang. Abdul Noor nannte seinen Namen, und der Polizist öffnete das Tor und ließ uns passieren, wir fuhren durch den Park vor dem Hauptteil des Hauses.

Nadja und ich gingen die Stufen zu einer riesigen weißen Holztür hinauf. Eine Frau, die die gleiche traditionelle arabische Kleidung trug wie wir, öffnete und bat uns herein. Rechts im Gang war eine Tür, die wahrscheinlich zum großen Wohnzimmer führte. Wir wurden daran vorbei zu einer zweiten Tür am Ende des Gangs geleitet und dann weiter durch einen anderen großen Raum, in dem Sofas und Sessel standen. An den Fenstern hingen Gardinen, und an den tapezierten Wänden standen mehrere Tischchen, in einer Ecke flimmerte ein großer Fernsehapparat mit abgedrehtem Ton. Einen solchen Luxus hatten wir noch nie gesehen.

Wir wurden aufgefordert, uns zu setzen und die Schleier abzunehmen. Die Frau bot uns Tee und Kaffee an, wir baten aber um Limonade. Sie stellte sich uns als Abdul Wallis Frau vor und sagte, daß dies eins der Häuser ihres Mannes wäre. Ich hatte sie nie zuvor gesehen, obwohl sie ursprünglich ja aus Hockail stammte. Sie war klein, höchstens ein Meter fünfzig, sehr hübsch und teuer gekleidet. Sie brachte uns die Getränke und verschwand dann.

Nach einem Klopfen an der Tür trat Abdul Walli ein. Er trug wieder das weiße Gewand, das er auch angehabt hatte, als ich ihn kennenlernte. Nach ihm kam Abdul Noorins Zimmer.

»Hallo.« Abdul Walli lächelte gewinnend. »Ich nehme an, ihr macht euch Gedanken darüber, warum ihr hier seid. Ich habe euren Fall dem Gouverneur von Ta'izz vorgetragen, und er hat darum gebeten, daß ihr in die Stadt gebracht werdet, damit wir versuchen können, euer Problem zu klären.«

Im Augenblick machte ich mir nicht viele Gedanken, ich verhielt mich einfach still und wollte abwarten, was passieren würde. Die Männer verließen uns wieder, und wir blieben mit Abdul Wallis Frau und ihrem Dienstmädchen, das ihr bei der Betreuung ihres kleinen Jungen half, ein paar Stunden in dem Zimmer. Sie erzählte uns, daß sich an der Vorderseite des Hauses alle Polizisten ihres Mannes zu bestimmten Zeiten träfen und Qat kauten. Sie klagte, wie beschäftigt ihr Mann sei und daß er kaum zu Hause wäre. Sie wollte wissen, ob ich im Dorf mal ein Mitglied ihrer Familie kennengelernt hatte, und ich verneinte. Ich war nur einmal in ihrem Haus gewesen, an dem Tag, an dem Abdul Walli mit mir gesprochen hatte. Sie hoffte offenbar, daß ich Neuigkeiten von ihrer Familie hätte, ich hatte aber nur gehört, daß es ihr gut ginge.

Sie ließ uns eine Weile allein und servierte uns dann mit dem Mädchen im selben Zimmer ein Mittagessen. Sie legten ein Tischtuch auf den Boden und deckten mit Tellern und Besteck. In meinem ganzen Leben hatte ich nie so viel Essen gesehen. Es gab Reis, Rindfleisch, Huhn, Sandwiches, Suppen, Obst und verschiedene Kuchen, die ich noch nie gegessen hatte. Schweigend aßen wir vier, und dann halfen Nadja und ich ihnen beim Abdecken. Nachdem das Essen abgeräumt war, setzten wir uns wieder hin und ruhten uns aus, bis die beiden Männer zurückkamen. Inzwischen war es Abend geworden.

»Ihr bleibt heute über Nacht bei uns«, teilte Abdul Walli mit. »Was wird mit den Kindern?« fragte ich. Ich wußte, daß Nadja Haney und Tina bei einer Nachbarin gelassen hatte, der sie vertraute.

»Macht euch keine Sorgen um die Kinder«, beruhigte er uns. »Ihr bleibt heute hier.«

Seine Bestimmtheit und seine verbindliche Art bewogen uns

dazu, ihm zu vertrauen. Wir nahmen nun an, daß wir am nächsten Tag zurückfahren würden, richteten uns ein und sahen den Rest des Abends fern. Es war wie die Ankunft im Paradies. Später führte uns Abdul Walli in einen weiteren, noch prächtigeren Raum, vermutlich sein eigenes Wohnzimmer. Dort stand ein Telefon, seit Jahren hatte ich so etwas nicht gesehen!

»Ist das echt?« fragte ich und wollte meinen Augen nicht trauen.

»Ja«, lächelte er, »es ist echt.«

»Würden Sie einmal den Hörer abnehmen und eine Nummer wählen?«

»Bitte.«

Ich konnte nur noch daran denken, den Hörer abzunehmen und Mum anzurufen. Wir blieben eine Weile in seinem Zimmer und sprachen allein mit ihm, und ich konnte den Blick kaum vom Telefon abwenden. Er sprach von Mum und von dem, was sie getan hatte, erzählte uns, was er über die britischen Zeitungen und die von ihnen gedruckten Artikel wußte. Abdul Noor war ins Dorf zurückgefahren, um dort mitzuteilen, daß wir an dem Abend nicht zurückkommen würden. Als wir am Morgen aufgebrochen waren, wußte er nicht, daß wir in Ta'izz bleiben würden. Abdul Walli hatte es ihm eben erst gesagt. Dinge für sich zu behalten und aus allem ein Geheimnis zu machen, das hatte er gern.

»Du willst das Land immer noch verlassen, oder?« fragte er mich beiläufig.

»Ja, ich möchte nach Hause.«

»Mal angenommen«, sagte er freundlich, »ihr könntet hier in der Stadt leben. Würde das deine Meinung verändern?«

»Nein«, wiederholte ich. »Ich möchte nur nach Hause.«

Er sprach wieder eine Weile über ganz andere Dinge, stellte dann aber die gleiche Frage noch einmal. »Aber wenn ihr hier in der Stadt leben könntet, mit euren Kindern, würde das nicht genügen?« Genau die gleiche Frage stellte er so oft, daß ich wieder nervös, zornig und aggressiv wurde.

»Können Sie es nicht in Ihren dicken Schädel kriegen?« sagte ich schnippisch. »Ich möchte nach Hause. Ich möchte nicht hierbleiben. Ich möchte, daß meine Mum das, was sie tut, weiter tut, bis wir gehen können.«

Er nickte und dachte einen Augenblick nach und erklärte dann umständlich, daß Mum damit, daß sie an die Öffentlichkeit gegangen war, die Regierung des Jemen in eine peinliche Lage gebracht hatte und daß sie nun allmählich zornig wurde.

»Das ist mir egal«, sagte ich beleidigt. »Wir brauchen Öffentlichkeit. Die Leute müssen wissen, was los ist. Wir möchten nach Hause fahren, und niemand kann uns gegen unseren Willen hier festhalten. Ich habe nun schon so viel erreicht und werde für ein bißchen Luxus in der Stadt nicht aufgeben.«

»Bist du der gleichen Meinung wie deine Schwester?« fragte er Nadja.

»Ja.«

Ich ließ nicht zu, daß er mich mit seinen Argumenten mürbe machte. In den vergangenen sieben Jahren hatte ich sehr gut gelernt, wie man mit jemenitischen Männern streiten und sich gegen sie behaupten mußte. Ich wußte, wie ihr Denken funktionierte und bei mir kamen sie damit nicht mehr weiter. Am Ende lief es immer darauf hinaus, daß sie versuchten, ihren Standpunkt durchzusetzen, indem sie einem nicht zuhörten oder einen gar nicht zur Kenntnis nahmen. Mir war klar, daß wir ihnen bald entkommen würden, und ich wollte nun erst recht nicht aufgeben. Es machte mich rasend, das Telefon zu sehen und zu wissen, daß Mum auf eine Art so nahe war und daß wir sie trotzdem nicht erreichen konnten.

In dieser Nacht schliefen Nadja und ich auf Matten auf dem Fußboden des Wohnzimmers, in dem wir uns tagsüber aufgehalten hatten. Da auf dem Boden Teppiche lagen, war es sehr bequem. Am nächsten Tag passierte anscheinend gar nichts, man überließ uns im Haus uns selbst, und wir fingen an uns zu langweilen. Wir wollten, daß es voranging. Wir machten uns allmählich Sorgen um die Kinder. Als Abdul Walli endlich zu uns kam, fragte ich, was nun als nächstes geschehen würde.

»Wir bringen die Kinder hierher zu euch«, erklärte er uns.

»Wann?« wollte ich wissen. »Wir wollen die Kinder jetzt bei uns haben.«

»Sie werden innerhalb der nächsten zwei Tage hier sein«, versicherte er mir.

»Na gut«, sagte ich.

»Ihr müßt uns nur ein Schriftstück unterschreiben.« Er begann mir wieder Fragen zu stellen. Wie war ich mit Ward ausgekommen? Ich sagte ihm, wie sehr wir einander haßten und wie schlecht sie mich behandelt hatte, daß sie mich vom frühen Morgen bis zum späten Abend schuften ließ und ich meist schwere Arbeiten tun mußte, die man auch einfacher verrichten konnte. Er hörte mir offenbar zu und verstand, was ich meinte. Nach einer Weile verließ er das Zimmer. Den ganzen Tag lang kam er immer wieder für ein paar Minuten herein und sprach mit uns, ging dann weg und redete mit seinen Polizisten oder kümmerte sich um seine Geschäfte.

Am dritten Tag versuchte ich mehr Informationen über die nächsten Schritte aus ihm herauszuholen, nahm aber an, daß er meine Fragen nur ausweichend beantworten würde.

»Wir wollen nicht in die Dörfer zurück«, sagte ich aggressiv. »Wir wollen nur nach Hause.«

»Ihr müßt auch nicht zurück«, sagte er ruhig.

»Was, nie mehr?« Ich dachte, ich hätte mich verhört.

Er lächelte. »Ihr müßt nie mehr in die Dörfer zurück, ihr habt mein Wort.«

Für einen Augenblick verschlug es mir den Atem. »Und warum?« Ich traute meinen Ohren nicht.

»Weil ihr nicht mehr dorthin zurück müßt«, sagte er achselzuckend. »Ihr könnt eine Weile hier in Ta'izz wohnen.«

Anfangs vertraute ich ihm nicht. Es war, als ob ein Traum wahr geworden sei. Nach dem absoluten Tiefpunkt in Campais wurde mein Leben ganz langsam immer besser, meine Anstrengungen begannen Früchte zu tragen. Zuerst war ich wieder nach Hockail und damit in die Nähe Nadjas zurückgekommen, jetzt war ich mit ihr nach Ta'izz gefahren und war raus aus dem Dorf. Der nächste Schritt mußte sein, nach England zurückzukehren.

Wir ahnten nicht, daß der Nationale Sicherheitsdienst in der ganzen Stadt alle Personen abholte und verhörte, die irgend etwas mit Eileen und Ben zu tun gehabt hatten: den Direktor des Krankenhauses, die Dolmetscherin und den Fahrer. Alle mußten Aussageprotokolle unterschreiben, und bei den Verhören wollte man erfahren, ob sie gewußt hatten, daß die Engländerin Journalistin war. Natürlich hatte keiner von ihnen etwas gewußt, denn sonst hätten sie es nicht gewagt, ihnen zu helfen.

Nadja und ich begannen Abdul Walli während dieser Zeit recht gern zu haben, denn er redete anscheinend offen mit uns. Er gab sich väterlich und sagte uns immer, wie er über eine Sache dachte und wie er die Ereignisse einschätzte. Er schien nichts vor uns zu verbergen, und ich hielt auch nichts vor ihm geheim. Ich glaube nicht, daß er wirklich verstand, daß es für uns einfach keine Alternative zur Rückkehr nach England gab. Ich glaube, niemand da draußen verstand die Stärke unserer Gefühle, verstand, wie sehr wir das Leben in den Dörfern haßten und wie entschlossen wir waren, ihm zu entkommen. Daß wir, solange sich Abdul Walli um uns kümmerte, vor Abdul Khada und den anderen sicher waren, war das Beste an der Situation. Niemand konnte uns etwas antun, solange Abdul Walli für uns verantwortlich war, und das war er mindestens, solange wir bei ihm waren. Trotzdem wußte ich natürlich, daß er nur im Auftrag der Regierung handelte und nicht die Macht hatte, selbst über unser Schicksal zu entscheiden.

Als er uns sagte, wir brauchten nur ein paar Papiere zu unterschreiben und bekämen dann unsere Kinder zurück, waren wir deshalb einverstanden. Die Papiere waren ›an alle, die es angeht‹ adressiert, und mit unserer Unterschrift erklärten wir, daß wir akzeptierten, mit unseren Ehemännern verheiratet und glücklich mit ihnen zu sein, daß wir nun in Ta'izz lebten und daß alle unsere Probleme gelöst seien. Abdul Walli ließ uns den Text mit der Hand abschreiben und bat uns darum, ihn zu unterschreiben. Wenn wir das täten, sagte er, würden wir unsere Kinder bis zum Ende der Woche wiederhaben. Wir gingen auf seinen Vorschlag ein, weil wir ihm mehr trauten als jedem anderen Menschen und weil wir die Kinder bei uns haben wollten.

Wir mußten während dieser Tage im Haus bleiben, durften uns aber in den Zimmern frei bewegen und auch aufs Dach gehen, wenn wir an die frische Luft wollten. Das Wichtigste für uns war, daß wir zusammen waren. Gefangene zu sein störte uns nicht, solange wir uns nur hatten. Auf dem Dach befand sich eine voll eingerichtete moderne Küche mit Kühlschrank, Abwaschtisch, Waschmaschine und Mixer, Dinge, die wir seit unserer Abfahrt aus England nicht mehr gesehen hatten.

In Ta'izz gab es mehrere Kommandeure, die den gleichen Rang wie Abdul Walli hatten, und jeder befehligte eigene kleine Polizeieinheiten. Die Polizisten lebten wie wir innerhalb der Mauern, auf dem zum Haus gehörenden Gelände, bewohnten jedoch ein Gebäude am anderen Ende. Alle Männer hatten Handfeuerwaffen, und einige trugen über der Schulter auch Gewehre. Wenn wir auf dem Dach saßen und sie unten herumspazieren oder in kleinen Gruppen dasitzen und reden sahen, fühlten wir uns sehr frei und gleichzeitig sehr sicher.

Am vierten Tag, als wir im Haus saßen und uns unterhielten, kam Abdul Walli überraschend herein. »Eure Kinder sind da«, sagte er, und wir trauten unseren Augen nicht. Abdul Noor und Schiab, Gowads ältester Sohn, hatten sie aus dem Dorf hergebracht. Schiab und seine Schwester fuhren zurück und sollten bei ihren Großeltern bleiben, Marcus, Haney und Tina aber blieben bei uns. Wir waren so erleichtert. Marcus fing gerade an zu laufen, und ich schloß ihn in die Arme. Ich hörte, daß er, seitdem ich weggegangen war, ununterbrochen nach mir geweint hatte.

16

Aufenthalt in Ta'izz

Ein paar Tage später kamen Abdullah und Mohammed, unsere sogenannten ›Ehemänner‹, aus Saudi-Arabien nach Ta'izz. Die Regierung hatte sie zur Klärung der Situation herbestellt. Abdul Walli hatte uns schon darauf vorbereitet, daß sie kommen würden, hatte aber nicht gesagt, wann. Wir saßen im Wohnzimmer der Frauen, als er zu uns kam und uns eröffnete: »Eure Männer sind nebenan, wollt ihr kommen und sie begrüßen?«

Widerwillig folgten wir seiner Aufforderung. Sie saßen da und warteten auf uns, beide machten besorgte Mienen. Wir setzten uns und wechselten höflich ein paar Worte mit ihnen, dann verließ Abdul Walli den Raum. Mohammed war ungeheuer fett geworden, Abdullah war so dünn wie eh und je.

»Worum geht es hier überhaupt?« wollte Mohammed wissen.
»Wir kriegen nur Gerüchte zu hören und wissen nicht, was los ist.
Wir haben von Zeitungsartikeln in England erfahren und gerüchteweise gehört, daß eure Mutter herkommt. Was ist los?«

Ich fühlte mich sicher und hatte nichts mehr zu verbergen. Ich vertraute darauf, daß Abdul Walli uns nicht wieder in die Dörfer verschleppen ließ, und deshalb sagte ich ihm alles. »Mum tut, was sie nur kann, um uns hier rauszuholen. Was ihr und eure Väter uns angetan habt, ist unrecht, und wir werden uns nie damit abfinden. So muß es sein.«

Abdullah schwieg zu alledem.

Als Abdul Walli wiederkam, baten ihn die Jungen darum, telefonieren zu dürfen. Er erlaubte es, und sie riefen Gowad in England und Abdul Khada in Saudi-Arabien an. Beide Väter schärften ihren Söhnen ein, nicht in eine Scheidung einzuwilligen und uns die Kinder nicht zu überlassen. Sie wollten uns nicht in England haben, wo wir sie bloßstellen konnten, und sie glaubten nicht, daß wir die Kinder verlassen würden. Die Väter rieten ihnen, sich mit einem Aufenthalt in Ta'izz einverstanden zu erklären, vorausgesetzt, daß ihre Frauen und Kinder bei ihnen sein würden. Araber widersetzen sich niemals den Anordnungen ihrer Väter, und deshalb weigerten sich Mohammed und Abdullah, Alternativen überhaupt in Erwägung zu ziehen. Wir standen wieder vor einem Hindernis.

In dem Haus konnten wir nun nicht mehr bleiben, wir waren zu viele Personen. Abdul Walli besorgte uns eine Wohnung, die man mit dem Taxi in fünf Minuten erreichen konnte, und wir vier zogen mit unseren drei Kindern dort ein. Es war mir in diesem Augenblick egal, wohin ich gehen mußte, wenn es nur nicht Hockail war und wenn ich mit Nadja zusammenbleiben konnte. Solange ich in Ta'izz war und Verbindung zu Abdul Walli hatte, solange konnte ich meinen Kampf für die Heimkehr nach England fortsetzen.

Die Wohnung lag in einer unwirtlichen Gegend, in einer dreigeschossigen Häuserzeile am Ende einer heruntergekommenen Straße. Wir wohnten im ersten Obergeschoß. Die Wohnung hatte einen breiten Mittelgang, von dem zwei Schlafzimmer und ein Wohnzimmer abzweigten, außerdem ein Badezimmer und eine Küche. Zur Straße hinaus ging ein Balkon.

Uns war klar, daß wir mit Mohammed und Abdullah schlafen mußten, das ließ sich nicht verhindern. Auch wenn wir in der Stadt waren, so kannten wir doch die Ehegesetze und -regeln. Ich wußte, daß unser Martyrium bald vorbei war, darum wollte ich keine unnötigen Konflikte heraufbeschwören. Marcus schlief mit Abdullah und mir in einem Zimmer, und Nadjas Kinder schliefen bei ihr und Mohammed.

Sie hatten unsere Matratzen aus dem Dorf mitgebracht, und wir legten sie auf den kalten Steinboden. Anderes Mobiliar war nicht da, nur ein Fernsehapparat, der ans Stromnetz angeschlossen war. Ich hatte noch immer mein Kassettengerät. In der Küche war ein Abwaschbecken, ein kleiner Gaskocher und ein Regal. Im Bad gab es sogar eine Dusche, wenn auch kein heißes Wasser. Wir hatten alles, was wir brauchten, und ich war schon glücklich darüber, den ganzen Tag mit Nadja zusammenzusein. Obwohl es, gemessen an den Wohnungen, in denen ich in England gewohnt hatte, ein Slum war, war es im Vergleich zu den Lebensbedingungen in der Mukbana die Erfüllung eines Traums. Es war einfach wunderbar, nicht von morgens bis abends arbeiten zu müssen und bis nachmittags liegenbleiben zu können, wenn uns danach war.

Die Jungen verhielten sich wie sonst auch. Fast den ganzen Tag lang waren sie mit Freunden in der Stadt, und wir machten uns nie die Mühe, sie zu fragen, wohin sie gingen – es interessierte uns nicht. Solange wir uns hatten, waren wir lieber allein.

Mohammed, Abdullahs Bruder, lebte mit seiner Frau Bakela immer noch in Ta'izz, und sie besuchten uns ab und zu. Jetzt, wo sich schon die Regierung damit beschäftigte, sprach niemand mehr über unsere Situation. Wir unterhielten uns nicht über die Vergangenheit, wir warteten alle nur auf das, was als nächstes kommen würde. Nadja und ich waren glücklich, die Vergangenheit aus unserem Gedächtnis streichen zu können.

Anfangs verließen Nadja und ich selten das Haus. Wir hatten eine merkwürdige Angst vor den belebten Straßen, den Autos und den vielen umherstreifenden Männern. Nach sieben Jahren echter Gefangenschaft in den Dörfern überwältigte uns die Aussicht auf Freiheit. Sogar wenn wir auf den Balkon gingen und unsere Wäsche zum Trocknen aufhingen, verschleierten wir uns, aus Furcht, irgend jemand könnte uns von den anderen Fenstern aus sehen. Wir waren wie die Dorffrauen geworden, in deren Mitte wir gelebt hatten, waren schamhaft und fürchteten uns vor der offenen Welt, weil wir vergessen hatten, wie man sich in ihr bewegt. Die Jungen kauften die Lebensmittel und alles andere Lebensnotwendige ein, während wir in der Wohnung blieben.

Manchmal gingen die Jungen nachmittags zu Abdul Wallis Haus und kauten dort mit den Polizisten Qat. Dann begleiteten wir sie, um mal rauszukommen, und unterhielten uns dort mit den anderen Frauen, die zu Besuch in das Haus kamen. Wir hatten die Kinder immer bei uns, und solange wir in ihrer Nähe waren, waren sie wohl auch glücklich. Wenn Nadja oder ich aus dem Zimmer gingen, fingen sie an zu weinen und liefen uns nach. Sie hatten Angst, daß wir sie wieder verlassen würden. Haney war am schlimmsten, er hing Nadja ständig am Rockzipfel. Wenn wir alle da waren, spielten die Kinder schön zusammen.

Mum erlebte in England ebenso viele Enttäuschungen wie wir in Ta'izz. Alf Dickens hatte ihr einen Kontakt zur *Daily Mail* vermittelt, aber Mum begann bald zu spüren, daß sie nur dazu benutzt werden sollte, ihnen einen Exklusivbericht zu verschaffen, um Eileen und den *Observer* auszubooten. Mum wandte sich wieder an Eileen und verbrachte Weihnachten mit ihr und ihrer Familie in ihrem Haus in London. Die vielen unterschiedlichen Ratschläge und Anforderungen, mit denen sie konfrontiert war, verwirrten und überforderten sie.

Der jemenitische Botschafter in London hatte eine Erklärung veröffentlicht, daß Nadja und ich unsere Ehemänner in Birmingham kennengelernt und geheiratet hätten und dann mit ihnen in den Jemen gegangen wären. Probleme seien, wie er behauptete, erst entstanden, als Mum Dad verließ.

Dies war Dads neueste Version der Geschichte und widersprach allem, was er bis dahin Journalisten gesagt hatte. Früher hatte er nämlich zugegeben, daß wir in die Ferien gefahren waren und danach die Jungen kennengelernt hatten, mit denen wir insgeheim schon verheiratet worden waren. Der Botschafter behauptete auch, daß Mum, falls sie in den Jemen reisen und die familiären Probleme

klären wollte, von der jemenitischen Regierung auf jede erdenkliche
Weise unterstützt werden würde, um ihre Töchter nach Hause zu
bringen.

Unser Leben in Ta'izz verlief so, als ob sich nichts von alledem ereignete. Um uns die Zeit zu vertreiben, begannen wir andere Leute
zu Hause zu besuchen. Wir lernten Frauen kennen, die sich sehr
von denen in den Dörfern unterschieden. Frauen, die ihren Männern in die Stadt folgten, dachten wesentlich moderner und besuchten sich wechselseitig gern in ihren Wohnungen. Ganz anders
als die Frauen im Dorf mußten sie nicht den ganzen Tag lang Wasser holen oder Korn mahlen, sondern hatten freie Zeit zu ihrer Verfügung. Sie fuhren, in der Regel verschleiert, mit dem Taxi von
einem Haus zum nächsten und besuchten Freunde und Verwandte.
Da Ward und ich nur so selten Besuch gehabt hatten, dauerte es
eine Weile, bis ich mich an dieses gesellschaftliche Leben gewöhnte.

Viele der Frauen wollten offenbar in Erfahrung bringen, was es
mit uns auf sich hatte. Man hatte sie aber wohl gewarnt, daß ich auf
Fragen aggressiv reagierte, und deshalb stellten sie in der Regel
auch keine. Einige Hartnäckige fragten mich, ob wir nach Hause
fahren oder ob Mum zu uns kommen würde, ich antwortete dann
immer, sie sollten sich um ihre eigenen Angelegenheiten kümmern.
Die meisten aber waren zurückhaltend. In der Stadt besserte sich
unser Gesundheitszustand, ich fühlte mich psychisch viel wohler,
war weniger müde und depressiv.

Ich dachte immerzu an das Telefon in Abdul Wallis Zimmer, hatte
aber nie den Mut, ihn zu fragen, ob ich es benutzen und Mum anrufen dürfe. Eines Tages mußte jemand von ganz oben Abdul Walli
befohlen haben, uns zu Hause anrufen zu lassen. Sie wollten, daß
wir Mum erzählten, welche Wende zum Besseren unser Leben genommen hatte, seitdem wir das Dorf verlassen hatten. Sie hofften,
daß wir ihr sagen würden, wie herrlich nun alles war und daß sie
aufhören sollte, Unruhe zu stiften und die Zeitungen aufzuhetzen.
Diese Rechnung ging nicht auf. Je näher die Heimfahrt rückte,
desto eher wollte ich auch fahren.

Wir erzählten Abdul Walli und den übrigen, daß es uns jetzt besser ginge und daß wir glücklicher seien und versuchten sie mit
ihren eigenen Waffen zu schlagen. Wir belogen sie so, wie sie uns

hintergingen, zwar nicht direkt mit dem, was sie uns mitteilten, sondern mit dem, was sie uns verschwiegen und was sie, entgegen allen Ankündigungen, nicht taten. Sie hofften, daß sie nichts mehr für uns zu tun brauchten und daß sich das ganze Problem nun, da wir nicht mehr in der Mukbana waren, in Luft auflösen würde. In dem Glauben wollten wir sie gern lassen, nicht aber Mum auffordern, ihre Bemühungen um unsere Freilassung einzustellen.

Ashia nahm den Hörer ab und wollte nicht glauben, daß tatsächlich ich am Telefon war, und stellte mir alle möglichen Fragen, um meine Identität zu überprüfen. Dann holte sie Mum. Wir sprachen eine Weile miteinander, und sie sagte, daß sie zu Besuch zu uns nach Ta'izz kommen würde.

Ein paar Wochen später wurde uns mitgeteilt, daß wir einen Anruf aus England erhalten würden, und wir gingen zu Abdul Wallis Haus, um ihn entgegenzunehmen. Es war Mum, die wissen wollte, wie es uns ginge, und uns aufforderte, uns keine Sorgen zu machen, weil vieles in Bewegung sei und sie bald bei uns sein würde. Nadja war zu schüchtern, deshalb war immer nur ich am Telefon.

»Ein Freund ist hier, der dir guten Tag sagen will«, sagte Mum.

»Ja, gut.« Ich war zwar überrascht, ließ mir aber nichts anmerken. Ich war bereit, alles zu tun, was sie von mir verlangte.

»Sein Name ist Tom.«

»Okay.« Dann kam Tom an den Apparat. Erst später erfuhr ich, daß er der Lokalreporter war, der die ganze Geschichte ins Rollen gebracht hatte, und daß er über einen Radiosender mit mir sprach und das Gespräch überall in der Umgebung von Birmingham ausgestrahlt wurde. Sie konnten mir das nicht sagen, denn sonst wäre die Verbindung auf unserer Seite vielleicht unterbrochen worden. Da draußen kann man jedes Telefongespräch abhören.

»Wie geht es dir, Zana«, fragte er.

»Ganz gut.« Ich war vorsichtig, da ich nicht wußte, wer er war.

»Möchtest du immer noch nach Hause kommen, nach Birmingham?« fragte er weiter.

»Ja«, antwortete ich. »Das möchte ich, und zwar so schnell wie möglich.«

»Was von zu Hause fehlt dir denn am meisten?«

»Meine Freunde.« Nach ein paar weiteren Fragen gab er den Hörer an Mum zurück.

Dann erhielten wir einen Anruf von Dad. Er flehte uns an, nicht nach Hause zu kommen, weil er sonst vor Schande sterben würde. »Wenn ihr mich liebt, dann kommt nicht nach Hause«, sagte er immer wieder. Na gut, wir liebten ihn ja nicht, und das wird er wohl auch gewußt haben. Er bat uns, in Ta'izz zu bleiben, bis die Presse die Geschichte vergessen haben würde. Das wäre sicher das beste für ihn, sagte ich. Er sagte, er würde sich umbringen, wenn wir nach Hause kämen, ich entgegnete kalt: »Gut.«

Während wir in Ta'izz waren, hörten wir immer neue Gerüchte von weiteren Zeitungsartikeln, und für die Regierung wurde das Problem größer und größer. Abdul Wallis Sorgen nahmen ständig zu. Seine Vorgesetzten bedrängten ihn vermutlich und wollten wissen, warum er nicht in der Lage war, die Situation zu entschärfen.

Jedesmal wenn wir über die Berichterstattung in den ausländischen Medien sprachen und er uns dazu überreden wollte, uns mit dem nun Erreichten abzufinden und Mum zur Beendigung ihrer Kampagne zu bewegen, sagte ich nur: »Aber sie schreiben in den Zeitungen nur die Wahrheit«, und er konnte nichts mehr erwidern.

Einmal zeigte er uns die Heiratsurkunden. Sie waren in arabisch ausgestellt, aber ich beherrschte die Sprache inzwischen so gut, daß ich sie lesen konnte. Er zeigte sie mir, um ihre Echtheit unter Beweis zu stellen.

»Was mich anbetrifft, so sind sie falsch«, sagte ich zornig. »Ich habe den Koran studiert und weiß, daß es darin heißt; es ist unrecht, ein Mädchen zur Ehe zu zwingen. Ich akzeptiere deshalb nicht, daß diese Urkunden echt sein sollen.«

Obwohl wir wußten, daß er nur auf Befehl handelte, betrachteten Nadja und ich Abdul Walli als unseren Retter, war er doch derjenige gewesen, der uns aus den Dörfern herausgeholt hatte. Von den Männern, die wir kannten, war er der erste, der uns gut behandelt hatte, und dafür achteten wir ihn. Neben der Frau, die mit ihm in der Stadt lebte, hatte er noch eine zweite in seinem Heimatdorf. Ich hörte, daß sie sechs Kinder von ihm haben soll, und dazu kommt noch das Kind bei der Frau in Ta'izz. Ich weiß nicht, ob es ihnen erlaubt ist, mehr als eine Frau zu haben, doch ich hatte den Eindruck, daß sich reiche Männer im Jemen alles erlauben können.

Nadja und ich gewöhnten uns allmählich daran, wieder in der wirklichen Welt zu leben. Wir fingen an, mit den Kindern Taxi zu fahren, nur so durch die Stadt. Wir stiegen an der Haustür ins Auto ein und dort auch wieder aus, wir mußten also nicht zu Fuß gehen.

Eine Weile später waren wir so mutig, daß wir die Autos irgendwo anhalten ließen, ausstiegen und Einkäufe machten, Lebensmittel oder Kleidung für die Kinder kauften, immer aber trugen wir den Schleier und die traditionelle Kleidung. Da uns inzwischen klar war, daß man uns eine Weile in der Stadt festhalten würde, wollten wir sie wenigstens ein bißchen kennenlernen und so das Beste daraus machen. Es fiel einem schwer, die schmutzige und überfüllte Stadt zu mögen, und trotzdem waren wir glücklich, weil wir zusammen waren, und wir fühlten uns schon wieder mehr wie die freien englischen Mädchen, die wir einmal gewesen waren.

Für die Gewalt, die im Jemen sogar in den Städten herrscht, bieten die auf den Plätzen der Stadt durchgeführten Hinrichtungen ein Beispiel. Wenn Gefangene mit Maschinengewehren hingerichtet wurden, strömten ganze Menschenmassen, einschließlich Frauen und Kindern, herbei und sahen zu.

Hinter dem Schleier waren wir unsichtbar. Niemand wußte, wer wir waren, und wir konnten in der Menge untertauchen. Nachdem wir all die Jahre hindurch keinen Augenblick des Tages unbeobachtet waren und auch ständig über uns gesprochen wurde, war das ein wunderbares Gefühl.

Eines Tages, als wir in Abdul Wallis Haus waren, kamen drei wichtig aussehende Frauen zu uns. Sie waren ganz anders als die Frauen, mit denen wir es bisher zu tun gehabt hatten. Sie machten den Eindruck, als hätten sie Jobs und Geld, sie sahen gesund aus und trugen Goldschmuck, und sie hatten Bücher und Stifte und Papier bei sich. Eine der drei arbeitete als Sekretärin für den Gouverneur von Ta'izz, die anderen beiden hatten etwas mit einem Frauenverband zu tun, der in der Stadt gegründet worden war. Sie hatten von uns gehört und wollten mehr von unserer Geschichte wissen. Die Sekretärin sagte, sie sei vom Gouverneur geschickt worden, um mehr über uns in Erfahrung zu bringen.

»Sie können dem Gouverneur sagen, das geht ihn nichts an«, sagte ich wie üblich schnippisch.

»Es besteht keine Veranlassung für einen solchen Ton«, antwortete sie bestimmt. »Wir sind als Freundinnen zu Ihnen gekommen. Wir mißbrauchen die Informationen nicht, die Sie uns geben, wir wollen nur hören, wie Sie gelebt haben und was Ihnen widerfahren ist. Möglicherweise können wir anderen Mädchen in Ihrer Situation dann helfen.«

Mir wurde klar, daß es ihr ernst damit war, und daraufhin erzählten Nadja und ich ihnen alles von unserem Leben in den Dörfern und von der Arbeit, die wir hatten tun müssen. Sie waren sichtlich erschüttert. Obwohl sie Jemenitinnen waren, hatten sie sich nicht vorstellen können, daß solche Dinge in ihrem Land geschahen. Sie glaubten, nur ihre Vorfahren hätten mit der Hand gesät und Getreide gedroschen, sie hatten keine Ahnung, daß Menschen immer noch so lebten.

Wir sagten ihnen noch einmal, wie unglücklich wir waren und daß wir nur den einen Wunsch hatten, nach Hause zu fahren. Sie versuchten uns klarzumachen, daß wir nun jemenitische Staatsbürgerinnen seien.

»Ich weiß, was ich bin«, sagte ich störrisch, »und ich weiß, was ich will. Ich will nach Hause.« Ich kam mir vor wie ein tropfender Wasserhahn, der immer weiter tropft, bis ich sie schließlich ausgehöhlt haben würde und sie akzeptieren mußten, daß sie mich nicht dazu überreden konnten, meine Meinung zu ändern und zu bleiben.

Die drei Frauen mußten von den gleichen Personen instruiert worden sein wie Abdul Walli, weil sie uns die Stadt mit den gleichen Argumenten schmackhaft machen wollten wie er. Sie bekamen dieselben Antworten, die ich auch schon ihm gegeben hatte. Ich sah, daß sie damit nicht zufrieden waren, aber als sie gingen, verabschiedeten sie sich höflich.

Ein paar Tage später hörten wir, daß Mum zu uns unterwegs sei. Sie sollte mit Jim Halles, dem britischen Konsul, und einem Beamten des Außenministeriums, der beim Dolmetschen helfen sollte, von Sanaa nach Ta'izz fliegen. Endlich, so dachten wir, geschieht noch etwas anderes; Mums Reise verlief aber nicht reibungslos.

Um ein Einreisevisum für den Jemen zu erhalten, mußte sie zur jemenitischen Botschaft nach London fahren. Eileen und Ben waren mit dabei. Als sie mit einem Taxi dort ankamen, war das Gebäude von Filmteams, Fotografen und Reportern umringt. Mum drückte sich auf den Boden des Taxis, und sie fuhren weiter zu einem Pub um die Ecke. Von dort aus riefen sie die Botschaft an und baten, ihr die Papiere zu bringen. Die Beamten kamen auch, nahmen Mum den Paß und das Antragsformular ab und sagten, sie würden in einer halben Stunde wieder da sein. Mum sollte im Pub auf sie warten.

Als die Papiere schließlich vollständig waren, wurde sie in Gatwick wie ein VIP durch den Flughafen geschleust und flog in Begleitung eines Mitglieds der Lufthansa-Crew, die sich ständig um sie kümmerte, nach Sanaa.

Jim holte sie in Sanaa ab und brachte sie in ein kleines Hotel in der Nähe seines Hauses, und am nächsten Tag suchten sie den Außenminister auf, der verlangt hatte, mit Mum vor ihrer Weiterreise nach Ta'izz zu sprechen. Als sie im Ministerium eintrafen, hieß es, alle Beamten seien zu beschäftigt, um Mum empfangen zu können, und ihr wurde untersagt, telefonisch Kontakt zu uns aufzunehmen. Jim ging später noch einmal dorthin und sprach mit einem anderen Kontaktmann, der ihren Weiterflug nach Ta'izz organisierte. Am Flughafen herrschte jedoch dichter Nebel, und es bestand Startverbot bis zum Nachmittag des folgenden Tages.

Dann waren sie aber endlich doch in der Luft und zu uns unterwegs.

17

Bürokratie und offizielle Verhandlungen

Uns wurde mitgeteilt, daß im Haus des Gouverneurs eine wichtige Unterredung stattfinden sollte. Mum, der britische Konsul und ein Vertreter der jemenitischen Regierung würden daran teilnehmen, und auch wir sollten mit Mohammed, Abdullah und den Kindern anwesend sein.

Wir gingen zu Abdul Walli und warteten in seinem Haus auf Mum, die nach dem Flug aus Sanaa ebenfalls dorthin gebracht werden sollte. Als sie eintraf, ging er hinaus, um sie auch zu begrüßen, während wir im Frauenwohnzimmer warteten. Er führte sie herein. Mum hatte nur einen Koffer bei sich. Wir begrüßten sie sehr gefaßt, die Gefühle gerieten nicht wie beim vorherigen Mal in Aufruhr, vielleicht weil wir wußten, daß die Freiheit nahe war, vielleicht aber auch, weil wir zu hart geworden waren, um Gefühle offen zu zeigen. Nadja weinte, ich jedoch nicht.

Zum erstenmal sah Mum nun die Kinder. Der Luxus in Abdul Wallis Haus hat sie wohl überrascht. Als sie sich in einen Sessel setzte, jauchzte sie: »Herrje! Der ist aber bequem.« Ich mußte über sie lachen. Falls sie damit gerechnet hatte, in ein Haus zu kommen, wie sie in Hockail üblich waren, mußte diese Pracht hier eine große Überraschung für sie sein.

Abdul Walli und seine Frau waren im Zimmer, Abdullah und Mohammed ebenfalls. Mum vermied es, die Jungen anzuschauen, doch was sie über die beiden dachte, war ihr anzusehen: sie waren unter aller Kritik. Abdul Walli machte ein paar Minuten lang höflich Konversation und nahm dann die Jungen mit hinaus zu der Baracke, vor der die Männer gewöhnlich saßen, sich unterhielten und Qat kauten.

Mum blieb mit Nadja, mir und den Kindern allein. Wir konnten ihr alles erzählen, was sich seit ihrem letzten Besuch bei uns ereignet hatte, und sie berichtete uns, was auf ihrer Seite geschah.

Sie hatte den Kindern aus England Spielzeug mitgebracht, eine Puppe für Tina, einen Autotransporter für Haney und ein Karussell für Marcus. Sie waren überglücklich über die Geschenke und spielten, während wir uns unterhielten.

Mum war erschöpft, sah aber viel besser aus als beim letzten Mal. Sie erzählte uns von Jim, von dem Zwischenstop in Sanaa und von dem offiziellen Gespräch, an dem wir alle teilnehmen würden.

Da es am folgenden Tag stattfinden sollte, brachten wir sie in unsere Wohnung, damit sie schlafen konnte. Nadja, ich und die Kinder teilten uns ein Zimmer mit ihr. Sie bekam das vorhandene Bett, und wir übrigen schliefen auf dem Boden auf den Matratzen. Die Jungen mußten allein schlafen, Mohammed in seinem Zimmer und Abdullah im Wohnzimmer. Mum hätte auf keinen Fall geduldet, daß wir bei ihnen schliefen. Sie verlangte, daß wir nun, wo sie da war, bei ihr blieben. Ich wußte, daß wir Schwierigkeiten bekommen würden, wenn das jemand erführe, doch sie war in diesem Punkt unerbittlich. Ich machte mir nur Sorgen darüber, daß Abdul Khada erfahren könnte, was bei uns vorging, und daß er aus Saudi-Arabien herkommen würde, um uns noch mehr Ärger zu machen. Ich hatte immer noch Angst vor ihm, sogar in der Stadt. Ich war zwar ziemlich sicher, daß er es nicht wagen würde, weil die inzwischen eingetretenen Entwicklungen ihm ebenfalls Angst machten, aber ich konnte ihn nie ganz aus meinen Gedanken verdrängen.

Nach dem Frühstück am nächsten Morgen bereiteten wir uns auf die Unterredung vor. Nadja und ich begannen die schwarze Kleidung anzuziehen und die Schleier anzulegen, doch Mum war das gar nicht recht. Sie konnte nicht verstehen, warum wir uns immer noch so anziehen mußten, jetzt, wo wir nicht mehr im Dorf waren. Daß wir das Gesicht verschleierten, gefiel ihr ganz und gar nicht. »Ihr seid jetzt frei, ihr seid Briten«, sagte sie. »Zieht an, was ihr wollt.« Doch das konnten wir nicht. Wir hatten immer noch Angst, und die Kleider schützten uns, darin konnten wir uns vor der Welt verstecken. Keine von uns beiden war stark genug, solchen einflußreichen Männern in respektloser Kleidung gegenüberzutreten. Wir hätten uns wie nackt gefühlt. Mir war überdeutlich bewußt, daß wir noch nicht frei waren, und ich wollte sie jetzt nicht provozieren und das Risiko eingehen, daß Mum vielleicht des Landes verwiesen und wir in die Dörfer zurückgeschickt wurden.

Jim holte uns in der Wohnung ab. Er wirkte sehr nett, war groß, hatte rötliches Haar und sprach mit schottischem Akzent.

Das Taxi kam und brachte uns zu dem riesigen Haus des Gouverneurs, das in vier Stockwerken viele einzelne Büros beherbergte. Wir gingen zwei Etagen hinauf und kamen in einen großen Raum mit einem Schreibtisch an der Schmalseite und mehreren Gruppen von Sesseln und Sofas. Wir setzten uns und warteten, und dann kamen allmählich immer mehr Männer herein. Der Vertreter des Ministeriums kam mit dem Gouverneur und drei Sekretären, und Abdullah und Mohammed waren ebenfalls da.

Der Ministerialbeamte leitete das Gespräch. Er war offenbar sehr gebildet, sprach ein fast akzentfreies Englisch. Er wollte unsere Geschichte hören, und wir erzählten die ganze Sache noch einmal von Anfang an.

Marcus wurde unruhig und wollte nicht aufhören zu weinen. Er wollte herumlaufen und toben. Einmal wurde der Gouverneur zornig und herrschte mich an, das Kind zur Ruhe zu bringen. Jeder, der kleine Kinder hat, weiß, daß man sie nicht zwingen kann, und deshalb schimpfte ich erst gar nicht mit ihm, schließlich beruhigte ich Marcus aber so weit, daß ich die Geschichte schildern konnte. Haney saß auf Nadjas Schoß und hörte mit großen, weit aufgerissenen Augen zu, und Tina schlief.

Während ich sprach, sagte keiner der Männer im Zimmer ein Wort. Ich schaute sie der Reihe nach an, alle saßen mit gesenkten Köpfen da, so als ob sie sich für das, was uns widerfahren war und wie man mit uns umgesprungen war, schämten. Ich berichtete, daß wir von der Verheiratung nichts gewußt hatten, als wir in den Jemen kamen, und daß man uns gezwungen hatte, mit den Jungen zu schlafen. Ich war nicht aggressiv, ich erzählte einfach, wie es war, sachlich, ohne Zorn und Anklage im Ton.

»Sind Sie jetzt glücklich?« fragte der Innenminister schließlich.

»Nein«, sagte ich mit fester Stimme.

Er nickte und erläuterte uns die gesetzlichen Bestimmungen, die in unserer Lage angewendet werden mußten.

»Wenn Sie den Jemen verlassen«, sagte er, »müßten Sie die Kinder hierlassen, das wissen Sie.«

»Warum denn?« fragte ich. »Es sind unsere Kinder. Sie sind sowieso unehelich, ihre Väter haben keinen Anspruch auf sie, weil wir nicht mit ihnen verheiratet sind. Warum können wir sie dann nicht behalten?«

Diese freche Zwischenfrage mißfiel ihm, sie mißfiel allen Männern, aber ich mußte für meine Interessen eintreten. Sie wollten mich zum Schweigen bringen, es gelang ihnen aber nicht. Jim stand mir bei, er wollte, daß ich jetzt, wo wir schon so weit gekommen waren, nicht den Mund hielt.

»Wie wäre es, wenn wir Ihnen allen Visa geben und Sie zusammen wegfahren würden?« fragte der Beamte. »Würden Sie mit ihren Ehemännern nach England gehen? Das ist die einzige Möglichkeit, das Land mit den Kindern zu verlassen. Wenn Sie mit den Männern fahren, dürfen Sie die Kinder mitnehmen.«

Nadja und ich sahen uns an. »Gut.« Wir hätten alles gesagt, nur um mit den Kindern aus dem Jemen herauszukommen.

»Und nun zu Ihnen«, sagte er an die Jungen gerichtet. »Wären Sie bereit, mit Ihren Frauen und Kindern nach England zu fahren, wenn wir das arrangieren können?« Die Jungen erklärten sich nickend mit dem Plan einverstanden.

»Also gut.« Er war offenbar erleichtert darüber, einen gangbaren Ausweg gefunden zu haben. »Wir werden für Mohammed und Abdullah Visa besorgen.«

Die Unterredung war anscheinend zu Ende. Alles hing nun davon ab, ob das britische Innenministerium den Jungen Einreisevisa ausstellen würde. Das bedeutete, wir mußten wieder warten, bis das Ministerium die Anfrage erhalten und eine Entscheidung getroffen haben würde. Jim vermutete, daß es ablehnen würde, weil es darin ein Komplott sehen würde, um die Jungen nach Großbritannien zu bringen. Man wußte ja, daß Nadja und ich oft genug gesagt hatten, daß wir sie haßten. Jim hoffte aber, daß es irgendwie trotzdem gehen müßte, wenn das die einzige Möglichkeit war, die Kinder nach England zu bringen.

Jim hatte Antragsformulare bei sich, und wir gingen in einen kleineren Raum, um sie auszufüllen. Die Jungen mußten belegen, daß sie in England ihren Lebensunterhalt bestreiten konnten, und Mohammed erzählte Jim, daß er 12 000 Pfund aus seinem Verdienst in Saudi-Arabien gespart hatte. Später fanden wir heraus, daß sowohl Mohammed als auch Abdullah Jim an diesem Tag angelogen hatten. Mohammed hatte in Wahrheit gar kein Geld, und Abdullah hatte ihm verschwiegen, daß er damals bei seiner medizinischen Behandlung in Großbritannien die Aufenthaltserlaubnis überzogen hatte. An dem Tag aber hatte Jim ihnen geglaubt und uns gesagt, daß das britische Innenministerium in der Regel sechs Monate zur Bearbeitung solcher Anfragen benötigte, aber er wolle versuchen, die Angelegenheit zu beschleunigen.

Als Mum im Jemen war, entdeckte sie, daß Abdul Khada und Gowad sich im Jahre 1980 an die britische Botschaft in Sanaa gewandt und um die Erlaubnis zur Einreise ihrer Söhne nach England nachgesucht hatten. Sie hatten den Antrag damit begründet, daß ihre Söhne mit britischen Staatsbürgerinnen verheiratet seien. Der Vizekonsul hatte ihnen damals schriftlich den Bescheid gegeben, daß sie mit ihren Frauen zu einem Interview in der Botschaft erscheinen sollten. Da sie uns aber mit einem Trick zu illegalen Ehen gezwungen hatten, konnten sie das nicht riskieren und hatten die Sache nicht weiter verfolgt. Diese Antragsformulare liegen noch immer bei der britischen Botschaft in Sanaa und beweisen, daß einer der Hauptgründe, warum wir von Dad ›verkauft‹ wurden, unsere britische Staatsbürgerschaft war. Mum blieb vier Wochen bei uns in der Wohnung. Die Jungen gingen ihr die meiste Zeit aus dem Weg, so daß fast immer nur Mum, Nadja, ich und die Kinder zusammen waren. Das war herrlich. Wenn die Jungen da waren, gab es manchmal Streit, denn sie drohten damit, den Gouverneur zu bitten, Mum auszuweisen, weil sie sich in ihr Eheleben einmischte.

Man hörte zu der Zeit die unterschiedlichsten Gerüchte. Einer behauptete, daß Gowad und Abdul Khada den Gouverneur bestochen hatten, ein anderer, wir würden in sechs Monaten ausreisen, und ein dritter wiederum, man würde uns überhaupt nicht gehen lassen. Ein vierter erzählte uns, er könne uns innerhalb einer Woche herausholen, weil er den Präsidenten kenne, und ein fünfter behauptete, Dad hätte einen Brief an die Regierung geschrieben und dafür gesorgt, daß man uns nie gehen lassen würde. In Wirklichkeit aber passierte gar nichts.

Eines Tages wollte Mum nach Sanaa fliegen, um dort Geld abzuheben und ihren Paß abzuholen. Sie hatte ihn bei Jim gelassen, der sich um die Verlängerung ihres Visums kümmern wollte. Sie schlug vor, daß wir sie begleiten sollten, um mal rauszukommen. Als wir am Flugplatz von Ta'izz ankamen, um die Inlandsmaschine zu erreichen, entdeckten wir unsere Fotos an einer Anschlagtafel. Den Wachposten hatte man gesagt, daß wir versuchen würden, ins Ausland zu fliehen. Man brachte uns auf direktem Wege zu Abdul Wallis Haus.

Die drei Frauen, die bei Abdul Walli schon einmal mit uns gesprochen hatten, besuchten Mum in der Wohnung. Sie gaben uns ihre Adressen und luden uns ein, sie zu besuchen, falls Mum einmal etwas Abwechslung haben wollte. Mum begann sich in der Wohnung wirklich zu langweilen, deshalb nahmen wir das Angebot an. Sie hatten schöne Häuser, vergleichbar mit dem von Abdul Walli, nur kleiner. Sie bereiteten uns etwas Gutes zu essen, ihr Lebensstil war stark vom Westen beeinflußt. Sie trugen westliche Kleidung und hatten das Haar nicht bedeckt, sie konnten lesen und schreiben, sie hatten das College besucht und waren gereist.

Die eine Frau aus dem Frauenverband war besonders nett und einfühlsam. Ich vertraute ihr an, wie die alte Frau Nadja bei Tinas Geburt geschnitten hatte. Nadja bekam deshalb zeitweise immer noch Ausfluß. Die Frau war offenbar besorgt und bot mir an, mit Nadja zu ihr zu kommen. Sie wollte dann ein Taxi bestellen und mit uns zu einer mit ihr befreundeten Ärztin fahren. Mum erzählten wir nichts davon, weil wir sie nicht beunruhigen wollten.

Die Praxis der Ärztin lag in einer schönen Gegend der Stadt. Sie sah aus wie eine Familienberatungsstelle, und wir kamen gleich dran. Die Ärztin untersuchte erst mich und dann Nadja. Sie sah sofort, daß Nadja eine Infektion hatte und gab ihr Tabletten dagegen. Sie fragte uns, ob wir irgendwelche Schwangerschaftsverhütungsmittel verwendeten und war empört, als wir verneinten. Wir hatten ständig Angst davor, schwanger zu werden. Wir konnten nur versuchen, Sex so oft wie möglich zu verhindern. Es war reines Glück, daß wir nur so selten schwanger geworden waren. Die Ärztin war entsetzt, das zu hören, und gab uns einen Vorrat an Pillen mit. Mum war darüber hocherfreut und erinnerte uns jeden Abend daran, sie zu nehmen.

Mein Bruder Ahmed kam uns auch besuchen, während Mum bei uns war. Nachdem er mit drei Jahren von ihr getrennt worden war, hatte sie ihn nun zum erstenmal wiedergesehen. Wir waren alle in der Wohnung, als er an der Tür klopfte. Mum hatte keine Ahnung, wer er war, sie stand vor ihm wie vor einem Fremden. Ich mußte sie miteinander bekannt machen, und dann umarmten sie sich. Sie konnten nicht direkt miteinander sprechen, wir mußten dolmetschen. Dads Bruder war bei ihm, er war aus Saudi-Arabien in den Jemen gekommen.

Er sagte, uns, daß er auf unserer Seite stünde und das, was Dad uns angetan hatte, verurteilte. Das ganze öffentliche Aufsehen war ihm peinlich. Er war nett. Er sah genauso aus wie Dad, obwohl er ein paar Jahre jünger war.

Ahmed kennengelernt zu haben, machte Mum sehr glücklich, sie strahlte danach übers ganze Gesicht. Er wollte wissen, ob sie ihm helfen könne, auch aus dem Jemen herauszukommen, er hatte die Armee inzwischen satt. Er war niedergeschlagen und wollte nach England kommen. Sie versprach ihm, es zu organisieren. Mum rief Jim an, und er gab ihr den Rat, Ahmed zur britischen Botschaft zu schicken. Dort würde man ihm einen Paß ausstellen, sobald er die notwendigen Formulare ausgefüllt hatte. Da Ahmed britischer Staatsbürger war, gab es in seinem Fall keine Probleme. Dad erfuhr von Ahmeds Vorhaben und tat alles mögliche, um es zu verhindern. Anscheinend schämte er sich für das, was er getan hatte, und wollte Ahmed nicht in die Augen schauen müssen.

Mein Onkel und Ahmed wohnten in Ta'izz bei Verwandten, von denen wir noch gar nichts wußten. Sie nahmen uns mit, damit wir sie kennenlernten. Es war eine nette Familie, die schon vor langer Zeit aus dem Dorf in die Stadt gezogen war. Ihr älterer Sohn war Arzt, und sie waren ziemlich westlich orientiert. Die Frau war Dads Cousine, und sie erzählte mir ein bißchen von Dad aus der Zeit, als er noch in Aden war. Sie sagte, daß Dad als Junge in Marais verheiratet worden war, und Mum und ich hörten da zum erstenmal einige Einzelheiten aus dieser Zeit. Nachdem er nach England gefahren war, schrieb er seiner jungen Frau, daß er nicht zurückkommen würde, und die Geschichte endete damit, daß sie an gebrochenem Herzen starb.

Eines Morgens kam mein Onkel zu uns und fragte, ob wir wüßten, wo Ahmed sei. Sie wohnten immer noch bei den Verwandten, die wir besucht hatten, doch mein Bruder war verschwunden. Niemand von uns hatte eine Ahnung, wo er sein konnte, deshalb fuhren wir alle zusammen mit dem Taxi zu Abdul Walli, um ihn zu fragen, ob er herausbekommen könne, was mit Ahmed passiert sei. Der Onkel sprach mit Abdul Walli, der sogleich einige seiner Leute beauftragte, sich umzuhören. Sie kamen mit der Nachricht zurück, daß Ahmed im Gefängnis saß.

Ich wartete nicht, bis Abdul Walli etwas unternahm. Ich stieg mit Mum, dem Onkel, Nadja und den Kindern in ein Taxi und fuhr zum Zentralgefängnis, in dem er sein sollte. Vor dem großen Stahltor stand ein uniformierter Wachposten. Er hatte ein Gewehr umgehängt, und ich fragte, ob Ahmed Muhsen da drin sei. Der Wachposten war sehr freundlich. Er war wohl verblüfft, daß eine verschleierte Frau ihn auf der Straße ansprach, ließ es sich aber nicht anmerken. Er sagte, er würde hineingehen und fragen. Ein paar Minuten später kam er wieder heraus und bestätigte, daß Ahmed dort sei.

»Warum hat man ihn eingesperrt?« wollte ich wissen, doch er konnte es mir nicht sagen. »Ich will ihn sehen«, ließ ich nicht locker.

»Nein«, sagte er kopfschüttelnd, »das dürfen Sie nicht. Er wird jetzt gerade dem Gefängnisdirektor vorgeführt und dann entlassen.«

»Hat man Sie dafür bezahlt, das zu sagen?« schrie ich. »Hier funktioniert alles nur mit Geld! Alle hier tun doch nur was, wenn man sie bezahlt.«

Er nahm das Gewehr ab und richtete es auf mich. »Wenn Sie nicht den Mund halten …«, sagte er knurrend und wurde dann still.

»Na los doch, tun Sie's!« sagte ich. Mein Onkel packte mich am Arm und versuchte mich wegzuziehen.

»Beruhige dich, Zana«, sagte er beschwörend, und ich begriff, daß es keinen Sinn hatte, einen Gefängniswärter anzuschreien. Wir stiegen alle wieder ins Taxi und fuhren zur Wohnung zurück.

Noch am selben Tag kam ein Polizist aus der Miliz Abdul Wallis zu uns und berichtete, was sie in der Zwischenzeit noch herausgefunden hatten. Ahmed war verhaftet worden, weil er und der Onkel geplant hätten, uns zu entführen und außer Landes zu schmuggeln. Ahmed war zum Gouverneur von Ta'izz bestellt worden, und als er in dessen Büro kam, wurde er festgenommen. Zum erstenmal hörten wir nun von diesem Komplott.

Nadja und ich beschlossen, den Gouverneur aufzusuchen und Mum und den Onkel in der Wohnung zu lassen. In dem Regierungsgebäude drängten wir uns durch die Sicherheitskräfte durch, und auf der Treppe liefen wir direkt der Sekretärin in die Arme, die uns schon einmal besucht hatte. Sie bat uns in ihr kleines Bürozimmer. Ich war so wütend, daß ich einfach drauflosredete, was mir in den Sinn kam. Sie wollte mich beruhigen und rief den Gouverneur an, um ihm mitzuteilen, daß wir da waren. Jemand brachte uns Tee, und dann ließ man uns in dem kleinen Zimmer allein.

Mit dem Gouverneur ließ man uns gar nicht sprechen. Statt dessen riefen sie Abdul Walli an, er mußte kommen und uns abholen. Er war sehr zornig auf uns, weil wir eigenmächtig gehandelt hatten, doch ich sagte ihm, daß mir das gleichgültig sei. »Geht jetzt nach Hause«, befahl er.

»Ich gehe nirgendwohin«, sagte ich, »bis mein Bruder nicht freigelassen wird.«

»Na dann kommt«, sagte er, »wir holen ihn heraus.«

Wir nahmen uns ein Taxi und fuhren noch einmal zum Gefängnis. Abdul Walli ging hinein, um mit den Verantwortlichen zu sprechen, wir warteten draußen im Taxi. Ungefähr eine halbe Stunde später kam er wieder. Er hatte Ahmed bei sich.

Ahmed stieg ins Taxi, und während wir zur Wohnung zurückfuhren, erzählte er uns, daß er im Gefängnis von einem Wärter zusammengeschlagen worden war. Sie hatten ihn gewarnt, sich weiter in unseren Fall einzumischen, und gesagt, das sei eine Familienangelegenheit und ginge ihn nichts an. Er tat mir leid, denn er hatte ja nichts Böses getan. Sie vermuteten nur, daß er einen Plan aushecke, beweisen konnten sie nichts. Aber da draußen braucht die Polizei keine Beweise, um gegen jemand vorzugehen. Als wir in der Wohnung waren, war Mum sehr erleichtert, Ahmed wiederzusehen.

Eines Tages, als Mum, Nadja und ich mit den Kindern allein in der Wohnung waren, klopfte es an der Tür. Ich ging aufmachen und sah einen Polizisten in der üblichen paramilitärischen Uniform mit Käppi und geschultertem Gewehr und neben ihm einen Mann in einem langen weißen Kleid, der wie ein Beamter aussah.

»Ist Ihre Mutter da?« fragte der Beamte zornig.

»Ja, hier entlang.« Ich zeigte auf das Wohnzimmer, in dem Mum und Nadja auf den Matten saßen, die anstelle von Möbeln überall auf dem Boden ausgelegt waren. Sie gingen durch, und der Beamte begann Mum in gebrochenem Englisch anzuschreien.

»Miriam Ali, ich teile Ihnen mit, daß Ihr Visum für den Jemen abgelaufen ist. Sie verstoßen gegen das Gesetz, wenn Sie sich hier aufhalten.«

»Nein, ist es nicht.« Mum ließ sich nicht einschüchtern. »Es ist noch vier Tage gültig.«

»Ist Ihnen klar, was Ihnen passieren kann, wenn Sie die Aufenthaltserlaubnis überziehen?« fragte er drohend, während der Polizist mit dem Zeigefinger am Abzug des Gewehrs herumspielte.

»Es ist aber noch nicht abgelaufen«, sagte Mum noch einmal.

»Zeigen Sie mir Ihren Paß«, befahl er.

Mum reichte ihm den Paß, und er blätterte ihn durch. »Wer hat Ihnen befohlen, mich hier aufzusuchen?« wollte sie wissen, doch er antwortete nicht. »Geben Sie mir meinen Paß zurück«, rief sie, »verschwinden Sie aus diesem Haus, und belästigen Sie mich nicht noch einmal! Mein Visum ist noch vier Tage gültig, und ich werde nicht vorher abreisen.« Sie bebte vor Zorn darüber, daß sie ihr auf so primitive Weise Angst machen wollten. Die Männer gingen und murmelten weiter Drohungen.

Wie Jim es erwartet hatte, lehnte das britische Innenministerium die Visumanträge ab. Man hatte entdeckt, daß die Jungen in den Antragsformularen gelogen hatten, deshalb durften sie nicht nach Großbritannien einreisen. Da wußte ich, daß wir den Jemen nicht mit unseren Kindern verlassen würden. Ich wußte, daß ich Marcus zurücklassen mußte, und ich konnte den Gedanken daran kaum aushalten. Es hatte keinen Sinn, daß Mum noch länger bei uns blieb, auch sie fand es besser, nach England zurückzufahren und von dort aus weiter für uns zu kämpfen. In Ta'izz konnte sie in diesem Stadium nichts weiter tun.

Nadja und ich nahmen die Kinder mit, als wir mit Abdul Wallis Land Rover zum Flugplatz von Ta'izz fuhren, um Mum zu verabschieden. Das Flughafengebäude ist neu und aus Glas, man kann die Flugzeuge auf der Rollbahn schon von der anderen Seite her sehen. Wir mußten nur zehn Minuten warten, bis Mums Flugzeug kam. Das entsetzliche Gefühl, sie wieder gehen zu sehen, wo wir doch alle mit ihr ins Flugzeug einsteigen wollten, ist schwer zu beschreiben. Nadja, Mum und ich weinten ununterbrochen. Als Haney Nadja weinen sah, fing er auch an.

»Kein Grund zur Sorge«, sagte sie, »jetzt ist es bald vorbei.«

Abdul Walli durfte sie durch den Zoll begleiten, und wir winkten ihr durchs Fenster nach. Er wartete auf dem Rollfeld, bis sie sicher an Bord war, und kam dann zu uns ins Flughafengebäude. Wir fuhren erst zur Stadt zurück, nachdem das Flugzeug gestartet war. Auf dem Rückweg schwiegen wir, und Abdul Walli versuchte erst gar nicht, ein Gespräch mit uns zu beginnen.

An der Straße zum Flughafen war ein neuer, großer Park mit Spielstraßen für die Kinder eingerichtet worden. Mohammed und Abdullah waren einmal mit uns und den Kindern hingegangen. Die Kinder hatten an diesem Tag viel Spaß.

Mohammed und Abdullah waren für die Kinder mehr wie Brüder, nicht wie Väter. Ich habe nicht einmal bemerkt, daß Abdullah Marcus gegenüber ein Gefühl gezeigt hätte. Wenn ich für den Jungen neue Sachen brauchte, mußte ich immer erst darum bitten, von sich aus hat er ihm nie etwas gekauft.

Mein Onkel und Ahmed blieben noch eine Weile in Ta'izz, nachdem Mum abgereist war. Eines Tages nahm mein Onkel mich beiseite: »Hör mal, Zana«, sagte er, »man macht euch hier so viele Schwierigkeiten. Warum kommt ihr nicht mit uns nach Marais? Wir können über Aden alles für euch organisieren.«

»Warum sollten wir denn nach Marais gehen?« fragte ich. »Was könnten wir dort erreichen?«

»Eine Menge, unsere Regierung ist ganz anders als die im Jemen. Sie kann sich nicht bei uns einmischen.«

Ich dachte gründlich darüber nach, beschloß dann aber, das Risiko nicht einzugehen. Wir hatten schon so viel bewirkt, und obwohl ich glaubte, meinem Onkel vertrauen zu können, war es ja möglich, daß Dad ihn überredet hatte, das zu arrangieren. Und in Marais hätten wir dann festgestellt, daß wir wieder ganz von vorn beginnen müßten. Ich wußte, daß Dad und Abdul Khada zu einer solchen Gemeinheit fähig waren.

Irgendwie hatte Abdul Walli von der Idee meines Onkels Wind bekommen. »Wie ich höre, nimmt euch euer Onkel mit nach Marais«, sagte er eines Tages zu mir. Mir war rätselhaft, wie das Gerücht zu ihm durchgedrungen sein konnte. Nachdem Mum fort war, fühlten Nadja und ich uns wieder unsicher, obwohl wir in der Stadt waren. Wir wußten nicht, was vorging, und alles war so verwirrend. Wir besuchten auch weiter die gleichen Leute und lebten mit Mohammed und Abdullah, die für uns alle sorgen mußten.

Eines Tages wurde Marcus wieder sehr krank. Er aß nicht, wurde sehr dünn und war zu schwach, noch irgend etwas zu tun, wohingegen er vorher eher zu lebhaft war. Diesmal brachten Nadja und ich ihn allein ins Krankenhaus. Die Nachricht von der Unterredung damals beim Gouverneur hatte sich in der ganzen Stadt verbreitet. An dem Tag war das Gouverneursgebäude voller Menschen gewesen, darum war unsere Geschichte überall bekannt. Auch wenn wir verschleiert waren, erkannten uns die Leute auf der Straße, entweder daran, daß wir die Kinder bei uns hatten, oder daß sie uns Englisch sprechen hörten. Als wir ins Krankenhaus kamen, muß uns jemand erkannt haben, und als wir durch das Wartezimmer stürmten, hielt niemand uns auf.

Wir gingen gleich ins Sprechzimmer des Arztes hinein, und ich verlangte, daß jemand mein Kind untersuche. Man bat mich, einen Augenblick zu warten, und ein anderer Mann wurde zu uns gerufen. Ich weiß nicht, ob er Arzt war, offensichtlich kannte aber er uns und sprach sehr freundlich mit uns. Mir war es gleich, wer oder was er war, wenn sich nur jemand Marcus anschaute. Er bat uns, ihm zu folgen, und führte uns in einen Raum, der wie ein Labor ausgestattet war. Leute wurden geröntgt, und es wurden Bluttests und andere Untersuchungen gemacht.

»Setzen Sie sich«, sagte er, »schauen wir uns den jungen Mann mal an.« Es dauerte ein paar Minuten, bis er Marcus untersucht hatte. »Er ist sehr schwach. Ich denke, wir sollten einen Bluttest machen«, sagte er schließlich. Er nahm Marcus ein wenig Blut ab.

»Wie lange dauert es, bis wir das Ergebnis erfahren?« fragte ich.

»Kommen Sie morgen wieder«, sagte er. »Kommen Sie gleich in diesen Teil des Gebäudes, ich werde da sein.«

Am folgenden Tag gingen wir wieder hin, und der Arzt war da. Er machte ein sehr ernstes Gesicht, als wir eintraten.

»Haben Sie die Ergebnisse?« fragte ich.

»Ja«, nickte er, »Marcus braucht dringend Blut. Sonst wird er bald sterben. Er hat Glück gehabt. Wenn Sie ihn nicht hergebracht hätten, hätte er wahrscheinlich nicht mehr lange zu leben gehabt.«

»Wo bekomme ich denn das Blut her?« fragte ich.

»Er muß es vom Vater bekommen.«

»Ich will nicht, daß er irgend etwas von seinem Vater bekommt«, sagte ich schnell und dachte an die vielen Liter fremden Bluts, die man während der Operation in Saudi-Arabien in Abdullah hineingepumpt hatte. »Ich will nicht, daß Marcus etwas von ihm bekommt.«

»Na gut.« Der Arzt verstand offenbar. »Ich gebe ihm Blut von mir, wenn meine Blutgruppe paßt.« Er nahm sich selbst etwas Blut ab, und seine Blutgruppe paßte. Dann rief er einen anderen Arzt und bat ihn, ihm eine Flasche Blut zu entnehmen. Es war wunderbar mitanzusehen, daß er sich offenbar persönlich für uns verantwortlich fühlte und glaubte, uns helfen zu müssen. Ich weiß nicht, warum er das gemacht hat, vielleicht tat ihm leid, was mit uns geschehen war, und er wollte das irgendwie wiedergutmachen. Nach der Blutentnahme wurde Marcus auf einen Tisch gelegt. Er war so schwach, daß er kaum die Augen offenhalten konnte.

»Was werden Sie jetzt tun?« fragte ich.

»Wir müssen eine Vene bei ihm finden, und dann übertragen wir ihm das Blut ganz langsam«, erklärte der Arzt.

Sie suchten am ganzen Arm, fanden aber keine Vene, und ich geriet in Panik. Marcus hatte auf der Stirn eine stark hervortretende Vene, und sie beschlossen, diese zu benutzen. Ich fing an zu weinen.

Als sie ihm die Kanüle durch die Stirn stießen, schrie er und zappelte. Ich nahm ihn hoch und hielt ihn auf dem Arm und sah zu, wie das Blut langsam in den Kopf meines Kindes floß. Ich mußte ganz stillhalten, damit die Kanüle nicht verrutschte. Das Blut floß so langsam, und nach einer Weile schlief Marcus ein. Es dauerte zwei Stunden, bis die ganze Flasche übertragen war. Dies mitansehen zu müssen und zu wissen, daß ich mein Kind bald verlassen mußte, war das schrecklichste Gefühl, das man sich vorstellen kann. Ich war wie versteinert vor Angst, daß irgend etwas schiefgehen könnte. Nadja war bei mir, sonst aber wußte niemand, wo wir waren und was mit Marcus geschah.

Ich bat Nadja, einen der Jungen zu suchen und ihn zu bitten, eine Transportmöglichkeit für Marcus zu organisieren. Sie ging zur

Wohnung zurück, aber es war keiner zu Hause. Sie nahm ein Taxi und holte Abdul Walli. Als sie wieder im Krankenhaus waren, sah Abdul Walli ganz verängstigt aus und wollte wissen, was passiert war. Man hätte ihn wohl zur Rechenschaft gezogen, wenn Marcus etwas zugestoßen wäre, solange er für uns verantwortlich war.

Der Arzt kam mehrmals zurück und schaute nach, ob alles in Ordnung war. Abdul Walli dankte ihm für alles, was er getan hatte. Am Ende der Bluttransfusion sah Marcus nicht mehr gelb, sondern rosig aus, und wir brachten ihn in die Wohnung zurück. Wahrscheinlich hatte er nur das Blut gebraucht, denn ein paar Tage später fing er wieder an zu essen und erholte sich. Es sah so aus, als würde er wie sein Vater immer gesundheitliche Probleme haben.

Einer der Gründe, warum ich es mir vorstellen konnte, ihn im Jemen zu lassen, war, daß er ein Junge war. Ich wußte, daß es ihm gut gehen würde. Wenn ich aber ein Mädchen gehabt hätte, weiß ich nicht, wie ich mich verhalten hätte. Es wäre aber trotzdem leichter für mich gewesen, wenn er ein gesunder und kräftiger Junge gewesen wäre und nicht einer, den das Leben so viel Kraft kostete.

18

Plötzliche Trennung

Nachdem Mum abgefahren war, rief Jim uns bei Abdul Walli an und wollte mit Mohammed sprechen. Er teilte ihm mit, daß man ihm einen britischen Paß ausstellen würde, da Gowad, sein Vater, inzwischen britischer Staatsbürger geworden war.

»Können Sie nach Sanaa kommen und den Papierkram erledigen?« fragte Jim.

»Ja, in Ordnung«, willigte Mohammed ein. Die Aussicht schien ihn zu freuen.

Auch für mich klang das nach einer guten Nachricht. Vermutlich hatte Nadja nun als erste die Chance, mit ihren Kindern das Land zu verlassen, und das wollte ich ja, falls wir nicht gleich alle zusammen fahren durften. Ich wollte nicht, daß sie allein zurückblieb, weil ich vermutete, daß sie ohne mich nicht die Kraft und den Willen haben würde weiterzukämpfen.

Obwohl Mohammed so versessen darauf war, nach Großbritannien zu kommen, schien er es nicht eilig zu haben, nach Sanaa zu fahren und zu Jim zu gehen. Nadja und ich drängten ihn ständig, es endlich zu tun, und schließlich fragte er, ob wir alle ihn nicht begleiten wollten. Abdul Walli teilte mir mit, daß mein Paß ebenfalls bei Jim bereitlag und daß ich ihn abholen mußte. Mum hatte unsere Papiere bei Jim gelassen, weil sie fürchtete, daß sie bei uns nicht sicher waren. Wenn wir sie bei uns hätten, konnten die Männer sie uns leicht wegnehmen, und dann würden sie ebenso verschwinden wie die Originale.

Nadja, ich und die Kinder fuhren mit Abdul Walli und einer seiner Wachen mit dem Land Rover nach Sanaa. Mohammed begleitete uns, um seinen Paß abzuholen, Abdullah aber nicht. Ich wußte nicht, wo er war, machte mir aber auch keine Gedanken darüber. Wie üblich brachen wir zu der vierstündigen Fahrt schon am frühen Morgen auf.

Abdul Walli hatte ein Haus am Stadtrand von Sanaa, in dem wir wohnten, bis wir unsere Angelegenheiten geregelt hatten. Es war schön, wenn auch ein wenig kleiner als das in Ta'izz. In Sanaa war es kalt und feucht, und verglichen mit dem Gedränge in der Polizeistation von Ta'izz wirkte das Haus wie verlassen. Alle Nachbarhäuser gehörten anderen reichen Familien und waren von hohen Mauern umgeben. In beiden Städten unterscheiden sich die Viertel der Reichen und der Armen drastisch.

Abdul Walli erzählte uns, daß das Haus nebenan einem Rechtsanwalt und das gegenüber einem Arzt gehöre. Beide Häuser waren viel prächtiger und größer als sein eigenes. Ein in der Ölbranche tätiger englischer Geschäftsmann lebte mit seiner Familie in einem Haus in der Nähe. Gleich als wir ankamen, gingen die Männer Lebensmittel einkaufen, damit Nadja und ich etwas kochten.

Als Mohammed zur Botschaft kam und seinen Paß holen wollte, wurde dort plötzlich von einem technischen Problem gesprochen. Es hieß, Gowad müsse noch ein Formular ausfüllen, weigere sich aber, das zu tun. Offenbar wollte sein Vater nicht, daß er nach England kam, wenn das bedeutete, auch Nadja mitzubringen. Und wie Abdullah auch tat Mohammed immer nur das, was sein Vater anordnete und wollte keine Kritik über ihn hören. Mir aber war klar, daß Gowad hier bewußt etwas verzögern wollte. Nadja wollte sowohl in seinen Paß eingetragen werden als auch einen eigenen haben, um zu garantieren, daß die Kinder mit ihr fahren konnten.

Nadja holte meinen Paß bei Jim ab, als sie mit Mohammed zu ihm ins Büro ging. Ich wartete draußen im Land Rover. Es war das erste Mal, daß ich einen britischen Paß sah, denn Dad und Abdul Khada hatten meinen ersten immer bei sich gehabt. Ich mußte ihn jedoch gleich an Abdul Walli weitergeben. Er sagte mir, das Innenministerium des Jemen müßte ihn ebenfalls noch abstempeln.

Wir sahen uns an dem Tag mit dem Auto die Stadt an. Es war eine schöne Stadt, groß und voller alter Bauwerke. Sie wirkte viel westlicher als Ta'izz, viel mehr wie englische Städte. Frauen trugen dort häufig westliche Kleidung, manche gingen mit ihrem Mann Hand in Hand. In den Straßen sah man viele Touristen, und es war viel sauberer.

Bei dem windigen Wetter dort hatten sich alle Kinder schon am zweiten Tag erkältet, und wir mußten im Haus bleiben. Am nächsten Tag fuhren wir nach Ta'izz zurück. Mein Paß wurde nicht wieder erwähnt, so als hätte ich ihn nie gehabt. Ich konnte wohl nichts tun oder sagen, um die Dinge zu beschleunigen.

Als wir in Ta'izz angekommen waren, zeigte mir Abdul Walli ein arabisch abgefaßtes Schriftstück und sagte, daß meine Scheidung genehmigt und damit offiziell bestätigt sei. Er steckte das Papier sofort wieder in die Tasche. Ich war empört.

»Was denn für eine Scheidung?« fragte ich.

»Deine, von Abdullah.«

»Wozu brauche ich denn eine Scheidung?« wollte ich wissen, »wenn ich gar nicht mit ihm verheiratet bin?«

»Du bist lange genug hier, um unsere Gepflogenheiten zu kennen. Du brauchst ein Dokument, das beweist, daß du nicht mit ihm verheiratet bist. Wenn man dich freigelassen hat, kannst du gehen, wohin du willst. Du kannst dich entscheiden. Du kannst mit Marcus entweder hier in Ta'izz leben – und brauchst nicht wieder zu heiraten –, oder du kannst Marcus hierlassen und nach England zurückgehen. Die Entscheidung liegt ganz bei dir.«

Ich wußte nicht, was ich antworten sollte. Obwohl mir ja klar gewesen war, daß ich mich am Ende entscheiden mußte, war es nun doch ein Schock, tatsächlich mit dieser Möglichkeit von solcher Tragweite konfrontiert zu werden. Ich würde ja nicht nur Marcus zurücklassen, sondern auch Nadja. Bis zu dem Zeitpunkt hatte ich mir wohl selber etwas vorgemacht, wenn ich dachte, ich müßte das Land verlassen, um nicht verrückt zu werden. Insgeheim aber hatte ich nicht damit gerechnet, daß ich es wirklich einmal tun würde. Und gleichzeitig gehofft, daß es für uns alle ein Happy-End geben würde. Nun begriff ich, daß jedes Ende ein Ende mit Schmerzen sein würde.

Die jemenitische Regierung hatte offenbar plötzlich beschlossen, daß sie von mir genug hatte. Der Außenminister, Doktor Ala-Riyani, hatte den britischen Botschafter angerufen und ihm gesagt, er wolle die Angelegenheit so schnell wie möglich bereinigen. Entweder sollte Abdullah schriftlich sein Einverständnis zu meiner Ausreise geben, oder er mußte sich von mir scheiden lassen.

Mir war völlig rätselhaft, wie es ihnen gelungen war, Abdullah zur Scheidung zu überreden, da Abdul Khada sie ihm doch verboten hatte und ich wußte, wie sehr er seinen Vater fürchtete. Wenn wir in Abdul Wallis Haus waren, sah ich immer wieder einen bestimmten Polizisten, der ständig ein und aus ging und für die anderen draußen Wasser und andere Dinge holte. Abdul Walli vertraute ihm anscheinend bedingungslos. Er war sehr freundlich zu Nadja und mir und berichtete uns oft vom Stand der Dinge und von den Gerüchten, die im Umlauf waren. Ich fragte ihn, was er über die Scheidung wüßte. Er erzählte mir, daß die Polizei Abdullah mit Ketten an den Füßen abgeführt und in ein fünf Autostunden von Ta'izz entferntes Gefängnis gebracht und ihn gezwungen hatte, die notwendigen Scheidungspapiere zu unterzeichnen.

Ich fragte Abdul Walli, ob das der Wahrheit entsprach, und er gab zu, daß Abdullah schon seit einiger Zeit eingesperrt war. Deswegen hatte er uns auch nach Sanaa nicht begleitet. Er soll in seiner Zelle ständig geweint haben, hatte sich anfangs aber trotzdem geweigert, sich von mir scheiden zu lassen, weil Abdul Khada es verboten hatte.

Einer der Gründe, warum Abdul Khada sich gegen eine Scheidung so sträubte, waren die Schwierigkeiten, für Abdullah eine neue Frau zu suchen. Jemanden zu finden, der seinen Sohn nun heiraten wollte, würde ihn sehr viel Geld kosten, vielleicht mehr, als er auftreiben konnte. Ich glaube, er wollte nicht das Gesicht verlieren, indem ich mich ihm gegenüber durchsetzte und der Familie entkam.

Was mit Abdullah geschah, nachdem er aus dem Gefängnis entlassen wurde, weiß ich nicht. Ich sah ihn nie wieder. Ich nehme an, er ist wieder nach Saudi-Arabien oder nach Hockail gegangen.

»Du wirst bald fahren können«, versicherte mir Abdul Walli, »aber du mußt noch drei Monate warten, damit wir sichergehen können, daß du nicht schwanger bist.« Sogar in diesem Stadium wollten sie nicht riskieren, ein jemenitisches Baby an eine Ausländerin zu verlieren. »Und du mußt Marcus bei Nadja lassen.«

»Darf er denn bei ihr bleiben?« wollte ich wissen.

»Eine Weile schon, aber irgendwann muß er zu seinen Großeltern zurück.«

Ich nahm Abdul Walli das Versprechen ab, daß Nadja in der Stadt bleiben durfte und nicht in die Mukbana zurückmußte. Er gab es mir.

Ich versuchte die Trennung von Marcus aus meinen Gedanken zu verdrängen, doch das gelang mir nur zeitweise. Wenn ich ihn hielt und zu ihm hinunterschaute, mußte ich immer daran denken, daß ich ihn verlieren und daß er ohne mich aufwachsen würde. Ich war beruhigt bei dem Gedanken, daß Nadja für ihn dasein würde, und ich hoffte einfach, daß sie ihn später mitbringen konnte.

Nadja bestand darauf, daß ich fahre; sie sagte immer wieder: »Tu alles, was du kannst, um mich nach England zu holen.« Doch sie wußte, daß sie warten mußte, bis Mohammed einen Paß ausgestellt bekam, und Gowad weigerte sich weiterhin, die erforderlichen Papiere zu unterschreiben.

Einmal bekam ich einen Anruf von Mum, und sie berichtete mir, daß Jim Schwierigkeiten bekommen hatte, weil er mir meinen Paß ausgehändigt hatte, bevor die jemenitischen Behörden ihn gestempelt hatten. Nun wollten sie wissen, wo der Paß war. Ich wußte nicht, wo er abgeblieben war, ich mußte darauf vertrauen, daß Abdul Walli das Richtige für mich tat.

Ich war immer noch nicht überzeugt davon, daß ich Abdullah wirklich los war, und ich erkundigte mich bei verschiedenen Leuten. Da es mir alle bestätigten, gewöhnte ich mich allmählich an den Gedanken. Als ich meine Scheidung schließlich akzeptiert hatte, wußte ich, daß ich mich auf dem Heimweg befand.

Abdul Walli kam in die Wohnung, um mir mitzuteilen, daß ich Koffer packen und mich in zwei Tagen für die Fahrt nach Sanaa bereithalten sollte. Er gab uns eintausend Rial, um Geschenke für unsere Familie zu kaufen. Dazu brauchte man uns nicht zweimal aufzufordern. Wir verließen die Wohnung und kauften kleine Flaschen teurer Parfums für Mum und unsere Schwestern und für Mum auch noch eine Uhr. Auch für mich erstand ich ein paar Kleinigkeiten wie zum Beispiel eine Kulturtasche und Kinderkleidung. Wir gaben nicht alles Geld aus, Nadja behielt, was davon übrig war.

Die Kleider, in denen wir das Dorf verlassen hatten, trugen wir inzwischen nicht mehr. Die Mode hatte sich geändert, anstelle der halblangen Umhänge über Röcken trug man jetzt fußlange, vorn ganz durchgeknöpfte Umhänge, und solche besaßen wir auch seit einiger Zeit. Als sicher war, daß ich nach Hause fahren würde, kaufte ich mir einen westlicheren beigen Umhang, damit ich in England nicht so auffiel. Darunter hatte ich immer noch Pluderhosen an, und ich trug auch weiterhin ein Kopftuch. Nadja schien froh darüber zu sein, daß ich wegfahren konnte, und auch zuversichtlich, daß sie mir bald nachkommen würde. Als ich mit Mohammed darüber sprach, war er sehr optimistisch.

»Sobald Vater die Papiere schickt, die sie brauchen«, sagte er, »bringe ich Nadja und die Kinder zu dir zu Besuch.« Zu der Zeit war ich ganz sicher, daß ich ihm vertrauen konnte, denn er wollte ja offenbar selbst unbedingt nach England.

»Wenn es mit Mohammeds Paß nicht klappt«, schärfte mir Nadja ein, »mußt du tun, was du nur kannst, um mich rauszuholen. Warte nicht zu lange damit.«

»Bestimmt nicht«, versicherte ich ihr, »ich versprech's.«

Nachdem wir die Einkäufe erledigt hatten, gingen wir zur Wohnung zurück, und ich fing an, meinen Koffer zu packen. Abdul Walli hatte mich ermahnt, nicht zuviel Gepäck mitzunehmen, nur einen Koffer und eine Handtasche. Mein Koffer war sehr klein, den meisten Platz nahmen die Geschenke ein. Ich hatte noch die englischen Sachen, in denen ich vor acht Jahren angekommen war. Was mich an mein altes Leben erinnerte, hätte ich unter keinen Umständen wegwerfen können.

Da wir früh am Morgen in Sanaa auf dem Flughafen sein sollten, also über Nacht hinfahren mußten, gingen wir am Nachmittag zu Abdul Walli. Nichts kam mir wirklich vor, ich fühlte mich wie eine Schlafwandlerin. Ich war sicher, daß ich jeden Augenblick aufwachen und wieder im Dorf sein würde und aufstehen mußte, um die Tagesarbeit zu beginnen.

Wir aßen in Abdul Wallis Haus zu Abend, und Mum rief an und wollte wissen, wie die Dinge stehen. Sie versprach, mich vom Flughafen abzuholen. »Das Schlimmste ist, daß ich Nadja hierlassen muß«, sagte ich.

»Mach dir um Nadja keine Sorgen, sie kommt nach dir auch heraus«, versicherte sie mir.

Der Land Rover wartete an der Rückseite des Hauses, das wir durch die Hintertür verließen. Abdul Walli trug mir den Koffer, damit ich Marcus im Arm halten konnte. Nadja und die Kinder kamen mit vors Haus, um sich zu verabschieden, und ein Polizist fuhr auch mit uns. Nadja war sehr tapfer. Ich sagte ihr auf Wiedersehen, küßte Haney und Tina und gab ihr Marcus. Er war wach und sah mich an, als ich ging, weinte aber nicht.

»Alles wird gut werden«, sagte Nadja.

Ich konnte nur tonlos sagen: »Ich weiß«, als ich in den Land Rover einstieg und wir in der Dunkelheit davonfuhren. Während der Fahrt sprach keiner der Männer ein Wort mit mir. Kurz bevor es hell wurde, kamen wir am Flughafen an, und ich fing an zu weinen.

Obwohl es ein großer, moderner Flughafen war, gab es pro Woche nur einen Direktflug nach London. Als ich alle diese Flugzeuge starten und landen sah, wurde mir plötzlich bewußt, daß ich Nadja, Marcus und die anderen Kinder wirklich verlassen würde.

Wir gingen hinein, und ich mußte dastehen und warten, während Abdul Walli und Mohammed im Flughafengebäude hin und her liefen, mit Leuten sprachen und verschiedenes klärten. Daß Jim Halley auch dort war, wußte ich nicht. Er hatte einen Freund verabschiedet und beobachtete nun aus der Ferne, ob bei mir alles reibungslos verlief.

Schließlich rief mich Abdul Walli zu sich, und wir gingen durch einige Glastüren in einen Raum, in dem das Gepäck gewogen wurde. Man nahm mir den Koffer ab, und ich kehrte ins Hauptgebäude zurück, um dort in der Kantine zu warten. Nach ein paar Minuten kam ein Flughafenangestellter mit Abdul Walli zu mir und reichte mir ein blaues Formular. Er befahl mir, es auszufüllen.

»Was ist das?« fragte ich.

»Füllen Sie es nur schnell aus«, sagte der Mann. »Wir brauchen es sofort.«

Die Fragen waren sehr einfach. Ich beantwortete sie und gab das Formular zurück, und der Mann verschwand. Eine halbe Stunde lang passierte gar nichts, und ich war sicher, daß sie einen neuen Grund gefunden hatten, meinen Abflug zu verzögern und mich nach Ta'izz zurückzubringen. Dann kam er endlich mit meinem Paß wieder, und Abdul Walli reichte ihn mir.

»Dein Ausreisevisum ist nun abgestempelt«, sagte er und lief wieder davon und ließ mich allein.

Ich weiß nicht, ob Abdul Walli mich angelogen hatte, als er Wochen zuvor behauptet hatte, er ließe meinen Reisepaß abstempeln, oder ob es nur ein Mißverständnis war. Ich hatte das Dokument jedenfalls endlich in der Hand, und das allein war wichtig. Jede Sekunde, die wir noch im Flughafen verbrachten, erwartete ich, daß ein Polizist auftauchen, mich ergreifen und zum Land Rover zurückbringen würde. Ich konnte kaum schlucken, und von der Anspannung war mir körperlich schlecht, ich zitterte innerlich vor Furcht.

Per Lautsprecher wurde die Ankunft eines Flugzeugs nach London angekündigt, und ich wußte, das war meines. Abdul Walli tauchte wieder auf und bat mich, mitzukommen und mich auf einen Platz neben dem Ausgang zum Rollfeld zu setzen. Mohammed war nirgendwo zu sehen. Ich schüttelte Abdul Walli die Hand und sagte ihm auf Wiedersehen. Dann ging ich zur Abflughalle durch.

Ohne Abdul Walli war ich nun ganz auf mich gestellt, und ich hatte Angst. Wenn jetzt noch etwas schiefging, konnte ich mich an niemanden wenden. Soweit man sehen konnte, war ich nur eine alleinreisende Araberin. Um mich herum saßen viele Touristen und ein paar Jemeniten, die alle auf das gleiche Flugzeug warteten.

»Ist das das Flugzeug nach London?« fragte ich die neben mir sitzende Amerikanerin mittleren Alters. Sie gehörte offenbar zu einer Reisegruppe.

»Ja«, lächelte sie, »wohin fliegen Sie denn?«

»Ich fliege nach Hause zurück, nach England.«

»Sind Sie Engländerin?«

»Ja.«

»So wie Sie angezogen sind, dachte ich, Sie müßten eine Einheimische sein. Und Sie sind so braun.«

»Ich bin acht Jahre hiergewesen«, erklärte ich ihr.

»Wir waren bloß drei Wochen hier und sind herumgefahren…« Sie plauderte weiter, und ich war froh über die Ablenkung von der Spannung. Ich sah Beamte an den Türen zum Rollfeld erscheinen, sie unterhielten sich miteinander, und ich war überzeugt davon, daß sie mich ansahen. »…Wir sind durch den ganzen Jemen gefahren, ich war begeistert. In den Städten hab ich ein paar wundervolle Motive gefunden, sie sind ja so alt, ich wollte gar nicht glauben…« Ich war froh, daß sie mir keine Fragen über mich stellte. Ich war so angespannt, ich weiß, ich wäre aggressiv geworden. Ich hörte ihr zu, und sie klang so frei, so als könnte sie hingehen, wohin sie wollte, und tun, was sie wollte.

Man rief uns auf, ins Flugzeug einzusteigen. An der Tür standen zwei bewaffnete Polizisten, denen wir beim Vorübergehen unsere Flugkarten zeigen mußten. Der erste schaute in meine Handtasche und sah sich dann meine Flugkarte an. Er nickte, und ich folgte den anderen Passagieren zu dem wartenden Bus.

»He!« rief er mir nach. Mein Herzschlag hämmerte in den Ohren, und er winkte mich zurück. »Ihren Paß!« sagte er schnarrend. Ich gab ihn ihm, und er blätterte ihn ganz langsam und Seite für Seite durch und sah mich dabei unverwandt an.

»Warum wollen Sie denn meinen Paß sehen?« fragte ich mir zitternder Stimme. »Alle anderen mußten nur ihre Flugkarte zeigen.« Er sagte nichts, starrte mich nur weiter an. »Sie erkennen mich wohl, ich fahre nach Hause«, sagte ich. Seine Augen wurden klein, und er war im Begriff, etwas zu sagen.

»Laß sie durch und gib ihr den Paß zurück«, schrie sein Kollege ihn an. Der Mann schluckte seinen Einwand hinunter und schob mir den Paß grob in die Hand. Ich ging zum Bus. Alle anderen waren schon eingestiegen und warteten auf mich, die Blicke aller waren auf mich gerichtet.

Als ich die Stufen der Gangway hinaufging, konnte ich es immer noch nicht fassen. Es kam mir so unwirklich vor, daß ich das war. Das Flugzeug war klein, und trotzdem hatte ich zwei Plätze für mich allein. Ich starrte aus dem Fenster auf das Flughafengebäude. Das Flugzeug begann langsam über die Rollbahn zu gleiten, und ich rechnete damit, daß jemand die Tür aufreißen, hereinspringen und mich im letzten Augenblick aus dem Flugzeug zerren würde. Als das Flugzeug schneller wurde, spürte ich, wie sich die Erregung in mir abbaute, und dann hoben wir vom Boden ab. Die Hostess kam und fragte mich, ob ich etwas essen wollte, denn es war Ramadan, und die meisten Jemeniten fasteten zu dieser Zeit. Ich sagte ihr, ich hätte keinen Hunger, fastete aber nicht. Sie ging weiter, und ich schaute aus dem Fenster nach hinten und sah, wie der Jemen unter den Tragflächen des Flugzeugs immer kleiner wurde und verschwand, während wir in den klaren blauen Himmel aufstiegen, und dann weinte ich.

Nach kurzer Flugzeit mußten wir auf einem zweiten Flughafen im Nahen Osten zwischenlanden, um Fluggäste aus- und einsteigen zu lassen. Ich malte mir aus, daß man mich hier herausholen und zurückschicken würde. Wir landeten, aber wir konnten an Bord bleiben und mußten nicht ins Flughafengebäude gehen. Das erleichterte mich, aber es geschah nichts. Ich sah aus dem Fenster, und plötzlich kam ein Polizeitransporter über das Rollfeld auf uns zugefahren. Mein Herz schlug wieder wie rasend. Das Auto hielt unter dem Flugzeug an, und zwei bullige bewaffnete Polizisten kamen an Bord. Gingen bis zu meinem Platz, starrten mich frontal an und setzten ihren Weg durchs Flugzeug fort. Ganz hinten wendeten sie und kamen den gleichen Gang wieder nach vorn. Ich sah wie die meisten Araberinnen weiter zu Boden und betete, daß sie einfach an mir vorbeigehen würden. Das taten sie auch und verließen dann das Flugzeug.

Später hörte ich die Leute in meiner Nähe sagen, daß sich in dem Gebiet ein paar entflohene palästinensische Terroristen aufhalten sollten und deshalb alle gelandeten Flugzeuge durchsucht wurden.

Wir blieben mehr als zwei Stunden auf dem Rollfeld stehen, bevor wir endgültig nach London starteten.

19

Das Ende eines Alptraums

Wie eine Schlafwandlerin stieg ich am Flughafen London Gatwick aus dem Flugzeug aus. Ich folgte den übrigen Fluggästen über das Rollfeld zum Flughafengebäude. Ich sah mich überall um, suchte Mum und hatte Angst. Ich sah westlich gekleidete Menschen und wußte, daß ich das Kopftuch hätte abnehmen können und so frei sei wie früher, bevor ich England verlassen hatte, und trotzdem konnte ich es nicht. Ich war zu sehr eine jemenitische Frau. Wir gingen ein paar Stufen hinauf, und ich bemerkte oben auf der Treppe eine Frau, die eine Uniform trug. Sie hielt ein Stück Zeitung in der Hand und sah jeden an, der an ihr vorüberging.

»Zana?« rief sie, als ich vorbeiging.

»Ja«, sagte ich, »das bin ich.«

»Ich hätte Sie nicht erkannt.« Sie zeigte mir das Stück Zeitung, auf dem ein altes Foto von mir abgebildet war. »Haben Sie keine Angst, wir müssen Sie auf einem anderen Weg zu den anderen bringen, denn da draußen warten eine ganze Menge Journalisten auf Sie.«

Ich folgte ihr durch einige Korridore, während sie freundlich auf mich einredete. Wir holten meinen Koffer, und sie brachte ihn für mich durch den Zoll. Dann gingen wir noch mal durch eine Tür und waren wieder auf dem Rollfeld.

»Der da ist für uns.« Sie zeigte auf einen Kleinbus. »Er bringt Sie zu Ihrer Mutter.« Wir stiegen ein und fuhren über die Landebahn, an den Flugzeugen vorbei, die aufgetankt wurden. Neben uns fuhr auf jeder Seite ein Polizeiauto mit Blaulicht. Die Frau erklärte mir, daß überall auf dem Flughafen Teams von Fernsehsendern nach mir suchten.

»Nach allem, was Sie durchgemacht haben, wollen Sie sich dem doch jetzt bestimmt nicht aussetzen«, sagte sie.

»Nein«, sagte ich dankbar, »ich will nur meine Mum.«

Ich bemerkte einen Hubschrauber ganz am Ende der Rollbahn, und wir fuhren direkt auf ihn zu. Als wir näher kamen, sah ich Mum neben ihm stehen und erkannte Eileen und Ben. Der Pilot saß schon im Hubschrauber. Der Kleinbus hielt an, und wir stiegen aus. »Hier ist Ihre Tochter, Miriam«, sagte die Frau. Sie stieg wieder in den Bus ein und winkte noch einmal, bevor er abfuhr.

Ich rannte zu Mum und umarmte sie für eine Ewigkeit. »Ich kann es nicht glauben, hier zu sein«, waren die einzigen Worte, die mir einfielen. Sie weinte und lachte zur gleichen Zeit, und ich hörte das Klicken von Bens Kamera, der uns umrundete und Fotos machte, doch das war mir egal. Ich hatte alles, was ich in diesem Augenblick wollte.

»Wir müssen in den Hubschrauber und vom Flughafen weg«, sagte Mum. »Es ist die einzige Möglichkeit, an den Reportern vorbeizukommen. Eileen hat ihn besorgt.«

Ich hatte schreckliche Angst – ich war noch nie mit einem Hubschrauber geflogen. »Hab keine Angst«, sagte Mum, und ich sah, daß sie sich ebenfalls fürchtete. Als wir vom Boden abhoben, schwankte der Hubschrauber von einer Seite auf die andere, und mir war klar, daß er auseinanderbrechen würde, aber der Pilot schien nicht beunruhigt zu sein.

Eileen und Ben waren zu uns eingestiegen. »Wie geht es dir, Zana?« fragte sie. »Wie war dein Flug?«

»Gut«, antwortete ich und sagte dann zu Mum: »Ich hatte Angst, Mum, ich war so allein in dem Flugzeug.«

Sie nickte: »Hab keine Angst, ich bin ja jetzt bei dir.«

»Wie geht's Nadja und den Kindern?« fragte sie.

»Gut.« Ich war inzwischen so mutig, daß ich nach draußen auf die unter uns vorbeifliegende Landschaft von Sussex schauen konnte. Alles sah so grün und üppig aus. Nach einem kurzen Flug landeten wir auf einem Feld neben einem Haus am Ende der Welt. Wir stiegen aus und duckten uns unter dem kreisenden Propeller, der Wind peitschte unsere Kleider, und gingen über das Feld zu einer Landstraße, wo ein Auto mit einem Fahrer schon auf uns wartete. Der Hubschrauber hinter uns hob wieder ab und verschwand über den Bäumen, eine tiefe Stille blieb zurück.

»Wohin fahren wir?« fragte ich.

»Wir fahren in ein Hotel in Brighton«, antwortete Eileen, als wir ins Auto einstiegen.

Nach der Bombe, die ein paar Jahre zuvor beinahe alle Mitglieder der britischen Regierung getötet hätte, war das Grand Hotel renoviert worden, doch davon wußte ich zu der Zeit nichts. Ich sah nur ein teures, luxuriöses Hotel mit Meeresblick. Die Zimmer mußten schon vorher bestellt worden sein, denn Eileen gab Mum einen Schlüssel und erklärte ihr den Weg zum Zimmer, während sie zur Rezeption ging und mitteilte, daß wir angekommen waren.

»Wann kann ich nach Hause, Mum?« fragte ich immer wieder. Ich wollte dort nicht bleiben, ich wollte nur meinen Bruder und meine Schwestern und meine Freunde sehen.

»Ich weiß nicht«, sagte sie und zuckte mit den Schultern, »morgen vielleicht.«

»Warum denn? Ich möchte jetzt gleich.«

»Es ist wegen der Reporter«, erklärte sie mir. »Wir müssen ihnen eine Weile aus dem Weg gehen. Zu Hause warten auch welche auf uns. Wenn wir uns jetzt draußen blicken lassen, laufen sie uns alle nach, und wir wollen doch noch nicht so schnell ins Fernsehen. Du mußt Eileen vertrauen.«

Ich verstand damals überhaupt nichts von Zeitungen und dachte, daß Eileen die Story vielleicht für sich selbst behalten wollte. Nach allem, was sie für uns getan hatte, war ich der Meinung, daß sie das verdient hatte, und darum hörte ich auf Mum und schwieg eine Weile. Ich war sehr müde, so müde, daß ich an dem Tag weder essen noch schlafen konnte. Das Letzte, was ich wollte, war im Fernsehen auftreten, dafür war ich viel zu schüchtern und nervös. Ich begriff immer noch nicht, wie Medien funktionierten, und Mum erklärte mir nach und nach, mit welchem Ansturm wir vermutlich rechnen mußten.

»Ich will heute niemandem Fragen beantworten«, sagte ich. »Ich will einfach nur allein sein.« Alle hatten Verständnis dafür. Ich wollte an nichts anderes denken, bis ich Nadja wieder bei mir hatte. Mir war zumute, als hätte ich einen Teil von mir im Jemen zurückgelassen. Ich war die ganze Zeit damit beschäftigt, mir die richtigen Worte zu überlegen, damit die Regierung des Jemen Nadja und die Kinder gehen ließ. Ich war so müde, daß in meinem Kopf alles durcheinanderging. Halb wünschte ich mir, zu Nadja und den Kindern zurückzukehren, und irgendwann an dem Tag habe ich auch etwas Derartiges gesagt. Mum hat wohl ebenfalls enorm unter Druck gestanden, denn sie herrschte mich gleich an, als ich das sagte. Sie hat vielleicht gedacht, ich wäre ihr nicht dankbar für alles, was sie für mich getan hatte. Sie beschuldigte mich, nur deshalb zurückgehen zu wollen, weil ich in Abdul Walli verliebt wäre. Es war dumm von ihr, so etwas auch nur zu denken, und anschließend entschuldigte sie sich auch sofort. Doch das war zu spät, denn Eileen hatte es gehört und ernstgenommen. Sie glaubte nun, ich plane, in den Jemen zurückzukehren und Abdul Walli zu heiraten. An dem Tag war ich aber zu verwirrt, um zu merken, was für einen Eindruck wir machten, und das Mißverständnis tauchte erst wieder auf, als Eileen später ausführlichere Stories schrieb.

Ben fragte, ob wir mit ihm nach draußen gehen würden, damit er einige Aufnahmen machen konnte. Es war April und wirklich kalt. Ich wollte nicht, aber Mum schlug vor, ihm den Gefallen zu tun und es schnell hinter uns zu bringen, denn dann würde er uns in Ruhe lassen. Mum und ich gingen mit ihm für ungefähr zwanzig Minuten zum Strand. Ich trug immer noch das Kopftuch, fand einfach nicht den Mut, es abzunehmen. Ich hätte mich sonst nackt gefühlt.

Am nächsten Tag blieben wir im Hotelzimmer. Ein mit Eileen befreundetes Ehepaar vom *Observer* kam uns besuchen. Sie waren sehr rücksichtsvoll, und als sie sahen, wie durcheinander ich war, stellten sie mir keine Fragen. Am selben Tag kam Eileen später mit der Nachricht zu uns, daß Journalisten einer anderen Zeitung unseren Aufenthaltsort herausgefunden hätten und unten in der Halle warteten. Sie hatte schon den Umzug in ein anderes Hotel für uns organisiert, und wir mußten durch einen Seitenausgang hinaus.

Wir folgten ihr nach unten zur Seitentür, vor der ein Taxi wartete, das uns nach London, ins Metropolitan Hotel, bringen sollte. Es war viel schöner als das Grand Hotel, viel bequemer und nicht so vornehm. Wir blieben den ganzen Tag über im Zimmer, doch am Abend hatte ich genug davon.

»Wenn sie mich jetzt nicht nach Hause bringen«, sagte ich zu Mum, »fahre ich allein.«

»Also gut«, sagte sie, »wir fahren. Ich rede mit Eileen.« Sie machte Eileen klar, daß ich unbedingt nach Hause wollte und wie aggressiv ich schon sei. Eileen kam zu mir.

»Was ist denn los?« fragte ich. »Ich möchte nur nach Hause.«

»Okay, ich besorg ein Auto, und morgen fahren wir.« In der Nacht schlief ich gut. Am nächsten Vormittag fuhr Ben uns nach Birmingham, ich war nun auch endlich imstande, die englischen Sachen anzuziehen, die Mum für mich mitgebracht hatte. Von der Fahrt weiß ich nicht mehr viel. Ich nahm nicht wirklich wahr, was um mich herum vorging. Ich wollte nur zu meiner Familie kommen und war so ungeduldig, daß ich kaum stillsitzen konnte. Als wir uns dem Stadtzentrum von Birmingham näherten, sah ich die Rotunde auf uns zukommen, alles sah genauso aus, wie ich es in Erinnerung hatte, und Tränen stiegen mir in die Augen.

»Kannst du dich daran erinnern?« fragte Mum.

»Ja, natürlich.« Die Stimme versagte mir, als ich sprach. »Wohin fahren wir jetzt?«

»Wir fahren zu Mrs. Wellington«, erklärte sie. Die Aussicht, die Wellingtons, Lynny und ihre Mutter, wiederzusehen, war überwältigend. Ich konnte nicht glauben, daß das wirklich wahrwerden würde. Mir fiel ein, wie Lynny und ich Mrs. Wellington sonntags im Laden geholfen und Kunden bedient hatten, und wie sie uns dann Taschengeld gegeben hatte, damit wir abends ins Kino gehen konnten. Sie waren wunderbare Freunde.

Mrs. Wellington hat ein Haus in Sparkbrook, und als wir in das Viertel kamen, starrte ich wie ein Kind aus dem Fenster, ob ich nicht zufällig meine alten Freunde auf der Straße sehen würde. Mum beobachtete mich lächelnd.

»Woran denkst du?« fragte sie.

»Ich kann es kaum erwarten, die ganze Familie zu sehen.«

Als wir vor dem Haus anhielten und ich aus dem Auto ausstieg, kam unsere ganze Familie zur Tür heraus: Mo, Ashia, Tina und Ashias Tochter Lana, die ich noch nie gesehen hatte. Dann erschien Mrs. Wellington mit ihren beiden ältesten Töchtern. Ich ging auf sie zu und sah, daß alle weinten. Lynny hatte in der gleichen Straße eine eigene Wohnung und war schon unterwegs, man hatte ihr gesagt, daß ich käme.

Wir traten ins Haus, setzten uns aufs Sofa, und alle wurden still.

Ashia weinte am meisten, und Tina hatte sich in den acht Jahren so verändert, daß ich sie nicht wiedererkannte; sie war so groß geworden. Ich aber konnte nur an Nadja denken, die immer noch im Jemen festgehalten wurde. Es schnürte mir die Kehle zu, und ich konnte kein Wort herausbringen. Eileen und Ben waren auch da, und dann kam Lynny. Ich erkannte sie sofort, obwohl sie inzwischen eine erwachsene Frau war. Sie war jetzt viel hübscher als in ihrer Kindheit, trug das Haar kurzgeschnitten und war auch viel größer geworden. Wir umarmten uns und weinten, und keine von uns fand die richtigen Worte. Sie starrte mich nur unverwandt an, weinte und schüttelte ungläubig den Kopf.

»Du siehst ganz anders aus, du siehst ganz anders aus«, staunte sie nur immer wieder. »Du bist so braun.« Mum und ich blieben vier Tage bei den Wellingtons, die übrigen schliefen in Mums Haus und kamen jeden Tag. Eileen und Ben hatten sich in Birmingham ein Hotel genommen und besuchten uns jeden Tag. Sie blieben wohl in unserer Nähe, um dafür zu sorgen, daß andere Zeitungen uns nicht fanden. Kurz vor ihrer Abreise machte Ben viele Aufnahmen von uns allen im Garten. Ich wollte ihn und Eileen nicht mehr um mich haben, sie fingen an, mich zu deprimieren.

»Ich will keine Fotos mehr«, sagte ich zu Mum.

»Wir brauchen die Fotos aber«, sagte sie, »um sie der Öffentlichkeit zu zeigen und um Nadja zu helfen.« Also machte ich noch eine Weile mit.

Vier Tage später war ich zum Umzug in Mums Haus in King's Heath bereit, das sie bewohnte, seit sie Dad verlassen hatte. Mum und ich fuhren mit dem Taxi dorthin, und die anderen warteten schon auf uns. Das Haus war zwar klein, aber es tat so wohl, wieder bei meiner Familie zu sein.

In den nächsten Wochen standen hin und wieder Reporter vor der Tür und fragten nach mir, aber ich wollte nicht mit ihnen sprechen. Es ging immer jemand aus der Familie an die Tür und schickte sie weg. Manche standen stundenlang draußen herum, deshalb konnte ich dann eine Weile nicht aus dem Haus gehen. Ich wagte mich in den ersten Wochen nicht auf die Straße. Nur zu Lynny oder zu Mrs. Wellington brachte mich Ashia mit dem Taxi.

Tom Quirke, der Journalist von der *Birmingham Post*, meldete sich wieder bei Mum und wollte wissen, was mit Nadja geschehen war. Wir gingen mehrmals in sein Büro und riefen Abdul Walli in seinem Haus in Ta'izz an. Wir konnten regelmäßig telefonieren, und daher wußte ich, daß sie noch in der Stadt war und daß es Marcus gutging. Sie und Mohammed sagten, daß ich mir keine Sorgen machen sollte und daß sie nachkommen würden, sobald die Papiere eingetroffen seien. Er wartete immer noch darauf, daß Gowad sie schickte. Wie ich hörte, wurde Gowads Haus in Birmingham von Reportern belagert, doch er ließ keinen zu sich.

Ganz gleich, was sie mir auch versicherten, ich machte mir doch immer wieder Sorgen, denn ich wußte ja, wie leicht dort etwas im Sand versickern konnte und daß die Leute ihre Versprechungen nie hielten. Ich konnte nicht ruhig darüber nachdenken, wie ich mein eigenes Leben in Ordnung bringen sollte, solange Nadja mit den Kindern da draußen noch in der Falle saß.

Der einzige Mensch, der Nadja sonst noch helfen konnte, war Dad. Wenn er sagen würde, daß seine Tochter und seine Enkelkinder im Jemen unglücklich seien, konnte er ihre Rückkehr nach England verlangen, und ich weiß, daß Gowad ihm dann nicht widersprochen hätte. Aber er wollte nicht helfen.

»Ich muß zu Dad gehen«, sagte ich zu Mum, »und ihn bitten, uns zu helfen, Nadja herauszuholen.«

Ich zog mich für den Besuch wieder an wie eine Jemenitin, trug Hose und Kopftuch und wollte ihm demonstrieren, daß ich mich verändert hatte und jetzt eine respektvolle Tochter war. Ich fuhr allein mit dem Taxi zum Café. Das Café sah aus wie früher. Ich sah ihn hinter der Theke und fühlte gar nichts.

»Zana!« rief er aus und fing an zu weinen. Ich weinte nicht. Ich ging nach hinten durch und wartete auf ihn. Als die Gäste gegangen waren, schloß er ab und kam zu mir. Er weinte immer noch und fand keine Worte.

»Was geschehen ist, tut mir leid«, sagte er. »Wenn ich früher erfahren hätte, wie man dich dort behandelt hat, wäre alles anders gekommen.« Ich wußte, daß er log, denn die vielen Leute, die in all den Jahren zwischen dem Jemen und England hin und her gefahren waren, hatten ihm ja berichtet, in welcher Lage wir dort waren, und er hatte ja auch die vielen Briefe von uns abgefangen, in denen wir unser Unglück schilderten. Das alles wollte ich nun nicht noch einmal mit ihm durchgehen, ich wollte ihn nur bitten, Nadja zu helfen.

»Nun bin ich also wieder da«, sagte ich, »und wie du siehst, bin ich immer noch eine Moslemin und respektiere dich. Ich liebe dich, Dad, und ich bitte dich um Hilfe, damit Nadja und ihr Mann auch herkommen und wir wieder wie eine große glückliche Familie leben können.«

Er nickte und war mit allem einverstanden, was ich sagte. »Ich geh zu Gowad und rede mit ihm«, versprach er. »Du weißt jetzt, was es bedeutet, Mohammedanerin zu sein, du sprichst Arabisch, und du verstehst das Leben besser. Nur das habe ich für dich gewollt.«

»Ja, ich bin jetzt vernünftiger«, stimmte ich zu. »Du wirst also wegen Nadja mit Gowad reden?«

»Ja. Du kannst ihn auch besuchen.« Er meinte das ernst, denn er verabredete sich mit mir, um zu Gowad zu gehen.

Ich zog noch einmal die arabische Kleidung an und ging zur vereinbarten Zeit zu Gowads Haus. Es war groß und alt. Salama war auch da. Ich sprach mit ihr, doch empfand ich nur Haß für sie nach dem, was sie Nadja am Ende angetan hatte. Sie war immer noch gekleidet wie die Frauen im Dorf, und hatte eine kleine, zwei Jahre alte Tochter.

»Warum bist du so lange fortgewesen und hast uns einfach deine Kinder aufgehalst?« fragte ich. »Wir wollten wissen, was los ist, aber niemand hat uns etwas gesagt. Warum hast du das getan?«

»Ich fahre bald zurück«, versprach sie, »und Nadja und Mohammed kommen mit den Kindern herüber.«

»Ja, das weiß ich.« Ich verlor kein weiteres Wort mehr, es wäre umsonst gewesen. Es gelang mir, auch weiterhin höflich zu bleiben, obwohl ich schon spürte, wie sich die Aggression in mir aufbaute. Ich wollte mich aber beherrschen, um sie nicht zu verärgern und Nadja nicht zu schaden.

Dad unterhielt sich mit Gowad auf arabisch, doch ich konnte ihrem Gespräch inzwischen folgen. Gowad versprach, alles zu tun, was er nur konnte. »Es wird dauern«, sagte er, »aber sie werden kommen.«

Seitdem ist nichts geschehen. Ich glaube nicht, daß sie überhaupt die Absicht hatten, etwas zu unternehmen, sie wollten mich wohl bloß zum Schweigen bringen.

Durch Araber, die auf Durchreise in Birmingham waren, habe ich das Gerücht gehört, daß Nadja mit den Kindern ins Dorf zurückgekehrt sei. Sie hatten mich auf der Straße erkannt und mir berichtet, was passiert war. Sie behaupteten, Nadja sei freiwillig gegangen, aber ich weiß, daß das nicht stimmen kann.

Ahmed kam auch nach England und besuchte uns, und er hatte die gleichen Geschichten gehört. Er erzählte uns, daß Leilah sehr krank sei und sich in England behandeln lassen müßte.

Mum hatte noch ihre Geburtsurkunde, und Ahmed wollte sie nach Aden mitnehmen. Ein paar Monate später klopfte es an der Tür, und mein Bruder Mo sagte mir, daß Leilah angekommen sei. Ich ging ihr auf der Straße entgegen und sah sie nun zum erstenmal, sie saß mit ihrem Mann in einem Kleinbus. Die vier Kinder schliefen im Auto. Sie sah aus wie Nadja. Sie stieg aus und weinte, aber ich konnte nur denken, warum kommst du raus und Nadja nicht?

Sie sah krank aus. Es war kalt und zugig auf der Straße, aber sie und Mum lagen sich in den Armen und wollten nicht voneinander lassen. Ich wollte sie so schnell wie möglich ins Warme bringen. Sie blieben ein paar Tage bei uns, bis wir für Leilah einen Termin beim hiesigen Arzt besorgt hatten. Mum hatte den nach ihrer Geburt ausgestellten Krankenversicherungsschein aufbewahrt, sie mußte ihn also nur erneuern lassen. Als es Leilah besser ging, mieteten sie sich ein Haus.

Den Gerüchten zufolge hat Nadja wieder ein Baby bekommen. Wenn das stimmt, dann muß sie aus Ta'izz fortgegangen sein und keine Möglichkeit zur Schwangerschaftsverhütung mehr gehabt haben. Daß sie sich noch ein Kind gewünscht hat, kann ich mir nicht vorstellen, nach den Komplikationen bei Tinas Geburt und bei der Arbeit, die sie mit ihr, Haney, Marcus und vermutlich auch noch den beiden Kindern von Salama hat.

Ich wollte Abdul Walli anrufen und ihn fragen, warum er sein Versprechen gebrochen und Nadja nicht in der Stadt behalten hat, aber er war nie da oder für mich nicht mehr zu sprechen. Mum rief Jim in Sanaa an, aber er wußte nichts über den aktuellen Stand der

Dinge. Die Kommunikationswege waren wieder versperrt, und Nadja war für uns nicht mehr erreichbar. Wir mußten uns wieder mit Warten begnügen.

Durch meine eigenen Erfahrungen nehme ich nun bewußter wahr, was in der Welt passiert. Wenn ich jetzt im Fernsehen Berichte sehe über Kinder, die kein Zuhause haben, über Familien, die man auseinandergerissen hat, tut das so weh, daß es mich fast zerreißt.

FADHMA AITH MANSOUR
AMROUCHE

———

Mektoub
»Der Wille Allahs geschehe«

INHALT

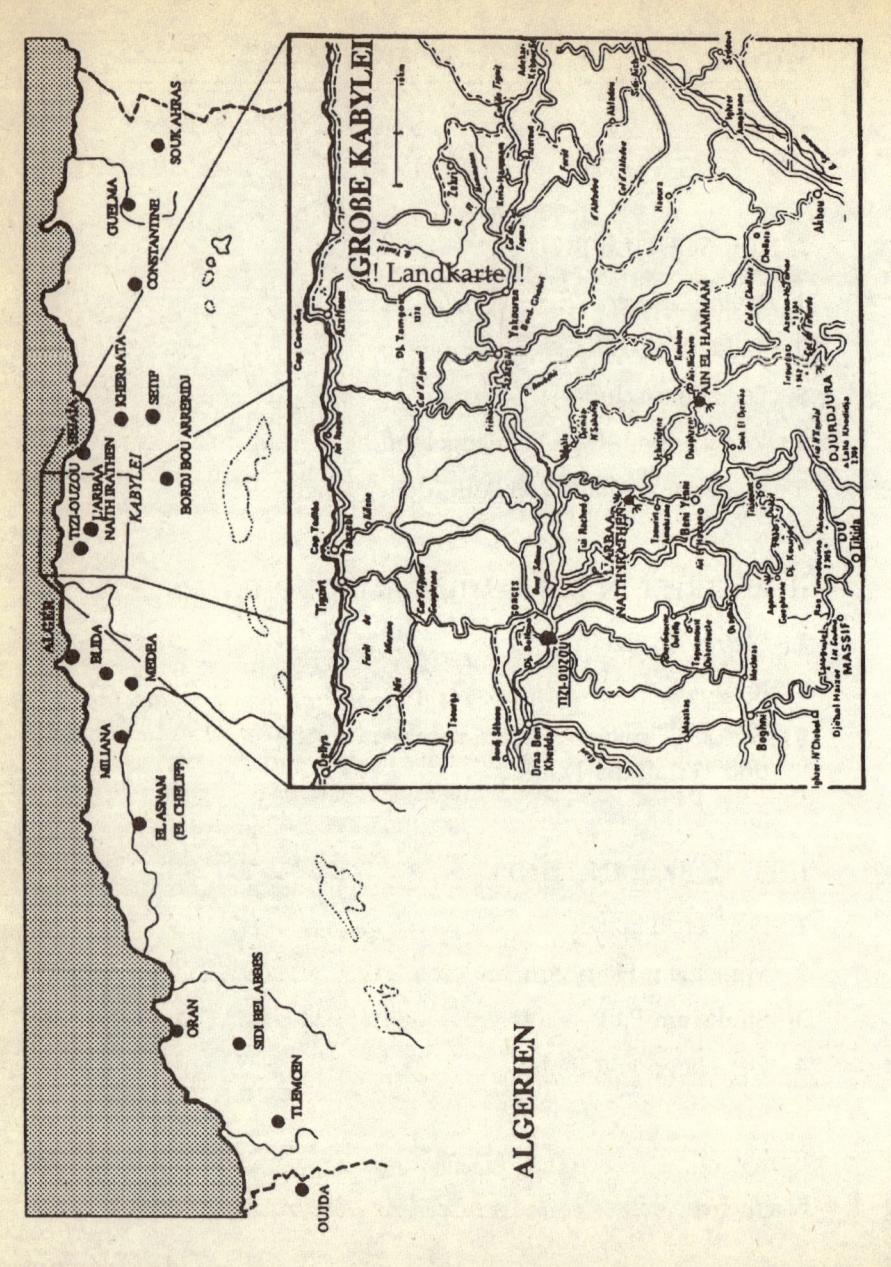

I. DER SCHULWEG

1

Meine Mutter

Meine Mutter stammte aus Taourirth-Moussa-ou-Amar, nur einige Kilometer entfernt von Tizi-Hibel, meinem Dorf. Sie kam aus einer sehr guten Familie, den Aïth Larbi-ou-Saïd. Noch sehr jung wurde sie verheiratet mit einem viel älteren Mann, der fast ein Greis war, er hatte eine Tochter, die schon älter war als meine Mutter.

Meine Mutter hat sich niemals beklagt über diesen Mann, der sie auf seine Art liebte. Sie gebar ihm zwei Söhne, meine Brüder Mohand und Lâmara. Ihr Mann hatte einen wesentlich jüngeren Bruder, der kinderlos geblieben war. Dieser wollte seinen Besitz testamentarisch seiner Frau überschreiben. Bevor er diese Regelung jedoch durchsetzen konnte, lockte ihn sein älterer Bruder in einen Hinterhalt, und am nächsten Morgen fand man den Jüngeren, wie er tot an einem Strohbündel lehnte, in Sebala, einer abgelegenen Gegend außerhalb des Dorfes, wo die Bewohner immer ihre Heuhaufen abstellen. Den Mörder hat man nie entlarvt, und die Untersuchung wurde ergebnislos abgeschlossen.

Meine Mutter erzählte mir, daß ihr Mann seit jenem Tag verflucht war. Er wurde von einer schrecklichen Krankheit befallen: Sein ganzer Körper war bedeckt mit Blasen voll von gelbem Wasser, das an seinen Beinen hinabrann.

»In dem Jahr seines Todes«, sagte meine Mutter, »gab es eine wunderbare Ernte. Seit Menschengedenken hatte man die Feigenbäume nicht so voller Früchte, die Rebstöcke nicht so voller Trauben und die Ähren nicht so schön gesehen. Wenn wir auf die Felder gingen, sagte er, indem er die Äste hochhielt: ›Schau hin, Frau, schau all die Reichtümer, die Gott uns schenkt.‹ Und ich konnte nur leise antworten: ›Wenn wir es erleben!‹ (*Ma ne der!*) Eines Tages, als ich ihm wieder so geantwortet hatte, schüttelte er mich in einem plötzlichen Wutanfall und schrie: ›Wir werden leben, Frau, wir werden leben.‹ Er konnte nicht mehr sehen, wie die Feigen und die Trauben reif wurden. Die Heuernte hatte kaum begonnen, als er starb.«

Ihr Mann war noch nicht unter der Erde, als Kaci Aïth-Larbi-ou-Saïd, mein Onkel mütterlicherseits, meine Mutter besuchte und ihr befahl: »Verlasse dieses Haus und komme mit deinen Kindern zu uns. Unsere Mutter wird sie großziehen, und du wirst dich wiederverheiraten.«

»Ich werde mit meinen Kindern in meinem Haus bleiben«, antwortete sie ihm und stellte sich damit gegen ihren Bruder und gegen die Tradition.

Mein Onkel, der sehr groß war, riß einen Ziegelstein vom Dach und warf ihn auf sie, traf sie glücklicherweise aber nicht. Er ging geradewegs zur *tajmaat* (Dorfversammlung), wo er die Anwesenden zu Zeugen aufrief: »Von diesem Tag an verleugne ich meine Schwester. Sie ist aus unserer Familie ausgeschlossen: Was sie auch tut, was ihr auch zustößt, wir nehmen nicht mehr teil an ihrem Schicksal. Sie ist für uns eine Fremde.« Er kehrte in sein Dorf zurück, und seit diesem Tag hat meine Mutter das Haus ihres Vaters niemals mehr wiedergesehen.

Sie kümmerte sich nun darum, ihren Mann bestatten zu lassen, wie es die Sitte verlangt. Mit dem Geld, das sie als Vorschuß auf die Traubenlese bekam, kaufte sie ein Paar Ochsen, die sie für den Seelenfrieden des Verstorbenen opfern ließ. Das Fleisch wurde im ganzen Dorf verteilt, jede Familie erhielt ihren Teil, ein Stück für jeden. Außerdem wurde der *tajmaat* ein Leichenschmaus gegeben, der vor allem für die Armen bestimmt war, damit sie sich an Kuskus satt essen konnten.

Zwei- oder dreiundzwanzigjährig blieb meine Mutter allein mit zwei Kindern, von denen der Ältere fünf oder sechs Jahre alt war und der Jüngere drei. Sie war sehr schön: ein helles und frisches Gesicht mit blau-grünen Augen, ein wenig untersetzt, kräftig, breite Schultern, ein eigenwilliges Kinn und eine eigensinnige tiefe Stirn. Sie machte sich beherzt an jede Arbeit. Sie erledigte ihren Haushalt, ging Wasser holen, mahlte das Korn für jeden Tag und bereitete alle Mahlzeiten in der Nacht vor. Am Tag arbeitete sie auf dem Feld. Als sie die Hilfe eines Mannes nötig hatte, mußte sie dafür teuer bezahlen. Im Winter, als die Oliven geerntet wurden, mußte sie dem (Oliven-)Abschläger für nur einen einzigen Tag denselben Arbeitslohn geben wie einer Aufleserin für fünf Tage.

Aber sie war jung und unklug. In ihrer Umgebung wohnte ein junger Mann, der aus derselben Familie wie ihr alter Ehemann stammte. Er liebte sie. Sie liebte ihn. Und es geschah, was geschehen mußte: Sie wurde schwanger, und der Mann leugnete, der Vater des Kindes zu sein.

Die Sitten der Kabylen sind schrecklich. Wenn eine Frau einen Fehltritt begangen hat, muß sie verschwinden, damit man sie nicht mehr erblicken kann und die Ehre der Familie somit weiter unbefleckt bleibt. In der Zeit vor der französischen Kolonialherrschaft wurde die Angelegenheit rasch erledigt: die Eltern brachten die Schuldige zu einem freien Platz, wo sie sie erschlugen; und sie beerdigten sie an einem Abhang. Doch damals bekämpfte die französische Justiz die zu harten Sitten der Kabylen, und meine Mutter berief sich auf die neue Gesetzgebung.

Seitdem sie ihren Fehltritt nicht mehr verheimlichen konnte, waren die Onkel meiner Brüder, die Brüder des verstorbenen Ehemannes, zusammengekommen und hatten beschlossen, meine Mutter zu verjagen, aber ihre Kinder aufzunehmen, weil sie sich deren Besitz aneignen wollten. Als sie meine Mutter zwingen wollten, das Haus zu verlassen, reichte sie eine Klage beim Gericht ein.

Die Justizbeamten kamen ins Dorf. Der Gerichtshof hatte einen Vormund und einen Gegenvormund für die Kinder bestimmt und den Besitzstand festschreiben lassen, und die Beamten verließen das Dorf mit der Bekanntmachung, daß sich niemand an der Witwe und den Halbwaisen vergreifen dürfe.

In der Nacht meiner Geburt schlief meine Mutter allein mit ihren zwei Buben; niemand war bei ihr, der ihr helfen oder zumindest irgendeine Unterstützung holen konnte. Sie allein hat mich auf die Welt gebracht, und sie hat die Nabelschnur mit ihren Zähnen durchgebissen. Nur eine alte Frau kam am Morgen, um etwas Essen zu bringen.

Neun Tage nach meiner Geburt setzte meine Mutter mich auf ihren Schoß und wickelte mich fest an ihre Brust, nahm links und rechts ihre Jungen an die Hand und ging im frisch gefallenen Schnee zum Staatsanwalt, um eine Klage gegen meinen Vater einzureichen. Sie wollte, daß mein Vater mich anerkennen und mir seinen Namen geben sollte. Er weigerte sich, weil er mit einem Mädchen aus dem Dorf verlobt war, und dieses Mädchen stammte aus einer einflußreichen Familie, die ihn umzubringen drohte, falls er dieses Mädchen im Stich ließe – und er hatte Angst!

Während dieser Zeit kam meine Mutter selbst bei größter Kälte wie bei größter Hitze immer wieder zu den Richtern und quälte sie mit ihren ständigen Anfragen. Alle Zeugen sagten aus, daß er wohl mein Vater wäre, weil ich sein lebendes Abbild war. Am Ende der drei Jahre wurde er zu einem Schadenersatz – 300 Franc! – verurteilt, was meine Mutter ablehnte; aber das Gesetz untersagte dann auch jede weitere Vaterschaftsklage, so daß man ihn nicht mehr gerichtlich belangen konnte, mich als seine Tochter anzuerkennen. Und damit hatte ich das Schandmal auf meiner Stirn.

Aus Verzweiflung hat mich meine Mutter in eiskaltes Quellwasser getaucht. Aber ich bin daran nicht gestorben.

Meine Mutter erledigte ihre üblichen Tätigkeiten ohne jede Hilfe, in der Nacht und am Tag: die Wolle waschen, streichen, auskämmen, spinnen und weben, die Felder bestellen, die Feigen, die Trauben und die Oliven pflücken, Haushalt und Küche machen, Weizen, Gerste und Eicheln sieben und mahlen, Wasser herbeibringen und Holz holen.

Als ich noch sehr klein war, ließ sie mich bis zu ihrer Rückkehr schlafen; als ich schon ein wenig größer war, stellte sie einen kleinen Krug mit Wasser neben mich und eine Schale mit ein wenig Kuskus. Und wenn ich erwachte, fand ich das Häufchen Kuskus, nahm die Grießkörner, und nachdem ich sie gegessen hatte, trank ich aus dem kleinen Krug (*tabouqalt*) mit der kleinen Öffnung. Ich saugte das Wasser in mich hinein und schlief bis zur Rückkehr meiner Mutter wieder ein. Wenn sie spät heimkommen mußte, willigte eine barmherzige Nachbarin manchmal ein, auf mich ein wenig aufzupassen, aber das war selten.

Die Welt ist böse, und gerade das ›Kind des Fehltritts‹ wird zum Märtyrer in der Gesellschaft, und dies besonders in der Kabylei. Was für Schläge, was für Feindseligkeiten, was für Leiden habe ich nicht ertragen müssen! Wenn ich auf die Straße ging, geschah es oft, daß ich umgeworfen und getreten wurde.

Das erste Bild, das ich noch vor meinen Augen habe, ist ein Sommertag mit einer bleiernen Sonne auf einer staubigen abschüssigen Straße; ich sehe einen kleinen Jungen von zehn Jahren, der Tiere vor sich her trieb und außerdem noch ein Kind, fast ein Baby, weiß und rosig mit blonden Locken, das lief und schrie: »Mein großer Bruder! Mein großer Bruder!« (*d'hada! d'hada!*). Danach wurde es still.

Sogleich kommt ein anderes Bild: ein Haus, dessen offene Tür einige Sonnenstrahlen eindringen läßt; in diesem Licht neigt sich eine Frau über den mit Kaktusstacheln übersäten Körper eines nackten Kindes. Heiße Tränen fallen auf den schwerverletzten Körper, während die Frau eine Dorne nach der anderen aus dem Körper des Kindes zieht.

Erst später wußte ich, daß ich dieses Kind war. Ich war meinem Bruder gefolgt, der die Rinder zur Tränke führte, und ein böser Junge hatte mich in eine Hecke von Feigenkakteen gestoßen. Meine Mutter bekam Angst. Was sollte sie noch mit mir machen? Wie mich schützen vor der Boshaftigkeit der Menschen? Sie konnte mich nicht immer einschließen, und wenn ich das Haus verließ, fürchtete sie sogar, daß irgend jemand mich töten könnte und daß dieses Verbrechen in den Augen der Justiz dann auf sie zurückfalle. Sie erfuhr, daß in Ouadhias ›Weiße Schwestern‹ die kleinen Mädchen aufnähmen und sich um sie kümmerten. Sie dachte, sie könne wegen mir in Ruhe leben, wenn sie mich diesen Nonnen anvertraute; niemand würde mir mehr Böses antun. Dennoch zögerte sie lang; denn sie liebte mich, ich war ihr Kind. Sie hatte auch den Vorschlag zurückgewiesen, mich der Frau des Friedensrichters zu geben, die kein Kind hatte und mich nach dem Vorfall mit der Kaktushecke adoptieren wollte; aber da sie sah, daß ich weiterhin schlechter Behandlung ausgesetzt sein würde, entschied sie sich nun doch, sich auf die ›Weißen Schwestern‹ zu verlassen.

An einem Mittwoch, dem Markttag, packte mich meine Mutter auf den Rücken und nahm mich mit nach Ouadhias. Ich erinnere mich sehr wenig an diesen Lebensabschnitt. Einige Bilder, nur Bilder. Das erste: eine große Frau in weißer Kleidung, mit schwarzen Perlen, neben dem Rosenkranz eine andere Kette mit verknoteten

Schnüren, zweifellos eine Peitsche. Diese Schwester mußte sich, wie ich erst später erfuhr, um die kleinen Mädchen kümmern. Außer mir gab es noch andere, aber ältere Kinder wie Tassâdit Aïth Ouchen – oder Félicité –, von der später noch die Rede sein wird.

Nach Aussage meiner Muter mußte ich ein Jahr in diesem Haus bleiben, höchstwahrscheinlich von Sommer 1885 bis 1886. Meine Mutter besuchte mich jeden Mittwoch; das Beste, das sie besaß, brachte sie mir mit, hartgekochte Eier, Blätterteigstückchen und Pfannkuchen, gezuckerte weiße Feigen. Damit die anderen Kinder mir nichts antun sollten, verteilte meine Mutter alles, was sie mitgebracht hatte, unter uns. Einmal blieb sie lange Zeit fort. Die Wochen vergingen. Endlich habe ich sie wiedergesehen; sie war blaß und abgemagert. Sie erklärte mir, daß sich mein Bruder Lâmara mit einem gleichaltrigen Jungen geschlagen hatte; sie hatte sie trennen wollen, und der Vater des Kindes hatte einen Stein auf sie geworfen, der sie mitten auf die Stirn getroffen hat. Da sie bewußtlos war, mußte man sie nach Hause tragen. Nach mehreren Tagen zwischen Leben und Tod wurde sie wieder gesund, und sie legte meine kleine Hand auf ihre Stirn, wo ich ein Loch fühlte.

Von diesem Lebensabschnitt habe ich nur den Eindruck des ›Ave Maris Stella‹ zurückbehalten, das Bild der beleuchteten Kapelle mit dem Priester, der die Messe las und die Monstranz zeigte (lange nach meinem Weggang von Ouadhias fragte ich mich, was das wohl bedeuten sollte). Aber ich sehe vor allem noch ein schreckliches Bild vor mir: ein kleines Mädchen, das aufrecht vor der Mauer eines Ganges steht. Das Kind ist völlig verdreckt, bekleidet mit einem sackleinenen Gewand; eine kleine Schüssel voller Kot hängt an seinem Hals, es weint. Ein Priester geht auf es zu; die Schwester, die ihn begleitet, erklärt ihm, daß die Kleine ein böses Mädchen ist, daß sie die Fingerhüte ihrer Gefährtinnen in die Toilette geworfen hat und daß man sie gezwungen hat, in sie hineinzuklettern, damit sie sie dort wieder herausfischt: Exkremente bedeckten also ihren Körper und füllten die Eßschüssel.

Außer dieser Strafe wurde das kleine Mädchen noch bis aufs Blut durchgepeitscht; als meine Mutter am folgenden Mittwoch kam, fand sie die Spuren der Schläge noch auf meinem ganzen Körper. Sie strich mit ihren Händen über alle Wunden und ließ dann die

Schwester rufen. Sie zeigte ihr die Spuren der Wunden und sagte: »Dafür habe ich sie euch anvertraut? Gebt mir meine Tochter zurück!« Die Schwester entkleidete mich, sie zog mir selbst das letzte Hemdchen aus. Meine Mutter nahm den Schal, der ihren Kopf bedeckte, verknüpfte zwei Enden an meiner einen Schulter und befestigte den Stoff an meiner anderen Schulter statt einer Fibel mit einem dicken Dorn, löste ihren breiten Wollgürtel, wand ihn um die Stirn, ergriff meine Hand und setzte mich auf ihren Rücken.

So verließ ich die Nonnen von Ouadhias.

Während ich in Ouadhias war, hatte ein Mann im Dorf um die Hand meiner Mutter angehalten. Er stammte nicht aus unserem Familienclan; jung und mutig versprach er ihr, sie und ihre Kinder zu ernähren. Meine Mutter nahm an, denn meine Brüder waren noch nicht alt genug, um sie und sich selbst zu verteidigen. Dieser Mann suchte die Eltern meiner Mutter auf und brachte ihnen die Aussteuer; aber mein Onkel Kaci lehnte das Geld ab, indem er erklärte, keine Schwester mehr zu haben. Meine Mutter verheiratete sich wieder, willigte jedoch nicht ein, ihrem Mann in seine Familie zu folgen, da sie von den anderen nicht voll als Ehefrau anerkannt worden wäre.

Die Onkel meiner Brüder wollten von neuem meine Mutter verjagen und ihr den Besitz und die Kinder wegnehmen; meine Mutter mußte sich wiederum an die Justiz wenden und hatte das letzte Wort: Sie behielt ihr Haus, ihre Kinder und den Mann, der die schwere Last auf sich nahm, sie zu heiraten und zu beschützen. Er hielt sein Versprechen bis zu dem Tag, als sein älterer Bruder starb und er deshalb wieder zu seiner Familie zurückkehren mußte, da nun er für den alten Vater, seine Mutter und die Witwe seines Bruders verantwortlich war.

Aus dieser Ehe stammte ein kleines Mädchen, das die schönen blaugrünen Augen meiner Mutter geerbt hat. Meine Mutter war eine mutige Frau. Sie pflegte zu sagen:

»Die Tätowierung, die ich am Kinn habe, ist mehr wert als der Bart der Männer« (*Tichert-iou khir t'mira guergazen*). Und das stimmte auch. Ich habe meine Mutter nur zweimal weinen gesehen: als ich in die Kaktushecke gefallen war und als sie vom Tod ihrer Mutter erfuhr.

Am meisten schmerzte es sie, auf immer von ihrer Familie getrennt zu sein. Auf dem halben Weg zwischen Taourirth-Moussaou-Amar und Tizi-Hibel gab es in der Nähe des kleinen Dorfes Tagragra einen Bach, wo die Frauen hingingen, um die Wäsche zu waschen. An jedem Mittwoch, einem Markttag, trafen sich dort meine Mutter und meine Großmutter; eine jede brachte etwas Gutes mit, um es der anderen geben zu können. Doch eines Tages erschien meine Großmutter nicht zum Treffen; eine Nachbarin teilte meiner Mutter mit, daß ihre Mutter in der Nacht gestorben war. Den ganzen Tag über versuchte meine Mutter, meinen Onkel Kaci nachgiebig zu stimmen; Freunde baten ihn, sie von der Toten Abschied nehmen zu lassen. Mein Onkel Kaci blieb unnachgiebig. Meine Mutter kam verzweifelt zurück. Ich war zu Hause, denn es waren gerade die Ferien für das Hammelfest (*Aïd amoqrane*), das in diesem Jahr in den Sommer fiel, und meine kleine Schwester und ich waren Zeugen dieser Verzweiflung, ohne sie jedoch begreifen zu können, aber ich habe sie in meiner Erinnerung bewahrt...

Im Herbst ließ der *Caïd* (der Ortsvorsteher) meine Mutter kommen und sagte zu ihr: »Deine Tochter Fadhma macht dir Sorgen; bringe sie nach Fort-National (L'Arbaa Naït Irathen), wo man gerade eine Mädchenschule eröffnet hat. Sie wird dort glücklich sein und gut behandelt werden, und der Verwalter wird dich beschützen. Du wirst dich nie mehr über die Brüder deines ersten Mannes beklagen müssen.« Meine Mutter zögerte lange; die Erfahrung mit den ›Weißen Schwestern‹ hatte sie mißtrauisch gemacht. Aber ihr junger Mann und die Dorfbewohner, die in mir immer das Kind des Fehltritts sahen, betrachteten sie mit schiefen Blicken. Im Oktober oder November 1886 stimmte sie endlich zu, sich von mir zu trennen. Sie nahm mich wiederum auf ihren Rücken, und wir gingen fort. An diese Reise erinnere ich mich nicht mehr; ich weiß nur noch, daß wir flußabwärts von den Früchten des Erdbeerbaums gegessen hatten – ich sehe die roten Früchte noch heute vor mir. Hier endet nun der erste Teil meiner Kindheit. In den Ferien bin ich zwar ab und zu wiedergekommen, aber ich bin dann nicht mehr schlecht behandelt worden.

2

Taddert-ou-Fella

Um 1882 oder 1884 wurde das Waisenhaus in Taddert-ou-Fella gegründet, das seinen Namen dem benachbarten Dorf verdankt. Während dieser Zeit wurden die ersten Schulen in der Großen Kabylei eröffnet, die Schulen in Beni-Yenni, in Tamazirth und in Tizi-Rached, die den Herren Verdy, Gorde und Maille anvertraut wurden. Herr und Frau Malaval übernahmen die Leitung der Schule in Fort-National. Der Verwalter Sabatier wollte eine Mädchenschule gründen und ernannte zu ihrer Leiterin Frau Malavai, die den Posten annahm.

Er rief seine Caïds, seine Reiter und seine Feldhüter zusammen und trug ihnen auf, durch die Zeltlager zu ziehen, um kleine Mädchen zu suchen und sie zusammenzubringen. Die Caïds und die Reiter begaben sich aufs Land, ebenso auch die Feldhüter, die mit gutem Beispiel vorangingen, indem sie ihre eigenen Töchter herbeiführten. Alle Altersstufen waren vertreten, kleine Fräuleins und fast noch Babys. Bald reichte der Platz im Fort nicht mehr aus. Deshalb ließ die Gemeinde die Schule in Taddert-ou-Fella bauen.

Zwei Kilometer von Fort-National gab es eine Biegung auf der Straße nach Mekla; oberhalb dieser Biegung war eine von Hügeln umgebene Mulde, die rechts und links durch kleine Bäche, im Süden durch die Straße und im Norden durch einen Hügel, der von einer Ruine überragt wurde, umgrenzt war. Ungefähr ein Kilometer weiter lag das kabylische Dorf auf der Anhöhe. Noch 1890 konnte man am Straßenrand ein Schild sehen, das in Rundschrift verkündete: ›Waisenhaus von Taddert-ou-Fella, Eintritt nur mit Erlaubnis‹. Später war die Stange, auf der das Schild befestigt war, umgefallen, und sie wurde nicht wieder aufgestellt.

Als ich ankam, war ich noch sehr jung, und ich erinnere mich kaum an die ersten Jahre meines Aufenthaltes in der Schule. Sehr beeindruckt war ich, als man mich zu der Direktorin führte. Meine Mutter war zuerst zu dem Verwalter gegangen, um mich ihm anzuvertrauen. Es war nicht mehr Herr Sabatier, der gerade zum Delegier-

ten des Verwaltungsrates gewählt worden war, sondern Herr Demonque; die Gemeinde übernahm immer die Kosten für die Schule.
Ich sah eine große Frau in schwarzer Kleidung, sie schien todtrau-
rig. Sie hatte vor kurzem ihren einzigen Sohn, der an Typhus erkrankt war, verloren, und ihr Mann war einige Zeit davor gestorben. Ihre Heimat im Aveyron hatten sie verlassen müssen, weil eine
Reblausplage ihren gesamten Besitz zerstört hatte. Seit dem Tod
von Mann und Sohn hatte sich Frau Malaval mit all ihrer Hingabe
und all ihrem Fleiß auf ihre Arbeit in der Schule gestürzt.

Ich erinnere mich an einen riesigen Raum mit einem Fachwerk-
dach und sichtbaren Balken wie in einem Stall; auf drei Seiten
waren hohe breite Fenster, an die vierte Seite schlossen sich die
Zimmer der Direktorin an. In diesem Raum standen drei Reihen mit
Betten, die aus einem Holzgerüst mit drei Brettern bestanden; zwei
graue Decken dienten zum Schlafen, keinerlei Kissen, nicht einmal
Bettücher.

Als ich ankam, war der Schlafsaal voll. Die Großen mußten sich
um die Kleinen kümmern. Bis 1888 habe ich nur undeutliche Erinnerungen. Im Oktober desselben Jahres mußte ich in die Klasse der
Großen gehen. Wir Kleinen waren zu viert: Alice, Inès, Blanche und
ich, Marguerite. Man hatte uns französische Vornamen gegeben,
weil es zu viele Fadhmas, Tassadits oder Dahbias gab. Davor wurde
ich unterrichtet von Fräulein Soulé, die uns so schöne Lieder wie
›Le Bengali‹ und ›La Dame tartine‹ beigebracht hatte. Seit dem
Weggang von Herrn Sabatier machten die Caïds und die Feldhüter
keine Werbung mehr. Die großen Mädchen gingen wieder nach
Hause, um sich zu verheiraten, und da keine anderen Mädchen
mehr nachkamen, war der Schlafsaal bald zu groß; er mußte unter-
teilt werden, so daß der andere Teil als Speisesaal und Arbeitsraum
dienen konnte. Tatsächlich hatte man die Klassenzimmer schließen
müssen, die damals, als die Schule voll besetzt war, auf dem Hügel
errichtet worden waren. Bei Kälte war es übrigens nicht üblich, die
steilen Pfade hinaufzusteigen, um dort oben zu essen und zu arbeiten.

Von allen Mädchen, die diese Schule besucht haben, werde ich
nichts sagen, denn ich habe nichts Besonderes über sie zu erzählen.

Während all der Jahre habe ich unter ihnen gelebt, ohne auch nur eine von ihnen zu lieben oder zu hassen: wir waren in der Klasse, wir aßen, wir schliefen. Das Essen war so wie in allen armen Pensionaten: schwarzer Kaffee mit einem Brotrest am Morgen, am Mittag Linsen mit Steinchen, Bohnen, Reis oder zerdrückte Erbsen, sehr wenig grünes Gemüse – außer dem wilden Salat, den wir während unserer Spaziergänge auf den Feldern pflückten. Später mußte ich mich jedoch noch erinnern an die Winterabende beim gemütlichen Herdfeuer und an die wunderbaren Geschichten der großen Mädchen im Halbdunkel des Raumes; wir drängten uns nach der abendlichen Suppe so lange um die Erzählerinnen, bis uns die Lehrerin ins Bett schickte.

Um uns zu erwärmen, gab es auch ausgelassene Reigentänze, bei denen wir ›Auprès de ma blonde‹ oder ›C'était Anne de Bretagne avec ses sabots‹ sangen, und noch die Spaziergänge, wenn wir brav waren. Bei schönem Wetter gingen wir nach dem Mittagessen immer zur ›roten Biegung‹, bis wir wieder zum Unterricht zurück mußten.

Die ›rote Biegung‹ liegt auf der Straße nach Mekla. Der Abhang, der die Straße entscheidend formte, war sehr rot; ich weiß nicht, ob der Felsen diese Farbe hatte. Einige von uns gingen bis zum unteren Ende der Straße, die anderen kletterten vier oder fünf Meter nach oben, um ein zerklüftetes Gelände zu erreichen, wo zwischen Felsgeröll wunderschöne Alpenveilchen wuchsen. Manchmal spazierten wir auch in Richtung Fort-National, wovon mir die Frühlings- oder Sommerabende in strahlender Erinnerung geblieben sind. Immer wieder sehe ich die Sträucher voll mit blühenden Rosen und mit Klematis, woraus wir Girlanden machten, und mit wohlriechendem Geißblatt, die Wiesenteppiche gelber und weißer Gänseblümchen und die Kornblumen und die Butterblumen. Seitdem habe ich niemals mehr so viele Blumen, nie mehr eine solche Landschaft gesehen.

Die anderen großen Spaziergänge sonntags oder donnerstags führten uns ins Djurdjura-Gebirge; manchmal wanderten wir bis zu der eisenhaltigen Quelle; wir nahmen nur ein hartes Stückchen Brot mit und brachen dann auf. Ein anderes Mal gingen wir zum Gewerbehaus: ein großes Gebäude, das die Kabylen 1871 niedergebrannt hatten; nur die Kellergewölbe und einige verbrannte Mauerreste waren noch übrig. Beim Hinweg gingen wir quer durch die Stadt Fort-National, und beim Rückweg gingen wir um das Bollwerk herum und kamen dann im Garten des Militärgeländes heraus. Die Kastanienbäume bildeten einen Gewölbegang, und ab und zu fanden wir sogar eine Kastanie mit Schale, die aussah wie ein Seeigel.

Am besten erinnere ich mich aber an den kleinen Bach! ›Meinen Bach‹! Denn zehn Jahre lang verging kein einziger Tag vom Schulbeginn im Oktober bis zum Schulende im Juli, ohne daß ich einmal, ja sogar mehrmals zu meinem Bach eilte. Hier war mein Zufluchtsort! Dieser Bach zog sich auf eine Entfernung von ungefähr tausend Metern rechts an dem Schulgrundstück entlang, und er entsprang etwas oberhalb in dem Felsen. Im Sommer floß er ruhig dahin, und ein leichter Wasserstrahl schlängelte sich langsam zwischen den Ufern, ebenerdig auf unserer Seite und gegenüber mit einer sanften Böschung; denn um in das Feld unserer Nachbarin Fatima-t-Hamou zu gelangen, mußte man klettern. Dort sammelte ich alles, was man essen konnte, für meine Zwischenmahlzeit, wilde Kirschen, Feigen, Maiskolben und vor allem *bibras,* wild wachsende Zwiebeln.

An den Ufern dieses Baches waren sehr hohe Pappeln gewachsen; um sie hatte sich viel Weinlaub gerankt, so daß die Pergel der goldenen Trauben über dem Wasser hingen. Die Trauben wurden erst im November reif. An dem Tag, als die Besitzer des Grundstücks kamen, um zu ernten – ich war gerade im Unterricht –, ließen sie einige saftige gelbe Beeren in das klare Bachwasser fallen, und als ich um vier Uhr aus der Schule kam, fischte ich sie aus dem Wasser und aß sie mit großem Vergnügen.

Im Winter wurde aus dem Bächlein ein Sturzbach, und wenn es nachts regnete, hörte man ihn toben. Wenn das Wasser herabstürzte, grub es eine natürliche Wanne aus, die sich schnell füllte und wegen des starken Wasserfalls wie ein Schaumbad aussah. Mein Bach! Was für kostbare Stunden habe ich bei dir verbracht, was für Veilchen und Butterblumen habe ich dort gepflückt, ohne die Pflaumen von Fatima-t-Hamou zu vergessen, die ich ins Heu gelegt hatte, damit sie aufhören sollten zu reifen!

Eine sandige Allee führte von der Straße zur Schule; auf jeder

Seite waren Felder mit Feigenbäumen, die auf der einen Seite durch den Bach abgegrenzt wurden und auf der anderen Seite durch den Pfad, der sich zum Dorf hinaufwand, auf halbem Weg zwischen Taddert-ou-Fella und der Schule.

Eine Jungenschule gab es auch; weiter unten floß ein Rinnsal im Schatten einiger Eichen. Von dort kam ich oft mit Taschen voller Eicheln zurück. Noch weiter unten verfing man sich in einem wilden Gestrüpp von Brombeerbüschen und Weißdornhecken, von Disteln und Farnen. Im Herbst füllten sich die Büsche mit Beeren, aber am schönsten war der Weißdorn mit seinen weißen Blüten im Frühling und seinen roten Beeren im Herbst, die wir *zarour* nannten. Auf der anderen Seite des Baches lag, noch oberhalb des Wasserfalls, das Haus von Mohand Akli, dem Hausangestellten zur Zeit meiner Ankunft, ein abschüssiges Feld, nahe am Ufer eine Anpflanzung von Schilf und die sonderbare Quelle, die im Winter lauwarm und im Sommer eiskalt war. Wenn das Wasser der Schule im Sommer zu heiß war, füllten wir die Becher an der Quelle von Mohand Akli. So habe ich zehn Jahre gelebt, mehr draußen als drinnen, und drinnen blieb ich nur aus Zwang, in den Unterrichtsstunden und an den Regentagen.

Im Winter war es sehr kalt, und es schneite oft wochenlang. Der Schnee war so hoch, daß der Bedienstete die Vorräte nicht herbeischaffen konnte, vor allem nicht das Brot, das er gewöhnlich jeden Morgen brachte. Wir aßen also Brot, das acht Tage alt war; denn man mußte sich einen Weg auf der Straße mit Spatenstichen freischaufeln.

Ich erinnere mich auch noch, daß es Schafwolle schneite, wie man in der Kabylei sagt, und daß die riesigen Eiszapfen sich von den Ziegeln lösten und sich mit einem dumpfen Geräusch in diese Schafwolle hineinrammten. Wenn es aufhörte zu schneien, eilten wir hinaus, und wer am schnellsten in dieser Weiße laufen konnte, hatte gewonnen. Wir bauten Schneemänner und warfen Schneebälle. Im Klassenzimmer knisterte das Feuer im Ofen; auf ihm stand ein Topf, in dem Eis schmolz. Wer als erste wieder aus der Kälte zurückkam, konnte sich also unmittelbar in die Nähe des Ofens setzen; die Wildesten hatten immer die besten Plätze.

Eine Schülerin, die Yamina hieß und Germaine genannt wurde,

war stark und frech. Wenn ihr ein Platz gefiel, riß sie ihn auch an sich; sie nahm das Kind, das auf dem Platz saß, und setzte es einfach auf den Boden.

Am härtesten waren die Nächte. Es war eiskalt, und es gab kein Gefäß, in das die Mädchen hineinpinkeln konnten, und so machten die meisten Kleinen, unter denen auch ich war, ihr Bett naß. Ich sehe noch heute den Schrecken, der mich ergriff, als die Großen mich packten, eine an den Füßen, die andere an den Händen, um mich draußen mit eiskaltem Wasser abzuduschen; denn die Waschräume waren im Freien. So blieben wir einige Minuten, die uns wie Jahre vorkamen; danach rubbelte man uns kräftig ab. Ich weiß nicht, wer dieses Mittel verordnet hat, aber es wirkte Wunder, und seitdem habe ich nie mehr ins Bett gemacht.

Als ich ankam, wurde die Jungenschule von einem Mann und seiner Schwester geleitet; am Tag unterrichteten sie, und nachts stiegen sie zu dem alten Haus auf dem Hügel hinauf, um dort zu schlafen und ihre Mahlzeiten zuzubereiten. Sie besuchten uns manchmal, aber eines Tages spuckte der Mann Blut; er ging mit seiner Schwester weg, und sie kamen nie mehr zurück.

Lange Zeit wurde die Schule von Taddert-ou-Fella als ein Musterbeispiel vorgezeigt; so besuchten uns nach und nach die Regierungsmitglieder Burdeau, Foncin, Bourgeois, Combes und Jules Ferry. Oft kamen aus reiner Neugier auch Touristen wie der Großfürst Georg von Rußland.

Als ich klein war, hatte ich vor nichts Angst, und deshalb antwortete immer ich, wenn eine von uns antworten mußte. Und ich weigerte mich auch nicht zu fragen, wenn eine Lehrerin oder die Direktorin irgend etwas gefragt werden sollte.

Meine Mutter kam regelmäßig, aber doch nicht so oft wie in Ouadhias; denn wir waren weiter voneinander entfernt. Als meine Brüder jedoch groß genug waren, brachten sie mir zu jedem Fest meinen Anteil an den schönen Geschenken.

Einige Jahre lang – bis 1890 – kam ich nicht mehr ins Dorf, da die Ferien zu kurz und meine Brüder noch zu jung waren, um mich heimzuholen. Deshalb ging ich während des Hammelfestes zu der einen oder anderen Klassenkameradin, deren Eltern nicht so weit entfernt wohnten. Gastfreundschaft wird in der Kabylei großgeschrieben, und wie arm man auch sein mag, so wird man einem Kind doch niemals ein Stück Kuchen oder eine Schüssel Kuskus verweigern. Und deshalb wurde ich auch freundlich aufgenommen bei Tajenat in Tala-Amara, bei Valentine in Djema-n-Saridj und bei Saadia in Aïthelli.

Erst 1890 oder 1891 sah ich mein Dorf und das Haus meiner Mutter wieder. Meine Brüder waren groß geworden und konnten endlich selbst ihren Besitz verteidigen; sie konnten nun auch auf dem Markt die Erzeugnisse, die sie auf ihren Feldern geerntet hatten, und die Burnusse, die meine Mutter gewebt hatte, preisgerecht verkaufen. Sie hat mir später erzählt, wie groß ihre Freude an dem Tag war, als sie keine fremde Hilfe mehr für diese Vertragsabschlüsse benötigte.

Wie ich schon gesagt habe, hatte ihr zweiter Mann sie verlassen, um in seiner Familie die Stelle des verstorbenen älteren Bruders einzunehmen, wie es das kabylische *nif*, also die Ehre, verlangte. Meine Mutter hat ihn niemals wiedergesehen, aber sie sagte nur Gutes über ihn, weil er ihr in schwierigen Augenblicken sehr geholfen hatte. Meine kleine Schwester war im vorangegangenen Winter an Pocken gestorben.

Ich war mit Alice, einer Gefährtin aus dem Nachbardorf, von der Schule weggegangen; der alte Ali-ou-Idir begleitete uns, weil die Lehrerinnen Ferien machen wollten und wir sie dabei behinderten. Ich habe mehrere Tage mit Ruhe und ohne Arbeit erlebt, und keiner wagte mich mehr zu belästigen; aber ich bin auch selten aus dem Haus gegangen. Danach kehrte ich wieder in die Schule zurück.

In diesem Jahr schneite es sehr stark. Wochenlang waren wir eingeschlossen. Viele kleine Mädchen baten um Unterkunft; die Mütter von einigen waren Bettlerinnen vom Stamm der Aith-Khelili, die ihnen niemals Süßigkeiten brachten. Es gab vor allem eine Familie mit Waisenkindern; die Mutter war bei einem Brand umgekommen, und der Vater war eines Tages ermordet worden, als er gerade wieder seine Kreppel auf dem Markt verkaufen wollte. Von den fünf Kindern waren vier Mädchen; die zwei Ältesten hatten ungefähr mein Alter, eine war etwas jünger, und die vierte konnte noch nicht laufen.

Unter den Schülerinnen gab es auch kleine Französinnen, Töchter von Kolonialherren oder von Café-Besitzern aus Mekla, Tizi-Ouzou und Fort-National; ihr Schlafsaal und ihr Eßzimmer lagen nebenan, und sie kehrten nach Hause zurück, die einen, um zu heiraten, und die anderen, um in andere Schulen zu gehen. Alle habe ich sie nicht kennengelernt.

Die letzte, die Tochter eines Kolonialherren aus Mekla, erhielt ihr Zeugnis und bekam eine Stelle als Erzieherin. Eine andere Schülerin wurde berufen, in Azrou-ou-Quellal Unterricht zu geben; die meisten hatten schon ihr Abschlußzeugnis. Die Großen waren gegangen, nur drei mußten sich noch prüfen lassen, und als ob es zum Abschluß so hätte sein müssen, fielen sie durch.

Die Jahre vergingen, die Sommer, die Winter. 1892 war ich dann an der Reihe und erhielt mein Abschlußzeugnis. In den Fächern, die mir gefielen, war ich eine ganz gute Schülerin; so war ich die beste in französischer Geschichte, aber mir graute es vor Geographie – ich habe niemals die Verwaltungen der einzelnen Regierungsbezirke behalten können, während ich mich immer sehr genau an die Reihenfolge der Könige und ihre Bündnisse, an die Französische Revolution und an die Epoche Napoleons erinnert habe. Ich liebte Französisch, aber nicht die Erklärung von Sprichwörtern und Lebensregeln; besonders gern mochte ich Geschichten erzählen und erfinden. Und auch im Rechnen war ich nicht schlecht.

Für die Institutsbekleidung erhielten wir jedes Jahr Stoffballen aus Vichy mit blauem und weißem Karomuster; ein- oder zweimal im Winter haben wir auch rauhe braune Kleider getragen. In jedem Herbst kam außerdem ein Schuster, der uns Überschuhe und manchmal auch Halbschuhe anprobieren ließ; einmal beschädigt, wurden sie nie mehr ausgebessert, und wir warfen sie weg, indem wir sangen: »Meine Schuhe lassen Wasser durch; das ist der Fehler von Herrn Chagrau« (dem Schuster). So lebten wir friedlich bis 1893, als der Verwalter Demonque als oberster Bezirksbeamter nach Sidi-Bel-Abbès versetzt und seine Stelle von Herrn Masselot eingenommen wurde. In der Zwischenzeit hatte ein junges Mädchen bei uns das Glück, ihr Grundschulexamen zu bestehen und als Erzieherin eingesetzt zu werden; sie hatte eine feste Stelle in Aithichem, dem einzigen kabylischen Dorf, in dem der Caïd eine gemischte Schule aus Mädchen und Jungen gegründet hatte, und um mit gutem Beispiel voranzugehen, ließ er seine eigene Tochter, die später Hilfslehrerin wurde, diese Schule besuchen.

Bald darauf besuchte die Erzieherin häufig einen jungen Mann aus ihrem Dorf, der selbst aus der Hauptschule von Bouzaréah kam. Er war nach Taddert-ou-Fella auf die Stelle des Vorgängers, der aus Gesundheitsgründen weggehen mußte, berufen worden. Die zwei jungen Leute wollten gerne heiraten, aber die Eltern, die aus verfeindeten Familien stammten, verweigerten ihre Zustimmung. Frau Malaval nahm also die Angelegenheit in ihre Hände, und der Sachverhalt wurde sogar im Abgeordnetenhaus erörtert. Die jungen Leute gewannen den Prozeß: Es war die erste Ehe unter kabylischen Schulangestellten. Doch die Angelegenheit wurde zum Skandal, den man damals den ›Prozeß um die schöne Fatma‹ nannte. Dies brachte, glaube ich, der Schule viele Nachteile und der Direktorin zahlreiche Feinde, die ihr den Erfolg nicht gönnten. Man empörte sich gegen die Emanzipation der muslimischen Frau. Zur selben Zeit war die Schule für die Jungen schon Pflicht; wenn ein Junge die Schule schwänzte, erhielten der Sohn und sein Vater drei Tage Gefängnis und fünfzehn Franc Geldstrafe; die Jungen mußten also regelmäßig am Unterricht teilnehmen. Aber für die Mädchen gab es leider noch nichts Vergleichbares! Es gab keine weltliche Erziehung für Mädchen außer in unserer eigenen Schule, und selbst diese sollte unglücklicherweise bald geschlossen werden.

Tatsächlich besuchte uns Herr Masselot und sprach die folgenden Sätze: »Die Gemeinde kann die Kosten für das Waisenheim nicht mehr übernehmen. Die Schule muß also geschlossen werden, und die Schülerinnen sollen wieder in ihre Familien zurückkehren!« Er ließ uns in einer Reihe antreten und sagte zu uns: »Ich kann nichts für euch tun; wenn ihr Jungen wärt, würde ich euch den Burnus eines Feldhüters oder eines Reiters geben, aber ihr seid Mädchen…« Und er fügte gleichgültig hinzu: »Sie sind hübsch, sie werden heiraten…!«

Frau Malaval widersetzte sich diesem Beschluß; sechs Monate lang finanzierte sie das Waisenheim mit ihrem Geld, sie setzte Himmel und Erde in Bewegung und schrieb an Regierungsmitglieder und an einflußreiche Personen, die ihr helfen könnten. Und schließlich hatte sie im Oktober 1893 den Prozeß gewonnen. Es wurde beschlossen, das Waisenheim von Taddert-ou-Fella umzuändern in die ›Staatliche Hauptschule von Taddert-ou-Fella‹.

3

Die Hauptschule

1893 wurde also aus dem Heim eine Hauptschule. Man führte einige Veränderungen durch. Wir hatten nun Lehrer, die aus der Hauptschule von Miliana kamen. Wir wurden besser ernährt, aber die Schülerinnen, die sich am wenigsten zum Unterricht eigneten, wurden wieder nach Hause geschickt. Man hätte noch mehr Grundschulen benötigt, damit unsere Schule hätte weiter bestehen können, aber die Kabylen weigerten sich nun mehr denn je, ihre Töchter unterrichten zu lassen. Frau Malaval baute dennoch mehrere Kindergärten in den Dörfern auf, aber es fehlte genug ausgebildete Mädchen, um sie zu betreuen; sie vertraute sie also einigen ehemaligen Schülerinnen mit Abschlußexamen an, und dann wurden sie doch nur von Jungen besucht. Frau Malaval überprüfte ihre neuen Einrichtungen alle drei Monate. In unserer Schule in Taddertou-Fella konnte man bis zum Abschlußzeugnis gelangen; einige Mädchen hatten Erfolg, die anderen schickte man nach Hause.

So ging alles noch zwei Jahre weiter.

1895 wurden vier oder fünf Schülerinnen von uns zur Grundprüfung zugelassen; auch wenn mindestens eine von uns gut genug vorbereitet war, fielen wir alle durch.

Um nach Algier zu gehen, hatten wir alle die Landestracht angelegt, die seidene *fouta* (Wickelrock), den Gürtel, den Schal, kurz: die Festtagskleidung. Wir wurden zu sehr beobachtet; Kabylen und Glaubenstreue empörten sich über den Skandal. Die Schule wurde von neuem geschlossen.

Als die Direktorin bekanntgab, daß wir in unsere Dörfer zurückkehren müßten, entrüsteten sich sehr viele Mädchen; sie schrieben sogar an die Engländer (die als methodistische Missionare in der

Kabylei waren), um von ihnen Asyl zu fordern. Sie erhielten keine Antwort.

Tiefbekümmert verließ ich die Schule, denn ich war trotz meiner Jugend durch das Unglück reifer geworden und wußte, daß ich leiden mußte, aber nichts dagegen tun konnte. Mein Bruder hatte mich abgeholt, und ein Esel trug die kleine Kiste mit meinen bescheidenen Habseligkeiten.

Wie alle anderen verbrachte ich diese Ferien zu Hause. Meine Mutter ging auf die Felder, sammelte und dörrte die Feigen; meine Brüder schleppten abwechselnd die Säcke mit den Eschenblättern herbei, um die Rinder und die anderen Tiere zu füttern. Sie brachten auch Körbe von Feigen und Trauben nach Hause.

In den letzten Jahren hatte ich mich aufs Lesen gestürzt; ich las alles, was mir in die Hände fiel. Seitdem die Schule in eine Hauptschule umgeändert worden war, hatten wir auch eine Bibliothek, die gut bestückt war mit allen damals beliebten Büchern. So haben wir *Die Briefe aus meiner Mühle* und *Die schöne Nivernerin* von Alphonse Daudet, die Gedichte von François Coppée, *Die Islandfischer* von Loti sowie *93* und *Bug Jargal* von Victor Hugo gelesen; gründlich gelesen haben wir aber auch Molière, Racine und La Fontaine.

Wenn es bei uns draußen schwül wurde, schloß ich die Tür und rief mir im dunklen Haus alles, was ich gelesen hatte, wieder in die Erinnerung, bis meine Mutter in der anbrechenden Nacht zurückkehrte. Manchmal begleitete ich sie auf die Felder, aber meine nackten Füße konnten sich nicht an die Stoppelfelder gewöhnen.

Oft setzte ich mich im Weinlaubschatten an den Rand der Quelle; die roten und weißen Pergel hingen zwischen den Zweigen herab, und fern auf dem Hügel unterhalb des Flusses sah ich Fort-National umgeben von seinem Bollwerk mit den roten Ziegeln. Ich erblickte alle Reisen wieder, die ich schon hatte machen müssen, hin und zurück: was für Mühen, was für erduldete Leiden!

Wie viele Male hatte ich die nächtliche Heimkehr meiner Mutter abgewartet und zu ihr gesagt: »Du mußt mich rechtzeitig wecken, bevor mich die Sonne erreicht, wenn sie in Aïth-Frah aufgeht.« Denn dieser Anstieg war sehr beschwerlich für meine jungen Beine! Um von uns aus zum Fort zu kommen, mußte man immer steigen. »Von welcher Seite du auch nach Fort-National gehst, steigen mußt du immer«, sagt schon das Sprichwort. Und jedesmal stieg ich in der Morgenfrische bis zum Fluß hinab. Dort endete der angenehme Teil meines Ausflugs. Bald danach trafen mich die Strahlen der unerbittlichen Sonne in meinen Nacken. Und manchmal mußte ich rennen, um meinen Bruder, der schneller ging als ich, wieder einzuholen.

Ich sah wieder, wie ich auch mit meiner Gefährtin Alice wegging, begleitet von ihrem Vater, der Feldhüter war und eine Mauleselin hatte; Vater und Tochter ritten auf dem Tier, aber ich mußte ihnen zu Fuß folgen.

Ich dachte oft wieder an die Reise von Fort-National nach Taddert-ou-Fella, an diesen Weg, den ich so liebte, mit seinen Rosensträuchern, seiner Klematis, seinem wohlriechenden Geißblatt!

Zu Ende, die Spaziergänge zum Bach – zu meinem Bach! –, ich würde all dies nicht mehr sehen ... Und ich vermißte brennend das verlorene Paradies. Den Kopf gegen das Weinlaub gelehnt, träumte ich mit offenen Augen und sagte ängstlich zu mir: »Was wird aus mir werden?«

Ich ernährte mich von Feigen und Trauben. Wenn meine Mutter und meine Brüder ihre mühsame Tagesarbeit beendet hatten, stiegen wir zum Dorf zurück, wo wir uns bis Mitternacht schlafen legten. Zu dieser Stunde kehrte mein älterer Bruder mit seiner Eschenfuhre heim; mittendrin in der Fuhre lagen Schätze, schwere goldene Pergel oder Gemüse aus den Gärten, lange grüne Bohnen, kleine Kürbisse, mitunter sogar saftige rote Pflaumen. Meine Mutter ging dann zur Mühle, um das Korn zu mahlen, das uns am nächsten Tag ernährte.

Mit geschlossenen Augen sah ich wieder meine Kindheit, sah sie so weit zurück, wie ich mich erinnern konnte.

Zuerst als ganz kleines Mädchen mit einer Schülerin, die Micha gerufen wurde und mich auf ihrem Rücken schaukelte, wenn ich nach meiner Mutter rief und weinte. Später die Spaziergänge im Vollmond. Den Ball am 14. Juli wollten wir jedenfalls von weitem sehen und hören. Eines Tages war ich eingeschlafen und aus dem Tragetuch herausgepurzelt, so daß ich mich beinahe verletzt hätte.

An den Karnevalstagen bastelten die Großen eine Puppe aus Einwickelpapier; man trug sie durch den gesamten Schulbereich, und wir sangen hinter ihr her: »Auf Wiedersehen, armer Karneval, du verläßt uns und verschwindest nun ganz!« Und am Abend verbrannte man die Puppe, indem man sie vor dem Schlafsaal mit Öl übergoß.

An den schönen Maiabenden hörten wir die Gläubigen Marienlieder singen und lernten auch selbst, sie zu singen:

> *»De Marie, qu'on publie*
> *Et la gloire et les grandeurs«*

und

> *»C'est le mois de Marie,*
> *C'est le mois le plus beau!«*

Selbst die Bestrafungen in der Dunkelkammer, die Ohrfeigen, die ich ab und zu geerntet hatte, rief ich mir wieder mit Rührung ins Gedächtnis. Es gab auch Sommernächte, in denen ich, von Wanzen aufgefressen, meinen Kittel ins Wasserbecken tauchte, ihn feucht wieder anzog und mir sagte: »So werden keine Wanzen mehr kommen, und ich werde schlafen können!«

Diese schlechten Erinnerungen verblaßten an meinem Bach, zu dem ich ständig hinging; an seinem Ufer verbrachte ich die Abende im Schatten der Linden und las irgendein Buch – das ich stibitzt hatte!

Es gab auch Ferientage, an denen ich irgendwo herumstreunte, da das Haus meiner Mutter zu weit entfernt war.

Zum ersten Januar war ich einmal nach Tizi-Rached gegangen, wo Ouardia uns – Germaine, Charlotte und mich – hingebracht hatte. Dieses Dorf liegt im Tal, versteckt unter den Olivenbäumen, und es schneit dort nur selten. Am Ferienende mußten wir wieder in die Schule zurück. An einem Sonntag brachen wir bei sonnigem Wetter auf, aber als wir die Hälfte gegangen waren, war uns der Weg plötzlich durch Schnee versperrt, und je weiter wir vordrangen, desto dichter war der Schnee. Wir verloren die Spur, einige Gefährtinnen wollten wieder zurückkehren, doch ich weigerte mich, ihnen zu folgen. Sie mußten weiter entlang des Baches vorangehen; denn an seinem Ufer lag kein Schnee. Um ein Uhr nachmittags kamen wir erschöpft und ausgehungert an. Die Direktorin empfing uns, ließ uns die Kleidung wechseln und schickte uns ins Bett, damit wir uns aufwärmen konnten.

Noch immer sehe ich diese Frau vor mir. Sie war sehr groß und hatte breite Schultern; ein wenig männlich sah sie aus. Sie hatte eine hohe und intelligente Stirn und durchdringende graue Augen in einem länglichen Gesicht mit einem eigenwilligen Kinn. Eine kräftige, etwas vorwitzige Nase, der Mund eher groß, aber mit wunderschönen Zähnen. Ihr langer brauner Zopf hing bis unter ihre Hüfte herab. Sie trug manchmal ein Hauskleid. Ich sehe sie wieder in der Klasse, wie sie uns eine Lektion erklärte und ich sie dabei nicht aus den Augen ließ. Sie schritt im Zimmer hin und her und lehrte uns patriotische Lieder. Sie hatte nur zwei Leidenschaften: Frankreich und ihre Schule: denn ihr blieb nichts anderes mehr übrig, da ja ihr Mann und ihr Sohn auf algerischem Boden gestorben waren.

Sie erzählte uns mitunter von ihrer Familie, die aus dem Aveyron stammte und mit ehrenwerten, ja sogar adligen Kreisen verwandt war. Sie hatte eine breite Allgemeinbildung in dem besten Mädchenpensionat von Rodez erhalten; ihre Lehrerin, Schwester Saint-Charles, schrieb ihr noch immer Briefe.

Sie war tiefgläubig, aber sie sprach zu uns niemals von Religion, denn die Schule mußte unabhängig sein. Sie ging zur Messe, wenn sie konnte; die Schule war ungefähr zwei Kilometer von der Stadt entfernt.

Sie hatte uns Nähen und Stricken beigebracht, was vor allem die Großen gut beherrschten. für ihren Geburtstag machten sie heimlich schöne Wäschestücke mit ganz kleinen Falten, Nachthemden, Unterjacken oder Hosen mit Saum- und Spitzenstickerei und schenkten es der Direktorin. Ich war noch sehr jung und hatte für diese Tätigkeiten weder viel Geschmack noch viel Geduld.

Alle diese Erinnerungen erlebte ich eindringlich wieder in jenen Sommernächten von 1895.

Wenn meine Mutter aufgehört hatte, das Korn zu mahlen und es als Mehl in einem kleinen Korb gesammelt hatte, legte sie sich leise neben mich, um sich endlich auszuruhen.

Seit einigen Jahren war sie sehr fromm geworden. Sie war zu einem berühmten Scheich gegangen, der ihr einen Gebetskranz gegeben hatte, und immer, wenn sie einen Augenblick frei hatte, betete sie. Sie sagte niemals ein böses Wort.

Jeden Tag stand sie vor dem Morgengrauen auf, ging zum Brunnen und füllte die zwei Krüge für die Moscheen, für die oben und für die unten im Dorf, damit die Gläubigen, die zum Gebet kamen, ihre heiligen Waschungen vornehmen konnten. Wenn das getan war, ging sie zur Süßwasserquelle und brachte auf ihrem Rücken mehrere volle Krüge für den Hausgebrauch mit. Wenn sie zurückkam, schlief ich noch. Sie zündete das Feuer an, backte das Fladenbrot für den Tag und gab meinen Brüdern davon mit Molke zu essen; danach gingen sie aufs Feld.

Meine Mutter hatte ihre Arbeit erledigt: Sie hatte den Stall gesäubert, den Mist auf unser Feld in der Nähe des Dorfes getragen, und bis zum Mittag hatte sie die Feigen aufgesammelt. Zur selben Zeit kehrten auch meine Brüder zurück, um nach der großen Hitze erneut aufs Feld zu gehen. Ich begleitete sie dann und setzte mich an den Rand der Quelle. Sie lasen die Feigen auf und breiteten eine neben die andere auf das Schilfgeflecht. Unter der höchsten Esche hatten sie sich eine kleine Hütte aus Ästen gebaut und schliefen dort abwechselnd, um Diebe fernzuhalten.

Im Garten pflückten wir zarte Bohnen, Zucchinis, junge Zwiebeln und wenn meine Mutter am Abend kam, machte sie *mekfoul*, gedämpftes Gemüse mit Kuskus. Wenn alles gar war, schüttete sie es auf die große Platte, die zum Rollen des Kuskus diente, und beträufelte es mit frisch gepreßtem Olivenöl; sie vermischte es mit Holzlöffeln, und wir fingen an zu essen. Den Rest bewahrte sie für denjenigen auf, der früher als die anderen zum Feld aufbrechen würde.

Am Mittwoch ging einer meiner Brüder auf den Markt und brachte Fleisch mit. Das war das einzige, was wir außerhalb kauften; wir lebten ausschließlich von unseren eigenen Erzeugnissen.

Alle Ferien verliefen auf dieselbe Art. Schon nahmen die Feigen, die zum großen Teil gelesen waren, viel Platz im Haus weg. Der August war vorbei, der September schon seit langem angebrochen. Ich war nicht unglücklich, denn meine Mutter und meine Brüder ließen mich in Ruhe, aber ich sagte immer zu mir: »Was werde ich machen? Was wird aus mir werden? Bis wann werde ich in diesem

Haus bleiben können?« Mein älterer Bruder war schon verlobt und sollte bald heiraten.

Wenn meine Mutter nicht da war, ging ich mitunter zu einer Nachbarin. Dort waren alle hilfsbereit zu mir, denn ich schaukelte manchmal ein Baby, das nicht einschlafen wollte. Eine alte Frau mit angenehmem Gesicht, aber mit Augenlidern, die von einer mir nicht bekannten Krankheit gerötet waren, sagte gewöhnlich zu mir: »Daß Gott deine Sonne aus den Wolken hervortreten lasse!«

Und ich antwortete: »Amen.«

Ende September bekam ich plötzlich einen Brief von Frau Malaval, die mich einlud, in die Klasse zurückzukehren. Was für eine Freude war dies für mich! Was für eine Erleichterung!

Am 30. September war mein Bruder zum Markt gegangen und hatte Fleisch mitgebracht, damit ich ein gutes Essen zubereiten konnte. Ich packte all meine Habseligkeiten in mein Köfferchen und bat meine Mutter, mich so rechtzeitig zu wecken, daß noch die Sterne zu sehen waren. Ich brach sehr früh auf. Meine Mutter war traurig; sie hatte sich an meine Anwesenheit gewöhnt, und das Haus war gut bewacht, wenn sie nicht da sein konnte.

Sie umarmte mich zärtlich und wünschte mir eine gute Reise.

Ich eilte von neuem den bekannten Weg entlang, stieg in der Frühe den Hang hinunter, aber wie jedesmal hatte ich bald die sengenden Sonnenstrahlen im Nacken. Umsonst suchte ich schattige Plätze; es gab keinen Schatten.

Mit Freude ging ich auf dem Weg voran, der vom Fort zu meiner Schule führte. Überall blühten Blumen, aber ihre Blätter färbten sich schon gelb; Geißblatt und Klematis hingen in Girlanden herab, die bald vertrocknet sein würden. Dennoch betrachtete ich all dies entzückt, weil ich gedacht hatte, es nie mehr wieder zu sehen.

Als ich in der Schule ankam, war es noch früh – kaum neun Uhr morgens. Einige Schülerinnen waren schon vor mir da, die anderen tauchten während des Tages auf, einige kamen überhaupt nicht zurück. Wir waren, glaube ich, insgesamt sieben oder acht: Charlotte, Alice, Inès und ich wie auch Renée, Maria, Juliette. Sehr bald bemerkte ich die Unsicherheit unserer Lage: keine Lehrerinnen außer Frau Malaval ...

Es gab einen neuen Hausmeister, da der ehemalige nach Mekla gegangen war, um ein Stück Land und ein Haus mit vier oder fünf Zimmern zu verwalten. Frau Malaval hatte ein kleines Gut gekauft und dort all ihre Möbel hinbringen lassen. Der neue Hausmeister erledigte die Einkäufe und sogar die Küchenarbeiten. Ich könnte nicht sagen, wie viele Tage wir untätig warteten auf – ja ich weiß nicht einmal worauf.

Ich unternahm wieder meine Spaziergänge zum Bach. Ich stieg bis zu dem alten verlassenen Haus hinauf. Ich irrte wie eine ruhelose Seele von einem Ort zum anderen. Tatsächlich sollten wir für einige Tage getrennt werden. Da keine Zeit mehr gewesen war, die Meinen zu benachrichtigen, um mich abholen zu lassen, schickte mich Frau Malaval nach Mekla zu der Familie ihres Verwalters. Ich brach auf mit Juliette und ihrem Bruder, die nach Aïth-Khelili gingen. Frau Malaval dachte, daß die Trennung der Schülerinnen nur einige Tage dauern würde; sie hatte die Aufteilung einer ihr bekannten Lehrerfamilie, den Girardots, übertragen.

Ich weiß nicht genau, wie viele Tage ich in Mekla verbracht habe. Zu der Familie, in die ich kam, gehörten der Mann, die Frau (eine ehemalige Schülerin unserer Schule) und ihre zwei Kinder, außerdem der Bruder und die Schwester des Mannes. Diese war so häßlich, daß man sie nicht beschreiben konnte; in der Schule nannten wir sie ›die Chinesin‹. Der Bruder war geistig behindert, gerade gut genug, um eine Herde zu hüten, und schlimmer!

Ich versuchte, mich nützlich zu machen, und aß dasselbe wie sie. Glücklicherweise fand ich in dem einzigen Zimmer viele Feigen; wenn ich Hunger hatte, nahm ich ab und zu eine von ihnen. Da die Vorräte von dem Teil kamen, der für die Direktorin bestimmt war, schädigte ich meine Gastgeber nicht. Der Herbst war schon vorgeschritten, und man hatte die Feldarbeit begonnen. Herr Ou Hamitouche, der Verwalter, hatte *khammès* (roten Ton) besorgt, woraus seine Frau mit Erde und Stroh einen *akhoufi*, einen Krug für das künftige Korn, hergestellt hatte. Am ersten Arbeitstag hatte sie eine Platte mit dickem Weizenkuskus und vielen Saubohnen gekocht – was man bei uns *abissar* nennt.

Tag für Tag verging die Zeit. Ich hütete und schaukelte das kleinste Kind, wenn die Mutter beschäftigt war, und ich sang Romanzen, damit es einschlief. Ich legte mich unmittelbar auf den Boden unter die Wiege und vergegenwärtigte mir mein vergangenes Leben, indem ich mich ängstlich fragte, was mir noch zustoßen würde. Doch die Jugend ist hoffnungsvoll, und ich verzweifelte nicht.

Immer rief ich mir meine Erinnerungen mit Bedauern herbei. Viele vergessene Dinge kamen mir dann wieder ins Gedächtnis. Zuerst die langen Spazierritte auf dem Rücken des Maulesels nach Aït-Hichem, um unsere Freundin, die Lehrerin, zu besuchen. Es war im Winter; ich glaube, in den Januarferien. Auf der Straße ins Djurdjura-Gebirge lagen dann und wann Schneeberge; man mußte mit Schippen und Hacken einen Weg freischaufeln, und wir saßen auf den Eseln und berührten den Schnee mit unseren Füßen.

Ich erinnere mich auch an den Tag, als der Erziehungsminister die Schule besuchen sollte. Die Großen hatten an den Abhängen Blattwerk gepflückt und einen Triumphbogen zu seinem Empfang errichtet, aber der Minister kam nicht. Wir waren ihm bis nach Fort-National entgegengegangen; unsere Leinenschuhe waren mehr oder weniger zerfetzt, und wir kehrten durchnäßt zurück.

Ich dachte auch wieder an den sonntäglichen Grießkuskus, den die Großen mit Freude rollten; mit dem Rest an Korn und Soße bereiteten sie *afdir-ou-qessoul* (Pfannkuchen), die wir alle zusammen aus der großen Platte aßen, die zum Rollen des Kuskus diente.

Wenn ich das Kind in der Wiege schaukelte, schaukelte ich ebenso meine Sorge und meine Unruhe mit. Meinen Gastgebern folgte ich auch zum Waschhaus des Dorfes.

Eine weitere Erinnerung habe ich kaum mehr.

Die Tage vergingen eintönig, und ich lebte ständig in der Vergangenheit und in der Furcht vor der Zukunft. In diesem Augenblick erschien mir ein Traumbild, das ich seitdem als eine Voraussehung betrachtet habe.

Ich befand mich in einem Hohlweg; auf beiden Seiten, rechts wie links, sah ich zwei Eiswände, von denen klares Wasser herabrann. Vergeblich versuchte ich an den Wänden entlangzuklettern. Meine Anstrengungen waren ergebnislos geblieben, und so hatte ich mich – zweifellos in Erwartung des Todes – an den Rand des Rinnsals gelegt. Plötzlich sah ich einen riesigen Vogel mit auseinandergebreiteten Schwingen über meinem Kopf kreisen. Mit Schrecken beobachtete ich, wie er hin und her flog. Ich sah, wie er schließlich aus den Wolken herniederstieß, sich auf mich zustürzte und mich emporriß. Ich weiß nicht, wie lange ich auf seinen Flügeln saß; er flog über viele Städte, über viele Flüsse und setzte mich am Ende auf der Ebene ab, auf der das Krankenhaus von Michelet (Aïn EL Hammam) mit seinen Bogengängen stand. Und da erwachte ich.

Erst viel später habe ich meinen Traum begriffen: In diesem Krankenhaus sollte sich mein Schicksal erfüllen.

Einige Wochen später erhielt ich eine Nachricht von Frau Malaval, die mir befal, gemeinsam mit Juliette aufzubrechen; sie sollte von ihrem Bruder zur Schule zurückgebracht werden.

Juliette kam am nächsten Morgen. Wie zufrieden ich war, so traurig erschien sie: Ich sah also von neuem meine geliebte Schule wieder. Als ich ankam, fand ich sie nahezu leer; mittlerweile kehrten einige Schülerinnen, die einen Ausflug gemacht hatten, nach und nach zurück.

Frau Malaval war sehr mürrisch. Sie hatte dem Direktor der Unterrichtsbehörde angeboten, sich zurückzuziehen, wenn man nur wegen ihr die Schule schließen wollte, und ihr Opfer war angenommen worden. Die Behörde hatte eine andere Frau für die Leitung der Schule ernannt.

Wir blieben noch einige Wochen, vielleicht einen Monat, und warteten. Wir machten wieder Unterrichtsstunden, Diktate, Aufsätze, als ob nichts geschehen wäre. Dann sagte Frau Malaval eines Tages zu uns: »Die neue Direktorin kommt!« Das war ein heftiger Schmerz, diese Trennung, vor allem für sie, denn ich habe erst viel später das gesamte Ausmaß ihres Verzichts begriffen.

Weinend verabschiedeten wir uns von ihr. Ich habe sie nie mehr wiedergesehen. Ich habe nie mehr von ihr reden hören. Mit einer Ausnahme. Ich weiß nicht, ob dies im Frühling 1896 oder 1897 war. Sie war zurückgekommen, um uns wiederzusehen, aber Frau Sahuc, die neue Direktorin, hatte uns in der Klasse eingeschlossen, während sie ihre Vorgängerin empfing, und von ihrem Besuch erfuhren wir erst nach ihrem Weggang. Sie hatte versucht, Herrn Combe, der damals Unterrichtsminister war, auf seiner Dienstreise

245

durch Algerien zu sehen; anscheinend weigerte er sich aber, sie zu empfangen.

Herr Combe war zur Schule gekommen; er hatte Frau Sahuc zu unserem Verhalten beglückwünscht und jedem von uns zehn Franc und ein Nähzeug versprochen. Aber nach seiner Rückkehr nach Paris war er abgesetzt worden, und wir warten noch immer auf sein Nähzeug.

Frau Sahuc war eine ehemalige Schülerin von Miliana, die sich zum höheren Lehramt melden sollte. Sie betrachtete Taddert-ou-Fella nur als eine Notlösung. Sie – zumindest jedoch ihr Mann – stammte aus Blida, wo er Güter besaß; ab und zu besuchte er seine Frau, die meiste Zeit aber lebte er auf seiner Farm.

Sowie ich sie sah, hatte ich den Eindruck, sie niemals lieben zu können. Die Art, wie sie sich gegenüber meiner ersten Direktorin verhielt, hatte mich empört, und ich verzieh ihr nie, daß sie uns nicht erlaubt hatte, ihrer Vorgängerin ein letztes Mal auf Wiedersehen zu sagen.

Denn es war wirklich das letzte Mal, daß ich von Frau Malaval reden hörte. Ich kannte nicht ihre Anschrift; ich konnte mich nie mit ihr in Verbindung setzen. Aber tief in meinem Herzen habe ich eine große Verehrung für sie bewahrt, die Verehrung durch die Erinnerung und die ganze Zuneigung, zu der ich fähig bin.

Das Leben verlief wieder wie früher: Es gab eine Köchin, einen Laufburschen und eine Hilfslehrerin, die Frau Sahuc im Unterricht unterstützte. Aber ich glaube, daß sie von oben den Auftrag hatte, unsere Erziehung in eine andere Richtung zu lenken: Man durfte aus uns keine Lehrerinnen mehr machen.

Vom Laufburschen ließ sie Wolle kaufen und waschen, damit wir, wie sie sagte, lernen sollten zu spinnen und zu weben. Unter uns hatten einige, die Wolle schön bearbeiten konnten, daran Geschmack gefunden; mir gefiel dies aber nicht, ohne daß ich einen Grund wüßte.

Selten hatten wir Unterricht, und nie wurden wir geprüft. Wenn ich einen Augenblick frei hatte, floh ich zu dem Bach – er war nur wenige Schritte von der Schule entfernt. Dort sah ich wieder die Teppiche von Butterblumen und Gänseblümchen und Blumen so blau wie Augen. Noch einmal blühte der Weißdorn in den Hecken, und die Brombeersträucher hingen voller Beeren. Ich kehrte zurück zum Eichenwald, wo ich als hungriges kleines Mädchen meine Taschen mit Eicheln gefüllt hatte. Jetzt hatten wir keinen Hunger mehr, aber die Stimmung war unhaltbar, und mir selbst schien alles, was ich geliebt hatte, zu Ende zu gehen… Und dennoch schleppte sich der Zustand bis Juli 1897 dahin.

Dieses Jahr hatten wir in Ungewißheit gelebt. Die Schülerinnen sprachen miteinander über diese und jene Möglichkeiten. Der Deckmantel, der über unsere Tätigkeit gebreitet wurde, war mehr schlecht als recht gewebt worden. Zwei Schülerinnen waren hinausgeworfen worden, weil sie sich eines Nachts geprügelt hatten. Und ich sammelte Erinnerungen.

Ich eilte wieder die zwei Wege entlang: Der rechte Weg, mit einer Biegung und weniger abschüssig, war ausschließlich den Lehrerinnen vorbehalten; der linke Pfad, gerade und steil wie eine Leiter, war für die Schülerinnen bestimmt. Aber jetzt konnten wir den Weg wählen, den wir wollten!

Oft habe ich seitdem an die eiskalten Tage gedacht, wenn wir schon vor dem Morgengrauen diese Wege hinaufklettern mußten, um zu dem Unterricht im Licht einer qualmenden Lampe zu gelangen. Wofür diese ganze Mühe, fragte ich mich, wofür diese Leiden? Wozu würde dies nutzen?

Ich strich jetzt durch diese leeren großen Zimmer, in denen meine Kindheit vorübergegangen war. Ich betrachtete nacheinander die Bilder der Fabeln La Fontaines, die die Schulwände bedeckten: ›Der Reiher mit dem langen Schnabel‹, ›Der Wolf und der Storch‹, ›Der Fuchs und der Ziegenbock‹, ›Das Kind und der Schulmeister‹. Diese Fabeln hatte ich alle auswendig gelernt. Zehn Jahre lang hatte ich auf diesen Bänken gesessen. Was für einen Sinn hatte dies gehabt?

Im Sommer 1897 wurde ich krank; ein heftiges Fieber, das, so glaube ich, von einem Sonnenstich kam. Mehr als zwei Wochen hütete ich das Bett, und ich fühle gleichsam noch heute, wie mein Herz gegen den Holzrahmen des Bettes schlägt. Frau Sahuc hat sich niemals über mich gebeugt, hat mir nie Kräutertee bringen lassen, und wenn ich die Schülerinnen bat, weniger Lärm zu machen, sagte sie zu mir: »Lerne leiden!« Nur Dahbia-Maria kam näher zu mir, um zu wissen, ob ich irgend etwas nötig hätte. Ich bat sie, mein Taschentuch in Essig zu tauchen; das betäubte mich etwas, und ich schlief wieder ein. Erst am Ende von zwei oder drei Wochen erhielt ich schließlich eine Chinintablette. Noch sehr schwach, stand ich dann auf und erholte mich nur langsam von der Krankheit. Ende Juni befahl man uns, bald unsere Siebensachen zu packen; denn vom Juli an sollten wir wieder in unsere Familien zurückkehren, da die Schule nun für immer aufgelöst wurde.

Der Inspektor des Schulbezirks hatte gesagt: »Sie sind nicht häßlich, sie werden sich verheiraten«; es war ihm aber nicht bewußt, daß der Kabyle instinktiv einer gebildeten Frau mißtraut.

Anfang Juli holte mich mein Bruder ab. Ich hatte der ganzen Schule und ihrer Umgebung auf Wiedersehen gesagt, hatte meinen Bach wiedergesehen, aber wegen meiner Krankheit in diesem Jahr ohne Pflaumen und Birnen aus dem Garten der Fatma-t-Hamou zu stehlen. Ich hatte den Eichen, den Feigenbäumen, den Klassenzimmern, dem Schlafsaal mit seinen aus drei Brettern gezimmerten Betten auf Wiedersehen gesagt. Ich war noch einmal stehengeblieben vor den Bildern der Fabeln La Fontaines, die die Wände schmückten, vor den Waschbecken, wo ich mich so oft gewaschen hatte, vor dieser ganzen Anlage, die an meinen zahlreichen Leiden und an meinen sehr seltenen Freuden unveränderlich teilgenommen hatte. Ich sagte Taddert-ou-Fella auf immer Lebewohl. Ich umarmte die Schülerinnen, grüßte Frau Sahuc und wandte meiner Kindheit und meiner Jugendzeit den Rücken.

4

Wie ich mein Dorf kennengelernt habe

Als ich an diesem Nachmittag im Juli mit meinem Bruder aufbrach, war ich blaß und abgemagert; ich hatte kurz vor der Abreise noch einmal einen Fieberanfall gehabt. Ich sagte meinem Bruder, er solle langsam gehen, denn ich konnte ihm nicht folgen, obwohl er den Esel, der mein Köfferchen trug, führen mußte.

Als wir am Fluß ankamen, stand die Sonne hoch am Himmel,

und man hörte nur das schrille Zirpen der Zikaden in den Olivenbäumen. Die Natur glühte, und meine nackten Füße brannten im
Sand am Rand des Flusses. Aber wir mußten noch die Steigung, die
zum Dorf führte, hinaufklettern, und ich war sehr schlapp. Ich bat
meinen Bruder, mich ein wenig ausruhen zu lassen. Wir setzten uns
einen Augenblick in den Schatten eines Pistazienbusches. Als ich
etwas ausgeruht war, gingen wir weiter. Ich glaube, daß ich sogar
kurz auf den Esel gestiegen bin, aber das war nicht bequem, und so
stieg ich wieder ab.

Wir erreichten das Dorf in der Abenddämmerung. Meine Mutter
empfing mich, indem sie mir einen Krug mit Ziegendickmilch
reichte; dieses erfrischende und stärkende Getränk brachte mich
wieder auf die Beine.

Als wir allein waren, erklärte ich meiner Mutter, daß ich nun für
immer zurück war, weil man die Schule geschlossen hatte und alle
Schülerinnen in ihre Familien zurückgeschickt worden waren. Sie
antwortete mir: »*Mektoub*. Der Wille Allahs geschehe. Solange ich
lebe, stehst du unter meinem Schutz; nach mir wird sich Allah, wie
er sich um die Vögel sorgt, auch deiner erbarmen.«

Von diesem Tag an wollte ich allen Glanz der westlichen Zivilisation aus meinem Gedächtnis verjagen. Da die *Roumi* (Christen, Europäer) uns zurückgestoßen hatten, beschloß ich, wieder Kabylin zu
werden.

Ich sagte meiner Mutter, daß sie mir nun die Hausarbeiten beibringen müsse, damit ich sie unterstützen könnte. Seit dem Tag
nach meiner Rückkehr folgte ich ihr mit einem Krug auf dem
Rücken zum Brunnen, um unser Wasser herbeizuholen; danach
ging ich zum Stall und säuberte – so gut ich konnte – die einzelnen
Unterstände der Tiere.

Wie alle Frauen des Dorfes hatte meine Mutter Töpferwaren hergestellt, die als Haushaltsgeräte benutzt werden sollten; von weit her
hatte sie den dafür geeigneten Ton geholt. Während der Osterferien
hatte ich gesehen, wie sie den Ton befeuchtete und knetete und mit
der Hand alle Steinchen herausholte, damit die Masse – wie sie
sagte – zart wie Seide würde. Sie hatte dieses Jahr viele nützliche
Gegenstände hergestellt, Krüge, Amphoren, Töpfe sowie die großen

Schüsseln, in denen man das Fladenbrot backen konnte, und die großen Krüge, in denen man Wasser, Öl und alle Arten von Vorräten, Trockengemüse und Mehl, aufbewahren konnte; denn den ganzen Sommer über legte man sich in meinem Dorf Vorräte für den Winter ein.

Eines Morgens sagte sie zu mir: »Heute werden wir die Töpferwaren brennen!« Meine Brüder gingen als erste los und gruben ein großes Loch in ein abgeerntetes Feld, dann holten sie vorsichtig zuerst die einen, dann die anderen Formen, und meine Mutter ging mit ihnen; ich folgte ihnen mit einigen Tellern in den Händen. Meine Mutter und meine Brüder hatten einen Haufen morscher Holzscheite aufgeschichtet, die leicht zünden können.

Das ausgegrabene Loch wurde mit den Töpferwaren gefüllt, die dicken Stücke zuerst, dann die mittleren und schließlich die kleinsten. Sie bedeckten alles mit Erde und zündeten es an. Den ganzen Tag brannte das Feuer. In der Dämmerung wurde die Feuerstelle gelöscht, und meine Mutter, meine Brüder und ich brachten alle gebrannten Töpferwaren ins Haus. Erst spät war die Arbeit beendet, aber alles stand an seinem Platz, als wir anfingen, den Kuskus, den meine Mutter mit Saubohnen und jungen Erbsen vorbereitet hatte, zu essen.

An einem anderen Tag mußte der Stall gesäubert werden, und meine Mutter trug den Mist in einer Weidenkiepe auf das Feld in der Nähe des Dorfes. Dann begannen wir, das Fell, das man vom Rücken der Mutterschafe und ihrer Lämmer geschnitten hatte, zuzubereiten; meine Mutter machte mit etwas Asche eine Art Lauge und weichte ihre Wolle darin ein, um sie am nächsten Tag im Bach waschen zu können.

Das Haus, in dem wir wohnten und auch schon viele Generationen vor uns gewohnt hatten, war groß genug und wahrscheinlich aus Stein und Lehm gebaut. Unter dem Dach mit den kleinen Ziegeln gab es ein Schilfgeflecht, das mit Schnüren aus Alfagras verbunden war. Ganze Baumstämme stützten das Dach, und um das Bauwerk noch zu festigen, waren zwei dicke Balken von einer Mauer bis zur anderen eingefügt. Unter dem Dach befanden sich Löcher mit 20 mal 40 cm großen Öffnungen an den Wänden, aber nicht zur Straßenseite hin.

Im Innern war das Haus in drei ungleiche Abschnitte aufgeteilt. Im größten Raum wohnten wir. Der Boden war mit dickem Kalkanstrich aufgetragen und mit Kieselsteinen geglättet. Mehrere Tage hatten Frauen diesen Bodenbelag gescheuert, damit nicht eine Unebenheit übrig bliebe; er glänzte so sehr, daß man sich darin spiegeln konnte. An zwei Mauern standen halbhohe Regale, auf denen alle Amphoren mit den Vorräten standen. Unter den Regalen waren kleine Vertiefungen ausgehöhlt, um in die eine die Wasserkrüge und in die anderen die Lämmchen und die Zicklein stellen zu können. Die Mauern waren ebenso wie der Boden mit Kieselsteinen geglättet.

Jedes Jahr im Frühjahr holte meine Mutter eine Art weißblaue Erde (*thoumlilt*), und mit einem großen Besen aus biegsamem Ginster fegte sie das Haus durch und strich die Wände und auch das Dach weiß. Sie malte sogar einige Bilder auf die Mauern, damit das Haus besonders schön wäre.

Der zweite und kleinere Teil des Hauses war aus Stein und Erde gebaut, ungefähr einen Meter hoch und mit Zweigen und glatter Erde bedeckt. Er wurde zur Straßenseite hin von zwei großen gemauerten Quadern überragt, die fast bis zum Dach reichten: das waren die *ikhoufanes* (Vorratsbehälter), die in jedem Haus unentbehrlich sind.

An der Türseite konnte man, wenn sich jemand ausruhen wollte, noch ein Bett unterbringen.

In diesem kleinen Haus hatte man drei weitere Vertiefungen ausgehöhlt, die *mduoued* genannt werden; darin lagerte man das Tierfutter; in zwei Löchern für die Rinder und im dritten für den Esel. Die großen Tiere blieben aber im Stall.

Der dritte Teil war endlich der eigentliche Stall für die Rinder, den Esel, die Ziegen oder die Mutterschafe. Unter dem Dach war eine Art Hängeboden von derselben Größe wie der Stall; dort lagerte man die Vorräte oder brachte ein verheiratetes Kind unter.

An denselben Hof mit demselben Tor schlossen sich drei weitere ähnlich gebaute Häuser an; sie gehörten den Verwandten meiner Brüder. Oberhalb davon wohnte die alte Frau, die immer zu mir sagte: »Allah möge deine Sonne aus den Wolken hervortreten lassen!«

In diesem begrenzten Raum mußte ich von nun an leben. Ich wollte nicht mehr an mein vergangenes Leben zurückdenken, da ich vergessen mußte, einmal eine Schülerin gewesen zu sein. Ich hatte mich entschieden, daraus zu machen, was mir möglich war. Ich war nicht unglücklich, und vor allem hatte ich genug zu essen; nichts wurde mir vorenthalten von dem, was wir besaßen.

Die Kornernte war eingebracht; eine ganze Ecke des Zimmers war voller Gerste und Weizen. Meine Mutter sagte zu mir: »Fadhma, meine Tochter, wir werden unsere Ernte vermessen, in den *khoufi* (Vorratskrug) legen, was uns gehört, und den Rest dem Scheich und den Armen geben.« Sie nahm die Maßeinheit von einem Doppel-Dekaliter, legte neun Liter in den *khoufi* und den zehnten zur Seite und ebenso in der Folge mehrere Male, bis der Haufen aufgebraucht war. Dann deckte sie den *khoufi* mit einer sehr großen Tonplatte zu und schloß das Ganze mit Lehm ab; denn der *khoufi* hatte vier runde Löcher, die groß genug waren, um den Arm durchzulassen und das Korn wieder herauszuholen, wenn es nötig wäre. Diese Löcher waren durch gleich große Korken verschlossen worden.

Von dem zehnten Teil für Allah nahm meine Mutter soviel, wie dem Scheich gehörte, der alle Unglücklichen ernährte; den Rest verteilte sie unter alle Armen, die vorbeikamen.

Die Tage vergingen, einer wie der andere. Meine Mutter hatte die Wolle erst ausgekämmt, dann gekrempelt; sie brachte mir das Spinnen bei, damit ich mir eine Decke für den Winter weben konnte.

Die Feigen begannen zu reifen und ebenso die Trauben. Dann kamen immer die angesehenen Persönlichkeiten des Dorfes zusammen, um das zu machen, was man die *Dâoua* nannte. Es war jedem Dorfbewohner verboten, Feigen oder Trauben zu pflücken, bevor die Honoratioren die *Dâoua* wieder aufhoben und die Ernte freigaben. Diese Wartezeit von fast zwei Wochen sollte so viele Feigen reifen lassen, daß alle Einwohner davon genug hatten.

Wer diese *Dâoun* nicht achtete, war verflucht und beendete diese Feigenzeit nicht bei bester Gesundheit. Nur sehr selten hatte ein

Kind Lust, Feigen vor dieser Erlaubnis zu pflücken; denn alle fürchteten, daß das Dorf verflucht werde.

Im allgemeinen verkündete der öffentliche Ausrufer am 15. August von der Höhe der Moschee herab die Aufhebung des Verbots. Was für eine Freude am nächsten Tag! Von der ersten Tagesstunde an schleppten die Kinder, die Männer und sogar die Frauen schwere Körbe mit schwarzen oder weißen Feigen herbei, Feigen, aufgeplatzt durch den Tau, wie ich sie seitdem nie mehr wiedergesehen habe!

Uns gehörte ein Feld mit Feigenbäumen; *Thoujal* nannte man es. Dorthin ging ich sehr gern mit meiner Mutter; denn es war nicht sehr weit vom Dorf entfernt, man mußte aber einen steilen Hang hinabsteigen, um dorthin zu kommen, und einen unwegsamen Anstieg hinaufklettern, um wieder zurückzukommen.

Einige Feigenbäume auf diesem Feld mußten 100 Jahre alt sein; sie bedeckten weite Flächen, und wenn man unter ihnen war, sah man die Sonne nicht mehr. Ihre Zweige hingen bis zur Erde herab, und man brauchte Helfer, damit sie nicht auf dem Boden schleiften und man unter ihnen hindurchgehen konnte. Ihre Feigen waren außen schwarz und innen rot und so zuckersüß!

Meine Mutter sagte zu mir: »Iß nur! Iß.«

Jeder Feigenbaum hatte seinen Namen; einer hieß *Aboussecour* (am Hals des Rebhuhns), *Aboureman* (wie ein Granatapfel), *Ajendjer*, *Thaghanimth* und die ganz kleinen *Tabheloute* (wie Eicheln). Auch die Trauben wuchsen prächtig. Dicke Pergel hingen im Weinlaub, das sich um die Pappeln entlang des Baches gerankt hatte, und dies erinnerte mich an Taddert-ou-Fella. Ich stieg zur Quelle, die vom Weinlaub verdeckt war; kräftige rote Pergel senkten sich herab und berührten fast meinen Kopf. Wir hatten auch einen Gemüsegarten am Bachufer; lange Bohnen, grün und zart, schleiften in den vollen Bewässerungsrinnen.

Wenn die Feigen reif wurden, sammelten wir eine nach der anderen auf und breiteten sie vorsichtig auf Weidengeflechten aus. Jeden Tag stiegen meine Mutter und ich nach *Thoujal* hinab, bis alle Feigen abgeerntet waren. Wenn die Geflechte fast trocken waren, schichtete man eine auf die andere, damit die Feigen zusammengedrückt wurden, und nachts bedeckte man sie wieder mit großen Korkplatten, um sie vor dem Tau zu schützen; das nannte man *asemneni* (auflegen).

Nach und nach wurden die getrockneten Feigen ins Haus gebracht und in die Ecke gelegt, die eigentlich für das Korn gedacht war.

Dann mußte man an die fast reifen Trauben denken. Wir gingen in ein anderes, *taferant* (Weinberg) genanntes Feld. Dort wuchsen schöne goldene Pergel, die wir aber nicht ganz aufessen durften; wir mußten einen Teil abgeben, um dafür Korn zu kaufen, da unsere Ernte nicht für ein ganzes Jahr ausreichte. Meine Brüder pflückten die Pergel; meine Mutter und ich lasen die schlechten und die von Vögeln oder Wespen angefressenen Beeren einzeln aus. Wenn das getan war, füllte man die *échouaris*, lange Weidenkörbe, die in der Mitte durch einen Verbindungsgriff zusammengehalten wurden; man legte diesen Griff auf den Rücken des Esels oder des Maulesels, und die Körbe hingen auf beiden Seiten des Tieres herab.

Wenn ein *chouuri* voll war, hörte man mit dem Pflücken auf, und wir stiegen hinauf ins Dorf, wo meine Mutter das Abendessen bereitete. An den Abenden vor dem Markttag backte sie ein großes Fladenbrot, das derjenige meiner Brüder mitnehmen würde, der in Aumale Trauben verkaufen und die Kornlast, Gerste oder Weizen, mitbringen sollte. Meine Mutter gab ihm ein wenig Geld mit; er legte sein Fladenbrot und einige Pergel Trauben in die Umhängetasche, und im Morgengrauen des nächsten Tages brach er auf mit anderen Dorfbewohnern, die wie wir Beeren verkaufen mußten. Die dunklen Trauben, die nicht zum Essen verkauft werden konnten, brachten meine Brüder zur Mühle Moutier. Der Eigentümer dieser Presse, den man gewöhnlich *Mouli* nannte, kaufte diese Traubenart zu niedrigem Preis auf, um daraus Wein zu machen.

Der August war vorbei, und der September hatte schon lange begonnen; die ersten Gewitter waren niedergegangen, und man hatte schon angefangen, die weißen Rüben zu ernten. Alle guten Feigen waren eingebracht; es blieb nur noch eine kleine Menge, die wir beiseite legten; denn diese Feigen waren weich und mußten deshalb als erste gegessen werden. Meine Brüder hatten die Trauben in den Städten verkauft; manchmal brachten sie dafür riesige blutrote Wassermelonen mit.

Unglücklich war ich bei meiner Mutter und meinen Brüdern nicht, aber ich beunruhigte mich über meine Zukunft, und meine Mutter, die meine Sorgen bemerkte, sagte zu mir: »*Khoulefloumour i bhabhim*« (Überlasse dein Schicksal dem Willen Allahs).

Der Oktober war angebrochen. Meine Brüder hatten die Rinder, die sie gemästet hatten, verkauft; es gab nur noch Kleinvieh. Der Scheich war zum Ernteopfer gekommen. Das Dorf hatte die fettesten Rinder gekauft, um sie zu schlachten und unter allen Bewohnern, die ihren Anteil bezahlen mußten, zu teilen: Man führte die Opfertiere ganz um die Häuser herum, damit der Schutzgeist der Ernte gnädig sei und es ausgiebig regnen und das Korn dick und kräftig wachsen lasse.

An diesem Tag gingen wir schon früh an den Brunnen, und die Wasserkrüge wurden bis zum Rand gefüllt, und die Behälter wurden voll aufbewahrt; denn meine Mutter sagte mir, daß man viel Wasser brauche, um das Fleisch zu waschen, weil es beim Teilen von vielen Händen angefaßt wurde. Der Scheich segnete die Tiere (nach der Sitte sollte für diesen Anlaß ein Scheich von weither kommen; er durfte nicht zu den Dorfmarabuts gehören). Die Tiere wurden getötet und zerlegt, die Haut und die Köpfe verkauft, das Fleisch geviertelt, und jeder erhielt ein großes Stück.

Früh am Morgen hatte man die Töpfe auf das Feuer gesetzt und das Gemüse geputzt; man hatte aus dem Garten einen Arm voll zarter Disteln gebracht, und meine Mutter hatte eine beträchtliche Menge Kuskus gerollt. Unser Fleisch wurde zum Kochen aufgesetzt, und wir begannen, auf der Türschwelle Geschichten zu erzählen, bis die Mahlzeit zubereitet wäre. Meine Mutter spann ihre Spindel, und ich überwachte das Feuer.

Weitere Tage vergingen, die Aussaat lag hinter uns, und meine Brüder waren für einige Tage verreist; meine Mutter und ich waren allein an der warmen Feuerstelle. Wir befanden uns im November, und die Nächte waren frisch. Als einziges Licht hatten wir eine verrußte Lampe, die an einem Balken an der Wand über der Feuerstelle hing. Meine Mutter sagte damals zu mir: »Fadhma, meine Tochter, es ist nun an der Zeit, daß ich dir einige Sachen erkläre.«

Sie berichtete mir jetzt all das, was ich zu Beginn dieser Geschichte erzählt hatte. Sie sprach von ihren Leiden, von ihrem Martyrium, das sie durch die Schuld des verfluchten Kaci hatte erdulden müssen. »Gebe Gott, daß er ohne ein männliches Kind sterbe und sein Besitz an seine Brüder falle«, sagte sie mir. Sie sprach auch von dem Tag, als sie ihren Prozeß verloren hatte. Aus lauter Verzweiflung, daß sie mich nicht von meinem Vater anerkannt sah, hatte sie versucht, mich in einem eisigen Wasserbecken zu ertränken; aber, so fügte sie hinzu, sie hatte mich ganz schnell wieder herausgezogen, abgetrocknet und an ihre Brust gelegt, um mich wieder zu wärmen. Die Frau des Friedensrichters, die kein Kind hatte, wollte mich adoptieren; aber meine Mutter hatte es doch vorgezogen, mich bei sich zu behalten.

Sie erzählte mir die Szenen von den Kaktusfeigen; ein böser Junge hatte mich in die Hecke geworfen, und sie hatte einen ganzen Tag dazu gebraucht, die Dornen aus meinem Körper zu ziehen. Ich erfuhr auch, wie sie mich, um mich von der Boshaftigkeit der Kinder fernzuhalten, zu den Schwestern gebracht hatte und wie sie mich dann wieder von ihnen zurückgeholt hatte, weil sogar diese Schwestern mich mit einer Peitsche geschlagen hatten. Je mehr sie erzählte, um so mehr riß der dichte Schleier, der meine Sicht bis dahin bedeckt hatte, und ich verstand nun: Viele Dinge wurden mir erklärt, die mir vorher sehr undurchsichtig erschienen waren.

Ich verstand auch, warum ich immer eine Außenseiterin gewesen war, warum ich allein und kein anderes Mädchen aus meinem Dorf zu den Christen gegangen war. Warum alle diese heimlichen Vorbehalte! Und endlich: warum man mir bei jedem Streit das Wort, das verletzt und so schmerzt, ins Gesicht schleuderte!

Eine Erinnerung an die Schule tauchte wieder auf. Eines Tages, als wir auf dem Hügel neben dem alten verlassenen Haus herumspazierten, waren Wandermusikanten vorbeigezogen und hatten eine Tamburinvorstellung gegeben. Einer von ihnen entdeckte mich, und während er auf mich zeigte, flüsterte er einem der großen Mädchen einige Worte zu. Ich hatte ihn nicht wiedererkannt, aber dieser Mann erzählte das Geheimnis meiner Geburt! Von nun waren alle Schülerinnen auf dem laufenden, und immer wenn ich mich nun zu verteidigen suchte, wurde ich mit dem verletzenden Wort gegeißelt.

Im Dorf hörte ich auch oft einige Frauen sagen, indem sie mich mitleidig ansahen: »Gott möge den Kaci verfluchen; denn es ist seine Schuld, daß eine so hübsche Kleine der Verdammung geweiht ist!«

Je mehr meine Mutter sprach, um so mehr verstand ich, warum ich nicht war wie die anderen. Obwohl ich das hübscheste Mädchen vom Dorf war, hätte es kein junger Mann gewagt, sich mir mit einem Heiratsantrag zu nähern und damit die öffentliche Meinung herauszufordern; der Schandfleck, der durch die Schuld eines anderen auf meiner Stirn eingeritzt war, blieb unauslöschlich.

Meine Mutter sprach lange. Sie erzählte mir auch, wie sie daran gelitten hatte, daß die Brüder ihres Mannes sie davonjagen und ihr das Eigentum und die Kinder wegnehmen wollten. »Aber«, so fügte sie hinzu, »meine Söhne sind groß geworden, sie sind nun Männer, und die Tätowierung an meinem Kinn ist mehr wert als der Bart der Männer.«

Sie erzählte mir unter Tränen von dem Bruch mit der eigenen Familie, von den Verabredungen mit ihrer Mutter am Bach von Tagragra, und heftig schluchzend berichtete sie mir vom Tod ihrer Mutter und von dem Verbot, sie nicht einmal als sie schon tot war wiedersehen zu dürfen, und von dem brennenden Schmerz, den sie selbst nach so vielen Jahren noch immer empfand. Ich hatte mich ihr genähert, und indem ich ihre Stirn küßte, sagte ich zu ihr: »Gott, der uns bis heute geschützt hat, wird uns nicht verlassen.«

Dann legten wir uns zu Bett. Mit geschlossenen Augen ließ ich mein vergangenes Leben, das so schmerzhaft und voller Erniedrigungen gewesen war, an mir vorüberziehen. Ich verstand nun endlich den Grund, und ich verstand, warum die Mädchen der Schule mich ›das Mädchen des Kommissars‹ nannten; denn meine Mutter hatte mich dem Verwalter Demonque anvertraut.

Meine Brüder kamen von der Reise zurück. Wie viele Menschen des Dorfes hatten sie Kramsachen verkauft: Weihrauch, Antimon, kleine Halsketten. Keine umfangreiche Ware, zusammengepackt in einem kleinen Ledersack, den sie auf ihrem Rücken trugen (*Taattarth*). Im Tausch dafür erhielten sie Wolle und in der Ebene mit ihren ausgiebigen Getreideflächen auch Korn, Gerste oder Sorghum. Sie waren mehrere Handelswege gegangen, hatten mehrere Fuhren auf dem Eselchen heimgebracht. Deshalb konnte mir meine Mutter auch sagen, daß wir nun genug Korn hätten, um durch den nahen Winter zu kommen.

Die Oliven waren geerntet. Wir waren auf unser Feld *Izemran* (die Olivenbäume) gegangen. Als wir an einen abgelegenen Weg kamen, sagte meine Mutter zu mir: »Hier ist ein Herr Soundso ermordet worden. Jedes Jahr, an diesem Platz und zu derselben Stunde, als er ermordet worden ist, hört man seinen letzten Schrei; man nennt dies *aneza*.«

Wenn ich danach wieder in diese Gegend kam, beschleunigte ich instinktiv meine Schritte – aus Angst, diesen Schrei zu hören. Das Feld, zu dem wir gingen, war sehr weitflächig; Hunderte und aber Hunderte großer Olivenbäume standen dort. Der Schieferboden war nicht zum Anbau geeignet, und die Bäume blühten nur jedes zweite Jahr. Dennoch hatten wir unseren Ölvorrat für dieses Jahr.

Meine Brüder hatten die Eicheln abgeschlagen – Eicheln zuckersüß und dick wie Walnüsse –, und zahlreiche Ladungen von Eicheln füllten die Zimmerecke, die für die Ernten vorgesehen war. Meine Mutter entfachte ein Höllenfeuer, und es brannten trockene dicke Scheite, auf die man riesige Platten gelegt hatte; den ganzen Tag über, vom Morgengrauen bis in die Nacht, röstete sie Eicheln darauf, damit die Würmer sie nicht mehr anfressen konnten. Jede Platte, die zu glühen anfing, nahm sie mit Lappen vom Feuer weg und leerte sie auf dem Flechtwerk aus, das auf den Balken oberhalb des Herdes ausgebreitet war; dort konnten die Eicheln in aller Ruhe bis zum Frühjahr trocknen.

Der Winter war gekommen, aber wir spürten die Kälte nicht. Das Feuer brannte Tag und Nacht: riesige Scheite, zubereitet seit dem Sommer, und um sie herum Öltrester. Wir gingen nur aus dem Haus, um Wasser am Brunnen zu holen.

Eines Tages – es war ein Freitag – war meine Mutter zu Hause geblieben; denn in ihrer Religion war der Freitag zum Beten vorgesehen. Ich war mit anderen jungen Mädchen zum Brunnen gegangen; mit eisigen Händen kam ich zurück (beinahe hätte ich den vollen Krug, den ich auf dem Rücken trug und mit der rechten Hand über meine Schulter hinweg festhielt, fallen lassen). Im Haus nahm mir meine Mutter, die gerade ihre heilige Waschung vornahm, den Krug ab und stellte ihn auf den Boden; dann ergriff sie meine Hände und tauchte sie in das warme Wasser. Das tat mir sehr gut. Sie gab mir daraufhin eine Schale mit frisch gemolkener Milch – Milch von ihren Ziegen und Mutterschafen; denn wir hatten seit einigen Tagen junge Lämmchen und Zicklein. Ich setzte mich schließlich nahe ans Feuer auf einen Hocker, der aus einem dicken Holzklotz gefertigt war. Den ganzen Tag und die ganze Nacht schneite es; die Flocken, so dicht wie Schaffell, erinnerten mich an die Schneefälle in Taddert-ou-Fella. Ich stellte mir vor, das Grollen des Sturzbachs zu hören, sah wieder, wie das Wasser in die ›Badewanne‹ hinabstürzte und von dort wieder hochspritzte; ich sah die verzauberten Ufer wieder, bedeckt mit Butterblumen und Veilchen, die Rutschbahnen auf dem Gletscher unterhalb des verlassenen Hauses, die Schneebälle und all das, was meine Kindheit gewesen war. Ich stieß einen Seufzer aus und sagte mir: »Nie mehr!«

Ich ertappte meine Mutter, wie sie einen sorgenvollen Blick auf mich warf: »Woran denkst du schon wieder?«

»An nichts…«

Den ganzen nächsten Tag mußten wir im Haus bleiben. Wir hatten Geräte nach draußen gestellt, um das Wasser, das von den Ziegeln tropfte, aufzusammeln. Nur meine Brüder waren hinausgegangen, um einige Olivenzweige für die Tiere zu suchen.

Meine alte Freundin Yemma Tassadit war gekommen, um sich an unserem Feuer zu wärmen, und als sie den Schnee fallen sah und den Wind pfeifen hörte, betrachtete sie mich, wie ich das Korn verlas, das ich für das Abendessen mahlen sollte, und sagte: »*Dhamerdhil*, das ist der Lohn der Ziege.« Und da ich sie verständnislos ansah, fragte sie mich: »Wie? Du kennst diese Geschichte nicht?«

»In den alten, uralten Zeiten, als der liebe Gott noch der armen Erde Gehör schenkte, lebte eine sehr alte Frau; ihr einziger Besitz bestand in einer Ziege, die ihr Gesellschaft leistete und ihr Milch gab. Die Alte und die Ziege lebten Seite an Seite in einem baufälligen Häuschen außerhalb des Dorfes. Jeden Tag ging die Alte mit ihrer Gefährtin ins Freie; die eine fraß die grünen Triebe, die andere sammelte Reisig, bündelte es und wählte dabei die eßbaren Kräuter für ihre Mahlzeit aus. Nachts gingen beide in ihr Häuschen zurück, und am nächsten Tag lief ihr Leben wieder in derselben Weise ab. Doch in jenem Jahr war das Wetter im *Inayer* (Januar) sehr schlecht; 30 Tage und 30 Nächte lang regnete oder schneite es unaufhörlich, und die Alte und ihre Ziege blieben die ganze Zeit über eingeschlossen. Der Januar ging vorüber, und der Februar begann mit einem wunderschönen Tag: Der Himmel war blau, die Sonne kündigte strahlend den Frühling an. Die Alte und ihre Ziege konnten endlich ihren Schlupfwinkel verlassen und wieder auf die Felder gehen. Als die Alte den Himmel betrachtet hatte, spuckte sie aber auf den Monat, der gerade verstrichen war. Sie blieben den ganzen Tag im Wald, die Ziege aß die zarten Triebe, und die Alte bündelte das Reisig und suchte die kleinen Kräuter, die durch den Schnee empordrängten. Aber als sie zurückkehren wollten, blies ein böiger Wind, der Himmel verdunkelte sich, und schwere schwarze Wolken entluden sich mit dicken Tropfen. Im Nu führte der Bach, den sie am Morgen überschritten hatten, tobende schlammige Wassermassen mit sich, und als sie ihn durchqueren wollten, um in ihr Häuschen zurückzukehren, wurden sie von der Strömung fortgerissen. Erst einige Tage später fand man ihre Körper am Ufer. Da der Januar von der Alten angespuckt und beleidigt worden war, hatte er seinen Nachfolger Februar aufgesucht und ihn um einen weiteren Tag gebeten, damit er die Alte bestrafen könne. Der Februar hatte seinem Wunsch zugestimmt, und seitdem nennt man die Rückkehr des Winters den ›Lohn der Ziege‹ (*Amerdhil t'arat*).«

Meine alte Freundin hatte ihre Geschichte zu Ende erzählt, und ich war fertig mit dem Auslesen des Korns. Wir verabschiedeten uns voneinander; sie kehrte zu ihren Kindern zurück, und ich ging zur Mühle. Wenn ich mich an meine Aufgabe machte, drehte ich das Rad zuerst mit der einen Hand und dann, wenn ich müde wurde, mit der anderen Hand und streute dabei ohne jede Unterbrechung eine Handvoll Korn in ein Loch über dem Mühlstein; nach und nach fiel das Mehl in eine kleine Vertiefung im Sandstein. Und wenn ich drehte, sang ich manchmal die kabylischen Lieder vom Mühlstein, und ich träumte von meinem vergangenen Leben und von der Zeit in den Ferien, als ich Augenschmerzen hatte und deshalb nachts, als meine Mutter das Korn mahlte, meinen Kopf auf ihre Knie legte. Viele Jahre lang hatte ich wehe Augen, und um mich behandeln zu lassen, war ich zu den Mönchen gegangen, und der Bruder sagte zu mir: »*Ldi titim*« (Öffne deine Augen!).

Jetzt hatte ich keine Augenschmerzen mehr; ich war ein junges Mädchen, aber meine Zukunft erschien mir sehr dunkel.

Meine Brüder, die zur *tajmaat* (Dorfversammlung) gegangen waren, kehrten gerade zurück; sie hatten sich feste Schuhe angezogen, um durch den Schnee zu kommen. Sie sagten zu uns: »Lamine hat Hammel gekauft, die man zu einem Bittfest töten wird; denn der Schnee soll uns gnädig sein und ein gutes Jahr und reichhaltige Ernten bescheren.«

Meine Mutter mußte Fladenbrot zum Mittagessen backen; jedem von uns gab sie ein gutes Stück davon ab, griff in den Krug mit den Feigen, füllte damit einen Korb und stellte vor jeden von uns eine Schüssel mit frischer Molke. Wir aßen uns alle vier satt, und dann ging jeder an seine Beschäftigung: meine Brüder verwoben kleine Schnüre aus Alfagras, meine Mutter nahm ihre Spindel, und ich begann, die Wolle auszuspinnen. Wir saßen alle rings um das Feuer, und von Zeit zu Zeit warfen wir eine Handvoll Öltrester in den Herd.

Am Abend wurden die Opferhammel geschlachtet, und das ganze Dorf erhielt seinen Anteil am Fleisch. Jeder Bewohner bereitete eine gute Mahlzeit – zu Ehren des Schnees.

Am nächsten Tag schien die Sonne wieder, der Schnee war geschmolzen, und wir konnten Wasser am Brunnen holen.

Vom Hörensagen wußte ich, daß die ›Weißen Schwestern‹, die seit 1894 in Tagmount lebten, einige Pensionsschülerinnen hatten. Durch jemanden, der die Mutter Oberin kannte, hatte ich fragen lassen, ob diese damit einverstanden wäre, mich für einige Dienstleistungen bei sich aufzunehmen. Sie ließ mir eine abschlägige Antwort zukommen, und ich dachte nicht mehr weiter daran.

Der Verwalter hatte mir einmal eine Vorladung geschickt, und mein Bruder und ich waren hingegangen, ohne den Grund zu kennen. Als ich ankam, wurde ich von dem *chaouch* (Koch) empfangen, der seinen Herrn aufsuchte und ihm die Vorladung zeigte. Er kehrte mit einer Auszahlungsanordnung von 30 Franc zurück – weil man mich aufgefordert hatte, von zu Hause mit einem gemietetem Maultier hierherzukommen! Da ich gerade da war, hob ich das Geld ab und kehrte wieder in mein Dorf zurück.

An einem Februarmorgen sagte meine Mutter zu mir: »Du und ich, wir gehen jetzt zum Scheich. Er gibt immer gute Ratschläge, also wird er mir auch sagen, was ich tun soll; denn ich habe einen Heiratsantrag für dich erhalten, aber diese Heirat paßt mir gar nicht, es ist keine ehrbare Familie. Ich werde den Scheich und seine Frau Lalla Yamina befragen.«

Wir gingen zu Fuß los, denn der Weg war nicht sehr weit; den Schutz für Haus und Kleinvieh hatten wir meinen Brüdern überlassen. Der Himmel war blau, es war weder kalt noch warm, die Vögel sangen in den Büschen, die Bäume hatten die ersten Triebe, und man spürte schon das Herannahen des Frühlings; aber die Blumen waren noch kaum aufgeblüht – außer den Veilchen am Flußufer. Um Mittag kamen wir im Dorf des Scheichs an. Er bewohnte allein mit seiner Familie ein großes Haus, das von Feigenbäumen und Kaktushecken umgeben war.

Die Gattin des Scheichs, eine Frau in den Fünfzigern, hieß uns willkommen; meine Mutter gab ihr das Opfergeschenk und versprach, ihr einen lebenden Hammel zu bringen, wenn in angemessener Weise für meine Zukunft gesorgt wäre. Lalla Yamina besaß ein braunes Gesicht mit großen intelligenten schwarzen Augen; sie war eine gute Freundin meiner Mutter, und seit vielen Jahren hatte sie ihr geholfen und gute Ratschläge gegeben.

Wir, meine Mutter und ich, traten, gefolgt von unserer Gastgeberin, in einen riesigen Raum, der zum Gebet und zum Empfang der Gäste diente. Wir verbrachten dort einen ganzen Tag.

Am nächsten Tag sagte Lalla Yamina schon bald nach dem Morgengebet zu meiner Mutter: »Geh wieder nach Hause zurück, denn es hat sich etwas ereignet; aber mache dir keine Sorgen um deine Tochter, sie wird glücklich werden, und schon bald wirst du keine Angst mehr um sie haben müssen. Diese Nacht dachte ich an sie und hatte dabei folgenden Traum: Ich hielt ein schönes Stück Fleisch in meinen Händen, aber es begann schon, schlecht zu riechen; ich habe es gewaschen, habe es gesalzen und gewürzt und es dann dir gegeben.«

Sie schenkte meiner Mutter einige Kilo Grieß und Trockenfleisch, und wir gingen wieder auf demselben Weg nach Hause zurück.

Als wir ankamen, war es schon fast neun Uhr, aber unser Haus war verschlossen, und das Kleinvieh war nicht auf die Felder getrieben worden. Meine Mutter begriff, daß sich etwas Ungewöhnliches ereignet hatte. Sie lief zu dem Haus, in dem die jungen Leute des Viertels *Akham guelmezien* schliefen; sie fand die Tür verschlossen, denn alle waren an ihren Arbeitsplätzen – außer einem jungen Mann, der zu ihr sagte: »Heute morgen ist dein Sohn Lâmara mit einem seiner Freunde in die Stadt gegangen. Ihr Ziel ist Souk Ahras; um mit dem Zug dorthin zu kommen, muß man nach Tizi-Ouzou gehen.«

Noch heute, nach einem halben Jahrhundert, sehe ich die Verzweiflung meiner Mutter vor mir! Als sie zu mir zurückkam, war sie nicht mehr wiederzuerkennen: Heftige Schluchzer erschütterten ihre Brust, und schwere Tränen rannen aus ihren Augen. Sie wollte sofort nach Tizi-Ouzou aufbrechen, um ihren Sohn zurückzuholen, aber ich sagte ihr, daß sie zu spät ankommen würde …

Tagelang weinte sie und weigerte sich zu essen. Vergeblich hatte ich versucht, sie zu trösten, indem ich ihr sagte, daß sie ja nicht allein wäre, daß ich auch noch da wäre und ebenso mein älterer Bruder; aber sie antwortete mir nur mit diesem Sprichwort: »Wenn im Innern des Körpers Herz und Leber fehlen, wozu kann dann noch die Lunge gut sein!«

Ich begriff, daß für meine Mutter nur mein Bruder Lâmara zählte, wenigstens glaubte ich das in jenem Augenblick. Meine Mutter hatte schon immer eine große Vorliebe für ihren jüngeren Sohn; denn er war sehr schön: ein etwas längliches Gesicht, weiße Haut, eine gerade Nase, ein leicht lächelnder Mund und große blaugrüne Augen wie die Augen meiner Mutter. Sie bekannte mir später, daß immer, wenn sie etwas zu teilen hatte, der größere Teil – eigentlich gegen ihren Willen – an meinen jüngeren Bruder fiel. Dies führte zu zahlreichen Reibereien, weil mein älterer Bruder auf den Jüngeren eifersüchtig war.

Als wir die Haustür öffneten, ging ich sofort zu dem Koffer, wo ich das Geld, das mir meine Mutter nach dem Verkauf der Rinder anvertraut hatte, eingeschlossen hatte. Die Hälfte der Summe war verschwunden; mein Bruder hatte sie sich nehmen müssen, um die Fahrt bezahlen zu können. Meine Mutter weinte lange; dann kehrte sie nach und nach wieder zu ihren Gewohnheiten und zu ihren Tätigkeiten zurück. Es war die Zeit des Jätens, und jeden Tag standen wir im Morgengrauen auf und gingen nach dem lästigen Wassertragen für Haus und Moschee sofort auf die Felder. Mit Hilfe einer kleinen Hacke lockerten wir überall die Erde zweimal auf und entfernten das gesamte Unkraut. Zum Mittag und zur Vesperzeit nahmen wir immer Fladenbrot und getrocknete Feigen mit aufs Feld, und am Abend kehrten wir ermüdet, aber glücklich über diese schönen Tage unter freiem Himmel nach Hause zurück.

Der Februar war vorüber, und der März hatte begonnen, als ich eines Morgens die Mutter Oberin von Tagmount kommen sah. Sie sagte zu mir, daß sie sich meines Falles angenommen hätte und daß die Mutter Generalin mich deshalb zu sehen wünschte.

Ich zögerte einen Augenblick, ihr zu folgen, dann zog ich mir jedoch etwas über und ging mit ihr weg... Man führte mich zu einer Nonne, die hochgewachsen und braunhaarig war und ein eher strenges Gesicht hatte; sie sagte mir, ich sollte mich in ihrem Auftrag im Krankenhaus von Aïth-Manegueleth bei Mutter Saint-Mathieu vorstellen. Davor fragte sie mich noch, ob man in der Schule mit uns über Religion gesprochen hätte.

Ich antwortete, daß man darüber nicht ein Wort gesagt hätte, weil es eine weltliche und folglich unabhängige Schule gewesen war. Sie reichte mir zwei Franc, damit ich mir ein Maultier mieten konnte, und schon war die Audienz beendet.

Als ich nach Hause zurückkam und meiner Mutter alles erzählt hatte, begann sie zu weinen: »Du wirst mich verlassen, auch du... Nach deinem Bruder nun auch du. Ich hatte mich so an deine Anwesenheit gewöhnt, du warst meine Gefährtin und eine treue Hüterin des Hauses.«

Ich zögerte einige Tage; dann habe ich mich entschieden zu gehen.

Ich verließ mein Dorf nach sieben Monaten. Ich war dort im Kreis meiner Mutter und meiner Brüder glücklich gewesen. Ich hatte ein Heim gehabt, und ich war nicht mehr die Außenseiterin, die ich immer gewesen war; aber ich begriff, daß dieses Leben keine Dauer haben konnte: Meine Mutter war mein einziger Schutz, sie konnte sterben, und ich würde allein zurückbleiben.

An einem Donnerstagmorgen ging ich los. Der März hatte die Hitze gebracht; der Himmel war klar, die Vögel sangen, die Triebe der Bäume begannen aufzubrechen, und man sah schon ganz kleine Blättchen. Die bestellten Felder waren sehr grün, die Natur hatte sich für das neue Jahr festlich geschmückt. Das Wasser des Baches floß zwischen den Kieselsteinen, und an den Ufern sah man Veilchen und Butterblumen. Die rosa Lorbeerbäume hatten Knospen, und die Olivenbäume blühten.

Ich saß auf meinem Maultier und hielt mich an einem Koffer fest; meine Augen saugten diese gesamte Natur, die ich erst sehr viel später und nur sehr kurzfristig wiedersehen sollte, in sich auf. Denn seit 1898 habe ich mein Dorf nur dreimal wiedergesehen, in sehr weiten Abständen und niemals mehr auf dem Weg, den ich gerade durchritt!

Ich war auf der Seite, die zum Bach führte, hinabgestiegen, aber auf der anderen Seite mußte ich den Anstieg nach Aït-Yenni hochklettern, dann wieder hinabsteigen, den Fluß Djemaa durchqueren und schließlich die Anhöhe von Aïth-Manegueleth hinaufsteigen. Aber dieses Mal ging ich den Weg nicht mehr zu Fuß wie damals in meiner Kindheit.

Meine Mutter hatte heftig geweint, als sie mich aufbrechen sah. »Wenn du jemals irgend etwas brauchst und wenn du nicht glücklich bist, denke daran, daß mein Haus immer, solange ich lebe, für dich geöffnet ist.«

Auch ich hatte heftig geweint, aber ich hatte mir auch gesagt: »Ich muß weggehen! Noch einmal weggehen! Immer wieder weggehen! So wollte es mein Los seit meiner Geburt, und nirgendwo war ich bisher richtig zu Hause!«

Wir nahmen den Weg zur Schule, da mein Bruder Mohand nicht wußte, wo das Krankenhaus lag. Am Bestimmungsort trafen wir erst zur Mittagszeit ein.

5

Das Krankenhaus von Aïth-Manegueleth

Sobald ich vor der Fassade stand, erkannte ich meinen Traum wieder: Dies waren die Arkaden, die ich damals gesehen hatte; nachdem der riesige Vogel mich in der Tiefe der Schlucht, wo ich zwischen zwei Eiswänden hing, ergriffen hatte, setzte er mich auf einer kleinen Ebene ab, auf der sich ein Gebäude erhob – ein Gebäude, das mir damals noch unbekannt war.

Ich sagte mir sofort: »Sicher wird sich hier mein Schicksal erfüllen.«

Das Krankenhaus erstreckte sich über eine Breite von ungefähr 40 Metern. Arkaden begrenzten eine Art Galerie, die wir ›den Korridor‹ nannten. Man betrat ihn von außen durch ein großes Tor, stieg eine Freitreppe mit einigen Stufen hinauf und gelangte in die Galerie. Von dort aus durchschritt man einen langen Gang, der auf jeder Seite von zahlreichen Türen durchbrochen war; diese führten zum Sprechzimmer, zur Apotheke, zum Saal der kranken Frauen und zu dem der kranken Männer ebenso wie zur Wäscherei und zur Küche. Die Tür am Ende des Ganges öffnete sich nach draußen.

Am Tag meiner Ankunft trat ich in den ›Korridor‹, wo ich einen Pförtner vorfand, eine Art Gnom, dessen Spitznamen ›Négro‹ ich erst später erfuhr. Er ging, um eine Schwester zu rufen, die mich dann zur Mutter Saint-Mathieu brachte. Ich erinnere mich noch, daß ich sehr überrascht war, vor einer so jungen Person mit einem angenehmen Äußeren zu stehen, während der Name Mathieu mich – ich weiß nicht warum – an einen alten und verknöcherten Menschen denken ließ. Die Mutter Saint-Mathieu sagte mir, daß sie mich schon erwartet hätte, weil sie durch die Mutter Generalin, Schwester Salomé, von meinem Kommen unterrichtet worden war. Ich würde freie Kost und Logis erhalten und außerdem noch zehn Franc monatlich verdienen. Ich war einverstanden und suchte meinen Bruder auf, der sich über alles genau berichten ließ und danach wieder nach Hause zurückkehrte. Ich folgte dann der Schwester, die sich mit mir befassen sollte. Mit ihr ging ich in ein tiefergelegenes Zimmer auf der anderen Seite des Hauptgebäudes.

Dort befanden sich Gestalten in allen Altersstufen; abgesehen von seltenen Ausnahmen kamen sie aus den Krankensälen, denn auf ihren Körpern waren Narben und Wunden zu sehen. Als man mich nach meinem Namen fragte und ich ›Marguerite‹ antwortete, sagte man mir, daß ich als Ungetaufte nicht das Recht hätte, einen christlichen Vornamen zu tragen, und so wurde ich zur ›Fadhma von Tagmount‹. Dies versetzte mir schon einen Stich im Herzen.

Unter allen diesen Gestalten mußte ich nun leben: Nicht eine konnte ein Wort in Französisch, nicht eine hatte je die Schule besucht. Nun aß ich mitten unter ihnen. Hinter der Küche gab es zu jener Zeit ein Nebengebäude, wo der Speisesaal war. Am Abend zeigte man mir einen Schlafplatz – einen Strohsack auf Brettern im Schlafsaal unter allen anderen. Ein Seitenzimmer wurde während des Tages als Arbeitsraum benutzt; dort hatte man ein Bett für die Schwester hingestellt, die uns beaufsichtigte.

Am nächsten Morgen standen wir um fünf Uhr auf; wir wuschen uns und zogen uns an, und um sechs Uhr läutete es zur Messe. Alle diese Mädchen gingen mit der Schwester zur Kapelle. Wir schritten durch die Galerie, stiegen die Treppe hinauf und befanden uns in einem Gang mit zahlreichen Zimmern, dem Schlafsaal der Schwestern, ihrem Lesesaal und der Kapelle. Von dort trat man auf eine Terrasse, die die gesamte Arkadengalerie überdachte.

Da ich nichts von der Messe verstand, wollte ich nicht an ihr teilnehmen und blieb, solange sie dauerte, im Gang sitzen. Ein ›Weißer Vater‹ war gekommen, um wie jeden Morgen für die Schwestern die Messe zu lesen. Am Ende des Gottesdienstes hörte ich ein Lied singen und erwachte plötzlich aus meiner Träumerei: Dieses Lied hatte ich schon früher gehört. Ich sah Taddert-ou-Fella wieder vor mir, als wir während des Marienmonats im Mondschein spazierengingen, um den Gläubigen zuzuhören.

Als die Messe beendet war, verließen die Nonnen und die Mädchen eine nach der anderen die Kapelle. Wir aßen, und eine jede nahm ihre Tätigkeit auf. Ich stellte mich dem Prior vor, der die Messe gelesen hatte. Er stellte mir mehrere Fragen, an die ich mich nicht mehr gut erinnere; denn ich war sehr damit beschäftigt, seine Gesichtszüge genau zu betrachten.

Es lag, wie mir schien, etwas Würdevolles in der Haltung dieses

Mannes, dessen langer schwarzer Bart bis auf seine Brust herabfiel; sein längliches Gesicht hatte eine Adlernase und tiefliegende blaue Augen. Beim Sprechen hob er gewöhnlich den Finger und zwinkerte unmerklich mit einem Auge; man könnte sagen, daß er jedes seiner Worte abwog. Als ich aus dem Sprechzimmer kam, hörte ich noch seine Stimme in meinen Ohren. Ich ging wieder zu meinen Gefährtinnen, und man schickte mich dann in die Wäscherei, um dort unter der Aufsicht von Schwester Chantal zu arbeiten.

Ich war an dem Frauensaal vorbeigegangen und hatte alle Krankheiten und alle Leiden gesehen; zahlreich waren besonders die Wunden – vor allem im Gesicht. Ich hatte eine Frau bemerkt, deren Gesicht nur aus einer einzigen mit Salbe und vielfältigen Umschlägen bedeckten Wunde bestand. Man nannte sie ›Nummer Fatma‹.

Von dieser Zeit blieb mir ein verwirrender schmerzhafter Eindruck. Jeder sprach von Gott, alles mußte aus Liebe zu Gott getan werden, aber man fühlte sich heimlich beobachtet, jedes Wort wurde abgewogen und der Oberin zugetragen. Da ich geglaubt hatte, hier wieder eine kameradschaftliche Umgebung wie in Taddert-ou-Fella vorzufinden, war ich enttäuscht und verwirrt. Als ich einmal sagte, daß jede Religion ihre gute Seite hätte, betrachtete man dies als eine Gotteslästerung.

Man hatte die Gebete ins Kabylische übersetzt: das Ave Maria, das Vater Unser, das Credo, und die Schwestern bemühten sich, diese Glaubenssätze in unsere rebellischen Köpfe eindringen zu lassen. Und ich hatte ein Lächeln auf den Lippen, seitdem ich die Schwester Kabylisch mit französischer Aussprache reden hörte.

Die Tage vergingen, einer nach dem anderen, und allmählich gelang es mir, mich an dieses Leben zu gewöhnen.

Inmitten aller Mädchen gab es auch einige verheiratete Frauen; unter ihnen entdeckte ich eine, die ich wohl früher schon einmal gesehen hatte. Sie hieß Félicité, aber ich hörte, wie jemand sie auf kabylisch Tassadit-Aith-Ouchen anredete, und ich erkannte eine der ›Großen‹ wieder, die bei den Nonnen in Ouadhias gelebt hatten. Als sie mich erblickte, flüsterte sie ihrer Nachbarin etwas zu. Ihr Mann, ehemaliger Koch bei den Mönchen in Aïth-Yenni, war mit Tuberkulose ins Krankenhaus gekommen, und sie hatte ihn begleitet. Es gab auch noch eine sehr junge Frau aus Ouadhias, deren Mann Bäcker im Krankenhaus war. Beide erwarteten ein Baby, und sie wurden deshalb von den Schwestern besonders umsorgt; sie wohnten allein mit ihren Männern, die eine in der Bäckerei, die andere in einem Nebenzimmer hinter der Bügelkammer, aber beide arbeiteten mit uns zusammen.

Außerdem war auch noch ein junges Mädchen aus Atafs da, eine Araberin, die Josephine genannt wurde. Ein Geschwür hatte ihr die Nase zerfressen, nur noch die Nasenlöcher waren vorhanden; sie hatte sich europäisch gekleidet und war auch die einzige, die Französisch sprechen konnte. Eine andere verheiratete Frau lebte im Dorf, verdiente sich hier aber mit Nähen oder Waschen ein wenig Geld. Eine weitere war bei uns untergebracht, aber ihr Mann wohnte in Kerrata; auch sie erwartete ein Baby; sie wollte nach Hause zurückkehren, sobald ihr Mann sie abholen würde. Aber die Beste unter diesen Frauen war Fadhma-t-Yehyalen, die aus Taourirth, dem Geburtsdorf meiner Mutter, stammte. Sie war sehr krank und hatte am Hals skrofulöse Wunden. Aber was für ein entzückendes Kind! Sie war wirklich gläubig: eine kleine Heilige, die später auch Nonne im Orden des ›Guten Hirten‹ wurde.

Besonders schwer fiel mir im Krankenhaus das Zusammenleben der Kranken mit den Gesunden. Die Schwestern zögerten nicht, uns zur Nachtwache bei einer Tb-Kranken zu schicken, und machten sich keine Sorgen, daß wir dabei angesteckt werden könnten. Immerhin war ein Mädchen, das früher bei den Schwestern war, angesteckt worden, als sie nach den Wintertagen, die sie in der Wäscherei verbracht hatte, längere Zeit durchnäßt blieb; jedenfalls behauptete sie das. Dieses arme Mädchen hatte immer triefende verschorfte Augen; man nannte sie L'Djohar-n-Sidi-Ali-ou-Moussa, da ihre Eltern aus einem Dorf mit dem gleichen Namen stammten. Bei meiner Ankunft war sie schon sehr krank und bettlägerig, aber ihre Gefährtinnen kamen sie jeden Tag besuchen, denn sie blieb sehr fröhlich.

Einer der Väter, ein prächtiger Mensch, kaufte ihr aus eigener Tasche manchmal einige Leckereien, auf die sie Lust hatte; so hatte er ihr auch einen Kuskus mit Hühnchen zubereiten lassen. Denn er wußte, daß es für sie keine Hoffnung mehr gab. Auch ich besuchte sie, aber ich habe mich immer vor dem Anblick eines körperlichen Schmerzes gefürchtet.

Endlich hatte auch ich die Kapelle betreten und an der Messe teilgenommen; gerne hörte ich die Kirchenlieder; unter den Schwestern hatten einige sehr schöne Stimmen, und ich war immer sehr empfänglich für den Zauber der Musik.

Ostern kam näher. Während der Karwoche hatten wir jeden Tag Gottesdienst bei den Vätern. Wir waren jetzt eine ganze Herde: Mutter Denise hatte einen Schub Mädchen aus Tagmount geschickt, die ich schon als Bettlerinnen kannte. Viele andere waren aus dem Krankensaal gekommen, mehr oder weniger geheilt – einige mit sehr roten ausgezehrten Lidern. Man hatte uns in eine Einheitskleidung gesteckt: Gandurahs aus weißer Baumwolle für den Sonntag und die Feiertage, aus brauner Baumwolle für die Wochentage, und diese Überkleidung wurde vervollständigt durch sackleinene Schürzen und baumwollene Kopftücher.

Ich liebte diese Gottesdienste in der Karwoche wegen der liturgischen Lieder und wegen der Orgel. Die Religion selbst hat mich im Kern wohl nie sehr überzeugt. Aber ich glaubte unerschütterlich an Gott.

Als die Mönche uns versicherten, daß nur die Getauften in den Himmel kämen, glaubte ich ihnen nicht. Denn ich dachte an meine Mutter, an ihre Mühen, an ihr dreimaliges Fasten im Jahr, an die morgendlichen Wasserlasten, die sie freiwillig jeden Tag trug, und ich sagte mir: »Ist es möglich, daß meine Mutter nicht in den Himmel kommt?«

Die Väter wohnten ungefähr zwei Kilometer vom Krankenhaus entfernt. Man ging die große Straße entlang und nahm dann einen Pfad, der zu ihrem Kloster führte. Dieses Jahr hatte es während der Karwoche geschneit, und wir gingen in Zweierreihen durch den Schnee zu den Gottesdiensten. Doch am Ostersonntag war es sehr schön, und wir konnten uns über einen langen Spaziergang freuen. Am nächsten Tag nahm das Leben wieder seinen normalen Lauf: Morgenmesse, Essen, Arbeit und Katechismus für Mädchen und Frauen.

Die Lage des Krankenhauses ähnelte ein wenig der Lage von

Taddert-ou-Fella; so waren wir wie dort unten auch hier von Hügeln umgeben. Den einen Hügel überragte das Dorf Ouarzen, den anderen das Dorf Taourirth. Die Straße erstreckte sich entlang der ganzen Nordseite des Gebäudes. Im Osten befand sich auf einem anderen Hügel das kleine Haus der Frau Paquereau, der Hebamme, die den kabylischen Frauen aus den Nachbardörfern diesen Beruf beibrachte. Sie war eine schweigsame Frau – sie hatte viel Unglück ertragen müssen.

Da der Schlafsaal zu breit angelegt war und die Becken zum Wäschewaschen zu weit entfernt waren, beschloß Vater Baldit, eine Waschküche bauen zu lassen, worüber man auch einen neuen Schlafsaal anbauen sollte. Im Frühjahr weihte er den ersten Stein; im Herbst waren wir eingezogen. Da dieser Schlafsaal durch einen Balkon mit der Terrasse verbunden war, erreichten wir die Kapelle, ohne erst nach unten gehen zu müssen; das war angenehmer und vor allem näher. Für die Schwester war inmitten des Schlafsaals eine Zelle eingerichtet worden.

Unter den Nonnen gab es viele Fremde. Einige sprachen sehr schlecht Französisch. Ich mochte besonders eine holländische Schwester, die den Frauensaal beaufsichtigte; wenn ich zur Wäscherei ging, blieb ich manchmal stehen, um sie zu begrüßen, aber dies gefiel der Schwester Chantal, einer Frau im gewissen Alter und mit etwas strengem Aussehen, überhaupt nicht. Sie war es auch, die uns die Geschichte von Don Bosco vorlas, während wir in langen Sitzungen die mehr oder weniger fettfleckigen Wäschestücke der Kranken ausbessern mußten. In den zwei Jahren, die ich im Krankenhaus verbracht hatte, habe ich immer, fast immer mit ihr zusammengearbeitet.

Eines Tages starb ein Mann im Krankensaal; es war ein Christ, den man Tahar-von-dem-Saal nannte. Er war seit langem erkrankt – ich glaube, an Tuberkulose. Alle waren schon in der Kapelle versammelt, als ich ankam und meinen Platz einnahm. An der Trauerfeier nahmen auch die Diener der Mönche und die Ausbilder teil. Ich hatte niemanden bemerkt, aber ich war bemerkt worden. Und ich erfuhr davon einige Tage später.

Vater Baldit hatte mich ins Sprechzimmer rufen lassen. Ich fragte mich, was ich diesmal sagen könnte; denn schon wiederholt hatte man mich kommen lassen, weil ich mich angeblich über irgend jemanden lustig gemacht hatte oder einige meiner angeblich unchristlichen Äußerungen hinterbracht worden waren. An diesem Tag betraf es jedoch eine andere Sache. Vater Baldit hatte einen Heiratsantrag für mich erhalten und wollte meine Meinung kennenlernen. Vor ungefähr drei Monaten war ich hier angekommen. Ich antwortete, daß ich den jungen Mann, wenn er ihn für zuverlässig hielte, nicht zurückweisen würde. Und ich verließ das Zimmer. Der Freier war einer der Ausbilder und stammte aus Ighil-Ali, aber im Augenblick maß ich dieser Nebensache keinerlei Bedeutung bei.

Ich war nicht gleich wie die anderen, und so fühlte ich auch die Eifersucht meiner Gefährtinnen und das Mißtrauen der Schwestern auf mir lasten. Da ich in einer weltlichen Schule unterrichtet worden war, wollte ich auch viele Dinge des Lebens kennenlernen, von denen ich doch – leider! – noch immer nichts wußte.

Die Ferien gingen vorüber. Eines Tages teilte mir Vater Baldit mit, daß der Plan meiner Heirat ins Wasser gefallen war, weil die Eltern des jungen Mannes ihre Zustimmung verweigerten und der Vater drohte, seinen Sohn zu töten, falls dieser gegen den Willen seiner Eltern handle. Da ich den jungen Mann nicht kennengelernt hatte, ließ mich diese Neuigkeit gleichgültig. Das Jahr war verstrichen, und meine Mutter hatte mich ein- oder zweimal besucht; ich hatte ihr das Kleingeld gegeben, das ich verdient hatte, und noch zwei Tücher, die ich damals von der Schule mitgebracht hatte, um sie zu trösten. Wir schliefen im neuen Schlafsaal: in den Strohsäcken unmittelbar auf dem Boden. Die Zahl der Mädchen hatte sich erhöht. Ich unterrichtete den Katechismus, den der Vater am Sonntag aufsagen ließ, aber ich fühlte, daß man sofort heimlich über mich zu sprechen anfing, wenn ich nur den Rücken drehte.

Was mich in der Umgebung, in der ich mich entwickelte, am meisten überraschte, war das Ansehen, das die Vertreter des männlichen Geschlechts genossen, und sogar noch diejenigen, die am meisten benachteiligt waren. Wir hatten als Pförtner einen Bastard, halb Mensch, halb Gorilla. Er hatte eine niedrige und eigensinnige Stirn, triefende Augen, immer voll von Tränen und Eiter, eine platte Nase, einen Mund mit Hängelippen und mit Zähnen, die lang und gelb und verfault und völlig unregelmäßig waren. Außerdem trank er sehr stark, eines seiner Beine war steif vom Rheuma. Er kauerte sich immer mitten in der Arkadengalerie nieder, genau gegenüber der Treppe.

Als wir eines Morgens von der Messe kamen, sagte die Schwester, die uns überwachte: »Ihr dürft nicht mehr durch die Galerie gehen. Ihr verlaßt die Kapelle durch das hintere Tor.« Ich blickte verwundert auf und fragte sie: »Warum, Schwester?«

»Weil dort Männer sind«, antwortete sie mir.

»Männer? Aber es gibt dort doch nur Négro.«

»Tja nun, und Négro, ist das denn kein Mann?«

»Nein, Schwester«, sagte ich voller Überzeugung.

»Was ist er dann? Eine Frau?«

»Nein, das ist keine Frau, das ist kein Mann; es ist ein besonderes Wesen, es ist Négro, das ist alles!« Und beim Verlassen der Messe gingen wir nie mehr durch den Gang.

Weihnachten kam näher. Wir bereiteten uns vor, um das Fest würdig zu feiern: Wir lernten Lieder, und die Schwestern übten sich auf der Orgel. Man sang im Krankenhaus die sogenannte ›Königsmesse‹. Sonntagabends zelebrierte man die Vesperandachten, und der Vater, der die Messe las, erinnerte mich an jenes Bild, das wie ein Rätsel in meinem Gedächtnis haftete: jenes Schattenbild voller Erleuchtungen, in dem ein besonders gekleidetes Wesen sich mit einer Art Sonne in den Händen hin und her drehte. In Taddertou-Fella hatte ich mich lange gefragt, was dieses Märchenbild bedeuten sollte …

Jetzt begriff ich es: Es bezog sich auf die sehr dunkle Kapelle in Ouadhias, wohin man mich als ganz kleines Mädchen geführt hatte, auf diese Kapelle, wo in der Dunkelheit das Licht der Kerzen leuchtete und der Priester in seinem geistlichen Gewand die Monstranz in seinen Händen hielt.

In der Mitternachtsmesse 1898 sangen die Schwestern wunderbare Lieder (ich habe im Ohr noch immer die wohlklingende kräftige Stimme der Schwester Emmanuel, wie sie das ›Minuit chrétien‹ anstimmt). Anschließend gab es ein Festessen: Die Nonnen hatten die Sachen fein zubereitet, und alle langten mit Genuß zu.

Ich war sehr fromm geworden; mir scheint, daß auch ein wenig Aberglaube in dieser Frömmigkeit war. Ich hoffte, eines Tages die

Jungfrau- und Herz-Jesu-Standbilder zu hören, wie sie zu mir sprechen und mir mein Verhalten vorschreiben. In dieser Zeit erlegte ich mir lange Aufenthalte in der Kapelle auf und bat Gott und die Jungfrau Maria leidenschaftlich, mir zu helfen und mir ein Tor in der Sackgasse, in der ich mich befand, aufzuschließen.

Tief in meinem Herzen habe ich manchmal geglaubt, den folgenden Ausspruch des Kreuzwegs zu hören: »Geduld, mein Kind! Geduld! Verliere niemals das Vertrauen!« Und ich habe sogar ernsthaft daran gedacht, selbst eine Nonne zu werden – wie diese Schwestern, die ihre Jugend aus Liebe zu Gott und zu den Unglücklichen geopfert hatten. Es gab in diesen Augenblicken auch viele Übertritte. Männer und Frauen reiferen Alters ließen sich christlich taufen. Dies war, wie ich glaube, möglich, weil die Mönche damals sehr großzügig waren.

Alle Arbeiter des Krankenhauses, einschließlich des Pförtners, wollten den muslimischen Glauben aufgeben. Und an allen Sonntagen war die Kapelle bis zum Ersticken voll von Menschen.

Ich sehe den Schnee von jenem Jahr wieder, den Schnee, der dichter war als in Taddert-ou-Fella; denn Michelet lag höher als Fort-National. Ich sehe sehr lange Eiszapfen vom Dach herabhängen, so dick und so spitz, daß sie schweren Schwertern ähnelten. In dem breit angelegten Raum der Wäscherei hatte Schwester Chantal ihre Nähmaschine aufgestellt. Die Bänke, die an die Fächer mit der Krankenwäsche angelehnt waren, dienten uns als Sitzplätze. Schwester Chantal legte einige dicke Kohlen, die mit einer dichten Aschenschicht bedeckt waren, in ein altes Becken auf der Erde. Manchmal kam ein armes Mädchen fast erfroren von draußen herein; sie scharrte in der Asche, um ihre Finger zu erwärmen. Dann sagte die Schwester, die das bemerkt hatte: »Küsse die Erde!«

Das war die Strafe, die all denen auferlegt war, die ihr nicht gehorcht hatten: sie küßten die Erde und wandten sich wieder ihrer Arbeit zu.

Ich habe an den Schnee um das Krankenhaus nicht dieselbe Erinnerung bewahrt wie an den Schnee in Taddertou-Fella. Obwohl es mehr Spiele, mehr Schneebälle, mehr Schneemänner gab, herrschte hier überall eine mißmutige Stimmung; alles mußte für Gott getan und Gott geschenkt werden. Und so habe ich von dieser Zeit auch einen Geschmack wie von Asche zurückbehalten.

Der Winter ging vorüber. Ich hatte beiläufig erfahren, daß meine ehemalige Gefährtin Inès, Fräulein Larab, zur Grundschullehrerin in Aïth-Hichem ernannt worden war und daß der Verwalter Masselot den Schwestern die Schule von Taddert-ou-Fella ebenso wie ihre Schüler angeboten hatte. Dieses Geschenk hatten die Schwestern aber nicht angenommen. Vater Baldit hatte mich übrigens wissen lassen, daß man mich wegen meiner Herkunft nicht als Nonne aufnehmen könne.

Niemals habe ich versucht, an Frau Sahuc zu schreiben; dennoch wußte ich, daß sie Leiterin der Hauptschule in Miliana geworden war. Niemals habe ich von ihr einen Dienst verlangt, niemals auch von dem Verwalter Masselot. Ich erfuhr, daß sie trotzdem, sogar noch aus der Entfernung, versucht hatte, mir zu schaden. Die Mutter Oberin rief mich eines Tages ins Sprechzimmer und las mir von den Bemerkungen, die Frau Sahuc über ihre Schüler verfaßt hatte, den Abschnitt über mich vor. Die Bemerkungen über mich waren sehr schlecht; außerdem hatte sie hinzugefügt, daß ich, da ich aus einer wohlhabenden Familie stamme, keinerlei Hilfe nötig hätte! Hätte mich die Mutter Saint-Jean hier noch aufgenommen, wenn sie diese Bemerkungen schon vorher gekannt hätte? Ich fragte sie danach. Sie antwortete mir: »Nein!«

Mittlerweile befand ich mich ungefähr ein Jahr im Krankenhaus. Das Fest des heiligen Josef war wiedergekommen, und Ostern war nahe mit seinen Gottesdiensten bei den Mönchen, aber ich war traurig und unruhig, ohne zu wissen warum.

An einem Sonntag erlebten wir eine Überraschung: man hatte für uns ein köstliches Stück Fleisch im Ofen gebraten. Zum erstenmal seit langer Zeit hatten wir eine gute Mahlzeit; es gab sogar eine Art Nachtisch. Man hatte uns gesagt, daß dieser Braten ein Kaninchen gewesen wäre – oder ein kleines Zicklein, wie ich selbst glaubte. Einige Tage später wurde mir alles erklärt, denn die Mädchen entdeckten in einem Loch den Kopf und die Haut der Katze von Schwester ›Reinigung‹, unserer Köchin: Wir hatten eine Katze gegessen, und sie hatte uns gut geschmeckt!

Im Frühling kamen die Mädchen von Ouadhias bei ihrem Spaziergang vorbei. Sie sprachen in abfälliger Weise von Germaine, einer meiner Gefährtinnen aus der Klasse in Taddert-ou-Fella.

Sie äfften sie nach, indem sie ihre Aussprüche wiederholten: »Ich heiße Germaine, meine Lehrerin hat mich getauft...« Und sie fingen an zu lachen.

Ich mochte es gar nicht, wenn man schlecht von Frau Malaval oder ihren Mädchen sprach, und so entgegnete ich rasch, daß diese mehr wert seien als jene in Ouadhias und Germaine mit Recht betone, diesen Namen von ihrer Lehrerin erhalten zu haben. Da die Schwester sich auf die Seite der Mädchen von Ouadhias stellte, schrieb ich einen Brief an meinen Bruder mit der Bitte, mich abzuholen. Ich überreichte ihn der Schwester Oberin, die bereit war, ihn auf die Post zu bringen. Doch am Abend ließ Vater Justrob mich rufen und fragte mich, warum ich gehen wollte. Ich antwortete ihm, daß ich genug von hier hätte. Er versuchte, sich behutsam mit mir auseinanderzusetzen, und gab mir den Rat, noch einige Zeit geduldig auszuhalten: die Dinge würden sich vielleicht schneller, als ich dachte, in Ordnung bringen lassen.

Vater Baldit hatte mir *Die Nachahmung Jesu Christi* geschenkt, und ich hatte begonnen, dieses bewundernswerte Buch zu lesen.

An einem Sonntag versprach uns die Schwester, einen Spaziergang zu machen. Wir brachen am späten Morgen auf und wanderten nach Aïth-Hichem; dort konnte ich meine ehemalige Freundin Inès wiedersehen: sie war mager geworden, aber sie sagte, sie sei glücklich. Sie war französisch gekleidet, und ich bemerkte auf ihrem Bett eine von unseren früheren Gandurahs, aus der sie gerade einen Rock machen wollte. Sie sagte mir, daß sie regelmäßig *La Lecture en Classe* erhielt – eine Zeitschrift, die wir in der Schule gelesen hatten. Sie nahm davon aus dem Regal einen Stoß, den sie mir gern leihen wollte. Aber sie hatte nicht mit den Schwestern gerechnet; die Zeitschriften wurden einbehalten. Ich konnte sie niemals lesen, da jede weltliche Zerstreuung verboten war.

Es kam der Sommer. Ein Feld von Feigenbäumen umgab das Krankenhaus, und die Schwestern hatten einen schönen Garten, eine wunderbare Quelle; aber wir durften nicht dorthin gehen, es sei denn in Begleitung oder in Reih und Glied während eines Spazierganges. Unter meinen Gefährtinnen gab es auch nette Mädchen; so war zum Beispiel Alice reizend, auch Seltana, die Frau des Bäckers. Aber ich konnte mit keiner Französisch sprechen, und ich war nie allein mit meiner ehemaligen Freundin Inès. Nie konnten wir uns also gemeinsam Taddert-ou-Fella in Erinnerung rufen; immer stellte sich jemand zwischen uns.

Dann hatte ich mir schwere Sorgen um Schwester Emmanuel gemacht; denn diese Nonne, die ich so sehr mochte, war krank geworden. Wochen über Wochen schwebte sie zwischen Leben und Tod; eines Tages ließ man sie dann herunterkommen, um sie nach Saint-Charles zu bringen. Ich besuchte sie im Sprechzimmer und weinte heftig, weil sie freundschaftliches Verständnis für mein nach Zärtlichkeit dürstendes Herz gezeigt hatte. Die Tage zogen sich noch länger dahin, und ich konnte es hier nicht mehr aushalten. Ich hatte die Mutter Oberin gebeten, mir in Frankreich Arbeit zu beschaffen. Sie antwortete mir, daß sie sich mal umsehen wolle, aber ich fühlte um mich herum immer nur Mißtrauen und Eifersucht.

Vater Carisson überbrachte mir einen oder zwei Heiratsanträge; sie erschienen mir aber nicht sehr vorteilhaft, und so habe ich sie abgelehnt. Eines Tages teilte er mir mit, daß er für mich eine Stelle beim Stellvertreter des Verwalters in Michelet gefunden habe. »Ich werde niemals die Magd irgendeines Menschen, vor allem nicht in der Kabylei«, antwortete ich, und damit war die Angelegenheit abgeschlossen.

Im Frühjahr kam meine Mutter zu mir. Sie hatte den Scheich Mohand besucht; in seinem Heiligtum war sie der Frau Achab, einer ehemaligen Schülerin in Taddert-ou-Fella und jetzigen Lehrerin in Azrou-ou-Quelal, begegnet. Diese hatte meiner Mutter heftig vorgeworfen, mich zu den Schwestern geschickt zu haben, wo ich Gefahr lief, den muslimischen Glauben preiszugeben. Schwer gekränkt von dieser Beleidigung erzählte mir meine Mutter von dem Vorfall. Ich antwortete ihr, daß wir allein, sie und ich, Richter in dieser Angelegenheit waren.

Während wir, Schwester Chantal und ich, in der Wäscherei nähten, fing ich von ihr einen Blick auf, der eingehend mein Gesicht prüfte.

Schon mehrmals hatte ich diesen Blick auf mir gespürt, als ob er sich an etwas Früheres zu erinnern versuchte.

»Warum sehen Sie mich so an, Schwester? Was hat mein Gesicht denn so Besonderes?«

»Fatma«, fragte sie mich, »bist du nicht einmal bei den ›Weißen Schwestern‹ gewesen?«

»Ja, aber ich war damals noch sehr klein, und ich erinnere mich an nichts.«

»Das ist es!«, sagte sie zu mir. »Damals war ich nämlich auch dort.«

Und sie erzählte mir lachend, wie die Schwester Suzanne mich behandelt hatte, und sie berichtete von der Szene im Gang, wo der Vater Grandjacquet, der damals Vorgesetzter des Wachpersonals war, sah, wie ich von oben bis unten beschmutzt dastand; sie erklärte, wie meine Mutter diesen – ihrer Ansicht nach unbedeutenden – Vorfall aufgenommen hatte. Sie hatte sich mehrmals gefragt, was wohl aus mir geworden sei; mein Äußeres hatte sich geändert, und so hatte sie mich nur an meinen Augen wiedererkannt.

Der Sommer ging weiter voran. Eines Sonntags wurde ich beim Verlassen der Vesper von der alten Hemmama-t-Madour angesprochen; sie war zum Christentum übergetreten und schien davon sehr überzeugt.

Sie nahm mich zur Seite und hielt mir dann diesen Vortrag: »Belkacem von Ighil-Ali ist zurückgekommen, um hier zu unterrichten; er möchte wissen, ob du einverstanden wärst, ihn zu heiraten, wenn er den Vater um deine Hand bäte.«

Ich konnte diese Frau nicht richtig einschätzen; deshalb antwortete ich ihr weder ja noch nein. Ich arbeitete zusammen mit Seltana, der ich voll vertraute. Da sie verheiratet war und mit ihrem Mann in der Bäckerei wohnte, hatte sie mehr Handlungsfreiheit. Ich setzte sie in Kenntnis von der Mitteilung der alten Hemmama, und sie fragte mich: »Kannst du einen Brief schreiben?«

»Ja«, antwortete ich ihr.

»Schreib einen Brief, in dem du dem jungen Mann, der sich täglich im Krankenhaus in der Nähe des Pförtners aufhalten soll, deine Bedingungen stellst.«

Ich schrieb den Brief und gab meinem Freier den Ratschlag, seinen Antrag – wenn er tatsächlich heiraten wollte – lieber unmittelbar an Vater Baldit zu richten, als alte Frauen zu mir zu schicken. Ich gab den Brief Seltana, die ihn vor meinen Augen in die Hände des jungen Mannes legte; dieser stand aufrecht neben Négro.

An Mariä Himmelfahrt knieten wir abends vor unseren Betten. Ich las die Gebete in Kabylisch vor, und die anderen Mädchen oder Frauen antworteten. Plötzlich berührte die Schwester mich an der Schulter: »Der Vater will dich sprechen.«

Mit klopfendem Herzen ging ich ins Sprechzimmer hinunter. Vater Baldit schritt wie gewöhnlich auf und ab. Als ich eintrat, sprach er mich sofort an: »Der junge Mann, der dir letztes Jahr einen Heiratsantrag gemacht hat, ist wieder da. Er hat sich mit seiner Familie verkracht und erwartet mit Ungeduld, dich zu heiraten. Was soll ich ihm antworten?«

»Was raten Sie mir, Vater? Was wissen Sie von diesem jungen Mann?«

Er sagte mir nur: »Er ist nett.«

Das ist die einzige Empfehlung, die er mir gegeben hat. Ich nahm den Antrag an, und ein oder zwei Tage später ordneten die Schwestern eine Unterredung zwischen dem Freier und mir im Sprechzimmer an.

Ich war sehr schüchtern und wurde ständig rot; er selbst schien mir sehr jung, aber er bemühte sich, seiner Aufregung Herr zu werden.

So wurde meine Hochzeit am 15. August 1899 beschlossen.

Meinen künftigen Mann kannte ich nicht; auch er kannte mich nicht. Wir stammten nicht aus derselben Familie; sein Dorf lag auf der anderen Seite des Gebirges, in der Kleinen Kabylei. Schließlich schien alles uns zu trennen, aber durch Gottes Willen sollte sich mein Schicksal mit seinem Schicksal verbinden.

Wenn ich an diese Zeit zurückdenke, bin ich bestürzt über meine Sorglosigkeit und frage mich, wie wir uns dazu entscheiden konnten. Ich war 16 Jahre alt, der junge Mann 18; wir hatten keine Wohnung, kein Geld, wir besaßen nur unsere Jugend und unsere Hoffnung. Und der liebe Gott machte den Rest: ein wahres Wunder.

Der Vogel meines Traumes hatte mich vor den Arkaden des Krankenhauses abgesetzt; und dort spielte sich wohl mein Schicksal ab.

Als ich in den Schlafsaal zurückkam, waren die Frauen und Mädchen schon eingeschlafen. Sie erfuhren die Neuigkeit erst zwei oder drei Tage später, als die Schwestern eine kleine Aussteuer für uns zusammenstellten, für Tassâdit (die künftige Blanche) und mich, die wir an demselben Tag, am 24. August, heiraten sollten. Sie gaben uns zwei oder drei Gandurahs, darunter eine in Weiß, für Taufe und Hochzeit, sechs Baumwollhemden, sechs Putzlappen, drei Halstücher, eins in Seide und zwei in Baumwolle, und einen roten Wollgürtel, wie ihn die Soldaten trugen.

Die alte Hemmama-t-Madour hatte für unsere ersten Monate ein Zimmer in Ouarzen gefunden; dort lebten wir bis zum 1. November 1899.

II. EINTRITT IN DIE FAMILIE AMROUCHE

1

Meine Hochzeit

Am Vorabend meiner Hochzeit waren Chlili und Merzoug, Freunde meines Verlobten, mit ihrem Vetter El Madani-ou-Amrouche aus Ighil-Ali angekommen. Alle schliefen bei den Mönchen. Sehr früh am nächsten Morgen sah ich meinen Bruder Lâmara als Boten meiner leidenden Mutter kommen; ein junger Mann, Christ und Schulkamerad meines künftigen Mannes, war auch da, um an der Zeremonie teilzunehmen.

Ich erinnere mich nicht sehr gut, wie die Dinge sich an diesem Vormittag weiterentwickelten. Ich weiß noch, daß wir uns nüchtern in weißen Gandurahs an denselben Platz wie gewöhnlich begaben, um zu den Mönchen zu gehen, bei denen die Taufe und die Trauung stattfinden sollten. Schwester Chantal hatte zugestimmt, mir als Patin zu dienen. Wir wurden getauft, Blanche und ich, im Namen des Vaters und des Sohnes und des Heiligen Geistes.

Pater Ben Mira – einer der zwei arabischen ›Weißen Brüder‹, die von Kardinal Lavigerie bekehrt worden waren – traute uns.

Ich kam mit Blanche und meinen Gefährtinnen ins Krankenhaus zurück. Auf dem Weg hielt mich mein Bruder an, um für mich die rechtmäßige Mitgift zu verlangen: 100 Franc. Ich suchte Mutter Saint-Jean, die mir die Summe überreichte, und Lâmara ging wieder weg; übrigens war er kaum zufrieden, weil er meinte, daß ich mehr wert sei! Er kehrte noch am selben Abend mit seinem Gefährten in unser Dorf zurück.

Am Abend holte man uns ab, Blanche und mich, um uns ins Dorf zu bringen, in dem die Familie Akli-Aïth-El-Houcine im Auftrag meines Mannes für die Gäste einen Kuskus mit Hammelfleisch vorbereitet hatte. Der Vetter Madani, der wissen wollte, wer nun die Frau von Belkacem wäre, Blanche oder ich, fragte voller Unruhe:

»Welche von beiden? Welche?« (Man muß zugeben, daß die arme Blanche keine Schönheit war).

Man füllte die Schüsseln mit Kuskus und Fleisch für die Mönche und die Nonnen. Dann begannen alle Gäste zusammen, aus der einen riesigen Holzschale Kuskus zu essen. Ich weiß nicht, ob ich überhaupt etwas zu mir nehmen konnte. Schließlich gingen wir in das Haus der Aklis, wo man Spiele unter Männern veranstaltete, und es war schon spät in der Nacht, als wir uns ausruhen konnten. Seit diesem Tag fühlte ich mich nicht mehr allein. Für das Schlimmste wie für das Beste waren wir nun zu zweit.

Am nächsten Tag kehrte ich ins Krankenhaus zurück. Mutter Saint-Jean gab mir eine Matte und lieh mir vier Wolldecken und zwei Tücher. Ich hatte noch einige Sachen in dem Koffer, den ich von Taddert-ou-Fella mitgebracht hatte, und außerdem die kleine Aussteuer, die mir die Schwestern angeboten hatten. Mein Mann hatte sich einen kleinen Esel geborgt, dem wir alles auf den Rücken luden. Ich sagte Malha auf Wiedersehen und der Schwester Jean de Dieu, einer netten kleinen Nonne, die ich ›die kleine Puppenschwester‹ nannte; ich verabschiedete mich von Schwester Chantal und Mutter Saint-Jean und ging fort – in ein neues Leben.

Das Haus, in das ich kam, ähnelte in der Raumaufteilung etwas dem Haus meiner Mutter. Doch damit hörte die Ähnlichkeit auch schon auf. Dieses Haus war leer, während unser Zuhause voll, sauber und reinlich und überall, am Boden wie an den Wänden, geweißt und mit Liebe gepflegt war.

Auf dem erhöhten Platz, der den Männern vorbehalten war, legte ich in eine Ecke die Matte und die Decken, die erst am Abend ausgebreitet werden sollten. In demselben Hof lebte die Familie Touderth: der Kutscher des Krankenhauses, seine Mutter, seine Frau und seine zwei Töchter.

Am Freitag nach meiner Hochzeit, so glaube ich jedenfalls, sah ich Hemma, den Onkel meines Mannes, kommen (er hatte uns schon am Donnerstagabend besucht, aß und schlief dann an diesem Tag bei uns, verkaufte seine Wolle auf dem Markt am Freitag, aß und schlief wieder bei uns, um am Samstagmorgen wieder nach Hause zurückzukehren). Am Tag nach seiner Ankunft hatte er seinem Neffen Belkacem die Absicht mitgeteilt, uns nach Ighil-Ali mitzunehmen, um mich der Familie vorzustellen, er versicherte meinem Mann, daß er nichts von seinem Vater zu befürchten habe, da ich ja ein hübsches Mädchen sei.

Wir brachen also an diesem Samstag, dem 26. August, auf, und als wir am Krankenhaus vorbeigingen, bat ich die Mutter Oberin um den Geldbetrag, der mir noch zustand, ungefähr 30 Franc, glaube ich. Es war sehr heiß, und wir kamen in Ighil-Ali erst am Abend an.

Der erste Eindruck, den ich beim Eintritt in die Behausung meiner Schwiegereltern empfand, war Überraschung. Das Eingangstor mit seinen schweren Flügeln, die den Jahrhunderten trotzen, öffnete sich und gab den Blick frei auf einen großen Hof, der von allen Seiten verschlossen war, an diesem Sommertag aber sehr hell erschien.

Ich stieg vom Maultier ab, meine Schwiegermutter küßte mich mitten zwischen die Augen, indem sie mich willkommen hieß. Der Vetter Madani, der sogleich herbeilief, gab als Zeichen der Freude einen Schuß in die Luft ab. Aber der Schwiegervater schimpfte ihn deswegen aus; denn die Familie war in Trauer wegen eines weitläufigen Verwandten, der in derselben Woche während der *tajmâat* ermordet worden war (die Polizisten hatten zwei allgemein bekannte Übeltäter festgenommen, mußten sie aber nach einigen Tagen Haft wieder freilassen, weil man ihnen nichts beweisen konnte).

Man hatte mich auf einen dicken Wollteppich mitten unter viele Frauen und Kinder niedersetzen lassen. Durch diesen ganzen Trubel um mich herum bekam ich einen leichten Schwindelanfall. Einen Augenblick später betrachtete ich mir genau das Äußere des Hauses. Zwei große Gebäude standen sich gegenüber; beide hatten einen unterirdischen Keller, einen riesigen Raum und ein Stockwerk mit zwei Balkons. Zu diesen Stockwerken gelangte man auf zwei geländerlosen Treppen, die steil wie Leitern waren; man mußte sich immer an den Wänden unmittelbar neben diesen Treppen festhalten.

Eines dieser Zimmer gehörte der Familie meines Schwiegervaters, das andere, das als ›Vorratskammer‹ bezeichnet wurde, enthielt große Krüge in geflochtenem Alfagras; diese runden Krüge reichten bis zur Decke und sollten 500 oder 600 Maß Weizen oder Gersten fassen. Ich habe sie immer voll gesehen – bis zum Tod des Großvaters meines Mannes.

Das Innere des Hauses war voll von Menschen: Männer, Frauen, Kinder schauten mich beharrlich an: Ich war die Fremde, jene, die sich ihren geliebten Sohn genommen hatte. Eine große alte Frau jedoch – sie war fast blind und stützte sich beim Gehen auf einen Stock, aber trotz ihres hohen Alters sah man, daß sie einmal sehr schön gewesen war –, diese alte Frau näherte sich meinem Mann, küßte ihn aus vollem Herzen, legte dann ihre Hände um meinen Kopf und drückte mir einen Kuß auf die Stirn. Diese unerwartete Herzlichkeit drang unmittelbar in mein Herz. Dies war, wie mir mein Mann erklärte, die Mutter des Onkels Hemma, also seine Großmutter Aïni, die ihn großgezogen und sehr verwöhnt hatte.

Ich betrat den großen Raum, der der Familie meines Schwiegervaters Ahmed-ou-Amrouche gehörte. Ich sah eine noch junge Frau ein ganz kleines Kind stillen: Das war Douda, die zweite Frau meines Schwiegervaters (anwesend waren zu dieser Zeit nur meine ungefähr vierzigjährige Schwiegermutter Fjohra und Megdouda, die Douda gerufen wurde und deutlich jünger zu sein schien). Außer meinem Mann Belkacem hatte meine Schwiegermutter noch zwei Töchter, von denen die eine, Ouahchia, verheiratet war und in einem weit entfernten Dorf wohnte. Die andere, ein mageres braunes Kind, wurde mir vorgestellt: Reskia. Douda hatte mehrere Töchter: die Älteste im Alter von zehn Jahren, die Jüngere, die noch kaum gehen konnte, und die Kleinste, die gerade geboren war. Sie hatte, wie man mir sagte, auch noch einen Jungen von fünf oder sechs Jahren, Mohand-Arab, der bei seinem Großvater Hacène-ou-Amrouche in Tizi-Aïdhel lebte, in einem Dorf in der Ebene, wohin sich dieser Mann zurückgezogen hatte, um fern von seinem mißratenen Sohn mit seinen zwei oder drei Frauen und seiner Tochter Tassâditz zu leben. Ich bemerkte noch ein kleines junges Mädchen, das, wie man mir sagte, nach dem Willen meiner Schwiegereltern als ›Verlobte‹ im Haus aufgezogen wurde, um einmal ihren Sohn zu heiraten – den Platz dieses Mädchens hatte ich also nun besetzt. Wegen meiner Ankunft hatte mein Schwiegervater zwei Halstücher mit goldenen Streifen (*cheâla*) gekauft; er schenkte mir eins und gab das andere dem kleinen jungen Mädchen. Denn er glaubte, daß mein Mann so wie er zwei Frauen lieben könnte.

Man stellte mir Taïdhelt vor, die Frau des Großvaters aus Tizi-Aïdhel, die Haus und Geld des Großvaters behütete. Bei ihr lag die Befehlsgewalt über diese gesamte Familie. Sie schien mir sehr traurig: ihre Tb-kranke Tochter Aïcha war gerade gestorben und hinterließ fünf Kinder, von denen das Kleinste rachitisch war. Diese Frau hatte noch eine andere Tochter namens Fatima. Da diese in der Nähe von Medjana lebte, wußte sie noch nichts von diesem traurigen Ereignis; sie kam erst am nächsten Tag mit Ouardia, einem hübschen kleinen Mädchen von drei Jahren. Sie sagte mir, daß ihr ältester Sohn bei ihrem Mann in Medjana geblieben war. Zu allen diesen muß man noch die Vettern hinzuzählen sowie ihre Mütter und ihre Frauen, die aus Neugier gekommen waren.

Als die Dunkelheit hereinbrach, aßen wir, und meine Schwiegermutter führte uns ins Stockwerk oberhalb der sogenannten ›Vorratskammer‹. Sie hatte unsere Lagerstelle vorbereitet: Decken über einer Matte und ein Tuch in bedruckter Baumwolle, damit wir uns zudecken konnten. Das Zimmer war riesig, mindestens sechs Meter lang und sieben oder acht Meter breit; an den Wänden entlang reihten sich Krüge, vollgefüllt mit Öl, und in den anderen vier Zimmern unten wie oben konnte man ebenso viele Krüge finden. Die schweren Fensterflügel schlossen sich mit einer Art Holzriegel: Man drückte eine Sicherung senkrecht, und der Riegel schob sich in eine Wandvertiefung; um zu öffnen, drehte man das Holzstück, während die Sicherung wieder in ihre waagrechte Stellung zurücksprang, und der Riegel fiel heraus. Um von draußen einzudringen, hätte man die Türen in Brand stecken müssen.

Man konnte sogar die Dachziegel sehen. Alles war weder bequem noch reinlich. Der Fußboden war wie im Erdgeschoß mit ganzen Ziegelsteinen gepflastert. Neben diesem Raum, oberhalb des Vorplatzes, befand sich das Zimmer von Taïdhelt, der Frau des Großvaters.

Ich habe in dieser Nacht wie ein Murmeltier geschlafen; ich war ja so müde gewesen! Am nächsten Morgen erwachte ich erst sehr spät; alle waren schon beschäftigt: Taïdhelt hatte ihren Kaffee getrunken und saß an ihrem Spinnrad; meine Schwiegermutter, Reskia und Hemama (Doudas Tochter) sowie die Verlobte meines Mannes hatten große Körbe voller Kaktusfeigen herbeigebracht und sie reihenweise in einer Ecke des Hofes in den Schatten gestellt. Mit diesen Früchten hatte man eine riesige Holzschüssel gefüllt, von der jeder soviel nehmen konnte, wie er gerade wollte; um die Dornen zu entfernen, mußte man etwas Wasser darübergießen und mit einem Messer erst den Kopf und dann den Stiel der Frucht abtrennen, die Schale in der Mitte einkerben und sie so ablösen.

Ich beobachtete dies alles mit einer belustigten Neugier. Meine Schwiegermutter hatte mittlerweile ihre Arbeitskleidung, die sie zum Pflücken angezogen hatte, wieder ausgezogen und bürstete sich mit großer Anstrengung die Dornen weg.

Douda gab mir ein Zeichen näher zu kommen. Sie hielt sich neben dem Herd auf, und viele Eierschalen lagen zerstreut um sie herum. Auf dem Feuer backte im Öl eine große irdene Platte und in dieser Platte ein sehr weißer dicker Grießkuchen, der mit vielen Eiern verrührt war: das Essen für die Wöchnerinnen in Aïth-Abbas, wenn sie morgens aufstehen. Aber an diesem Morgen war der Kuchen noch sehr viel dicker, und Douda schenkte uns, meinem Mann und mir, davon ein gutes Viertel, und so frühstückten wir beide davon.

Am nächsten Tag lud uns der Vetter Madani zum Mittagessen ein; er hatte ein Perlhuhnpärchen getötet. Auf dem Weg zu ihm gingen wir durch *Tahriqth*, ein kleines Feld außerhalb des Dorfes, damit diejenigen, die nicht zur Familie gehörten, mich nicht sehen konnten. Das ›Haus des Vetters Chérif‹, wie man es nannte, war ein großes zweiteiliges Gebäude. Der eine Teil in alter Bauweise war schon von seinem Vater Mohand-ou-Amrouche, dem Bruder Hacènes, errichtet worden (die Vettern Chérif, Madani und Saïd waren also Vettern meines Schwiegervaters). Den anderen Hausteil hatte Chérif seit dem Tod seines Vaters sehr sorgfältig angebaut. Über dem Untergeschoß, das als Keller und Stall diente, erhob sich ein sehr weiträumiges Zimmer: *akham n'louh*, das Holzhaus. Darüber befand sich ein zweites Zimmer in derselben Größe: *lâli*, das Stockwerk. Und darauf war noch ein weiterer Raum, der das Dorf überragte, eingerichtet: das Schlafzimmer für ihn und für Sassa, die Frau, die er aus Aïth-Aïdhel mitgebracht hatte. Ich fand diese Frau sehr schön, die ersten Anzeichen des Alterns waren aber nicht zu übersehen. Sie bereitete uns einen herrlichen Kuskus, den sie uns im obersten Raum servierte. Vom Balkon aus konnte man das gesamte Dorf überblicken. Ich verbrachte einen guten Teil des Tages in diesem freundlichen Haus; am Abend kehrten wir zu meinem Schwiegervater zurück.

Am Montag war ich Augenzeuge eines schrecklichen Ereignisses. Mein Schwiegervater war zum Markt in Akbou gegangen. Er war frühzeitig auf dem Rücken eines Maultieres weggeritten und hatte in der Eile seine Uhr und seine Weste vergessen. Meine Schwiegermutter Djohra war ihm nachgerannt, und da sie ihn nicht mehr erreicht hatte, vertraute sie Uhr und Weste einem Mann an, der im Dorf für seinen Reichtum bekannt war, Ali-ou-Bouchachi, der meinem Schwiegervater diese Sachen mitbringen sollte. Nun, dieser Mann, dem sie nie mißtraut hatte, behielt die Uhr, die Kette und die Weste. Als mein Schwiegervater vom Markt nach Hause kam, fragte ihn Lla Djohra, meine Schwiegermutter, ob der Überbringer ihm seine Uhr gegeben hatte. »Er hat mir nichts gegeben.« Ich sah ihn hinausgehen und den betreffenden Mann aufsuchen, der aber behauptete, nie etwas erhalten zu haben. Die Wut meines Schwiegervaters wird mir immer vor Augen bleiben: In seinen Händen hielt er die eisernen Steigbügel, die mit einem Lederriemen verbunden waren, ergriff meine Schwiegermutter an den Haaren und schlug die Eisenbügel mit seiner ganzen Kraft auf ihren Rücken. Wir waren alle herbeigeeilt, ich, Taïdhelt, Douda und ihre Töchter, wir alle fielen ihm in den Arm, damit er von seinem Opfer ablasse. Doch erst als er erschöpft und der Riemen zerbrochen war, hörte er auf, sie zu schlagen. Die Augen traten ihm aus den Höhlen; Lla Djohra war auf den Boden gefallen. »Das wird dich lehren«, sagte er zu ihr, »Fremden Vertrauen zu schenken!« Damals war eine Uhr noch eine kostbare und seltene Sache; deshalb hatte der Mann sie einbehalten.

Ich meine, nicht mehr als acht Tage in Ighil-Ali geblieben zu sein. Am Dienstag sah ich meinen Bruder Lâmara mit zwei Maultieren kommen. Meine Mutter hatte ihn zu mir nach Aïth-Mangueleth geschickt; da er mich dort nicht angetroffen hatte, war er bis Aïth-Abbas geritten. Wir brachen fast augenblicklich auf; denn mein Bruder war schon mehrere Tage unterwegs, und der Preis für die gemieteten Maultiere stieg weiter. Als Geschenk gab man mir zehn Liter Ö3 und irgendwelche Süßigkeiten mit. Douda hatte noch einen Grießkuchen mit Eiern gebacken; ich nahm alles mit zu meiner Mutter.

Ich konnte nur kurze Zeit in meinem Dorf bleiben; ich wollte schnell nach Ouarzen zurückkehren, um mich endlich um meine eigenen Angelegenheiten zu kümmern. Die Tage liefen immer in derselben Weise ab: nach dem Aufstehen frühstückten wir und gingen gemeinsam zum Krankenhaus hinab; vor dem Tor trennten wir uns, ich trat allein ein und begab mich zur Wäscherei, wo ich mit Schwester Chantal bis zum Mittag arbeitete. Dann holte mich mein Mann ab, ich bereitete das Essen, und wir aßen zu Mittag. Vater Carisson hatte uns Küchengeräte gekauft. Ich konnte nicht kochen. Ich schaffte es gerade, *afdhir-ouquessoul* (Pfannkuchen) zuzubereiten, und außerdem rollte ich ein wenig den Kuskus! Wie habe ich je gelernt zu arbeiten, frage ich mich. Aber ich hatte einen gesunden Menschenverstand und war guten Willens. Und vor allem habe ich meine Mutter beobachtet, die reinlich und sparsam war wie eine Ameise. Eine Frau, die monatlich mit zwei Franc fünfzig auskommen mußte, brachte mir jeden Tag einen Kanister mit 18 Litern Wasser. Bei seinem ersten Marktgang hatte mein Mann einen doppelten Dekaliter Weizen gekauft – er hatte, glaube ich, Geld geliehen, ungefähr 20 Franc. Er brachte auch zwei Kilo Fleisch mit. Nach meiner Meinung war das zu viel für zwei Leute. Ich legte davon einige Stücke in Salz ein und riet Belkacem, in Zukunft weniger verschwenderisch zu sein. Denn ich war eben die Tochter meiner Mutter, die das Korn in zwölf Teile zerlegte – einen Teil für jeden Monat im Jahr.

Nach unserem Mittagessen brachen wir wieder auf. Ich arbeitete noch bis zum Abend; dann ging ich mit meinem Mann zurück in das Haus in Ouarzen. So verstrich der Oktober. Am ersten November kündigte uns die Hausbesitzerin; da ihr Mann zurückgekehrt war, wollten sie nun allein im eigenen Haus wohnen. Als ich in die

Wäscherei trat, sah Schwester Chantal meine roten Augen und fragte: »Hast du Kummer?«

Schluchzend antwortete ich, daß ich keine Wohnung mehr hätte.

»Mach dir darum keine Sorgen. Ich werde das schon erledigen.« Und sie suchte die Mutter Oberin auf, die damals noch die Mutter Saint-Jean war. Schwester Chantal sagte zu mir: »Ich habe mit unserer Mutter über dich gesprochen; sie bietet dir das Zimmer an, in dem Amar Akli gewohnt hat und das nun leer steht.«

Als mich mein Mann am Mittag abholte, zeigte ich ihm den Schlüssel: »Unsere Mutter hat uns dieses Zimmer gegeben.« Wir öffneten die Tür und waren sehr zufrieden. Dieses Zimmer war bequemer als das Haus im Dorf, und wir mußten außerdem nicht mehr zweimal täglich hinauf- und hinuntergehen. Und ich konnte meinen Wasservorrat in dem Becken holen, das nur zwei Schritte von unserer Wohnung entfernt war.

Noch an demselben Tag holten wir unsere Habseligkeiten, und am Abend schliefen wir endlich in einer sicheren Wohnung. Die Tage verstrichen. Pater Justrob kam zurück und gab uns gute Ratschläge für unsere Einrichtung. Er kaufte für uns Bretter, die auf Kisten gelegt wurden: Das war unser Bett. Andere Bretter dienten uns als Regale, die uns Platz ersparten. Mit einigen Zehn-Franc-Stücken schafften wir uns ein paar Meter roter Baumwolle mit schwarzen Streifen an, um Vorhänge zu nähen und damit zu verdecken, was wir auf die Regale gestellt hatten. Ich besorgte mir Vorräte bei den Schwestern; für zwölf Sous bekam ich ein Bauernbrot von zwei Kilo, Grieß, Trockengemüse und Kaffee. Jede Woche zahlte ich mit meinem Verdienst.

Bevor ich morgens zur Arbeit ging, setzte ich mein Gemüse auf, um es bei schwacher Hitze zu garen, und Schwester Chantal erlaubte mir, gegen neun Uhr einmal nach meinem Feuer und dem Essen zu schauen. Jeden Donnerstag kam Onkel Hemma, der Kameltreiber, zu Besuch. Er war ein großgewachsener Mann, der noch größer erschien wegen des *guennour,* den er trug – einen dicken, mit weißem Musselin umhüllten *chèche* (ein braunes Band aus Kamelhaar schlang sich um diesen gewaltigen Turban, durch den er noch mehr herausragte). Als ich ihn kennenlernte, hatte er keinen einzigen Zahn mehr und auch kein einziges Haar. Seine Haut war weiß, seine Gesichtszüge regelmäßig und stolz, aber durch die Pocken hatte er ein Auge verloren. Sein Gesicht trug überall Spuren dieser schrecklichen Krankheit. Auch das Lid über dem einzigen Auge war entstellt, und man konnte das rote Innere sehen. Beim ersten Mal hatte mich dies alles sehr erschreckt, dann habe ich mich jedoch daran gewöhnt.

Jeden Donnerstagabend sah ich ihn kommen und alles herbeitragen, was er für uns von meinen Schwiegereltern erhalten konnte; ihnen erzählte er, daß wir sehr unglücklich seien. Er brachte uns bald zehn Liter Öl, bald einige Reihen Trockenzwiebeln. Manchmal kaufte er selbst Granatäpfel auf dem Markt. Ich nahm ihn auf, so gut ich konnte, machte ihm zu Ehren Grießkuskus oder Kartoffelgemüse; in das Essen brockte er dicke Stücke von dem frischen Mischbrot, das ich bei den Schwestern geholt hatte.

Uns fehlte nichts, denn das Leben war so billig, daß wir wenig Geld brauchten. Was ich bei den Schwestern kaufte, rechnete man mir zum Großhandelspreis an. Jeden Monat hatte ich 100 Kilo Eichenholz für einen Franc pro Zentner. Aber an Anfeuerholz fehlte es uns; mit einem kleinen Handbeil spaltete mein Mann an seinen freien Tagen einige Holzklötze. Ich hatte keine Zeit für Langeweile. Nur sonntags war ich frei; dann ging ich manchmal mit den Mädchen, die bei den Schwestern waren, spazieren.

Auf den Rat von Félicité hatte ich Frau Pâquereau, die Hebamme, aufgesucht; sie sagte mir, daß ich im dritten Monat schwanger war.

Dann kam Weihnachten. Dieses Jahr hatte ich sehr warme Holz- und Hausschuhe. Mein Mann trug einen schweren weißen Burnus, denn damals kleidete man sich kabylisch. Denn die Geistlichkeit wollte nicht, daß die Kabylen ihre angestammte Umgebung verließen, und so hatte mir die Mutter Oberin auch europäische Halbschuhe verboten und mir für meine Hochzeit *thirihith* gekauft – rote Lederschuhe nach der einheimischen Mode.

Damals hatte ich mit meinem Mann die erste Auseinandersetzung, die beinahe eine schlechte Wendung genommen hätte. Merzoug, einer seiner Landsleute, war gekommen, um im Krankenhaus zu arbeiten; seine Frau, die ein Kind erwartete, begleitete ihn; sie wohnten, glaube ich, in dem alten Bügelzimmer. Also, an

Weihnachten wollte dieser Mann seine Ferien in Ighil-Ali verbringen, und er schlug meinem Mann vor, ihm zu folgen. Belkacem unterrichtete mich von diesem Plan. Ich sagte ihm, daß er mich nicht alleinlassen könne. Wir unterhielten uns einen Augenblick, und ich begriff, daß er tatsächlich aufbrechen wollte. Seitdem ich meinen Schwiegervater Ahmed-ou-Amrouche gesehen hatte, fürchtete ich stets, daß er seinen Sohn wieder ganz zu sich zurückholen könnte. Es paßte ausgezeichnet, daß am nächsten Tag mein Bruder ankam. Ich sagte zu ihm: »Mein Mann will einige Tage zu seinen Eltern gehen. Nimm mich mit nach Hause, solange er nicht da ist.« Ich zog mich an, und wir machten uns zu Fuß auf den Weg. Wir hatten schon den Abhang erreicht, der zum Bach führt, als ich hörte, wie mich jemand rief. Ich hob den Kopf und sah Pater Justrob, der so schnell rannte, wie er nur konnte, um mich noch einzuholen.

Ich hielt an und wartete auf ihn. »Warum bist du weggelaufen?« fragte er mich.

»Weil mein Mann mit Merzoug zu seinen Eltern gehen will. Also habe ich gedacht, daß auch ich zu meiner Mutter gehen kann.«

»Merzoug ist letzte Nacht ganz allein aufgebrochen«, versicherte mir der Pater. Und er brachte mich nach Hause zurück, während mein Bruder unter dem wütenden Blick des guten Paters Justrob seinen Weg fortsetzte. Wir stiegen langsam den Hang wieder hinauf, aber wegen des Kindes, das ich in mir trug, war ich nach der Rückkehr so müde, daß ich mich sofort ins Bett legen mußte. Wir sprachen nie mehr über diesen Vorfall.

In diesem Jahr gab es die Mitternachtsmesse des Jahrhunderts, denn wir waren am 31. Dezember 1899 angelangt. Es hatte noch geschneit. Mein Mann half Pater Justrob beim Übersetzen von Lobgesängen ins Kabylische. An diesen Abenden im Dezember und im Januar, wenn die Nacht schnell hereinfällt, erwartete ich oft voller Unruhe Belkacems Rückkehr; ich hatte Angst, daß er wegen des Schnees und der Kälte in einen Graben fallen könnte.

Es regnete manchmal in den Kamin unseres Zimmers, und so konnten wir kein Feuer anzünden und blieben notgedrungen ohne Abendessen. Mein Mann klopfte dann an die Küchentür, und die

Schwester gab uns etwas zu essen. Sie hat sich nie geweigert, uns zu helfen.

Am Neujahrstag wünschte ich mit Belkacem den Missionaren ein gutes Jahr. Pater Baldit war Provinzial und unternahm lange Reisen – sogar bis nach Gardhaïa –, um die einzelnen Ordensstellen zu überprüfen; er war oft wochenlang abwesend. In diesem Fall war Pater Schmit der oberste Geistliche. Dies war ein Elsässer von kräftigem und strengem Aussehen und doch so gutmütig! Er liebte die Kinder. Er empfing uns sehr freundlich und gab mir mehrere Tafeln Schokolade. Die anderen Missionare schenkten uns Bonbons und überzuckerte Mandeln. Ich war sehr verwöhnt worden. Den Schwestern hatte ich ebenfalls ein gutes Jahr gewünscht; auch sie waren sehr nett gewesen. Schwester Chantal gab mir eine Silbermünze – in Erinnerung an ihre alte Mutter und meine Patin. Ich kam nach Hause zurück, rot wie eine Tomate und mit vor Freude glänzenden Augen.

Wenn ich sage ›Haus‹, ist das nur so eine Redensart: Es war ein Zimmer mit einem tiefen Dachboden, der mit Brettern und Ziegeln gedeckt war; da es hoch lag, war es lauwarm und sehr trocken wegen des Holzparketts. Uns gefiel es sehr gut darin, seitdem die Regale hinter den Vorhängen verschwunden und unsere Matte und die Decken auf Brettern ausgebreitet waren. Man konnte verschiedene Dinge auf die Kisten und die Schuhe unter das Bett legen.

Ich hatte Neuigkeiten von einigen meiner Gefährtinnen in Taddert-ou-Fella erhalten. Malha und ihre zwei großen Schwestern waren im Krankenhaus, die zwei Kleinen in Ouadhias, wo sie seitdem verheiratet waren. Beim Spaziergang war ich eines Tages auch Frau Achab begegnet; aber da ich Christin und sie Muslimin war, hatte sie nicht die Güte besessen, mich wiederzuerkennen. Eines Morgens ließen mich die Schwestern Alice sehen; sie war Hausmädchen der Familie Masselot geworden, und ich erkannte sie nur mit Mühe wieder, so sehr hatte sie sich verändert, die arme Kleine!

An einem Winterabend sah ich eine weitere, begleitet von ihrem Bruder, im Krankenhaus ankommen; der Verwalter Masselot hatte sie sich vom Hals geschafft, indem er sie zu den Schwestern schickte: es war Dahbia, die wir Maria nannten – man hatte ihr den kabylischen und den französischen Vornamen zugleich gegeben. Sie kam, wie sie sagte, im Auftrag des Verwalters, um zu arbeiten und ihren Lebensunterhalt zu verdienen. Sie war ein ziemlich unpraktisch veranlagtes junges Mädchen, das zu viele Bücher ohne jedes Unterscheidungsvermögen gelesen hatte; sie träumte viel, und bei den Schwestern waren nun keine Träume mehr möglich.

Die Mutter Oberin war einverstanden, Dahbia zu behalten und teilte sie der Wäscherei zu, in der ich selbst beschäftigt war.

Dort gab es viel Arbeit: außer dem Flicken das Waschen, Kochen und Bügeln. Man hatte sogar einen Webstuhl aufgestellt, und Fatima (die Dicke) webte einen schönen Burnus, wie man glaubte, für Pater Baldit.

Ich ging seit meiner Heirat selten am Schlafsaal vorbei; denn ich kehrte von der Wäscherei geradewegs in mein Zimmer zurück. Unterdessen stellten sich immer wieder weitere Mädchen vor, und die Schwestern, die eine große Ausbeute an Übertritten erhofften, nahmen jeden Tag einige auf.

Onkel Hemma besuchte uns jederzeit. Einmal brachte er außer dem Öl noch ein Kilo Honig und ein Kilo gesalzene Butter, die mir Taïdhelt schickte: »Für wenn ich den Kleinen hätte.«

In der Woche darauf mußten wir eine richtige Familiensippe empfangen: Der Vetter Salah-ou-Amrouche und seine Frau, begleitet von meiner Schwägerin Ouahchia, hatten uns auf dem Rückweg einer Pilgerfahrt zum Scheich Mohand besucht. Alle ließen sich auf unserem Bett nieder; ich bereitete einen großen Kuskus mit getrocknetem Fleisch und einer Brühe mit Trockenbohnen, und jeder aß sich satt. Nachdem der Vetter und seine Frau am nächsten Morgen ein Frühstück mit Kaffee und frischem Brot zu sich genommen hatten, gingen sie wieder nach Hause, ließen aber meine Schwägerin zurück, die einen Arzt aufsuchen wollte; denn seit ihrer Niederkunft vor sechs Monaten war sie krank. Sie lebte mit uns und schlief in unserem Bett.

Eines Tages starrte Pater Duchêne beim Vorbeigehen meine Schwägerin an und nahm meinen Mann zur Seite; er sagte zu ihm: »Antoine (Belkacems christlicher Vorname), was du machst, ist weder gesund noch vernünftig, vor allem im Zustand deiner Frau (ich war im achten Monat schwanger). Deine Schwester ist schwindsüchtig; man muß nur ihre Augen ansehen, um das zu begreifen. Von heute abend an darf sie nicht mehr in eurem Zimmer schlafen.« Mein Mann gab diese vertrauliche Mitteilung sofort an mich weiter. »Was geschehen soll, wird geschehen«, antwortete ich, »aber wir können deiner Schwester nicht sagen, anderswohin zu gehen.«

In diesem Jahr fiel das Mouloud-Fest fast mit Ostern zusammen. Mein Bruder hatte mir, wie es Brauch ist, eine Schulter des Hammels gebracht, der von der Familie geopfert worden war. Auch in den christlichen Haushalten war an Ostern ein Hammel getötet worden, und auch davon hatten wir unseren Teil erhalten. So konnte ich viel Fleisch als Vorrat aufbewahren.

Frau Pâquereau hatte mir geholfen, eine kleine Babyausstattung zusammenzustellen: einige Hemdchen in feinem Perkal und Baumwolljäckchen; das lag alles geordnet in einem Köfferchen, das mir die Schwestern geschenkt hatten. Ich ging nicht mehr zur Wäscherei, da meine Beine angeschwollen waren, aber ich erledigte die Arbeit zu Hause und brachte sie zu Schwester Chantal zurück. Unser Freund Habtiche, der zweite Ausbilder, hatte eine Stelle als Sekretär in der gemischten Gemeinde von Algier erhalten; für das Baby, das ich erwartete, hatte er mir von dort ein Übermäntelchen mitgebracht. Auch Frau Pâquereau hat mir zwei hübsche kleine Kinderkleidchen gegeben.

Meine Schwägerin war immer bei uns. An einem Montag gab es eine Sonnenfinsternis. Um drei Uhr nachmittags verschwand die Sonne, und während einer oder zwei Minuten sahen wir den Mond und die Sterne. Dann kam wieder die Sonne. War es die Erregung, die mich ergriffen hatte? Meine Geburtswehen begannen genau in der Nacht nach dieser Sonnenfinsternis. Als mein Mann sah, wie ich litt, konnte er endlich seine Schwester überreden, im Krankensaal zu schlafen. Sie war sehr unzufrieden. Um drei Uhr nachts rief Belkacem die Hebamme; und mein Sohn Paul-Mohand-Saïd kam am 29. Mai 1900 auf die Welt.

Schwester Chantal besuchte mich; sie brachte Tücher mit, die man im Wochenbett benutzen konnte. Schwester Alexis hatte mir eine alte Frau geschickt, die meine Arbeit machen sollte. Zwei Hühner wurden geschlachtet, und man bereitete daraus einen Kuskus für die Mönche und die Nonnen.

Da niemand sich um meine Schwägerin, die sich weigerte, im Krankensaal zu bleiben, kümmern konnte, mietete mein Mann ein Maultier und brachte sie wieder nach Ighil-Ali; er kam am übernächsten Tag zurück.

Meine Mutter besuchte mich; sie brachte mir als Geschenk eine dicke Kalbskeule und Eier. Sie richtete sich so ein, daß sie mich pflegen und sich um alles kümmern konnte. Als wir eines Tages allein waren, hob sie die Windeln des Kindes auf, betrachtete aufmerksam seinen ganzen kleinen Körper, zeigte auf seine Füßchen und sagte zu mir: »Die Füße sind nicht von uns; unsere Fersen gehen nicht nach außen. Er hat sie zweifellos von der Familie des Vaters.« Und als ich aufschrie: »Gib acht, damit du ihm nicht weh tust!«, warf sie mir einen Blick über ihre Schulter zu und antwortete: »Reicht jetzt schon das Vögelchen den vollen Schnabel seinem Vater?« Mit diesem Sprichwort machte sie mir deutlich, daß ich ihre Tochter war und daß sie besser wußte, was einem Baby weh tun könnte. Frau Pâquereau hatte mir beigebracht, das Kind zu baden und zu wickeln. Einige Tage später holte mein Bruder meine Mutter ab. Ich stand, ein wenig abgemagert, nach zwei Wochen wieder auf. Alles in allem habe ich die Geburt gut überstanden.

Ich begann wieder mit meinen Beschäftigungen. Wir mußten das Zimmer, in dem wir wohnten, verlassen; es war abgerissen worden, um die großartigen Bauvorhaben durchzuführen, von denen ich schon gesprochen habe: eine Kapelle im Untergeschoß mit einem Durchgang durch die Straße und oberhalb Wohnungen, die durch Balkons mit den schon vorhandenen Gebäuden verbunden werden sollten.

Wir wurden in ein Zimmer oberhalb der Ställe verbannt. Die großen Fenster hatten weder Jalousien noch Läden, und die Sonne knallte den ganzen Nachmittag herein, und es gab Schwärme von Mücken, weil man das Zimmer nicht verdunkeln konnte. Morgens war es unerträglich und abends unaushaltbar. Wir befanden uns im Sommer, der Juli hatte gerade mit den Ferien begonnen. Da sah ich eines Tages meinen Schwiegervater Ahmed-ou-Amrouche in Begleitung des Onkels Hemma ankommen.

Sie nahmen uns auf dem Rücken eines Maultieres mit in ihr Dorf Ighil-Ali. Die Mutter Oberin wollte genau alle Bretter wiederhaben, die wir gekauft hatten. Schwester ›Mitleid‹ verlangte von mir die Decken, die sie mir geliehen hatte, und ich gab sie ihr zurück. Der Umzug war schnell geschehen. Auf eine Mauleselin hatte man unseren Tisch und unsere Stühle geladen, ebenso meine Kiste und den anderen Koffer. Frau Pâquereau wickelte mir den Kleinen für die lange Reise; denn wir wollten nachts unterwegs sein.

Ich verabschiedete mich von Schwester Chantal, von Mutter Saint-Jean, von dem ganzen Krankenhaus, wo ich zwei Jahre gelebt hatte, wo ich geweint, gelitten und schließlich auch gesehen hatte, wie sich mein Schicksal entschied. In Zukunft war ich nicht mehr allein: Arm oder reich, lachend oder weinend waren wir nun zu zweit.

Auf dem Weg trafen wir andere Dorfbewohner, die nach dem Verkauf ihrer Wolle wieder nach Hause zurückkehrten: Eine ganze Karawane war unterwegs. Um drei Uhr nachmittags waren wir bei größter Hitze aufgebrochen; um drei Uhr nachts kamen wir erst an. Zwölf Stunden habe ich mit meinem Kind im Arm auf dem Tier gesessen. Durchquert haben wir das Gebirge, in dem es kalt war, dann einen Fluß, in dem kaum Wasser floß. Als ich von dem Tier stieg, waren meine Beine so steif geworden, daß ich sie nicht mehr bewegen konnte. Man nahm mir das Kind ab, und in das große Zimmer mußte ich fast getragen werden. Ich warf mich auf die Matte und schlief ein.

2

Ighil-Ali

Als ich die Augen öffnete, hielt Taïdhelt, die Frau des Großvaters Hacène-ou-Amrouche, mein Baby in ihren Armen und betrachtete seine Gesichtszüge; es war erst vierzig Tage alt: »Es sieht den Kindern deiner Schwiegermutter Djohra ähnlich. Es hat dieselben schwarzen Haare; vor allem hat es von ihr die Füße und die Fersen.«

Ich stand mühsam auf, denn meine Knie taten mir weh; ich mußte mich wohl erkältet haben, als wir den Paß überquerten.

Mein Mann und ich wurden in der ›Vorratskammer‹ untergebracht. Mit meinen kleinen Ersparnissen – 300 Franc – kaufte ich Decken.

Die ›Verlobte‹ meines Mannes war in ihre Familie zurückgekehrt. In seiner Verzweiflung fragte mein Schwiegervater den Scheich, ob er sich nach dem Gesetz des Korans mit ihr verheiraten dürfe; aber die Eltern des jungen Mädchens weigerten sich, ihre Tochter nicht als Schwiegertochter, sondern als Nebenfrau meiner Schwiegermutter herzugeben.

In dem großen Zimmer richtete ich mich mehr schlecht als recht ein. Ich hatte mir eine runde, aus Oleander und geflochtenen Stricken gefertigte Wiege nach Art des Landes besorgt.

Man hängte sie an einen Balken, und mit einem sehr langen Band, das an dieser ›Gondel‹ befestigt war, konnte man das Kind schaukeln. Eine runde Matte diente als Strohsack; Deckenzipfel, die uns die Schwestern gegeben hatten, ersetzten die Bettwäsche.

Ich stellte fest, daß das gesamte Umfeld in diesem Haus anders war als bei uns zu Hause: Hier waren die Frauen oberflächlich und eitel, die Wohnung war sehr groß, aber schmutzig, der Boden aus gestampfter Erde war uneben wie am ersten Bautag, die Mauern waren von Anfang an nie geweißt worden und jetzt ganz schwarz vom Ruß. Überall standen Ölkrüge ringsumher. Ich vermutete, daß die Frauen Wolle spinnen mußten; im Hintergrund des Zimmers war ein Burnus auf dem Webstuhl.

Es gab zwei Arten von Nahrungsmitteln: Weizen für die Männer und Gerste für die Frauen. Ich bemerkte, daß man sehr verschwenderisch umging.

In dem Haus lebten meine Schwiegermutter Djohra und ihre zwei Töchter; Ouahchia, die wir krank bei uns aufgenommen hatten und die im September sterben mußte, und die noch sehr junge Reskia. Auch Douda und ihre Töchter wohnten hier.

Meine Schwiegermutter Djohra war wie im vergangenen Jahr und so auch immer, wie man sagte, vollauf mit Tätigkeiten außerhalb des Hauses beschäftigt; sie brachte die Kaktusfeigen und trug das Wasser in Schläuchen aus Ziegenhaut herbei. Sie hatte breite Schultern und war sehr kräftig, ein wenig untersetzt und nicht sehr intelligent, aber listig, und sie besaß einen sehr gesunden Menschenverstand. Nach meiner Ankunft wollte ich sie ›Mama‹ rufen, wie es in meinem Dorf üblich war; aber als ich sah, daß ihr das nicht gefiel, nannte ich sie *Lalla* (Frau). Ich aß mit allen Fladenbrot und Kuskus, aber mein Mann wollte sich mit diesem Essen nicht zufrieden geben. Er kaufte ein paar Nudeln und Kartoffeln, und so aßen wir das eine oder das andere noch dazu.

Eines Tages sahen wir, wie sich die Eingangstür ganz weit öffnete und eine beladene Mauleselin hereinkam; ein großer Mann mit einem schönen weißen Burnus führte sie. Der Auftritt dieses Mannes ist mir immer in Erinnerung geblieben: Ein Licht strahlte von ihm aus. Langsam schritt er im Hof voran, während alle Frauen zu seinem Empfang eilten, sein Haupt küßten und ihn begrüßten: *»Aâsslama a Dhada Hacène!«*

Als ich an der Reihe war, näherte ich mich furchtsam und küßte seinen Kopf, den er mir zugeneigt hatte. Man nahm die Lasten vom Maultier. Er stieg die Treppe hinauf, um Taïdhelt, seine Frau und – wie er sagte – die Hüterin seiner Schätze, zu begrüßen.

Meine Schwiegermutter hatte mir deutlich zu verstehen gegeben: Ich sollte den Schmuck des Großvaters bekommen. Am nächsten Tag nahm ich den Kleinen in die Arme und stellte ihn dem Großvater vor, der mir übrigens sehr sympathisch war. Bevor ich ging, bat ich ihn furchtsam um einige Schmuckstücke; er wandte sich zu Taïdhelt: *»Efkas ats'sguerouah!«* (Gib sie ihr, damit sie damit angeben kann).

Wenig später brach er nach Algier auf. Seitdem wußte ich, daß Boumezrag, Bach-Aghas Bruder, der 1871 einen Aufstand gewagt hatte, endlich seine Strafe abgesessen hatte. Er kam von seinem Zwangsaufenthalt zurück, und der Großvater, der ihn schon vor der Revolte in Bordj-bou-Arreridj kennengelernt hatte und sehr eng mit ihm befreundet war, hatte ihn unbedingt bei seiner Rückkehr aus dem Exil begrüßen wollen.

Taïdhelt gab mir einige Broschen und einen *khelkhal*, einen Ring um das Fußgelenk. Der Großvater kam einige Tage später aus Algier zurück und war sehr traurig über die Veränderung, die sich an seinem Freund vollzogen hatte; er vergaß dabei, daß sie seit mehr als 30 Jahren getrennt waren und daß er selbst auch alt geworden war.

Ich konnte genau seine Gesichtszüge betrachten. In der Zeit, von der ich spreche, mußte er 70 Jahre alt gewesen sein. Seine große Gestalt wirkte noch größer durch den *guennour*, die Kopfbedeckung in Aïth-Abbas. Er hatte eine sehr weiße Haut, eine ziemlich kurze, aber schöngeschwungene Nase, ein eigenwilliges Kinn, einen kleinen Mund, und obwohl er kahl war und alle seine Zähne ausgefallen waren, sah er noch sehr gut aus. Eine Art von Würde und Größe umgab seine Erscheinung.

Später begriff ich, daß das Licht, das er verbreitete, ein Geschenk Gottes an alle Geschöpfe ist, die er besonders liebt.

Er ging wieder zurück nach Tizi-Aïdhel: dort wohnte er das ganze Jahr über. Das Leben war dort auch leichter als in Ighil-Ali, und die Felder waren fruchtbarer.

Der erste peinliche Vorfall ereignete sich wegen unserer Religion: Mein Mann und ich mußten am Sonntagmorgen zur Messe gehen. Die Missionare hatten für die christlichen Haushalte kleine Wohnungen in der Nähe des Missionshauses errichtet, so daß die bekehrten Frauen ihre Religion ausüben konnten, ohne durch das Dorf gehen zu müssen.

Die Sitten in der Kleinen Kabylei verboten den jungen Frauen, aus dem Haus zu gehen und sich den Männern zu zeigen. Ohne dies zu beachten, hatte ich meine Kleider für den Gang zur Messe zusammengelegt. Meine Schwiegermutter sah sie über der Lehne eines Stuhles liegen. Sie rannte in Windeseile zu Taïdhelt, die die Befehlsgewalt im Haus besaß. Taïdhelt war liebenswürdig und gemäßigt. Indem sie auf die Kleider über der Stuhllehne wies, fragte sie mich, wofür ich sie denn brauche.

»Ich gehe zur Kirche«, sagte ich, »du weißt doch, daß wir Christen sind.«

»Es gehört sich nicht, daß eine junge Frau der Familie Amrouche bei hellichtem Tage ausgeht und von den Leuten des Dorfes gesehen wird. Das wäre eine unauslöschliche Schande, jeder würde uns verspotten, und unsere Familie ist doch eine mächtige und ehrenvolle Familie!«

»Was also tun?« fragte ich. »Ich muß doch zur Kirche gehen, ich bin dazu auch gezwungen.«

»Ihr müßt vor dem ersten Gebet aufstehen und dürft erst nachts zurückkehren, damit niemand im Dorf sagen kann, er habe euch gesehen, wie ihr zu den Roumis gegangen seid.«

Wir mußten gehorchen. Jahrelang standen wir immer vor dem Morgengrauen auf und verschwanden heimlich. Die Schwestern öffneten mir sofort, wenn ich klopfte, und ließen mich in den Klassensaal eintreten. Solange Mutter Madeleine die Oberin war, ließ sie mich mit ihren Pensionsschülerinnen mitessen.

Wenn ich einmal aus einem wichtigen Grund früher heimkehren mußte – zum Beispiel wegen einer Krankheit des Kindes –, gingen wir auf weiten Umwegen durch die Felder zurück in unsere Wohnung, wo ich feindliche Blicke auf mir ruhen fühlte. Denn ich hatte doch meine eigene Religion verleugnet und ihren geliebten Sohn verhext.

Unter all diesen Frauen hatte mich die liebenswerte alte Lalla Aïni, die Großmutter meines Mannes, ohne jede Einschränkung angenommen und ihrer Tochter Lalla Djohra erklärt: »Deinen Platz wird bei mir von nun an deine Schwiegertochter einnehmen; jedesmal, wenn sich dazu eine Gelegenheit bietet, werde ich sie einladen.« Sie hielt Wort: Immer hat sie mir geholfen und mich stets in schwierigen Fällen unterstützt.

Es gab zwei unterschiedliche Zweige in dieser Familie. Einerseits die ›unteren Amrouche‹ – die Familie meines Schwiegervaters Ahmed – und andererseits die ›oberen Amrouche‹ – die Frauen und die Töchter des Großvaters Hacène. Dieser Zweig stand in jeder Beziehung über jenem; denn letztendlich ernährte der Großvater dieses ganze Hornissenvolk, und seine Frau Taïdhelt verwaltete das Geld und die Vorräte.

Der untere Zweig war eifersüchtig auf den oberen, und der obere schätzte den unteren kaum, da er ihn zu Recht oder zu Unrecht als bevorzugt ansah.

Im Sommer 1900 erhielt Taïdhelt eines Tages eine schlechte Nachricht: ihr Schwiegersohn Lârbi-ou-Herrouche war in der Gegend von Ras-el-Oued ertrunken. Nicht weit von dort besaß er einen Lebensmittelladen; außerdem verkaufte er Stoffe an die Araber. Als man ihn fand, lag er tot in einem abgelegenen Winkel, wohin er sich zum Gebet zurückgezogen hatte, um seine Waschungen vorzunehmen.

Die Verantwortlichen hatten als Ursache ›Tod durch Unfall‹ angegeben. Man hatte ihn ins Dorf gebracht, aber da es sehr heiß war und der Körper schon längere Zeit im Wasser gelegen hatte und deshalb sehr aufgeschwemmt war, mußte man ihn noch an demselben Abend beerdigen. Fatima, die Schwester meines Schwiegervaters, war also Witwe, und einige Monate später zog sie sich in das Haus ihres Vaters zurück. Sie hatte drei Kinder, von denen der Älteste sich ein übles Fieber zugezogen hatte, weil er in der Nähe seines toten Vaters eingeschlafen war. Tagelang schwebte er zwischen Leben und Tod. Die kleine Tochter Ouardia war drei Jahre, und der Kleinste kaum ein Jahr.

So vergrößerte sich die schon vorher große Zahl der Hausbewohner noch mehr. Deshalb beschloß mein Schwiegervater, ein weiteres Gebäude neben der Ölpresse zu bauen. Er ließ die Maurer kommen, und sie errichteten 1900 und 1901 einen Anbau, den man dann ›das neue Haus‹ und ›das neue Stockwerk‹ nannte.

In jenem Sommer des Jahres 1900 herrschte eine drückende Hitze, und die Frauen legten nachts im Hof ein Tuch auf den Boden und schliefen darauf unter freiem Himmel. Mein Schwiegervater ging in die Vorhalle und schlief dort auf einer der zwei Steinbänke, die zu diesem Zweck errichtet worden waren.

Ich legte mich in die ›Vorratskammer‹, wo ich die Wiege meines Sohnes Paul hingehängt hatte. Auf eine Matte breiteten wir eine Kamelhaardecke, die eigentlich als Reitdecke diente, und deshalb mußten wir diese Decke am Markttag wieder hergeben, und so schliefen wir unmittelbar auf der Matte und dem Tuch, aber wir waren ja noch so jung!

Im September starb meine Schwägerin Ouahchia an Tuberkulose. Man hatte ihr die Haare abschneiden müssen; denn sie hatte überall Läuse. Sie war so abgemagert, daß ihre Gesichtszüge entstellt waren. Aber Lalla Djohra behauptete, daß ihre Tochter von ihrer Nebenfrau vergiftet worden wäre; diese hätte Ouahchia *ihechcoulen* (Zaubereien), unter anderem Abfälle eines Affen, essen lassen... Deshalb sah das arme Mädchen vor ihrem Tod diesem Tier so ähnlich... Wiederholt habe ich meiner Schwiegermutter vergeblich versichert, daß ihre Tochter an einer Krankheit und an mangelnder Sorgfalt gestorben ist, wie die meisten Mädchen in der Familie Amrouche (vor Ouahchia waren es, wie man mir erzählt hatte, ihre Tante Aïcha, Dahbia, Megdouda und noch viele andere); Lla Djohra verlangte von ihrem Schwiegersohn, daß er die Frau wegjage, die er schon vor Ouahchia geheiratet hatte – und er tat es.

Im Dorf war gerade ein Mädchen verstoßen worden, und da ihr Vater zu unserem Familienclan gehörte, hatte Taïdhelt mit Erlaubnis des Großvaters ihrem Mann die Mitgift zurückerstattet. Dieses Mädchen Zahra T'Gouarab war, wie man sagte, sehr schön, und mein Schwiegervater beschloß, sie zu heiraten. Seine Absicht konnte er in diesem Jahr noch nicht durchsetzen, und so wurde sie mit einem Mann aus einem Nachbardorf verlobt, der viel Geld für sie ausgab, und für einige Zeit sprach man nicht mehr von dieser Angelegenheit.

Es kam die Olivensaison. In dieser Zeit des Jahres herrschte in Ighil-Ali das größte Gedränge; denn alle Frauen, ob jung oder alt, mußten zur Ernte gehen. Die Frauen standen vor dem Morgengrauen auf, legten ihren schönsten Schmuck an und schminkten sich, zogen diese Art von hohen und schmiegsamen scharlachroten Schläppchen an, verzierten ihre Kleidung mit schwarzen Stoffmustern, und, geblendet von ihrem ganzen Schmuck, gingen sie auf die Felder. Alle Frauen liebten die Olivenzeit; denn sie konnten endlich das Haus verlassen. Erst mit den Sternen kamen sie zurück, hundemüde, aber glücklich.

Für mich war dieses Jahr schlimm, das schlimmste während meines Lebens in diesem Haus. Da alle Frauen an der Ernte teilnahmen, wurde mir aufgetragen, das Haus zu bewachen, die zwei Körbe mit dem Korn, das nachts gemahlen werden mußte, zu verlesen und das Abendessen vorzubereiten. Man mußte sich rechtzeitig an die Arbeit machen; denn die Körbe waren groß, der eine mit der Gerste für die Frauen und die Arbeiter, der andere mit dem Weizen für die Männer. Meine Schwiegermutter und ihre Nebenfrau Douda backten die Brotfladen, die sie zusammen mit den Trockenfeigen für Mittagessen und Zwischenmahlzeit auf das Feld mitnahmen.

Ich mußte mich mit dem gerade sechs Monate alten Paul beschäftigen, und ich war nicht sehr kräftig und außerdem nicht an diese Arbeiten gewöhnt. Dennoch bemühte ich mich, die Familie zufriedenzustellen. Die Großmutter Aïni kam jeden Tag, um mir Gesellschaft zu leisten. Da sie fast blind war, konnte sie mir keine wirkliche Hilfe sein. Sie schaukelte Paul, aber wenn sie ihn aus der Wiege herausnehmen wollte, weinte er bitterlich, weil er vor ihren geschlossenen Augen Angst hatte.

Ich verlas zuerst das Korn, dann begann ich mit dem Frühstück für meinen Mann, der bei den Mönchen unterrichtete; danach nahm ich die riesige Holzschüssel, die zum Rollen des Kuskus diente, und rollte und rollte, während ich immer wieder das Sieb füllte; daraufhin zündete ich das Feuer an und ließ alles kochen. Dann bedienten nachts bei brennender Öllampe Lla Djohra und Douda alle Leute: die Arbeiter in der Vorhalle, die Männer daneben und schließlich die Frauen und die Mädchen, die um die fußhohe große Eschenschüssel herumsaßen.

Die Tage vergingen. Oktober, dann November, dann Dezember. Es kam Weihnachten. Die Oliven waren geerntet, die kleinen Mädchen des Hauses konnten nun für sich selbst sammeln gehen; die Mütter hatten manchmal absichtlich Oliven liegenlassen ...

In jener Weihnachtsnacht schlief ich bei den Schwestern; sie hatten mich zum Abendessen mit ihren Pensionsschülerinnen eingeladen. Ich hatte den ganzen Tag bei ihnen verbracht, mitten unter den christlichen Familien Merzoug, Chlili, Slimane und Mouhouv. Erst spät in der darauffolgenden Nacht kehrte ich nach Hause zurück.

Belkacem erhielt von den Mönchen monatlich 50 Franc. Mit dieser mageren Summe glaubten wir, das Stockwerk, das mein Schwiegervater erbauen ließ, bedecken, verputzen und kacheln zu können; denn in unserer jugendlichen Naivität dachten wir, uns hier lebenslang einzurichten!

Mein Mann ließ auf seine Rechnung die Ziegel, die Latten, die Kacheln und die Scheiben aus Bougie kommen. Später erfuhr ich, daß er dafür Geld geliehen hatte. 1901 konnten wir einziehen. Ich lebte weiterhin in der Familie, aber ich hatte in meinem Koffer immer etwas Brot, Camembert und eine Büchse Sardinen versteckt. Samstagabends ließ Belkacem manchmal sogar ein Stück Fleisch bei Herrn Jean, dem Koch der Mönche, für uns braten.

Außer Hemma hatte meine Schwiegermutter noch einen weiteren Bruder namens Khaled; dieser Mann war groß und hager wie eine Bohnenstange, er hatte regelmäßige Gesichtszüge und sah intelligent aus. Man spürte, daß mit ihm sowie mit seinem Bruder Hemma eine Sippe zu Ende ging.

Khaled war verheiratet mit seiner Nachkusine, die als Waisenkind von der Großmitter Aïni großgezogen worden war. Aus Gründen, die ich nicht kenne, hatte Khaled sich 1900 von seiner Familie getrennt, und die Eltern, vor allem die Mutter, konnten sich darüber nicht hinwegtrösten. Seine Frau hatte immer wieder sehr schöne Kinder geboren, denn sie war selbst sehr schön, aber kein einziges überlebte das erste Jahr. Sobald sie anfingen, auf allen vieren zu krabbeln oder sich selbst an der Wand festzuhalten, wurden sie von einer unheilbaren Krankheit hinweggerafft. Ich war beim Tod des letzten Kindes dabei, es sah so prächtig aus und mußte doch in wenigen Tagen sterben; vor seinem Tod war es sogar noch blind geworden.

Die Mutter Lalla Aïni und ihr Sohn Khaled begegneten sich manchmal in unserem Haus. So erlebte ich eines Tages mit Grauen eine ihrer Auseinandersetzungen. Die blinde Mutter warf ihrem Sohn vor, daß er seine Frau verlassen habe, und er antwortete, daß er genug für Mutter, Bruder und Schwester gearbeitet habe. Das Gespräch wurde immer giftiger, bis Khaled ausrief: »Wenn du stirbst, werde ich dein Grab besudeln!« Ich sehe noch den schrecklichen Ausdruck, mit dem die alte Frau einen Finger auf ihren Sohn richtete und den Satz aussprach: »*Roh a Khaled ammi, ak yefk Rebbi i yibherdam idheyqen d'chbhahhat iremqen!*« Das bedeutet: »Gott mache, mein Sohn Khaled, daß du auf schmalen Wegen wandelst und daß du auf geschickte Feinde triffst!«

Sie begegneten sich nie mehr. Drei Jahre später brachte man zur Verzweiflung der alten Frau den Leichnam ihres so sehr geliebten Sohnes: Der Fluch hatte sich erfüllt; er war auf schmalen Wegen von geschickten Feinden getötet worden. Als er eines Tages mit seinem Gewehr über der Schulter vom Markt in Aïth-Warlis zurückkehrte, mußte er von einem Feind verfolgt oder von einem Verbrecher überrascht worden sein: Eine Kugel hatte ein Auge zerstört, sein Gehirn durchbohrt und war am Genick wieder ausgetreten.

Die Sitten in Ighil-Ali waren anders als bei uns zu Hause. So war es nicht wie in meinem Dorf üblich, bei einem Todesfall eine *sadhaqa* – eine Opfergabe – darzubringen. Wenn man genug Mittel hatte, gab man sich damit zufrieden, ein prächtiges Mahl für die Fremden zu bereiten, die aus den Nachbargegenden kamen, um ihr Beileid auszusprechen.

In der Familie dachte keiner an die Gemeinschaft, jeder war nur auf seinen eigenen Vorteil aus. Es geschah, daß meine Schwiegermutter und Douda, wenn Taïdhelt schlief, auf den Weizenkrug stiegen und zwei oder drei Maß herausnahmen, um es zu verkaufen und sich das Geld zu teilen. Genauso ging es mit dem Gerstenmehl, das in Säcken von Tizi-Aïdhel, wo der Großvater Hacène seinen Besitz hatte, zu uns hergeschleppt worden war. Außerdem hatten beide, vor allem meine Schwiegermutter, arme Eltern, und sie halfen ihnen, soviel sie konnten. Mehl, Öl, Fladenbrot oder Kuskus, alles wurde ohne jegliche Zurückhaltung weggegeben; und Taïdhelt selbst ernährte noch die Kinder ihrer verwitweten Tochter Fatima.

Am stärksten war in Ighil-Ali das Wollgewerbe vertreten. Die Männer begaben sich weit weg in die Städte des Südens, um schwere Fuhren von Wolle aufzukaufen; sie gingen hinunter bis nach Ouargla, Djelfa und Laghouat, indem sie durch Aumale und Msila reisten. Sie brachen mittwochs auf; als Eßvorrat nahmen sie ein Fladenbrot, einige Feigen, Oliven und einen Wasserbehälter aus Ziegenhaut mit. Erschöpft von dieser langen Reise durch die Wüste kehrten sie erst am Samstagabend zurück. Andere, die ein kleines Vermögen besaßen, ließen es Zinsen tragen in Tizi-Ouzou, in Orleansville (El Asnam; El Cheliff), in Miliana oder in Batna.

Sie kehrten beim ersten Kälteeinbruch zurück, nachdem sie eine kleine Summe angehäuft hatten, die ihnen für den Kauf des winterlichen Weizenvorrats ausreichte.

Die Frauen webten von Frühjahr bis Herbst Burnusse; sie oder ihre Männer verkauften diese Gewänder, und das Geld war für das Haus bestimmt.

Lla Djohra, meine Schwiegermutter, hat mir erzählt, daß man in ihrer Jugendzeit, als Hacène-ou-Amrouche und sein Sohn Ahmed noch zusammenlebten, vor Anbruch des Tages aufstehen mußte; einige Frauen begaben sich zur Mühle, andere setzten sich an den

Webstuhl, während der alte Großvater in der Ecke am Ofen saß und sich seine Tassen Kaffee wärmen ließ. Meine Schwiegermutter, die hart arbeiten mußte, hatte einen schweren Schlaf; deshalb bat sie Taïdhelt, sie rechtzeitig zu wecken.

Seitdem der Großvater nicht mehr da war, hatten die Frauen mehr Freizeit, aber sie mußten wie in allen Häusern des Dorfes weiterhin Burnusse weben. Der Ertrag war oft sehr gering, aber man war eben nicht untätig geblieben.

Die Männer, die nicht genug Geld hatten, um Wolle zu kaufen, stellten Kämme her, mit denen man die Wolle auskämmen konnte (*iqerdhachen*). Das erforderte nur einen kleinen Einsatz und wenig Platz. Das hatte auch Lla Djohras Vater gemacht; solange seine Augen gut sehen konnten, hatte er auf diese Art gearbeitet. Montags brachte er alle Wollkämme der Woche auf den Markt – zu Fuß 30 Kilometer hin und zurück ...

Ighil-Ali ist ein Dorf in einer sehr armen Umgebung; das Gelände ist schieferhaltig und der Getreideanbau sehr gering; so warten die Leute mit Ungeduld auf den Markttag, um sich mit Lebensmitteln zu versorgen. Ich fand große Unterschiede zwischen meinem Dorf Tizi-Hibel und Ighil-Ali; bei meiner Mutter zu Hause kauften wir nichts; selbst das Kleinvieh wurde mit den Vorräten im Haus gefüttert.

Wenn sich das Mühlenrad im winterlichen Fluß drehte, öffnete man das Häuschen, in das dann die Dorfbewohner ihr Korn trugen. Rabah, ein entfernter Vetter, der bei uns arbeitete und mit uns aß, kümmerte sich um diese Mühle, und man bezahlte ihn mit Mehl. Einige Winter hindurch hatten wir so einen reichhaltigen Vorrat zurücklegen können.

Wir befanden uns im Frühjahr 1901. Die Oliven waren eingebracht und gemahlen, und eine große Menge Öl war in den Krügen gesammelt worden. Aber wie schnell verschwand dieser Vorrat! Sogar die jungen Mädchen liefen zur Mühle, um Öl zu holen, das sie wieder verkauften, um sich davon Tonfigürchen zu kaufen.

Mein Schwiegervater Ahmed war niemals an etwas Nützlichem interessiert. Er hielt sich vom Morgen bis zum Abend im Café auf und ließ die Männer, die er beschäftigte, ohne jede Überwachung auf die Felder gehen und nach ihrer eigenen Lust und Laune arbeiten. Eines Tages ging er nach Tizi-Aïdhel, um zwei Maultiere, die mit Weizen beladen waren, abzuholen. Am ›Steinpaß‹ rutschte eins der Maultiere aus und stürzte in die Tiefe einer Felsspalte; nun, das war die rote Mauleselin, die der Großvater Hacène sehr geliebt hatte – er hatte sie ›Gazelle‹ genannt ...

Da der Mann, mit dem Zahra T'Gouârab verlobt gewesen war, mittlerweile gestorben war, erklärte mein Schwiegervater, daß er nun diese junge Frau heiraten wollte. Und er heiratete sie im Dezember 1901. Es wurde eine große Hochzeitsfeier mit Musikanten, die aus der Ebene gekommen waren. Tagelang hatten wir richtige Festgelage. Nachdem die sieben Tage des feierlichen Ritus vorbei waren, nahm Zahra ihren Platz zwischen den anderen Frauen ein. Und jede der drei Frauen verbrachte abwechselnd die Nacht mit meinem Schwiegervater in dem neuen Haus. Aber Douda wollte denselben Brautschatz wie die Neuvermählte haben. Sie verließ ihre kleinen Töchter in Ighil-Ali, um bei ihren Eltern Zuflucht zu suchen. Nun, da sie ein Baby im Laufe des Monats erwartete, holte Taïdhelt sie wieder zurück; denn es gehört sich nicht, ein Kind im Kreis der eigenen Familie zu bekommen.

Meine Schwiegermutter Djohra und Douda webten an einem sehr feinen weißen Burnus für ihren gemeinsamen Gatten Ahmed-ou-Amrouche; da dieser aber Zahra geheiratet hatte, beschlossen sie, den Webstuhl zu verlassen, und forderten, daß nun die neue Frau weiterweben müsse. Das gab ein Durcheinander! Mein Schwiegervater war damals kaum mehr als 40 Jahre alt. Er war mittelgroß, durch den *guennour* wirkte er aber größer. Er war dunkelbraun und hatte tiefliegende Raubtieraugen; er trug einen Vollbart. Nach meiner Meinung sah er ziemlich wild aus, und ich war nie gern in seiner Nähe.

Paul konnte jetzt laufen. Er war ein bildhübsches Kind mit seinem blonden Lockenkopf und den großen leuchtenden Augen, die sein ganzes Gesicht prägten. Die gesamte Familie war von ihm begeistert, denn es gab bei uns nur wenig Jungen. Auch die Dorfbewohner verwöhnten ihn, und Poupoul-ou-Amrouche war ringsum bekannt. Wir bewohnten das Stockwerk, das wir ausgebaut hatten, ein sehr großes rechteckiges Zimmer mit vier Fenstern und zwei Türen, von denen die eine auf den Balkon und die andere auf die kleine Seitenterrasse aufging. In den Fenstern waren Glasscheiben, und es stand ein Kamin, der mit Mosaiksteinen verziert war, im Raum. Im Sommer konnte man sich dort sehr gut aufhalten, aber im Winter fröstelte man doch sehr, denn der Kamin qualmte nur.

Ich hatte für meine Schwiegermutter Partei ergriffen; das ganze Haus hatte sich gegen die Neuvermählte verbündet, die viele Vorteile genoß, wie man sagte. Ich hätte mich neutral verhalten können, aber ich war noch sehr jung. Dabei hatte Zahra mir überhaupt nichts getan, und oft setzte sie Paul auf ihren Rücken.

Die Monate vergingen. Der Frühling kam wieder. Douda, die ein weiteres Mädchen bekommen hatte, war zu ihrer Familie zurückgekehrt, und auch meine Schwiegermutter Lla Djohra war ebenfalls zu ihren Eltern zurückgegangen. Der Krug aus Alfagras, der voller Weizen war, leerte sich zusehends. Taïdhelt hatte der Heirat meines Schwiegervaters mit Zahra zugestimmt, um meine Schwiegermutter und Douda zu bestrafen, weil sie sich bei ihrer Nebenfrau, der zweiten Gattin von Hacène-ou-Amrouche, darüber beschwert hatten, daß sie, Taïdhelt, zu ihrer beider Lasten die Waisenkinder ihrer eigenen Tochter und alle ihre Enkelkinder ernähren würde. Da ihr daraufhin vom Großvater die Befehlsgewalt über das Haus entzogen worden war, hatte sie gesagt: »Ich werde ihnen nahe am Haus einen Dornbusch pflanzen« – das heißt: einen Feind.

Wir befanden uns jetzt im Jahr 1902. Ich hatte mich mit Zahra gestritten, die mir Befehle erteilen wollte. Ich erklärte, daß ich von diesem Tag an nicht mehr in dem gemeinsamen Haus leben würde, und ich zog mich mit meinem Mann und dem Kleinen zurück. Als der Sommer kam, gingen Belkacem, mein Sohn und ich nach Tizi-Aïdhel zum Großvater. Damals kam seine Tochter Aïcha zur Welt; er hatte gerade eine junge Frau genommen, die niemals vorher Kinder bekommen hatte. Er hatte sich etwa zwanzigmal verheiratet. Er begründete dies mit dem Hinweis, durch eine Frau könnte man ein Dienstmädchen einsparen, hoffte aber vor allem, einen zweiten Erben zu bekommen. Damit könnte er den Ausschweifungen seines Ältesten, meines Schwiegervaters, endlich einen Riegel vorschieben; denn dieser plante nie etwas im voraus und ging verschwenderisch mit dem Geld um, ohne etwas dazuzuverdienen.

Hacène-ou-Amrouche empfing uns herzlich. Seine Tochter Tassâdit und ihre Mutter, eine schon etwas ältere Frau, waren da, ebenso auch die junge Ehefrau, die gerade ihr Kind bekommen hatte. Der Vetter Madani hatte uns aus familiären Gründen begleitet. Wir sind zwei Tage dort geblieben; im Gefolge eines Fellachen kehrten wir am dritten Tag auf dem Rücken eines Maultieres mit mehreren Geschenken zurück.

Taïdhelt hatte den Auftrag, uns einen bestimmten Anteil von der allgemeinen Weizenmenge zu übergeben; ich hatte einen kleinen Ölvorrat; für das, was noch fehlte, verdiente mein Mann das Geld. Ich hatte eine Fehlgeburt und blieb lange sehr schwach; endlich konnte ich wieder aufstehen, und als die Olivenzeit wiedergekommen war, ging ich mit den anderen Frauen zur Ernte. Es fiel mir schwer, auf der noch gefrorenen harten Erde zu laufen, aber da die anderen es schafften, warum dann nicht auch ich?

In der ›Amrouche-Gasse‹ befinden sich außerdem noch drei Häuser, die weitläufigen Vettern meines Schwiegervaters gehörten, sowie ein weiteres Haus, das von der Familie Ifetouhen bewohnt wird. Mit Hilfe eines schweren Tores, das dem Tor der Vorhalle ähnelte, wurde das Sträßchen nachts abgeschlossen, und jedes Haus hatte seinen eigenen Hof, der durch ein eigenes Tor abgeschirmt wurde.

In einem der Häuser lebte ein gewisser Salah-ou-Amrouche, dessen Mutter Yamina T'oulela von den Kindern Touela gerufen wurde. Diese Frau war sehr lustig und sehr häßlich; sie schielte auf einem Auge. Sie war dunkelhäutig und hager wie eine Bohnenstange. Sie lebte von dem, was sie sich zusammenklaute; sie sammelte die Oliven auf den Feldern, wenn die Besitzer gerade anderswo beschäftigt oder aus irgendeinem Grund abwesend waren. Wir hatten sie gerne bei uns, und niemals schlugen wir ihr ab, was sie verlangte. Von meinem Mann forderte sie gewöhnlich etwas Kleingeld, um sich Schnupftabak zu kaufen; nach ihren eigenen Worten brauchte sie diesen für ihre Gesundheit. Während der Mittagsruhe im Sommer suchte sie die Felder der Kaktusfeigen heim und brachte davon schwere Körbe nach Hause; die Feigen legte sie aus, damit sie während des Winters trocknen konnten.

Ich war auch gern mit Aïni, der Großmutter meines Mannes zusammen. Sie hatte die Gewohnheit, von den Familien Amrouche und Merzouk zu erzählen, woher sie stammten und wohin sie sich entwickelt hatten. Sie lehrte mich, daß das Haus, in dem wir wohnten, vor 1871 den Imerzouken gehört hatte: vier Brüder, die mit einer tatkräftigen, aber blinden Mutter einträchtig zusammenlebten. Sie sagte mir, daß sie den Großvater Hacène-ou-Amrouche sehr jung kennengelernt hatte; er war der dritte Sohn einer aus Taqorabth stammenden Witwe mit fünf Jungen: Mohand, Hacène, Tahar, Lhoussine und Cherif.

Ich erfuhr, daß sie selbst aus einer wohlhabenden Familie stammte und von ihren Eltern Weizenkuchen, Feigen und *thizemith* (Mehl aus gerösteter Gerste, die mit Olivenöl beträufelt und mit Zucker bestreut wird) mitbrachte, um alles unter ihren Kindern Mhend, auch Hemma genannt, und Khaled aufzuteilen.

Und Hacène-ou-Amrouche, damals noch ein Kind, das auf dem Bauch lag und gerade Wollkämme herstellte, bekam davon auch einen großen Teil. Als er eines Tages so beim Arbeiten war, war er eingeschlafen und schrie im Schlaf: »Halte mein Pferd! Halte mein Pferd!« Ganz plötzlich war er aufgewacht und fragte. »Wo ist es, mein Pferd?« Und Aïni antwortete ihm: »Du hast geträumt, mein kleiner Hacène. Hier gibt es kein Pferd!«

Von diesem Augenblick an dachte Hacène-ou-Amrouche daran, sich bei den Roumis zu verpflichten. Als er 18 Jahre alt war, schloß er sich den Spahis in Bordj-bou-Arreridj an, und von da an hat er sein Glück gemacht.

Die alte Taïdhelt hatte mir auch den weiteren Verlauf der Geschichte erzählt. Der Spahi Hacène-ou-Amrouche hatte schnell Karriere gemacht und wurde dann, als er die französische Sprache erlernt hatte, sogar Dolmetscher. Nach mehreren Verbindungen hatte er die damals noch sehr junge Taïdhelt geheiratet. Sie bewohnten ein großes Haus in der Stadt. Der Großvater hatte viele Bekannte unter den Arabern; er hatte mehrere Felder gepachtet und Weizen gesät, und um das Korn zu dreschen, hatte er Militärpferde geholt. Diese Tiere droschen nachts sein Korn; am frühen Morgen führte er sie zur Tränke, duschte sie ab und brachte sie so frisch zum Stall zurück, als hätten sie die Nacht nicht unter freiem Himmel ver-

bracht. So hatte er nach Taïdhelts Aussage seinen Reichtum angesammelt. Im Haus webten die Frauen die Wolle; denn der Großvater verlangte, daß jeder arbeitete.

Er hatte am Krimkrieg teilgenommen und nannte Sebastopol ›die
Kupferstadt‹. Erst 1871 kehrte er nach Ighil-Ali zurück – nach einer
Abwesenheit von 30 Jahren, wie Taïdhelt unterstrich. Er erhielt von
der Regierung eine Konzession, die er wieder verkaufte. Er hatte 21
Jahre lang gedient.

Mit seinen Frauen und Kindern ließ sich Hacène-ou-Amrouche in
seinem Geburtsort nieder. Er erwarb große Olivenfelder, ein Feld
mit Feigenbäumen und noch ein weiteres mit Feigenkakteen. Es
blieb ihm noch etwas Geld übrig, das er zu einem vernünftigen
Zinssatz bei zahlungskräftigen Bauern anlegte.

Mein Schwiegervater Ahmet mußte damals etwa zwölf Jahre alt
gewesen sein. Er war, wie mir die Großmutter Aïni sagte, ein lang-
beiniger Junge, sehr mager und sehr braun. Er war sehr verwöhnt
und hatte den Spitznamen *aêggoun* (Idiot), weil er ein Kauderwelsch
aus Arabisch und Kabylisch sprach. Als die Familie Oliven einsam-
meln ging, hatte er einen ganz kleinen Korb dabei; jedesmal, wenn
er ihn mit Oliven gefüllt hatte, gab ihm sein Vater ein Geldstück,
und hinter dem Rücken von Hacène-ou-Amrouche füllten die
Frauen wieder den Korb des kleinen Ahmed, damit er noch mehr
Geld bekäme! Aber anscheinend hat diese Erfahrung verhindert,
daß das Kind Geschmack an der Arbeit gefunden hat.

Als sein Sohn etwas größer war, verheiratete Hacène-ou-Amrou-
che ihn mit einem Mädchen aus demselben Dorf. Während der
Sohn die junge Douda heiratete, heiratete der Vater selbst die ältere
Schwester Doudas, und die Hochzeit fand an demselben Tag statt.

Die Frau meines Schwiegervaters, die noch ein Kind war, wollte
nicht bleiben; sie kehrte zu ihren Eltern zurück, wo sie noch sieben
Jahre lebte. Als sie zurückkam, hatte mein Schwiegervater eine
weitläufige Kusine geheiratet, Djohra, die Tochter des Lârbi-ou-
Merzouk und meine jetzige Schwiegermutter. Es gab, so scheint es,
gewaltige Auseinandersetzungen zwischen den beiden Ehefrauen,
von denen die Jüngere oft von ihrer älteren Schwester, die ja mit
dem Großvater Hacène verheiratet war, unterstützt wurde. Man
hatte ihnen die Wolle zugeteilt, und jede sollte ganz allein einen

Burnus weben; wer als erste den Faden fertig vorbereitet hatte, würde auch den besseren Platz erhalten, um den Webstuhl aufzustellen. Nun wurde Douda sehr stark von ihrer Schwester Raïdhelt und deren Kindern unterstützt, während meiner Schwiegermutter ihre Mutter Lalla Aïni und ihre Tante halfen; aber Djohra war immer unterlegen, denn sie hatte schon Kinder geboren (meinen Mann und einen weiteren Jungen, der aber sehr jung gestorben war, sicherlich wegen mangelnder Pflege).

Der Großvater schätzte weder seinen Sohn noch seine Schwiegertöchter; er nannte sie gewöhnlich *Rehbet-l'emcassir*, den Stamm der Nachzügler; nach seiner Meinung waren sie faul.

Er hatte sich von Doudas Schwester scheiden lassen und eine ganz junge Frau aus Aïth-Aïdhel mitgebracht, dann noch eine weitere aus derselben Gegend; diese war sehr schön und hieß Ouardia, die Rose.

Mohand-ou-Amrouche, der ältere Bruder von Hacène und Vater von Cherif und Madani, war gerade gestorben. Cherif erbte mit 15 Jahren den Besitz, und trotz der klugen Ratschläge seines Onkels beging er Torheiten, die viel Geld verschlangen. Hacène-ou-Amrouche folgte dem Brauch und heiratete die Witwe seines Bruders, um das Unheil abzuwenden – aber vergeblich. Cherif war aus Aïth-Aïdhel mit einer wunderschönen, aber – wie man sagte – leichtlebigen Frau zurückgekommen. Dennoch hatte seit seiner Ankunft in Ighil-Ali ihm niemand etwas vorzuwerfen. Die Tage vergingen, die Mutter von Cherif und Madani verließ Hacène-ou-Amrouche, um zu ihren Kindern zurückzukehren. Hacène bezahlte die Schulden, nahm aber als Entschädigung eines der besten Felder, das den Erben seines Bruders Mohand gehört hatte: Ighil.

Zu dieser Zeit hatte Hacène-ou-Amrouche seinen Enkel Belkacem-ou-Amrouche in die Hände seiner Großmutter Ami gegeben, damit diese ihn betreue; denn er befürchtete, daß die anderen Frauen ihm etwas antun könnten. Sobald das Kind größer wurde, vertraute er es den ›Weißen Vätern‹ an, die es in Pension nahmen. Er selbst hatte mit seinen Frauen Ighil-Ali verlassen, um weit weg von seinem Sohn Ahmed zu leben; von ihm sagte er, seine Hände seien nicht gemacht, um Geld zu verdienen, sondern nur um Geld auszugeben.

Er lebte einige Jahre in einem Stamm, der Izenaguen hieß. Danach ließ er sich in Tizi-Aïdhel nieder, dem Heimatort von Tabhoutihth, einer seiner vielen Frauen. Dort kaufte er große Besitztümer und verpachtete sie, um mit seiner Familie aus dem vollen schöpfen zu können. Seinem Sohn hatte er seine Besitztümer in Ighil-Ali überlassen, ebenso wie das Haus und die Ölpresse. So standen die Dinge im Jahr 1900, als ich ankam.

3

Tod des Großvaters Hacène-ou-Amrouche und Verfall der Familie

Ich war immer gern mit alten Frauen zusammen; mir, der Fremden, der Verbannten, haben sie geholfen und gute Ratschläge gegeben. So hatte Taïdhelt mir nahegelegt zu lernen, wie man die Wolle bearbeitet, damit ich meine Kinder anziehen könnte; denn, so sagte sie, die Kinder kommen nicht angezogen auf die Welt. Sie selbst hatte für mich ein Schaffell gewaschen, gekämmt und gekrempelt, und so habe ich spinnen gelernt.

Meine Mutter hatte mich besucht; sie verbrachte 15 Tage im Haus meines Schwiegervaters, und Douda liebte und achtete sie sehr. Meine Mutter war eine Schafferin; sie beendete den Burnus, der seit mehr als einem Jahr auf dem Webstuhl wartete, weil keine der Frauen meines Schwiegervaters, weder die neue noch die alten, ihn fertigweben wollte. Nach zwei Wochen ging sie wieder nach Hause. Mein Bruder Lâmara holte sie ab mit der Begründung, daß seit ihrer Abreise im Haus alles kreuz und quer ginge.

Ich tat alles, was mir möglich war, um sie zufriedenzustellen. Douda und meine Schwiegermutter schenkten ihr Kreppel, und Taïdhelt gab ihr zehn Liter Öl mit; ich legte noch ein Maß Weizen und ein Tuch dazu. Sie und ihr Sohn waren zufrieden.

Dies ist das erste und letzte Mal, daß ich meine Mutter in diesem Haus wiedersehen durfte.

Der Sommer 1903 war da. Ich konnte jetzt Wolle weben und machte Burnusse für den Markt. Meine Schwiegermutter Djohra hatte das Haus ihres Mannes endgültig verlassen und lebte bei uns; sie wohnte im Stockwerk oberhalb des großen Hauses.

Sie und vor allem ihre Nebenfrau Douda hatten alle Wahrsager und Zauberer befragt, hatten unsinnige Summen für Beschwörungsmittelchen verschwendet, hatten einen Aasknochen unter dem Bett meines Schwiegervaters verbuddelt, damit dieser Zahra verachte und verstoße. Alles war nutzlos, er liebte sie noch immer. Sie hatte von ihm auch schon zwei kleine Mädchen, von denen das Ältere jedoch gestorben war.

Mein Mann wollte von der Regierung eine Stelle als Erzieher verlangen, um besser bezahlt zu werden und einen Rentenanspruch zu haben. Ich habe dem Direktor einen leidenschaftlichen Brief geschrieben, aber Belkacem wurde wegen seiner religiösen Überzeugungen zurückgewiesen. Der Inspektor, zu dem er in Sétif gegangen war, hatte ihm geradeheraus erklärt:»Wenn Sie weiter im Lehramt bleiben wollen, müssen Sie nicht die katholische Religion praktizieren.« Mein Mann hatte dies abgelehnt. Er kehrte unverrichteter Dinge zurück.

An demselben Tag, als er zurückkehrte, am 8. September um drei Uhr, wurde mein Sohn Henri-Achour geboren. Paul war drei Jahre alt. Sein Großvater gab ihm das Gewehr, damit er zum Zeichen der Freude einen Schuß abgäbe. Zu diesem Anlaß gab es ein Fest, wie ich es seitdem nie mehr gesehen habe. Alle Frauen des Dorfes, die alten wie die jungen, waren gekommen, um mich zu beglückwünschen und an *Ourar*, der Herumhüpferei, teilzunehmen. Eine Frau schlug den Takt auf einem Benzinkanister, andere begleiteten sie, indem sie in die Hände klatschten und sangen, während wieder andere tanzten und den ›Ruf an die Freude‹ herausschmetterten: »O du, mit dem ich die Freude geteilt habe, komm herbei, um dich mit mir zu erfreuen.« Erst spät am Abend kehrte jeder nach Hause zurück.

Ich hatte von überall her Geschenke erhalten: Eier, große Hammelstücke, Mehl und sogar Honig. Das Haus lag voller Geschenke, und meine Schwiegermutter wußte nicht wohin mit ihnen. Man hatte einen großen Festkuskus zubereitet, und alle Freunde waren herbeigeeilt, um ihn mit uns zu teilen; man gab ihn sogar weiter an einige befreundete Häuser, wo es Kranke und Wöchnerinnen gab.

Khaled-ou-Merzouk hatte das Fleisch unter den geladenen Gästen verteilt und für sich selbst nichts davon zurückbehalten. Ich reichte ihm dafür ein Stück von dem Honigkuchen, den ich als Geschenk erhalten hatte. An diese Nacht werde ich mich immer erinnern.

Manchmal besuchten mich Schwestern bei ihrem Spaziergang. Ich empfing sie, so gut ich konnte. Eines Tages sah ich auch Schwester Suzanne, die Schwester aus Ouadhias. Sie war gealtert, und ihr Gesicht war verwelkt. Sie sagte zu mir, daß sie von Tagmount komme, und als ich sie nach Neuigkeiten über meine Mutter fragte, erklärte sie mir, daß diese Wassersucht habe – was eine Lüge war! Aber sie hatte noch immer versucht, mir Kummer zu bereiten.

Es kam Reskias Hochzeit. Die Schwiegereltern meiner Schwägerin hatten alles gut geplant. Sie hatten – nach einem Ausdruck in dieser Gegend – einen ›Hammel auf Beinen‹ herbeigebracht.

Mengen von Kuskus, der weiß war wie Schnee, waren vorbereitet, und dazu gab es eine karminrote Soße und viel Zwiebeln. Es war ein Trommler da, und Musikanten spielten auf ihren Klarinetten die Melodie ›Embrasse-moi, Ninette‹, die damals bei den Franzosen sehr beliebt war. Die Belustigungen dauerten die ganze Nacht, und alle Frauen der Familie tanzten ebenso wie mein Schwiegervater. Am folgenden Tag setzte man die Braut auf ein Maultier mit einer seidenen Decke; sie trug die kostbarsten Stücke ihres Brautschmuckes auf den Schultern, und das Hochzeitsfest wanderte mit allen Frauen in ihren Festgewändern und den Männern mit ihren Gewehren über der Schulter weiter in das nur wenige Kilometer entfernte Nachbardorf. Meine Schwiegermutter hatte ihre Tochter begleitet und durfte nach der Sitte des Landes erst wieder am siebten Tag zurückkommen.

Aber am siebten Tag sahen wir sowohl meine Schwiegermutter als auch ihre Tochter zurückkommen; Reskia hatte hysterische Anfälle. Als ich sah, wie sie hinfiel und dabei schrille Schreie ausstieß, bekam ich eine Gänsehaut; denn ich erinnerte mich an jene Gefährtin in Taddert-ou-Fella, die man wieder nach Hause schicken mußte, weil sie der Schule eine große Furcht einjagte. Sie war dunkelbraun, hatte große leuchtende Augen, eine Narbe durchschnitt ihre Lippe, und manchmal rollte sie ohne jeden Grund wie wild ihre Augen, breitete die Arme aus, schrie »*Dhada Hamou, Dhada Hamou!*« und fiel wie ein Klotz nieder.

Man erzählte mir, daß dieser Mann ihr Onkel war, der sie immer in Schrecken versetzt hatte. Deswegen hatte die Direktorin sie wieder zurückgeschickt.

Der Anblick meiner Schwägerin Reskia hatte mir diesen Vorfall aus meiner Kindheit wieder in Erinnerung gerufen. Ihre Mutter brachte sie im alten Stockwerk oberhalb des alten Hauses unter. Das riesige Zimmer war wegen des niedrigen Daches gut geschützt; der Boden war aus gestampfter Erde, es gab darin einen Kamin, auf dem wir unser Essen kochten. Wenn die Kleine wieder ihre unbegründeten Anfälle hatte, mußten sie vier oder fünf Frauen festhalten, die einen an den Füßen, die anderen an den Armen, und dabei rollte ihr Kopf hin und her, und sie stieß fast eine Stunde lang Schreie aus.

Pater Dehuisserre besuchte meine Schwägerin Reskia. Er regte einen Luftwechsel an. Man rief auch die kabylischen Marabuts herbei, besonders einen Alten: Sidi Tahar Aïth Boundaouth; er kam, um die Dämonen auszutreiben, die, wie er sagte, in dem armen Mädchen wohnten. Eines Tages brachen ihre Mutter Lla Djohra und mein Schwiegervater auf, um einen berühmten Marabut um Rat zu fragen: Sidi Yehya Bel Djoudi. Dieser Marabut hatte die Fähigkeit, den Dämon *kheyaf laârayes*, der sich der jungen Ehefrauen bemächtigte, um sie zu quälen, wieder zu vertreiben. Viele Mädchen des Dorfes, die unter demselben Übel gelitten hatten, waren innerhalb von ein oder zwei Tagen geheilt worden; seine Einsiedelei war der heilige Ort, wo die Unglücklichen Nahrung und Schutz fanden.

Eines Morgens stiegen sie auf die Maultiere des Hauses; aber sie wurden vom Schnee im Wald von Boni überrascht und mußten bei dem Förster, den wir während des Sommers bekommen hatten, Zuflucht suchen. Sie kehrten am übernächsten Tag voller Freude über den Empfang zurück: Si Yehya war sehr liebenswürdig gewesen, er hatte eine schnelle Heilung versprochen, und meine Schwägerin konnte bald wieder ihre Füße auf den Boden setzen, während sie seit ihrer Hochzeit nur auf den Fersen gegangen war.

Im November desselben Jahres starb der Bruder meiner Schwiegermutter, Khaled-ou-Merzouk, auf tragische Weise. Mit dem Gewehr auf seiner Schulter ritt er auf seinem Maultier von Markt zu Markt, um Wolle zu verkaufen. Aber eines Tages kehrte er nicht zur selben Zeit wie die anderen Händler zurück. Seine Frau wartete vergeblich bis zur Nacht; dann lief sie zu ihrem Schwager Hemma, der alle Männer der Familie zusammentrommelte, um Khaled zu suchen.

Sie fanden den Unglücklichen quer auf dem Weg liegen. Eine Kugel hatte ein Auge durchschossen und war am Nacken wieder ausgetreten. Sein Maultier war in seiner Nähe festgebunden, seine Last war nicht angerührt worden, nur das Gewehr fehlte.

Die Justizbeamten begaben sich zum Ort des Geschehens; man ließ den Magen öffnen – er war leer, denn wir befanden uns gerade in der Fastenzeit. Die Männer begleiteten den Körper, der quer auf dem Maultier lag, und kamen mit ihm gegen Morgen zurück. Sie lenkten ihn auf das väterliche Haus zu und legten ihn dort auf den Boden. Ich werde mich immer an das erinnern, was dann geschah. Die blinde Mutter näherte sich, um die Wunde ihres so geliebten Sohnes zu ertasten. Sie legte ihre Hand zuerst auf das fehlende Auge, dann in das Loch, das die Kugel beim Austritt aus dem Nacken zurückgelassen hatte. Dann kehrte sie zu ihrer Lagerstatt zurück, und von diesem Tag an ist sie nicht mehr aufgestanden. Allah hatte wohl den vor drei Jahren ausgesprochenen Fluch der Mutter erhört (der Sohn war tatsächlich ›auf einem schmalen Weg von geschickten Feinden‹ aufgefunden worden). Die blinden Augen weinten, solange sie Tränen hatten.

Der Großvater Hacène war vor der Beerdigung von Tizi-Aïdhel gekommen; er war sehr traurig, denn er liebte den Verstorbenen, den er als einen sehr intelligenten und vernünftigen Menschen geschätzt hatte. Ich selbst habe diesen Mann sehr beweint, weil er mir immer geholfen hatte (er und seine Frau hatten mich nie zurückgewiesen; oft hatten sie ihren Webstuhl verlassen, um ein Gericht vorzubereiten, von dem ich besonders schwärmte). Die Witwe ging zu ihrem Schwiegervater zurück, und da sie noch jung war, verheiratete sie sich wieder.

Das Jahr 1904 war für mich besonders unheilvoll.

Da meine Schwägerin keine Anfälle mehr hatte, kehrte sie zu ihrem Mann zurück. Es gab wiederum eine Hochzeit in dem Haus, wiederum Musikanten, wiederum Trommler, Tänze und Belustigungen. Aber bei meinem Schwiegervater Ahmed-ou-Amrouche verschlechterte sich alles. Dieser Mensch gab so viel und immer mehr aus, ohne jemals etwas zu verdienen; seine Frauen klagten ihn zudem als Schürzenjäger an. Denn sie hatten bemerkt, daß er Geschenke mitnahm, die für Frauen bestimmt waren, wenn er die Zinsen der Gläubiger seines Vaters in den Dörfern eintrieb. Außerdem spielte er Karten, und da er nicht spielen konnte, hatten einige Gauner leichtes Spiel, ihn auszunehmen.

Er hatte Schulden gemacht und das väterliche Haus verpachtet. Da sein Vater Hacène-ou-Amrouche sich alt fühlte, hatte er ihm eine notarielle Vollmacht gegeben, mit der er ihn bei den Gläubigern ersetzen konnte. Die Olivenernte war sehr gut gewesen, und so mußte man einen Teil des Vorrats in den Krügen verkaufen, um diese Krüge wieder mit dem neuen Öl füllen zu können.

Im Mai erfuhr der Großvater Hacène von der Verpachtung seines Hauses. Noch zu seinen Lebzeiten! Es muß eine schreckliche Szene gegeben haben, und mein Schwiegervater lief davon, weil er sich vor seinem Vater fürchtete. Hacène ging an einem Samstagmorgen wieder nach Tizi-Aïdhel. Er ließ vorher das Stockwerk, das wir bewohnten, gründlich säubern, einen reichhaltigen Kuskus zubereiten und den Gläubiger seines Sohnes, einen Mann aus einer reichen Familie in der Ebene, herbeirufen. Der Kadi war an diesem Tag auf dem Markt. Der Großvater löste die Schulden ein, entzog aber seinem Sohn die Vollmacht, und seitdem war dieser von Taïdhelts gutem Willen abhängig.

Das Dorf war damals sehr fröhlich. Vom Ort der Ölpressen kamen uns freudige Lieder entgegen. Dort hatten sich die kleinen Mädchen zwischen sechs und sieben Uhr getroffen. Sie gingen in Gruppen, jede mit einem Baby auf dem Rücken – Schwester, Bruder, Neffe oder Vetter. Alle diese kleinen Mädchen waren rot wie Hähne, denn sie sangen und klatschten in die Hände, nachdem sie die Knirpse auf den Boden gesetzt hatten. Einige schlugen auf Benzinkanistern den Takt, während andere tanzten. An den großen Festen wie am Hammelfest machten sie sogar das Festessen: Jede brachte etwas herbei, Fleisch, roten Pfeffer, Mehl, Zwiebeln. Feuer waren angezündet; die größten rollten den Kuskus, und alle aßen mit Vergnügen. Oft habe ich vom Fenster aus zugeschaut und lächelte über diese Freude, die ich nicht kennengelernt hatte. Meine jungen Schwägerinnen Reskia, Hemama, dann Tchabha und Zehoua hatten an diesen Spielen und Belustigungen teilgenommen oder nahmen noch immer daran teil, und wenn sie, trunken von Sonne, Liedern und Tänzen, in der Nacht zurückkamen, schliefen sie manchmal ein, ohne zu Abend gegessen zu haben. Die kleinen Mädchen bildeten Gruppen, die auf dem Weg von einer Presse zur anderen ihre Gegnerinnen herunterputzten, um sich darüber halb totzulachen; die Mädchen von Aïth-ou-Samer und diejenigen von Tirilt waren seit undenkbaren Zeiten befeindet und beschimpften sich gegenseitig. Und Zehoua vermochte die Auseinandersetzungen mit den Mädchen von gegenüber besonders heftig zu entfachen.

Ich war nicht unglücklich. Dennoch hatte ich ein- oder zweimal die Zähne zeigen müssen, als einer der Jungen aus der Familie Paul hatte schlagen wollen. Ich verlangte, daß mein Sohn sich auf alle Arten verteidigte, mit den Fäusten, mit den Nägeln, mit den Zähnen und, wenn er unterlegen war, auch mit Steinen. Fatima war damit nicht einverstanden; denn ihr Sohn Mekhlouf, Taïdhelts Enkelkind, gehörte zur ›oberen Familie‹, während wir, die Familie meines Schwiegervaters, die ›unteren Amrouche‹ waren; dies bedeutete, daß wir die Launen von den ›Oberen‹ ertragen mußten. Ich gab Fatima zu verstehen, daß mein Sohn sich mit allen seinen Kräften verteidigen werde und daß sie sich doch bei jemandem beschweren könnte, wenn sie damit nicht einverstanden wäre; sie sollte mich nur angreifen, dann würde ich schon zurückschlagen. Die Angelegenheit war damit erledigt.

Viele Frauen des Dorfes, deren Kinder in der Stadt lebten, besuchten mich; ich schrieb und las ihre Briefe, besorgte Papier und Umschlag, wenn sie keines hatten. Einige brachten mir Eier mit. Als sie wünschten, daß ich alle Reichtümer im Hause Amrouche erben sollte, antwortete ich: »Wünscht lieber, daß Gott mir ein Tor öffne, damit ich dieses Haus verlassen kann!«

Am 13. Juni 1904 machte ich gerade Kuskus, um ihn wie in den früheren Jahren den Mönchen und den Schwestern zum Fest des heiligen Antonius, des Namenspatrons meines Mannes, zu bringen. Meine Augen tränten, und meine Nase lief wie ein Springbrunnen. Ich ging zum Haus hinunter und bat Douda, mir zu helfen; denn meine Schläfen hämmerten. Douda riet mir, mich hinzulegen, und sagte, sie wolle sich um das Essen kümmern. Ich legte mich in eine Ecke des alten Hauses unter die Wiege, wo der Platz für die Kranken war. Das Fieber verschlang mich. Eisstücke, die die Bergbewohner in den Gletscherspalten gefunden und auf dem Markt verkauft hatten, brachte mein Schwiegervater herbei, und er machte daraus einen eiskalten Zitronensaft, den ich mit Entzücken trank. Dann legte ich mich wieder hin. Mein Sohn Henri war neun Monate, ich vernachlässigte alles. Douda sorgte sich um mich und das Kind.

Pater Dehuisserre kam einige Tage später, er diagnostizierte eine Rippenfellentzündung. Er setzte mir zahlreiche Schröpfköpfe an, dann einige Zugpflaster, und das Fieber fiel. Mein guter Appetit rettete mich. Jeden Tag aß ich morgens und abends Koteletts und Spiegeleier nach Wunsch. In diesem Zustand blieb ich zwei Wochen. Henri, der mehr oder weniger saubere Milch von verschiedenen Frauen hatte trinken müssen, war abgemagert und hatte eine Augenkrankheit.

Pater Dehuisserre hatte für mich ein Bett mit Brettern und einem Strohsack bereitgestellt. Als ich mich besser fühlte, sagte er zu mir: »Ich will nicht, daß du hier liegenbleibst; ich habe schon zu viele in dieser Umgebung sterben sehen!«

Ich konnte aufstehen; ich beschloß, zum Krankenhaus Saint-Eugénie zu gehen, um durch die Luftveränderung wieder gesund zu werden. Mein Mann fand einen Wagen, halb Schubkarren, halb Handwagen; darauf legte man meinen Strohsack. Um das Unglück vollzumachen, war Paul auf einen Stein gefallen und hatte sich eine schwere Stirnverletzung zugezogen. Pater Dehuisserre hatte die Wunde zunähen müssen.

Wir, mein Mann, meine Kinder und ich, brachen also auf, und ein entfernter Verwandter zog den Wagen. Wir mußten wegen der Hitze – es war Anfang Juli – nachts fahren.

Beim Morgengrauen kamen wir in Michelet an; dort empfing uns unser Freund Habtiche, der in der gemischten Gemeinde von Michelet angestellt war. Wir ruhten uns etwas bei ihm aus, dann wollte ich zum Krankenhaus gehen. Ich dachte, daß sie mir als einer ehemaligen Schwesternschülerin ein Zimmer anbieten würden.

Im Krankenhaus ließ ich Mutter ›Mitleid‹ rufen, die das Aufsichtspersonal leitete. Ich erklärte ihr meinen Fall; sie blickte mich starr an und fragte mich: »Was hast du dir zugezogen?« Sicherlich hielt sie mich für schwindsüchtig.

»Ich habe eine Rippenfellentzündung gehabt«, antwortete ich ihr, »aber ich bin wieder gesund, und ich komme nur wegen der Luftveränderung.«

Sie führte mich in den Frauensaal und zeigte mir ein Bett zwischen zwei Kranken mit eiternden Wunden; für meinen Kleinen stand auf der Seite eine Wiege, über der ein Verbandszipfel als Ersatz für das Moskitonetz hing. Ich mußte mich an Schwester Chantal wenden, damit sie mir die übliche Bekleidung gab: eine blaue Bluse mit weißen Streifen und das Halstuch in Vichy-Rosa mit rotweißem Karomuster.

Ich erklärte Schwester Chantal, daß ich lieber sterben würde, als im Krankenhaus zwischen zwei Krebskranken zu liegen und die Krankentracht anzuziehen. »Ich habe geglaubt«, sagte ich ihr, »daß ich als ehemalige Schwesternschülerin eine größere Rücksichtsnahme verdient hätte.«

Sie sagte nur: »Ich wußte, daß du nicht einverstanden sein würdest, unter diesen Bedingungen zu bleiben, und ich habe unsere Mutter auch darauf hingewiesen.«

Ich ging also nach Michelet zurück. Unser Freund Habtiche empfing mich mit den Worten: »In unserm Haus wirst du wie zu Hause sein, solange du hier bleiben willst!«

Und wir hielten uns dort bis zum 18. August auf: sage und schreibe 40 Tage! Solange ich lebe, werde ich diesem Mann, der uns so fürstlich bewirtete, unendlich dankbar sein.

Henri hatte eine Darmentzündung wegen der schlechten Milch.

Unser Freund rief einen Arzt, der etwas Milchsäure verschrieb. Einen Tag und eine Nacht durfte das Kind nur Schonkost bekommen. Am Abend des zweiten Tages ging es ihm besser, und ich gab ihm wieder die Brust, aber sein Mund und seine Zunge waren voller weißer Bläschen, die man ihm mit etwas Honig und einem rauhen Läppchen abreiben mußte. Dabei biß er mir in die Finger, und ich war ganz verzweifelt, wie ich ihn retten sollte. Schließlich war der Mund geheilt, und das Kind konnte wieder die Brust nehmen. Bald begann der Eiter aus seinen Ohren zu fließen, und er floß jedesmal, wenn ich auf der Seite lag, auf die Backen des Babys. Er nahm wieder zu, aber der Eiter hatte auf jeder Gesichtshälfte Wunden hinterlassen. Der Arzt versicherte mir, daß die Krankheit immer auf diese Weise verschwinden würde. Henri krabbelte jetzt auf allen vieren durch das ganze Haus und aß die rohen Tomaten, die er in Reichweite seiner Hand vorfand. Mir ging es besser, die Veränderung der Luft und der Umgebung sowie die Ruhe hatten mir gutgetan. Die Kleinen unseres Freundes beteten: »Jesus, mach Henli wiedel gesund!«

Ich war wieder hinreichend bei Kräften. Meine Mutter hatte mich besucht und einige Tage in meiner Nähe in Michelet verbracht. Mein Bruder war auch herbeigeeilt und hatte mir als Geschenk einige Wassermelonen mitgebracht, die ich nach Ighil-Ali mitnehmen sollte. Mein Mann mietete einen Karren, und nachdem wir uns bei unseren Freunden für ihre große Gastfreundschaft bedankt hatten, machten wir uns auf den Heimweg.

Ich zog wieder in mein Stockwerk ein. Viele Sachen, die ich zurückgelassen hatte, waren verschwunden, unter anderem meine Schuhe – aber bei wem sollte ich mich in diesem Haus beschweren?

Die Feigenzeit ging zu Ende, meine Schwiegermutter hatte eine große Menge für den Winter trocknen lassen. Reskia wollte nicht mehr zu ihrem Mann zurückkehren, sie und ihre Mutter Lla Djohra lebten von neuem bei mir. Meine alte Freundin Lalla Aïni, die Mutter von Lla Djohra, von Onkel Hemma und dem armen Khaled, bewegte sich vor Schmerzen nicht mehr von ihrem Lager, und ihre Augen unterschieden nichts mehr, aber das Leben war stärker als der Tod. Immer wenn ich mir eine Süßigkeit besorgen konnte, brachte ich sie ihr ganz schnell.

Der Winter war gekommen. Meine Schwiegermutter holte in Abwesenheit meines Schwiegervaters Ahmedou-Amrouche Fuhren von Oliven, die wir zum Trocknen hinlegten, um einen Ölvorrat zu besitzen; wir hatten auch wieder begonnen, die Wolle für den Markt zu verarbeiten, und ein Burnus hing im Webstuhl. Es kam Weihnachten, der 1. Januar: Wir hatten das Jahr 1905. Paul besuchte die Schule – in der Klasse seines Vaters. Henri war zwei Jahre alt und das schönste Kind im Dorf. Und wenn die Frauen stritten, sagte die eine zur anderen: »Solltest du Achourou-Amrouche auf die Welt gebracht haben, um hier so stolz auftreten zu können?« Die ganze Familie liebte ihn, jeder verwöhnte ihn.

Im Februar starb ein Verwandter an einer Harnvergiftung. Zu diesem Anlaß kam der Großvater Hacène aus Tizi-Aïdhel. Er war immer noch derselbe Mann, der ganz aufrecht ging. Mit seinem Maultier am Zügel betrat er den Hof und wurde begrüßt von allen Frauen, die ihm die Hand und das Haupt küßten; dann stieg er hinauf zu Taïdhelt. In diesem Jahr besuchte er alle seine Felder und machte nacheinander den Rundgang in Thazroutse und in Thin G'ejoûdha. Er ging zur Mühle, die von Vetter Rabah bewacht wurde und viel Mehl lieferte. Er begab sich ans Bett von Lalla Aïni, der es besonders schlecht ging, und bedankte sich bei ihr für all das, was sie ihm gegeben hatte, als er noch klein und arm war. Er küßte Hand und Haupt der alten Frau, die dann in der folgenden Nacht starb. Am Abend hatte er von Taïdhelt frische Wäsche verlangt; denn er ließ im Haus immer schmutzige Gandurahs und Burnusse zurück. Er hatte sich in dem eiskalten großen Raum umgezogen; der Wind drang durch alle schlecht verschlossenen Öffnungen. Am nächsten Tag kehrte er auf seinem Maultier nach Tizi-Aïdhel zurück. Ich sah ihn später nur noch einmal wieder, aber als Toten!

Seit seiner Rückkehr hatte er sich ins Bett legen müssen, und er stand nicht mehr auf. Als er sah, daß er bald sterben mußte, rief er seine Kinder zu sich: Mein Schwiegervater Ahmed und mein Mann Belkacem brachen auf. Sie kamen an, um bei seinem Ende dabeizusein. Und als Belkacem ihn fragte: »Was hast du für mich gemacht, Großvater?« antwortete ihm dieser: »Für dich habe ich mehr als für die anderen getan: ich habe dir Unterricht geben lassen. Die Feder, die ich dir in die Hände gelegt habe (*Efkirak leqlam*), ist mehr wert als alle Güter der Erde.« Er starb ein oder zwei Tage später.

Er war so sehr geachtet, daß die Leute von Tizi-Aïdhel ihn auf ihren Schultern herumtragen wollten. Sie machten eine Tragbahre, und alle Männer des Dorfes wechselten einander ab, indem sie mit der Bahre so vorsichtig wie möglich vorangingen, um dem Leichnam desjenigen, der viele Jahre lang unter ihnen als ›Der gute Mensch von Tizi-Aïdhel‹ gelebt hatte, keinen Schaden zuzufügen.

Die Neuigkeit war schon bis Ighil-Ali durchgedrungen; ein Diener der Familie war dem Leichenzug vorausgeeilt. Um acht Uhr morgens öffnete sich die Eingangstür der Vorhalle mit ihren zwei Flügeln, um die Bahre durchzulassen. Alle Männer traten herein. Eine Matte und eine Decke wurden ausgebreitet, man legte vorsichtig den Körper darauf, und wir alle stellten uns um ihn herum. Ich weinte heftig, denn ich liebte den Großvater. Man hatte zwei Hammel geschlachtet, und alle Frauen der Familie rollten den Kuskus, damit all diese Männer, die von weither gekommen waren, sich wieder erholen konnten, bevor sie in ihr Dorf zurückkehrten.

Nahe bei dem Toten standen seine Töchter und seine Schwiegertöchter, um ihn zu beweinen. Aber in einer Ecke des riesigen Raumes zog eine Szene meine Aufmerksamkeit auf sich: In geheimem Gespräch mit einem unserer Vettern feilschte mein Schwiegervater Ahmed-ou-Amrouche um eine silbergestickte Brieftasche, während sein Vater noch ausgestreckt auf der Erde lag!

Man errichtete ein Grab mit Ziegelsteinen und Zement, der Boden und die Seitenwände wurden gekachelt; und am Abend legte man den Mann hinein, der soviel erarbeitet hatte, der so viele Entbehrungen und so viele Gefahren auf sich genommen hatte, nur damit der auf diese Weise angehäufte Reichtum innerhalb von neun Jahren wieder vergeudet wurde!

Der Großvater starb am 5. März 1905. 1914 war sein Haus verkauft! Ich hatte bemerkt, daß niemand ehrlich um diesen Mann geweint hatte. Nach der Beerdigung brach die Habsucht eines jeden ungehemmt hervor. Meine Schwiegermutter bestätigte mir, daß sie nun zufrieden war! Später habe ich erfahren, daß dieser Tod meinem

Schwiegervater Ahmed, der bis über beide Ohren in Schulden steckte, sehr willkommen gewesen war.

Zahra war zu ihren Eltern zurückgegangen; denn der Großvater hatte seinen Sohn schwören lassen, daß er sich von dieser Frau trennen würde, da sie nach seiner Meinung schon vor ihrem Eintritt in die Familie Unglück ins Haus gebracht hat: es war kein gutes Vorzeichen, daß die schöne Mauleselin ›Gazelle‹ in die Schlucht gestürzt war. Der Sohn hatte feierlich versprochen zu gehorchen, und der Vater war in Ruhe gestorben. Er hinterließ einen zwei Wochen alten Jungen, der zu gleichen Teilen wie mein Schwiegervater erben und dadurch den Sturz in den Untergang verhindern sollte.

Einige Tage nach dem Tod des Großvaters sagte mein Schwiegervater zu Belkacem, er sollte doch die Stelle als Ausbilder bei den Mönchen aufgeben; denn er hätte ihm Besseres vorzuschlagen als 50 Franc im Monat. Obwohl ich meinem Mann zur Vorsicht riet, ließ er sich überreden.

Im selben Jahr brachte mein Schwiegervater aus Aïth-Djellil eine Frau mit, die er anstelle von Zahra heiratete; man nannte sie Smina oder Tajlilith. Um die Gunst seiner Schwestern und der Ehefrauen seines Vaters zu gewinnen, hatte er die Befehlsgewalt über das Haus in die Hände seiner Schwester Fatima gelegt. Das war der Untergang! Das Öl floß aus den vollen Schläuchen der Mühle, denn man mahlte gerade die Oliven.

Damals gab es viel Getuschel, das ich überhaupt nicht verstand. Tassâit hatte sich mit einem Mann ihres Standes verheiratet; und auch Reskia heiratete Lhoussine-ou-Hemouche, einen Soldaten, der Wartegeld erhielt. Man konnte im Haus deutlich die Gewitterstimmung fühlen. Tassâdit sagte, sie habe als einzige das Recht, über ihren Vater Hacène-ou-Amrouche zu weinen; denn sie hätte als einzige alle Vorteile verloren. Unterdessen hatte mein Schwiegervater einige Außenstände eingetrieben und seine Schulden bezahlt; da die Justizbeamten eine Bestandsaufnahme des Besitztums gemacht hatten, war er in seiner Rechnung auf Investitionen im Wert von 35 000 bis 40 000 Franc gekommen. Er hatte sich eine schöne schwarze Mauleselin gekauft, hatte sich dazu einen gold- und silberbestickten Ledersattel geleistet, und so begann er zu reisen, um das Erbe seines Vaters wieder verkommen zu lassen. Eines Tages entschloß er sich, Zahra zurückzuholen; denn ihre Nachfolgerin hatte ihn nicht zufriedenstellen können, auch wenn sie sehr hübsch war.

Seit dem ersten Jahr spürte ich, daß es nun mit allem abwärts ging. Die letzte Frau von Hacène-ou-Amrouche, die ein kleines Mädchen und einen Jungen hatte, verlangte, was ihr zukam; aber der kleine Junge starb noch im selben Jahr. Zurück blieb das minderjährige Mädchen. Die Mutter klagte vor Gericht, und mein Schwiegervater mußte seiner Halbschwester den gesamten Besitz in Tizi-Aïdhel überlassen, und sein Anteil an Bargeld wurde beim Notar hinterlegt.

Dann kamen seine anderen Schwestern Fatima und Tassâdit an die Reihe; Ahmed begann, ihre Ersparnisse aufzubrauchen. Sie suchten Rat bei Tassâdits Mann und wurden verpflichtet, sich gütlich zu einigen. Sie erhielten zu gleichen Teilen das alte Haus sowie ein Olivenfeld und ein Feld mit Feigenbäumen.

Wir befanden uns im Jahr 1906. Es hatte stark geschneit, und es war sehr kalt. Wir wohnten in der ›Vorratskammer‹, die jetzt leer war. Ich frage mich, wie wir jenes Jahr aushalten konnten, da wir keinerlei Rücklage hatten. Mein Schwiegervater hatte sich über uns geärgert, weil mein Mann ihm das Recht, meine Kinder beschneiden zu lassen, verweigert hatte. Belkacem beklagte sich beim Verwalter, und dieser erteilte durch die Stimme des Caïds meinem Schwiegervater den Befehl, die Kinder in Ruhe zu lassen. Nach dieser Schmach hatte er uns aus seinem Haus jagen wollen.

Ich erwartete mein drittes Kind. Am 7. Februar 1906 wurde Jean-El-Mouhouv mitten in einem Schneesturm geboren. In der Nacht hatten die Wehen begonnen, und während Douda sich in meiner Nähe aufhielt, holte meine Schwiegermutter die Hebamme. Nach der Geburt litt ich sehr an Koliken; ich hatte mich sicherlich erkältet. Paul war durch den Schnee gestapft, um die anderen christlichen Familien zu benachrichtigen, und alle Männer kamen herbei mit dem Gewehr auf der Schulter, um die Geburt mit Salutschüssen zu feiern. Einige Tage vorher hatten wir einen Brief von Habtiche erhalten; darin bat dieser Freund, mein Mann solle kommen, um ihm bei der Volkszählung zu helfen, und deshalb war Belkacem jetzt auch nicht dabei.

Wir lebten, so gut es ging, von dem wenigen, was uns mein Schwiegervater noch gab. Jetzt hatte nicht einmal mehr Fatima den Schlüssel für die Vorräte in der Hand, sondern mein etwas wunderlicher Schwager Mohand-Arab, der vierzehn- oder fünfzehnjährige Sohn Doudas.

Mein Mann war im März weggegangen und kehrte erst im Mai oder Juni wieder zurück. Paul hatte die Röteln gehabt. Henri weinte, wenn er nach seinem Vater ›Dada Kaci‹ rief. Wir lebten in jenem Jahr 1906 von etwas Geld, das Belkacem verdient hatte, und von zwei Burnussen, die wir, Lla Djohra und ich, gewebt und verkauft hatten; denn nach einem Streit zwischen uns und Zahra hatte mein Schwiegervater beschlossen, daß wir in Zukunft für uns selbst sorgen müßten.

Irgendwann hatte Taïdhelt meinem Schwiegervater 5000 Franc gegeben, um einen Bauernhof anzahlen zu können; er dachte, ihr diesen zusammen mit dem Pachtvertrag für 65 000 Franc zu kaufen. Aber als man die gesamte Summe vorlegen mußte, gestand Taïdhelt, daß ihr nichts mehr übriggeblieben war. Der Vorschuß wurde wieder ausgezahlt und der Bauernhof an andere Leute aus unserem Dorf verkauft.

Taïdhelt kaufte dann für ihre Tochter Fatima und deren Halbwaisen das Haus des Vetters Amar, das hinter unserem Haus stand, und sie zog selbst dorthin und nahm alles mit, was sie nur mitnehmen konnte, sogar leere Krüge und eine Handmühle. Sie kam danach nur noch selten in unser Haus.

Die Tage, die Wochen und die Monate vergingen. Mit den 5000 Franc, die beim Verkauf des Bauernhofes wieder in seine Hände kamen, kaufte Ahmed-ou-Amrouche Weizen und füllte damit zum letztenmal den großen Krug aus Alfagras.

Der Großvater Hacène hatte die Gewohnheit zu sagen: »Mein Vermögen ist wie ein Besen; es wird nichts davon in dem Haus bleiben, in das es hineingeht.« Tatsächlich hat sein Vermögen niemandem genutzt, ja er selbst hat den Verlust bei denjenigen gesät, die sein Vermögen erworben haben.

Mit dem Rest der 5000 Franc verheiratete Ahmed-ou Amrouche seinen Sohn Mohand-Arab mit einem netten Mädchen aus Tazayert, das große blaue Augen hatte. Es gab eine schöne Hochzeit mit einem Trommler und Musikanten.

Im Juli 1909 ging mein Schwiegervater eines Tages geschäftlich nach Bougie; auf dem Rückweg begegnete er einer Musikantengruppe, von der er eine Tänzerin auslieh (man sagt in unserem Land, daß diese Frauen leichtlebig sind). An jenem Tag war mein Schwager Ali geboren worden, der Sohn der Smina, die Ahmed nach Zahra geheiratet hatte; Sminas Eltern waren aus ihrem Dorf gekommen, jeder stand um die Wöchnerin herum, die Frauen sangen dabei den ›Ruf an die Freude‹, und die Männer ließen das Pulver sprechen (indem sie Schüsse abfeuerten). Plötzlich öffnete mein Schwiegervater das Eingangstor und ließ eine Frau von seinem Maultier absteigen. Wer konnte diese Frau sein? So fragte sich jeder. War es eine neue Ehefrau? Als Da L'Mouloud, der Vater der Wöchnerin, murmelte: »Ich kenne sie, es ist eine Tänzerin!« fingen die Frauen einen sehr schönen Gesang an, und diese Frau tanzte dazu. In der Kabylei hätte niemand gewagt, eine solche Person in seine Familie zu bringen, mitten unter seine Söhne, die schon Männer waren, und mitten unter seine Töchter und seine Ehefrauen. Es gab an diesem Tag einen Wirbelsturm; der Wind wehte mit einer solchen Wucht, daß ich zu sehen meinte, wie sich die Häuser berührten, so sehr wurden sie vom Sturm durchgeschüttelt. Der Zorn Gottes war entfesselt. Die Tänzerin nannte sich Aldja; sie blieb die Nacht bei Taïdhelt, und am nächsten Morgen brachte sie mein Schwiegervater mit dem Gewehr auf der Schulter wieder zu den Musikanten, ihren Herren. Aber von diesem Tag an stand mein Entschluß fest. Ich mußte gehen, weggehen noch vor dem völligen Untergang. Mehrere Besitztümer waren schon zu 30 Prozent verpachtet, und bald würden die Zinsen das Kapital übersteigen. Der gesamte Weizen im großen Krug war aufgegessen, die meisten Ölkrüge waren geleert und das Öl verkauft, das Haus war ein Faß ohne Boden; jeder nahm sich, was er konnte, und der Hausherr noch mehr als die anderen. Er verbrachte seine Tage im Café.

Ich sagte zu meinem Mann: »Wir müssen weggehen! Du mußt unbedingt einen Ausweg finden, bevor wir ohne jeglichen Schutz sind.« Eine solche Vorstellung lehnte mein Mann lange Zeit ab; er hatte Angst vor dem Unbekannten, denn er war nicht gerüstet zum Kämpfen. Wenn ich unterhalb des Treppengeländers, das uns als Küche diente, das Mittag- oder Abendessen zubereitete, wurde ich oft von seinem Blick überrascht, der voller Verzweiflung auf mein Gesicht starrte. Und wenn ich ihn fragte, warum er mich so anblicke, antwortete er: »Damit ich mich immer an dein Gesicht erinnere!«

Mein Herz blutete, aber ich spürte, wie notwendig es für ihn war, wegzugehen und seinen Lebensunterhalt anderswo zu verdienen; denn sein Vater gab ihm keinen Sou. An einem Feiertag wie dem Hammelfest schenkte ihm sein Vater fünf Franc in Silber. Mit fünf Franc konnte man damals schon ganz gut auskommen. Aber wir mußten zu fünft davon leben, und mit meiner Schwiegermutter waren wir sogar sechs Personen.

Am 7. August, an einem Dienstag, verließ mein Mann das väterliche Haus und ging in eine unbekannte Zukunft. Während er geglaubt hatte, der Erbe eines großen Vermögens zu werden, mußte er nun wie ein armer Mensch zu Fuß aufbrechen. Ich hatte bei Taïdhelt meinen mit Koralle und Email verzierten *khelkhal* (Ring um das Fußgelenk), meine Broschen und zwei Paar Armreifen versetzt, ebenso wie das Gewehr des Großvaters, das man Belkacem gegeben hatte. Dafür erhielt ich 300 Franc, die ich sofort an meinen Mann weiterreichte. Sein Zug fuhr um elf Uhr ab, aber Belkacem verließ das Haus schon um fünf Uhr, und ich habe ihn bis ans Ende der Amrouche-Gasse begleitet. Er begegnete seinem Vater, der ihm eine gute Reise wünschte und zu ihm sagte: »Wenn du nichts zu tun findest, komm wieder nach Hause zurück; es wird immer noch ein Fladenbrot für dich da sein.« Aber er bot ihm nicht einmal Kleingeld für seine Reisekosten an.

Ich erfuhr, daß mein Mann von da an bis zum Bahnhof unaufhörlich geweint hatte. Er kam am selben Abend in Constantine an, und einige Tage später erhielt ich einen Brief aus Souk Ahras, in dem er mir mitteilte, daß er für 39 Sous am Tag bei der Eisenbahn arbeitete.

Ich hatte mit Hilfe meiner Schwiegermutter wieder begonnen, zu spinnen und Burnusse zu weben. Schon vor der Morgendämme-

rung stand ich auf und ›betrat den Webstuhl‹ – und verließ ihn nur
zum Essen, das Lla Djohra zubereitete. Sie schlief bei ihrer Tochter,
die gerade einen Jungen geboren hatte. Ihre Nebenfrau Douda, die
noch immer auf Zahra eifersüchtig war, hatte ihr eine sehr unange-
nehme Arbeit aufgeladen. Sie hatte ihr sieben Eier übergeben, die
sie sieben Nächte im Grab eines Verbannten liegenlassen sollte; danach sollte sie sie wieder holen, und man würde sie ihrem Mann
Ahmed-ou-Amrouche zu essen geben, damit sein Herz beim Anblick von Zahra ›zum Leichnam‹ werde; denn bevor diese Eier in
das Grab gelegt worden waren, hatten eingeweihte Frauen sie mit
geheimnisvollen Zeichen versehen. Lla Djohra führte diesen Auftrag widerwillig aus. Aber an dem Tag, als sie die Eier zurück-
brachte, bekam ihr Enkelsohn Krämpfe und starb wenige Tage später, und meine Schwiegermutter dachte, daß Gott sie bestraft hätte,
weil sie die Grabstätte eines Verbannten entweiht habe.

Paul besuchte die Schule, aber es fehlten ihm Schuhe. Ich hatte
ihm einen Burnus gewebt. Wir, meine Schwiegermutter und ich,
hatten noch zwei weitere gewebt, die ein entfernter Verwandter auf
dem Markt für 70 Franc verkauft hatte (zu jener Zeit war der beste
Burnus 50 Franc wert). Mit diesen 70 Franc konnten wir unsere
Vorräte für den Winter besorgen. Wir hatten zwölf Maß Weizen und
sechs Maß Gerste gekauft; denn Lla Djohra sagte, es sei besser zu
mischen. Wir hatten uns einen Vorrat an Zwiebeln und an gemahle-
nem roten Pfeffer angeschafft. An Nahrungsmitteln waren wir wohl
ausreichend versorgt, aber wir hatten weder Winterkleidung noch
Winterdecken. Deshalb dachte ich daran, mit dem Rest der Burnus-
wolle eine dicke Decke zu weben. Meine Decke hatte mein Mann
unserem Freund als Geschenk überlassen für die drei Monate, die
er kostenlos bei ihm verbracht hatte. Die Kinder besuchten unsere
Verwandten, die sie sehr verwöhnten, besonders Henri.

Seit dem 4. November befand sich mein Mann in Tunis. Er verdiente jetzt 80 Franc im Monat, was immerhin schon besser war als
die 60 von Souk-Ahras. Er hatte mir für die Kinder kleine Kapu-
zenmäntel aus Tuch geschickt; diejenigen, die ihnen nicht paßten,
hatte ich wieder verkauft.

Ich sehe Jean wieder vor mir: Er war noch nicht zwei Jahre alt
und sehr schmächtig und hatte schöne kastanienbraune Locken; er

lief barfuß im Schnee unseres Hofes. Henri hatte schwarze Haare und ein sehr helles Gesicht mit Pausbacken, während Jeans Gesicht etwas länglich war. Wenn die Fellachen am Abend ihren Teller mit Kuskus und einer Soße aus getrockneten Saubohnen erhielten, riefen sie die Kinder zu sich; die dann ihre Löffel verlangten. Sie saßen auf den Knien dieser tüchtigen Männer, und so begannen sie, gemeinsam mit ihnen zu essen.

Diese Zeit in meinem Leben war sehr traurig, aber ich hatte die Hoffnung, daß mein Mann eines Tages eine gute Stellung bekäme und ich dann endlich dieses Haus in Ighil-Ali verlassen könnte, wo ich ständig kleinlichen Eifersüchteleien ausgesetzt war und als Abtrünnige betrachtet wurde.

An Weihnachten erfuhr ich durch einen Brief von Pater Justrob, daß mein älterer Bruder Mohand, der mich noch im Sommer besucht hatte, gestorben war. Er hatte gehofft, einige Liter Öl von uns mitnehmen zu können, aber ich hatte meinen Schwager nicht darum bitten wollen, weil er es mir sicherlich verweigert hätte. Mohand war zu meinem großen Bedauern mit leeren Händen zurückgekehrt. Er hatte mir erzählt, daß er sich mit unserem Bruder Lâmara den Besitz geteilt hatte; denn Lâmara wollte sich Geld leihen, um nach Frankreich zu gehen, wo viele Kabylen in den Fabriken und in den Bergwerken arbeiteten. Er selbst hatte nicht die Absicht, seine Heimat zu verlassen. Die beiden Brüder hatten sich also getrennt.

»Jeder trägt die Last für seine eigenen Kinder«, hatte Mohand schließlich festgestellt. Die Nachricht von seinem Tod schmerzte mich sehr; wo immer ich auch gelebt hatte, war er doch stets zu mir gekommen und hatte die Festgeschenke meiner Mutter mitgebracht. In Taddert-ou-Fella war er es, den meine Mutter ausgesucht hatte, um mich abzuholen und zurückzubringen. Er war sehr sanft, ein wenig verschlossen; und er war nicht gerade vom Glück verfolgt, denn er war schon immer krank. Von seiner Jugend an hatte er unter einer mir nicht bekannten Krankheit gelitten.

Im Januar besuchte uns ein Kollege meines Mannes; er kam aus Tunis, wo er bei der Eisenbahn arbeitete. Er nutzte die Reiseerlaubnis für seine Frau, und er sollte auch mich davon profitieren lassen.

Tatsächlich kam um den 15. Februar herum mein Mann, um uns abzuholen. Sein Arbeitgeber hatte ihm einen Vorschuß für unsere Reise gegeben, weil er dachte, daß ein Angestellter ohne Familie sich nicht seinen Geschäften widmen könnte.

Belkacems Chef hatte ihm einen Koffer mitgegeben, in den wir unsere wenigen Dinge und Kleidungsstücke, die wir besaßen, hineinpackten. Er hatte ihm einen Urlaub von acht Tagen zugebilligt, und so verließen wir die Heimat.

III. DAS EXIL IN TUNIS

1

Die Verpflanzten

In zwei Tagen mußten wir die Reisevorbereitungen beenden und die Wäsche, die wir, Lla Djohra und ich, am Fluß gewaschen hatten, trotz des Winters trocken bekommen. Von weitem sah ich zum letztenmal, wie die Mühle sich drehte. Ich sagte allen Lebewohl, und wir verließen dieses Haus, in dem wir eigentlich, wie wir geglaubt hatten, für immer hatten leben wollen.

Ich hatte Taïdhelt die 300 Franc zurückgegeben, für die sie mir die Schmuckstücke, die ich bei ihr verwahrt hatte, wieder überreichte; aber sie schenkte mir 100 Franc, soviel wie unsere Reise kostete. Wir gingen zu Fuß zum Bahnhof hinunter; ein Maultier und ein Esel folgten mit den Kindern und dem wenigen Gepäck. Meine Schwiegermutter, Taïdhelt und andere Verwandte begleiteten uns. Von meinen Broschen löste ich alle Anhänger und gab sie Lla Djohra. Ich hatte ihr auch die Wolle überlassen, die zum Weben einer Decke vorbereitet war, und den Rest der Vorräte. Aber sie war mit unserer Abreise nicht einverstanden.

An diese Reise in der dritten Klasse auf harten Sitzbänken neben Arabern, die unermüdlich dieselbe Melodie sangen, erinnere ich mich nur noch wie an einen Alptraum.

Wir übernachteten in Constantine bei einer Freundin von Taïdhelt, deren Sohn Polizist war. Am nächsten Tag mußte ich in eine unbekannte Stadt aufbrechen. Ob unbewußt oder sorglos, ich weiß es jedenfalls nicht mehr, hatten wir noch einen entfernten Verwandten, der keinen Beruf hatte, mit uns genommen; er sollte uns fast drei Monate zur Last fallen und uns verlassen, ohne sich von uns zu verabschieden!

Nach einem ganzen Tag und einer halben Nacht kamen wir endlich in Tunis an. Am Bahnhof erwarteten uns Freunde aus der Heimat: Lhoussine-ou-Bouchachi und sein Vetter nahmen sich beide unseres Gepäckes an und führten uns zu unserer Wohnung. Lhoussine hatte ein Essen von einem Speisewirt kommen lassen, aber ich habe nichts angerührt. Man hatte für uns eine Roßhaarmatratze gekauft, die auf der *seda*, einer Art Schlafkammer mit sehr hohem Bett, ausgebreitet war. Dort schliefen mein Mann, meine Kinder und ich sofort ein, nachdem wir noch die Decken aus dem Koffer geholt hatten.

Es war schon hellichter Tag, als wir erwachten. Ich machte einen Rundgang um das arabische Haus, das mein Mann für sechs Monate gemietet hatte. Es bestand aus zwei ziemlich großen Zimmern, die mehr in die Länge als in die Breite gingen. In jedem gab es eine *seda*, die als Bettstelle diente. Vom kleineren dritten Zimmer führte eine Treppe zur Terrasse hinab, wo sich eine winzige Waschküche befand. Das Haus war mit schweren Regalen eingerichtet; in dem kleinen Hof ersetzte eine Steinbank den Gemüsegarten, und neben einem der Zimmer öffnete sich in Hüfthöhe der Ziehbrunnen. Im hintersten Winkel eines türlosen Verschlages war die Toilette.

Wir waren mitten im arabischen Viertel, und ich sprach kein Wort Arabisch. Mein Mann machte noch am selben Tag einige notwendige Einkäufe: ein Seil und ein Fäßchen, um Wasser aus dem Brunnen zu ziehen, Küchengeräte, einen Eimer, um am Dorfbrunnen Wasser zu holen; denn das Wasser des Ziehbrunnens konnte man nicht trinken.

Vom nächsten Tag an nahm Belkacem wieder seinen Platz im Büro ein. Also mußte Paul, ein Kind von siebeneinhalb Jahren, Brot, Gemüse, Kaffee und Zucker kaufen und das Wasser aus dem Brunnen schöpfen, der einige Meter vom Haus entfernt war. Zum Glück befand sich alles in der nächsten Nähe. Manchmal versuchte auch der viereinhalbjährige Henri, seinem Bruder beim Eimertragen zu helfen, oder ein größerer Nachbarjunge brachte den Eimer bis zur Tür, und ich trug ihn dann ins Haus. Denn ich würde zu sehr auffallen, wenn ich hinausginge – eine unverschleierte Frau unter verschleierten Araberinnen.

Da ich kein Wort der arabischen Landessprache verstand, fühlte ich mich sehr verwirrt. Eine Nachbarin machte mir mit Zeichen deutlich, daß sie Kohle für zwei Sous pro Kilo verkaufen wolle, und ich kaufte ihr etwas ab. Wer wird sagen können, daß ich zu dieser Zeit des Exils gelitten habe, wenn ich, nachdem meine Kinder in der Schule waren und mein Mann im Büro und Jean eingeschlafen war, auf die Terrasse zur Straßenseite stieg, um begierig die Sprache der *Chleuhs* (der südmarokkanischen Berber) zu hören, die dem Kabylischen meiner Heimat ähnelte! Der Chef meines Mannes besuchte uns mit seiner Frau; sie brachte mir einen Rock und eine Bluse mit und lud mich zu sich in die Algerien-Straße ein. Eines Tages war Henri verschwunden. Er hatte das Haus verlassen und war die Avenue Bab-Djedid entlanggegangen. Mein Mann alarmierte die Polizei: Man fand das Kind in der Straße der Kasbah; irgend jemand hatte bemerkt, daß es kein einheimisches Kind war, und so hatte man es zurückgebracht.

Der Chef war der Meinung, daß die Kinder zu den Laienbrüdern in der Algerien-Straße in die Schule gehen sollten. Zuerst mußte man ihnen aber etwas anziehen. Wir kauften sehr billig kleine Anzüge für sie, und ich fertigte ihnen noch Karokittelchen an.

Ich hatte wohl Angst; denn sie mußten die ganze Algesiras-Straße überqueren, wo die Straßenbahnen fuhren. Bevor Paul in die Klasse ging, kaufte er mir auf dem Markt El-Asser, was ich für die Mahlzeiten benötigte.

Als die sechs Monate in Miete vorbei waren, sagte ich zu meinem Mann, daß es für uns besser wäre, in einem europäischen Viertel zu wohnen, weil ich dann wie die anderen Frauen ausgehen könnte. Er mietete eine kleine Wohnung in der Straße Sidi-el-Mordjani mitten unter Sizilianern. Die mäßige Summe, über die wir verfügten, erlaubte uns kaum eine andere Wahl.

Diese Erdgeschoßwohnung hatte nur zwei winzige Zimmer; das eine war quadratisch und diente als Eßzimmer, in das andere konnte man zwei Betten und in eine Ecke den Koffer stellen. Unsere Siebensachen waren in der Kiepe eines Lastträgers weggebracht worden, und wir waren in einem Karren zu unserer neuen Behausung gefahren.

Am Sonntag nach dem Umzug kaufte mein Mann im Auktionslokal eine Anrichte und zwei Betten, eins für uns und das andere für die Kinder. Wir waren beruhigt: In der kleinen Küche hatte ich einen Wasserhahn; die Toilette hatte eine Wasserspülung und konnte sich nicht wie in dem arabischen Haus verstopfen.

Im Erdgeschoß lebten zwei weitere Familien mit demselben Innenhof; im Obergeschoß gab es drei Familien, von denen eine nach Italien zurückgehen wollte. Ihre Wohnung würde also bald frei sein, und da sie nicht so feucht war wie die untere, in der wir lebten, beschloß ich, sie zu übernehmen.

Meine italienischen Nachbarinnen waren sehr nett zu mir. Mit ihnen ging ich auf den Markt einkaufen. So schaffte ich mir auch einen Waschtrog und einige Küchengeräte an. Als ich ein Kleidungsstück zuschneiden wollte und nicht wußte, wie ich das anstellen sollte, halfen sie mir sofort. Es waren Arbeiterfrauen, Frauen von Maurern, aber sie konnten arbeiten und mit wenig auskommen.

Im Dezember bekam ich noch ein Baby. Die Schwestern vom ›Heiligen Vinzenz von Paul‹, die man auf uns aufmerksam gemacht hatte, brachten mir eine Babyausstattung. Die Frau des Chefs schenkte mir ein Paar Tücher und ein Dutzend Windeln für das Baby.

Wir waren sehr, sehr arm. Seit Anfang Dezember verfaßte mein Mann, der nur ungern schrieb, Briefe mit Neujahrswünschen an alle Bekannten, die imstande wären, ein kleines Geschenk zu schicken. So schrieb er an die Paten und Patinnen von Henri und Jean, die in Saint-Dizier wohnten, an die Mönche Baldit, Justrob, Giraud und Dehuisserre. Und wir erwarteten die Antwort auf diese Briefe mit Ungeduld, da wir hofften, daß eine bescheidene Geldanweisung sie begleiten würde. Der Abt Godard, der Pate von Henri und Jean, hatte uns sehr geholfen; mit hundert Franc-Scheinen hat er uns nach unserer Abreise von Ighil-Ali unterstützt.

Belkacems Chef und Chefin wurden Pate und Patin des Kindes, das gerade geboren war: Man nannte es Louis-Marie. Pater Justrob brachte mir eines Tages eine Umhängetasche mit Artischocken und lud mich mit den Kindern für einen ganzen Tag an Ostern nach Boukris ein. Er empfing uns herzlich. Er wollte, daß wir jeden Sonntag zu den Mönchen nach Karthago kommen sollten, damit die Kleinen ein gutes Essen bekämen, das er selbst bezahlen würde. Als das Leben für uns damals sehr schwierig war, unterstützten uns die Missionare in Karthago tatkräftig. Die Kinder hatten dem Pater Verwalter den Spitznamen ›Pater Konfitüre‹ gegeben.

Der Chef meines Mannes war Verwalter von mehreren Häusern. Als eine Wohnung frei war, bot er sie uns zum alten Mietpreis an. Im Juli lebten wir dann in der neuen Wohnung, die aus einer großen Küche, einem sehr langen schmalen Zimmer, in das man ein Bett stellen konnte, und einem weiteren sehr geräumigen quadratischen Zimmer bestand.

Diese Wohnung im ersten Stock ging auf die enge und dichtbevölkerte Chaker-Straße hinaus. Jeden Abend spielten die Italiener Serenaden, die sie mit ihren Mandolinen begleiteten, und samstags veranstalteten diese biederen Leute in den Innenhöfen Bälle, und sie tanzten und sangen, wobei sie gekochte Saubohnen aßen. Einige Nachbarn sprachen ein wenig Französisch, und uns gelang es immer, uns verständlich zu machen, aber ich habe mich davor gehütet, von ihnen auch nur ein Streichholz zu erbitten. Diese Menschen lebten sehr einfach. Mit Grieß kneteten die Frauen riesige Brote, die sie im Ofen backten; dann legten sie die Brote in Tücher, damit sie nicht austrockneten. Mittags gab es täglich eine Schüssel Makkaroni mit Tomaten, und abends stellte man einen der großen Brotlaibe auf den Tisch, und jeder schnitt sich davon soviel ab, wie er wollte, und man reichte das Brot mit einem Salat, der entweder mit Thunfisch oder mit Käse gemischt war. An Wein fehlte es niemals.

Im August hatte ich Gelbsucht, und der Arzt verordnete mir einen Krankenhausaufenthalt. Ich konnte nichts schlucken und mich nicht mehr auf den Beinen halten. Bei der Fürsorge weigerte man sich, meine Kinder zu beaufsichtigen; denn wir waren ja keine Franzosen. Ich ging dennoch ins Krankenhaus. Ich flehte so lange, bis man mich aufnahm. Ich hatte geglaubt, daß man mein neun Monate altes Kind, das schon um die Bank herumgehen konnte, bei mir lassen würde; aber die Schwester nahm es mit in einen anderen Raum, wo man, um das Fortlaufen zu verhindern, seine kleinen Hände an die Gitterstäbe eines Bettes festgebunden hatte. Ich schrieb an die Schwestern in Karthago, mir zu Hilfe zu kommen; sie nahmen das Baby sowie seine Brüder, die noch zu Hause waren. Das junge Mädchen, das sich bei den Schwestern in Karthago um den kleinen Louis-Marie kümmern sollte, erzählte mir später, daß er Wunden an den Handgelenken hatte, die von den Fesseln herstammten.

Ich blieb im Krankenhaus vom 17. August 1909 bis Anfang Oktober, aber ich verließ es zu spät, um mein Kind noch retten zu können: Acht Tage nach meinem Krankenhausaufenthalt starb es an einer ansteckenden Darmentzündung. Ich habe seinen Tod, für den ich mich verantwortlich fühlte, niemals vergessen können. *Mektoub!*

Ich konnte nicht mehr ertragen, weiter in der Wohnung in der Chaker-Straße zu leben: immer wieder sah ich meinen Kleinen, wie er in seinem Laufställchen aus Weidengeflecht hinter mir herlief. Ich wollte die Unterkunft wechseln. Ganz in der Nähe, in der Fächerstraße, einer Sackgasse, gab es ein großes Zimmer mit nur einem Fenster und einem Zugang zu einem verglasten Innenhof; ich nahm es an, indem ich auf ein besseres wartete, und so zogen wir noch einmal um.

Wir blieben in diesem sehr geräumigen Zimmer von Oktober bis Dezember. Im Dezember räumte der Nachbar von nebenan seine Wohnung: zwei ziemlich große quadratische Zimmer mit zwei Fenstern zur Straße hin und einer Zwischenverbindung durch eine türlose Öffnung. Ich kaufte jedoch billigen Stoff und brachte Vorhänge an und stellte Regale auf, um nichts herumliegen zu lassen. Wir schliefen in dem einen Zimmer und die Kinder in dem anderen.

Während meiner Krankheit war ein Bürochef der Eisenbahngesellschaft in der Agentur, in der mein Mann arbeitete, vorbeigekommen, und da er Belkacem allein vorfand, schlug er ihm vor, zur Eisenbahn überzuwechseln. Dazu benötigte er aber eine Gesundheitsbescheinigung. Belkacem ging zur Untersuchung. Er hatte Angst um seine Sehkraft; denn er hatte durch die Pocken ein Auge verloren. Man stellte fest, daß die gesamte Sehkraft sich auf das eine Auge verlagert hatte, und so wurde mein Mann angenommen. Am 9. Dezember 1909 fing er bei der Eisenbahn an.

Bevor mein Mann seinen Chef verließ, hatte er die Mönche in Karthago um Rat gefragt. Sie redeten ihm alle gut zu, zur Eisenbahn zu gehen. Und Pater Justrob, der den Chef besucht hatte, fügte hinzu: »Wenn du bei ihm bis ans Ende deiner Tage bleibst, wirst du einen Bedürftigkeitsnachweis verlangen müssen!«

Ich habe ihn nicht mehr wiedergesehen, diesen Chef, der mich als Hausmädchen seiner Frau haben wollte, der uns, meinem Mann und mir, 120 Franc monatlich zu zahlen beabsichtigte und der eines Tages, als Belkacems Uhr fünf Minuten nachging, zu ihm beim Eintritt ins Büro sagte: »Denken Sie daran, daß es einen festen Zeitpunkt zum Kommen gibt, aber keinen zum Gehen!« Wenn die Arbeit drängte, verbrachte mein Mann manchmal einen Teil der Nacht dazu, die Arbeit fertigzustellen, und niemals wurde eine Überstunde angerechnet. Der Chef weigerte sich, uns das letzte Monatsgehalt auszuzahlen. Aber Pater Vinzenz gab uns die Summe, indem er zu uns sagte: »Laßt ihm das Geld; das wird ihn auch nicht reicher machen!«

Von da an verdiente mein Mann 120 Franc monatlich statt 100, und wir hatten mehrere Vorteile, ohne die Freifahrtscheine zu berücksichtigen: Wir hatten das Anrecht auf kostenlose Arztbesuche und auf Medikamente; wir konnten zum Selbstkostenpreis Petroleum und Seife kaufen. Aber am meisten entzückte uns die Möglichkeit, endlich auch wieder einige Male in unsere Heimat zu fahren, denn ohne die Fahrtscheine hätten wir niemals genug Geld auf die Seite legen können, um unsere Plätze zu bezahlen.

Wir hatten von unserer neuen Wohnung Besitz ergriffen. Als Flurnachbarn hatten wir zwei weitere Familien, mit denen wir die Gemeinschaftsküche teilten. Ich zog es aber vor, einen Petroleumofen zu kaufen und in dem Raum, das als Kinderschlafzimmer diente, das Essen zu machen. So sah ich die anderen Mieter nur, wenn ich Wasser aus der Küche holte oder wenn ich zur Toilette oder zur kleinen Waschküche auf der Terrasse ging.

Die Kinder besuchten immer noch die Schule der Maristes-Mönche, die erfahren hatten, daß mein Mann seinen Chef verlassen hatte und daß dieser sich nicht mehr für uns einsetzte. Da die Kinder nichts bezahlten, kam eines Tages der Aufsichtsbeamte, um mich davon in Kenntnis zu setzen, daß ich die Kinder nicht mehr in die Schule schicken dürfe (seitdem wußte ich, daß nur die begüterten Kinder in dieser Schule zugelassen waren). Ich beschloß dann, nach Ighil-Ali zu gehen und einige Monate dort zu bleiben; denn ich war sehr erschöpft. Mein Mann forderte die Freifahrtscheine an, und wir brachen am 12. Mai 1910 auf. Wir fuhren ohne einen Zwischenaufenthalt in Constantine durch.

Wir waren noch immer kabylisch gekleidet; die Kinder mit kleinen weißen Gandurahs und kleinen Burnussen in blauem Tuch; Belkacem hatte sich sogar eine Landestracht gekauft: *Serual* (weite schwarze Bundhose), *Gandurah* und *Burnus* mit dem Seidengürtel.

Jean hatte während der Fahrt Fieber bekommen, und nach unserer Ankunft in Ighil-Ali mußte er sich ins Bett legen: er hatte Masern. In Tunis war fast schon Sommer, hier unten in unseren Bergen war es kalt, und man zündete noch Feuer an.

Ich richtete mich wiederum in der jetzt leeren ›Vorratskammer‹ ein. Mein Schwiegervater war noch immer umgeben von seinen vier Frauen, von denen die zwei letzten Kinder erwarteten. Das eine wurde in den ersten Tagen nach unserer Ankunft geboren, das andere einen Monat später: zwei Jungen, von denen der eine, der Sohn der Smina-Tajlilith, Mahmoud und der andere, Zahras Sohn, nach dem Großvater Hacène genannt wurde. Ich erfuhr, daß eines der großen Besitztümer, die Olivenplantage, schon verkauft worden war, daß meine junge Schwägerin mit den blauen Augen von ihrem Mann Mohand-Arab verstoßen worden war, daß dieser mit der jüngeren Schwester von Zahra, der Frau seines Vaters, verlobt war und daß bald die Hochzeit gefeiert werden sollte.

Die zwei letzten Felder waren mit einer Hypothek von 5000 Franc belastet worden, um die Aussteuer und die Hochzeitskosten zu bezahlen. Das war der vollständige Zusammenbruch.

Mein Mann blieb nicht lange bei uns, weil er nur zwei Wochen Urlaub genommen hatte.

Im Juni gab es ein schreckliches Gewitter, es regnete tagelang ununterbrochen, und der Fluß schwoll so sehr an, daß die Mühle sich wieder drehen konnte. Eine Ziegenherde war ertrunken. Ich hatte einen Sack Weizen gekauft und ergriff die Gelegenheit, ihn sofort mahlen zu lassen. Im Vorjahr 1909, so erzählte man mir, hatte es eine Typhusepidemie gegeben, und mehrere Familien hatten Angehörige verloren.

Belkacems Großvater mütterlicherseits war an Altersschwäche gestorben. Taïdhelt hielt sich noch immer in Amars Haus auf; eine schreckliche Krankheit hatte sie heimgesucht, tagelang war sie ohne

Bewußtsein. Während dieser Zeit hatten ihre Tochter und ihr Sohn die Kasse des Großvaters Hacène endlich vollständig geleert.

Nach Jean bekam Henri die Masern. Wegen der ziemlich bitteren Kälte hatte ich keine Mühe, die beiden am Rausgehen zu hindern. Paul hatte als Pensionsschüler bei den Mönchen begonnen. Ich bat die Missionsstation um ein Gelände, damit wir im Bedarfsfall ein Haus bauen könnten. Pater Dehuisserre versprach mir einen Platz – mit der Auflage, zwischen dem Nachbarn und uns einen Durchgang freizulassen. Ich war damit einverstanden und benachrichtigte brieflich meinen Mann.

Am Vorabend vor meiner Abfahrt oder den Abend davor hatte ich einen Traum. Ich stand vor dem Tor der Vorhalle, die zum Hof führt. Ich erhob meine Augen und sah Seile, die kreuz und quer im ganzen Hof gespannt waren, Seile und immer wieder Seile, an denen Fleisch zum Trocknen hing. Es gab eine Menge Fleisch, eine riesige Menge! Dieses Fleisch glänzte golden in der Sonne, und ich sagte zu mir: »Von all diesen Vorräten werde ich keinen Nutzen haben, da ich wegfahren werde.« Plötzlich tauchte eine Frau in meiner Nähe auf; ich legte ihre Hand auf meine Schulter und sagte zu mir: »Bekümmert dich das?« »Ja«, sagte ich. »Schließe deine Augen«, befahl sie mir, und ich gehorchte, indem ich mir die Hand auf meine Augen legte. »Öffne sie jetzt wieder!« Und ich öffnete meine Augen. Alle Reichtümer, die mich gereizt hatten, waren verschwunden. »Du siehst«, sagte sie zu mir, »von allem wird nichts mehr übrigbleiben.« Genauso wie ich den Traum von Mekla, als mein Schicksalsvogel mich unmittelbar vor dem Krankenhaus abgesetzt hatte, nicht vergessen habe, so konnte ich auch diesen Traum am Vorabend meines Weggangs von diesem Haus, das noch voller Vorräte und Einnahmequellen war, nicht mehr vergessen.

Ich hatte alle Ferien in dem Haus der Vorfahren verbracht. Dort habe ich auch meinen Sohn Louis-Mohand-Seghir bekommen. Ich hatte einige alte Frauen wiedergetroffen, für die ich früher Briefe an ihre Kinder, die in der Stadt arbeiteten, geschrieben hatte. Sie sagten mir, wie sehr sie mich bedauerten; denn ihnen hatten meine Briefe Glück gebracht.

Ende Oktober kam ich nach Tunis zurück. Louis war 40 Tage alt. Mein Haus in der Fächergasse war geweißt worden, und ich nahm erneut meinen Platz ein inmitten der Nachbarn, die sich freuten, mich wiederzusehen. Ich fiel keinem zur Last und war selbst gerne hilfsbereit.

Marie-Louise, meine Gefährtin von Taddert-ou-Fella, war Hausmädchen in Tunis; sie besuchte mich manchmal. Sie hatte gebeten, die Patin meines jüngsten Sohnes zu werden. Sie hatte mir Windeln und ein Taufkleidchen gebracht. Der Kleine wurde in Karthago getauft. Am 1. Januar 1911 begab sich nur mein Mann nach Karthago, um den Mönchen ein gutes neues Jahr zu wünschen. Er schrieb wie jedes Jahr Glückwunschbriefe, und wir erhielten bei dieser Gelegenheit ein bißchen Geld. Pater Dehuisserre hatte unauffällig einen 20-Franc-Schein in seinen Brief gesteckt; Pater Baldit hatte uns eine Anweisung von 15 Franc zugeschickt, und die Paten und Patinnen in Saint-Dizier schenkten uns Wäsche und ein wenig Geld. Wir hatten kleine Anzüge und Umhänge für Henri und Jean kaufen können; beide gingen ganz in der Nähe in der Kirchstraße zur Schule.

Aber eines Tages erhielten wir einen Brief von Pater Bouel, dem Verwalter in Ighil-Ali. Er forderte uns auf, unseren Sohn Paul, den wir als Pensionsschüler zurückgelassen hatten, wieder abzuholen: Da sein Vater gute Monatsgehälter verdiene, wäre sein Sohn nicht mehr auf die Mildtätigkeit der Missionare angewiesen. Er fügte hinzu, daß wir uns darum kümmern sollten, auf dem Gelände, das uns die Mission zugewiesen hatte, zu bauen; denn es hatte einen Erdrutsch gegeben, und wenn wir nicht bauen wollten oder könnten, dann würde er das Gelände an andere geben, die in der Heimat lebten und einen dringenderen Anlaß zum Bauen hätten. Mein Mann ersuchte um einen Urlaub von acht Tagen und holte seinen Sohn ab.

Als er zurückkam, brachte er nicht nur Paul mit, sondern auch seine Mutter Lla Djohra, die sich mit Zahra zerstritten hatte. Diese neue Last strengte mich sehr an; denn mein Mann verdiente ziemlich wenig, und die Familienzulagen waren noch nicht bekannt. Wir mußten sie bei uns wohnen lassen. Die Italienerinnen, meine Nachbarn, machten mich darauf aufmerksam, daß es in der von mir gewaschenen Kleidung meiner Schwiegermutter Flöhe gab. Ich kochte die Wäsche aus und ließ Lla Djohra die Kleider wechseln.

Von diesem Tag an mußte ich eine andere Wohnung suchen, die zwei Zimmer reichten nicht mehr aus, und die Italienerinnen setzten empörte Mienen auf. Nach vielem Suchen fand ich endlich ein großes Haus, das aber als Öffnung nur zwei Glastüren hatte: Man konnte von der einen Straße durch die erste Tür eintreten und durch die zweite Tür auf die andere Straße wieder austreten; wenn die Tür geschlossen war, gab es keine Luft. Wir hatten drei geräumige Zimmer, wovon eins völlig dunkel war, und eine Küche, die durch eine Dachluke erhellt wurde. Es war eine sehr unbequeme Wohnung. Dennoch hatte ich es vorgezogen, die Sackgasse zu verlassen, wo wir zu eng aneinanderklebten und ständig beobachtet wurden. Ich habe mich immer geärgert, wenn sich jemand über mich lustig machte.

Nur einen Monat wohnten wir in diesem Haus, als sich ein Diebstahl ereignete – ich erfuhr niemals von wem. Ein Freund meines Mannes hatte mir ein wenig Geld anvertraut, das ich ganz oben auf die Anrichte legte (ein Kind konnte es nicht wegnehmen). Nun, als dieser Mann sein Geld zurückhaben wollte, war es verschwunden. Ich stieg auf einen Stuhl und suchte und suchte, indem ich die Kinder, meine Schwiegermutter und ihren gerade bei uns wohnenden Neffen Rabir befragte, ohne den Dieb entlarven zu können. Außerdem war es mir unerträglich, noch länger in diesem Haus zu leben, seitdem ich erfahren hatte, daß ein Mann in dem Zimmer, in dem ich schlief, plötzlich verstorben war; zu alldem muß man hinzufügen, daß wir jedes Geräusch vom Nachbarhaus hörten.

Dann fand ich eine Wohnung in der Straße der Ölhändler. Sie lag im zweiten Stockwerk und bestand aus zwei gut durchgelüfteten schönen Zimmern, dazu einem weiteren Räumchen, einer riesigen Küche und einem verglasten Balkon, dessen Fensterflügel man öffnen konnte, indem man die einen Hälften über die anderen klappte. Sie war sehr hell; auf einer großen gekachelten Terrasse konnte man die Wäsche ausbreiten. Eine einzige italienische Familie bewohnte das Stockwerk darunter, aber tagsüber waren diese Leute in ihrem Möbellager – außer der alten Tante, die das Haus bewachte und die Mahlzeiten vorbereitete.

Diese Wohnung hatte nur einen Fehler: Sie war etwas teuer für unseren Geldbeutel; von einem Verdienst von 162 Franc mußte man monatlich 33 Franc abziehen. Wir nahmen sie dennoch; der Neffe Rabir hatte erklärt, daß er uns eine kleine Miete zahlen wollte, wenn er in demselben Zimmer wie Lla Djohra und die Kinder schlafen könnte. Aber er blieb nur noch wenige Tage, kaum einen Monat. Eines Tages gab er mir zu verstehen, daß er am Bahnhof eine Handtasche mit Geld und einigen Schmuckstücken gefunden habe. Mit diesem Geld hoffte er, Handel zu treiben. Er verlangte einen Freifahrtschein und verließ uns.

Wir befanden uns im Jahr 1911, als die Araber einen Aufstand machten, weil man die Straßenbahnschienen mitten durch einen muslimischen Friedhof legen wollte. Das war auch das Jahr der Cholera, die während des Sommers wütete. Meine Schwiegermutter betete die Früchte an, vor allem die Melonen und die Kaktusfeigen! Die Straße der Ölhändler befand sich in der Nähe der Märkte, wo man Gemüse, Früchte, Fleisch und Stoffe verkaufte. Dort machte ich meine Einkäufe. In einem italienischen Hauskleid ging ich ohne Furcht in das jüdische und das italienische Viertel.

Die Kinder besuchten die Schule in der Kirchenstraße, ganz nahe bei uns, und am Abend atmeten wir auf der Terrasse die Meerluft ein; vom Fenster meines Zimmers konnte ich weit blicken, bis nach Belvédère.

Die Familie, die unter uns gewohnt hatte, war ausgezogen, Landsleute hatten ihren Platz eingenommen. Wie meine Schwiegermutter waren sie praktizierende Muslime und betrachteten uns als *m'tournis* (Renegaten), aber ihr Sohn, ein Eisenbahnangestellter, war wie wir konvertiert.

Unser Nachbar Ali-ou-Bali begab sich in die Kabylei, und Lla Djohra wollte ihn unbedingt begleiten. Ein einziges Mal versuchten wir Handel zu treiben: Wir wußten, daß die trockenen Pepperoni in Ighil-Ali zu teuer waren, während sie in Tunis 120 Franc den Zentner kosteten. Wir dachten, daß meine Schwiegermutter mit diesem Zentner Pepperoni irgendwie zurechtzukommen wüßte und ihn so verkaufen würde, daß damit ihre Reisekosten abgedeckt wären. Mein Mann ging nach Karthago, wo ihm Pater Vinzent, der Pate meines Sohnes Louis, Geld vorstreckte. Meine Schwiegermutter erledigte den Auftrag so gut, daß die Pepperoni in Chlilis Laden blieben, wo ich sie in den Ferien von 1912 wiederfand.

Bei ihrer Rückkehr nach Tunis brachte Lla Djohra ihre Tochter Reskia mit, die bei uns ein oder zwei Monate verbrachte; dann begleitete sie mein Mann zurück in die Heimat. Er nutzte diesen Aufenthalt, um die ganze Verwandtschaft zu besuchen, und er kam erschöpft zurück.

Das Jahr 1912 hatte begonnen; die Kinder waren mit ihrem Vater nach Karthago gegangen, von wo sie Kleingeld, Marmelade und Schokolade mitbrachten. Jean war immer noch schwächlich, er hatte keinen großen Hunger und mochte die Verpflegung der Großmutter nicht; Henri und Paul waren kräftiger. Louis erschien dagegen wie ein großer Koloß, aber er hatte schon mehrmals krampfhafte Zuckungen gehabt. So beschloß ich, ihn in den großen Ferien mit seinen Brüdern auf eine Wallfahrt zur Kirche Notre-Dame von Afrika (bei Algier) mitzunehmen. Ich wollte den Weg über Tizi-Ouzoun nehmen und in Tizi-Hibel anhalten, um meine Mutter zu besuchen, die ich schon seit acht Jahren nicht mehr wiedergesehen hatte.

Wir brachen Anfang Juli auf. Wir hatten meinem Schwiegervater geschrieben, er solle uns in Beni-Mansour treffen; er hielt sich an die Absprache. Danach setzten wir unseren Weg fort. In Palestro (Lakhdaria) besuchten wir Habtiche; er hatte jetzt eine große Familie, vier Mädchen und zwei Jungen, und seine Frau erwartete gerade ein weiteres Baby. Unser Freund blickte uns wie immer mit seinen klugen und schelmischen großen Augen an, die vergessen ließen, daß er bucklig war. Er hatte ein schönes Haus mitten in einem Garten.

Von Palestro gingen wir nach Maison-Carrée (El Harrach), wo wir empfangen wurden von Marie-Paule, einem Mädchen aus Tagmount, dem Patenkind des Paters Barthélémy, der sich auch dort befand und die Kosten für unsere Unterkunft übernahm. Marie-Paule hatte gerade einen Jungen bekommen, und ihre Wohnung war sehr klein; sie bot uns ihr Bett und eine gute Mahlzeit an. Am nächsten Tag kletterte ich mühsam den Weg hinauf, der zu der heiligen Stelle führte. Ich bemerkte, daß Frauen sogar barfuß hinaufstiegen. Wir nahmen an der Messe teil, und ich betete sehnlichst zur Jungfrau Maria, meinen kleinen Louis zu heilen. Man gab mir eine blaue Schnur mit dicken Knoten. Wir schliefen noch eine Nacht bei Marie-Paule und nahmen dann den Zug zurück.

Bei der Ankunft am Bahnhof in Tizi-Ouzou war es Mittag, und die Sonne brannte herab. Plötzlich hörten wir jemanden rufen: »Belkacem-ou-Amrouche!« Ein Mann, der zu unserem Empfang geschickt worden war, hielt zwei Maultiere am Zügel.

Wir aßen in einem billigen Lokal, und ich gab mein Essen, das mir zu fett war, dem Maultiertreiber; und als die Hitze ein wenig nachließ, brachen wir zu meinem Dorf auf.

Es war fast schon Nacht, als ich ankam; als meine Mutter mich erblickte, kam sie näher, umarmte mich und sagte: »*Dekhem!*« (Du bist es wirklich!), und ich antwortete ihr: »Ich bin's.«

Ich fand sie sehr verändert, sehr abgemagert, und ihre Lider schienen mir verwelkt; sie hatte viel weinen müssen. Ich hatte sie seit Sommer 1904 in Michelet nicht mehr wiedergesehen. Mein Bruder Lâmara war ebenso in Frankreich wie alle jungen Männer des Dorfes. Zurück blieben nur die Frauen, die Alten und die Kinder. Ich fragte meine Mutter nach dem Tod meines älteren Bruders Mohand; sie gab mir zu verstehen, daß er nicht lange krank gewesen und ohne Schmerzen sanft entschlummert war. Er hinterließ zwei Kinder von acht und von vier Jahren. Meine Mutter kümmerte sich um sie; denn sie stammten von verschiedenen Müttern, die beide wieder verheiratet waren. Meine Mutter konnte jetzt keine großen Stücke mehr weben, aber ich sah, daß sie noch kleine Decken mit der Wolle ihrer Mutterschafe und ihrer Lämmchen herstellte. Sie erzählte mir, daß der Scheich, den sie verehrt hatte, aus Kummer gestorben war; denn zwei seiner Söhne, der eine Hodscha, der andere Feldhüter, waren eines Tages auf dem Weg nach Michelet getötet worden. Man hat niemals erfahren, wer sie ermordet hat!

Sein Sohn Sidi Sâadi trat an seine Stelle und verhielt sich ebenso gut zu meiner Mutter wie sein Vater. Sie erzählte mir ebenfalls, daß ihre Kinder (Lâmaras Familie und Mohands Nachkommen) ihr Haus verkauft hatten, um dafür ein größeres zu kaufen, in dem sie jetzt wohnten, aber daß sie deswegen verschuldet waren. Mein Bruder Lâmara hatte als Arbeitsemigrant in Frankreich Geld verdient und seinen Teil bezahlt, während der Teil der Halbwaisen noch schuldig blieb.

Der Scheich, der an die Stelle seines Vaters getreten war, hatte dann die Schulden der Waisenkinder bezahlt, ohne Zinsen anzunehmen. Da die Ölernte gut ausgefallen war, hatte meine Mutter zwei volle Krüge, die sie verkaufte, sobald das Öl die gewünschte Preissteigerung erreicht hatte; sie bezahlte dann damit den Anteil der Kleinen. Wir sprachen lange miteinander; sie sagte zu mir, wie sehr sie es bedauerte, mich nicht im Dorf verheiratet zu haben, weil sie dann die Möglichkeit gehabt hätte, mich öfter zu sehen, und als ich ihr antwortete, daß alles noch in Ordnung wäre, sagte sie mir, daß sie die Leidtragende der Geschichte um meine Geburt geworden sei; denn sie war für immer von ihrer Familie getrennt. Was den verfluchten Kaci betrifft: Ihm hatte der liebe Gott zwei Jungen gegeben, und seine Frau sang ihnen Loblieder, während sie sie einlullte: Gott hatte meinem Vater also das Vergehen verziehen.

Trotz ihrer Erschöpfung füllte meine Mutter immer noch jeden Tag die Krüge der beiden Moscheen; ich mußte von Donnerstag bis Montag bei ihr bleiben. Am Sonntag nahm ich an der Messe bei den Schwestern teil. Dort begegnete ich einem ehemaligen Mädchen der Schwestern von Quadhias, das von seinem Mann verlassen worden war; sie wohnte mit ihrem Bruder in Tagmount-on-Kherouche. In diesem Dorf war der Vater von Alice, meiner Gefährtin in Taddert-ou-Fella, Feldhüter. Ich machte mir bei dem Mädchen der Schwestern Sorgen um meine Freundin. Sie erzählte mir, daß Alice der Familie Masselot nicht nach Setif, wo der frühere Verwalter zum obersten Bezirksbeamten ernannt worden war, hatte folgen wollen. Verheiratet mit einem ungebildeten Kabylen machte sie nun dieselbe Arbeit wie die anderen Frauen im Dorf. Ich hatte dieses sehr sanfte Kind sehr geliebt, und ich war traurig, daß sie so enden sollte. Marie-Paule in Maison-Carrée hatte mir vom Schicksal der Dahbia-Maria, der Dienerin bei Frau Delfau, erzählt. Das sind die letzten Neuigkeiten, die ich von Gefährtinnen meiner Jugendzeit erfahren habe; im Jahr davor hatte mir Pater Barthélémy den Tod der Frau Achab mitgeteilt.

Meine Mutter hätte mich gerne länger zurückhalten wollen, aber ich erinnerte sie daran, daß meine anderen Kinder ganz allein in Ighil-Ali waren. Sie weinte sehr, während sie mich zum Abschied küßte. Ich habe sie nie mehr wiedergesehen.

Wir kamen zurück nach Tizi-Ouzou. Als wir Allaghan erreicht hatten, war die Hitze auf ihrem Höhepunkt, und ich war krank vor Erschöpfung. Mit den größten Mühen der Welt fanden wir endlich beim Bahnhofsvorsteher eine Zitrone; ich war so durstig, daß meine Zunge am Gaumen klebte. Wir mieteten Maultiere und erreichten Ighil-Ali um vier Uhr nachmittags.

Ich richtete mich von neuem in der jetzt leeren ›Vorratskammer‹ ein. Ich stellte eine gewisse Veränderung fest: Mein Schwager Mohand-Arab und seine junge Frau waren nicht mehr da. Auch Douda befand sich bei ihren Eltern, und mein Schwiegervater Ahmed-ou-Amrouche hatte das Café in Bouza gemietet (bei dieser Geschichte sollte er selbst das väterliche Haus verlieren).

Wir ließen die Fundamente ausheben auf dem Platz, den uns die Mönche gegeben hatten, um einen Erdrutsch zu verhindern oder um zu vermeiden, daß uns der Boden wieder weggenommen würde. Deshalb verkaufte ich meine Schmuckstücke, meinen *khelkhal*, meine Broschen und zwei Paar Armreifen, die alle aus massivem Silber bestanden; ich erhielt dafür 300 Franc. Die Maurer errichteten eine Stützmauer gegen die Straße; auf jeder Seite konnten sie ein Mauerstück aufbauen, um so den Grundriß des Hauses abzustecken.

Die Pepperoni, die ich meiner Schwiegermutter anvertraut hatte, damit sie sie mit Gewinn verkaufen sollte, waren in Chlilis Laden geblieben, wo sich keiner um sie kümmerte. Ich überließ sie dem Vetter Amar zum Kaufpreis. Das sind die letzten Ferien, die ich in dem Haus der Vorfahren verbracht habe.

Pater Ingelet, der Schüler anwarb, um sie nach Aïth-Yenni zu bringen, wo er eine neue Schule gründen wollte, sprach davon, auch Paul mit sich zu nehmen. Ich lehnte das zuerst ab, da die Erfahrung von Ighil-Ali mir gereicht hatte; er bestand aber so sehr darauf, daß ich meinem Mann brieflich um seine Meinung fragte. Da Belkacem einverstanden war, kaufte ich Wolle, um für Paul einen Burnus zu weben; denn es war sehr kalt in der Großen Kabylei. Louis hatte keine krampfhaften Zuckungen mehr, aber er war ein Brummbär. Ich erwartete ein weiteres Kind. Henri und Jean vergnügten sich mit den anderen Jungen des Dorfes, die Hunde und die Katze zu verfolgen; Jean war erst sechs Jahre, er war noch oft mit ihm zusammen.

Zwischen den zwei jungen Nebenfrauen meines Schwiegervaters brachen Streitigkeiten aus; mit Vergnügen nahm ich daran teil. So erlebte ich einen Krach zwischen meinem Schwiegervater und seiner Lieblingsfrau Zahra; sie hatte ihm eine schöne Wolldecke gegeben, damit er sich im Café damit wärmen konnte, und er hatte diese Decke verpfändet. Alles, was man im Haus verkaufen konnte, war verkauft worden, sogar die Werkzeuge: die mit Schnitzereien verzierte große Truhe, der gold- und silberbestickte Ledersattel, die prächtige schwarze Mauleselin, die dickflauschigen Teppiche, alles aber auch alles war flüssig gemacht worden. So war auch das Feld der Kaktusfeigen von ihm geopfert worden. Nichts blieb außer dem Dach über unserem Kopf. Er schuldete die Saalmiete, sogar den Zucker und den Kaffee, den seine Kunden in dem Laden verzehrten, der seinen Ruin noch beschleunigte. Tafdhelt schwindelte sich so durch. Viele Frauen des Dorfes hatten bei ihr Sachen hinterlegt: Die Witwen, die etwas aus dem Haus ihres verstorbenen Mannes beiseiteschaffen wollten, hatten es ihr anvertraut. Eine Familie, deren Sohn Bankrott gemacht hatte, hinterlegte bei ihr das gesamte Gut, das sie aus dem Unheil noch hatte retten können. Fatima, ihre Tochter, brachte aus einigen reichen Häusern Schläuche voller Öl, wobei sie sagte, es wäre nur Wasser.

Alle diese Unglücklichen wurden bestohlen; sie erhielten nichts mehr zurück, und die Familie, die ihr Gut zwischengelagert hatte, mußte einen Prozeß anstrengen. Ich erfuhr damals, daß Taïdhelt ihrem Enkel Dahi eine Geldsumme gegeben hatte, damit er in den Handel einsteigen konnte, und ihrer Tochter und ihren Enkelinnen silberne Schmuckstücke gekauft hatte, die sie für sich behielten.

Wir kehrten zum Schulanfang Ende September nach Tunis zurück; Paul hatten wir als Pensionsschüler in Aïth-Yenni gelassen. Die Tage vergingen. Das Leben war für mich noch schwieriger: Meine Schwiegermutter befand sich nun schon seit einem Jahr bei uns, sie hatte ihre Eigenheiten, die man beachten mußte. Wenn es etwas gegeben hatte, und wenn es nur ein kleiner Streit zwischen ihr und mir oder den Kindern war, dann wartete sie die Ankunft ihres Sohnes Belkacem ab, um ein schiefes Gesicht zu machen; sie ging in eine Ecke und schmollte. Belkacem sagte dann: »Irgendeiner hat meiner Mutter Kummer bereitet!« Und er ging zur Arbeit, ohne etwas zu essen. Ich hatte solche Angst, daß er krank würde! Ich nahm Lla Djohra zur Seite, um zu versuchen, sie wieder zur Vernunft zu bringen: »Du hast nur deinen Sohn, ich habe nur ihn: warum ihn also quälen? Er ist schon wieder fortgegangen, ohne etwas zu essen. Wenn ihm ein Unglück zustößt, wirst du ebenso bestraft wie ich!« Aber sie hat mir niemals zugehört, und ich mußte mich darin fügen, sie niemals zu ärgern, damit ihr Sohn nicht mehr zwischen mir und seiner Mutter hin und her gerissen würde.

Wir nahmen viele Kabylen bei uns auf; alle, die eine Arbeit in der Stadt suchten, kamen bei uns vorbei: Bouzid, Saïd und Mohand-Arab aus unserer Verwandtschaft und noch andere, die überhaupt nicht mit uns verwandt waren.

Das Schuljahr 1912/13 sah uns noch immer in der Straße der Ölhändler. Henri und Jean besuchten immer noch die Schule in der Kirchenstraße; sie unterhielten sich mit den kleinen Sizilianern, und Jean redete ihre Sprache, als wäre er einer von ihnen.

Eines Tages besuchte mich eine Nachbarin aus der Chaker-Straße. Sie sagte zu mir: »Frau Amrouche, warum lassen Sie nicht Ihre Kinder bei der Fürsorge einschreiben? An den Festen gibt man Schuhe und Spielzeuge; ich werde meine Kinder einschreiben lassen. Wollen Sie mitkommen?« Ich begleitete sie. Wir warteten, bis wir an die Reihe kamen; schließlich konnten wir uns einschreiben lassen. Einige Zeit danach fand eine Verteilung von Spielzeugen statt, und wir, Frau Christaud und ich, gingen hin. Ich brachte nur ein Tamburin nach Hause. Ich hatte einen Nachmittag verloren und meinen Sohn für so wenig herumgefahren. An Weihnachten erhielten meine Kinder Schuhe mit Pappsohlen, die sie nie anzogen. Das ist das erste und letzte Mal, daß ich um irgend etwas gebeten habe.

Ich hatte damals keine Nähmaschine, und so hatte ich die Wäsche für das Baby, das ich erwartete, mit der Hand genäht. Die Märkte waren voll mit allen Stoffarten, aber ich wählte nur die billigsten aus. Louis war noch immer ein Brummbär und mußte weiterhin wie ein Baby auf dem Rücken getragen werden. Jean war mager und aß nur mit Schwierigkeiten. Nur Henri schien ziemlich gesund, wurde aber oft krank; sicherlich war das Haus ungenügend belüftet und die Ernährung nur mangelhaft, denn da meine Schwiegermutter erklärt hatte, daß sie mit dem französischen Brot nicht satt würde, kauften wir Grieß und kneteten das Brot oder den Fladen zu Hause. Die Kinder mochten das gar nicht, aber wir hatten nicht die Mittel, um zwei Mahlzeiten zuzubereiten.

Meine Tochter Marie-Louise-Taos wurde am 4. März 1913 geboren; sie war das einzige Mädchen neben fünf Buben. Die Kinder gingen zur Schule, mein Mann ins Büro. In der Heimat überwachte der Nachbar Chlili die Arbeiten am Haus in Ighil-Ali. Die Hausmauer hatte viel Geld verschlungen, aber die Arbeiten wurden trotz der Schwierigkeiten fortgesetzt.

Paul hatte seine Abschlußprüfung bestanden. In den Ferien gingen wir in die Kabylei. Wir wohnten in unserem neuen Haus, das noch nicht fertig war. Der Fußboden war nicht gekachelt, und die zu niedrigen Türen mußten erneuert werden. Aber wir hatten einen Zufluchtsort; die ›Kabylische Heimat‹, eine Gesellschaft, die im vergangenen Jahr von Pater Baldit gegründet worden war, hatte uns die Mittel vorgestreckt, die innerhalb von zehn Jahren zurückgezahlt werden mußten.

Ich nahm eins der Zimmer im Erdgeschoß, und meine Schwiegermutter und ihre Tochter Reskia das andere. Ich werde nicht näher darauf eingehen, was das für Ferien waren, als ich niemanden zufriedenstellen konnte, weder meine Schwiegermutter Lla Djohra noch ihre Tochter, weder die Familie meiner Schwiegermutter noch meine eigenen Kinder und nicht einmal mich selbst. Ich habe diese Ferien dennoch überstanden, indem ich versuchte, auf jeden Rücksicht zu nehmen, damit mein Mann keinen Kummer hätte… Ich habe sofort erkannt, daß meine Schwägerin Tb-krank war, so sehr hat sie mich an ihre Schwester Ouahchia erinnert, als diese sich am Anfang unserer Ehe bei uns einnistete; aber das wäre ein Drama geworden, wenn ich gewagt hätte, dies meiner Schwiegermutter zu sagen. Meine kleinen Kinder und ich benutzten dasselbe Geschirr wie die Kranke. Wenn man das Essen zubereitete, bediente meine Schwiegermutter zuerst reichhaltig ihre Tochter; mit dem Rest mußten dann wir, Lla Djohra, meine Kinder und ich, uns zufriedengeben. Paul, der aus Aïth-Yenni zurückgekehrt war, holte das Wasser und ging jeden Samstag auf den Markt. Ich kaufte soviel Holz, wie ich nur konnte, und ich bemerkte, daß es undichte Stellen gab, überall undichte Stellen: in dem Korn, im Zucker, im Holz, aber ich überraschte nie jemanden. Endlich gingen die Ferien vorüber, aber Jean hatte eine Augenkrankheit, Henri hatte ein schlimmes Fieber bekommen, Louis war noch ein Baby, und Marie-Louise-Taos lag in der Wiege. Meine Schwiegermutter weigerte sich, mit uns nach Tunis zurückzugehen. Sie und ihre Tochter Reskis richteten sich in dem Haus der Vorfahren im oberen Dorf ein. Und ich vermietete das Obergeschoß unseres Hauses im christlichen Dorfteil an den Straßenarbeiter Lespinasse, der mit seinen drei Kindern darin wohnen sollte.

2

Von einem Haus zum anderen

In Tunis gingen wir nicht in unsere alte Wohnung zurück; während meiner Abwesenheit war mein Mann in eine Mietwohnung umgezogen, die in der Abba-Straße nahe bei der ›Straße der Reichen‹ lag.

In dem neuen Haus gingen die Zimmer auf einen hübschen, mit Marmorplatten belegten Innenhof hinaus. Eine Kletterrebe legte sich wie ein Teppich auf eine Mauer des Innenhofes. Wir teilten diese Wohnung mit der Familie eines Kabylen namens Loulou. Die Küche und die Toilette waren gemeinsam, aber es gab Balkons im Obergeschoß, von wo die französischen Besitzer auf uns herabblicken konnten. Das störte mich nicht, aber Loulou, als praktizierender Muslim, war darüber entrüstet.

Da mein Mann dachte, daß seine Mutter wieder mit mir zurückkäme, hatte er einen Vorrat an Weizen gekauft. Aber ich allein mit zwei kranken Kindern, einem anderen sehr jungen Buben und einem kleinen Mädchen in der Wiege: wie sollte ich mich um diesen Weizen kümmern? Außerdem aß mit uns auch mein Schwager Mohand-Arab, der gekommen war, um bei der Eisenbahn eingestellt zu werden.

Jean mußte zum Augenarzt gebracht werden; dieser stellte eine sehr schwere Krankheit fest: das Kind mußte zwei oder drei Tage in der Klinik bleiben, bevor man sich ein genaues Bild machen konnte. Der Kleine war erst sieben Jahre. Belkacem war gezwungen, ins Büro zu gehen; ich mußte mich um die anderen Kinder kümmern. Nun, man mußte ihm die ganze Nacht die Augen auswaschen, damit der Eiter besser austreten konnte. Ein Verwandter opferte sich und übernachtete bei ihm. Erst nach drei Tagen konnte Jean wieder nach Hause zurückkommen.

Ich habe ganze Nächte schlaflos verbracht, indem ich von Jean zu Henri, von Henri zu Louis und von Louis zu Marie-Louise ging. Als wir in der Heimat waren, war Henri einer Beerdigung gefolgt und hatte gesehen, wie der Leichnam in das Grab gesenkt wurde, und seitdem hatte er aus Angst oder Aufregung jede Nacht Fieber. Wir ließen den Arzt der Eisenbahngesellschaft kommen; er verordnete verschiedene Medikamente, aber wir mußten uns lange abmühen, um ihn wieder gesund zu bekommen.

Einige Tage nach dem Klinikaufenthalt öffnete Jean die Augen und konnte endlich wieder ohne fremde Hilfe essen, aber er mußte jeden Tag bis zur Zarkoun-Straße gehen, um sich weiter behandeln zu lassen. Eines Morgens sah ich ihn mit geschlossenen Augen ankommen. Man hatte ihm Tropfen gegeben, und er sagte, er fühle so etwas wie einen Dorn im Auge. Ich hob sein Lid und fand in seinem Auge ein Stückchen vom Tropfenzähler: Die Krankenpflegerin hatte zweifellos einen zerbrochenen Tropfenzähler benutzt... Als seine Augen geheilt waren, wurde Jean noch im Institut Pasteur geimpft. Erst ab Ende Oktober konnte er wieder die Schule besuchen. Aber er behielt eine Narbe am Auge zurück, die zum Glück nicht in der Nähe der Pupille war. Henri und Jean wurden in der Höheren Schule eingeschrieben, wo die Bücher kostenlos waren. Auch Paul ging auf die Höhere Schule Alaui.

Ich konnte endlich den Sack Weizen verlesen und ihn dann mahlen lassen. Loulous Schwiegermutter war nett: Während ich arbeitete, hütete sie die Kleine, und Loulous Frau Djahora mochte Louis sehr, der auch gern bei ihr blieb, wenn ich das Korn verlas oder das

Essen vorbereitete. Die Mahlzeit mußte für Mohand-Arab um elf Uhr fertig sein und um zwölf für meinen Mann und die Kinder, die dann zum Unterricht zurückgingen.

Dieses Jahr war eins der schwierigsten Jahre. Gesundheitlich ging es mir nicht schlecht, Gott sei Dank. Im Januar verließen wir das Haus, das wir bewohnt hatten; die Toilette war nämlich immer verstopft, weil Steine das Abflußrohr blockierten. Loulou und Belkacem fanden im Viertel Bab-Aléoua ein großes maurisches Haus mit vier schönen Zimmern und einer Vorhalle. Wir konnten in zwei Zimmer ziehen, Loulou in ein anderes und seine Schwiegermutter ins kleinste; es blieb noch die Vorhalle, in der Loulous Bruder und mein Schwager Mohand-Arab schlafen mußten.

Dieses Haus hatte einen sehr ausgedehnten Innenhof mit glatten flachen Steinen. Wir bereiteten das Essen auf *kanouns* (Feuerstätten) zu, im Winter im Haus und im Sommer im Hof. Ich knetete große Brote, die ähnlich aussahen wie die Brote der Italienerinnen, und ließ sie im Ofen des Bäckers backen; ich kochte kabylische Gerichte, Nudeln, *bercouquès* (gedämpfte Kuskuskörner in Soße) oder Kuskus.

In diesem Jahr gingen die Kinder ohne mich am Neujahrstag nach Karthago. Seit der Beerdigung meines ersten Louis begleitete ich sie nicht; ich mochte Karthago nicht mehr, und ich habe seit 1909 auch niemals wieder meine Füße in das Nonnenkloster gesetzt.

Wir hatten Erfolg mit unserer Einbürgerung. Mein Mann zahlte für die Rente ein, was schon ein Fortschritt war; dennoch mußte er sich immer noch der Mühe unterziehen, Glückwunschbriefe zu schreiben. Das war für ihn eine echte Qual, und ich konnte ihn dabei nicht ersetzen, weil ich nicht an Unbekannte schreiben kann; ich weiß nicht, was ich ihnen sagen soll ...

Er verdiente immerhin schon etwas mehr, aber wir waren ja auch zahlreich. Man mußte ein wenig Geld an die Schwiegermutter schicken, die mit ihrer kranken Tochter in der Heimat geblieben war, mußte die Kinder einkleiden und ihnen Schuhe kaufen und vor allem etwas zu essen geben: Mein Mann war oft gezwungen, gebrauchte Wäsche und Kleidung zu kaufen, die ich dann auskochte und Tage und Nächte lang ausgebreitet in Sonne und Luft liegen ließ, bevor sie schließlich benutzt werden konnte. Pater Julien hatte uns während seines Aufenthaltes in Tunis besucht und war dabei von Pater Malfred, der ein wenig Geld für die Kinder dagelassen hatte, begleitet worden. Pater Vinzenz hatte Karthago verlassen, aber er hatte uns auch aus der Ferne nicht vergessen. Pater Baldit, Pater Justrob und Pater Dehuisserre haben uns alle mehr oder weniger geholfen. Pater Georges und vor allem der Abt Godard haben ihr Mögliches in dem Augenblick getan, als wir wirklich in Not waren.

Meine Schwägerin Reskia starb im Februar 1914 trotz der Pflege ihrer verzweifelten Mutter. Ihre kleine Tochter war schon vor ihr gestorben: »Ich bin zufrieden«, hatte Reskia zu ihrer Mutter gesagt, »daß mein Kind vor mir gestorben ist. Was hättest du mit ihr gemacht?« Lla Djohra erwartete unsere Rückkehr nach Ighil-Ali für die Ferien mit Ungeduld. Sofort nach Unterrichtsende reisten wir ab, ohne uns unterwegs aufzuhalten, nur einmal übernachteten wir in Souk-Ahras bei dem großen Vetter Mouhou.

Mein Mann hatte Schritte unternommen, um als Lehrer nach Marokko zu gehen. Die Mönche hatten dort zahlreiche Christen eingesetzt, aber der Mensch denkt, und Gott lenkt. In dem Augenblick, in dem man es am wenigsten erwartete, am 2. August, brach der Krieg aus, und ich mußte ein Jahr in der Heimat verbringen, weil Belkacem jederzeit zu den Fahnen gerufen werden konnte; er war erst 32 Jahre alt.

Mein Schwiegervater hatte alle seine Frauen verstoßen – außer Zahra, die zu den anderen gesagt hatte: »Geht nur alle weg; für mich wird immer noch genug übrigbleiben!« Aber es blieb nichts mehr übrig. Ahmed war gezwungen gewesen, auch das Café aufzugeben, wo er die letzten Spuren des väterlichen Reichtums verpraßt hatte. Jetzt war er es, der den Fellachen bei den anderen machte und der die Oliven abschlug. Als sein Haus zum Verkauf anstand, sagte er zu mir: »Verkauf dein Haus und kauf meines dafür!«

»Und was sollte ich mit deinem Haus?« entgegnete ich. »Damit die Kinder deiner Schwestern Fatima und Tassâdit sich bei mir einnisten! Es genügt, daß ich schon einmal Geld verloren habe, indem ich ein Stockwerk ausgebaut habe, das du nicht retten konntest!« Von Zeit zu Zeit besuchte er mich, um fünf France zu erbitten, und ich antwortete ihm jedesmal, daß ich nichts hätte.

Im November wurde mein Mann gemustert und zum Militärdienst einberufen. Er bat um einen Urlaub von zwei oder drei Tagen, um sich von uns verabschieden zu können, bevor er zum Militärdienst aufbrechen sollte. Er verließ uns am 17. November. Am 18. November starb seine Halbschwester Hemmama an Erschöpfung. Er verlor also zwei Schwestern im selben Jahr.

Einige Tage danach erhielt ich einen Brief von Belkacem: Als Vater von vier Kindern konnte er doch auf seiner Stelle bei der Bahn bleiben. Ich war sehr zufrieden und Lla Djohra auch.

Ich hatte meine Maßnahmen getroffen, um gut durch den Winter zu kommen: einen Vorrat an Weizen, Saubohnen und Feigen (die für Kinder sehr nahrhaft sind). Marie-Louise-Taos lief schon ganz allein; sie kletterte zu dem Straßenarbeiter Lespinasse, der sie sehr mochte. Lespinasse bewohnte nur noch ein Zimmer im Obergeschoß, da seine Söhne Jean und Charlot an der Front waren und Marius bei den Mönchen studierte.

Ich hatte Oliven gekauft, die ich auf dem Steinboden ausgebreitet hatte, um sie pressen zu lassen und einen Ölvorrat zu besitzen. Im Frühjahr 1915 kamen Maurer, um die Schule zu erbauen. Einer von ihnen, der seine Frau mitgebracht hatte, fragte mich, ob er mir das freie Zimmer im Obergeschoß vermieten könnte. Ich war damit einverstanden: So kamen immerhin monatlich zehn oder fünfzehn Franc mehr zu den 50 dazu, die ich von meinem Mann erhielt, um meine vier Kinder, meine Schwiegermutter und mich zu ernähren und auch etwas Holz zu kaufen... Und oft bemerkte ich ›undichte Stellen‹. Ich habe mehrmals Aldja, die Schwester meiner Schwiegermutter, mit Vorräten überrascht, die diese jener gegeben hatte; denn sie begünstigte immer wieder ihre eigene Familie.

Die Kinder gingen bei den Mönchen zur Schule: Henri bei Pater Carisson und Jean bei Merzoug. Ich hatte ihnen kleine offene Schuhe anfertigen lassen; aber sie ließen sie meistens stehen und liefen barfuß wie alle Kinder des Dorfes.

Hemma, der Onkel meines Mannes, war beauftragt worden, die

Oliven von Tirilt-n-Sidi-Ahmed zu bewachen. Alle Bewohner hatten das Recht auf ein Stückchen Land in dieser Gegend, wo sie ihre Oliven ausbreiteten, nachdem sie sie gesammelt hatten, damit sie ausreifen und in der Sonne trocknen konnten. Jedes Jahr war einem Mann in der Olivenzeit die Aufsicht übertragen worden. Er baute sich eine kleine Lehmhütte am Rande der Straße und verbrachte dort die Nacht, damit niemand die Oliven stehlen konnte. Er sollte in Naturalien bezahlt werden, wenn die Oliven getrocknet wären.

Henri und Jean leisteten ihm oft bei der Wache Gesellschaft. Er war ein sehr einfacher und fröhlicher Mann, immer zufrieden mit seinem Schicksal – unter der Voraussetzung, daß er seine Tasse Kaffee, seinen Schnupftabak und ein wenig Fladenbrot oder Kuskus hatte; mehr brauchte er nicht (sein Neffe Rabir war dagegen eher verschlagen und unehrlich). Er erzählte den Kindern lustige Geschichten; sie blieben gern bei ihm in der verräucherten kleinen Lehmhütte nahe am Feuer. Oft brachte der Vetter Chérif-ou-Amrouche sein Abendessen, um es mit Hemma, den er sehr mochte, zu teilen. Seitdem Hemma die Oliven bewachte, gingen die Amrouches nicht mehr wie früher an den Abenden in sein Haus. Tatsächlich palaverten früher Chérif, Saïd, Salah und Madani Stunden über Stunden in diesem Haus – zur Verzweiflung von Mbarka, der Schwester Hemmas, die behauptete, daß ihr ganzes Öl bei diesen abendlichen Sitzungen verbraucht würde. 1914 folgten schon zahlreiche Amrouches nicht mehr diesem Ruf.

In der Lehmhütte traf sich jeder, einer nach dem anderen; denn Hemma kannte die *Geschichten aus 1001 Nacht*, und er erzählte sie damals, ohne sie durcheinanderzuwerfen. Umsonst war ich Henri und Jean böse, wenn sie fast erfroren in der dunklen Nacht zurückkehrten; am nächsten Tag gingen sie doch wieder hin, und dies den ganzen Winter hindurch. Am Morgen kochte ich ihnen eine große Schüssel Weizengrieß mit Öl und etwas rohem Pfeffer, das dem Ganzen ein wenig Farbe gab, und sie fielen hungrig darüber her und beendeten dann ihre Mahlzeit mit schönen Feigen, von denen ich jede Woche eine bestimmte Menge kaufte. Sie aßen sich satt: Mittags gab es Fladenbrot mit frischem Olivenöl und Feigen oder Nudeln oder irgendein kabylisches Gericht und abends Kuskus mit trockenem oder frischem Gemüse, wie es meine Mittel erlaubten; am Samstag hatten sie immer ihr Stück Fleisch.

Ich hatte mir schwarze Wolle besorgt, um einen Burnus zu weben; aber dafür hatte ich nicht genug und überließ deshalb den Schwestern meine Wolle. Ich hatte auch Öl gekauft und wollte versuchen, es in dem Augenblick wieder zu verkaufen, wenn es am teuersten wäre; aber ich glaube, daß Lla Djohras Neffe mich bestohlen hat, denn an dem Tag, als ich Öl verkaufen wollte, habe ich die Rechnung nicht mehr gefunden, und so hatte ich nichts gewonnen außer meinem Kummer.

Dieses Jahr, das ich in der Kabylei verbrachte, enttäuschte mich. Ich begegnete dort viel Eifersucht und Engstirnigkeit. Ich dachte, daß wir Christinnen, da wir doch alle wie Fremde in der Heimat waren, mehr wie Schwestern zusammenhalten müßten; nun, ich habe nur Boshaftigkeit gesehen, Neid, Lüge, Ungerechtigkeit und Verleumdung. Deshalb schrieb ich meinem Mann, mich sobald wie möglich abzuholen.

Belkacem kam im Laufe des Juli an. Ich sagte Taïdhelt, die ich während dieses Jahres oft gesehen hatte, Lebewohl, auch allen Verwandten im oberen Dorf, und ich brach mit meiner Schwiegermutter, meinen Kindern und meinem Mann nach Tunis auf. Paul blieb allein als Pensionsschüler in Manegueleth.

Ich kam erneut in eine andere Wohnung, da Belkacem drei bescheidene Zimmer in einem kleinen Haus in der Grabengasse gemietet hatte. Ich richtete mich in dem Zimmer von Belkacem ein, und meine Kinder und Lla Djohra begnügten sich damit, die beiden anderen Zimmer zu teilen mit Loulous Schwiegermutter und Aldjat-Kaci, der Mutter von Lhossine-ou-Bouchachi, die uns schon vorausgeeilt waren. Wir mußten ein Bett in den Hof stellen, wo wir abwechselnd schlafen konnten, weil gerade Sommer war.

Der Chef meines Mannes schlug Belkacem für mich einen Platz im Büro vor; aber ich hielt es dort nicht aus. Mein Mann schrieb deshalb den Mönchen, sie sollten uns Paul zurückschicken, der nun genug unterrichtet worden wäre, um einen Angestelltenposten anzunehmen, auch wenn er noch sehr jung war: er war gerade 15 Jahre alt.

Er kam eines Nachts an, ohne daß wir ihn erwartet hatten, und klopfte an unsere Tür, während wir schliefen. Und als wir fragten, wer denn klopfe, antwortete er uns: »Kennt ihr denn Poupoul-ou-Amrouche nicht?« Er war ausgehungert, weil er in seiner Eile, den Zug zu erreichen, in Béni-Mansour seine Vorräte vergessen hatte. Zwei Tage später wurde er bei der Eisenbahn in Fath-Allah eingestellt. Er stand um fünf Uhr auf, kam zum Mittagessen und ging um ein Uhr wieder weg. Sein Vater hatte ihm einen Anzug gekauft, damit er gut aussah.

Nach dem Sommer zogen wir aus dem kleinen Haus aus, da Loulou sich von uns getrennt hatte. Mit Lhossine-ou-Bouchachi mieteten wir in demselben Viertel Bab-Aléoua ein großes arabisches Haus: eine Vorhalle, ein sehr schönes Zimmer von mindestens acht Metern Länge wie Breite und außerdem ein weiteres Zimmer für die Kinder. Lhossine hatte ein Zimmer für sich und noch ein sehr kleines für seine Mutter. In dem gepflasterten Innenhof gab es einen Ziehbrunnen mit leicht salzigem Wasser und eine Zisterne, deren Wasser man nicht trinken, aber gut zum Waschen benutzen konnte.

Ich erwartete ein Baby. Krank und schwach fühlte ich mich, ohne Schwung und Appetit. Wir ließen den Arzt kommen, der Urinproben anordnete, und es wurde festgestellt, daß ich Eiweiß im Urin hatte. Einige Wochen später hatte ich eine Fehlgeburt, und danach erholte ich mich wieder. Jean besuchte die Schule von Bab-Aléoua, die zwei Schritte von unserem Haus entfernt war, und Henri, der sein Abschlußzeugnis in Ighil-Ali erhalten hatte, besuchte den Unterricht in der Höheren Schule, aber er war so weit hinter seinen Kameraden zurück, daß der Lehrer nachfragte, ob er denn wirklich ein Abschlußzeugnis besäße. Paul hatte trotz seiner Bürotätigkeit beschlossen, sich weiterzubilden. Casanova, ein Gymnasiast, den seine Freunde kannten, lieh ihm seine Lehrbücher. Am Tag verdiente Paul seinen Lebensunterhalt, und nachts bereitete er sich auf sein Diplom vor. Ich hatte ein sehr altes gebundenes Handlexikon gekauft, in dem es Aufgaben mit Erklärungen gab, und ich ließ ihn diese Aufgaben durcharbeiten. Das Französisch seiner Aufsätze verbesserte ihm die Direktorin der Schule von Bab-Aléoua.

Von Paul, der vor seiner Rückkehr aus der Kabylei in mein Dorf Tizi-Hibel gegangen war, hatte ich erfahren, daß meine Mutter sehr alt geworden war. Sie hatte zu ihm gesagt: »Mein Junge, ich werde sterben, ohne deine Mutter wiedergesehen zu haben!« Auch wenn wir in Armut lebten, weil wir sehr zahlreich waren, hatte ich ihr zehn Franc über die Mönche von Tagmount zugeschickt. Einige Zeit später kam der Geldauftrag wieder nach Karthago zurück: Meine Mutter war gestorben.

Ich weinte bitterlich um meine Mutter, denn seit 1912 hatte ich sie nicht mehr wiedergesehen und ihr auch nicht mehr geholfen. Jetzt war ich vollkommen von meinem Geburtsort abgeschnitten.

Das Viertel, in dem wir wohnten, war in der Nähe des Schienenwegs, und die Kinder Louis und Marie-Louise-Taos liefen oft zum Bahnübergang, um dort ihren Vater zu treffen.

Das neue Jahr 1916 war gekommen und mit ihm die beschwerliche Last der Glückwunschbriefe. Die Kinder waren mit ihrem Vater nach Karthago gegangen, und der ›Pater Konfitüre‹ hatte ihnen einen großen Topf Kastaniencreme gegeben.

Ein alter Ingenieur hatte Interesse an Pauls Weiterbildung und ließ ihn deshalb früher aus dem Büro gehen, damit er den Unterricht bei den Mönchen in der Kasbah-Straße besuchen konnte.

Die Eisenbahngesellschaft hatte ein Geschäft eröffnet, wo jeder Angestellte sich versorgen konnte; jeden Monat behielt sie den Betrag der Einkäufe ein. Die Kinder gingen dort hin und brachten einige Lebensmittel wie Nudeln, Kaffee, Zucker oder Grieß mit. Die Ernährung war bei uns nicht sehr abwechslungsreich, aber jeder aß sich satt.

Der Vetter Bouzid, der als Bremser angestellt war, brachte uns eines Tages einen Korb mit Datteln: Ein Sack hatte sich im Zug geöffnet, und er hatte seinen Korb gefüllt. Die Kinder aßen die Datteln mit Genuß, aber meine Schwiegermutter wollte ihren Anteil nicht auf einmal aufessen; sie hatte die besten Datteln ausgewählt, die sie in eine gerade geleerte blaue Zuckerdose legte. Ich hatte einen hohen Kinderstuhl, der nicht mehr gebraucht wurde und in der Kornvorratskammer, wo Paul arbeitete und schlief, aufgehängt; dort hatte Lla Djahora ihre Dose versteckt.

Jean und Henri gingen jeder für sich zur Schule, Louis und Marie-Louis-Taos, die noch zu klein waren, blieben zu Hause und spielten.

Erst im folgenden Oktober konnte Louis den Kindergarten ganz in unserer Nähe besuchen und im Jahr darauf dann auch Marie-Louise. Wir lebten mitten im arabischen Viertel unter armen Hafenarbeitern. Meine Schwiegermutter hatte sich mit einigen Frauen angefreundet, die ihr im Notfall helfen konnten.

Eines Tages erhielten wir einen Brief meines Schwiegervaters Ahmed. Er hatte alles aufgelöst und wollte in Tunis eine Arbeit suchen, um seine jüngeren Kinder ernähren zu können. Außerdem kam mein Schwager Mohand-Arab auf Urlaub aus dem Krieg zurück. Am 1. Juli 1916 wollte mein Mann sie abholen. In meinem ganzen Leben habe ich nie einen so heißen Tag gesehen; der Schirokko blies heftig, und die Sonne schien grell herab. Wenn sie auf die weißgekalkte Mauer knallte, war der Widerschein tödlich. Was Belkacem an diesem Tag gelitten hat, weiß Gott allein; die Reisenden kamen erst um Mitternacht an.

Ich mußte nun die bitteren Pillen schlucken: diesen Schwiegervater aufnehmen, der das Vermögen vergeudet hatte und der jetzt uns, die er mit leeren Händen hatte weggehen lassen, zur Last fiel! Aber ich mußte mich beugen. Mein Mann sagte zu mir: »Es ist mein Vater, was soll ich deiner Meinung nach sonst tun?«

Ahmed erwartete, daß man eine Arbeit für ihn fände; aber er war mehr als 55 Jahre alt, keiner wollte ihn. Im Café hatte er einige Marokkaner kennengelernt, die ihn einstellten, um die Trauben auf einem Bauernhof zu bewachen. Er hatte seine Frau Zahra und seine Kinder ohne Mittel zurückgelassen. Er nahm deshalb das Angebot der Marokkaner an, verbrachte anderthalb Monate draußen und kam mit etwas Geld zurück. Dann entschloß er sich, wieder zu seiner Familie zurückzukehren, nachdem wir ihm Kleidung gekauft hatten und ihm sein Sohn eine Freifahrkarte besorgt hatte.

In Bab-Aléoua wohnten viele Eisenbahnangestellte. Alle diese Familien hatte viele Kinder, die dieselbe Schule wie Jean besuchten. Jean hatte oft Zahnschmerzen, er war sehr mager, aber sehr, sehr klug, so daß er immer der erste in seiner Klasse war.

Am Abend spielten er und seine Altersgenossen auf dem großen Schulplatz; meist waren es Versteck- oder Ballspiele. Dieses Viertel eignete sich besser für Kinder als das sizilianische Viertel in der Kirchenstraße, wo der Garten in der Moniquettes-Straße in besonders schlechtem Ruf stand.

Im Mai 1917 meldete sich Paul, der die Eisenbahngesellschaft verlassen hatte, zur Prüfung im Juni, aber er fiel durch. Wir, er und ich, arbeiteten während der Ferien. Ich hatte wieder angefangen zu lesen; Paul brachte mir Bücher aus der Volksbibliothek, in der er sich als Abonnent eingeschrieben hatte. So las ich alle Romane von Alexandre Dumas d. Ä.; in Literatur hatte ich Paul helfen können: im Oktober bekam er eine sehr gute Note (aber in Naturwissenschaften kenne ich mich überhaupt nicht aus). Er bestand die Prüfung und wurde sogar im Lehrerseminar aufgenommen.

Dort trat er im Oktober ein; er hatte alles frei: Er bekam eine Dienstkleidung und Schuhe, aber man mußte ihm Wäsche, Hemden, Unterhosen und Kleidung für jeden Tag bringen. Trotz seiner Klugheit war Paul wie ich, als ich jung war: Einige Fächer des Lehrerangebots mißfielen ihm (besonders das Rechnen und die Naturwissenschaften), aber in französischer Literatur war er immer der erste.

Ich hatte Wolle kämmen und spinnen müssen, um Socken für die Kinder und einen Winterschal für mich selbst zu stricken. Meine Schwiegermutter kümmerte sich um die Mahlzeiten. Am 20. Dezember wurde mein Sohn Noël-Saâdi geboren. Das Haus war voller Leute. Die Aliou-Bali, die aus der Heimat gekommen waren, um sich wieder mit ihrem Sohn zu treffen, der irgendwo Bahnhofsvorsteher war, fanden sich bei uns ein: Mutter, Vater, zwei Schwiegertöchter und zwei kleine Kinder. Man mußte ihnen allen für zwei Tage Essen und Unterkunft gewähren. Am Morgen von Noëls Geburt brachen sie wieder auf, nicht ohne vorher noch gefrühstückt zu haben.

Marie-Louis-Taos hatte ebenso wie Louis Masern gehabt, aber Louis hatte sich wieder gut erholt, während Taos sich erkältet hatte und an Ohrenschmerzen litt. Ich mußte sie mit Hilfe eines Seiles, das mein Bett mit ihrer Wiege verband, hin und her schaukeln. Sie weinte unaufhörlich und wiederholte ständig auf kabylisch: »Mein Ohr! Mein Ohr!«

Noël war ein hübsches Baby, kräftig von Geburt an; aber nach einigen Tagen fing er an zu weinen und zu weinen. Ich rief den Arzt der Gesellschaft und schrieb auf den Zettel: »Dringend!« Als dieser Mensch kam, betrachtete er das Kind und sagte zu mir: »Glauben Sie, ich würde schneller kommen, wenn Sie ›Dringend‹ schreiben?« Seit diesem Tag habe ich nie mehr einen Arzt der Gesellschaft verlangt. Wenn ich einen Arzt benötigt habe, dann konnte ich ihn auch mit meinem eigenen Geld bezahlen. Um auf die Krankheit von meinem Baby zurückzukommen: Ich hatte bemerkt, daß er nicht mehr weinte, wenn seine Ohren bedeckt waren. Ich folgerte daraus, daß die Krankheit von dort herkommen müsse, und träufelte heißes Öl in die Ohren des Kleinen.

Die Kinder waren wieder nach Karthago gegangen, von wo sie mit Geld und Marmelade zurückgekehrt waren. 1917 war das letzte Jahr, in dem mein Mann Glückwunschbriefe geschrieben hat. Die Patin von Marie-Louise-Taos hatte uns eine kleine Summe geschickt – 40 oder 60 Franc –; davon konnten wir uns ein Sofa und eine Wäschekommode kaufen.

Wir bewohnten nun allein das große Haus in Bab-Aléoua. Henri und Jean hatten ihre Betten in das längliche Zimmer gestellt, das unser Nachbar, der wieder in die Kabylei zurückgegangen war, leergelassen hatte; meine Schwiegermutter verfügte zusammen mit Marie-Louise über ein Zimmer, das weitere Zimmer im Hintergrund diente zur Aufbewahrung von Korn und Vorräten – Seife und Petroleum –, und dort schlief Paul, wenn er in den Ferien nach Hause kam.

Nie hatte eins der Kinder seine Geschwister so geliebt, wie Paul sie geliebt hatte. Es waren eher seine eigenen Kinder als seine Geschwister; es machte ihm große Freude, sie mit Geschenken zu verwöhnen. Wenn er im Sommer zufällig etwas Geld übrighatte, kaufte er eine dicke Melone, die er mit Zucker bestreute, oder manchmal, wenn die Summe größer war, sogar Krammetsvögel oder Stare ...

Ich habe Paul sehr oft gemaßregelt, mehr als meine anderen Kinder; denn er verstand es gut, mich aus der Fassung zu bringen. Als er klein war und ich ihn einkaufen schickte, spielte er, statt schnell heimzukommen, mit dem Geld um ein *Gilat* (Gelata, italienisches Eis), das er gewann oder verlor, ohne dabei an die Zeit zu denken.

Später mietete er sich für eine Stunde ein Fahrrad, und er bezahlte die Miete mit dem Haushaltsgeld. In diesem Jahr würde er 17 Jahre alt. Er wollte in den Ferien nach Port-Gueydon (Azeffoun) reisen, um seinen Paten Habtiche zu besuchen. Ich blieb in Tunis allein mit Henri, Jean, Louis, Marie-Louise-Taos und Noël, der in der Wiege lag. Es war immer noch Krieg, und man begann, für Öl und Petroleum Schlange zu stehen. Wir hatten zwei oder drei Säcke Grieß gekauft, um Kuskus zu rollen. Félicité, meine Gefährtin von Taddertou-Fella, die mich nach zehn Jahren wiedergefunden hatte, kam jeden Tag mit ihrem Sohn Areski. Sie versprach, mir beim Kuskusrollen zu helfen, und ich machte mich an die Arbeit; aber eines schönen Tages kam sie nicht mehr wieder, und ich mußte meine Arbeit selbst zu Ende bringen. Jean und Henri halfen mir, so gut sie konnten; Henri holte das Wasser vom Brunnen, und Jean wusch das Geschirr ab und kochte (er konnte schon Nudeln in Soße und die *chekchouka,* ein Ragout aus Tomaten, Pepperoni und Zwiebeln, zubereiten). Ich hörte mit dem Rollen des dicken und feinen Kuskus auf und ließ ihn auf einer Matte mit großen blütenweißen Tüchern trocknen.

Paul war von seinem Paten in der Großen Kabylei zurückgekommen und brachte uns gute Nachrichten mit: Die liebe Familie hatte sich noch mehr vergrößert, aber Habtiche trauerte seinem Haus in Palestro nach.

1918 wurde mein Mann krank: eine Zyste an den Rippen. Er mußte mehrere Tage im Bett bleiben; endlich ging das Geschwür auf. Es gelang der Gewerkschaft, für uns eine kleine Gehaltserhöhung zu erreichen: die Kinder bekamen eine Entschädigung von sechs Franc pro Kopf; wir hatten eine Nachzahlung von zwölf- oder dreizehnhundert Franc erhalten. Ich hob davon 300 ab, um ein wenig Wäsche, vor allem Tücher, zu kaufen. Ich nähte sechs Paar kleine Bettücher für die Kinder und vier große für mein Bett.

Wir hatten uns eine gebrauchte Nähmaschine besorgt, bei der allerdings einige Teile schon sehr abgenutzt waren. Aber ein Vertreter von Singer kam vorbei: Er nahm uns die Maschine wieder zu dem Preis ab, den wir bezahlt hatten, und lieferte uns eine neue, die wir in monatlichen Raten abzahlen mußten.

Zu dieser Zeit hatte mein Mann den Einfall, das Haus in der

Straße am Fluß zu kaufen. Wir besaßen nur die 1000 Franc von der Nachzahlung, die in Gutschriften der ›Nationalen Verteidigung‹ umgewandelt worden waren. Lla Djohra hatte uns die Armreifen und die Broschen ihrer verstorbenen Tochter Reskia gegeben. Ich hatte kein Kleid anzuziehen – außer einem schwarz-weiß karierten Kittel, und trotzdem kauften wir das Haus, das einem jüdischen Advokaten namens Burgel gehörte.

Paul hatte sich beim Regiment der ›Chasseurs d'Afrique‹ verpflichtet. Er sollte sich in Oujda einfinden. Er unterrichtete uns erst, als der Vertrag unterzeichnet war. Er teilte uns mit, daß der Krieg schlecht stünde und alle seine Altersgenossen zwangsweise fortgehen müßten; er könnte wenigstens, so sagte er uns, seine Waffe wählen. Er war gerade 18 Jahre alt geworden; wir konnten uns nur seinem Entschluß beugen. Am Vorabend vor seiner Abreise legte er Wert darauf, daß die Kleinen ein gutes Essen zubereiteten: Grießkuskus mit Fleisch und einer karminroten Soße wie in Ighil-Ali.

In dieser Nacht haben wir nicht geschlafen, weder er noch ich. Wir hatten eine Matte im Hof ausgelegt, und wir blieben Seite an Seite bis zum Morgengrauen. Dann erhob er sich, wusch sich, trank seinen Kaffee, umarmte die Kleinen, einen nach dem anderen, umarmte seinen Vater, seine Großmutter, ich war die letzte. Er nahm einen ganz kleinen Koffer, in den er einige Vorräte hineinpackte; dann ging er weg.

Das war der erste Abschied! Von diesem Tag an habe ich alle Gedichte und Exillieder meiner Heimat wiedergefunden. Während ich meinen Jüngstgeborenen wiegte, wiegte ich auch meinen Schmerz mit, und meine Tränen flossen schwer über mein Gesicht. Wie oft habe ich gesungen – seitdem! Wie oft habe ich geweint! Ich frage mich, wieso mein Augen noch klar sehen können nach allen diesen Tränen, die ich vergossen habe.

Vor dem 1. November 1918 war es nicht möglich, das Haus in der Straße am Fluß in Besitz zu nehmen; denn es war noch vermietet, und der Mieter weigerte sich auszuziehen. Der Besitzer des Hauses in Bab-Aléoua hatte uns tatsächlich zum neuen Jahr gekündigt: Er verheiratete seinen Sohn und wünschte, wieder in seinem eigenen Haus zu wohnen.

Die Kinder Henri und Jean waren zu Frau Christaud gegangen, die so nett war, uns ihren kleinen Leiterwagen zu leihen; und den ganzen Tag über fuhren sie hin und her, indem sie alles herüberschafften, was sie nur konnten. Ich glaube, nur die Betten und die Anrichte sowie die Kommode wurde auf die *araba* (Wagen) geladen, die wir gemietet hatten; mitten in der Nacht nahmen wir ein Auto, in das die ganz Kleinen, mein Mann und ich einstiegen, um diesmal endlich unser eigenes Haus zu betreten, wo niemand mehr sagen konnte, daß wir zu zahlreich wären und wieder ausziehen sollten.

3

Straße am Fluß

Was ich für eine Freude empfand, als ich am nächsten Morgen von den Räumen Besitz ergriff! Endlich hatte ich ein eigenes Haus! Meine Kinder hatten ein Heim, das ihnen gehörte. Wie oft, wenn ich eine Wohnung suchte, hat man mich nicht gefragt: »Haben Sie Kinder?« Und da ich bejahte: Man vermiete nicht an eine Familie mit Kindern; denn Kinder richten nur Schaden an.

Unser Haus hatte vier ziemlich große Zimmer, zwei davon mit Fenstern auf die Straßenseite: das sehr längliche Eßzimmer erhellte sich durch ein bemaltes Glasfenster, das den Blick auf die Terrasse freigab, und durch ein Guckfenster, das Tageslicht vom kleinen Hof hereinließ. Außerdem gab es einen Schuppen, eine Küche, einen kleinen Waschraum und eine Rumpelkammer für die Kohle. Das Haus reichte völlig für uns. Henri und Jean richteten sich in dem einen der Zimmer zur Straße hin ein, ich nahm das andere, meine Schwiegermutter, Marie-Louise-Taos und Louis das dritte. In den Eßsaal, der als Durchgang diente, stellte ich den Tisch und einige Stühle, das Sofa und die Anrichte.

Da die Kohle knapp wurde, ließen wir in der Küche einen Kamin bauen, um das Holz zu verbrennen; denn wir konnten Eukalyptus- oder Kämpferholz von der Gesellschaft bekommen. Henri und Jean holten es in einem Handwagen am Bahnhof ab. Wir ließen auch den Hof kacheln. Jean, der damals Ferien hatte, wollte etwas Geld für den Maurer beisteuern.

Seit dem Juli 1915 war ich nicht nach Ighil-Ali zurückgekommen. Ich ging erst wieder 1919 dorthin. Viele Gräber waren vor kurzem geöffnet worden: Bei den Amrouches gab es viele leere Plätze. Taïdhelt war tot, Touêla und ihr Sohn Salah, Sassa, die Frau des Vetters Chérif, und von der Familie meiner Schwiegermutter war nur ihr Bruder Hemma noch da, der bei seiner Schwester Aldja lebte. Dies stimmte mich tieftraurig, er war wie ein Teil meines Daseins, das mit allen diesen Leuten, die ich gesund zurückgelassen hatte, davongegangen war. Der Tod Taïdhelts, der Frau des Großvaters Hacène, ist mir am meisten nahegegangen; ich wußte, daß sie an dem ganzen Unglück gestorben war, daß sie sich während ihrer letzten Jahre nicht satt essen konnte.

Ich nahm an dem Fest teil, das die Schwestern und ihre Mädchen für den Pater Dehuisserre veranstalteten. Ich hatte gefragt, ob Louis zu seiner ersten Kommunion gehen könnte; aber man wies mich mit diesem Anliegen ab, weil er keine religiöse Vorbereitung in der Pfarrgemeinde erhalten hatte. Nach drei Monaten wollte ich unbedingt wieder nach Hause. Zehoua, meine letzte Schwägerin, hatte sich mit dem Vetter Bouzid, dem Bremser, verheiratet; sie hatte den Platz ihrer Schwester eingenommen, die 1915 an einem Fieber aufgrund einer schlecht verlaufenen Entbindung gestorben war.

Zum Schulanfang kehrte ich nach Tunis zurück. Für die jetzt schon vier Schulkinder mußten Bücher und Hefte angeschafft werden, und damals lehnte man mir sogar die Gebührenfreiheit der Lehrmittel ab. Das Viertel, in dem sich die Straße am Fluß befand, ähnelte nicht Bab-Aléoua. In diesem arabischen, ziemlich begüterten Viertel wohnten keine Hafenarbeiter. Vor allem war bei diesen Leuten eine einheimische Frau, die mit unverschleiertem Gesicht aus dem Haus ging, keine ehrenhafte Frau. Ich verstand dies erst später. Solange wir im sizilianischen Umfeld und in Bab-Aléoua lebten, konnte das unbemerkt durchgehen: für die Italiener war ich die Französin, die mit einem Araber verheiratet war; denn mein Mann hatte sich immer geweigert, seine *chéchia* (den roten Turban) abzunehmen, selbst als es um seine Beförderung ging (nun, unter allen seinen Kollegen, einschließlich des Bürochefs, war er der einzige mit einem Grundschulzeugnis). In Bab-Aléoua verloren wir uns unter allen anderen Eisenbahnangestellten, die unsere Nachbarn waren. In der Straße am Fluß war es anders; als Nachbarn hatten wir Araber oder reiche Kabylen, die meist auch die Eigentümer ihrer Häuser waren. Ihre Jungen spielten nicht auf der Straße wie die anderen Jungen, die wir bisher kennengelernt hatten. Dies alles bedeutete für uns eine große Veränderung. Als Henri, der als einziger unter seinen Kameraden eine *chéchia* trug, zur Gruppenstunde ging, wurde er von jungen Arabern beiseitegenommen; sie warfen ihm vor, mit den Roumis zu verkehren, und wollten Streit mit ihm anfangen. Ich fühlte sofort, daß dieses Viertel nicht zu uns paßte; aber wir waren nun einmal da, und wir mußten hier bleiben und möglichst wenige Nachteile in Kauf nehmen. Über all dies sprach ich nicht mit meinem Mann, aber ich wußte, daß er sich seitdem auch darüber Rechenschaft ablegte. Indessen besuchte mich meine alte Freundin Félicité, die in der Umgebung wohnte. Ich lernte auch eine Kabylin kennen, die mit einem sehr reichen Mann verheiratet war. Sie war eine aufgeschlossene Frau; denn in ihrer frühen Jugend war sie Künstlerin gewesen. Sie lud mich ein, sie zu besuchen; sie hieß Baya, und sie war sehr schön.

Marie-Louise-Taos hatte die spanische Grippe gehabt und wäre beinahe daran gestorben; endlich erholte sie sich davon wieder und hatte keine Ohrenschmerzen mehr. Sie besuchte die Schule Canton; viele Klassenkameraden holten sie ab. Louis ging zur Schule Debarre und Jean und Henri ins Alaoui-Gymnasium.

Wir aßen immer unsere kabylischen Gerichte, und wir kneteten weiterhin dicke Brote, die wir im Ofen des Bäckers backen ließen; aber Jean mochte bestimmte Gerichte seiner Großmutter nicht; denn sie mischte überall etwas Fettes und Pikantes drunter. Daraus entwickelte sich oft ein Streit, und ich gab Jean, wenn ich dazu in der Lage war, ein wenig Kleingeld, damit er sich noch etwas zum Essen kaufen konnte. Wenn Lla Djohra eine Süßigkeit in ihrem verschlossenen Köfferchen versteckt hatte, streckte Jean manchmal seine schmale Hand zwischen Deckel und Boden und holte sich seine Leckereien heraus, um sie nach der Mahlzeit aufzuessen. Daraus entstand oft ein gewaltiger Familienkrach. Denn so hatte er nach und nach auch die Dose mit den Datteln geleert, die Lla Djohra in Bab-Aléoua auf den hohen Stuhl gestellt hatte. Ich erinnere mich, daß sie mich wütend aufsuchte und mir vorwarf, ich würde meinen Kindern erlauben, sie um ihren Nachtisch zu berauben. Ich hatte den Sünder dann zum Schein bestraft.

Ein anderes Mal hatte uns ein Freund der Familie Pergel mit getrockneten Trauben gebracht; es gab viel davon, ungefähr zwei Kilo. Lla Djohra verteilte ein wenig an die Kinder und legte den Rest in ihr Köfferchen. Tag für Tag griff Jean mit seiner dünnen Hand hinein und zog sich einen Pergel heraus, den er in seine Tasche gleiten ließ, bevor er zur Schule ging, und er nahm noch einen zweiten, um ihn um vier Uhr in der Pause zu essen. Eines Tages öffnete die Großmutter ihr Kästchen, um Kuskus mit getrockneten Weinbeeren zuzubereiten; es waren nur noch einige abgegessene Pergel übrig.

An diesem Tag gab es ein Drama: Sie fing an zu heulen, so wütend war sie. Ich nahm einen Rohrstock, um den Schuldigen zu bestrafen; aber er war schon auf das Dach des Vorderzimmers geklettert, das als Rumpelkammer und Kohlenwinkel diente. So endete die Geschichte. Ich sagte zu meiner Schwiegermutter: »Iß deinen Teil mit uns, wenn es etwas Gutes gibt.« Wenn die Kinder etwas Kleingeld hatten, verkaufte sie ihnen manchmal, was sie versteckt hatte: Mandeln, Datteln, Walnüsse oder Haselnüsse, die uns ein Freund geschenkt hatte. Denn schon lange hatten wir keine Früchte mehr bezahlen können. Nur an Weihnachten oder am Neujahrstag sahen die Kinder Orangen oder Mandarinen vor sich. Und die anderen Früchte, Weinbeeren, Feigen, Aprikosen oder Pfirsiche: ihre Erntezeit verstrich, ohne daß wir sie probieren konnten, außer wenn wir die Ferien in der Kabylei verbrachten: Dort fand sich immer ein Verwandter oder ein Freund, der uns Feigen oder Weinbeeren anbot.

Eines Tages hatte sich Paul sogar in ein Feld gewagt, das uns nicht gehörte. Er hatte einen schönen Korb schwarzer Feigen herbeigeschleppt; sie waren rissig vom Tau und fast so wunderbar wie die Feigen, die das Feld meiner Mutter in Tizi-Hibel hervorbrachte. Als ich ihn fragte: »Wer hat sie dir gegeben?« antwortete er mir: »Lakhdar-ou-Ouakouche.« Da habe ich gewußt, daß er in das Feld der Yamina-t-Ouakouche vorgedrungen war, einer nicht sehr angenehmen entfernten Verwandten, die überall den ihr unbekannten Poupoul-ou-Amrouche suchte. Als sie mich erblickte, fragte sie mich: »Bist du die Mutter von Poupoul-ou-Amrouche?« Ich bejahte. »Er ist ohne meine Erlaubnis in mein Feld eingedrungen; wenn er mir gesagt hätte: Lalla Mina, gib mir Feigen, hätte ich sie ihm mit Freuden gegeben!« Ich entschuldigte mich tausendmal.

Gegenüber von unserem Haus wohnte in der Straße am Fluß Kadour-ben-Haroun, ein Kabyle, der aus Aïth-Abbés stammte und dessen Familie die Kabylei schon seit 1871 oder sogar früher verlassen hatte; jedenfalls verstanden nur noch die Alten Kabylisch. Meine Schwiegermutter konnte sich in dieser Umgebung ungezwungen entfalten: Sie war dort als praktizierende Muslimin in ihrem Element. Ich war für diese Leute wie für sie die Ungläubige, die ihre Religion verlassen hatte und die das Haus mit unverschleiertem Gesicht verließ.

In dem Buch *Das weiße Tunis* von Myriam Harry hatte ich die Beschreibung eines jüdischen Milieus gelesen. Sie sprach von einer Familie, deren Großmutter das traditionelle jüdische Gewand trug, die Pluderhose und auf dem Kopf eine Hochfrisur, die Mutter das italienische Hauskleid und die Tochter ein Kleid nach der neuesten Pariser Mode. Ich zog eine Parallele zu unserem Fall: Meine Schwiegermutter war eingehüllt in ihr arabisches Übergewand, ich trug eine italienische Bluse, und Marie-Louise-Taos kleidete sich später nach der Pariser Mode. Ich ging nur noch bei sehr seltenen Anlässen ins Freie; im übrigen hatte ich ja auch nichts anzuziehen.

Obwohl 1918 der Waffenstillstand unterzeichnet wurde, kamen weder Paul noch Abbas (Mohand-Arab, Belkacems Bruder) zurück. Erst im Dezember 1919 erschienen sie beide fast zur gleichen Zeit. Mein Mann hatte sich bemüht, einen Arbeitsplatz in den Werkstätten der Eisenbahngesellschaft für seinen Bruder freizuhalten.

Ich hatte ein Sofa und bat meine Freundin Baya um ein zweites; sie lieh mir eins, und Paul und Abbas wurden im riesigen Eßzimmer untergebracht.

Paul kehrte im Januar 1920 in die Hauptschule zurück, und Abbas holte seine Frau und seine Kinder in die Heimat. Sein Schwager und Vetter Bouzid hatte ihn mit seiner Frau und seiner kleinen Tochter begleitet. In einer Nacht im Januar mußten wir sie alle bei uns übernachten lassen, und sie blieben auch noch den ganzen nächsten Tag in unserem Haus. Endlich brachen sie wieder auf, da Mohand-Arab zwei Zimmer in der Straße El-Korchani gemietet hatte.

Wenn ich auf diese Zeit in meinem Leben zurückblicke, dann frage ich mich, wie ich damals überleben konnte. Ich hatte mit der Maschine die Hemden und auch die Kleidchen für die Kleine nähen müssen. 1920 erhielt Henri sein Zeugnis und nahm einen Posten bei der Eisenbahn an. Jean machte seine Abschlußprüfung im Juni 1921 und ging im Oktober in die Hauptschule. Paul wurde Lehrer in Sfax. Im Haus blieben also nur noch Louis, Marie-Louise-Taos und Noël. Noël war ein bezauberndes und schönes Baby, so schön, daß die Leute sich nach ihm umdrehten, wenn ich ihn an der Hand hielt. Er hatte eine Gesichtsfarbe so weiß wie Milch, gewellte schwarze Haare, große schwarze Augen mit langen geschwungenen Brauen, eine gerade Nase und einen sehr kleinen Mund, so rot wie eine Kirsche. Er hatte eine Stimme wie eine Nachtigall, wenn er das sang, was er selbst seine ›Liederchen‹ nannte. 1921 hatte ich eine schwere Bronchitis. Und mein Schwiegervater Ahmed hatte sich ernsthaft am Knie verletzt, als er einen Baum in seinem Gebirgsgarten in der Kabylei schneiden wollte. Wir wurden benachrichtigt; mein Mann und sein Bruder Abbas gingen los. Sie fanden ihren Vater außer Lebensgefahr, aber mittellos. Sie nahmen die vier Kinder, die von zwei verschiedenen Müttern stammten, mit nach Tunis: Die zwei Kinder Zahras gingen zu ihrer Tante, diejenigen von Smina-Tajlilith kamen zu uns.

Ich weiß nicht, ob es immer religiöse Fragen waren, die im Verstand meiner Schwiegermutter herumspukten; denn bei jedem Streitfall waren es meine Kinder oder ich, die immer Unrecht hatten. Und wenn ein Krach zwischen arabischen Kindern und den meinen ausbrach, waren es unfehlbar immer meine Kinder, denen sie Vorwürfe machte.

Sie kaufte bei dem benachbarten Lebensmittelhändler Hemida ein; eines Tages, als ich sie darauf hinwies, daß er sich zu seinen Gunsten verrechnet hatte, entgegnete sie mir: »Du hast dich beim Nachrechnen geirrt; Hemida lügt nicht, er sagt seine Gebete auf.« Was soll man darauf antworten?

Seitdem die Kinder meines Schwiegervaters aus der Heimat hierhergekommen waren, nahm sie sie unter ihren Schutz, weil sie glaubte, daß meine Kinder sie mißhandelten. Ich ertrug diesen Zustand einige Monate lang, und dann erklärte ich, daß ich, wenn dies so weiterging, verschwinden würde. Mein Mann suchte die Mönche in Karthago auf; sie wollten sich um das Problem kümmern und schickten die vier Buben Ahmeds nach Kheratta in eins ihrer kabylischen Häuser.

Paul hatte Sfax im Mai verlassen (der Mai war schon immer sein Unglücksmonat). Er war zurückgekehrt, um seinen Militärdienst zu beenden. Er blieb dort bis Ende Dezember. Jean hatte während der Ferien seine Großmutter Lla Djohra und die vier Kinder seines Großvaters nach Ighil-Ali mitgenommen. Henri war von der Gesellschaft nach Gaffour geschickt worden. Ich war allein mit den Kleinen und krank. Paul bat um eine Erlaubnis, um mich pflegen zu können; er war wunderbar. Der Arzt Broc untersuchte mich und stellte fest, daß ich ein weiteres Baby erwartete; ich war untröstlich. Ich hatte schon einen Sohn von 21 Jahren. Und als ich an der Diagnose zweifelte, sagte der Arzt zu mir: »In zwei oder drei Monaten werden Sie ja sehen!«

Lla Djohra und Jean kamen aus der Kabylei zurück. Paul ging wieder in die Kaserne von Fergemol; denn mir ging es besser. Aber es war sehr heiß, und wir spazierten nach dem Abendessen außerhalb der Stadt hinter den Wällen bis zum Ufer des Sees Sedjoumi.

Anfang 1922 sagte uns Paul, daß er nicht mehr länger vom Lehrerberuf leben wollte. Er bat uns um ein kleines Kapital, um ein Geschäft eröffnen zu können. Wir gaben ihm das Geld, mit dem wir eigentlich 1923 das Haus in Ighil-Ali fertig bezahlen wollten. Und wir richteten ihm in einem der Zimmer zur Straßenseite hin einen Lebensmittelladen ein, weil wir meinten, ihn auf diese Weise bei uns behalten zu können. Unter dem Einfluß seiner Großmutter hatte er an Louis Quari, seinen Klassenkameraden von Ighil-Ali, geschrieben, er solle doch bei seinem Vater einmal vorfühlen, ob dieser einer Heirat seiner Tochter Charlotte mit ihm zustimmen würde. Erst danach setzte er uns von seinem Vorhaben in Kenntnis. Vater und ältester Bruder waren mit dieser Verbindung einverstanden. Wir konnten die Entscheidung nur noch hinnehmen.

René-Malek, mein Jüngster, wurde am 15. März 1922 geboren. Paul wollte unbedingt sein Pate sein. Im Juli gingen wir nach Ighil-Ali in die Ferien, um die Hochzeit vorzubereiten. Schon damals bemerkte ich, daß Paul sich gar nicht mehr verheiraten wollte, daß ihn aber sein Vater gezwungen hatte, das einmal gegebene Wort auch zu halten. Diese Hochzeit war ein großer Irrtum, aber *Mektoub!* ... Sie fand am 22. September statt, und Paul und seine Frau fuhren noch am selben Tag mit dem Zug nach Tunis.

Mein Mann, meine Kinder, meine Schwiegermutter und ich kamen Anfang Oktober zurück. Das Haus drohte völlig zusammenzubrechen; man hatte eine Decke einziehen und die kleine Waschküche zum Zimmer ausbauen müssen. Louis schlief im Eßzimmer und Marie-Louise-Taos im Zimmer ihrer Großmutter neben dem Telefon. Paul und Charlotte hatten ihr Bett in einem Abstellraum für Vorräte. Ich hatte mein Zimmer behalten; dort schliefen auch Noël und René.

Als Jean von der Hauptschule in den Ferien herkam, übernachtete er in der Küche auf einem Notbett. Aber man hoffte, daß Paul gute Geschäfte machen und sich anderswo einrichten würde.

Wir hatten Weihnachten 1922 gefeiert. Paul hatte einen Truthahn gekauft, den man im Ofen gebraten hatte. Der Winter verging. Dann sogar noch Ostern. Im Haus herrschte eine unerträgliche Stimmung. Meine Schwiegermutter sagte jedem, der es hören wollte, daß meine Schwiegertocher Charlotte nicht gut von mir behandelt würde. Lla Djohra kaufte für sie Früchte vom Markt, und auch Paul brachte ihr Orangen und Datteln, die er in seinem Zimmer verwahrte. Ich hatte dies lange ertragen, ohne zu murren; aber endlich brach es aus mir heraus: »Wenn du irgendwas anschaffst, dann zeige es jedenfalls nicht den Kindern, die noch jung sind, da du ja sowieso nicht vorhast, ihnen etwas davon zu geben!« Dann verkündete Paul eines schönen Tages, daß er einen Raum in der Flatters-Straße gemietet hatte. Er zog mit dem ganzen Lebensmittelladen um und behielt das Zimmer im Haus, um weiter dort zu wohnen.

Louis hatte jetzt sein Abschlußexamen. René krabbelte auf allen vieren im ganzen Haus herum, meine Schwiegertochter erwartete für den August ein Baby. Ich nähte gerade etwas im Zimmer Lla

Djohras, als ich hörte, wie Paul hereinkam und sofort wieder wegging; danach nahm ich nur noch ein Schluchzen wahr. Ich eilte zum Zimmer meiner Schwiegertochter: Charlotte saß ganz niedergeschlagen da und weinte sich die Augen aus. Ich fragte sie; ich erfuhr, daß Paul noch an diesem Abend das Schiff nach Frankreich nehmen wollte.

Unverzüglich rief ich meinen Mann an. Er ging zum Hafen und traf Paul in dem Augenblick, als er gerade aufs Schiff steigen wollte. Er nahm ihn mit nach Hause. Es gab eine dramatische Szene. Das gesamte Geld, das wir in die Angelegenheit gesteckt hatten, war verloren. Paul hatte 2000 Franc bei sich, die ihm sein Vater wegnahm. Erst am darauffolgenden Samstag, nachdem er alle Regale des Lebensmittelladens wieder zurückgebracht hatte, konnte er nach Paris aufbrechen – im Mai.

Fast im gleichen Augenblick desselben Jahres hatte mein Schwager Abbas seinen Sohn Maklouf in das Haus der ›Weißen Väter‹ in Kheratta geschickt, wo sich schon seine jungen Onkels befanden. Außerdem beschloß er in Übereinstimmung mit Belkacem, seinen Vater nach Tunis zu holen. Denn er müßte sich von Zahra trennen. Mein Schwiegervater sollte dann die eine Hälfte des Jahres bei uns und die andere bei seinem Sohn Abbas leben. Die zwei Brüder schickten also Ahmed-ou-Amrouche eine Reiseerlaubnis, und dieser kam zu uns nach Tunis.

Am 6. oder 7. August brachte Charlotte ihren Sohn Marcel auf die Welt; trotz der Bedenken des Arztes verlief alles normal.

Ich konnte nicht mehr in diesem Haus leben, in dem ich nicht mehr zu mir selbst kam. Henri machte seinen Militärdienst. Jean ging noch in die Hauptschule. Marie-Louise hatte eine Krankheit, die alle ihre Glieder lähmte; man mußte sie drei- oder viermal täglich mit Kampferöl an den Gelenken einreiben. Da meine Schwiegertochter erklärt hatte, diesen Geruch nicht aushalten zu können, nahm ich das Bett der Kleinen und stellte es in mein Zimmer.

Dies war das schlimmste Jahr, das ich in dem Haus in der Straße am Fluß erlebt habe. Da zum großen Glück Brizini, ein Freund Belkacems, in die Kabylei fahren mußte, bestimmte ich Charlotte, diese günstige Gelegenheit doch zu nutzen, um zu ihrem Vater in Ighil-Ali zurückzukehren, wo sie besser als bei uns aufgehoben wäre; sie verließ uns. Dann überredete ich meinen Schwiegervater, wieder zu seiner Frau Zahra, die doch die Mutter seiner jungen Kinder und seine Lieblingsfrau war, zurückzugehen. Wochenlang ›bearbeitete‹ ich ihn in dieser Richtung. Endlich gab er nach – unter der Bedingung, daß man ihn nicht im Stich lassen dürfe. Ich versprach alles, was er wollte, wenn er nur wegginge. Meine Schwiegermutter warf mir vor, daß ich ihn weggejagt hätte, wie ich auch schon meine Schwiegertochter weggejagt hätte; aber ich gab nicht auf. Und es war jetzt wieder ein wenig Platz im Haus.

An dem Tag, als Charlotte verschwand, setzte sich Lla Djohra in den Kopf, nichts mehr im Haushalt zu machen. »Du hast diejenige, die arbeiten mußte, hinausgeworfen«, sagte sie zu mir. »Arbeite du jetzt selbst; ich werde auf dein Baby aufpassen!« Ich war noch nicht am Ende meiner Leiden.

Unter dem Einfluß seiner Mutter und seines Bruders Abbas beschloß mein Mann, Paul und Charlotte wieder zu uns zu holen. Folglich verbrachte er seine Abende nach Büroschluß in seiner Mühle, um sich dort genau den Motor anzuschauen, damit er selbst einen entweder in Ighil-Ali oder in Tunis für Paul erwerben könnte. Vergeblich habe ich ihm öfter gesagt, daß sein Sohn ihm wieder weglaufen würde, daß es ihm nicht vom Schicksal beschieden sei, Mühlenbesitzer zu werden; es nutzte nichts. Alle Gläubiger Pauls stürzten los auf das Haus: der Käsehändler, der Kartoffelhändler, und ein Kaufmann holte sich sogar das Möbelstück wieder zurück, das er an ihn verkauft hatte. Wir mußten uns mit allen diesen Leuten einigen, Verträge unterzeichnen und sie ausbezahlen.

Im März 1924 kündigte mein Mann an, daß sein Projekt nun fast fertig wäre. Paul würde Mühlenbesitzer in Ighil-Ali sein; Lla Djohra sollte mit ihm aufbrechen, und sie würden mit Paul, der aus Paris käme, in der Heimat zusammentreffen. Belkacem hatte ihm nämlich den Betrag für seine Reise zugeschickt. Mein Mann nahm auch die Wäsche und den Koffer mit, die Charlotte bei uns gelassen hatte. Das war am 20. April 1924. »Du gehst«, sagte ich zu meiner Schwiegermutter, »aber putze deine Füße an der Türschwelle; denn es ist das letzte Mal, daß du Tunis siehst!«

Ich war allein mit meinen Kindern; Henri war weiterhin beim Regiment und Jean in der Hauptschule. Es blieben nur Louis und Noël, die noch Schulanfänger waren, sowie René, der in der Wiege lag. Marie-Louise-Taos hatte man für einige Tage in die Freiluftschule von Ariana geschickt, aber sie konnte sich dort nicht anpassen.

Paul war also in die Heimat zurückgekehrt, er hatte seine Frau gesehen, seinen Sohn, den er noch nicht kannte, seine Schwiegermutter; dann kam er nach Tunis. Er hatte noch nicht das gesamte Geld für seine Reise ausgegeben; er gab mir den Rest mit den Worten: »Heb es auf, man weiß ja nie.« Es gab stürmische Auseinandersetzungen zwischen meinem Mann und mir. Ich erklärte Paul, daß wir das arme Haus in der Heimat, das wir mit soviel Mühe gebaut und bezahlt hatten, nicht aufs Spiel setzen könnten für eine ungewisse Sache, einen Motor und Mühlensteine, von denen wir nicht wüßten, was er damit anfangen würde; denn ich war sicher, daß Paul weder in Ighil-Ali noch in Tunis bleiben würde, nachdem er jetzt Paris gesehen hatte!

Mit der Zeit merkte Paul, daß ich recht hatte. Um etwas Geld herauszuschlagen, ließ ich ihn alles verkaufen, was ich an altem Kram, der keinen Nutzen mehr für uns hatte, finden konnte: sein Fahrrad, Bretter, Gestelle seines früheren Lebensmittelladens. Als ich noch meine Ersparnisse hinzufügte, hatten wir 300 Franc zusammengebracht. Ich gab ihm noch einen Anzug von Henri mit. An einem Samstag Ende Mai belegte Paul seinen Platz im Schiff. Fünf Kilo Kuskus, die er einem Freund anbieten sollte, hatte ich für ihn gerollt. Jean kam von der Hauptschule, um ihm auf Wiedersehen zu sagen. Und es war Pauls Schicksal, Nordafrika nie mehr wiederzusehen; aber er hat sich sehr bei mir bedankt, daß ich ihn zum Aufbruch ermuntert hatte! Ich fand mich wieder allein mit meinen Kindern, aber mein Mann brauchte lange Zeit, um seinen Mißerfolg zu verkraften.

Jean erkrankte fast mit dem Beginn der Prüfungen. Ich besuchte ihn in der Hauptschule; er hatte ein hartnäckiges Fieber, das sicherlich von einem Sonnenstich kam. Der Arzt erlaubte ihm, sich trotz des

Fiebers prüfen zu lassen, und stopfte ihn mit Aspirintabletten voll. Er bestand als Zweitbester. Während der Ferien arbeitete er dann in den Werkstätten der Eisenbahngesellschaft, um sich das Geld für einen neuen Anzug zu verdienen.

Im Oktober nahm Louis an den Kursen der Berufsschule teil, Jean erhielt eine Stelle als Lehrer in Sousse, und Henri, der das Regiment verließ, wollte in Paris mit Paul zusammentreffen. Man übergab ihm eine kleine Wäscheausstattung: sechs Hemden, einige Unterhosen, zwei Anzüge, darunter einen Sportanzug, zwei Paar Schuhe; er erhielt das Reisegeld, und dann brach er auf. Das war der zweite Auszug aus Nordafrika.

Marie-Louise und Noël blieben mickrig, und die Umgebung in der Straße am Fluß paßte wirklich nicht zu uns. Eines Tages las mein Mann mit Interesse ein Inserat in der *Dépêche Tunisienne*; es handelte sich um ein kleines Haus, das in Karthago verkauft werden sollte. Wir schauten es uns am 1. Januar 1925 an, aber wir stellten fest, daß die Kinder für ihren Schulweg mit der elektrischen Eisenbahn hin und her fahren müßten; für dieses Verkehrsmittel hatten wir jedoch keine Ermäßigungskarten, und so begnügten wir uns wieder mit der Vorstadt im Süden von Tunis.

Die meisten Eisenbahnangestellten hatten sich Villen mit einem günstigen Preisangebot bauen lassen; wir wollten aber ein Haus, das schon fertig gebaut war, um uns dort so bald wie möglich einrichten zu können.

Wir fanden auch in der Avenue Stephen-Pichon in Maxula-Radés gegenüber dem Mädcheninternat eine Villa mit vier Zimmern und einem ziemlich großen Garten; allerdings mußten zwei Fenster zugemauert werden. Denn der neue Mieter des schon verkauften Nachbargrundstücks verlangte, daß die Fenster mit Blick auf sein Haus entfernt würden. Wir hatten schon zugestimmt. Aber Gott hatte etwas Besseres für uns vorbereitet! Der Verkäufer zog nämlich das Angebot zurück und verwies uns auf das Haus, in dem wir noch immer wohnen.

Wir besichtigten es am 25. Mai 1925. Der kleine René hatte mir eine schreckliche Szene geliefert; er wollte nicht aus dem Zug steigen, und als ich ihn zwang, uns zu folgen, begann er laut zu plärren.

Vom Garten habe ich eine unvergeßliche Erinnerung bewahrt. Blumen gab es dort, Blumen, wie ich sie niemals seit meiner frühesten Kindheit im Garten von Taddert-ou-Fella gesehen hatte. Ich war entzückt, schon bevor ich mir das Haus angeschaut hatte, das mir recht klein vorkam: drei große Zimmer und ein winziges Räumchen, von dem man den Eingang zum Flur abgezweigt hatte, eine Küche, eine Veranda und einen Abstellraum; die Waschküche war im Schuppen, ebenso die Toilette, und über der Küche gab es noch einen Speicher. Das genügte uns; wir waren ja nicht mehr so zahlreich.

Ich sagte zu meinem Mann, er solle den Vertrag sofort abschließen. Wenn wir mehr Ahnung gehabt hätten oder weniger in Zeitdruck gewesen wären, hätten wir vielleicht auch einen besseren Preis herausschlagen können. Aber wir wußten ja nicht, daß der Besitzer gezwungen war, das Haus zu jedem beliebigen Preis zu verkaufen, da er nun schon einmal woanders gebaut hatte.

Es wurde vereinbart, daß wir das Haus für 29 000 Franc kauften, wovon 10 000 im voraus und die restlichen 19 000 in Raten innerhalb von fünf Jahren zu bezahlen waren.

Wir hofften, das Haus in der Straße am Fluß zu verkaufen, um uns dafür das Haus in Rades kaufen zu können; aber wir fanden keinen Käufer, der unseren Vorstellungen entsprach, und so mußten wir es an meinen Schwager Abbas vermieten, der aus der Straße El-Korchani ausgezogen war.

Ich habe niemals die Straße am Fluß vermißt. Ich war dort nicht glücklich gewesen, und die Leiden, die ich dort erfuhr, überwogen bei weitem die Freuden. Dennoch habe ich dort fast sieben Jahre gelebt, habe gesehen, wie drei meiner Söhne aufwuchsen und Männer wurden, und habe das Bild in meiner Erinnerung festgehalten, wie Paul und Henri in dem großen Eßzimmer herumtanzten.

In der Nacht des 24. Juni bereiteten wir uns auf den Umzug vor; die Wagen sollten am frühen Morgen des nächsten Tages kommen. Wir hatten die Betten abgeschlagen und Matratzen im Eßzimmer ausgebreitet. Wir schliefen schon, als Jean an der Tür klingelte. Er war von Sousse gekommen, um die Abschlußprüfung des vierten Jahres zu machen. Sein Schulkamerad und Freund Marcel Reggui hatte ihn begleitet.

Im Morgengrauen war ich aufgestanden und hatte auf der Gas-
flamme das Hühnchen gekocht, das wir am Mittag essen sollten;
die Wagen waren beladen mit unserem Hab und Gut. Es blieben
noch einige Sachen da, die wir später noch nachholen wollten, besonders zwei Schränke, die an einer Wand in meinem Zimmer ein-
gemauert waren. Wir haben sie niemals wiederbekommen; sie wurden bei der Pfändung der Möbel meines Schwagers beschlagnahmt.

Als die Wagen losgefahren waren, nahmen wir den Zug um elf
Uhr, und am Mittag betraten wir unser neues Haus, das von unseren Vorgängern völlig geleert worden war.

Jean aß an diesem Tag mit uns. Mit welchem Stolz kam er zurück
aus dem Garten! In den Händen hielt er einen Teller mit Erdbeeren
und blühenden Kaktusfeigen und sagte: »Es ist doch nützlich, einen
eigenen Garten zu besitzen!«

4

Der Hafen von Rades

Von meinem Leben in Rades werde ich nicht viel erzählen; denn
alle meine Kinder kennen es gut. Ich werde mich darauf be-
schränken, einige Bilder in Erinnerung zu rufen.

Die ersten Jahre waren sehr hart; ich nahm die Finanzierung des
Hauses in meine Hände – wie jedesmal, wenn wir den Gürtel enger
schnallen mußten. Von 1925 bis 1930 waren hohe Schulden zurück-
zuzahlen. Um die ersten 1000 Franc abzutragen, nahmen wir beim
Verleiher Burgel Zuflucht mit einer Hypothek auf das Haus in der
Straße am Fluß und mit hohen Zinsen; und Henri und Paul unterstützten uns. Paul schickte telegraphisch jede zweite Woche 50
Franc, und als Henri in der ›Nordafrikanischen Agentur‹ arbeitete,
kamen von ihm 250 Franc monatlich. Außerdem gab es nur einfache Gerichte: dicke Suppe mit Nudeln und Trockengemüse – Bohnen, zerdrückten Erbsen oder Saubohnen –; aber die Mengen waren
reichhaltig und dazu nach Wunsch auch frisches Weißbrot.

Jean hatte den Juli zu Hause in dem kleinen Zimmer verbracht.
Am 1. August sagte er zu mit: »Mama, auch ich gehe nach Paris; bis
zum Oktober werde ich sehen, was ich dort machen kann.« Er war

erst 19 Jahre alt. Er war der dritte Sohn, den mir die schreckliche und wunderbare Stadt wegnahm.

Ich erinnere mich nicht, daß sich in allen diesen Jahren etwas Besonderes ereignet hätte: Die Kinder gingen in die Schule; René, der noch zu klein war, blieb zu Hause und setzte sich oft auf den Pfeiler der Eingangstür, um die vorübergehenden Leute zu betrachten. Er war braun wie eine Brügnole (Pfirsichsorte) mit einem Wald von Locken, die wie Ringe auf seinem Kopf aussahen, und manchmal sprach er vornehme Frauen an: »Liebe Frau, gibst du mir bitte ein Bonbon?«

Wenn Noël aus der Schule kam, sprang er von seiner Hühnerleiter. Dann kletterte er auf die Mandelbäume, füllte seine Taschen mit Mandeln und sagte zu mir: »Eine Tasche für dich, eine für mich.« Oft war er auf einem Baum, wenn ich ihn auf der Straße suchte. Er und Jean waren von allen meinen Kindern die längste Zeit mit mir zusammen im Haus. Als er ein wenig größer wurde, betrachtete René den Uhrzeiger und sagte: »Noël kommt aus Schule. Ich hol' ihn ab.« Und er ging los, um Noël zu treffen.

Um die Gesundheit mußten wir uns jetzt keine Sorgen machen; wir hatten gute Luft, Früchte, Gemüse und Brot nach Belieben.

Wir kleideten die Kinder im Kaufhaus ›Gagne-Petit‹ ein: strapazierfähige Velourskleidung, die im Winter wärmt, und Schuhe; Marie-Louise-Taos hatte ihren seidenweichen Wollmantel bekommen. Wir hatten zwar weiterhin Geldsorgen, aber ich fühlte mich endlich zu Hause, und zum erstenmal seit meiner Hochzeit mußte ich nicht die Anschuldigungen irgendeines Fremden ertragen: Die Kabylen, die aus der Heimat hierherkamen, ließen sich nicht mehr zwischenzeitlich bei uns nieder.

Im Oktober 1925 teilte uns Jean mit, daß er seine Prüfung bestanden hatte und nun zur Weiterbildung nach Versailles gehen konnte. Ich stieß einen Seufzer der Erleichterung aus. Wir mußten uns ein Jahr lang keine Sorgen um ihn machen; danach würde Gott schon weitersehen.

In meiner Erinnerung habe ich das Bild einer Tischrunde im Eßzimmer an einem Sonntag, dem Kuskustag, vor mir: Ringsum saßen Louis, Marie-Louise-Taos, Noël, René und Jean, der Ferien hatte. Jean drängte Noël, der gerne spottete, Louis zu reizen.

»Louis, du läufst wie ein Flußpferd«, warf ihm Noël an den Kopf, und Louis entgegnete ihm darauf: »Achtung, Ahès!« (Noël neigte sich gewöhnlich etwas vornüber, und deshalb nannten wir ihn Ahès, den kleinen Hessouna, wie unser buckliger Nachbar aus der Straße am Fluß hieß).

Die Kinder setzten sich in Renés Zimmer, in dem auch Louis und Noël schliefen, auf den Boden und spielten Domino, aber Noël schummelte und verstopfte mit Brotkrumen die schwarzen Löcher auf den Dominosteinen. Ich hörte, wie sie manchmal stritten, und verteilte Ohrfeigen in die eine oder andere Richtung.

Louis schwärmte für das Kartenspielen, und die Spielrunden fanden kein Ende. Aber wir bemerkten zu spät, daß er oft Unterrichtsstunden schwänzte und uns die Bescheinigungen über sein Fernbleiben unterschlug. Ich habe nicht gesehen, wie mein Sohn Louis erwachsen wurde; für mich war er immer das Nesthäkchen, das bis drei Jahre auf dem Rücken getragen werden mußte. Mehrere Jahre konnte er auch nicht wie erwachsene Menschen sprechen, vor allem nicht Kabylisch; als kleiner Junge verformte er noch die Wörter wie ein Baby, weshalb sich seine Brüder über ihn lustig machten. Lla Djohra hatte ihn sehr verwöhnt, mehr als Marie-Louise-Taos und Noël, aber sie hatte ihm auch gewisse Schrullen beigebracht; so lauschte er zum Beispiel gern an Türen.

Seit 1922 war ich nicht mehr in die Kabylei zurückgekehrt. 1927 packte mich eine üble Grippe; wie gewöhnlich pflegte ich mich nicht, und so konnte ich eines schönen Tages nicht mehr aufstehen. Mein Mann mußte eine Haushälterin nehmen, und es wurde beschlossen, daß ich die Ferien in der Kabylei verbringen sollte.

Bei meiner Ankunft fand ich viele Plätze leer: Der Vetter Chérif-ou-Amrouche war gestorben, ebenso wie andere Vettern meines Schwiegervaters. Ich hatte Chérif sehr gern, diesen ruhigen und würdigen Mann, und noch lange trat mir seine hohe Gestalt vor die Augen. Während der sieben oder acht Jahre, die ich in Ighil-Ali verbracht habe, kann ich mich nicht erinnern, Chérif jemals wütend gesehen zu haben. Immer war er bereit, uns zu verteidigen, wenn jemand etwas Böses über uns gesagt hatte. Bachiou-Youssef, der Mann Aldjas, der Schwester Lla Djohras, war gestorben, ebenso wie die zwei Mädchen von Madani und sein Sohn Mohamed. Der alte Onkel Hemma lebte mit seiner Schwester, meiner Schwiegermutter, in unserem Haus, das er bis zu seinem Tod nicht mehr verlassen hat.

Einige Tage nach meiner Ankunft kamen Jean und Henri aus Frankreich zu uns, Henri jedoch nur für wenige Tage; er sollte sich noch in diesem Jahr, im Dezember, verheiraten.

Als die Ferien zu Ende waren, kehrten wir nach Radès zurück. Jeanne, mein Hausmädchen, hatte das Haus gehütet; Jean hatte mit dem Lehrerseminar in Saint-Cloud begonnen.

Im November teilte Louis uns mit, daß er eine Stelle im Rathaus von Tunis gefunden hatte. Wir konnten uns nur der Tatsache beugen; wir hätten es vorgezogen, wenn er weiter in die Schule gegangen und ins Lehramt eingetreten wäre. Er war so naiv wie ein Kind geblieben, aber schlechte Jungen hatten erfolgreich auf ihn eingeredet...

Ich erinnere mich nicht, ob Marie-Louise 1927 oder 1928 ihre Abschlußprüfung bestanden hat. Im September 1927 konnte mein Mann das Haus in der Straße am Fluß an seinen Freund Brizini verkaufen; dieser zahlte ihm 10 000 Franc im voraus und den Rest in zehn Jahren. So wurden wir alle unsere Schulden los. Im Oktober 1928 kehrte Jean, der sein Lehrerexamen in Saint-Cloud bestanden hatte, zu seinem Militärdienst nach Tunis zurück.

Mein Mann, der das Anrecht auf freie Fahrt hatte, fuhr in diesem Sommer nach Lourdes, danach nach Paris, wo er Paul wieder mit seiner Frau und seinem Sohn zusammenführte. Marie-Louise-Taos begleitete ihn.

Louis, der in demselben Jahr 1928 seine Stelle im Rathaus verlassen hatte, beschloß, auch nach Paris zu gehen. Wir schrieben Paul, um seine Meinung zu hören; er telegraphierte: »Schickt Paket«, und wir fertigten Louis ab. Das war für mich ein heftiger Schmerz; denn ich hatte alles in Betracht gezogen, außer, daß ich mich von Louis, der in meinen Augen etwas zurückgeblieben war, jemals trennen könnte: Ich wünschte, ihn bei mir zu behalten, um immer auf ihn aufpassen zu können.

Jean machte seinen Militärdienst in Bizerte, aber er kam im Januar wieder nach Tunis, um an den Kursen für Offiziersanwärter teilzunehmen. Er blieb sechs Monate, in denen er im Haus ein und aus ging; oft warteten schon die Klassenkameradinnen von Marie-Louise-Taos auf ihn, weil er ihre Algebra-Aufgaben lösen sollte.

Er ging dann nach Saint-Maixent und blieb dort bis 1929. Als er dort entlassen wurde, war er ein stattlicher Unterleutnant, und die Leute, die ihm begegneten, fragten meinen Mann: »Ist dieser stattliche Unterleutnant Ihr Sohn?« und mein Mann war sehr stolz auf ihn. Im Januar 1930 erhielt Jean eine Stelle als Lehrer in Sousse.

Pauls Familie hatte sich um eine kleine Tochter vergrößert: Monique. Wir dachten, daß nun wieder Ruhe eingekehrt sei in das vollkommen eingerichtete Heim am Boulevard Sebastopol, als uns alarmierende Nachrichten über die Gesundheit des Babys und die familiären Verhältnisse erreichten. So sah die Bilanz eines Paares am Ende von zwei Jahren Ehe aus! Mein Mann, der seine neue Reiseerlaubnis nutzte, ging im Mai nach Paris. Dort trafen sich in den Ferien auch Jean und Marie-Louise-Taos mit ihm. Alle bestätigten mir, daß die kleine Monique sehr krank war. Ich bot Belkacem an, die Kinder und Pauls Frau zu uns nach Hause kommen zu lassen, damit Monique sich wieder erholen könnte. Charlotte kam Anfang Oktober 1930 an. Die kleine Tochter wäre wirklich gestorben, wenn sie in Paris geblieben wäre.

Aber das Haus in Radès war nicht geräumig genug, und als Jean in den Ferientagen um Allerheiligen kam, mußte ich ihn in demselben Bett wie seinen Vater schlafen lassen, während ich selbst Kopf bei Fuß mit Marie-Louise-Taos schlief. René war mit seinem Bett in das Zimmer seines Vaters ausgewandert, und Noël gab sich mit dem harten Sofa im Eßzimmer zufrieden.

Am nächsten Morgen sagte Jean, daß dieser Zustand nicht länger andauern könnte. Charlotte bat ihre Eltern brieflich, sie in Ighil-Ali aufzunehmen. Sie empfingen sie im Laufe des Dezembers.

Wir beschlossen daraufhin, das Haus zu vergrößern. Als Jean die Ferien bei uns verbrachte, mußte ihm Marie-Louise-Taos ihr kleines Zimmer gegenüber dem meinen überlassen, jenes kleine erinnerungsreiche Zimmer, in dem Marie-Louise-Taos ihre Lektionen lernte und ihre Aufgaben löste; manchmal habe ich ihr dabei geholfen. Jetzt hatte sie ihr Grundschulzeugnis.

Wir besprachen Entwürfe mit drei italienischen Bauunternehmern. Schließlich entschieden wir uns, das Material auf unsere Rechnung zu kaufen, und wir nahmen einen Maurer mit Tageslohn. Unmittelbar an die Küche schloß sich ein Nebengebäude an, das wir abreißen ließen, da es sich zeigte, daß die Trennwand feucht und deshalb gesundheitsschädlich war. Wir konnten in vergleichsweise kurzer Zeit drei Zimmer und eine verglaste Veranda bauen lassen. Außerdem war es jetzt möglich, über eine Außentreppe auf die Terrasse zu gelangen. Begonnen hatten wir an Weihnachten, an Ostern war alles beendet.

Im September 1931 kündigte Jean seine Verlobung an und führte uns die junge Frau vor, die von ihrer Mutter begleitet wurde.

Marie-Louise, Noël und René waren in den vergangenen Ferien ohne mich nach Ighil-Ali gegangen. Acht Tage später erkrankte René an einem heftigen Fieber. Der Arzt stellte Typhus fest. Am 1. Oktober ging Noël am Morgen zur Schule, aber am selben Abend mußte er das Bett hüten.

Charlotte und ihre zwei Kleinen waren mit meinen Kindern aus der Kabylei zurückgekommen. Meine Schwiegertochter kümmerte sich um das Haus, während ich mit den Kranken beschäftigt war. Mehrmals am Tag und in der Nacht mußte man die Eisbeutel auf dem Kopf wechseln. Marie-Louise kaufte ein und karrte das Eis herbei, aber dann wurde auch sie krank. Man behandelte sie mit Verdacht auf Malaria, aber sie hatte sich ebenfalls die Typhuserkrankung zugezogen. Ich mußte drei Monate lang kämpfen. An Allerheiligen baten wir drei Ärzte um ein Gutachten: die Doktoren Broc, Gerard und Yalovikof, den behandelnden Arzt. Sie ordneten an, daß ich mit den Bädern aufhören, aber weiterhin Umschläge geben sollte. René wurde als der schwerste Fall befunden: Ein künstlich erzeugter Abszeß zur Ableitung rettete ihn. Noël erholte sich ziemlich schnell von seiner Krankheit, aber ich habe den Eindruck, daß er sich psychisch nie von ihr erholt hat.

Louis wurde in Tunesien zum Militärdienst einberufen. Vor seinem Gang in die Kaserne half auch er, das Eis herbeizukarren.

Während dieser Zeit der Trauer und der Angst war meine völlig blonde Enkeltochter Monique der Sonnenschein in der Familie. Sie war noch nicht drei Jahre, aber sie stand fest und kräftig auf ihren Beinchen. Auch sie wollte helfen: Sie brachte mir den Eisbeutel, indem sie ihn gegen ihr Bäuchlein drückte, damit ich ihn auf den Kopf des einen oder anderen Kindes legen konnte, und bot Marie-Louise den Kräutertee mit den Worten an: »Ist gut, Tata, t'ink!«

Wie ihre Mutter sich aufopferte, war bewundernswert, und ich weiß nicht, was geschehen wäre, wenn ich sie nicht an meiner Seite gehabt hätte. Niemand wollte uns helfen, denn alle fürchteten die Ansteckung. Von Ende September bis Ende Dezember schlief ich nicht, noch zog ich meine Tageskleidung aus. Als René außer Gefahr war, wachte ich bei Marie-Louise-Taos, die erst am Anfang ihrer Krankheit stand. Im Januar 1932 konnten endlich alle wieder aufstehen.

Während der langen Zeit dieser Krankheit kam Jean jede Woche von Sousse am Mittwochabend, um am Freitagmorgen in aller Frühe wieder dorthin zurückzukehren. Er hat uns immer beigestanden, wenn wir in Not waren. Der neue Anbau des Hauses nützte uns sehr viel; denn so konnte ich jedem meiner Kinder sowie meiner Schwiegertochter und ihren Kindern ein Zimmer geben. Der junge Marcel holte am frühen Morgen die Milch und dann vor seinem Schulgang auch noch das Brot. Im Mai heiratete Jean; nur Marie-Louise nahm an der Trauung teil. Die Neuvermählten aßen bei uns zu Abend und reisten danach für einige Tage nach Hammamet.

Am 24. Juni 1932 traf sich Charlotte in Ighil-Ali wieder mit ihrer Schwester, die meist in Marokko wohnte. In diesem Jahr hatten wir das Recht auf eine kostenlose Reise nach Frankreich. Meine Tochter sagte zu mir: »Mama, warum kommst du nicht mit uns?« Mein Mann hatte den Wunsch geäußert, René und Noël nach Lourdes zu bringen. Frau Benquet, unsere Nachbarin und Schneiderin, nähte mir drei Kleider, ich fertigte ein wenig Wäsche an und brach dann mit meinen Kindern und Belkacem auf. Henri hatte uns eingeladen, bei ihm im Boulevard des Batignolles abzusteigen. Ende Juli gingen wir los: Marie-Louise-Taos und ich in Richtung Paris und mein Mann und die zwei Kleinen in Richtung Lourdes. Seit acht Jahren hatte ich Paul und seit sieben Jahren Henri nicht mehr wiedergesehen. Wir wurden sehr nett empfangen, aber ich wußte, daß Henri und seine Frau ein wenig in Geldnöten waren; deshalb bestand ich darauf, für meinen Teil der Essenskosten selbst aufzukommen. Die Wohnung war sehr groß, aber Wasser gab es nur auf dem Flur, und die gemeinsame Toilette für alle Mieter war im ersten Stock. Das Zimmer meiner Enkelin Marcelle und der Speisesaal waren weiträumig und gut belüftet. Marie-Louise wurde in Henris Arbeitszimmer untergebracht.

Nach der Wallfahrt nach Lourdes kam mein Mann mit den Kindern ebenfalls nach Paris, und sie schliefen in Pauls noch ausreichend möblierter großer Wohnung. Wir verbrachten drei Wochen in Paris. Wir machten einige Fahrten in die Umgebung: nach Lisieux, zur Kathedrale in Chartres, zum Schloß in Versailles. Ich versuchte, Paul zu überreden, seine Frau und seine Kinder wieder zu sich zu nehmen; er weigerte sich aber entschieden und sagte zu mir, daß er beschlossen hätte, im Rahmen seiner Möglichkeiten Geld zu schicken, aber um keinen Preis wieder ein gemeinsames Leben mit Charlotte anzufangen.

Ich erklärte ihm, daß dieses Jahr für mich sehr hart gewesen war, daß meine jüngsten Kinder nicht immer gut mit den seinen ausgekommen waren und daß ich sie nicht unter einer solchen Notlage leiden lassen wollte.

Nach dem 15. August brachen wir wieder nach Tunesien auf; dabei kamen wir durch Algier und Ighil-Ali. Wir machten auch in Maison-Carrée halt, um Pater Justrob zu besuchen, und bei ihm fanden wir auch die Patres Duchene, Dehuisserre und Vidal: Wir sahen sie dort zum letztenmal wieder. Nach einem dreitägigen Aufenthalt in Ighil-Ali waren wir sehr glücklich, am Bahnhof von Radès von unserem Gärtner Ali, dem wir das Haus anvertraut hatten, empfangen zu werden; er lud das Gepäck auf den Schubkarren, und wir kehrten wieder in unser Heim zurück.

Louis hatte seine Armeezeit beendet. Ich wollte ihn einige Tage zu Hause pflegen, damit er sich etwas ausruhen könnte; ich hatte ihm eine kleine Ausstattung mit einigen Hemden, Unterhosen und Socken gemacht. Ich gab ihm einen Anzug, den Jean in sehr gutem Zustand schon seinem Vater überlassen hatte, und er brach mit den Soldaten auf, um sich in Paris demobilisieren zu lassen und seine Reise nicht bezahlen zu müssen. Er sollte Nordafrika niemals wiedersehen!

Es blieben jetzt noch Noël, René und Marie-Louise-Taos. Noël hatte sein Grundschulzeugnis erhalten, und ich entschied, daß er am Unterricht im Internat von Radès bis zum Hauptschulabschluß teilnehmen sollte. Ich legte keinen großen Wert darauf, ihn ins Alaoui-Gymnasium in Tunis zu schicken, da mir die Erfahrung mit Louis genügt hatte. René war mit seinen zehn Jahren noch ein Kind.

Nicht mehr als Louis hatte ich Noël groß werden sehen; mit seinen 15 Jahren war er jedoch sehr frühreif. Er war weder mit seinen Altersgenossen noch mit Älteren zusammen. Seit Mai 1933 schwänzte er die Schule: Er ging morgens mit seinem Ranzen weg, aber nur, um herumzustreunen; zu denen, die sich wunderten, ihm auf der Straße zu begegnen, sagte er: »Ich bin beim Ballspielen schlimm verletzt worden.« Vergeblich flehte ich ihn an, führte ihm vor, daß er sich nur selbst schaden würde, wenn er nicht weiter in die Schule ginge – verlorene Liebesmüh! Er gab mir zu verstehen: »Ich werde nach Paris gehen!«

»Um was zu machen?«

»Ich werde mit Paul arbeiten.« Dieser hatte gerade in Montmartre ein Lokal – ›Le Moustique‹ – gemietet, von dem er sich viel erhoffte. Der Vater schrieb an Paul, der zurückschrieb: »Schickt ihn her!« Noël brach Anfang Juli auf. Er verbrachte drei Monate in Paris und kam Ende September mit Jean zurück. Im Oktober gingen Noël, Marie-Louise und René wieder zur Schule. Aber im November wurde Marie-Louise krank, und Noël nutzte die Gelegenheit, um die Schule endgültig zu verlassen. Er wollte arbeiten, sein Vater mußte eine Stelle für ihn suchen, und vor allem brauchte er Geld. Überall, wo ich das Geld für den Haushalt versteckte, fand er es und bediente sich damit. Mein Mann beschloß, ihn nach Paris zu schicken, wo ihn seine Brüder, wie er dachte, irgendwie unterbringen würden.

Henri schlug uns vor, mit Hilfe eines Vorschusses ihn eine Lehre in einem Friseursalon machen zu lassen. Noël ging zu Henri; Henri konnte ihn aber nicht lange festhalten, denn es war unmöglich, ihn festzuhalten – trotz der monatlichen 300 oder 400 Franc, die wir ihm schickten. Er ging zum ›Moustique‹, wo der Vetter Belaid und Louis ein Zimmer hatten. Paul überredete Henri mit Erfolg, ihm eine Matratze zu geben. Ich hatte ihm einen Koffer voller Wäsche geschickt und dazu noch einen gut erhaltenen Mantel von Paul.

Im Juli 1934 brachen wir von neuem nach Paris auf, wo wir den Kindern aufgetragen hatten, uns eine Wohnung für einen Monat zu mieten. Wir hatten Haus und Garten in Radès einem Araber für einen Betrag von 100 Franc zur Aufsicht überlassen.

Louis hielt sich gerade im Militärlager von Sissone auf, Noël hatte eine Stelle gefunden, und Paul und Henri arbeiteten jeder für sich in einer Druckerei.

Im Oktober erhielt Marie-Louise-Taos ihr Abiturzeugnis, und wir baten die Gesellschaft um eine Anleihe, mit der wir sie zur Fortsetzung ihrer Studien nach Frankreich schicken wollten; wir hatten für sie sogar ein Zimmer in einem Pariser Studentenwohnheim bekommen. Aber sie konnte sich dort nicht anpassen und kehrte nach zwei Monaten wieder nach Radès zurück.

Im Mai 1935 wurde mein Mann in den Ruhestand versetzt; das war für mich ein großes Problem. Er war erst 53 Jahre alt und hatte kein Interesse an der Gartenarbeit. Ich schickte ihn für einen Monat in die Heimat; nach seiner Rückkehr reiste er für einige Wochen nach Paris.

Ich dachte, daß man durch den Kauf eines Gebrauchtwagens meinen Mann etwas von seiner Langeweile ablenken könnte, und für 5000 Franc schafften wir uns einen hübschen Citroën 7 CV an. Belkacem nahm Fahrstunden und erhielt seinen Führerschein.

Im Oktober 1935 wurde Marie-Louise Aufseherin im Internat von Radès. Vom Dezember 1935 bis Mai 1936 erlebten wir schöne Tage. Jean und sein befreundeter Kollege Marcel Brémond kamen in Noëls Ferien, und Brémond, der Auto fahren konnte, fuhr uns nach Karthago, nach Sidi-Bou-Saîd und nach Hammamet. Da ich schon seit langem nicht mehr außer Haus gegangen war, freute ich mich wirklich, die Schwelle meiner Tür zu überschreiten, um ins Auto zu steigen und auf Entdeckungsfahrt zu gehen. Am Donnerstag und am Sonntag nahmen wir Marie-Louise vom Internat aus mit, und wir fuhren mit ihr und René auf gut Glück irgendwohin. Unser Essen – ein dickes Omelette oder Lammhirn – nahmen wir mit und machten Picknick im Freien auf der Straße nach Bizerte, in Djebel-Rssas, in Hammamet, in Korbous oder im Hammam-Plage-les Pins.

Aber die guten Ereignisse dauerten nicht an. Eines Tages gab es sozusagen den Umschlag. Und nach einem heftigen Aufprall hörte ich meinen Mann sagen: »Geschafft! Wir haben uns überschlagen!« Am 19. Mai war unser Auto in Richtung Medjez-el-Bab in den Graben gerast, weil Belkacem einem entgegenkommenden Auto ausweichen wollte, und hatte sich um die eigene Achse gedreht. René, der glücklicherweise unverletzt durch die Fensterscheibe hinausklettern konnte, alarmierte Fußgänger, die uns zu Hilfe eilten. Ich hatte oberhalb der Stirn eine Wunde, aus der das Blut nur so herausspritzte; man brachte mich zum Sanitäter des Dorfes, und ein Arzt nähte mir die Wunde zu. Mein Mann hatte sich das Steuer in die Brust gerammt, schien aber unverletzt; doch als er zu Hause ankam, klapperte er mit den Zähnen, weil ihn Schüttelfrost gepackt hatte.

Am nächsten Tag holte René den Arzt, der feststellte, daß der Zustand Belkacems viel ernster war als der meine: Er hatte eine Lungenentzündung. Jean wurde telegraphisch benachrichtigt und kam noch im Verlauf des Abends an. Man unterrichtete Marie-Louise, die glücklicherweise im Augenblick des Unfalls nicht mit uns zusammen war. Sie eilte mit ihrer Freundin Nanou Carlini nach Radès. Mein Zustand hatte sich verschlechtert: Ich hatte eine Wundrose. Meine Ohren, die voller Bläschen waren, taten mir tagelang weh; nach zwei Wochen waren wir außer Gefahr. Der Wagen war von Caccio, dem Garagenbesitzer, abgeschleppt worden; er wurde repariert und verkauft. Von diesem Augenblick an hörte mein Mann, der seit dem Alter von 15 Jahren sein ganzes Leben geraucht hatte, mit dem Rauchen auf. Zu irgend etwas ist also auch ein Unglück gut.

Wir brachen am 23. Juni 1936 nach Frankreich auf, wo Paul in Varenne-Saint-Hilaire ein großes Gartenhaus, in dem wir alle wohnen konnten, gemietet hatte. Und wir wurden fürstlich empfangen. Das Jahr darauf kamen wir wieder zur Ausstellung von 1937, und ich habe von diesem Haus und diesem Garten, wo es so viele Rosen in allen Sorten und in allen Farben gab, eine Erinnerung an Glück, Wohlstand und Überfluß bewahrt, die ich niemals vergessen werde. Louis war mit Paul zusammen, und auch ihm kam dieses schöne Umfeld zugute. Ich sehe den schönen roten ›Hamilcar‹ wieder, sehe, wie Paul ihn fährt. Er nahm uns zur Ausstellung mit, nach Andelys, nach Rouen, nach Gros-Bois und zum Schloß der Prinzen Berthier; er bemühte sich, uns Freude zu bereiten, obwohl eine Angelegenheit, mit der er fest gerechnet hatte, sich zu seinem Nachteil entwickelt hatte. Ende August fuhren wir zurück; denn ich war in Sorge um unser Haus in Radès, das von Leuten gehütet wurde, zu denen ich kein Vertrauen hatte.

Paul fuhr uns bis zum Bahnhof von Lyon. Er ging nicht mit hinein, denn er verließ seinen Wagen nicht. Als ich ihn beim Abschied umarmte, sagte er zu mir:»In zwei oder drei Jahren kommt ihr wieder hierher, und ihr werdet eine Veränderung vorfinden!« Ich habe ihn nicht mehr wiedergesehen. Seine Lebensgefährtin Jeanne und Louis hatten uns die Plätze freigehalten. Als Louis mich umarmte, bemerkte ich, daß er seine Lippen fest auf mein Gesicht preßte. Ich habe ihn nicht mehr wiedergesehen.

Marie-Louise war in Paris geblieben.

Im Oktober 1937 wurde Jean nach Tunis versetzt. Danach überstürzten sich die Ereignisse. Noël, der sich nach schweren Dummheiten verrückterweise für fünf Jahre bei der Armee verpflichtet hatte, zog sich Tuberkulose zu, diese Geißel, die die Familie Amrouche schon in Ighil-Ali heimgesucht hatte. Louis wurde angesteckt und starb als erster am 20. August 1939 im Sanatorium von Brévannes.

Paul telegraphierte uns die schreckliche Neuigkeit. Jean nahm das Flugzeug, um an der Beerdigung teilzunehmen. Nach dem Wunsch meines Mannes bereitete Paul sich darauf vor, den Leichnam nach Ighil-Ali zu bringen, als der Krieg ausbrach. Das war nur der Anfang des Unglücks. Zur Niederlage Frankreichs, zu den Bombenangriffen, zur Besatzung, zum Elend und zum Hunger kamen bei uns auch noch zwei neue Trauerfälle hinzu: Paul starb während der Massenflucht am 16. Juni 1940 und Noël am 10. Juli 1940 im Krankenhaus. Dieser Doppelschlag traf uns in derselben Woche durch eine Interzonenkarte.

Und dennoch war diese bedrückende Vorkriegszeit durch eine Tätigkeit erhellt worden, die uns, Marie-Louise-Taos, Jean und mich, monatelang in Atem hielt: In die französische Sprache übertrugen wir die Lieder, die wir Berber von unseren Ahnen ererbt hatten und die es mir möglich gemacht hatten, die Fremde zu ertragen und den Schmerz zu besänftigen. Mit großer Freude sah ich, daß meine Kinder sich endlich für dieses kabylische Erbe begeisterten. Unter Jeans Freunden, die wie er Lehrer am Gymnasium Carnot in Tunis waren und bei uns Kuskus aßen und unsere Orangen pflückten, beteiligte sich Armand Guibert mit größtem Engagement an dieser Suche nach unserer mündlichen Tradition; er veröffentlichte nämlich in seiner Buchreihe *Monomotapa* die von Jean übersetzte Sammlung *Chants Berbères de Kabylie*, die den Preis von Karthago erhielt.

Der Krieg hinderte Marie-Louise nicht, auf dem Weg, den sie eingeschlagen hatte, weiterzugehen: nachdem sie die von mir vermittelten Lieder der Berber auf dem Kongreß in Fès gesungen hatte, wurde sie im Mai 1941 nach Spanien in die Casa Vélasquez eingeladen. Dort in Madrid begegnete sie ihrem späteren Mann, dem Maler André Bourdil. Gerade noch vor der amerikanischen Invasion verließ sie Spanien, in Begleitung von André und schon schwanger mit ihrer Tochter Laurence, in Richtung Radès. Henri hatte mit seiner Frau und seinen Zwillingen die Demarkationslinie überschritten, um sich ebenfalls zu uns nach Radès durchzuschlagen.

Jean, geschieden und wiederverheiratet mit Suzanne, hatte seine Wohnung in Tunis aufgegeben, weil sie in der Nähe des Hafens zu sehr den Bombenangriffen ausgesetzt war, und zog sich auch in unser Haus zurück.

Während der schmerzlichen Stunden der Besatzung hatte der liebe Gott in seinem Erbarmen alle meine noch lebenden Kinder im Augenblick der größten Gefahr um mich versammelt. Wenn wir hätten sterben müssen, dann wären wir alle gemeinsam gestorben.

Danach ist der Friede zurückgekehrt. Der Deutsche wurde verjagt und besiegt. Von neuem zerstreute sich die Familie, jeder suchte wieder nach seinem eigenen Glück.

Meine braunen Haare sind weiß geworden. Das große Haus hat sich geleert; alle seine Bewohner sind gegangen – außer meinem Weggefährten, mit dem ich gerade das 47. Jahr unserer Hochzeit gefeiert habe.

Nach acht Jahren Abwesenheit bin ich nach Ighil-Ali gegangen: viele, viele Gräber, so viele unter unseren Verwandten und Bekannten vom oberen Dorf wie auch unter den christlichen Familien (Merzoug, Chlili, Sliman, Saîd Guâmara, seine Mutter und seine Schwester); drei Häuser waren geschlossen und mit unserem sogar vier.

Von dem Haus der Ahnen, das ich aus der Ferne wiedergesehen habe, sind nur noch unbewohnte Ruinen übrig; die Fensterläden im Obergeschoß, wo ich für immer, wie ich vor 40 Jahren geglaubt hatte, leben würde, hingen kläglich herab, und von der gesamten Familie Amrouche war nur noch der alte Großvater Ahmed geblieben. Und ich sagte mir mehrmals den Spruch: »Eitelkeit der Eitelkeiten, alles ist nur eitel – außer Gott und dem wenigen, was wir Gutes tun konnten!«

Ich kam wieder heim in unser Haus von Radès, wo ich mein 22. Lebensjahr begonnen hatte mit der Sehnsucht, wieder dorthin, in das verlassene Haus von Ighil-Ali, zurückzukehren. Ob mir dies je gelingen wird, bleibt Gottes Geheimnis. Ich schließe jetzt dieses Heft, in das ich die Geschichte meines Lebens aufgezeichnet habe.

Ich habe einen Monat daran geschrieben. Wir haben jetzt den 28. August; ich habe mich beeilt, man weiß ja nie.

Ich bin alt und müde, aber noch immer habe ich mir mein kindliches Wesen bewahrt, schnell bereit, das Unrecht wiedergutzumachen und die Unterdrückten zu verteidigen.

Ich habe meine Schule nicht mehr wiedergesehen, ich weiß also nicht, was aus ihr geworden ist; aber in meiner Erinnerung gibt es noch immer das verzauberte Bild meiner Jugend. So habe ich stets vor meinen Augen den Blumenweg, die Heckenrosen, das Geißblatt und das Klematisgewinde, den schäumenden Wasserfall, das blühende Ufer meines Baches und den Wiesenteppich der Butterblumen. Wenn ich in den Sommernächten die Frösche quaken höre, sehe ich auch wieder vor mir den Garten in La Varenne-Saint-Hilaire mit seinen Kletterrosen. Ich kann dann mit dem Dichterwort sagen: »An diesem Tag und an diesem Ort war auch ich einmal glücklich.«

Vergessen habe ich noch den Garten in Thoujal mit seiner Reben-

laube und Fort-National im Hintergrund mit seinen roten Zie-
geldächern und seinen weißen Bollwerken!

Ich habe diese lange Geschichte gerade noch einmal durchgelesen
und dabei bemerkt, daß ich etwas vergessen habe; ich habe zu
sagen vergessen, daß ich immer und überall ›die Kabylin‹ geblieben
bin. Nie – trotz der 40 Jahre, die ich in Tunesien gelebt habe, trotz
meiner von Grund auf französischen Erziehung –, niemals konnte
ich mich in meinem Innersten anschließen: weder an die Franzosen
noch an die Araber. Geblieben bin ich immer die ewige Verbannte,
die sich nirgendwo zu Hause bei sich selbst gefühlt hat.

Heute sehne ich mich mehr denn je, endlich bei mir selbst zu
sein: in meinem Dorf, mitten unter den Menschen meines Stammes,
unter denen, die dieselbe Sprache haben, dieselbe Gesinnung, dieselbe abergläubische und aufrichtige Seele, die nach Freiheit und
Unabhängigkeit hungert, die Seele Jugurthas!

Meinem Sohn Jean widme ich diese Geschichte, die ich für ihn geschrieben habe, soll er alle Leiden und Mühen kennenlernen, die
meine Mutter und ich ertragen mußten, damit es einen Jean Amrouche geben konnte: den Dichter der Berber.

(Maxula-Radès, vom 1. bis 31. August 1946)

EPILOG

Dies ist der Epilog zu meiner Lebensgeschichte, die ich im August 1946 in Maxula-Radès geschrieben habe – in Erinnerung an den 50. Jahrestag meines Abgangs von der Schule im kabylischen Dorf Taddert-ou-Fella. Ich habe diesen Bericht meinem Sohn Jean gewidmet, dem ich den Bericht auch anvertraut habe. Ich habe versucht, ihn 1953 in Ighil-Ali zu öffnen, aber ich merkte, daß dies Papa gar nicht gefallen hätte, und da ich ihm keinen Kummer bereiten wollte, habe ich das Heft wieder in seine Schublade zurückgelegt, zu der er allein den an seiner Uhrkette hängenden Schlüssel besaß.

Diese Folge widme ich nun meiner Tochter Taos Marie-Louise Amrouche – in Erinnerung an die Ahnen, an das verlassene alte Haus, in Erinnerung an die kabylische Heimat, die wir sicherlich nie mehr wiedersehen werden.

In Erinnerung an ihren Vater und an ihre toten Brüder vermache ich ihr alles, woran ich mich noch erinnern konnte, vermache ihr diese so ungeschickten Zeilen; denn mein Blick verschlechtert sich mehr und mehr, und meine Hände zittern, und ich muß mich anstrengen, leserlich zu schreiben. Ich habe soviel Unglück erlebt!

Den Anfang dieser langen Geschichte habe ich in Tunesien geschrieben, zehn Kilometer von Tunis entfernt in dem Landhaus in Radès. Aber durch Einsparungen und Entbehrungen hatten wir ein Haus im Geburtsort bauen lassen können.

Die Kinder, meine Schwiegermutter Lla Djohra und ich kamen dorthin, um die Ferien zu verbringen; diese Umgebung hat Taos zu einigen Abschnitten in ihrem Buch (*Rue des Tambourins*, 1960) angeregt, das sie an der ›Quelle der Pilger‹ spielen läßt – an Thala-el-Hadj, dem gebirgigen Garten ihres Großvaters Ahmed.

Mein Mann hatte immer gewünscht, einmal zurückzukehren und dann sein Leben in seinem Geburtsort zu beenden. Als er 1935 in den Ruhestand versetzt wurde, war unser jüngster Sohn René noch in der Schule; wir mußten in Tunesien bleiben, um ihm den Abschluß zu ermöglichen. Alle Großen hatten schon das Haus verlassen, um sich in Paris einzurichten.

Als sich nach den Kriegsjahren 1939 und 1940 das Haus leerte, konnten wir an eine Rückkehr in die Kabylei denken. Alle Kinder waren gegangen, die einen gestorben, die anderen in Frankreich. 1953 fanden wir endlich wie durch ein Wunder einen Käufer für unser Haus in Radès, einen Hausbesitzer aus Hammamet.

René war gerade Journalist bei Radio Tunis geworden. Am 15. Mai 1953 konnten wir Tunesien verlassen. Die ›Bäuerliche Genossenschaft der tunesischen Eisenbahnen‹ machte gute Angebote; so stellte sie für unseren Umzug unentgeltlich einen Güterwagen zur Verfügung. Wir kamen in Ighil-Ali an. Während unserer letzten Abwesenheit, die sehr lang gedauert hatte, waren viele Verwandte gestorben: Lla Djohra und ihr Bruder Hemma waren verschwunden, aber der alte Großvater Ahmed lebte noch, auch wenn seine Beine gelähmt waren.

Seine Frau Zahra kümmerte sich um ihn; sie bemühte sich, ihn anständig zu pflegen, obwohl sie selbst krank war. Es fehlte an nichts. Sie sagte zu mir: »Er hat einen großen Namen. Die Besucher dürfen an ihm nichts finden, was unangenehm aussieht.« Denn er war sehr geachtet, und die Leute kamen, um ihm wegen seines Alters und seiner Gebrechlichkeit ihre Aufwartung zu machen. Charlottes Vater El Mouhouv-ou-Ouari lebte noch auf dieser Welt, aber sehr geschwächt. Wir richteten uns wieder bei uns in den zwei Räumen des Stockwerks ein; die unteren Zimmer dienten als Werkstatt. Belkacem stellte dort seine Hobelbank mit seinen Hämmern und allen seinen Werkzeugen hin.

In den großen Räumen des Stockwerks fanden alle alten Möbel, die wir aus Tunesien mitgebracht hatten, reichlich Platz. Mein Mann rief den Maurer herbei, um den Dachstuhl und die Decken auszubessern. Der Balkon wurde vergrößert und überdacht; zwei dicke Säulen stützten den Aufbau.

Um Licht hereinzulassen, ließ Belkacem zwei Löcher in die Wand zur Straße hauen, und er kaufte einen Ofen, um das Haus heizen zu können. Aus dem Balkon wurde jetzt eine Glasveranda von elf Metern Länge und drei Metern Breite, wovon er vorher drei Meter für die Küche, die ein Fenster auf der Seite zur Post besaß, abgezogen hatte. In der Nähe der Treppe ließ er Toiletten einrichten und fließendes Wasser und Elektrizität einbauen.

Im Hof wuchsen der vom Großvater gepfropfte Feigenbaum und der Olivenbaum, der der Steintreppe Schatten spendete. Belkacem ließ die Umzäunung befestigen und alle Mauern so verputzen, daß wir uns zu Hause wohl fühlten. Wir richteten selbst unsere Küche ein, denn Papa mochte keine neugierigen Zuschauer. Das Dorf erlebte einen wirtschaftlichen Aufschwung: Der Bäcker brachte uns das Brot ins Haus. Wir beendeten jenes Jahr 1953 sehr ruhig. Abends gingen wir auf der Straße spazieren, manchmal bis zur Schule in Richtung Bahnhof.

Aber das war zu schön. 1954 begann der Algerienkrieg.

Im Januar 1954 starb mein Schwiegervater Ahmed-ou-Amrouche. Es hatte die ganze Nacht geschneit; man telegraphierte seinen Kindern, die in Tunis wohnten. Der Postwagen, der sie vom Bahnhof mitnehmen sollte, konnte wegen der Dichte des Schnees nicht mehr ins Dorf hinunterfahren.

Mein Mann hatte im oberen Dorf übernachtet – bei seinem Vater, der in der Nacht gestorben war, als er gerade einen Löffel Kuskus zum Mund führte. Seine zwei Söhne stiegen trotz des Schnees zu Fuß hinauf und kamen durchnäßt und erschöpft an. Erst am übernächsten Tag konnte man den Großvater beerdigen.

In derselben Woche starb El Mouhouv-ou-Ouari. Ich lag mit einer starken Bronchitis im Bett und konnte deshalb an den Beisetzungen nicht teilnehmen. Charlotte, die aus Algier gekommen war, besuchte mich; wir hatten eine Auseinandersetzung wegen Henri, und so kehrte sie nach Algier zurück, ohne uns auf Wiedersehen zu sagen.

Die Jahre 1954 und 1955 lebten wir fast friedlich. Aber seit der Geschichte mit dem ermordeten Schulleiter in Arris schwelte das Feuer. In den Bergwerken und auf den Bauernhöfen herrschte die Unordnung. Die französische Armee richtete sich nach und nach in den Dörfern ein, der algerische Widerstand bildete sich immer mehr zu einer geordneten Bewegung aus. Von sieben Uhr abends an war Sperrstunde, und es gab Gemetzel auf beiden Seiten.

Im Februar 1956 beschlossen die ›Weißen Väter‹, daß die christlichen Familien ihre Wohnungen verlassen sollten; denn sie liefen Gefahr, von den Muslimen ermordet zu werden. In der allgemeinen Verwirrung sollte man nun irgendwohin aufbrechen.

Wie jeden Winter lag ich krank im Bett. Ich mußte aufstehen, meine Koffer packen, und nachdem ich den Schwestern meine ganzen Vorräte übergeben hatte, stieg ich am nächsten Tag mit Schwester Suzanne auf Huberts Lastwagen. In diesem Lastwagen hatten die Ouaris, die hier ihre Mädchen wiedertrafen, und die Zahouals, die nach Tizi-Ouzou gingen, schon Platz genommen. Wir gelangten zu einem Verwandten, der uns sein Bett anbot. Im christlichen Dorf Ighil-Ali blieben nur Marie-Rose, Huberts Mutter, und der Postbeamte zurück. Am nächsten Tag nahmen wir in Maison-Blanche (Dar El Beïda) um zehn Uhr morgens das Flugzeug; um 13 Uhr waren wir in Paris. Es war Anfang Februar im Jahr 1956.

Nach dem Weggang der Kinder waren wir mehrmals nach Frankreich gefahren. So auch 1949 zum 50. Hochzeitstag; Jean war gerade in den Boulevard Malesherbes umgezogen. Wir waren nach Manosque gegangen, wo wir einige Wochen bei Marie-Louise-Taos gelebt hatten und wo ich auch Jean Giono kennenlernte. Wir feierten in dem Landhaus in Sargé-sur-Braye unsere goldene Hochzeit gleichzeitig mit der Taufe des kleinen Pierre, des jüngsten Kindes von Jean.

Eine andere Reise führte uns 1953 nach Lourdes. Mein Mann dachte, daß die Jungfrau Maria mich wieder bekehren könnte; aber das Gegenteil traf ein. Widerwärtig erschien mir der ganze Handel, der überall mit diesem religiösen Kitsch getrieben wurde. Das war noch schlimmer für mich, als das Gerede eines Paters von dem ›geistigen Vorbehalt‹ oder der versteckten Lüge bei der Beichte anhören zu müssen. Mit dieser Pilgerfahrt nach Lourdes lösten wir ein Gelübde ein, das wir beim Verkauf unseres Hauses in Radès abgelegt hatten.

Als wir mit einem kleinen Handkoffer im Februar 1956 bei weniger als 13 Grad für eine unbestimmte Zeit bei Jean ankamen, konnte unser Sohn nicht verbergen, daß wir ihn vor ein großes Problem stellten. Uns für die Ferien zu empfangen, war eine Sache; uns für immer aufzunehmen, eine andere. Da wir durch diese unsicheren Verhältnisse überempfindlich waren, fühlten wir uns äußerst verletzt, als Jean uns riet, eine eigene Wohnung in Paris oder Umgebung ins Auge zu fassen.

Ich besuchte meine Tochter und berichtete ihr alles. Sie bot an, uns zu sich zu nehmen. Aber nach einigen Wochen zogen wir es doch vor, uns in Sargè einzurichten, wohin wir im Mai gingen; dort verbrachten wir Sommer und Herbst.

Man schrieb uns aus Algerien, daß die Familie des Postbeamten wieder nach Ighil-Ali zurückgekommen war, und mein Mann fühlte sich beruhigt und beschloß deshalb, wieder nach Hause zurückzukehren. Er leitete die notwendigen Maßnahmen ein und erhielt die erforderlichen Papiere. Im Februar 1957 nahmen wir wieder das Flugzeug nach Algier – trotz der Besorgnis unserer Kinder, vor allem von Jean.

Als ich meine Füße auf den algerischen Boden setzte, sagte ich: »Leb wohl, Frankreich!«

Mein Mann antwortete mir: »Man darf niemals sagen: ›Von deinem Wasser, Brunnen, werde ich nicht mehr trinken!‹«

Von März 1957 bis Oktober 1958 lebten wir in Kriegsängsten; die Bevölkerung war immer wieder den Mißhandlungen der Armee ausgesetzt. Die Widerstandskämpfer begingen nachts Sabotageakte, und die Armee zwang die Leute, morgens wieder alles zu reparieren. Viel Unglück herrschte unter den Zivilisten in beiden Lagern, und mein Mann wurde zusehends dünner.

Es war der schlimmste Tag, als die Armee ihn, der gerade Brot holen wollte, bei einer Razzia festnahm. Er wurde mit allen, die sie auf der Straße vorgefunden hatten, zur Schule gebracht. Da eine Schießerei am Friedhof ausgebrochen war, hatte die Armee der Bevölkerung verboten, ihre Häuser zu verlassen; die Soldaten ergriffen jeden, dem sie begegneten. Dieser achtzigjährige Mann mußte von zehn Uhr morgens bis acht Uhr abends in der Sonne stehenbleiben. Ich war wie eine Verrückte auf die Straße gerannt; den ganzen Tag bin ich nicht ins Haus zurückgegangen, ich habe nichts getrunken und nichts gegessen.

Für die Kabylen waren wir Roumis, Renégaten; man beneidete uns um den kleinen Luxus, den wir nach wie vielen Anstrengungen und

Entbehrungen und nach wie langer Zeit in der Fremde erworben hatten. Für die Armee waren wir ›dreckige Araber‹ wie die anderen.

Das Jahr 1957 ging mehr schlecht als recht zu Ende; die Armee hatte sich in der öffentlichen Schule eingenistet. Die Mönche hatten ihre Schulen wieder geöffnet, aber die Sperrstunde um acht Uhr blieb bestehen, und alle, die die Soldaten unterwegs antrafen, wurden niedergemacht. So waren eines Morgens vier junge Leute erschossen aufgefunden worden. Dies alles schwächte meinen Mann von Tag zu Tag mehr. Die Weihnachtsmesse wurde am Tag zelebriert. Als Belkacem zur Kapelle ging, zitterte ich; denn ich machte mir um ihn große Sorgen – wegen der Armee ebenso wie wegen der Kabylen.

Eine Zyste auf seiner Schulter war zu einem Geschwür ausgewachsen; ich selbst hatte es ihm aufmachen müssen. Eines Morgens fand ich meinen Mann mit einer Nadel und einem Metermaß in der Hand; er sagte zu mir: »Ich nehme jeden Tag mehr ab, und deshalb muß ich meinen Gürtel enger machen, denn die Hose rutscht mir runter.«

Er ging hin und her, beschäftigte sich immer mit etwas, arbeitete in seiner Werkstatt, wo alle Werkzeuge auf der Mauer lagen. Er hatte die Küche ans Stromnetz angeschlossen. Was für eine Freude gab es an dem Tag, als wir endlich auch fließendes Wasser in der Wohnung hatten; er hatte eine Leitung im Erd- und Obergeschoß gelegt. Er selbst setzte die Eisenbetonplatten für die Senkgruben ein. Als ich sagte: »Schon dich doch! Du arbeitest zuviel!«, antwortete er mir: »Ich habe Langeweile; und da muß ich eben arbeiten!«

Am frühen Morgen kletterte er in den Baum, um die Feigen zu pflücken. Als ich aufstand, entdeckte ich den Korb mit ganz frischen Feigen: »Iß!« sagte er zu mir, »sie sind gut.« Und ich aß sie, und er war zufrieden.

Er fegte auch den Plattenbelag, manchmal nahm er sogar den Lappen. »Du weißt«, sagte er dann zu mir, »die Leute, die uns besuchen, sollen ein sauberes Haus betreten.«

Er hatte auch selbst die Platten erneuert, und doch fehlte er niemals bei den Gottesdiensten, und die Schwestern rechneten fest mit ihm, weil er so gut singen konnte, während ihre Stimmen immer mehr oder weniger falsch klangen.

Es blieben nur noch zwei Mönche zurück: Pater Duplan für den Unterricht und Pater Etienne für die Pfarrgemeinde. Als Pater Kérinal an einer Lebererkrankung starb, kam Pater Duplan zu meinem Mann, um ihn um Rat zu fragen. Das war am 3. Dezember 1958.

So lebten wir, der eine wie der andere, besorgt und unruhig. In diesem Zeitraum erhielten wir auch die Nachricht vom Tod Henris. Das war am Vorabend von Allerheiligen. Ich habe meinen Mann niemals mit einer solchen Hoffnungslosigkeit weinen hören; er war untröstlich. Er hatte eine Lebervergiftung und gab alles von sich, was er gegessen hatte.

So lebte er mehr schlecht als recht weiter bis Weihnachten. An diesem Fest konnte er sein Stück Fleisch nicht essen, aber die Kinder hatten Pakete aus Frankreich geschickt, Bonbons, verschiedene Wurstsorten, und ich habe ihn großzügig damit bedient. Sicherlich hatte er zuviel gegessen; er hatte noch eine weitere Verdauungsstörung. Da er keine Zähne mehr hatte, schlang er sein Essen hinunter, ohne es zu kauen. An diesem Tag war er nach der Mahlzeit in die Kirche gegangen; es war sehr kalt, und das Essen lag ihm auf dem Magen. Nach seiner Rückkehr erbrach er alles, was er gegessen hatte – die Orangenscheiben waren noch völlig unversehrt.

Es war der 27. Dezember 1958, ein Samstagabend. Ich war eingeschlafen, und er war frühzeitig zurückgekehrt, aber es war die Zeit der kurzen Tage. Wir hatten Briefe mit Gückwünschen zum Neujahrsfest erhalten; einer war darunter, der ihm Kummer bereitete, und er begann, völlig verzweifelt zu weinen. Als ich ihn zu trösten versuchte, sagte er zu mir: »Laß mich doch weinen; das erleichtert mich!«

Man muß wissen, daß ich mein ganzes Leben lang um ihn gezittert habe; denn er war eine Person, die zu Ohnmachtsanfällen neigte. Ohne ersichtlichen Grund konnte es ihm plötzlich schlecht werden – mehrmals in seinem Büro, eines Tages auch beim Zahnarzt –, und er erzählte mir zu Hause davon nach seiner Rückkehr. Wenn er sich verspätete, erwartete ich ihn schon vor dem Tor. Wenn er dann heimkam, sagte er zu mir: »Dich wird man niemals ändern!« Und ich war so zufrieden, ihn wieder zu Hause zu sehen, daß ich ihm darauf keine Antwort gab.

Nachts wurde ich manchmal wach, und wenn ich ihn dann nicht

atmen hörte, rief ich nach ihm: *Amrar!* (mein Herr, mein Alter).
Wenn er mir geantwortet hatte, schlief ich wieder beruhigt ein.

Selbst wenn er am Morgen zur Messe ging, war ich voller Angst
bis zu seiner Rückkehr. Damals gab es in dem christlichen Dorf nur
den Postbeamten und seine Frau und seine Mutter: Hubert, seine
Mutter Marie-Rose sowie zwei muslimische Familien, die die leeren
Häuser von Blanche und von Marie G'âmara gemietet hatten. Dies
mag erklären, wie unheimlich die gesamte Umgebung war! Die
ganze Nacht zitterten wir, wenn wir ein Geräusch gehört hatten.
Trotz des Türschlosses und der Fensterriegel hatten wir Angst vor
allem und vor dem Unbekannten.

Der dritte Januar war ein Samstag. Am Abend hatte mein Mann vor
dem Ofen gesessen und beim Schein der kleinen Öllampe gerade
seine Zeitung ausgelesen; man hatte nämlich die Elektrizitäts-
masten niedergerissen. Den ganzen Tag war er im Freien gewesen,
bei den Händlern des Dorfes, bei Hubert. Zur Zeit der Sperrstunde
war er heimgekommen, hatte mich geküßt und mir »Guten Abend«
gewünscht, und er ging dann auch ins Bett, indem er zu mir sagte:
»Ich werde schnell einschlafen.« Er hatte sich sorgfältig rasiert, weil
er zur Frühmesse gehen wollte, und er war eingeschlafen.

Nach zwei Stunden hörte ich, wie er aufstand und mir zurief:
»Ich ersticke! Ich ersticke!« Ich antwortete ihm: »Geh auf den Balkon und schnapp ein bißchen Luft.« Ich hörte ihn erneut sagen: »Ich
ersticke!«

Er ging zur Toilette seitlich neben der Treppe; ich hörte ihn noch
einmal – und dann nichts mehr … Und mich packte die Unruhe. Ich
stand auf; im Nachthemd und barfüßig wollte ich den Grund dieses
Schweigens erfahren. Ich fand ihn: Belkacem saß auf der Toilette.
Ich schrie: »*Amrar! Amrar!*« Keine Antwort. Ich zerrte ihn mit den
Händen und versuchte, ihn hochzuheben; aber er war zu schwer.
Ich ließ ihn los und rannte zum Küchenfenster. Ich rief nach René
Zahoual: »René, komm schnell! Herrn Amrouche geht es schlecht,
ich habe Angst!«

René kam sofort ums Haus, und ich öffnete ihm das Tor zur
Straße. Er nahm meinen Mann in seine Arme und legte ihn in sein
Bett.

»Sollte man nicht den Militärarzt holen?«

Doch er hatte schon gemerkt, daß das Herz aufgehört hatte zu schlagen. Er rief seine Mutter, die mir Gesellschaft leistete. In der Nacht stand ich mehrmals auf, um zu sehen, ob es kalt wäre, und ich deckte ihn gut zu, aber er brauchte gar nichts mehr.

Gegen Morgen schlief ich endlich ein. Die Nachricht hatte sich schon im Dorf verbreitet. Am Ende der Messe waren die Schwestern zuerst still stehengeblieben, dann hatten sie das Weihwasser gebracht und ihm seinen Rosenkranz um die Hände gelegt. Und ich, ich war wie betäubt, ich begriff gar nichts. Ich sah, wie das Haus sich mit Verwandten vom oberen Dorf füllte; unter ihnen gab es auch den Sohn des Vetters Messaoud, der bei uns einziehen wollte.

Hubert hatte die Armee beauftragt, den Kindern in Paris zu telegrafieren, damit sie an der Beisetzung teilnehmen könnten; aber da niemand antwortete (kein einziges Telegramm war angekommen), sagte Pater Etienne zu mir, dann müsse man ihn eben trotz ihrer Abwesenheit beerdigen.

Am Montagabend verließ mich mein Mann, der 60 Jahre mit mir zusammengelebt hatte, nun für immer. Zwei Tage und zwei Nächte lang schritt an mir eine endlose Reihe von Verwandten vorbei, die mich nicht allein lassen wollten, die aber nur von ihren eigenen Angelegenheiten sprachen. Ich begriff, daß Messaouds Sohn in meinem Haus wohnen wollte, und das gefiel mir gar nicht. Ich ging zu Huberts Mutter Marie-Rose und bat sie um Zuflucht, bis Nachrichten aus Frankreich ankämen. Sie war einverstanden. Ich ließ ein kleines Bett und Decken zu ihr bringen und gab den Schwestern die gesamten Vorräte, die Papa in diesen Zeiten der Beschränkungen angelegt hatte. Ich blieb bei Marie-Rose vom 6. Januar bis zum 6. Februar, dem Tag, an dem ich in Begleitung von Mutter ›Louis von Karthago‹ nach Frankreich aufbrach. Sie hatte mir auch die Rentenpapiere und das Geld gegeben, was sie alles in der Kommodenschublade gefunden hatte. Einige Tage vor seinem Tod hatte Papa zu mir gesagt: »Siehst du dieses Geld? Vergiß nicht: das ist deine Rücklage für den Fall, daß ich einmal nicht mehr bei dir bin.« Ich dachte bei mir: »Ich werde vor dir sterben, und dann habe ich das alles nicht mehr nötig.« Denn ich war immer äußerst zerbrechlich gewesen.

Aber der Mensch denkt, und Gott lenkt.

Das Haus war verschlossen, und ich wartete auf die Nachrichten aus Paris. Endlich waren sie da. Mutter ›Louis von Karthago‹ hatte an meinen Sohn René in Nizza geschrieben. Dieser bat brieflich meinen Enkel Marcel, mich bei sich in Algier aufzunehmen, bis er selbst käme, um mich dort abzuholen. Sicher, die Reisekosten mußte ich selbst tragen, aber dafür hatte ich ja das Geld, das Papa in die Schublade gelegt hatte. Ich sagte also diesem Haus Lebewohl, das mein Mann in ein Schmuckstück verwandelt hatte und um das uns das Dorf beneidete.

Ich sehe Belkacem noch immer vor mir: Als die Nachbarkinder beim Ballspielen die sorgfältig verputzte und weißgekalkte Mauer beschmutzt hatten, nahm er einen Schwamm und einen Eimer mit Wasser und wischte die Flecken wieder ab, indem er die Bengel beschimpfte.

Ich stellte also mit Hilfe der Schwester mein Gepäck zusammen. Ich legte alles ordentlich, ja pingelig in den ›großen Reisekoffer‹; aber ich beging den Fehler, den Briefwechsel (mit dem Sohn Jean) nicht zu vernichten. Ich hatte den Schwestern sogar die alten Zeitungen gegeben, die ihnen, wie sie mir sagten, ihre Suppe wärmen sollten.

Dann schloß ich alle Türen ab und brach mit der Mutter ›Louis von Karthago‹ nach Algier auf. Wir übernachteten in El-Biar bei den Schwestern. Am folgenden Sonntag holte mich Charlotte ab; ich bin, glaube ich, bei ihr zwei oder drei Tage bis zu Renés Ankunft geblieben, und sie wollte kein Geld für die Zeit meines Aufenthalts annehmen. Ich sagte der Mutter ›Louis von Karthago‹ Lebewohl, nachdem ich ihr die Reisekosten bezahlt hatte und sie mir die Papiere übergeben hatte. Endlich kam René. Wir nahmen das Flugzeug, und nach einer Zwischenlandung auf Korsika stiegen wir in Nizza aus.

Damals machte ich mir noch viele Illusionen: Ich dachte, ein neues Heim zu finden, nachdem ich das alte verloren hatte. Ich sagte mir: Ich habe meinen Mann, mein Haus und meine Heimat verloren, aber ich habe noch meinen Sohn.

Ich habe nicht gezögert zurückzustecken. Was mir von dem Geld noch übriggeblieben war, hatte ich sogleich an René weitergegeben.

In den ersten Tagen schien René zufrieden, daß ich bei ihm war; aber seine Frau, die sich von ihrem Wochenbett nur schlecht erholte, rief ihre Großmutter, ›Mama Odette‹, zu sich – damit diese ihr den Haushalt führte, und so war das Haus voll ...

Nach mehreren geheimen Absprachen wurde beschlossen, daß ich Nizza in Richtung Paris verlassen sollte. Jean kam herbei, um sich nun hauptverantwortlich um mich zu kümmern. Er sagte zu mir: »Mama, mein Haus ist auch dein Haus; du wirst das Zimmer mit meinem kleinen Pierre teilen.«

Ich brach also mit Jean auf, zog es für den Anfang aber doch vor, bei Marie-Louise-Taos zu wohnen; bei ihr blieb ich vom März bis zum Juni. Dann holte mich eines Tages Jeans Frau Suzanne ab, um mich in ihr Haus in Sargé-sur-Braye zu bringen, wo ich in den Ferien mit meiner Tochter zusammenlebte.

Diese Ereignisse liegen bald schon wieder vier Jahre zurück. Jean und Marie-Louise-Taos kümmerten sich gewissenhaft um meine Angelegenheiten; sie beherbergten mich und sorgten abwechselnd für mich. Ich habe mich völlig in ihre Hände begeben; davor hatte ich ja unter dem Schutz und dem Beistand meines Mannes gelebt, der alles nur mit meinen Augen ansah.

So habe ich in diesen Jahren bei meinen Kindern gelebt, indem ich vom einen zum andern hin und her ging; aber das Unglück hat noch einmal an meine Tür geklopft: Nach mehr als vier Jahren ist jetzt Jean an der Reihe.

Im Oktober 1958 Henri, im Januar 1959 sein Vater; im April 1962 ist es nun Jean. Seit August 1939 also fünf von meinen Söhnen und ihr Vater: sechs Trauerfälle, die mein Innerstes verletzen, und ich habe alle diese Schicksalsschläge überlebt.

Manchmal frage ich mich, welche Todesart ich wählen könnte, um zu verschwinden, ohne zu leiden, ohne mich langsam dahinsterben zu sehen, wie die Gelähmten.

Dann sage ich mir, daß ich noch nützlich sein kann für meine Tochter, und ich versuche, sie ein wenig zu trösten. Ich möchte die meisten Gedichte, Sprichwörter und Redensarten gern an sie weiterreichen ... Ach! Wie schön sie ist, die kabylische Sprache, wie poetisch, harmonisch, wenn man sie kennt ... Die Menschen bei uns zu Hause sind so widerstandsfähig im Unglück, so einfügsam in

Gottes Willen; aber man versteht dies wirklich nur, wenn man in diese Sprache eintritt. Während der langen Zeit außerhalb meiner Heimat gab sie mir immer Trost und Hilfe.

So beschwöre ich meine liebe Tochter, Geduld zu haben und in Übereinstimmung mit der kabylischen Weisheit die Einsicht zu gewinnen, die Dinge wieder in die Hände Gottes zurückzulegen. Ihr Vater hat oft gesagt: »Der Mensch denkt, aber Gott lenkt.«

Für sie habe ich diese – leider ziemlich ungeschickte –Lebensformel aufgezeichnet: »Geduld und Mut! Alles vergeht, alles entschwindet, und alles geht ein in den Strom der Ewigkeit.«

(Paris, am 16. Juni 1962)

NACHWORT

Die Autobiographie auf der Suche
nach der verlorenen Persönlichkeit – oder Roman
von der wiedergefundenen Heimat

Eine Frau schreibt die Geschichte ihres Lebens. Es ist keine Frau, die ausführlich über die Rolle der Frau nachdenkt; aber wir nehmen teil an einem Leben, das nur eine Frau so erfahren und niederschreiben konnte. Es ist kein Leben, in dem eine bestimmte matriarchalische Position vertreten wird; aber wir lesen ein Buch, das uns einen Weltausschnitt aus der Sicht einer Frau wiedergibt. Es ist kein Buch, in dem über die Möglichkeit feministischen Sprechens und Schreibens gesprochen wird; aber wir lernen eine Frau kennen, die ihr persönliches Leben so gestaltet und durchlitten hat, daß es zu einer exemplarischen Geschichte weiblicher Emanzipation erhöht wird.

Wer war diese Frau? Fadhma Aïth Mansour Amrouche ist 1882 in der Kabylei geboren. Es ist die Generation unserer (Ur)Großeltern, die noch aus einer ganz anderen Welt stammt und den gesamten Wandel zu unserer heutigen Welt miterlebt hat. Und doch zählt sie nicht zu unseren Vorfahren, da sie einer uns fernen Welt angehört: der Welt Nordafrikas, die über Jahrtausende fremden Einflüssen ausgesetzt war und doch ihre Eigenständigkeit gewahrt hat. Zeitlich und räumlich entrückt scheint sie uns noch weiter zu entfliehen: Sie begreift sich als Frau innerhalb eines Stammes in der Landschaft des Djurdjura-Gebirges jenseits des Mittelmeeres und bekennt sich einzig dazu, eine Kabylin zu sein.

Aber es ist kein selbstverständliches Bekenntnis, eher ein Bekenntnis der Selbstbehauptung gegen alle Erfahrungen des Lebens, die ihr auch noch diesen letzten Halt nehmen wollen. Denn immer und überall wird sie zur Außenseiterin: Unehelich geboren steht sie von vornherein außerhalb der Gesellschaft; als eines der ersten einheimischen Mädchen geht sie in die Schule der französischen Kolonisatoren; in einer patriarchalischen Umgebung schreibt sie dem

Mann, den sie noch nicht kennt, einen Brief, in dem sie Forderungen an ihn stellt; sie verstößt durch ihre christliche Ehe gegen die muslimische Tradition; in der Großfamilie ihres Mannes bleibt sie die Andere, die ungeliebte Fremde; sie verläßt die Kabylei und folgt ihrem Mann nach Tunis, wo sie inmitten von Arabern und von Europäern, vor allem Sizilianern, wie in der Verbannung lebt; sie verliert einige Kinder durch frühen Tod und andere durch die Emigration nach Frankreich. Nie fühlt sie sich irgendwo wirklich zu Hause, nie kommt sie zu sich selbst – bis sie in der Ferne ihre Heimat wiederfindet: in der kabylischen Sprache. Und damit hat sie endlich auch ihre eigene Aufgabe entdeckt: in der Vermittlung der mündlichen Poesie der Kabylen. Ihr Sohn Jean Amrouche, der ›Dichter der Berber‹, der für die moderne maghrebinische Literatur etwa die Bedeutung hat wie Aimé Césaire für die schwarzafrikanische Literatur, übersetzt die von der Mutter gesammelten Lieder ins Französische, und ihre Tochter Marie-Louise-Taos Amrouche singt sie in öffentlichen Konzerten in Spanien und Frankreich.

Je mehr sie zu verlieren schien, desto mehr hat sie sich schließlich durchgesetzt; sie hat ihre persönliche Identität erkämpft, indem sie ihre eigene Individualität von den kabylischen Landsleuten ebenso wie von den arabischen Nachbarn abgegrenzt hat. Und trotz der christlichen Religion und trotz des französischen Schulsystems entdeckt sie doch auch die überindividuelle Gemeinsamkeit der national-regionalen Eigenart: die algerisch-maghrebinische Mentalität, verkörpert in Jugurtha, nicht im historischen Jugurtha, der 100 Jahre vor unserer Zeitrechnung als Numiderkönig gegen die übermächtigen Römer gekämpft hat, sondern in einem unsterblichen Jugurtha, der sich über Jahrtausende hinweg in allen Wandlungen gleich geblieben ist. In diesem Mythos, den Jean Amrouche 1943 entworfen hat und der in deutlichem Gegensatz zu Camrus' antikisierenden Mythos vom Minotaurus steht, verkörpert der ewige Jugurtha den Nordafrikaner, der das afrikanische Erbe, die islamische Kultur und die europäische Zivilisation zu einer eigenständigen Synthese verbindet. Doch eine genauere Charakterisierung dieses maghrebinischen Phänotyps ist keineswegs einfach: Seine proteische Veranlagung bleibt den Ausländern, die auf ihren Reisen immer nur vereinzelte Eindrücke wahrnehmen, weitgehend verborgen; das fremde Trugbild, das meist den äußeren Erscheinungen ethnischer Rituale und Zeremonien entnommen sein mag, widerspricht völlig dem maghrebinischen Selbstbild. In der Abhängigkeit von den ständig wechselnden Eroberern hat der Nordafrikaner seine eigene Unabhängigkeit entwickelt, und seine Anpassung erweist sich somit als die List eines unaufhörlichen Widerstandes, der letztlich Erfolg verspricht: die Erlangung seiner maghrebinischen Eigenständigkeit in selbstbestimmter Freiheit, die damals noch historische Illusion schien und doch schon als poetischer Vorgriff auf die Wirklichkeit bewußt war. Und Fadhma Amrouche verkörpert beides: die Festigung der eigenen Persönlichkeit, die sich allen Fremdeinwirkungen widersetzt, und die Gewißheit von der Heimat, die wiedergefunden werden kann, wenn man sich ihr schreibend erinnert.

Doch wir lernen nicht nur das Einzelschicksal einer Kabylin oder Maghrebinerin kennen; wir nehmen teil an dem beispielhaften Schicksal einer Frau, die uns fern und doch nah, die uns fremd und vertraut zugleich ist. Wir gehen zurück in eine Vergangenheit, die heute verloren ist; wir reisen in eine Welt, die nicht mehr vorhanden ist. Aber wir erinnern uns selbst noch an eine Zeit, die zu Vergleichen mit der Geschichte Fadhma Amrouches herausfordert, und wir erleben eine Welt, die uns teilweise so anders und doch auch wieder so ähnlich vorkommt. Fadhma erzählt von ihrer vergangenen Welt; sie erzählt einfach und klar, und wir lesen eine kunstvoll verschlungene Geschichte. Sie erzählt schonungslos ihr Leben, und wir lesen einen schönen Roman, der so authentisch ist wie viele Romane von Autoren der sogenannten Dritten Welt, die eigentlich nur ihre Autobiographien niedergeschrieben haben. Fadhma schreibt bewußt ihre Autobiographie – auch als poetisches Rohmaterial für ihren Sohn, der jedoch nur mehr lyrische Fragmente von der verlorenen und wiederzufindenden Heimat dichtet; die epische Totalität gelingt – vielleicht ein letztes Mal – nur noch seiner Mutter, auf die sich später Autoren wie Kateb Yacine berufen. Sie steht noch fest in der kabylischen Tradition mündlicher Poesie, und da sie weiß, daß die Zeit für die orale Dichtung zuende geht, wagt sie den Widerspruch: Statt zu erzählen, schreibt sie, und was sie schreibt, ist das Erzählte. So lesen wir, was wir eigentlich hören müßten, und von daher erklärt sich manches, was uns anfangs ungewohnt, ja unbeholfen oder unerklärlich vorkommt: Alles ist gegenwärtig, weil das Erzählen ständig den Augenblick heraufbeschwört und mit dem Augenblick auch die Bedingungen seiner Entstehung und die Auswirkungen seiner Entwicklung. Diese ständige Vergegenwärtigung verlangt einen Leser, der dieser Frau vorbehaltlos ›zuhört‹, der der Geschichte ihres Lebens lauscht, als habe er schon lange auf die Enthüllung dieses Geheimnisses gewartet, weil auch sein eigenes Leben davon betroffen ist.

Der deutsche Leser wird die Geschichte vom Leben Fadhma Amrouches jedoch nicht ganz vorbehaltlos lesen können. Er weiß, daß er einen übersetzten Text vor sich hat. Nun ist das Französisch, in dem Fadhma das Original 1946 (und den Epilog 1962) verfaßt hat, für sie auch eine Fremdsprache, die sie zwar gut, aber eigenwillig (und mit einigen sprachlichen Verstößen) anwendet; und es ist ein mittlerweile schon fast historisches Französisch, noch älter jedenfalls, als es das Jahr der Niederschrift vermuten läßt, weil der fremdsprachige Autor – und der frankophone Autor meist mehr noch als der deutschsprachige Autor – eher auf die Sprachtradition als auf die Gegenwartssprache zurückgreift. Dennoch haben sich die Übersetzer zum Ziel gesetzt, ihren deutschen Lesern einen Text zu bieten, der nicht auf diese sprachlichen Schwierigkeiten achtet, sondern sich nach der deutschen Sprache richtet und dabei doch die Andersartigkeit der kabylischen Welt sowie die Besonderheit der Erzählerpersönlichkeit zu wahren versucht.

DJURA

Der Schleier des Schweigens

*Für Hervé
und unseren Sohn Riwan*

*In diesem Buch erzähle ich meine Geschichte. Nie wäre ich auf die Idee ge-
kommen, mein Leben aufzuschreiben, hätten sich die Ereignisse nicht so
dramatisch zugespitzt, daß es für mich lebenswichtig wurde, sie festzuhalten und auf diese Weise die Vergangenheit zu bewältigen.*

*Bisher bedeckte ein schamvoller Schleier mein Leiden. In meinen Lie-
dern sang ich nur von der Hoffnung. Ich war beseelt von dem Wunsch,
das Los der Frauen, die noch unter dem Joch einer überalterten ›Tradition‹
leiden, zu verbessern. In der ganzen Welt.*

*Nach meinen Auftritten kamen häufig Frauen zu mir und erzählten von
sich. Dabei wurde mir bewußt, daß mein Schicksal – so außergewöhnlich
es auch anmuten mag – mit dem vieler Töchter, Schwestern oder Gattin-
nen übereinstimmt, die stumm sind vor Angst, die glücklich sein wollen
und dabei nicht einmal existieren dürfen.*

*Als ich mich bereit erklärte, mein Leben zu erzählen, wollte ich diesen
Schleier des Schweigens lüften, damit eines Tages die Maskerade ein Ende
hat, durch die angeblich die Gebräuche der Vorfahren respektiert werden.
Menschlich gesehen besitzt sie keinerlei Legitimität mehr.*

29. Juni 1987, dreizehn Uhr ... Es ist entsetzlich heiß, und die Kais der Seine sind völlig verlassen. Normalerweise nutzen die Flußschiffer das schöne Wetter, um ihre Boote zu streichen. Doch an diesem Tag wagt niemand, die heißen Planken zu berühren. Unser zu einem Hausboot umgebauter Schleppkahn bewegt sich nicht. Alles ist ruhig.

Hervé hat kaum Hunger, ich auch nicht. Wir geben uns mit einem gemischten Salat und einer halben Ananas zufrieden, die wir im Rumpf unseres schwimmenden Hauses verzehren, wo wir eine amerikanische Küche im Stil der dreißiger Jahre mit einer Bar eingerichtet haben. Auf dem Flohmarkt hatten wir eine hinreißende Theke aus Akazienholz, eine blaue Bank und zwei Bistro-Tische gefunden – die ganze Einrichtung.

Ich bin im siebten Monat schwanger und trage ein geblümtes Kleid, das angenehm leicht ist. Es stammt aus meiner nordalgerischen Heimat, der Kabylei. Ab und zu spüre ich, wie sich das Baby in meinem Bauch bewegt, und kann es immer noch nicht fassen, ein Kind von dem Mann, den ich liebe, auf die Welt zu bringen! Für viele Frauen ist das wohl das Normalste auf der Welt. Für mich bedeutet es das Ende eines langen Kampfes, die Verwirklichung eines Traumes, den ich gestern noch für unmöglich hielt.

Bei der Ultraschalluntersuchung hatte der Arzt gesagt, mein Kleiner bewege sich schon sehr kräftig. Hervé und ich haben gelacht.

Plötzlich hören wir, während wir noch essen, Schritte auf dem Deck. Wir haben keine Zeit zu reagieren. Die Tür wird brutal aufgestoßen, und ein bewaffneter Mann dringt in die Wohnküche ein. Kaum erkenne ich ihn, da drückt er auch schon seinen Revolver in meinen Bauch. Er gibt mir einen heftigen Schlag, so daß ich gegen die Bar taumele. Dann stürzt er sich auf Hervé und versetzt auch ihm mit dem Lauf seines Revolvers heftige Schläge. In diesem Augenblick dringt ein junges Mädchen in die Küche, läuft auf mich zu, schlägt mit Füßen und Fäusten wahllos auf meinen Körper ein.

Sie beschimpft mich und reißt an meinen Haaren, bevor sie sich auf meinen Bauch konzentriert und dort ihre ganze Wut ausläßt, während ich versuche, mich so gut wie möglich zu schützen.

»Ich bin schwanger!« schreie ich.

»Na und?« höhnt das junge Mädchen und schlägt unbekümmert weiter zu.

Die Überrumpelung, vor allem aber die entsetzliche Angst, mein Kind zu verlieren, verschlagen mir die Sprache. Trotz meines schwerfälligen Körpers versuche ich, die Treppe zu erreichen und mich ins Freie zu retten. Doch die wütende Furie hindert mich daran.

Plötzlich höre ich einen Schuß. Der Mann hat Hervé verfolgt, der ins Freie geflohen ist. Voller Angst versuche ich ein zweites Mal, das Boot zu verlassen und um Hilfe zu rufen. Das Mädchen drängt mich mit Gewalt zurück und stößt mich die Treppe hinunter.

Ich habe nicht die Kraft aufzustehen. Plötzlich kommt der junge Mann wieder in die Küche und ruft seine Komplizin: »Schnell, Sabine, beeil dich.«

Sie hasten die Treppe wieder hoch. Er trägt eine schwarze Lederjacke, und auch sie ist ganz in Schwarz gekleidet, einschließlich der Strumpfhosen. Später frage ich mich, aus welchem Grund die beiden bei dieser Hitze schwarze Kleidung trugen. Man sollte auf ihrer Kleidung wohl keine Blutflecken erkennen können...

Ich wage nicht aufzustehen, weil ich befürchte, dann mein Kind zu verlieren. Ich krieche, meinen Bauch mit beiden Händen haltend, zum Telephon, wähle den Notruf der Polizei. Dann nehme ich meinen ganzen Mut zusammen, stehe auf und gehe die Treppe hoch, so schnell es mir mein Zustand erlaubt. Entsetzlich: Hervé schwankt auf dem Kai, blutüberströmt. Wie ein Tier, das man abgestochen hat. In diesem Augenblick weiß ich, daß in mir etwas endgültig gestorben ist, auch wenn es mir gelingen sollte, mein Baby zu retten. An diesem 29. Juni 1987 um dreizehn Uhr hat sich mein Leben geändert.

Denn ich kenne die beiden, die uns überfallen haben: mein Bruder Djamel und meine Nichte Sabine. Ich weiß auch, daß sie es im Auftrag meiner Familie getan haben.

Als ich am nächsten Morgen im Krankenhaus aufwache, ist mein ganzer Körper mit Blutergüssen übersät. Mein Nacken wiegt eine Tonne; ich habe Schmerzen und Angst. Die Polizei war überraschend schnell eingetroffen und hatte unser blutüberströmtes Boot entdeckt. Sie haben mich ins Krankenhaus transportiert. Man gab mir Beruhigungsmittel.

Ich beginne zu kämpfen. Die Kontraktionen meines Uterus zeichnen sich auf dem Bildschirm deutlich ab. Mein Kind! Mein Kind befindet sich in Gefahr! Ich spreche mit ihm, als ob es bereits geboren wäre:

»Halt durch! Sei stark!«

Durch meine Haut hindurch streichle ich es sanft; ich denke an die kleine Hand mit den bereits deutlich sichtbaren Fingern, die es mir bei der ersten Ultraschalluntersuchung entgegengestreckt hatte. Damals glaubte ich, ein neues Leben beginnen zu können, vor den Nachstellungen meiner Familie geschützt...

Jetzt ist das Leben meines Sohnes bedroht, mein Mann Hervé hat so viel Blut verloren, daß ich das Schlimmste befürchte, und mein Hunger auf das Leben wird von meinen Tränen erstickt.

Die Ärztin verschreibt mir krampflösende Mittel und totale Ruhe. Die Zeit bis zur Geburt soll ich liegend verbringen. Sie besteht darauf, daß ich im Krankenhaus bleibe. Sie ahnt wohl, daß ich mich nur hier in Sicherheit befinde.

»Ich möchte nach Hause! Ich kann mich schließlich nicht ewig verstecken!« protestiere ich schwach.

Sie lächelt traurig: »Eine algerische Frau und zudem Sängerin zu sein, ist sicher nicht einfach... Wenn ich Sie später wieder einmal im Fernsehen sehe, werde ich mich an Sie erinnern.«

Sie macht mir Mut. Die Ärztin ist die erste mitfühlende Person, mit der ich seit dem Überfall spreche. Trotzdem heule ich weiter, ohne Unterlaß. Alles kommt mir so absurd vor.

Es ist die Absurdität der mittelalterlichen Bedingungen, unter denen viele Frauen heute noch leben, auch hier unter westlichem Himmel, wo man sich auf das Jahr Zweitausend vorbereitet. Es ist die Absurdität dieser Traditionen, die zwar meine Lieder und meine Musik inspirieren, denen ich aber einen heutigen Sinn zu geben versuche, während die Überlieferungen hartnäckig von einer

›Frauenehre‹ sprechen, für die ich, wie so viele andere Mädchen meiner Herkunft, beinahe mit meinem Leben bezahlt hätte.

Mein Leben ... meine geliebte Heimat, die Blumen von Djurdjura, meine Familie, für die ich alles getan habe und die mir trotzdem feindlich gesinnt ist, die meine Liebe zur Kunst und mein Bedürfnis nach Freiheit einfach nicht verstehen kann oder will. Mein Leben, das auf diesem Krankenhausbett, in dem ich um ein kleines Wesen kämpfe, das kein neues Opfer werden soll, vor meinem inneren Auge abläuft, ist schmerzverzerrt und tränenverhangen, aber auch voller Lächeln und Hoffnung.

*

Wenn der liebe Gott niest, schickt er Narzissen«, sagt bei uns ein Sprichwort. In jedem Frühjahr überschwemmt der liebe Gott mein Heimatdorf Ifigha, das sich an einem Hügel zu Füßen des Djurdjura-Gebirges festklammert, mit Narzissen.

Djurdjura, *mons ferratus*, der eiserne Berg, wie ihn die Römer getauft haben, erhielt seinen Namen sicher aufgrund der stolzen, mutigen und hartnäckig Widerstand leistenden Bergbevölkerung. Dieses schwierig zu bewirtschaftende Land schmückt sich in seiner Armut mit einer prächtigen Landschaft. Hinter den Hügeln, den Bächen und Flüssen, den Feldern mit den Feigenbäumen und den Ebenen, in denen der Baum des Friedens, der Olivenbaum mit den silbern glänzenden Blättern, so üppig gedeiht, lebt ein Volk, das sich niemandem unterwirft und vor niemandem in die Knie geht, die Kabylen. Sie sind eine Stammesgruppe der Berber, die sich unter der Oberfläche des Islam altes berberisches Brauchtum bewahrt haben.

Hinter ihrer ausgesuchten Höflichkeit und ihrem ausgeprägten Sinn für Gastfreundlichkeit versteckt sich das Wesentliche ihrer Seele: die um jeden Preis zu wahrende Würde, der erstarrte Respekt für traditionelle Werte und eine tief in ihnen verwurzelte Liebe zum ererbten Boden. Die Berber behaupten, sie seien eine reine Rasse. In Wirklichkeit sind sie eine Mischung aus griechischem, sizilianischem, andalusischem, afrikanischem, provenzalischem und türkischem Blut. Wer gerade die Herrschaft über den Landstrich innehatte, heiratete einheimische Frauen oder bemächtigte sich ihrer mit Gewalt. Es gibt hochgewachsene Berber mit hellblauen Augen, kleine mit braunen, Nomaden und Seßhafte, archaische oder dem Modernen gegenüber aufgeschlossene – Orient und Okzident begegnen sich hier. Heiden, Christen, Juden und Muselmanen haben nacheinander diesem Landstrich, dessen Bevölkerung sich einhellig gegen alles von außen Kommende wehrt, ihren Stempel aufgedrückt. Berber und Rebell, mit diesen beiden Begriffen läßt sich meine Heimat charakterisieren.

Berberin und Rebellin, so könnte man auch das kleine Mädchen bezeichnen, das ich war, die Heranwachsende, die ich wurde, und die Frau, die ich heute bin.

Wie die Königin Kahina, deren Schicksal mich seltsam berührte: Es wird erzählt, ihr Vater, König Tabat, habe die kleine Dehya (der Mädchenname von Königin Kahina) zutiefst verachtet, da seine Frau ihm keinen Sohn geschenkt hatte, der als Chef der Berberstämme sein Nachfolger geworden wäre.

Dehya flehte jeden Tag den heiligen Widder an, er möge sie in einen Knaben verwandeln, damit ihr Vater sie endlich liebte. Vergebens. Sie beschloß daher, wie ein Mann zu werden und übte sich in der Kunst der Waffen. Zenon, ein junger Grieche, brachte ihr das Bogenschießen bei. Sie war darin sehr schnell so geübt, daß das Volk sie nach dem Tod König Tabats zu dessen Nachfolgerin wählte.

Die Kabylen waren in der Vergangenheit ein durchaus sinnenfreudiges Volk gewesen. Die Prüderie und die strengen, das Leben der Frauen reglementierenden Gesetze wurden erst im 19. Jahrhundert als Reaktion auf die Kolonialisierung und die abendländischen Einflüsse eingeführt. Zu Zeiten König Tabats waren die Sitten sehr viel lockerer, und die Mädchen lebten auch für heutige Verhältnisse recht freizügig. Diejenigen, die die meisten Reifen an den Fußgelenken trugen, standen in der Gunst der Männer am höchsten. Die Zahl der Reifen ließ dabei auf die Zahl der Liebhaber schließen. Dehya zeichnete sich durch viele Reifen aus. Außerdem bekam sie von Zenon ein Kind, ohne daß sie ihn deswegen geheiratet hätte.

Die neue Königin beschränkte sich nicht nur auf ihre herkömmlichen Krieger, sondern bildete auch eine Amazonenarmee aus, die fähig war, ihr in den Schlachten gegen die arabischen Eindringlinge zu folgen. Ihr Instinkt und eine nahezu hellseherische Begabung halfen ihr, ihre Gegner zu besiegen. Diese nannten sie Kahina, die Prophetin, oder, negativ ausgedrückt, die Hexe. Die Berber vergötterten sie zunächst. Dann zwangen sie sie, wahrscheinlich aus Sehnsucht nach männlicher Autorität, sich zu verheiraten, damit das Volk wieder einen richtigen König, einen Mann, bekäme. Um sich zu rächen, wählte Kahina den ältesten, abstoßendsten und tyrannischsten unter den Bewerbern: Ihr wolltet einen Chef? Da habt ihr ihn!

Ihr Mann fing sofort nach der Thronbesteigung mit einem wahren Terrorregime an und kannte nichts anderes als die völlige Unterwerfung seiner Untertanen. Das Volk sehnte sich schon bald nach den alten Zeiten zurück. Kahina, die das Verhalten ihres Mannes haßte, züchtigte ihn öffentlich. Unglücklicherweise hatte sie von ihm einen Sohn bekommen, der seinem Vater auf das Haar glich: Er war ebenso hinterhältig, grausam und gefährlich.

Dennoch übernahm sie wieder das Kommando über die Armeen und errang Sieg auf Sieg. Unglücklicherweise verliebte sie sich in einen jungen Gefangenen, den sie adoptierte, um ihm Zuflucht zu gewähren. Dem damaligen Brauch gemäß, öffnete sie auf der königlichen Treppe stehend ihr Gewand und gab ihm öffentlich ihre Brust, um ihn so als ihren Sohn anzuerkennen. Der junge Mann war, und das ist das Pikante an der Sache, der Neffe des großen Uqba, des Chefs der arabischen Armeen, der zwar dankbar war, daß Kahina seinen Neffen gerettet hatte, aber dennoch weiterhin die feindlichen Berber und ihre geliebte Hexe vernichten wollte.

Der legitime Sohn der Königin half ihm bei diesem Vorhaben, indem er alle Militärgeheimnisse seiner Mutter an die Feinde verriet.

Kahina verlor an Boden und zerstörte beim Rückzug das gesamte Land, da sie nichts in die Hände des Feindes fallen lassen wollte. Nach und nach ließen ihre Krieger sie im Stich, »Allah Uqbar« rufend, »Allah ist groß«. Nur ihre Amazonen standen ihr bis zuletzt bei, bevor sie sich töten ließ und ihr Reich endgültig an den Feind fiel. So wurde das Berberreich der Römer, das Königreich von Massinissa, von Jugurtha und von Kahina, schließlich zum Ifriqiya der

Araber. Das Wort baut auf der Wurzel ›frq‹ auf, die nach Kalif Omar Teilung, Trennung, Aufsplitterung bedeutet.

Die Araber hatten, so scheint es, den zwiespältigen Charakter dieses mutigen und bei großen Angelegenheiten auch einigen Volkes richtig eingeschätzt, das sich ansonsten mit Stammesfehden, internen Händeln und Familienstreitigkeiten aufrieb. Daran hat sich nichts geändert. Trotz der aufrührerischen Kahina, die ich aufgrund ihrer Dickköpfigkeit bewundere und die mir jedesmal als Vorbild gedient hat, wenn ich Kraft brauchte, um meinen Weg fortzusetzen. Die Widerstände waren oft unmenschlich groß, denn meine Familie hat mit allen Mitteln versucht, mich daran zu hindern, obwohl ich alle Opfer für sie gebracht habe. Kahina war wie ich bei ihrer Geburt ein Stein des Anstoßes, eine Quelle tiefer Enttäuschung, denn sie war ein Mädchen …

Auch ich war ein Mädchen, und im Dorf wurde meine Geburt nicht gefeiert. Mein Dorf glich einer Festung, wie die meisten Dörfer in der Kabylei erbaut waren, und kehrte der Welt den Rücken zu. Ich werde mich immer an seine Ziegeldächer, seine mit Ton ausgefugten Steinwände und an seine steinigen Wege erinnern. Ich werde es nie vergessen, so wie ich es damals zu Beginn der fünfziger Jahre als kleines Kind erlebt habe …

Ifigha liegt mehr als zweihundert Kilometer südöstlich von Algier, abgeschieden hinter dem berühmten Yakouren-Wald in ungefähr tausend Metern Höhe. Die großen Straßen machen einen Bogen um das Vorgebirge, und kaum ein Fremder verirrt sich hierher. Ein unbefestigter, von Eukalyptusbäumen gesäumter Weg führt, wie ich mich erinnere, bis zum Dorfplatz.

Auf der linken Seite stand das Gebäude der französischen Armeeverwaltung, in dem heute die Post untergebracht ist, gegenüber befand sich das Café, in dem die Männer manchmal einen ganzen Tag lang vor einem Glas Tee saßen und vor sich hin stierten. Sie trugen alle einen Burnus. Mit einer Hand strichen sie ihren Schnurrbart glatt, während die andere mit der mit Kautabak gefüllten Schachtel spielte. Dabei unterhielten sie sich über die tausend Gerüchte, die im Gebirge umgingen. Einige spielten Runda, ein in Algerien weitverbreitetes spanisches Kartenspiel, und andere Domino ... Vor dem Café saßen die Alten, mit einem Turban auf dem Kopf, auf dem Boden oder lehnten sich gegen eine Mauer und stützten sich dabei auf ihre knotigen Stöcke. In kurzen, mehr oder weniger banalen Sätzen drückten sie ihren entwaffnenden Fatalismus aus: »*El qarn arvâatac*«, das Ende des Jahrhunderts wird entsetzlich sein, so steht es in den Büchern, oder »*Oh! Djil n'toura!*«, ach, die Jugend von heute, oder auch ganz einfach »*Mektoub*«, das ist Schicksal.

Nicht weit vom Café entfernt thronte ein Händler, dessen Gesicht sonnenverbrannt war, auf einem niedrigen Schemel vor seinem Laden. Er trug stets einen weißen Kittel. Auf dem Gehsteig türmten sich Eimer, Wannen, Schuhe und Krüge aus grellbuntem Plastik auf. An den Wänden hingen Besen, Schaufeln, Teppiche, Couscous-Töpfe, Geschirr aus emailliertem Blech, das aus China oder den Ostblockländern importiert war, und Töpferwaren aus einheimischer Produktion. Man fand einfach alles: von Gasflaschen über Weizengrieß und Gewürze, Obst und Streichhölzer bis hin zu Bonbons. Der Familie des Händlers gehörten Mühlen, in denen die Oliven gepreßt wurden. Er gehörte zu den angesehenen Personen des Dorfes.

Diese Ecke des Ortes wurde vor allem von den Männern besucht. Die Frauen gingen schnell an dem Café vorbei, ohne einen Blick darauf zu werfen. Am Mittwoch vermieden sie den Platz, denn am Markttag hatte die weibliche Bevölkerung dort nichts zu suchen. An diesem Tag kamen viele Bauern aus der Umgebung, um ihre Einkäufe zu erledigen, ihre Erzeugnisse zu tauschen und miteinander zu reden. Die Reichsten kauften Fleisch, das sie aus einem naiven Stolz immer oben auf ihren Einkaufskorb legten, so daß es jeder sehen konnte. Auf diese Weise teilten sie dem Dorf ohne große Worte mit, daß eine Geldüberweisung eingetroffen war und daß auf der anderen Seite des Mittelmeers ein Sohn oder Bruder an sie dachte. Viele Kabylen hatten damals bereits das Dorf verlassen. Ifigha wurde wegen der vielen Menschen, die in der französischen Hauptstadt ihr Glück versuchten, auch ›Klein-Paris‹ genannt. Wenn ein Brief der Emigrierten ankam, suchte man schnell nach einem der wenigen, die lesen konnten. Dabei war der Inhalt immer gleich: »Ich hoffe, daß Du gesund bist, wenn mein Brief ankommt ... Ich habe Dir Geld geschickt … Mir geht es gut, mach Dir keine Sorgen um mich …«

Die Männer steckten die Briefe in die Umschläge zurück und gingen zu ihren Frauen, Schwestern oder Nichten, um ihnen die Neuigkeiten mitzuteilen, wenn diese vom Wasserholen zurückkamen. Von Oliven- und Feigenbäumen abgesehen, wächst hier kaum etwas, und wenn man Obst und Gemüse ernten möchte, muß man täglich gießen, das heißt, das Wasser vom Brunnen mitten im Dorf bis zum Gemüsegarten schleppen. Eine ausschließlich den Frauen vorbehaltene Aufgabe. Ich sehe immer noch die hochaufgerichteten Mädchen und Frauen vor mir, die mit gestrecktem Hals die vollen Wasserkrüge auf dem Kopf balancieren, ohne ihre Hände zu Hilfe zu nehmen.

Diese Bergfrauen waren in der Regel schön, zumindest während der Jugend, wenn sie noch nicht von der schweren Arbeit gezeichnet waren. Sie trugen lange kabylische Kleider, die *Tiksiwins*, die der Landschaft wie die Narzissen und der Eukalyptus Farbtupfer verliehen. Diese Tiksiwins aus Baumwolle oder Satin waren an den Schultern, den Armen und Handgelenken mit kostbaren Borten bestickt. Während der Haus- und Feldarbeiten banden die Frauen über den Rock einen rotgoldenen Schurz, die *Fouta*. Ihre Haare bedeckten sie mit dem traditionellen *Amendil*, einem Kopftuch, in das sie Narzissen flochten, wegen des Duftes, den diese verströmten. Es entstand so aber auch ein reizvoller Kontrast zwischen den weißen Blüten und ihren dunklen, schwermütigen, orientalischen Augen.

Auf dem Platz mit dem Brunnen fand der Markt der Frauen statt. Hier wurde der Schmuck gehandelt, der für die Berberfrauen so wichtig ist, während sie sich fröhlich wie kleine Mädchen mit Wasser vollspritzten und sich wie Dorfkinder balgten. Sie sprachen laut, denn sie waren es gewohnt, sich von Hügel zu Hügel den neuesten Klatsch zuzurufen. Auch ich benutzte ihre Art zu rufen, wenn ich als Kind meine Freundin Faroudja rief und dabei, ohne es zu wissen, meine ersten Tonleitern übte:

»Faaarrrouououououououdjaaa …«

Mann und Frau sind wie Sonne und Mond. Sie sehen sich, aber sie begegnen sich niemals, sagt ein altes Sprichwort. Die Männer vermieden den Markt der Frauen, so wie diese nie das Café oder die Moschee betraten, die genau gegenüber dem Brunnen lagen. Das hinderte die jungen Männer natürlich nicht daran, von der Schwelle des heiligen Gebäudes aus schnell einen Blick zu den Mädchen zu werfen und sich zu überlegen, ob nicht eine darunter wäre, die man unter Umständen heiraten könnte. Das alles schien ganz natürlich zu sein, und mir wurde zunächst nur die fröhliche oder folkloristische Seite des Dorflebens bewußt. Dabei lasteten die Trennung der Geschlechter, die strengen Sitten, das übertriebene Schamgefühl, der Überlegenheitsanspruch der Männer schwer auf den Blicken der Frauen, deren Augen als geheimnisvoll bezeichnet werden. Geheimnisvoll, da sie das zeigen, was ihr Mund nicht aussprechen darf: die Last der Ungerechtigkeit, die sie von Geburt an zu erdulden haben.

Meine Geburt war an einem 3. April, bei Sonnenaufgang. Einer der Dorfbewohner bemerkte:

»Sie wird mutig und wachsam sein wie die aufgehende Sonne.«

Meine Mutter war untröstlich; sie hatte sich einen Sohn erhofft. Alle schwangeren Frauen erhofften sich einen Sohn. Auch die Väter, die Tanten, das ganze Dorf – alle warteten auf das *Youyou*, die Freudenschreie, die die Ankunft eines Sohnes signalisierten. In diesem Fall wurde am gleichen Abend noch mit Trommeln und *Reitas*, den traditionellen bauchigen Instrumenten, die an die Schalmei erinnern, gefeiert und Couscous an alle Anwesenden verteilt. Kam dagegen ein Mädchen auf die Welt, gab es keinen Grund zum Feiern. Die Mutter selbst war verbittert angesichts des weiblichen Geschlechts, dieser ›Rübe‹, wie man in Tlemcen sagt, dieser ›Assel‹, wie man es in Saida nennt, dieses ›Kürbis‹, wie die Einwohner von Constantine sagen. Der Vater ging ins Café, um sich dort zu trösten. Seine Freunde versuchten, ihn aufzumuntern, indem sie behaupteten, seine Frau könne eines Tages auch einen Sohn gebären. Die junge Mutter blieb natürlich zu Hause. Niemand interessierte sich für die Unglückliche, die bei dem Gedanken zitterte, keinen männlichen Erben auf die Welt zu bringen, denn sie lief Gefahr, verstoßen zu werden.

Das hatte meine Mutter allerdings nicht mehr zu befürchten, denn sie hatte bereits einen Sohn geboren, meinen älteren Bruder

Mohand, Kosename für Mohammed. Wenn schon das erste Kind ein Knabe ist, darf sich die Mutter überglücklich schätzen. Der Kleine wird verwöhnt und wird häufig bis zu seinem fünften Lebensjahr gestillt. Als ich auf die Welt kam, stillte meine Mutter meinen dreijährigen Bruder noch. Ich bin das einzige ihrer Kinder, dem sie ihre Brust verweigerte. Am Morgen meiner Geburt hatte sie mich bereits verstoßen. Ich hätte mich daran erinnern müssen, als ich später so viele Opfer für sie brachte, in der vergeblichen und kindischen Hoffnung, daß ich so ihre Liebe gewinnen könnte.

Trotzdem wurde ich gesäugt! Trotzdem feierte mich das Dorf, mich, die kleine Djura, ein völlig bedeutungsloses Wesen, bedeutungslos bis zu dem Augenblick, in dem sich das ›Wunder‹ ereignete.

Im Haushalt meiner Eltern lebte damals ›Setsi‹ Fatima, Omi Fatima, wie wir sie nannten, meine Großmutter väterlicherseits. In ihrer Jugend war Setsi Fatima eine Schönheit gewesen. Sie ging wie eine Gazelle, trug ihren Kopf aufrecht wie eine Königin und hatte Zöpfe, die bis zu den Hüften reichten. Der Schmuck an ihren Ohren, ihrem Hals und ihren Armen funkelte lange nicht so stark wie ihre türkisfarbenen Augen. Von ihrer weißen Haut hoben sich die Tätowierungen ausgezeichnet ab. Sie strahlte Gesundheit, Edelmut und Intelligenz aus und verbarg ihren eisernen Willen hinter ihrem ewig heiteren Gesicht.

Eisern mußte ihr Wille schon sein, denn sie war unfruchtbar: das schlimmste Gebrechen, das man in unserer Gesellschaft haben konnte. Sie hatte mehrmals geheiratet, war von ihren Männern wegen ihrer vielen Vorzüge geschätzt, aber trotzdem verstoßen worden, da sie keine Kinder auf die Welt bringen konnte. Nur mein Großvater verließ sie nicht. Er hatte wie so viele andere in der französischen Armee gegen die Deutschen gekämpft. Als er aus dem Krieg zurückkam, war seine Frau tot, so daß er mit seinen beiden Söhnen, meinem Vater Said und meinem Onkel Hamou, allein dastand. Mein Großvater suchte eher eine Ziehmutter für seine Söhne denn eine zukünftige Mutter. So war er bereit, Setsi Fatima zu heiraten, die Said und Hamou großzog. Das ganze Dorf liebte Fatima. Sie konnte zwar keine Kinder auf die Welt bringen, heilte aber dafür die kleinen Wehwehchen der Dorfkinder. Ein Geschenk des

Himmels? Es steht fest, daß sie mit ihren Fingern, einem Faden, Salz und ihrem Glauben wirklich heilte. Alle mochten sie wegen ihrer Großzügigkeit, ihrer Geschicklichkeit und ihrer mütterlichen Art. Sie schnitt die Nabelschnur der Neugeborenen durch und versorgte sie. Für die etwas Größeren erfand sie tausend Spiele. Die Kleinen nannten sie *Djida*, ein Kosewort für Großmutter.

Als sie erfuhr, daß ich auf die Welt gekommen war und damit, wie es sich gehörte, überall Trauer ausgelöst hatte, bekundete sie die größte Freude ihres Lebens! War es die Magie unerfüllter Mutterliebe? Die Milch schoß in ihre Brust, und nachdem sie mir das gegeben hatte, was meine Mutter mir verweigerte, besprengte sie zärtlich mein Gesicht, so wie es bei uns die Wöchnerinnen mit ihren Neugeborenen machen.

Als sich die Nachricht herumgesprochen hatte, kamen alle angelaufen oder auf Eseln geritten und luden Geschenke und Gaben ab, um dieses Wunder gebührend zu feiern. Sie beobachteten verblüfft, wie Fatima stolz ihre *Gandoura* öffnete und mir ihre prallen Brüste reichte. Für die Dorfbewohner war sie zu einer Heiligen geworden. Sie knieten vor ihr nieder und baten sie, diese oder jene Krankheit zu heilen, vor allem die Unfruchtbarkeit verschiedener Frauen. Dann drängten sie sich um meine Wiege und bestaunten das winzige Wesen, das dieses Wunder ausgelöst hatte.

Ich war in den Augen aller die Tochter Setsi Fatimas und stand unter ihrer *Âânaya*, ihrem Schutz. Fünf wunderschöne Jahre lang sollten wir uns keinen einzigen Tag trennen.

Unser großes Haus lag ganz oben am Hügel. Es bestand aus verschiedenen Gebäuden, die sich um einen Innenhof gruppierten, in dem unsere Vorfahren begraben waren. Bei den Kabylen behauptet man, daß die Toten an dem Ort begraben werden müssen, an dem sie auf die Welt kamen, um Ruhe zu finden.

Die kleinen Gebäude, die sich um den Innenhof gruppierten, waren eigentlich nur Zimmer. Meine Eltern bewohnten das eine; ich selbst schlief mit Setsi Fatima in dem größten, das gleichzeitig nicht nur der ganzen Familie als Aufenthaltsraum diente, sondern auch, nur durch drei Stufen und eine kleine Mauer von dem Rest getrennt, einer Kuh und ihrem Kalb. Über dem Stall wurden in einem kleinen Zwischengeschoß in Truhen Kleider und Vorräte aufbewahrt. Je nach Tageszeit änderte das Zimmer seine Funktion. Es diente als Küche, Nähzimmer, allgemeiner Aufenthaltsraum und Schlafzimmer. Am Abend wurden dicke, mit Streifen oder geometrischen Mustern verzierte Decken in lebhaften Farben, die von den Frauen der Familie selbst hergestellt worden waren, auf dem Boden ausgebreitet. Sie dienten uns als Bett. Tagsüber hingen sie an einer Leine in einer Ecke, so daß man ungehindert allen Beschäftigungen nachgehen konnte.

Setsi Fatima strotzte vor Gesundheit. Noch vor dem Sonnenaufgang holte sie Wasser, machte Holz und pflückte im Sommer frische Feigen. Ich schlief, bis mich das Tageslicht und die Vögel vor der offenen Tür weckten. Dann ließ ich den ganzen Tag lang meine Großmutter keine Sekunde mehr aus den Augen.

Seit meiner Geburt nahm sie mich auf ihrem Rücken überallhin mit, was sehr ungewöhnlich war, denn in unserem Dorf wurden Babys bis zum siebten oder achten Monat nicht in der Öffentlichkeit gezeigt. Man hatte Angst, sie könnten mit dem ›bösen Blick‹ verhext werden. Ich dagegen war schon am Tag meiner Geburt vom ganzen Dorf bestaunt worden. Als Setsi Fatima nach einiger Zeit allerdings bemerkte, daß ich nach unseren Spaziergängen häufig heftige Kopfschmerzen hatte, hängte sie mir zu meinem Schutz verschiedene Amulette um den Hals.

Ich wurde wie eine richtige Prinzessin verhätschelt und mit Geschenken überhäuft. Setsi Fatima ließ für mich Kleider aus weißem Satin nähen, die mit bunten, winzig kleinen, gestickten Schmetterlingen und Orangenblüten geschmückt waren. Unseren Bräuchen gemäß, ließ sie mich vor dem ersten Tragen mit bloßen Füßen auf den Kleidern herumtrampeln und sprach dazu die magischen Worte: »Nütze sie ab, bevor sie dich abnützen.« Ich nütze auch heute noch im Privat- wie im Berufsleben kabylische Kleider ab, die ich inzwischen selbst schneidere.

Abends erzählte sie mir, vor dem offenen Feuer sitzend – im Winter waren die Nächte sehr kalt –, die Legenden der Gegend, von denen einige einen stark pädagogischen Anstrich hatten:

»Wenn du nicht brav bist, wird dich eine Hexe holen, in einen Sack stecken und ins Meer werfen.«

Natürlich glaubte ich an die Hexe, zumal in unserem Dorf eine lebte. Zumindest nannten wir sie so: *Tseryel*. Die Frau hatte beim Tod ihres Sohnes den Verstand verloren. Seit dieser Zeit fantasierte sie. Häufig blieb sie auf dem Vorplatz vor der Moschee stehen, zog sich splitternackt aus und schrie wie am Spieß. Niemand hinderte sie daran. Sie gehörte zu uns. Damals gab es noch keine psychiatrischen Anstalten, und geistig Behinderte, Schwachsinnige oder Verhaltensgestörte wurden nicht aus der Gesellschaft ausgeschlossen. Diese ›wandernden Irren‹ waren sogar geschätzt, denn Gott hatte sie in sein Herz geschlossen, so sagte man von ihnen.

Natürlich hatte ich entsetzliche Angst vor der *Tseryel*. Als ich laufen konnte, schlug ich große Umwege ein, um ihr ja nicht zu begegnen. Dabei verstand sie sich mit Setsi Fatima recht gut. Als meine Großmutter mich eines Tages auf ihren Schultern spazierentrug, bot mir die *Tseryel* sogar Trauben an. Ich verschmähte sie, da ich Angst hatte, sie wären vergiftet. Ein anderes Mal näherte sie sich mir in ihren Fetzen, an denen als Schmuck leere Konservendosen befestigt waren, und bat um ein Ei. Sie wollte mir die Zukunft weissagen. Sie muß sich an diesem Tag getäuscht haben, denn sie sah nur hellen Sonnenschein.

Die ersten fünf Jahre meines Lebens mit Setsi Fatima waren allerdings wirklich reiner Sonnenschein. Ich möchte sogar behaupten, daß sie mich als Vierjährige mit der Bühne vertraut gemacht hat. Natürlich nicht mit einem richtigen Theater, aber mit kabylischen Festen. Damals gab es in unserem Dorf weder Radio noch Fernsehen. Man mußte sich schon selbst unterhalten; die Leute sangen, tanzten und schlugen mit Löffeln auf Kanistern den Takt. Wir Kinder ahmten schon früh die Gesten der Frauen nach, von denen auch die Ärmsten wie Kaiserinnen gekleidet waren.

Die Hochzeit einer meiner Tanten beeindruckte mich am meisten. Eine rituelle Hochzeit, schön wie ein Versprechen und verräterisch wie die Zukunft der jungen Gemahlin...

Am Abend vor der Hochzeit wurde die zukünftige Gattin von jenen Frauen des Dorfes in Obhut genommen, die für die Schönheit zuständig sind: Ihre Haut wurde gepflegt, bis sie weich wie Seide war, und ihre Hände und Füße wurden mit bunten Farben bemalt.

Am Hochzeitstag selbst schmückte man ihr Gesicht, bis es völlig verwandelt war: Ihre Augen wurden mit *Kho*, schwarzem Kajal, umrandet, die Wangenknochen grellrot geschminkt und die Augenbrauen gekonnt nachgezogen. Ihr Zahnfleisch wurde mit *Ayoussim* eingerieben, der Rinde von Wahlnußbäumen, so daß es wie die Lippen ein sinnliches, anziehendes Braunrot aufwies.

Dann zog Inan ihr das traditionelle weiße Hochzeitskleid an, das noch stärker bestickt war als die bei anderen Anlässen getragenen Festkleider. Email- und Silberschmuck zierte ihre Arme, Ohren und Fußknöchel. Endlich legte man ihr das Hochzeitskollier aus gelben, grünen, goldenen und silbernen Glasperlen drei- bis vierfach um den Hals. Zwischen den Perlen hatte man Gewürznelken aufgefädelt, die einen betörenden Geruch verbreiteten, ein Aphrodisiakum, mit dem jede Braut versehen wurde. Mit großen Nadeln wurde das schwarze, mit Fransen besetzte *Amendil* befestigt und über diesem ein großer Schal, der das Gesicht verdeckte. Dieser Schal wurde erst wieder abgenommen, wenn die junge Frau das Haus ihres Mannes betrat. Diesen Mann hatte sie nicht selbst gewählt. Die Eltern meiner Tante hatten den Bräutigam ausgesucht, so wie meine später über mein Schicksal entscheiden wollten.

Ein großer Zug begleitete die Braut bis zu ihrem neuen Haus. Die Männer trugen den festlichen weißen Burnus und die Frauen ihre schönsten Kleider. Die Musiker begleiteten den Zug mit ihren Raitas, Tbels, Bendirs und Derboukas, mit all ihren Trommeln von sehr unterschiedlichem Klang. Überall erklangen Schüsse aus dem Baroud, dem Gewehr der Berber. Harte Eier wurden in die Luft geworfen wie in Europa dragierte Mandeln oder Reis. Die Teilnehmer fingen sie auf und aßen sie im Gehen. Am Ende des Zugs kamen die mit Matratzen, Kleidern, Wäsche, Decken und handgeknüpften Teppichen beladenen Mulis: so konnte jeder die Mitgift bewundern.

Bevor sie das Haus ihres zukünftigen Mannes, das heißt in der Regel das ihrer Schwiegereltern, betrat, mußte die junge Frau über einen Stock schreiten, der auf der Schwelle des Hauses lag. Anschließend warf der Schwiegervater den Stock auf das Dach: Blieb er liegen, waren alle zufrieden. Die junge Frau würde unterwürfig und gehorsam sein. Fiel er wieder auf den Boden, wurde die Braut schief angesehen: Man sollte sie in Zukunft im Auge behalten!

Dann begann das Fest. Speisen und Getränke wurden herumgereicht. Der *Medah*, der Dichter des Dorfes, lobte in einer theatralischen Rede, die von den Frauen mit zustimmendem Geschrei immer wieder unterbrochen wurde, Gatte und Gattin, die Schwiegereltern und die Freunde. Man sang und tanzte bis in den Morgen hinein. Ich erinnere mich immer noch an die hohen Frauenstimmen, die schneidenden Beschwörungsformeln, die schmachtenden Rhythmen und die symbolischen Gesten, die ich gerne auf der Bühne zeige, um denen, die von maghrebinischen Tänzen nur den touristischen Bauchtanz kennen, die Augen zu öffnen.

Die Feierlichkeiten dauerten sieben Tage und sieben Nächte. Jeder behielt die junge Braut im Auge. Ihr erstes Wasserholen war mit einer feierlichen Zeremonie verbunden. Sämtliche verheirateten Frauen des Dorfes begleiteten sie und gaben ihr Ratschläge. Jeden Tag zog sie ein neues, immer schöneres Kleid an, um ihrem Gatten zu gefallen. Dann begann ihr eigentliches Leben als Frau: Sie sah ihre Eltern immer weniger, mußte alle Aufgaben zur Zufriedenheit ihrer neuen Familie erledigen und die ›königliche Schwiegermutter‹ in allen Dingen um Erlaubnis fragen. In manchen Fällen behielt sie ihr Lächeln bei und war glücklich unter verständnisvollen Menschen. Häufig aber wurden ihre Augen traurig, und im geheimen verfluchte sie ihren Vater und ihre Mutter, die sie, ohne sie um ihre Meinung zu fragen, einer feindlichen Welt ausgeliefert hatten. Ich war damals knapp fünf Jahre alt und nahm bei dieser offiziellen Unterwerfung der jungen Frau nur das Vergnügen der ersten Tage wahr.

Ich hatte auch nicht die geringste Ahnung, mit welchen Schwierigkeiten meine Eltern fertig werden mußten. Sie stammten beide aus ehrbaren Familien, waren ›Grundbesitzer‹. Ein pompöses Wort für die wenigen Hektar mit Feigen- und Olivenbäumen, doch es verdeutlicht den Landadel-Charakter, der bei uns vermutet wurde.

Mein Vater hatte sogar das Glück gehabt, bei den Franzosen in die Schule zu gehen. Das war ein Privileg, denn nur zehn Prozent der jungen Algerier seiner Altersstufe hatten eine Schule besuchen können. Trotzdem fand er keine Arbeit.

Die Einkünfte aus dem Grundbesitz reichten inzwischen nicht

mehr aus, um die Familie zu ernähren. Meine Mutter hatte ein weiteres Mädchen auf die Welt gebracht, meine Schwester Fatima, der sie die Brust gab, denn mein älterer Bruder war inzwischen fünfeinhalb geworden. Mohand hatte sich bereits zu einem tyrannischen Kind entwickelt, war entsetzlich verwöhnt und verhätschelt und meinte, alle müßten sich nach ihm richten. Drei Kinder mußten nun satt werden ... Mein Vater suchte vergebens Arbeit und überlegte, ob er nicht nach Frankreich gehen solle.

Zu Beginn der fünfziger Jahre ermutigten die französischen und vor allem Pariser Behörden die Einwanderung, da dringend billige Arbeitskräfte gebraucht wurden. Die besonders armen Kabylen wanderten in Scharen aus. Lebte erst einmal ein Vetter oder ein Bruder im gelobten Land, dann kamen die anderen nach, Frauen und Kinder zurücklassend, bis sie genügend Geld zusammengespart hatten, um sie nach Frankreich holen zu können. Die in Algerien zurückgebliebenen Frauen jammerten und bezeichneten in ihrer Einsamkeit Frankreich als ›Männerfresser‹. Sie warteten auf die Geldüberweisungen und Briefe mit den immer gleichen Mitteilungen: »Mach Dir keine Sorgen um mich, mir geht es hier gut.« Die ehemaligen ›Grundbesitzer‹, sozusagen entthronte Adelige, akzeptierten in Frankreich die schlimmsten Demütigungen: Schwarzarbeit, elende Notunterkünfte, die Unsicherheit und die Einsamkeit, die sie nun mit ihren zurückgelassenen Ehefrauen teilten.

Vettern meines Vaters wohnten in Paris und arbeiteten in Restaurants, Hotels oder Cafés. Sie ermutigten ihn, ebenfalls das Meer zu überqueren. So machte er sich eines Tages auf die Reise. Am nächsten Tag schon begannen wir, ihn zu vermissen und ihn zurückzuerwarten. Bei jedem Essen lag sein Löffel auf dem Tisch, so daß er den Couscous mit uns hätte teilen können. Aber er kam nicht, und wir aßen schweigend und traurig.

Das heißt, ich war lange nicht so traurig wie die anderen. Ich hatte Setsi Fatima, die Spaziergänge mit ihr, ihre Lieder, ihr Lachen, morgens die erste Feige, die sie mir mit folgenden Worten überreichte:

»Iß, damit du groß wirst, meine Lichtrose!«

Ich war ein kleines Mädchen mit hellem Teint, dunklen gelockten Haaren, schwarzen, sanften und doch durchtriebenen Augen. Setsi

Fatima hatte mir einen Kosenamen verliehen: *Jouhjouh Henina*, die Zärtliche. Ich glaube, ich habe alles von ihr: ihren Mut, ihre Hartnäckigkeit, aber auch – vielleicht leider – einen gewissen Fatalismus und den Wunsch, sich für andere zu opfern, was beinahe zu meinem Untergang geführt hätte.

Während der darauffolgenden drei Jahre besuchte mein Vater uns nur ein einziges Mal. Er schickte uns regelmäßig Geld und Briefe und war wie die anderen Emigranten traurig, seine Kinder nicht heranwachsen zu sehen. Eine Kette ohne Ende: Die Männer verbrachten kurze Ferien in Algerien, schwängerten ihre Frauen und fuhren dann wieder nach Frankreich zurück, um das Geld für die immer zahlreicher und gleichzeitig fremder werdende Familie zu verdienen. Mein Vater konnte die Trennung nicht mehr ertragen. Außerdem fielen im November 1954 im Aures-Gebirge die ersten Schüsse, die den Algerienkrieg einleiteten. Die Aufständischen flohen auf den Spuren von Kahina, der Rebellin, in das Djurdjura-Gebirge.

Die unsichere Situation bewog meinen Vater, unsere Übersiedlung nach Frankreich zu beschleunigen, auch wenn er keineswegs über eine geeignete Wohnung für uns alle verfügte, sondern selbst nur in einem kleinen Zimmer hauste.

Im Dezember 1954 war es dann soweit. Ich erinnere mich an meine Verzweiflung, als ich Setsi Fatima verlassen mußte. Ich war inzwischen alt genug zu wissen, was ich verlor: alles, was mir in meinem Leben Sicherheit gab. Ich wußte, daß meine Mutter meinen Bruder und auch die kleine Fatima bevorzugte. Meinen Vater hatte ich so selten gesehen, daß ich ihn kaum kannte. Ich konnte die Freude meiner Mutter über die Abreise nicht teilen.

Wie alle Frauen, die zu ihren Männern nach Frankreich zogen, war sie begeistert. Sie hoffte, in eine Art Schlaraffenland zu kommen. Diese Legende wurde übrigens von den Emigranten bei ihren kurzen Besuchen in der Heimat sorgfältig gepflegt, wenn sie kofferweise Tand anschleppten und damit Eindruck machten. Die jungen Mädchen aus Ifigha gingen sogar so weit, ihre prächtigen Satinkleider gegen Fetzen von der Stange und ihren traditionellen Schmuck gegen wertlosen, häßlichen Straß zu tauschen, der einen einzigen Vorzug hatte: Er glitzerte und stammte aus einer fernen Märchenwelt.

Dieses Land des Luxus war mir völlig gleichgültig. Ich hatte Angst. Ich mußte in die Fremde und hatte Abschiedsschmerz. Schmerz, meine Wohltäterin, meine Fee, meine Ziehmutter zu verlieren. Ich werde nie vergessen, wie ich mich an ihr festklammerte und sie mit Tränen in den Augen die düstere Prophezeiung aussprach:

»Auf Wiedersehen, meine Tochter, dein Schicksal wartet auf dich...«

*

Ich sah zum erstenmal das Meer. Und ich erlebte es nicht gerade freundlich, sondern aufgewühlt und bedrohlich. Wir waren wie Vieh im Rumpf des Schiffes zusammengepfercht, direkt auf dem Boden liegend, wie alle anderen. Die Passagiere übergaben sich, ohne die Kraft zu haben, auf die Toilette zu gehen. Ich machte keine Ausnahme. Es stank unerträglich. Die Ankunft im grauen, nebelverhangenen Marseille war für alle eine Erlösung.

Mein Vater hatte für seine Frau ein Kostüm mit einem schwarzweißen Hahnentrittmuster gekauft. Er bestand darauf, daß sie ›à la française‹ gekleidet an Land ging. für sie war es eine Premiere, denn sie hatte bisher nur ihre kabylischen Kleider getragen. Sie mußte sich in dem engen, sie einzwängenden Rock und der genauso engen Jacke höchst unwohl fühlen. Ich schaute sie erstaunt an, während wir die endlosen Einreiseformalitäten erledigten, bevor wir den Zug nach Paris nehmen konnten. Ich glaube, daß ich sie damals schön fand, daß ich sie liebte und von ihr geliebt werden wollte.

In Paris nahmen wir an der Gare de Lyon die Metro nach Belleville, wo mein Vater am Faubourg-du-Temple in einem kleinen, möblierten Hotelzimmer wohnte. Beinahe zwei Jahre hausten wir dort. Das Zimmer war sehr klein, genau wie das Fenster, das ich zunächst für eine Luke hielt. Von diesem Fenster aus, vor dem mich keine Vögel mehr weckten, sah ich einzig auf große, hohe Wände. Die Großstadt verwirrte mich. Wo waren die großen Felder, durch die Setsi Fatima und ich gegangen waren, wenn wir im Fluß Wäsche waschen wollten? Hier in Paris war alles künstlich, feindlich, und in den Straßen lauerten tausend Gefahren. Ich hatte noch nie so viele Autos und so viele Menschen auf einem Haufen gesehen. Und alle hatten es eilig.

Während wir am Faubourg-du-Temple wohnten, verließ meine Mutter das kleine Zimmer praktisch nie. Sie sprach kein Wort Französisch und konnte sich nicht einmal um die Einkäufe kümmern. Eine Nachbarin erledigte dies für uns. Die Frau besaß einen riesigen schwarzen Windhund, Kelly, der alles biß, was eine Uniform trug: Briefträger, Polizisten, Busfahrer, und auch meinen Bruder und meine Schwester. Ich wurde wie durch ein Wunder verschont.

Mama brachte einen weiteren Sohn auf die Welt, auf den sie natürlich sehr stolz war. Die Familie vergrößerte sich, und das Zimmer schien immer kleiner zu werden. Meine Mutter war traurig, enttäuscht, resigniert. Zumindest empfand ich sie so. Mein Vater behandelte sie immer härter. Eines Abends schlug er sie, weil das Essen noch nicht fertig war. Ich war völlig außer mir. Dabei war es bei uns in Algerien nicht selten, daß ein kabylischer Mann seine Hand wegen Nichtigkeiten gegen seine Frau erhob. Aber vielleicht fiel uns Kindern das in unseren großen Häusern mit den vielen verschiedenen Gebäuden um den zentralen Innenhof nicht weiter auf.

In Paris lebten wir zu sechst in einem Zimmer. Natürlich bekamen wir Kinder alles mit. Meine Mutter versorgte auf engstem Raum das Baby, wusch Windeln und Wäsche, kochte, richtete abends wie in Algerien die Betten direkt auf dem Fußboden her, nur daß wir hier viel weniger Raum zur Verfügung hatten und es vor dem Zimmer nichts Schönes zu sehen gab. In Ifigha hätte ich mir sicher nicht vorstellen können, daß Menschen unter solchen Bedingungen leben müssen.

Gott sei Dank hatte mein Vater Mohand und mich in der Schule angemeldet, so daß wir wenigstens tagsüber unsere Höhle verlassen konnten. Ich begann, Französisch zu lernen, aber ich stellte in der Schule auch fest, daß ich mich von den kleinen Parisern unterschied. Ich fühlte mich einsam. Abends versuchte ich, mit meiner Mutter in einen engeren Kontakt zu kommen, doch sie hatte anderes zu tun, als mir zuzuhören. Papa hatte, von einer Sozialarbeiterin unterstützt, einen Antrag auf eine sozial geförderte Wohnung gestellt. Nach zwei Jahren bot man uns an, in eine Wohnung im dreizehnten Arrondissement umzuziehen.

Boulevard Massena Nr. 57 hieß die neue Adresse: feuchte, nicht sehr saubere, Fertigbau-Baracken. Das Sozialamt hatte uns erklärt, es handle sich um eine Notunterkunft, wo wir nur so lange wohnen sollten, bis etwas Besseres frei würde. Dieses ›Provisorium‹ bewohnten wir acht Jahre lang, aber wir konnten uns nicht einmal beklagen: Andere Immigranten wohnten in sehr viel elenderen Behausungen. Wir hatten fließendes Wasser, Elektrizität und zwei recht große Zimmer. Das grenzte schon an Luxus.

Die Baracken waren in drei Reihen angeordnet und mit einem Zaun umgeben, wie im Zoo. Rechts neben uns wohnten sehr nette moslemische Neger, mit denen es nie Schwierigkeiten gab, und links die französische Hausmeisterin, die für die ganze ›Barackenstadt‹ zuständig war, mit ihrem Mann und ihren beiden Kindern. Auch andere französische Proletarier wohnten hier: die Nonos, die ihre Wohnung mit Kanistern und Brettern erweitert hatten, um für ihre zahlreichen Kinder mehr Platz zu bekommen, sowie Mimi und Lulu, die ihre Zeit damit verbrachten, billigen Rotwein zu trinken. In ihrer Wohnung gingen die Säufer der Nachbarschaft aus und ein, und nachts brach regelmäßig Streit aus. Wir schlossen dann Türen und Fenster, denn Flaschen, Geschirr und alles, was ihnen gerade in die Hände fiel, wurde als Wurfgeschoß benutzt und fand den Weg ins Freie. Sie schlugen sich wie Lumpensammler, versöhnten sich aber regelmäßig am nächsten Morgen und fingen dann wieder an zu trinken. Lulu hatte eine Tochter, Mickey, eine Blonde mit knallrot angemaltem Mund, die sich wie Marilyn Monroe herausputzte und – so glaube ich – das älteste Gewerbe der Welt ausübte.

Die Russen waren sehr viel diskreter. Sie wohnten etwas abseits am Ende der dritten Barackenreihe. Ein Vater mit seinen zwei Kindern, eine kultivierte Familie, die in klassische Musik vernarrt war. Ich weiß nicht, was sie hierher verschlagen hatte.

Doch die meisten Bewohner der Siedlung stammten wie wir aus dem Maghreb. Halima aus Oran, deren winzig kleiner Mann nichts zu sagen hatte, meine Freundin Fanny aus der ersten Reihe; ihre Mutter gebärdete sich wie ein Star, sie putzte sich auf, hatte kurzgeschnittene Haare und benahm sich ziemlich affektiert. Jeder hielt sie für eine Pariserin aus einem der besseren Stadtteile, zumal sie akzentfreies Französisch sprach. Sie lebte aber auch schon seit dreißig Jahren in Frankreich. Für mich repräsentierten Fanny und die Frauen in ihrer Familie die Elite unseres Mikrokosmos. Andere Moslems aus der Barackensiedlung fanden allerdings, die Damen seien ziemlich überspannt: Westeuropäische Eleganz und Koketterie waren für sie immer noch gleichbedeutend mit Zügellosigkeit.

Auch in Paris lebten die muselmanischen Frauen unter dem zum Teil sehr strengen Joch der Männer. Dicht bei Fanny wohnte ein Tunesier, der seiner Frau schlichtweg untersagte, die Wohnung zu verlassen. Ab und zu entdeckten wir die Arme am Fenster, träumend wie eine Gefangene. Abdallah, der Vater Khalimas, mit der ich ebenfalls befreundet war, hatte nach dem Tod seiner Frau ein achtzehnjähriges Mädchen aus Algerien mitgebracht und geheiratet; er selbst war sechzig. Bachir, sein Sohn aus erster Ehe, war genauso alt wie seine zweite Frau. Böse Zungen lästerten ohne Unterlaß über das scheue Mädchen und fragten, in welchem Bett sie wohl schliefe. Zumal Abdallah nicht ganz richtig im Kopf war: Jeden Morgen biß er seine Tochter Khalima in den Schenkel, einfach so, fest, aber freundlich lächelnd. Weiß Gott, aus welchem Grund. Aissa, ein arbeitsloser Alkoholiker, ebenfalls Kabyle, schlug seine Ehehälfte regelmäßig, worauf sie schreiend flüchtete. Er hinterher, ein Beil in der Luft schwingend und »Din ou qavach« rufend, »Im Namen des Beils«. Er schlug ihr schließlich den Schädel ein… Auch Amokrane sprang mit den Seinen nicht gerade zärtlich um. Seine Waffe war sein Gürtel, und jeden Abend gellten Schreie aus seiner Wohnung.

Anscheinend litten alle maghrebinischen Kinder unter der gewalttätigen Autorität ihrer Väter. Auch wir waren keine Ausnahme von dieser Regel, nur daß ich mich nie habe damit abfinden können. Wir gehörten zu den anständigsten Familien der Siedlung, und ich verstand diese würdelose Brutalität einfach nicht. Trotzdem: Unsere Eltern erzogen uns, so gut es ging, und legten bei Jungen wie bei Mädchen Wert auf die Schule. Bei der geringsten schlechten Note allerdings setzte es fürchterliche Prügel. Die Reaktionen meines Vaters jagten mir Angst und Schrecken ein. Wenn ein Zeugnis einmal mittelmäßig ausfiel, machte ich vor Angst in die Hose.

Dabei bin ich eigentlich überzeugt, daß er mich liebte. Es kam vor, daß er für Fatima und mich hinreißende Geschenke mitbrachte, wie etwa dieses wunderbare schottische Kostüm, das ich zum Hammelfest bekam. Fatima wurde mit einem lachsroten Kleid bedacht. Doch zärtliche Augenblicke waren selten; wir waren wohl einfach zu zahlreich. Zwei Dinge habe ich allerdings nicht vergessen: Einmal duschte mich mein Vater in einem großen, mit Wasser gefüllten Bassin, das er über die türkische Toilette gestellt hatte, und spritzte dabei übermütig herum. Ein anderes Mal schenkte er mir Bonbons, um mich von den rasenden Zahnschmerzen abzulenken, die mich ans Bett fesselten. Fast hätte ich mir gewünscht, jeden Tag Zahnschmerzen zu bekommen.

Meine Mutter ertrug, wie alle Algerierinnen ihrer Generation, ihren Mann, so wie man es ihr befohlen hatte. Auch sie hatte ihren Mann nicht gewählt. Am Anfang ihrer Ehe war sie ihm ab und zu sogar davongelaufen, aber immer wieder gewaltsam zu ihm zurückgebracht worden. Nach Mohands Geburt hatte sich das gelegt. Sie wurde ständig schwanger. 1956 gebar sie ihr fünftes Kind. Insgesamt brachte sie neun auf die Welt, fünf Jungen und vier Mädchen.

Alle maghrebinischen Familien zeichneten sich durch zahlreiche Kinder aus, acht, zehn, sogar fünfzehn waren keine Seltenheit. Wurden wir von Außenstehenden nach der Anzahl der Kinder in unserer Familie gefragt, sagten wir fast nie die Wahrheit. Denn wenn wir die richtige Zahl nannten, bekamen wir oft hämische Kommentare zu hören:

»Eure Mütter werfen Kleine wie Karnickel! Dabei können sie nicht einmal alle Kinder satt kriegen.«

Aber was konnten die ›Karnickel‹ denn anderes tun? Die Pille gab es damals noch nicht. Und wenn es sie gegeben hätte, dann wären die Männer sicher dagegen gewesen. Ihre Kinder waren schließlich ihr Kapital. Sie gingen davon aus, daß die Kinder später für sie arbeiten würden, so wie sie selbst für ihre Eltern sorgten. Bei uns war der Nachwuchs noch immer ›das, was Gott uns geschenkt hat‹, Ergebenheit in Gottes Willen und gleichzeitig eine Art Altersversorgung. Wie hätten Franzosen diese Gedankengänge verstehen können?

Ganz davon abgesehen, daß die Franzosen sich nicht sonderlich bemühten, uns zu verstehen. Wir waren arm und elend, Leute, mit denen man besser keinen Umgang hatte. Böse Wilde, die von den Außenstehenden verachtet wurden. Dicht neben dem Barackenlager stand ein größerer Wohnblock. Die Mieter beobachteten das Treiben um unsere Elendsquartiere, als ob es sich um Zirkusvorstellungen handelte. Sie schätzten ihr ›kostenloses Kino‹ und freuten sich, wenn wir Araber, die Ratten, wie sie uns nannten, uns gegenseitig die Köpfe einschlugen. Wir Kinder lernten hautnah, was das Wort Klassenunterschied bedeutet. Eines allerdings verlieh uns eine gewisse Sicherheit: Tiefer konnten wir kaum noch fallen.

Die Erniedrigungen durch die anderen ließen unter uns echte Solidarität entstehen. Wir teilten unsere Einsamkeit, auch wenn wir sehr unterschiedlich veranlagt waren. Wir besuchten uns gegenseitig und feierten gemeinsam, wobei jeder einen Kuchen oder etwas zu trinken mitbrachte. Das Leben brachte uns bei, mit Widrigkeiten fertig zu werden und weder die Arme noch die Köpfe zu senken: Wir waren stolz. Natürlich stellt sich die Frage, auf was wir stolz waren: Wir haben unsere Würde bewahrt, wenn auch nicht unsere Folklore. Der Algerienkrieg schweißte uns noch enger zusammen. Die Immigranten hofften naiverweise, ihre Lebensbedingungen würden sich wie durch ein Wunder ändern, sobald ihre Heimat einmal befreit und unabhängig sein würde.

In meinem noch kindlichen Herzen bedeutete der Krieg nichts Bestimmtes, eher eine instinktive Auflehnung gegen Ungerechtigkeit, gegen unser Elend und gegen unsere Isolierung. Als gerade siebenjähriges Mädchen kämpfte ich schon damals, ohne es zu wissen, um meine eigene Unabhängigkeit. Ich hatte eine kleine Bande gegründet, die eisern zusammenhielt und mich als ihren Chef respektierte. Wir verständigten uns in unserer eigenen Sprache, einer merkwürdigen Mischung aus Arabisch, Kabylisch und Französisch. Auch unsere Spiele leitete ich, ohne die anderen je bewußt zu unterdrücken. Ich fühlte mich als Kahina, deren Lebensgeschichte ich von Setsi Fatimas Erzählungen kannte. Die Straße war unser Spielplatz. Als ich klein war, durfte ich draußen spielen, soviel ich wollte. Auf diese Weise war in der Wohnung mehr Platz. Was natürlich nicht bedeutete, daß ich nicht überwacht wurde. Mein älterer Bruder ließ mich nicht aus den Augen. Auch die jüngeren Brüder durften über uns Mädchen bestimmen. Es kam öfter vor, daß Mütter ihren jüngeren Sprößlingen einen Stock reichten, mit dem sie ihrer älteren Schwester eine Tracht Prügel verabreichen sollten. Andere Mütter hielten ihre Töchter fest, so daß die Brüder die Strafen problemlos vollziehen konnten. Obwohl diese Frauen selbst unterdrückt worden waren, unterstützten sie ihre Söhne dabei, dem weiblichen Geschlecht Angst und Schrecken einzujagen. Sie trugen so zur Entwicklung der männlichen Brutalität bei. Anscheinend war dies ›notwendig‹, damit aus den Söhnen ›richtige Männer‹ wurden. Die Parole lautete: »Damit du ein *Izem* wirst, mein Sohn, ein Löwe.«

Mohand profitierte von seinem Recht als Erstgeborener. Er schlug mich selbst in Gegenwart meiner Freunde aus der Bande, was mich natürlich besonders beschämte. Manchmal jagte er mich mit Fußtritten nach Hause. Eines Abends mußte ich aus dem Fenster springen und im Freien in einem Versteck auf die Rückkehr meines Vaters warten, denn Mohand wollte mir aus lauter Zorn eine Flasche über den Kopf hauen. Doch weder mein Vater noch meine Mutter wiesen ihn zurecht. Ich wurde bestraft. Wir wurden in dem Respekt vor dem Erstgeborenen aufgezogen, der immer und in jedem Fall recht hatte. Mein Bruder mußte nicht einmal eine Geste andeuten. Wenn er mich mit seinen schwarzen Augen drohend anschaute, verstummte ich bereits oder floh. Eine solche Angst hatte ich vor ihm. Manchmal rächte ich mich dafür an meinen Spielkameraden, indem ich an ihnen meine Demütigung ausließ und ihnen meine Macht bewies.

Denn abgesehen von Mohand, konnte mir damals kein Junge Angst einjagen. Weder die in meiner Bande noch die kleinen Pariser, die nach der Schule Algerienkrieg spielten. Sie deuteten mit dem Finger auf uns und schrien: »Algerien bleibt französisch!«

Wir antworteten und zeigten ihnen einen Vogel: »Wir sind algerische Algerier!« Und schlugen uns mit ihnen herum, als ob wir Kinder die Politik unserer Väter mit unseren Fäusten fortsetzen wollten. Dabei hatten wir nur überschüssige Energie und rebellierten gegen unsere Armut.

Wir sprachen allerdings immer seltener Arabisch oder Kabylisch, schauten uns bei der einzigen Nachbarin, die einen Fernseher besaß, Abenteuerfilme an, und wenn wir unter uns kleinen ›Ratten‹ mit den Stöcken, die unsere Schwerter ersetzten, unsere Kräfte maßen, dann fühlten wir uns als Richard Löwenherz oder die Ritter des Heiligen Grals. Vorbei Kahina, die Hexen der kabylischen Berge, die Legenden aus Djurdjura. Wir hatten unsere Helden gewechselt. Während unsere Onkel in Algerien die Franzosen bekämpften, damit Algerien möglichst bald algerisch würde, wurden wir, die wir in Algerien geboren waren, aber in Frankreich lebten, immer französischer.

Unsere Eltern in Paris kümmerten sich ebenfalls um den Krieg. Mein Vater gehörte – wie viele Männer der Siedlung – als aktives Mitglied der algerischen Befreiungsfront, der FLN, an. Im Jahr 1957 waren Hausdurchsuchungen, Razzien, Prügeleien aus rassistischen Gründen und dauernde Auseinandersetzungen mit der Polizei für uns Algerier an der Tagesordnung.

Bis zu diesem Zeitpunkt hatte mein Vater mit mehreren Vettern zusammen in verschiedenen algerischen Cafés gearbeitet. Da diese aber als Treffpunkte der algerischen Widerstandskämpfer bekannt waren, zog er es vor, die Cafés zu vermeiden, und ließ sich von Renault einstellen. Er engagierte sich wie meine Onkel mütterlicherseits, die bei uns Unterschlupf fanden, in immer stärkerem Maße in der FLN. Jeden Abend hatten wir Angst, die Männer kämen nicht nach Hause, denn die Mitglieder der FLN wurden von der Pariser Polizei überwacht und häufig einfach eingesperrt. Einige verschwanden spurlos. Es wurde behauptet, ihre Leichen seien in die Seine geworfen worden.

Mein Vater wurde 1959 bei Renault am Fließband verhaftet; er war denunziert worden. Er verbrachte einige Monate im Gefängnis von Fresnes, ohne daß er verurteilt worden war. Dann wurde er ins Lager von Larzac gebracht, wo wir ihn besuchen durften. Wir wurden vor jedem Besuch genau durchsucht. Es war streng verboten, den Lagerinsassen Lebensmittel mitzubringen. Ich war verzweifelt, meinen Vater an diesem entsetzlichen Ort zu sehen, und dann noch verzweifelter, als die Besuche untersagt wurden und ich ihn überhaupt nicht mehr zu Gesicht bekam.

Einige Monate später erfuhren wir, daß er wie andere politische Gefangene auch in seinem eigenen Haus in Algerien unter Hausarrest stand. Drei Jahre mußte er dort bleiben.

Meine Mutter erhielt etwas Geld von der FLN. Den Rest, den wir unbedingt brauchten, steuerten meine Onkel bei. Die eisernen Gesetze der gegenseitigen Unterstützung wurden in unseren weitläufigen Clans noch respektiert. Die Abwesenheit meines Vaters bedeutete für meine Mutter eine einschneidende Veränderung. Sie erwarb endlich eine gewisse Selbständigkeit. Nach und nach lernte sie Französisch und ging zusammen mit den anderen Frauen der Siedlung zum Einkaufen. Bei Behördengängen diente ich ihr als Dolmetscher, da die Sprache der Bürokratie für sie noch zu schwer war. Diese Besuche der Krankenkasse, des Sozialamts und anderer öffentlicher Dienste waren entsetzlich. Entweder fehlte ein Papier, oder wir hatten einen Antrag falsch ausgefüllt. Natürlich mußte ich alles ausfüllen und sogar die Anträge unterschreiben, da meine Mutter nie schreiben gelernt hatte. Wir mußten die Behörden immer und immer wieder aufsuchen und verbrachten sinnlos ganze Tage mit Anstehen, bis unsere Nummer aufgerufen wurde. Wenn wir dann endlich an der Reihe waren, behandelten uns die Beamten hinter den Schaltern kalt und meckerten wegen der geringsten Kleinigkeit herum. Auf diese Weise versäumte ich viele Schultage.

Mein Vater schrieb uns regelmäßig und befahl seiner Frau, seriös zu bleiben. War er eifersüchtig? Niemand hätte sich meine Mutter mit einem anderen Mann vorstellen können! Vettern und Freunde deuteten allerdings an, Papa habe sich in der Heimat auf manche Abenteuer eingelassen, was mich sehr verwirrte.

Mein Vater kehrte sofort nach dem Waffenstillstand nach Paris zurück. Er war aggressiv und viel gewalttätiger als in der Vergangenheit und seiner Frau gegenüber sehr mißtrauisch. Waren das die Folgen seiner Verhaftung und seines Exils, die Folgen seiner langen Trennung von seiner Frau oder der relativen Emanzipierung meiner Mutter? Er begann zu trinken, und damit fing unser Leidensweg an.

Wenn er betrunken war, konnte er entsetzlich wütend werden und blindlings auf meine Mutter einschlagen. Er war nicht wiederzuerkennen. Er war immer hart gewesen, doch bevor er zum Alkoholiker wurde, war er ein gerechter und achtbarer Mann gewesen.

Jetzt war ihm jede Gelegenheit recht, Mama anzugreifen. Trotz meiner zwölf Jahre und obwohl ich mich nicht geliebt fühlte, verteidigte ich sie. Dann prügelte Vater auf mich ein. Mein Bruder Mohand und meine jüngeren Geschwister wurden in solchen Fällen immer verschont. Nur tagsüber, wenn er bei der Eisenbahn arbeitete, hatten wir unsere Ruhe.

Doch in dieser Zeit mußte ich meiner Mutter helfen, vor, nach und manchmal auch während der Schulzeit. Sie war trotz der Schwierigkeiten mit meinem Vater wieder schwanger geworden. Ich erlitt das Los aller älteren Mädchen in der Siedlung, die von ihren durch die ewigen Schwangerschaften ausgelaugten Müttern immer mehr Arbeiten übertragen bekamen. Ich half beim Abwasch, lernte nähen und bügeln und kochte die Wäsche in riesigen Metallkesseln. Ich mußte sehr aufpassen, um mich nicht zu verbrennen, zumal ich noch klein war. Aber ich gewöhnte mich daran. Ich wusch selbst die Decken, seifte sie ein und stampfte dann mit den Füßen auf ihnen herum, um den Staub aus ihnen herauszutreten, so wie wir es in der Heimat machten. Meine Schwester Fatima und ich wrangen sie dann aus, indem wir sie wie Kordeln zusammendrehten.

Wie die anderen ›großen Schwestern‹ in der Barackensiedlung bereitete ich die Flaschen für die Kleinkinder vor, wickelte sie und ließ sie Bäuerchen machen. Unsere Mütter brachten die Kinder auf die Welt, und wir zogen sie groß. Ich liebte, das heißt, ich kümmerte mich um meine jüngeren Geschwister, als ob es meine eigenen Kinder wären. Übrigens liebte ich die ganze Welt, wahrscheinlich aus meiner ungestillten Sehnsucht nach Zärtlichkeit heraus. Meinem Vater warf ich vor, daß er brutal geworden war, aber ich kümmerte mich trotzdem um ihn. Mohand hatte mein Vertrauen, trotz seiner Pascha-Allüren. Ich vergötterte meine Mutter und konnte einfach nicht glauben, daß ich ihr gleichgültig war. Ich konnte es einfach nicht ertragen, daß sie so schlecht behandelt wurde, wollte sie beschützen, später für sie arbeiten und aus diesem Sklavendasein befreien. Als Dreizehnjähriger gingen mir laufend solche Gedanken durch den Kopf.

Während des Ramadans fasteten wir; wir waren dann noch erschöpfter. Als Zehnjährige habe ich zum erstenmal während eines

Ramadans mitgefastet, zunächst nur zwei Tage, donnerstags* und sonntags, wenn schulfrei war, später dann täglich. Unsere Eltern befolgten die Regeln der islamischen Religion soweit wie möglich. Meine Brüder waren alle beschnitten. Die Frauen und Töchter waren den Männern untertan, aber wir aßen Schweinefleisch, weil es in den Schulkantinen kaum anderes Fleisch gab, zumindest kein geschächtetes. Ich persönlich hatte Schwierigkeiten, mich in den verschiedenen Religionen zurechtzufinden. Aufgrund einer an sich harmlosen Krankheit war ich einmal in ein Sanatorium in Cannes eingewiesen worden, das von katholischen Schwestern geleitet wurde. Mein Vater hatte darum gebeten, meine mohammedanische Religion zu respektieren. Die Schwestern hatten diese Bitte erfüllt. Trotzdem habe ich natürlich das ›Vater unser‹ und das ›Gegrüßet seist du, Maria‹, die täglich mehrmals gebetet wurden, so oft gehört, daß ich die Gebete bald auswendig kannte. Wenn ich abends im Bett den Himmel anflehte, unser Los zu verbessern, betete ich einmal zu Allah und dann zu Jesus. Aus meiner Kindheit habe ich mir starke Bindungen zu einem Jenseits bewahrt, allerdings auch einen gewissen Abstand zu Kulten und Riten entwickelt.

Ein Fest allerdings liebte ich besonders: Aid, das vierzig Tage nach Ende des Ramadan zu Ehren Abrahams gefeiert wird. Es ist das Fest des Hammelopfers, der einzige Lichtblick in unserer düsteren Welt. Die Frauen bereiteten Süßigkeiten und Kuchen vor, tanzten und sangen. Meine Mutter lachte endlich einmal wieder wie damals in Ifigha, als sie am Brunnen mit den anderen Frauen des Dorfes tratschte und klatschte, nur daß jetzt die Neuigkeiten aus der Siedlung im Mittelpunkt standen. Mein Vater war an diesem Tag entspannter und nüchterner. Wir, die jungen, kaum der Kindheit entwachsenen Mädchen hatten Wochen mit der Vorbereitung unserer Festtagsgarderobe verbracht. Ich liebte schöne Kleider. Eine meiner Tanten, eine Schneiderin, war an dieser Koketterie wohl nicht ganz unschuldig. Sie nähte für uns die damals hochmodernen Volantkleider.

---

* In Frankreich war in den fünfziger Jahren donnerstags schulfrei (heute mittwochs). – *Anm. d. Übers.*

Selbst an ganz normalen Tagen verkleidete ich mich gerne, mußte mich dann allerdings immer vor meinen Eltern verstecken. Sobald meine Mutter außer Haus war, holte ich einen Karton mit alten Kleidern und Lumpen hervor, die ich vom Flohmarkt hatte, und staffierte mich so gut wie möglich aus. Für ein paar Pfennige hatte ich meinen Schatz aus alten Satinkleidern, Halskrausen à la Katharina von Medici, den zerfetzten Gewändern eines ehemaligen Marquis mit weißen Spitzen und Seidenbändern zusammengehamstert. Ich liebte vor allem Hüte und Schuhe, große Schleppen und Schleier. Ich spielte ›Königin‹ mit meinen Geschwistern, auf die ich aufpassen mußte, brach aber mein Spiel immer rechtzeitig ab, um mich wieder dem Haushalt zu widmen. Denn meine Mutter war sehr anspruchsvoll und nie mit dem zufrieden, was ich in ihrer Abwesenheit gemacht hatte.

Zu ihrer Entschuldigung möchte ich sagen, daß ihr Leben wirklich hart war. Innerhalb der Familie hatte sich nichts geändert. Doch Algerien war unabhängig geworden. Wir hatten die Befreiung unserer Heimat am 5. Juli 1962 mit einem unbeschreiblichen Fest gefeiert. Alle Bewohner der Notunterkunft hatten sich in den Farben Algeriens gekleidet: Grün, Weiß und Rot. Für einen Tag herrschte die Atmosphäre, die ich von den großen Festen in meinem Dorf kannte.

Doch dann begann der quälende Alltag wieder. Meine Eltern stritten sich immer häufiger, wenn auch meine Mutter sich mehr und mehr zu wehren suchte. Ich nehme sogar an, daß sie einen vergeblichen Abtreibungsversuch unternommen hat. Bei einer dieser schlimmen Auseinandersetzungen packte mein Vater sie an den Haaren und warf sie zu Boden. Ich ging dazwischen und bekam meinen Teil ab. Als ich am nächsten Morgen in der Schule saß, stiegen die Bilder wieder in mir auf. In der Pause verzog ich mich in eine Ecke und weinte.

Dabei war ich eine recht gute Schülerin. Ich hatte in allen Fächern gute Noten und sang als Solistin im Schulchor. Meine Lehrer stellten mich meinen Kameraden oft als Beispiel vor. Ich liebte meine Lehrerinnen, nur eine nicht, die Geschichtslehrerin, der ich einen Satz einfach nicht verzeihen konnte. Sie hatte uns beigebracht, daß die Franzosen im Jahre 732 unter der Führung von Karl Martell den

Vormarsch der Araber bei Poitiers aufgehalten hatten, und sie mußte unbedingt hinzufügen:

»Gott sei Dank gab es Karl Martell, denn ohne ihn trügen wir heute alle Schleier.«

Ich hätte über diese spitze Bemerkung eigentlich zufrieden sein müssen, denn ich kämpfte damals schon gegen die Unterdrückung der Frauen in unseren Familien. Doch genau das Gegenteil war der Fall: Ich fühlte mich verletzt, war mir sicher, daß diese Frau uns für ihre Erbfeinde hielt. Uns, die Nachfahren der von Abd al-Rahmân angeführten Eindringlinge.

Trotz dieses Zwischenfalles lernte ich so gut, auch in Geschichte, daß ich mit einer Sondergenehmigung eine Klasse überspringen konnte.

Ich ging nun aufs Gymnasium und war stolz und erleichtert. Je mehr ich lernte, desto mehr entfernte ich mich von dieser Hölle, die zu Hause herrschte. Ich war inzwischen groß.

Aber ach... Mit dem Größerwerden war ich auch in die Pubertät gekommen. Und nun wurde ich mit besonderem Argwohn beobachtet.

*

Ein Mädchen, behaupteten die Kabylen, ist ein Stachel im Fuß, ein Pfahl im Rücken seines Vaters und seiner Brüder. Eine Quelle ständigen Ärgers und ständiger Sorge, die einer strengen Erziehung bedarf. Die Mutter hat sich darum zu kümmern und immer mehr Verbote aufzustellen, je älter die Kleine wird. Wenn das Mädchen angesichts so vieler Zwänge weint, dann darf sich niemand darum kümmern, denn es muß lernen zu gehorchen, alles zu ertragen und sich zu beherrschen.

Zunächst einmal muß sie ihren Körper beherrschen. Sie darf niemals rennen, muß stets lange Kleider tragen, die auch die Waden bedecken, sie muß aufpassen, daß Schenkel und Waden verhüllt sind, wenn sie sich hinsetzt. Sie darf sich niemals einem Mann gegenüber hinsetzen... Sie muß ihre Arme und ihre Haare verhüllen, die einen Mann reizen könnten. Sie darf die Haare nie offen fallen lassen und sich nie in Gegenwart eines Mannes kämmen.

Sie muß ihre Begeisterung und ihre Naschsucht beherrschen. Zurückhaltend sein beim Sprechen, wenig essen und vor allem nicht als erste. Jeden Müßiggang unterdrücken, schon in der Kindheit alle Tätigkeiten im Haushalt lernen, schweigend arbeiten, sich beim Ausfegen des Zimmers nicht bücken, sondern hinknien und dabei den Männern den Rücken zuwenden. Keinen Dank für die Erledigung der Hausarbeit erwarten, auch wenn sie schwer ist. Dafür den Eltern gegenüber immerwährende Dankbarkeit zeigen, da sie sie auf das Leben der Frau vorbereitet haben.

Vor allem aber jeden Anflug von Koketterie, sinnlicher oder gar sexueller Provokation vermeiden. Die Augen vor den Jungen zu Boden senken, ihnen nicht zulächeln, sie nicht anreden, ihnen die bessere Straßenseite, also die im Schatten, zu überlassen. Sobald das Mädchen seine erste Regel hat, wird es von der Mutter aufgeklärt, daß es sich jetzt in ständiger Gefahr befindet und daß ihr Geschlecht nicht nur für die Männer, sondern vor allem für sie selbst eine Gefahr darstellt. Je älter das Mädchen wird, desto stärker muß es gegen seinen Körper und dessen Verlangen ankämpfen. Es ist auf die Welt gekommen, um den Mann zu heiraten, den seine Eltern bestimmt haben, und um seinerseits Kinder auf die Welt zu bringen. Wenn ihm der Mann nicht gefällt, hat es nicht das Recht, diesen abzulehnen. Es ist von vornherein ausgeschlossen, daß es unverheiratet bleibt: »Für ein Mädchen gibt es nur die Hochzeit oder das Grab«, sagt ein Sprichwort. Bis zur Hochzeit muß die junge Frau selbstverständlich unberührt sein. Ist sie es nicht, wird sie von ihrem Mann zu ihren Eltern zurückgeschickt, die, um die Familienehre wiederherzustellen, ihre Tochter umbringen, indem sie sie erwürgen, ihr Gift einflößen, oder auf jede sonstige Art.

Wie sollte ich mich als Dreizehnjährige in Frankreich mit diesen Gesetzen abfinden? Denn diese von unseren Vorfahren aufgestellten Prinzipien betrafen unsere Heimat. Hier in Paris schienen die Gebote völlig veraltet zu sein. Wie sollten wir es vermeiden, einen Mann anzureden, wenn wir einkaufen gingen oder auch nur mit der Metro fahren wollten und dazu eine Fahrkarte brauchten? Keinem kabylischen Mädchen wäre es in den Sinn gekommen, in Paris vor den vielen männlichen Passanten den Blick zu senken oder ihnen die Straßenseite im Schatten einzuräumen.

Zu Hause hatte ich diese Regeln meinem Vater und Mohand gegenüber strikt zu befolgen. Mein Bruder war inzwischen siebzehn und ich dreizehneinhalb und damit eine junge Frau, was Mohand wahrscheinlich verwirrte, denn er wurde immer anmaßender. Er überwachte mich und verbot mir jeden Ausgang, vom Besuch des Gymnasiums einmal abgesehen. Er zögerte nicht, mich zu schlagen, wenn ich einmal etwas verspätet nach Hause kam. Er wollte nicht, daß ich mich mit meiner früheren ›Bande‹ amüsierte oder modische Kleider trug. Ab und zu war er, ohne daß ich mir dies erklären konnte, freundlich, lächelte mich an, machte mir kleine Geschenke, spielte den lieben, beschützenden großen Bruder und nahm mich mit ins Kino. Es war völlig undenkbar, daß ich allein ins Kino gegangen wäre. Doch sobald ein Junge in meine Nähe kam, reagierte er völlig unkontrolliert, instinkthaft und rachlüstern, als habe er alle Tugenden des Islams zu verteidigen.

Dabei war meine Tugend damals wirklich nicht in Gefahr! Ich war nicht nur zu jung, um an den harmlosesten Flirt zu denken, sondern hatte mir geschworen, nie zu heiraten (ich hatte verdrängt, daß auch dies verboten war). Ich empfand alle Männer als Tyrannen und hatte mir geschworen, daß nach meinem Vater und Mohand keiner mehr die Hand gegen mich erheben würde.

Im übrigen wurde mein Leben damals von anderen Dingen bestimmt als von unschuldigen Jungmädchenflirts: Ich verbrachte viele Nächte damit, meine kleinen Geschwister zu trösten, wenn meine Mutter vor dem Zorn meines Vaters zu den Nachbarn geflohen war, und hatte die Prügel hinzunehmen, die mein alkoholisierter Vater mir an ihrer Statt verabreichte. Tagsüber reichten die vielen Hausarbeiten, die ich zu erledigen hatte, und das Gymnasium, das ich unbedingt weiter besuchen wollte, aus, um meinen Tagesablauf vollauf auszufüllen.

Im Gymnasium konnte ich das Leben der Mädchen aus meiner Heimat mit dem der kleinen Französinnen vergleichen, die alle sehr viel aufgeblühter und freier waren. Sie wurden respektiert und besser behandelt als wir, in der Schule wie auf der Straße. Ich fühlte mich im Vergleich zu ihnen zurückgesetzt und noch im Mittelalter lebend und lehnte mich wie fast alle meine maghrebinischen Freundinnen dagegen auf. Ich weiß heute, daß wir unseren Eltern im Grunde nicht böse sein dürfen; sie standen noch ganz in der Tradition, die sie auch uns auferlegen wollten. Das Ideal ihres Lebens hieß: Ihre Söhne sollten vernünftige Berufe lernen, ihre Töchter gut, das heißt die Traditionen respektierend, verheiratet werden und sie selbst wollten, nachdem sie ihre Pflicht erfüllt hatten, ihren Lebensabend in der Heimat verbringen. Sicher spürten sie, wie dünn der Boden geworden war, auf dem ihre Traditionen standen. Sie litten sicher bei dem Gedanken, daß ihre Welt mit ihnen verschwinden würde. Vielleicht wurde mein Vater aus diesem Grund Alkoholiker. Seit er nicht mehr lebt, versuche ich, sein Verhalten damit zu entschuldigen. Aber wir, die wir zu Beginn der sechziger Jahre heranwuchsen, hatten andere Beispiele vor unseren Augen als unsere Väter oder Mütter, unsere Vorstellung vom Leben sah sehr viel verführerischer aus. Ohne es zu wissen, bereiteten wir uns auf einen Generationen- und Kulturenkonflikt vor, der sehr viel mehr Opfer erforderte, als die Europäer sich vorstellen konnten oder können.

Nur in meinen Träumen war ich Kahina; zu Hause hatte ich solche Angst, daß ich mich ruhig und bescheiden verhielt. Aggressiv war ich nur im Gymnasium.

»Das ist eine geborene Revolutionärin!« behauptete mein Französischlehrer von mir.

In allen Fächern außer in Englisch hatte ich schlechte Noten in Betragen. Miß Filleul, unsere Englischlehrerin, hatte so wenig Autorität, daß alle bei ihr machten, was sie wollten. Niemand hörte ihr zu, und man betrachtete die Englischstunden als Freistunden. Ein solches Wesen mußte beschützt werden. Ich spielte wieder einmal Chef und setzte durch, daß meine Klasse ihr aufmerksam zuhörte. Vor lauter Dankbarkeit gab sie mir immer eine Eins in Betragen, was meine Direktorin völlig verwirrte:

»Djura, Sie sind wirklich ein widersprüchliches Wesen«, meinte sie verwundert. »Bei den Lehrern, bei denen alles drunter und drüber geht, sind Sie brav wie ein Lamm, und bei anderen, bei denen Ihre Kameradinnen sich musterhaft benehmen, sind Sie völlig undiszipliniert. Warum?«

Warum? Weil ich weder die Ungerechtigkeit ertrug, mit der man Miß Filleul behandelte, noch die Peitsche der strengen Lehrer. Ich mußte mich austoben, wollte provozieren. Eines Tages fragte mich die Direktorin, was ich später einmal werden wolle. Ich dachte an unsere Notunterkünfte und das schreiende Elend, mit dem ich dort täglich konfrontiert war, und antwortete so frech wie ironisch:

»Clochard!«

Die Dame war außer sich vor Entrüstung und bat meinen Vater in die Schule, um sich bei ihm über mein Verhalten zu beklagen.

»Ich kann das nicht verstehen«, antwortete mein Vater. »Zu Hause ist sie brav und rührt sich nicht. Machen Sie mit ihr, was Sie wollen.«

Kurze Zeit später wurden meine Freundin Martine und ich vom Gymnasium verwiesen.

Mit Jungen hatte ich keinen Umgang, dafür aber einige dicke Freundinnen. Martine war meine Komplizin und meine Vertraute. Sie war Französin. Sie wohnte in der Nähe der Ausländersiedlung und besuchte uns oft, ohne es ihren Eltern zu sagen, die diesen Umgang sicher nicht geschätzt hätten. Ich glaube nicht, daß sie sehr glücklich war. Sehr schnell wurden wir unzertrennlich. Wir teilten unseren Kummer, aber auch unsere Freuden, und konnten vor allem zusammen lachen, grundlos, lauthals, bis wir regelrechte Lachkrämpfe bekamen. Wir handelten uns für dieses Lachen Arrest und andere Strafen ein. Unsere Lehrer trennten uns, setzten die eine ganz nach vorn und die andere ganz nach hinten – vergebens. Selbst unter diesen Umständen fanden wir noch Mittel und Wege, gemeinsam in schallendes Gelächter auszubrechen. Man warf uns hinaus, was wir mit noch heftigeren Lachanfällen quittierten, obwohl wir wußten, daß wir für die schlechten Noten, die unweigerlich folgen würden, teuer bezahlen mußten.

Auch mit Fanny, deren Mutter an Krebs gestorben war, konnte ich mich herrlich amüsieren. Sobald unsere Eltern ausgegangen waren, besuchten wir uns gegenseitig und spielten Theater. Meine jüngere Schwester Fatima kam oft mit. Wir inszenierten *Das Testament des Doktor Cordelier* nach einem Film mit Jean-Louis Barrault, den wir kurz zuvor im Fernsehen gesehen hatten. Wir waren beim Anschauen beinahe gestorben vor Angst und bemühten uns, eine möglichst gruselige Atmosphäre zu schaffen. Fanny schmückte sich mit einer schwarzen Melone und einem Stock und verzog ihren Mund zu einer wilden Grimasse. Wir machten das Licht aus. Im Dunkeln schlug Fanny mit ihrem Stock drei-, viermal gegen ein Möbelstück, das dumpf dröhnte. Wir schrien vor Angst, machten wieder Licht und lachten wie die Wahnsinnigen. Jede von uns versuchte nun, die Rolle auf ihre Weise, natürlich besonders gruselig, zu spielen.

Wir tanzten viel, nach traditioneller und nach moderner Musik. Ich erfand viele Chansons. Fanny träumte davon, Sängerin zu werden. Sie hatte sogar einen ›Impresario‹ aufgetrieben, der ihr mehr oder weniger versprochen hatte, uns zu ›lancieren‹. Er hatte ihr ein Chanson anvertraut, *Das vierblättrige Kleeblatt,* das wir einstudieren sollten. Er wollte sich dann um einen Vorsingtermin kümmern. Wir waren völlig außer uns, aber trotzdem mißtrauisch. Wir konnten es uns einfach nicht vorstellen, daß der Mann es ernst mit uns meinte, und haben die Sache dann fallenlassen. Unsere Eltern hätten einer solchen Ungeheuerlichkeit sowieso nicht zugestimmt. Sängerin? Wie schandbar ...

So gaben wir uns damit zufrieden, wie alle armen Kinder es damals taten, von den berühmten Schauspielerinnen zu träumen: Marilyn Monroe, Ava Gardner und Brigitte Bardot. Diese Frauen faszinierten mich. Ich sagte mir, daß so großartige Wesen einfach überglücklich sein müßten. Später, als ich feststellte, daß einige von ihnen Alkoholikerinnen geworden waren oder Selbstmord begangen hatten, änderte ich meine Meinung. Ich begriff auch, daß das Bild der Frau, das sie vermittelten, nicht immer sehr positiv war und daß auch sie in gewisser Weise Opfer eines Systems waren. Ich bin ihnen trotzdem dankbar, denn sie haben etwas Freude in den grauen Alltag meiner Jugend gebracht, der von Tag zu Tag düsterer wurde.

Dabei hatten wir auf eine Besserung gehofft. Meinen Eltern war in der Courneuve Quatre Mille eine Vierzimmerwohnung zugeteilt worden, und mein Vater hatte eine Entziehungskur gemacht. Ich war mir sicher, daß unser Alltag sich ändern würde.

Unglücklicherweise war die anonyme Atmosphäre in den riesigen Wohnblocks von Courneuve – richtige Kaninchenställe! – beinahe noch deprimierender als die Notunterkunft im dreizehnten Arrondissement. Mein Vater verfiel von neuem dem Alkohol. Renault hatte ihn nach Kriegsende ohne Probleme wieder eingestellt. Er arbeitete jetzt in der Nachtschicht und schlief tagsüber, was uns alle zu absoluter Stille verdammte. Nicht einfach durchzusetzen angesichts der vielen kleinen Kinder, die sich an den Röcken meiner Mutter und an meinen festklammerten. Mohand war bei einem unserer Onkel mütterlicherseits im dreizehnten Arrondissement geblieben, was ihn nicht daran hinderte, mich nach Schulschluß – Martine und ich gingen inzwischen auf die Mittelschule – zu überwachen. Mir wäre lieber gewesen, er hätte mir geholfen, den ewigen Streit zwischen Vater und Mutter zu schlichten, zumindest während der Wochenenden. Unter der Woche hielt sich mein Vater einigermaßen ruhig, doch kaum war der Samstag da, trieb es ihn in die umliegenden Kneipen, und er kam erst spätnachts total betrunken von seiner Tour zurück.

In diesen Nächten zwang ich mich, wach zu bleiben, und starb fast vor Angst. Zunächst las ich, sagte mir Gedichte vor, hörte Musik und träumte davon, daß ich eines Tages vielleicht eine Künstlerin sei und frei ... Dann beobachtete ich stundenlang vom Fenster meines Zimmers im dreizehnten Stockwerk aus die Straße. Meine Mutter blieb ebenfalls wach. Sobald wir von weitem die schwankende Silhouette meines Vaters erkannten, krochen wir unter die Decken und taten so, als ob wir schliefen, in der Hoffnung, er würde unseren Schlaf respektieren. Doch in der Regel hörte ich meine Mutter schreien, sobald er das Schlafzimmer betreten hatte. Ich rannte dann in ihr Zimmer und versuchte wie immer, die beiden zu trennen. Ich hatte Angst, er würde meine Mutter zum Fenster hinauswerfen, wie er öfter gedroht hatte, nachdem ein Nachbar im dritten Stock sich auf diese Weise seiner Frau entledigt hatte.

Natürlich bekam ich meinen Teil ab, während meine kleinen Geschwister weinend und völlig verschreckt aufwachten. Meine Mutter floh zu Vettern; manchmal lief sie auch im Morgengrauen bis zur Porte d'Ivry zu ihrem Bruder, wo sie dann den Sonntag über blieb, während ich mich um die Kleinen kümmerte und auch am

Montag alles zu Hause erledigte und wieder einmal die Schule versäumte, während mein Vater sich von seinem Rausch erholte.

Ich sagte mir immer wieder, die Zukunft würde besser, doch manchmal konnte ich einfach nicht mehr und verzweifelte. Auch Martine war mutlos geworden. Eines Tages beschlossen wir, uns gemeinsam umzubringen, ein Versuch, der tragisch hätte ausgehen können, aber als Farce endete.

Wir hatten alle Medikamente an uns genommen, die wir hatten auftreiben können, nicht nur die Schlafmittel. Nach der Schule hatten wir dann alles wahllos hinuntergeschluckt, aber nicht einfach irgendwo, sondern in unserem alten Viertel, in einem Café an der Place d'Italie, genau gegenüber dem Krankenhaus der Barmherzigen Schwestern. Der Name hatte höchstwahrscheinlich unser Unbewußtes berührt. Ich bin mir heute sicher, daß wir gerettet werden wollten, daß wir uns nach Mitleid sehnten.

Wir verbrachten eine, zwei, drei Stunden in dem Café. Uns wurde nicht einmal schlecht! Wir machten uns langsam Sorgen. Sterben wollten wir ja und unter Umständen auch gerettet werden, doch den Zorn unserer Eltern angesichts einer dermaßen großen Verspätung auszuhalten, das war schlimmer als alles andere.

Endlich beschlossen wir mit Tränen in den Augen, nach Hause zu fahren. Gott sei Dank war mein Vater bereits bei der Arbeit. Meine Mutter akzeptierte meine Ausrede, und ich legte mich schnell schlafen.

Mitten in der Nacht begann ich dann zu ›sterben‹. Ich hatte den Eindruck, als ob in meinem Kopf ein riesiger Gong dröhnte, fühlte mich entsetzlich schwer und seufzte. Ich hatte solche Angst, daß ich meine Schwester Fatima weckte, mit der ich das Zimmer teilte. Ich gestand meinen Selbstmordversuch, hinderte sie aber daran, meine Mutter zu alarmieren. Sie flößte mir Milch ein. Heute weiß ich, daß dies bei Vergiftungen nicht immer angebracht ist, doch in meinem Fall wirkte es: Ich mußte mich übergeben und kam mit rasenden Kopfschmerzen davon.

In dieser Nacht träumte ich, bei einem Pferderennen auf die Nummern 17, 3 und 1 gesetzt zu haben. Die Zahlen entsprachen der Anzahl der Tabletten, die ich von verschiedenen Medikamenten genommen und zuvor sorgfältig gezählt hatte. Sie können es glauben oder nicht: Am nächsten Morgen fand der Prix d'Amérique statt, das bedeutendste französische Rennen, und das Ergebnis war 17 – 3 – 1, genau in meiner Reihenfolge. Natürlich hatte ich nicht gewettet.

Dafür winkte mir einige Zeit später das Glück in anderer Form. Ich hielt weiterhin Kontakt zu meiner zweiten Busenfreundin Fanny, die immer noch davon träumte, Sängerin oder Schauspielerin zu werden, und der es gelungen war, sich in der Schauspielschule Jussieu in der Rue du Cardinal-Lemoine einzuschreiben. Das Theater! Mein Entschluß war schnell gefaßt. Ich wollte mich ebenfalls in dieser Schule einschreiben. Merkwürdigerweise widersetzten sich meine Eltern dem Schulwechsel nicht. Ich muß gestehen, ich hatte nicht die ganze Wahrheit gesagt, sondern nur:

»Ich möchte in die gleiche Schule wie Fanny gehen.«

Seit mein Vater vom Alkohol abhängig war, interessierte er sich praktisch nicht mehr für mich, weder für die Schule noch für etwaige Männerbekanntschaften. Da in seinen Augen eine Schule so gut wie die andere war, ließ er mich gewähren. Ein Jahr später besuchte auch meine Schwester Fatima dieselbe Schule.

Die Schauspielschule war wirklich nicht wie alle anderen. Vormittags hatten wir allgemeinbildenden Unterricht und nachmittags Klavier, Tanz und Theater. Hätten meine Eltern geahnt, wie stark mich die künstlerischen Disziplinen anzogen, dann wären sie sicher mißtrauisch geworden. Doch ich hütete mich natürlich davor, ihnen das auf die Nase zu binden.

Für mein erstes Examen im Fach Schauspielerei sollte ich die Antigone von Jean Anouilh einstudieren, eine Rolle ganz nach meinem Herzen: Auch Antigone weigerte sich und kämpfte. Ich wurde Zweitbeste. Eigentlich hätte ich Erste sein können, doch ich hatte meine Freundin Martine gebeten, mir die Stichworte zu liefern; als der Vorhang hochging, stierten wir uns dreißig Sekunden lang an und brachen dann in schallendes Gelächter aus. Ich mußte von vorne anfangen und wurde vom ersten auf den zweiten Platz zurückgestuft. Die Jury hatte mich allerdings beglückwünscht, und ich wurde durch den Erfolg ermutigt.

Ich arbeitete wie besessen, in Jussieu fühlte ich mich zum erstenmal in meinem Leben frei. Ich versuchte, so elegant wie die anderen Schülerinnen zu sein, und da ich kein Geld hatte, strengte ich meine Fantasie an, der einzige Luxus, über den die Armen verfügen. Ich zog mich möglichst komisch an, zum Beispiel einen grauen Faltenrock, karierte Weste und Melone, die einer meiner Onkel auf einem Flohmarkt gekauft hatte. Ich stand sehr früh auf, um mich zurechtzumachen und meine naturkrausen Haare zu Pariser Löckchen zu ringeln. Ich wollte so europäisch wie nur möglich wirken. Nicht weil ich meine Herkunft verachtet hätte, sondern weil ich bereits zu sehr mit dem latenten Rassismus der Franzosen in Berührung gekommen war. Selbst in der Schauspielschule meinten mir im Grunde wohlgesinnte Lehrer, meine Haare seien zu dunkel, mein Typ entspräche den klassischen Rollen nicht. Als ob am Theater alle Leute blond wären.

Jeden Morgen verwandelte ich mich in eine Pariserin, schminkte mich und machte mich auf die Socken, bevor der Rest der Familie aufwachte, denn selbstverständlich war es mir streng verboten, mich zu schminken.

Mit meinen Mitschülern verstand ich mich ausgezeichnet. In den Pausen gingen wir in das Café neben der Schule und diskutierten dort stundenlang. In einem gewissen Sinn wurde dieses Café zu unserem Jugendhaus, nur, daß es für mich zu verräuchert war. Zigaretten waren mir immer verhaßt gewesen, aber ich habe noch heute den Geschmack des Kaffees auf der Zunge, der dort ausgeschenkt wurde.

Abends wusch ich mir auf der Toilette des Cafés die Schminke ab. Während ich in Courneuve in den dreizehnten Stock hinauffuhr, zog ich mir die Strumpfhose aus und nahm meine Armreifen ab.

Ab und zu überraschte mich mein Bruder am Ausgang der Schule, wenn ich noch geschminkt war, und griff wie üblich mit aller Strenge durch. Dann tat er wieder so, als fiele ihm nichts auf, und nahm mich mit ins Kino oder in eine Ausstellung. Er wollte Photograph werden, und die Kunst brachte uns einander näher. Ich hoffte damals, er könne vielleicht meinen Vater überreden, mich den Beruf meiner Wahl ausüben zu lassen.

Ich machte mir Illusionen. Die Antwort meines Vaters war eindeutig. Als Sechzehnjährige sollte ich die Hauptrolle in der Unterhaltungsserie *Pitchi et Poi* spielen, die in verschiedenen europäischen Ländern gedreht werden sollte. Reisen, ›drehen‹! Die Türen des Paradieses öffneten sich vor mir. Die Produktionsgesellschaft bot meinen Eltern eine recht beträchtliche Summe an und war bereit, auch die Kosten für eine Begleiterin oder einen Begleiter aus dem Kreis meiner Familie zu übernehmen.

Doch die Entscheidung meines Vaters war eindeutig und unwiderruflich:

»Meine Tochter wird niemals auf der Bühne stehen!«

Ich war verzweifelt, denn ich spürte, daß sich meine Träume von einer Bühnenlaufbahn nie erfüllen würden. Mein Vater hatte mir klar zu verstehen gegeben, daß dem Vorhaben nicht nur meine Jugend im Wege stand. In zwei oder selbst vier Jahren würde er nicht anders entscheiden.

Trotzdem gab ich nicht auf. Ich ging weiter auf die Schauspielschule und sagte mir, ich hätte noch viel zu lernen und sollte das Beste aus der Situation machen. Der Unterricht war das einzige, was mir Freude machte und mich zuweilen sogar begeisterte. Im Rahmen der Ausbildung arbeiteten wir manchmal auch als Statisten in den Studios auf den Buttes-Chaumont oder in Boulogne. Auf diese Weise wurden wir auch mit den technischen Gegebenheiten unseres zukünftigen Berufes vertraut. Bei den Dreharbeiten erlebte ich manchen Star aus der Nähe: Romy Schneider, Sophia Loren und sogar Elizabeth Taylor. Ich gehörte nicht zu denen, die überall Autogramme erbettelten, und ich wagte es nicht, die von mir verehrten Stars anzusprechen. Doch ich war begeistert, sie wenigstens aus der Nähe zu sehen. Eines Tages stieß ich am Eingang zum Studio mit Richard Burton zusammen, der gerade aus seinem grünen Rolls-Royce stieg. Er blieb stehen und sagte vernehmlich: »*Sorry!*« Ein Bauer des 17. Jahrhunderts, bei dem sich Ludwig XIV. entschuldigt, muß sich ungefähr so gefühlt haben wie ich.

Meine Ausbildung an der Schauspielschule ging zu Ende; ich versuchte vergebens, mit meinem Vater handelseinig zu werden. Gut, ich würde nicht Theater spielen. Aber warum sollte ich mich nicht an der Pariser Filmhochschule einschreiben und Regisseurin werden? Hinter der Kamera würde niemand mein Gesicht sehen, ich würde mich nicht zur Schau stellen, die Schamhaftigkeit bliebe gewahrt und ich würde weiterhin so zurückhaltend sein, wie es den Töchtern Allahs geziemte. Ich sagte mir, ich könnte in diesem Beruf alles machen, was ich mir erträumte. Text, Musik, Tanz, Bilder – alles war in diesem Medium realisierbar.

Doch es war nichts zu machen: Alles, was auch nur von Ferne mit dem ›Künstlerischen‹ zu tun hatte, wie mein Vater sagte, stieß ihn ab und blieb tabu, vor allem für eine Tochter. Er willigte dann ein, daß ich Jura studierte, denn er hatte immer gehofft, eines seiner Kinder würde Rechtsanwalt. Mein älterer Bruder hatte dies strikt abgelehnt, aber da ich ziemlich gute Noten nach Hause gebracht hatte, ›gab er mir eine Chance‹:

»Entweder Jura, oder du bleibst zu Hause wie alle Algerierinnen.«

Ich gehorchte, doch ohne allzu große Begeisterung, schrieb mich als Siebzehnjährige an der Universität ein und überlegte, welche Möglichkeiten mir blieben. Das erste Studienjahr verlief normal. Im zweiten wollte ich mich gleichzeitig in einer Journalistenschule einschreiben, um Kunstkritikerin zu werden. So konnte ich weiterhin mit der Kunst in Berührung bleiben. Gesagt, getan. Gleichzeitig arbeitete ich noch zwei Tage als Kassiererin in einem Supermarkt an den Champs-Elysées, um zum Familienhaushalt beizutragen. Mein Vater ließ sich alle Lohnabrechnungen vorlegen und nahm mir alles Geld ab, aber das war mir gleichgültig. Ich war bereit, alle Schwierigkeiten auf mich zu nehmen, und fühlte mich stark genug, um Berge zu versetzen.

Doch dann wurde ich plötzlich aus meinen Träumen gerissen: Mein Vater vergaß, daß ich eigentlich Rechtsanwältin werden sollte, und beschloß, mich zu verheiraten.

Er faßte diesen Entschluß, wie in Algerien üblich, ohne meine Meinung einzuholen! Er machte geltend, daß er aufgrund meiner Studien bereits mehrere Angebote ausgeschlagen habe, die ihm seit meinem fünfzehnten Geburtstag gemacht worden seien, doch jetzt habe die Warterei lange genug gedauert.

»Wenn du nicht in diesem Jahr heiratest, wirst du nie heiraten«, schrie er und hatte wie alle algerischen Väter Angst, sich mit einer Sitzengebliebenen herumschlagen zu müssen.

Dann erklärte er ohne Umschweife, er habe einem entfernten Vetter, den ich nicht einmal kannte, bereits sein Wort gegeben. Dessen Sohn, der mich heiraten sollte, hätte eine gute Stellung. Kurz und gut, ich erhielt den Befehl, diesen Mann zu heiraten. Jeder Widerspruch war ausgeschlossen. Ich geriet in Panik und war bereit, lieber zu sterben – diesmal wirklich –, als mich dieser barbarischen Tradition zu beugen. Natürlich wäre ich nicht das erste maghrebinische Mädchen gewesen, das diesen ›Ausweg‹ gewählt hätte. Im algerischen Rundfunk hatte eine Frau einmal zu diesem Thema eine Sendung gemacht und den Mädchen, die von ihren Eltern zur Hochzeit gezwungen wurden, die Möglichkeit gegeben, sich auszusprechen. Aus ganz Algerien trafen beim Sender Telephonanrufe ein: »Mein Vater will mich morgen verheiraten, aber er irrt sich, morgen werde ich nicht mehr leben.« Die jungen Frauen gaben an, sie wollten sich vergiften, sich ins Meer stürzen und vieles mehr. Die Sendung wurde bereits kurz nach Beginn unterbrochen und die Journalistin entlassen.

In Frankreich wurden diese Ereignisse verschwiegen und fanden keinerlei Echo. Man ging davon aus, daß solche Zustände noch im tiefsten Algerien herrschten, sicher aber nicht in Europa. Dabei wurde diese Tradition mitten in Paris hochgehalten. Meine Geschichte ist der beste Beweis. Ich überlegte, wie ich mich am sichersten umbringen konnte.

Doch dann wurde mir bewußt, daß es idiotisch ist, sich umzubringen, nur weil man sein eigenes Leben leben will. War es nicht besser, das Haus meines Vaters zu verlassen? Zu fliehen? Doch das konnte noch gefährlichere Folgen nach sich ziehen. Denn unter diesen Umständen zu fliehen bedeutete gleichzeitig, seine Familie zu entehren. Sollte es meinem Vater gelingen, mich aufzuspüren, würde ich von ihm umgebracht, statt von mir selbst, das wäre der einzige Unterschied.

Wenn nicht ... wenn nicht Mohand mir helfen würde. Auch wenn das komisch klingen mag: Mohand war der einzige Mensch, der mir helfen konnte, denn er hatte kurz zuvor meine Freundin Martine geheiratet.

Mich hatte das im Grunde gar nicht überrascht. Da er mir laufend nachspionierte, kannte er meine Freundinnen, vor allem Martine, mit der ich sehr häufig zusammen war. Er war charmant und verführerisch, und da Martine Französin war und keine Algerierin, hatte er ihr gegenüber nicht die Skrupel, die er einem Mädchen aus seiner Heimat gegenüber gehabt hätte: Meine Freundin wurde schwanger.

Die ›Affäre‹ wirbelte in beiden Familien viel Staub auf, in unserer allerdings sehr viel weniger, als wenn es sich bei der ›entehrten Jungfrau‹ um eine Algerierin gehandelt hätte. Martines Eltern zogen es angesichts der ›Tatsachen‹ vor, die Situation zum Besten zu regeln. Ihr Enkel sollte vor allem nicht unehelich geboren werden. Meine Eltern hatten Mohand seit seiner Kindheit verhätschelt; so war er es gewohnt, zu tun, was er wollte, und fragte sie nicht einmal um ihre Meinung. Er war gerade einundzwanzig Jahre alt geworden und damit volljährig. So konnte er sein Leben selbst in die Hand nehmen.

Niemand außer mir wollte an der Hochzeit teilnehmen. Ich war begeistert, daß Martine meine Schwägerin wurde. So wurden unsere Beziehungen noch enger. Wir mochten uns wirklich gern. Konnte ich vorhersehen, daß ihre Tochter Sabine eines Tages auf mein Kind in meinem Bauch einschlagen würde?

Wie auch immer, damals dachte ich, daß der von meinem Bruder geschaffene Präzedenzfall mir zugute kommen könnte. Mohand konnte mir kaum seine Hilfe abschlagen, moralisch, wie er sich immer gab. Ich hatte ja auch nicht vor, einen Mann zu heiraten, mit dem meine Familie nicht einverstanden war, sondern wollte nur keinen Unbekannten zum Mann haben. Mohand war inzwischen so europäisch geworden, daß er diesen Wunsch einfach begreifen mußte. Martine bestand ihrerseits darauf, daß er mit meinem Vater sprach, was er schließlich auch tat, doch ohne den geringsten Erfolg.

Dann kam ich auf die Idee, mit Mohand und Martine nach Algerien zu ziehen. Auf diese Weise konnte mich der väterliche Zorn nicht direkt treffen. Ich hoffte, in Algerien eine interessante Arbeit zu finden. Meine algerische Heimat war erst vor kurzem unabhängig geworden und noch im Aufbau begriffen. Algerien brauchte junge, enthusiastische, fortschrittliche Männer und Frauen. Davon ging ich aus. Wir würden in der Hauptstadt wohnen und arbeiten und später den Rest der Familie nach Algerien holen. Vielleicht würden meine Eltern hier wieder zu einem harmonischen Leben finden. Diese Hoffnung hatte ich nie aufgegeben und träumte...

Wir träumten zu dritt. Mohand und Martine fanden meine Pläne gut. Wir versuchten, realistisch zu bleiben, und waren uns darüber im klaren, daß wir für die Verwirklichung unseres Vorhabens wenigstens etwas Geld brauchten. Wir beschlossen, jeden möglichen Job anzunehmen. Mein Bruder, der stolz auf seine neugewonnene Verantwortung war, bewahrte unser Erspartes in einem Glaspokal auf. Wir aßen nur wenig, kauften uns nichts zum Anziehen und sparten auf einen Gebrauchtwagen, damit wir uns in Algerien frei bewegen konnten.

Wir arbeiteten so hart, daß wir innerhalb von wenigen Monaten das Geld zusammengespart hatten. Ein einziges Problem war noch zu regeln: Ich war noch minderjährig, und mein Vater widersetzte sich heftig meiner Abreise.

Doch Mohand konnte intelligent und hartnäckig sein, wenn er nur wollte. Er berief einen Familienrat aus Onkeln und Vettern ein. Nachdem Mohand sich feierlich und vor Zeugen verpflichtet hatte, über mich zu wachen, gab mein Vater endlich nach. Auch in diesem Punkt konnte ich nicht wissen, wie teuer ich diese Machtübertragung bezahlen würde. Im Augenblick war ich im siebten Himmel.

Kurze Zeit später fuhren wir in unserem alten grauen Peugeot 403 nach Marseille, wo wir uns einschifften. Mir war nicht klar, wie absurd mein Verhalten war: In Frankreich war die feministische Revolution in vollem Gang, und die ersten Vorläufer der Mai-Unruhen zeichneten sich am Horizont ab. Und ich fuhr nach Algerien, um dem schwer lastenden Gewicht der überlieferten Familientraditionen zu entkommen, um endlich frei meine moderne Lebensauffassung verwirklichen zu können.

Der Dampfer, der uns in die Stadt meiner Hoffnungen brachte, hieß ›Avenir‹, Zukunft. War das nicht ein günstiges Vorzeichen?

*

Die Überfahrt verlief sehr angenehm und versöhnte mich mit dem Meer. Es waren kaum Franzosen an Bord; bei den meisten Passagieren handelte es sich um ausgewiesene Immigranten. Alles in allem das genaue Gegenteil meiner ersten Seereise im Jahre 1954, als viele Kabylen bei fürchterlichem Wetter Algerien verließen, um in der französischen Hauptstadt zu arbeiten.

Martine und ich waren die einzigen Frauen an Bord. Die sehr sympathische Mannschaft erlaubte Mohand, Martine und mir, es uns in der etwas komfortableren Touristenklasse bequem zu machen. Martines Baby, die kleine Sabine, war in Paris zurückgeblieben. Meine Mutter wollte sich um sie kümmern, bis wir uns in Algier installiert hatten.

Mein Bruder war ausgesprochen charmant. Als wir in der Bucht von Algier eintrafen, waren wir von so viel Schönheit und Weitläufigkeit wie berauscht, denn wir waren an die Schönheiten der Natur nicht mehr gewöhnt.

Nach den Zollformalitäten fuhren wir mit dem Wagen durch die Straßen der weißgekalkten Stadt, in der viele Männer in weißem Burnus und viele verschleierte Frauen unterwegs waren. Mein Bruder überfuhr, neugierig in alle Richtungen schauend, nur nicht geradeaus, ein Rotlicht, und ein Polizist ließ uns anhalten. Mohand entschuldigte sich damit, daß er so von seinen Gefühlen überwältigt sei, nach so langer Zeit wieder im Land seiner Vorfahren zu sein. Der Beamte ließ uns weiterfahren. Ich wäre am liebsten ausgestiegen und zu Fuß durch die Straßen geschlendert, um Algier, das ich nicht kannte, wirklich zu entdecken. Doch dann siegte der Wunsch, Ifigha wiederzusehen, und ich wollte Setsi Fatima umarmen. Wir würden schon bald nach Algier zurückkehren, um hier Arbeit zu suchen.

Die Vorstädte überraschten mich. Große, stillose Gebäude ohne jeden Charme waren wie Pilze aus dem Boden geschossen. Doch sobald wir uns auf der Straße befanden, die am Meer entlangführte, kam die Schönheit des Landes wieder voll zur Geltung.

Trotz unserer Müdigkeit fuhren wir noch lange. Nach Tizi-Ouzou sah ich zum erstenmal Bäuerinnen in bunten Kleidern, die in Olivenhainen arbeiteten und ihre Haare mit einem Kopftuch verhüllten, ohne das Gesicht zu bedecken, wie es die Frauen in meinem Heimatdorf taten. Dann nahmen wir die Straße ins Gebirge und suchten unser Dorf Ifigha, vorbei an vielen kleinen Dörfern, die sich die Gebirgshänge hinaufzogen. Natürlich erinnerten wir uns nicht mehr an den Weg. Wir fragten einen alten Mann, der uns langsam und ruhig Auskunft gab. Endlich kamen wir zu Hause an. Wir fuhren langsam auf dem steinigen Weg und wurden von einer Horde laut schreiender Kinder begleitet. Wir hielten auf dem Dorfplatz. Unser Haus am oberen Ende des Dorfes konnte man nur zu Fuß erreichen.

Die Dorfbewohner drängten sich um uns und fragten uns aus. »Woher kommt ihr? Aus Frankreich? Was, ihr seid Fatimas Enkel? Holt sie schnell! Ein Glückstag für sie.«

Die Bevölkerung begleitete uns auf dem Weg zu unserem Haus. Die Frauen schauten Martine und mich verblüfft an, gaben aber keine Kommentare zu unserer Aufmachung ab. Wir trugen enge Hosen, die in hohen Stiefeln steckten, und dazu Umhänge aus blauem Leinen. Meine Haare waren der damaligen Mode entsprechend kurz geschnitten wie die von Angela Davis. Immer wieder riefen die Dorffrauen in fast feierlichem Ton:

»Du also bist Djura, Fatimas Tochter … Denn du bist ihre Tochter, vergiß das nicht. Sie hat dich gestillt, sie hat dir ihre Milch gegeben, sie ist deine Mutter.«

Vor unserem Haus blieb ich einen kurzen Augenblick stehen; ich war zu ergriffen bei dem Gedanken, meine geliebte Großmutter wiederzusehen. Die Wirklichkeit, die ich hier vorfand, entsprach überhaupt nicht meinen Kindheitserinnerungen. Alles, der Platz, die Moschee und jetzt das Portal zu unserem Haus, das nichts anderes war als eine ganz normale Tür, war viel kleiner, als ich gedacht hatte. Würde ich Setsi Fatima wiedererkennen?

Plötzlich tauchte sie in einer Gandura aus geblümter Baumwolle auf; ein Kopftuch verdeckte ihre Haare. Die langen, mit Henna gefärbten Zöpfe konnte sie allerdings nicht ganz verstecken. Sie hatte abgenommen, und ihr Gesicht war viel faltiger geworden. In ihrem lächelnden Mund mit den schmalen Lippen befanden sich nur noch zwei Zähne, doch ihre Augen strahlten immer noch gleich intensiv. Ich erkannte sie sofort, und Freudentränen rollten meine Wangen hinunter. Auch sie weinte. Mit beiden Händen packte sie meinen Kopf, ließ ihn wieder los, trat einen Schritt zurück, um mich besser anschauen zu können, umarmte mich von neuem und flüsterte zwischen zwei Schluchzern:

»Meine Tochter, meine Tochter ... Wie schön, daß ich meine Tochter wiederhabe.«

Endlich schaute sie zu meinem Bruder und zu Martine:

»*A revhiw, a revhiw!* Was für ein Glück! Was für ein Glück!«

Sie bat uns ins Haus. Ich erkannte die weißgekalkten Mauern, die Balken und die gestreiften Decken meiner Kindheit, die auf einer von Setsi Fatima selbst bemalten Truhe lagen. Dann drehte ich mich zur Tür, die offengeblieben war, und schaute zu den Bergen der Djurdjura mit dem ewigen Schnee hinüber. Ich hörte die Fragen nicht mehr, und auch nicht den Lärm, den die aufgeregten Dorfbewohner verursachten. Schließlich fragte ich mich, warum wir das Dorf je verlassen hatten. Ich hatte das beglückende Gefühl, daß für mich ein neues Leben begänne.

Am Abend richtete Setsi Fatima für Mohand und Martine eines der kleinen Häuser her, die den Patio umgaben. Das Gebäude schien mir recht baufällig zu sein, und ich schwor mir, es später reparieren zu lassen. Anschließend ging ich in ›unser‹ Haus zurück, in dem ich mit meiner Großmutter so glückliche Jahre verbracht hatte.

Jetzt schaute ich mich etwas aufmerksamer um. Der Stall war leer. Setsi Fatima hatte nur kurze Zeit vor unserer Ankunft Kuh und Kalb verkauft, da sie Geld gebraucht hatte. Dafür schlief sie nicht mehr auf dem Boden, sondern in einem großen, schmiedeeisernen Bett, das ich mit ihr teilen sollte. Der Zwischenstock mit den Vorratstruhen war noch genau so, wie ich ihn in Erinnerung hatte. Die Krüge waren gefüllt mit Hartweizengrieß für den Couscous, getrockneten Feigen und Linsen. Auch der große Wohnraum mit der Kochecke und dem *Kanoun,* der Feuerstelle in der Mitte, in der das Brot gebacken wurde und vor der sie mir im Winter von *Tseryel,* der Hexe, erzählt hatte, war unverändert. Ich wußte, daß die gesamte

Inneneinrichtung von meiner Großmutter selbst hergestellt worden war (außer dem Bett natürlich). Aber das war nichts Außergewöhnliches, denn seit Menschengedenken waren die kabylischen Frauen dafür verantwortlich.

Setsi Fatima hatte immer noch kein fließendes Wasser und keine Elektrizität. Bevor sie sich zum Schlafen hinlegte, zündete sie eine der selbst hergestellten Öllampen mit geflochtenem Docht an.

»*Sekniyid taqejirtim!*« forderte sie mich freundlich auf. »Zeig mir deine Füße.«

Dann zog sie mir auch schon die Stiefel aus, brachte ein Bassin mit Wasser und badete meine nackten Füße. Anschließend schaute sie sie lange an, bevor sie sie befriedigt streichelte. Der Fuß spielt in der kabylischen Ästhetik eine große Rolle. Da das traditionelle Kleid fast bis zum Knöchel reichte, fiel der Blick automatisch auf die Knöchel und die Füße. Je schmaler und feiner sie sind, desto besser.

Am nächsten Morgen wußten Martine und ich nicht, wie wir uns kleiden sollten, europäisch oder algerisch. Ich erinnerte mich, daß mein Vater großen Wert auf das europäische Kostüm gelegt hatte, das meine Mutter tragen sollte, als sie in Marseille an Land ging. Ich entschied mich also für eine Gandura. Martine war damit einverstanden. Meine Großmutter war begeistert und holte die schönsten Kleider, die sie in der Hoffnung, ich käme eines Tages in das Dorf zurück, aufbewahrt hatte, aus der Truhe. Wir zogen zwei lange, gestickte Kleider an und waren uns sicher, daß die Nachbarinnen und Nachbarn diese Geste zu schätzen wußten.

Tagelang zögerten die Frauen – die Männer sprachen selbstverständlich nicht mit uns –, bis sie uns Vorwürfe machten. Martine und ich hatten aus Spaß die rotgoldene Fouta nicht vorne, sondern seitlich umgebunden, was die Frauen erboste, denn es verstieß gegen die Tradition.

Auch das Kopftuch gehörte zur Tradition. Das *Amendil*, das die sinnliche Haarpracht verbarg. Selbst wenn in Paris viele Gebräuche am Leben erhalten wurden, versteckten die Mädchen der maghrebinischen Kolonie in den sechziger Jahren ihre Haare keineswegs. Hier war das undenkbar. Nur, wie sollte ich das Martine erklären, die ihre Haare immer offen getragen hatte? Auch ich hatte meine Probleme, denn das Kopftuch wollte auf meinen kurzen, gekräuselten Haaren einfach nicht halten und rutschte nach kurzer Zeit wieder herunter.

Ich erklärte Setsi Fatima unsere Probleme, die sich mit einem einfachen »*Roulikem*« als Antwort zufriedengab »dann eben nicht«. Ihre Augen allerdings verrieten, daß sie sich nicht so einfach damit abfinden konnte. Die übrigen Frauen des Dorfes überhäuften sie kurz darauf mit Vorwürfen.

»Laß Djura bloß nicht so herumlaufen«, regten sich die alten Weiber auf. »Man wird sie für eine Hure halten. Das hat ihr Vater bestimmt nicht gewollt, als er sie hierhergeschickt hat. Das ganze Dorf wird über dich lachen.«

Plötzlich hatte ich eine Idee und meinte, eine Lösung gefunden zu haben: Ich bat Setsi Fatima um die Erlaubnis, im Haus mit unbedeckten Haaren herumzulaufen, versprach ihr aber, jedesmal, wenn ich das Haus verließ, einen Hut aufzusetzen. Unter einem Hut konnte man schließlich seine Haare ebenfalls verbergen.

Allgemeines Entsetzen. Es war schon schlimm genug, kein Kopftuch umzubinden, aber einen Hut zu tragen, das war für eine Frau geradezu eine Katastrophe! Ein Gedanke, der mir wohl vom Teufel eingegeben worden war! Der Hut war schließlich ein Symbol für die Männlichkeit. Völlig ausgeschlossen, daß eine Frau einen Hut aufsetzte! Da könnte sie gleich einen Burnus überziehen. Und wenn man es recht bedenkt, waren wir ja in einem Burnus angekommen. Unsere weiten Umhänge, die mir so tugendhaft erschienen waren, hatten die Dorfbevölkerung gleich am ersten Tag provoziert.

Fatimas Freundinnen beschlossen, meine Erziehung in die Hand zu nehmen. Um Martine kümmerten sie sich nicht so intensiv, denn die war schließlich Französin. Sie verziehen mir meine Fehler – ich war noch sehr klein gewesen, als ich das Dorf verlassen hatte –, doch jetzt hatte ich mich nach den Traditionen zu richten. Erstens einmal war ich viel zu dünn und hatte keine Hüften. Gab es denn in Frankreich nichts zu essen? Ich sollte unbedingt zunehmen. Und dann durfte ich meine Augen nicht mehr mit Kajal schminken. Das war verheirateten Frauen vorbehalten. Und ich durfte auf keinen Fall vergessen, auf den Boden zu schauen, falls ich einem Mann begegnete, und mußte ihn immer als ersten vorbeilassen. Ich hatte in Paris bereits davon gehört, aber dort wurde diese Regel natürlich von niemandem respektiert. In Ifigha war sie ehernes Gesetz.

Zu Beginn war ich entschlossen, diese Zwänge aus reiner Höflichkeit auf mich zu nehmen. Ich wollte Setsi Fatima nicht verletzen. Vielleicht spielte auch ein bißchen Romantik, ein bißchen das Gefühl von der Rückkehr in die Heimat mit. Ich vermute, daß Martine sich anfangs amüsierte und aus diesem Grund mitmachte. Wir wollten ja nicht lange in meinem Dorf bleiben. Sobald mein Bruder die Wohnungs- und Arbeitsfrage geklärt hatte, würden wir nach Algier ziehen. Dort hatten wir zwar verschleierte Frauen entdeckt, aber auch viele, die ihre Haare offen trugen und emanzipiert waren, zumindest nahm ich das an. In der Zwischenzeit waren wir gerne bereit, uns den Gebräuchen der Bergbevölkerung zu unterwerfen.

Wir waren sogar bereit gewesen, für meine Großmutter, die von den vielen Jahren harter Arbeit ausgelaugt war, Wasser zu holen. Sie stand immer noch vor dem Morgengrauen auf und sprach ihr Gebet auf arabisch, obwohl sie kein Wort dieser Sprache verstand. Seit Jahrhunderten hatten die Kabylen es verstanden, der fremden Sprache den Zugang zu ihren Bergdörfern zu verwehren, und dem Französischen war es während der einhundertdreißigjährigen Kolonialherrschaft nicht besser gegangen. Nur die, die die Chance hatten, eine Schule zu besuchen, hatten Französisch gelernt.

Nach ihrem Gebet holte Setsi Fatima Wasser. Und da wir jetzt zahlreicher waren, brauchten wir auch mehr Wasser. Zuviel Wasser. Denn wir gingen viel zu verschwenderisch damit um.

»In der Wüste verstehen es die Menschen, sich mit einem Glas Wasser zu waschen«, erklärte Fatima.

Jedesmal, wenn ich beobachtete, wie sie den vollen Krug auf dem Kopf balancierte und den Berg hochkeuchte, hatte ich ein schlechtes Gewissen. Schließlich hielten es meine Schwägerin und ich nicht mehr aus und beschlossen, selbst Wasser zu holen.

Erfolglos versuchten wir, die Krüge ebenfalls auf dem Kopf zu balancieren, während uns die Frauen spöttisch beobachteten – und nicht nur die Frauen, auch die Männer warfen uns von dem Vorplatz der Moschee aus ihre Blicke zu. Wir kauften jede zwei Aluminiumeimer und schleppten darin das Wasser den Berg hoch. Obwohl die Eimer schwer waren, mußten wir mehrmals gehen, um einen Krug zu füllen. Einige der Dorfbewohner sahen in uns völlig lächerliche kleine Pariserinnen, die es nicht einmal verstanden, die einfachsten Gebräuche der Kabylen zu übernehmen. Andere meinten, wir hülfen unserer Großmutter, so gut wir konnten, und wir seien mutig, uns so dem Gespött des Dorfes auszusetzen.

Wie auch immer, wir blieben in den Augen der meisten merkwürdige Wesen von der anderen Seite des Mittelmeeres, ›freie‹ Mädchen. Die Frauen des Dorfes bestaunten diese Freiheit, wie sie ein außerirdisches Wesen bestaunt hätten, ohne sich direkt betroffen zu fühlen. Am frühen Morgen begann das Kommen und Gehen bei meiner Großmutter. Ich schlief noch, da waren die ersten Besucherinnen bereits da und tranken Kaffee. Oft brachten sie Brot und Feigen und diejenigen, die Ziegen hatten, auch Milch und Butter mit. Setsi Fatima mochte das gerne, denn sie war eine gastfreundliche Frau. Selbst vor unserer Ankunft hatten sich die Frauen und Mädchen häufig bei ihr versammelt. Ihre Männer und Brüder hatten nichts dagegen, denn sie wußten, daß in Fatimas Haus keine Männer wohnten.

Innerhalb einer Woche war das Haus mit Kuchen, Zucker und tausend anderen Schleckereien überfüllt. Doch kaum hatten die Frauen die üblichen Begrüßungsformeln hinter sich gebracht, da stürzten sie sich auch schon auf mich und ließen mich keine Sekunde mehr allein. Sie musterten mich von oben bis unten. Eines Tages tastete eine sogar meine Brüste ab, als ob ich nicht gleich gebaut wäre wie sie. Die jüngsten balgten sich um meine Büstenhalter, die ich ihnen gerne überließ, oder gerieten angesichts anderer weiblicher Wäsche in Ekstase. Dann trafen die Kinder ein, schreiend oder weinend. Ich flüchtete mich ins Freie, ohne zu vergessen, meine Augen zum Boden zu senken. Das verstand sich von selbst.

Eine weitere Kindheitserinnerung stieg in mir auf: die stark riechenden Narzissen, die immer noch auf den Hügeln wuchsen. Ich flocht sie in mein Kopftuch (es war mir nichts anderes übriggeblieben, als das traditionelle Tuch zu tragen), wie es immer noch üblich war, und pflückte große Sträuße von rosa Blumen, die stark rochen. Diese Blumen verteilte ich im ganzen Haus, auf den Regalen und selbst auf dem Boden, vor allem vor dem Bett. Ich wußte, daß

Schlangen den Geruch dieser Blumen nicht mochten und auf die Flucht gingen.

Ein kleiner Spatz hatte mir ein Schlangennest im Zwischenstock gezeigt und dies mit seinem Leben gebüßt. Ich hatte ihn gefangen, und er zwitscherte in meiner Hand. Ich setzte ihn auf eines der Regale. Er hüpfte hinter die Krüge, in denen meine Großmutter Weizen aufbewahrte ... Als ich ihn nicht mehr hörte, beugte ich mich vor, um ihn zu suchen, und entdeckte an seiner Stelle eine dicke Schlange, die blitzschnell in einem Mauerloch verschwand. Sie hatte mit dem armen Spatz sicher kein langes Federlesen gemacht. Ich schrie wie am Spieß. Meine Großmutter konnte dies nicht recht begreifen. Sie wußte selbstverständlich, daß die Reptilien es sich in ihrem Haus bequem gemacht hatten, fand das aber nicht weiter schrecklich.

Seit meiner Entdeckung verteilte ich zur Überraschung aller im ganzen Haus Blumen, die normalerweise auf den Feldern blieben und nie zur Dekoration von Häusern verwendet wurden. Aber ich wollte friedlich schlafen oder die Gedichte Omar Khayyâms lesen, beim Schneidern oder beim Gemüseputzen helfen können und dabei nach altem Brauch auf dem Boden sitzen, ohne mich dauernd nach diesen schrecklichen Tieren umsehen zu müssen.

Nachmittags begleitete ich meine Großmutter wie in meiner frühen Kindheit auf allen Wegen. Wir besuchten Wöchnerinnen und Kranke oder gingen einfach in den Feldern spazieren. Setsi Fatima zeigte mir die Felder, die meinem Vater gehört hatten, eines nach dem anderen. Sie erklärte, für sie sei es dasselbe, ein Stück seines Landes oder ein Stück seines Fleisches zu verkaufen.

Wir gingen öfter zu einem kleinen Weiler mit dem hübschen Namen Tala-Gala, der an eine Glocke erinnerte. Meine Mutter stammte aus diesem Weiler. Die Menschen waren alle zumindest weitläufig miteinander verwandt, und es schien mir lange nicht so konventionell zuzugehen wie in Ifigha.

Die Alten erzählten mir Geschichten aus längst vergangenen Zeiten und bestätigten, Si Moh oder Mhand, der wandernde Dichter, hätte sich auch in diesem Dorf aufgehalten. Ich hörte ihnen zu und nutzte ihre Erzählungen, um mich mit der kabylischen Sprache noch vertrauter zu machen. Meine Eltern unterhielten sich in Paris auf kabylisch, aber ich selbst benutzte diese Sprache kaum. Meine alten ›Cousinen‹ aus Tala-Gala freuten sich, daß ich mich für die Kultur meiner Heimat interessierte.

»Du bist nicht wie so viele, die auf schamlose Weise mit ihren Hintern wackeln, kein Wort ihrer Muttersprache sprechen und sich unter dem Vorwand, sie kämen aus Frankreich, für Göttinnen halten.«

»Ja, ja«, stimmten die anderen bei und spuckten vor Abscheu auf den Boden.

Eine Zeitlang dachte ich, aufgrund ihrer Sympathie für mich wären sie auch bereit, meinen ›emanzipatorischen Vorträgen‹ zuzuhören. Ich versuchte, ihnen begreiflich zu machen, daß die algerische Gesellschaft nur für die Männer gemacht sei und ihr Status als Frau ihnen nichts als Schwerarbeit ohne jede persönliche Befriedigung einbrächte.

»Du hast recht«, meinten sie und zeigten mir ihre Arme, bei denen sich nur noch die Haut über die Knochen spannte.

»Du hast wirklich recht«, wiederholten sie und berührten mit ihren völlig abgearbeiteten Händen ihre eingefallenen Gesichter.

Beinahe hätten wir alle über unser schlimmes Schicksal geheult. Doch sie protestierten nicht, sie stellten nur fest, daß es so ist. Sie waren weiterhin bereit, ihre Lebensbedingungen zu akzeptieren, auch wenn ihnen manche Praktiken, bei denen mir die Haare zu Berge standen, zu weit gingen.

So erzählten sie mir von einem jungen, erst kürzlich verschwundenen Mädchen, das man auf dem Grund eines Brunnens gefunden hatte. Bei der Untersuchung stellte es sich heraus, daß die eigenen Eltern es in dem Brunnen ertränkt hatten, da sie den Mann ablehnte, den sie heiraten sollte. Zudem hatten die Eltern an ihrer Jungfräulichkeit gezweifelt.

»Was für eine Schande«, rief eine der Alten, doch niemand dachte daran, diese Bräuche zu untersagen.

Eine andere Heranwachsende hatte vergebens versucht abzutreiben und zu diesem Zweck geheimnisvolle Kräuter gegessen und es mit Zaubersprüchen versucht. Als ihre Mutter und ihre Schwester ihren Zustand bemerkten, brachten sie sie schlichtweg um.

Während ich diese Abscheulichkeiten hörte, beglückwünschte ich mich, in Frankreich erzogen worden zu sein, weit weg von dieser Welt aus einem anderen Jahrhundert. Ich hatte immerhin ausgehen und studieren können und fühlte mich jetzt durchaus in der Lage, mein Schicksal selbst in die Hand zu nehmen. Auf die Idee, daß meine Familie mich eines Tages ebenfalls mit brutaler Gewalt bestrafen könnte, weil ich von einem Mann, den sie nicht ausgewählt hatte, ein Kind bekam, wäre ich nie gekommen. Übrigens war ich damals noch fest entschlossen, nicht zu heiraten.

Mein freiwilliges Zölibat verschlug jung und alt die Sprache: »Aber warum heiratest du denn nicht?«

Meine Freundinnen in meinem Alter aus Tala-Gala oder Ifigha warteten alle gehorsam auf den Tag der Hochzeit. Einige lebten noch zu Hause und kümmerten sich um den Haushalt, während andere das Glück hatten, ihre Ausbildung fortsetzen zu können, doch alle kümmerten sich um ihre Aussteuer. Sie zeigten stolz die prächtigen Decken vor, die sie an langen Abenden webten. Häufig arbeiteten mehrere gemeinsam bei der einen, um am nächsten Tag gemeinsam bei einer anderen zu arbeiten. Auf diese Weise verliefen die Abende fröhlicher, und die Arbeit kam schneller voran.

Dabei träumten sie nicht einmal von Liebe. Sie wünschten sich nur einen freundlichen, verständnisvollen und sanften Mann. Und flehten den Himmel an, er möge sie vor einer zu bösartigen Schwiegermutter bewahren. Denn die Herrschaft der Schwiegermutter war immer noch ehernes Gesetz. Wenn die Schwiegertochter ihr nicht gefiel oder nicht gehorsam war, konnte sie ihren Sohn praktisch zwingen, seine Frau zu verstoßen.

Ich konnte die Hartnäckigkeit einfach nicht begreifen, mit der diese ›Söhnemütter‹ die Unterwerfung der Frauen betrieben und das so ungerechte System aufrechterhielten. Dabei hatten sie zu Beginn ihrer Ehe das gleiche Joch zu tragen gehabt. Sie hätten den Kreis durchbrechen und sich weigern müssen, auf ihre Töchter und Schwiegertöchter Druck auszuüben und sie zu erniedrigen. Genau das Gegenteil war der Fall: Diesem merkwürdigen Naturgesetz gemäß, nach dem Unterdrückte bei der ersten sich bietenden Gelegenheit zu Unterdrückern werden, überließen sie Generation um Generation den Männern die absolute Gewalt, *Mektoub*, das war das Schicksal.

Ich versuchte sie zu überzeugen, daß sie ihre Verhaltensweise ändern konnten und mußten. Daß ich selbst mich weigerte, mich zu unterwerfen und Glied dieses lächerlichen Kreislaufes zu werden. Ich forderte sie auf, sich zusammenzuschließen und ihr Sklavendasein gemeinsam zu beenden. Ich hätte genausogut in der Wüste predigen können. Ich hoffte, wenigstens ein Minimum weiblicher Solidarität vorzufinden, stieß aber nur auf eine Mauer aus Schweigen.

Vielleicht lag es daran, daß meine eigene ›Emanzipation‹, ohne daß mir dies bewußt gewesen wäre, nur aus Worten bestand. Die Falle der Tradition würde schon bald über mir zuschlagen, und ich sollte mich mit einer kaum aushaltbaren Realität auseinandersetzen.

Wir lebten nun schon seit einigen Monaten in Ifigha, und ich wurde langsam ungeduldig. Mein Bruder behauptete, sich um Stellen für uns in Algier zu kümmern, war aber nicht sehr gesprächig. Auch Martine erzählte er kaum etwas. In Wirklichkeit hatte er sich seit unserer Ankunft in der kabylischen Heimat radikal geändert und genoß das Dasein eines Paschas.

Wenn er überhaupt mit uns sprach, dann nur, um uns Befehle zu erteilen. Er fuhr nach Algier und kam zurück, ohne uns etwas zu erzählen. In Ifigha trug er einen Burnus, ging mit seinen Freunden auf die Jagd oder hielt sich in einem der kleinen Häuser, die um den Patio standen, auf, von denen eines speziell für ihn und seine Gäste hergerichtet worden war. Meine Schwägerin und ich bereiteten das Essen für die Herren vor, das meine Großmutter servierte, denn wir jungen Frauen durften uns den Männern nicht zeigen. Ich hatte im übrigen nicht die geringste Lust, mit denen etwas zu tun zu haben. Sie waren doch alle Tyrannen wie Mohand, und einer reichte mir vollauf! Denn mein Bruder war wieder so kleinlich und aggressiv wie früher geworden. Er behandelte unsere Großmutter als Magd, schlug mich beim geringsten Fehler, ohne daß jemand eingegriffen hätte. *Derguez*, er war eben ein Mann, und Männer durften tun, was sie wollten. Er erzählte Gott und der Welt, ich sei ihm vom Vater anvertraut worden, und rechtfertigte so die absolute Autorität, die er über mich ausübte. Ich saß in der Falle.

Ich nehme an, daß es für Martine noch schlimmer war. Sie hatte sich in Paris in Mohand verliebt und ein Baby von ihm bekommen, aber sie hatten nicht zusammengelebt. So wußte sie nicht, wie gewalttätig ihr Mann werden konnte. Und hatte Mohand in der Euphorie, nach Algerien zu ziehen, nicht zu uns gesagt:

»Macht euch keine Sorgen, was die sogenannten ›Traditionen‹ angeht; wir sind schließlich in Frankreich groß geworden und haben mit diesen veralteten Gewohnheiten nichts mehr zu tun.«

Wie hätte meine Schwägerin auf die Idee kommen können, eines Tages von ihrem Mann eingesperrt, unterdrückt und geschlagen zu werden? Bei den ersten ›Züchtigungen‹ meines Bruders glaubte sie, die Welt ginge unter.

»Algerien hat ihn völlig kaputtgemacht«, sagte sie zu mir. Doch sie war weniger rebellisch als ich, was Mohand natürlich ausnutzte. Schon bald erhielt sie doppelt soviel Schläge wie ich. Wir trösteten uns gegenseitig, schütteten uns wieder wie in der Schule vor Lachen aus und fielen langsam der gleichen Lethargie anheim, in der die hiesigen Frauen lebten; wir hatten kein Geld und auch keine Möglichkeit, unsere Lage von uns aus zu ändern.

Endlich kam Mohand mit guten Nachrichten aus Algier zurück. In seiner Begleitung befand sich ein französischer Freund, Olivier, den er bereits in Paris kennengelernt hatte, ein Architekt.

Er machte sich sogar die Mühe, uns Olivier vorzustellen, denn der Architekt war bereit, uns eine Wohnung zu vermieten, die er in El Biar, einem der besten Viertel der algerischen Hauptstadt, besaß. Waren wir erst einmal dort, würden wir mit vereinten Kräften sicher eine Arbeit finden.

Einige Tage später packten wir unsere Koffer. Ich war begeistert und leicht verwirrt. Während seines kurzen Aufenthaltes in Ifigha hatte ich Olivier beobachten können und wußte nicht mehr aus noch ein. Gab es das wirklich, höfliche, ruhige Männer, die sich aufmerksam um die Frauen kümmerten? Er schaute mich häufig an, und ich gewann den Eindruck, als ob ich ihm nicht gleichgültig wäre. Und Olivier war ein äußerst anziehender Mann.

Doch ich hatte anderes im Kopf als die Jagd nach einem Mann. Obwohl ich Algier nicht kannte, hatte ich schon kurz nach unserer

Ankunft in der Stadt die Telephonnummern der Menschen ausfindig gemacht, die mir weiterhelfen konnten. Ich fand eine Möglichkeit, Schauspielunterricht zu nehmen, und lernte einen Direktor der algerischen Rundfunk- und Fernsehanstalt kennen sowie verschiedene andere Personen, die bereit waren, mir zu helfen. Schon nach kurzer Zeit wurden mir konkrete Angebote gemacht, viel schneller, als ich es mir erträumt hatte. Ich konnte wählen, ob ich im Radio oder im Fernsehen debütieren wollte, wo man mir die Stelle einer Sprecherin und einer Journalistin anbot.

Überglücklich ging ich nach Hause, um meinem Bruder die gute Nachricht mitzuteilen.

»Das kommt auf keinen Fall in Frage«, schrie er. »Du wirst niemals beim Fernsehfunk arbeiten; dieses Milieu ist nichts für dich. Such dir etwas anderes.«

Ich hatte meinen Vater verlassen, um endlich frei zu sein, und war jetzt noch schlechter dran als zuvor. Mohand wollte, daß Martine und ich als Verkäuferinnen im algerischen Kaufhaus arbeiteten. Ich hatte natürlich nichts gegen Verkäuferinnen, aber ich fand es doch absurd, mich nach meinem Studium hinter einem Verkaufstresen wiederzufinden. Wieder einmal sollte ich nicht selbst über mein Leben entscheiden können.

Glücklicherweise fand ich für meine Schwägerin und mich Arbeitsplätze im Büro des Krankenhauses Mustapha. Ich fand das besser als die Arbeit im Kaufhaus, und mein Bruder machte keine Schwierigkeiten, zumal die Stellen besser bezahlt waren als die im Kaufhaus und wir buchstäblich pleite waren. Er erteilte uns einen kategorischen Befehl:

»Ich verbiete euch, mit euren Arbeitskollegen Umgang zu pflegen. In diesem Land hat man schnell einen schlechten Ruf. Ihr habt euch nicht mit ihnen zu unterhalten und ihnen auch nicht die Hand zu geben, wenn ihr sie begrüßt oder ihr euch verabschiedet.«

Natürlich meinte er männliche Kollegen. Wir beugten uns während der Arbeit den ganzen Tag über die Papiere und beantworteten kaum die Fragen, die uns die Männer stellten, überzeugt, daß Mohand das geringste Wort, die geringste Geste erführe.

Denn Algier war im Grunde ein Dorf geblieben. Natürlich kannten uns nicht alle, aber es war offensichtlich, daß wir aus Frankreich gekommen waren, und das reichte schon aus, um zur Zielscheibe ihrer Neugierde zu werden. Hier in Algier trugen wir wieder europäische Kleidung – natürlich keinen Minirock, der in Paris gerade groß in Mode war, aber doch recht elegante Sachen. Außerdem waren wir beide nicht gerade häßlich. Die Männer schauten uns auf der Straße nach, was Mohand regelmäßig ärgerte. Wie konnten sie es nur wagen, uns anzuschauen, wo er uns doch begleitete! Wir durften kaum noch ausgehen.

Zu Hause herrschte eisiges Schweigen, wenn Mohand nicht gerade einen seiner Wutausbrüche hatte. Nur wenn Martine und ich allein waren, entspannten wir uns. Wir sprachen dann von Paris und unserem dortigen Leben, das uns so schwierig vorgekommen war, daß wir uns sogar umbringen wollten, das uns aber heute wie die gute alte Zeit erschien. Wir trösteten uns, indem wir uns sagten, daß es schlimmer nicht mehr kommen könnte.

Für mich kam es allerdings noch schlimmer.

Eines Nachmittags besuchte uns Olivier. Mein Bruder war nicht da, aber da uns Olivier die Wohnung zur Verfügung stellte, war es wohl das mindeste, daß wir ihm einen Tee anboten.

Wir unterhielten uns fröhlich, als Mohand unerwartet zurückkam. Ging ihm unsere gute Laune auf die Nerven? Sein Gesicht war aschfahl. Ohne ein Wort zu sagen, deutete er mit dem Finger auf das Bad. Ohne zu wissen, was er eigentlich wollte, ging ich hinein. Er folgte mir und schloß die Tür hinter sich, bevor er mir eine schallende Ohrfeige gab, mich an der Schulter packte, in den Gang, ins Treppenhaus und schließlich zu seinem Wagen schleifte.

»Was ist mit Olivier und dir?« schrie er mich an.

»...Nichts!«

Ich hatte kaum geantwortet, als ich eine zweite, ebenso kräftige Ohrfeige erhielt. Ich heulte und schwor, es sei nichts zwischen uns. »Dieser Mann hat ein Auge auf dich geworfen!« behauptete mein Bruder.

Ich erklärte ihm so ruhig wie möglich, daß Olivier mich gern möge und ich ihn ebenfalls.

Ohne es zu wissen, hatte ich meine Einweisung ins Gefängnis unterschrieben.

Noch am gleichen Abend brachte mich Mohand nach Hussen Dey, ein sehr volkstümliches Viertel, in das Appartement eines Onkels mütterlicherseits, der es nicht mehr bewohnte. Sollte Olivier mich nicht finden? Mein Bruder ging sehr viel weiter. Er hatte alle Männer im Visier. Mohand untersagte mir, die meisten meiner Kleider mitzunehmen, die in seinen Augen zu kurz waren, obwohl sie meine Knie bedeckten. Ich mußte mich mit dem einzigen Rock zufriedengeben, der seine Schamgefühle nicht verletzte, und auch das nur, nachdem ich den Saum ausgelassen hatte. Dieser ›anständige‹ Rock sollte meinen Untergang beschleunigen.

Jeden Morgen holte mein Bruder mich aus meiner baufälligen Behausung ab, um mich ins Krankenhaus zur Arbeit zu bringen. Ich trug den schwarzen, wadenlangen Seidenrock, den er für mich ausgesucht hatte. Der weiche Stoff betonte meine Formen. Dazu trug ich eine weiße, strenge Bluse und Pumps und sah aus wie ein Vamp der dreißiger Jahre. Natürlich zog ich in dieser ungewöhnlichen Aufmachung alle Blicke auf mich, genau das Gegenteil von dem, was mein Bruder sich erhofft hatte.

Als Mohand dies bemerkte, verlor er den Kopf. Er verbot mir zu arbeiten und sperrte mich in das Zimmer ein. Er schloß zwar nicht ab, aber wohin hätte ich schon gehen sollen? Allein das Gebäude zu verlassen, war für ein Mädchen meines Alters ein gefährliches Unterfangen. Hussen Dey war eine unsichere Gegend; Überfälle und Vergewaltigungen waren an der Tagesordnung. Wen hätte ich um Hilfe bitten können? Ich kannte in Algier praktisch niemand. Die Polizei? Ich war noch minderjährig und meinem Bruder anvertraut. Ich blieb tagelang allein in diesem dreckigen Zimmer und wartete, bis mein Bruder mir etwas zum Essen brachte, meistens Reste.

Er hinderte Martine daran, mich zu besuchen, und wollte uns offensichtlich auseinanderbringen. Ab und zu schickte er mir Sabine, seine kleine Tochter, die er aus Paris hatte kommen lassen. Martine arbeitete tagsüber, so daß sie das Baby Nachbarn oder Verwandten anvertrauen mußte. Auch ich gehörte zu den Babysittern und war glücklich darüber. Ich liebkoste die Kleine und hoffte, daß sie trotz des tyrannischen Vaters nicht das gleiche durchzumachen haben würde wie ich.

Für mich wußte ich keinen Ausweg. Ich war eingesperrt worden, weil ich mein Leben leben wollte, nicht weil ich Ausschweifungen gesucht hätte. Ich hatte meinem Bruder vertraut und gehofft, er würde mir bei der Verwirklichung meiner Pläne behilflich sein – jetzt richtete er vor mir eine Mauer aus Vorurteilen auf. Außerdem war er grausam. Und war Olivier nicht auch ein Mann wie alle anderen, auch wenn er nett zu mir war? Bis jetzt hatte mein Bruder mich nie davor gewarnt, einen Franzosen zu heiraten. Er selbst hatte schließlich eine Französin gewählt. Ich schloß daraus, daß Mohand nicht nur den brüderlichen Normen gemäß reagierte, sondern auf jeden Mann eifersüchtig war und mich für sich allein haben wollte.

Wie auch immer, fünf Monate war ich eingesperrt. Fünf Monate, in denen ich mit niemandem sprach und nur Sabine und deren Vater zu Gesicht bekam, wenn überhaupt. Stundenlang schaute ich von dem Balkon des Studios aufs Meer. Ich spielte öfter mit dem Gedanken, mich aus dem Fenster zu stürzen und meinen Leidensweg zu beenden. Doch das Leben war stärker, obwohl ich oft Angst hatte, wahnsinnig zu werden.

Zwei Schallplatten, die ich seltsamerweise in dem fast leeren Zimmer fand, halfen mir, die schwersten Augenblicke zu überstehen, Vivaldis *Vier Jahreszeiten* und Beethovens *Klavierkonzert Nr. 5*. Ich berauschte mich an der Musik und zeichnete auf Papierfetzen die Farben und Formen, zu denen sie mich inspirierte.

Die Stille wurde mir unerträglich. Ich hatte nichts zum Lesen. So schrieb ich Gedichte und vertonte sie, das heißt, ich begann sie zu singen, um wenigstens eine Stimme zu hören, auch wenn es nur meine eigene war. Meinem Eingeschlossensein in diesem Zimmer verdanke ich meine ersten Arbeiten als Sängerin, Texterin und Komponistin.

Ab und zu fühlte ich mich nicht nur als einsame Dichterin, sondern auch als Frau und schaute meinen Körper erstaunt im Spiegel an. Ich hatte vergessen, einen Körper zu besitzen. Einen jungfräulichen Körper. Aber einen vom vielen Leid frühzeitig gealterten Geist.

Dann wieder hoffte ich auf ein Wunder. Ich dachte an die Prophezeiungen eines Marabut, den meine Großmutter und ich einige Monate zuvor aufgesucht hatten. Wir waren eine recht beträchtliche

Gruppe, die sich um den Alten versammelt hatte. Er richtete sich kurz an jeden, bevor er mich lange anschaute und dann sagte:

»Hab keine Angst. In diesem Sommer noch werden die Flugzeuge kommen. Das wird so etwas wie das Ende deines Elends bedeuten.«

Die Flugzeuge... bedeutete das, daß ich mich eines Tages wieder auf der anderen Seite des Mittelmeeres befinden und nicht mehr so schlecht behandelt werden würde? Ich schrieb an meine Eltern einen Brief nach dem anderen und flehte sie an, mich zu holen. Heimlich und voller Furcht gab ich die Briefe auf. Ich hatte jedesmal Angst, wenn ich mich in diesem Viertel allein auf die Straße wagte.

Später erfuhr ich, daß die Briefe ihre Empfänger erreicht hatten. Meine Mutter hatte nichts zu sagen; die Beziehungen zu ihrem Mann waren noch schlechter als zuvor. Und mein Vater jubilierte:

»Geschieht ihr ganz recht! Sie hat uns verlassen wollen; jetzt weiß sie, was sie sich dabei eingehandelt hat.«

Er war sehr zufrieden mit dem Verhalten meines Bruders, der damit nur bewies, daß er seine Rolle ernst nahm und mich kurzhielt. Ich schrieb ihm immer wieder, bat ihn, wenigstens ein Papier zu unterzeichnen, in dem ich die Erlaubnis erhielt, allein nach Paris zurückzukehren. Er lehnte alles ab.

Eines Morgens öffnete sich die Tür zu einer Stunde, zu der mein Bruder nie kam. Es war leibhaftig mein Vater. Ich war begeistert und dankbar und warf mich in seine Arme: Er war gekommen, um mir zu helfen!

Wie naiv ich war! Er verbrachte seine Ferien in Algerien und wollte nachprüfen, wie ich lebte. Er war also nicht aus Mitleid gekommen, sondern zur Kontrolle.

Wir verbrachten drei Tage zusammen, ohne uns viel zu sagen. Unsere Beziehungen waren schon immer eher schweigsam gewesen; er gab sich damit zufrieden zu beobachten.

Trotz allem war ich mir sicher, daß er Mitleid für mich empfand. Niemand besuchte mich, ich hatte kein Geld, aß die Reste anderer auf, ging niemals aus und hatte zudem in einem schlecht beleumundeten Viertel zu leben.

Am dritten Tag fragte er mich nachdenklich: »Du lebst hier völlig allein?«

Die Frage hatte beinahe zornig geklungen. Ich hoffte, er würde Mohand zurechtweisen, daß er mich derart allein ließ, und freute mich insgeheim. Ich antwortete ihm, natürlich sei ich den ganzen Tag allein, das hätte ich ihm schließlich viele Male geschrieben.

Er sagte lange nichts, ging in dem Zimmer auf und ab. Er würde sicher Mitleid mit mir haben. Ich war wirklich unvernünftig optimistisch! Plötzlich wurde er wütend und sagte, als ob er soeben eine Entdeckung gemacht hätte:

»Aber dann kann hier ja jeder kommen und gehen, wie er will! Dein Bruder verhält sich völlig unverantwortlich! Er überwacht dich nicht. Du kannst hier sogar Männer empfangen!«

Ich war völlig erstarrt. Er hatte kein Mitleid mit mir, sondern verdächtigte mich insgeheim, der Prostitution nachzugehen! Das Zimmer war für ihn so etwas wie ein Bordell.

Am nächsten Tag nahm er mich ohne meine Sachen mit nach Ifigha.

Mein Bruder hütete sich, uns in unserem Dorf zu besuchen, denn er hatte in Algier für seinen ›Mangel an Wachsamkeit‹ bereits eine gehörige Standpauke erhalten. Mein Vater war wütend auf mich – ich fragte mich vergebens, aus welchem Grund – und sprang nicht gerade zärtlich mit mir um. Trotzdem hatte der Aufenthalt in Ifigha sein Gutes: Nachdem mein Vater lange überlegt hatte, beschloß er, mich nach Paris mitzunehmen, da ich in Algier nicht richtig überwacht würde.

Ich war voller Ungeduld. Die vierzehn Tage, die wir im Dorf verbrachten, erschienen mir wie eine Ewigkeit. Solange ich nicht im Flugzeug saß, fühlte ich mich unsicher. Setsi Fatima mußte nicht lange fragen, wie es mir in Algier ergangen war. Ein Blick genügte. Und sie wußte auch, daß die Rückkehr nach Paris in väterliche ›Obhut‹ kein Zuckerschlecken werden würde.

»Für dich ist es sicher besser«, sagte sie, als wir endlich abreisten. »Hier hast du keine Zukunft. Algerien ist ein Land der Schakale. Schau dich nur einmal an. Du bist entsetzlich mager geworden. Nur noch ein Strich. Siehst aus wie ein Strohhalm. Geh, meine Tochter, sei mutig. Gott möge dich beschützen.«

Ich verließ sie zum zweitenmal und hatte Angst, diesmal sei es auch das letzte Mal.

*

Während des Fluges schwiegen wir. Mein Vater schaute zur einen und ich zur anderen Seite. Trotzdem fühlte ich mich sehr erleichtert, als ich in Orly wieder französischen Boden betrat.

Meine Mutter schien zufrieden zu sein, mich wiederzusehen, ohne überschwengliche Gefühle zu äußern. Als ihr Mann wieder zu arbeiten begonnen hatte, berichtete sie mir über den Stand ihrer Ehe: Mein Vater trank weiter und schlug sie nach Belieben. Meine Geschwister erzählten mir vom Mai 1968. Ich wußte von diesen Umwälzungen nichts. Meinen Mai 1968 hatte ich in einem Zimmer in Hussen Dey verlebt. Und ich wußte am Abend meiner Rückkehr nach Paris auch nicht, daß ich eine Gefängniswelt gegen eine andere vertauscht hatte. Natürlich war mir bewußt, daß es nicht leicht sein würde, aber ich hoffte doch, mein Leben von vor meiner Reise wieder aufnehmen, eine Arbeit suchen und weiterstudieren zu können.

Doch am nächsten Morgen stellte mein Vater die Dinge klar: »Sie bleibt zu Hause«, sagte er zu meiner Mutter. »Es kommt nicht in Frage, daß sie ausgeht. Niemals.«

Ich hatte nicht einmal das Recht, zum Bäcker zu gehen. Und wagte es nicht, das Verbot zu überschreiten. Mein Vater arbeitete immer noch nachts und war tagsüber zu Hause. Natürlich schlief er, aber er konnte jeden Moment aufwachen. So blieb ich vierundzwanzig Stunden am Tag in der dreizehnten Etage unseres Blocks in Courneuve wie in Algier als Gefangene eingesperrt. Nur die Aussicht aus dem Fenster hatte sich geändert. Die Tage und Monate vergingen. Ich half meiner Mutter und stopfte mich mit Lektüre voll. Glücklicherweise hatte mein Vater nicht daran gedacht, mir die Bücher zu untersagen. Ich hatte nicht mehr den Mut zu singen und sprach kaum noch etwas. Ab und zu dachte ich an Olivier, meinen schönen Architekten, der mich sicher schon vergessen hatte.

Ich täuschte mich. Olivier setzte Himmel und Hölle in Bewegung, um mich zu finden. Eines Tages erfuhr er, daß ich wieder in Paris lebte. Mir ist immer noch schleierhaft, wie er das herausgefunden hatte. Er schrieb mir. Gott sei Dank fiel mir der Brief sofort in die Hände, so daß ich keinem väterlichen Verhör ausgesetzt wurde.

Ich sprach mit meiner Mutter und flehte sie an, mich aus dem Haus zu lassen; sollte mein Vater aufwachen, dann müßte ich eben die Konsequenzen tragen.

Monatelang trafen wir uns heimlich. Olivier hatte keine Sekunde vermutet, daß ich zunächst in Hussen Dey und dann in Paris lebte. Er war immer aufmerksam und unendlich geduldig und akzeptierte unsere flüchtigen Begegnungen in verschiedenen Cafés, häufiger noch in seinem Wagen, der nicht zu weit von unserem Wohnblock entfernt geparkt war, so daß ich immer schnell nach Hause rennen konnte. Er mußte auch meine Schamhaftigkeit in Kauf nehmen. Platonischer konnte keine Liebe sein. Ich war zu sehr von meiner Familie geprägt, als daß ich vor der Heirat mit einem Mann hätte ›Umgang pflegen können‹.

Olivier war nicht abgeneigt, mich zu heiraten, und mir erschien eine Heirat als der einzige Ausweg aus dem Gefängnis. Noch heute weiß ich nicht, ob wirklich die Liebe zu Olivier im Vordergrund stand oder strategische Überlegungen. Ich war jetzt seit mehr als eineinhalb Jahren eingesperrt, so daß es nicht verwunderlich war, daß ich auf die eine oder andere Art meinem Gefängnis entkommen wollte. Olivier zu heiraten war nicht nur eine sehr angenehme Art, sondern auch die einzige.

Ich sprach mit meiner Mutter darüber und fragte sie um Rat, was ich tun sollte.

»Er ist Franzose«, meinte sie nur.

»Sicher«, antwortete ich, »aber er ist mit Mohand befreundet, stammt aus einer einfachen, aber korrekten Familie und ist Architekt. Im übrigen hat Papa mir nie verboten, einen Franzosen zu heiraten.«

»Wir können es ja versuchen«, seufzte meine Mutter. »Der junge Mann soll halt offiziell um deine Hand anhalten.«

Zu meiner großen Überraschung war mein Vater nahezu liebenswürdig.

»Hören Sie, junger Mann, ich habe nichts dagegen einzuwenden, wenn Sie meine Tochter heiraten wollen. Nur: Ich habe noch einen Bruder; wir haben es uns zur Gewohnheit gemacht, solche Entscheidungen gemeinsam zu treffen. Ich möchte Sie deswegen bitten, auch Djuras Onkel um Erlaubnis zu fragen.«

Olivier flog nach Algerien, denn der Bruder meines Vaters hatte die Heimat nie verlassen. Ihre Unterredung verlief günstig:

»Wissen Sie, unsere Gesellschaft entwickelt sich. Wenn Djura und mein Bruder nichts dagegen einzuwenden haben, dann will ich ebenfalls zustimmen.«

Noch am gleichen Tag schrieb Olivier einen Brief an meinen Vater. Meine Mutter und ich machten den Umschlag über Dampf auf, denn wir wollten unbedingt das Urteil als erste erfahren. Wir waren so erleichtert, daß wir sofort die übrigen Familienmitglieder informierten, bevor wir den Brief wieder verschlossen und Vater überreichten.

Er ging, um den Brief zu lesen, ins Schlafzimmer und gab nicht den geringsten Kommentar dazu ab. Kein einziges Wort! Er tat so, als habe er Oliviers Brief nie erhalten, zeigte sich aber mir gegenüber um so mißtrauischer und überwachte mich Tag und Nacht.

Da begriff ich, daß er Olivier und mich an der Nase herumgeführt hatte, daß er niemals mit einem Franzosen als Schwiegersohn einverstanden sein würde und daß ich für immer eingesperrt bleiben sollte. Ich beschloß zu fliehen.

Trotz der Gefahren, die eine Flucht mit sich brachte. Mein ›entehrter‹ Vater würde sicher beschließen, mich zu beseitigen. Ich würde zwar bald volljährig sein, aber nur in den Augen des Gesetzes, nicht nach ›unseren‹ Gesetzen. Ich war eine algerische Frau und daher für immer minderwertig. Aber ich war zu allem bereit, wenn ich nur nicht so weiterleben mußte wie bisher.

Ich sprach mit meiner Mutter über meine Absichten, in der Hoffnung, sie würde mich, wenn es soweit war, meinem Vater gegenüber verteidigen.

»Du weißt, daß ich nicht wegen eines Mannes fliehen will. Ich will mein Leben leben, das ist alles. Ich werde bei einer Freundin wohnen.«

Das stimmte. Eine ehemalige Mitschülerin der Schauspielschule, mit der ich heimlich hatte Kontakt aufnehmen können, war bereit, mich nachts mit dem Wagen abzuholen.

Meine Mutter, die mir in der letzten Zeit eher zur Seite gestanden hatte, änderte ihr Verhalten. Sie versuchte, mich an meinen Plänen zu hindern, und schlug mich sogar. Wahrscheinlich fürchtete sie sich vor der Reaktion ihres Mannes.

Damit hatte sie nicht unrecht. Als mein Vater am Morgen nach meiner Flucht nach Hause kam, holte er einen Revolver aus der Schublade und rannte wie ein Verrückter schreiend davon: »Ich werde sie umbringen! Ich werde sie umbringen!«

Als er einsehen mußte, daß er mich nicht finden konnte, ließ er seine Wut an seiner Frau aus und beschuldigte sie, mich schlecht erzogen zu haben. Selbstverständlich schlug er sie.

Ich erfuhr die Details, als ich später meine Mutter und meine Schwester Fatima von Zeit zu Zeit in einem Café oder in einer Toreinfahrt heimlich traf. Ich hatte eine Stelle als Empfangshosteß gefunden und studierte gleichzeitig an der Universität von Vincennes in der Fakultät für Film. Ich wohnte in einer Dienstbotenkammer unterm Dach, zur großen Verwunderung von Olivier, der mich mehr als einmal fragte:

»Warum wohnst du eigentlich nicht bei uns? Meine Eltern mögen dich gern und sind jederzeit bereit, dich aufzunehmen.«

Er hatte in der Tat hinreißende Eltern, die bereit waren, mich in jeder Hinsicht zu adoptieren. Doch trotz meiner dauernden Revolte war ich zu sehr von den Prinzipien meiner Ahnen geprägt und wollte auf keinen Fall, daß man von mir behaupten konnte, ich sei ›mit einem Mann durchgebrannt‹. Ich wollte meinen Eltern unbedingt beweisen, daß ich eine ›ehrbare‹ Frau geblieben war.

Diese Fixierung verdarb mir meine erste Liebesnacht mit meinem ›Verlobten‹ gründlich. Ehre hin und her, ich konnte mich schließlich diesem jungen Mann nicht ewig verweigern. So war ich nach langem Zögern bereit, eine Nacht bei seinen Eltern mit ihm zu verbringen.

Ich hielt mich für emanzipiert, dabei lasteten bei dieser ersten intimen Begegnung alle nur denkbaren Tabus auf mir, denn ich war mir nur allzu deutlich bewußt, meine Jungfräulichkeit zu verlieren, ohne verheiratet zu sein.

Ich weiß natürlich, daß sich dies sehr anachronistisch anhört, aber so war es. Der symbolische Gehalt der Jungfräulichkeit verfolgt bei uns die Mädchen ab ihrer Geschlechtsreife. Am Morgen nach der Hochzeitsnacht wird das blutbefleckte Laken am Fenster ausgestellt und damit dem ganzen Dorf die Ehrbarkeit der frischgebackenen Ehefrau bewiesen. Wer vor der Hochzeit sexuellen Kontakt hatte, macht sich schuldig und muß mit der Todesstrafe rechnen, auch wenn das Mädchen vergewaltigt wurde. Das hatte man mir in Ifigha oft genug gesagt.

Sicher gingen mir all diese Bräuche und Pflichten unbewußt durch den Kopf, aber ich glaube nicht, daß dies der entscheidende Punkt war. Ich würde meinem Vater nicht mehr beweisen können, daß ich kein leichtfertiges Mädchen war, daß er mir hätte vertrauen können – das war für mich wohl das entscheidende.

Olivier legte auf die bei uns so wichtige Jungfräulichkeit keinen gesteigerten Wert, für mich ein weiterer, sehr irritierender Punkt.

Doch trotz aller anfänglichen Schwierigkeiten entwickelte ich mich bald zu einer sinnlichen Frau. Nur Gewalttätigkeit hätte mich auf Dauer blockieren können. Es wäre für mich unvorstellbar, mich in den Armen eines Mannes, der meinem Vater oder meinem Bruder oder so vielen anderen ähnelte, wohl zu fühlen: Am Tag sind sie Folterknechte und in der Nacht fabrizieren sie Kinder. Olivier war freundlich, höflich, sehr verliebt und sehr sanft. Beinahe fünf Jahre lang hatte er mein Vertrauen.

Das ganze Jahr 1970 über hatte ich Angst, meinem Vater irgendwo zu begegnen. Ich glaubte, ihn überall zu entdecken, und drehte mich auf der Straße dauernd um. Beim geringsten Geräusch vor meiner Tür zuckte ich zusammen.

Spätabends traf ich meine Mutter immer häufiger. Ich händigte ihr den größten Teil meines Gehalts aus, so daß sie etwas Geld zur Seite legen konnte. Hatte meine Flucht sie auf bestimmte Gedanken gebracht? Sie sprach immer häufiger davon, mit zumindest einigen Kindern die Wohnung zu verlassen. Ich versprach ihr, für sie zu sorgen, wenn sie soweit war, denn ich wollte, daß jeder frei leben konnte.

»Paß auf dich auf«, sagte sie häufig. »Dein Vater sucht dich. Er ist bewaffnet.«

Dieser tägliche Terror wurde mir unerträglich. Ich wollte nicht bis ans Ende meiner Tage wie eine Gefangene auf der Flucht leben.

Eines Morgens nahm ich meinen ganzen Mut zusammen und beschloß, alles auf eine Karte zu setzen, das heißt, mich mit meinem Erzeuger auseinanderzusetzen.

Ich fuhr zur Gare du Nord, von wo aus er jeden Morgen ganz früh den Zug nach Courneuve nahm. Dort angekommen, hatte ich solche Angst, daß ich beinahe wieder umgekehrt wäre. Aber ich konnte einfach nicht glauben, daß er mich in der Öffentlichkeit einfach so wie einen räudigen Hund abknallen würde. Ich stellte mich oben auf die Treppe, die zu den Gleisen führt, um sicher zu sein, ihn nicht zu verfehlen. Schon nach kurzer Zeit erkannte ich ihn von weitem. Er trug seine abgeschabte Aktentasche bei sich und schien düsteren Gedanken nachzuhängen. Mir lief es eiskalt über den Rücken; meine Hände waren feucht, und ich konnte kaum atmen.

Als er mich sah, schien er nicht einmal überrascht zu sein. Als ob er mich erwartet hätte. Kein Revolver, keine Ohrfeige. Ich hätte ihn beinahe umarmt, doch ich wagte es nicht.

»Bonjour, Papa.«

Er lächelte leicht und packte mich am Arm, als ob er mich zum Zug ziehen wollte.

»Komm nach Hause!«

Seine Stimme klang drohend. Er hatte nichts verstanden. Er meinte wohl, ich wolle ihn um Verzeihung bitten und mich dann wieder in Courneuve einsperren lassen. Ich richtete mich auf und nahm allen meinen Mut zusammen:

»Man hat mir gesagt, daß du mich töten willst?«

»Komm!« wiederholte er seine Aufforderung und versetzte mir einen leichten Stoß.

»Ich kann jetzt nicht mitkommen, denn ich habe in einer Stunde Vorlesung. Aber wir können in einem Café miteinander reden.«

Er war verblüfft. ›In einem Café‹, das doch den Mädchen verboten war, mit ihm, dem Vater? Dann akzeptierte er meine Einladung, immer noch überzeugt, ich hätte kapituliert.

Wir gingen in ein Café auf dem Boulevard Magenta. Ich fragte ihn, wie es meinen Brüdern und Schwestern ginge, meiner Mutter, der ganzen Familie.

»Es geht so... Aber weißt du eigentlich, daß deine Mutter und deine Onkel mich drängen, dich zu bestrafen? Wenn du freiwillig mit nach Hause kommst, passiert dir nichts.«

Er war sich seiner Sache so sicher, daß ich stutzig wurde. Er sah in mir nur noch seine Beute.

In diesem Augenblick wußte ich, daß wir uns nie einig werden würden. Erstens log er. Meine Mutter und meine Onkel hatten ihn keineswegs aufgefordert, mich zu bestrafen. Und zweitens spürte ich, daß er seine Meinung nicht geändert hatte. Ich sollte nach Hause kommen und dort bleiben – für immer.

Jetzt log ich. Ich versprach ihm, am nächsten Tag nach Courneuve zu kommen. Ich stand auf, küßte ihn auf beide Wangen und sagte: »Auf Wiedersehen, Papa.«

Ich sollte ihn erst siebzehn Jahre später wiedersehen. Auf seinem Totenbett.

Kurz darauf trennten sich meine Eltern. Das heißt, meine Mutter zog mitten in der Nacht aus und nahm fünf ihrer Kinder mit. Die Wohnung, die Olivier und ich für sie gefunden hatten, war für alle acht zu klein. So sollten die zwanzigjährige Fatima und der siebzehnjährige Belaid zunächst in Courneuve bleiben und erst später zu den anderen stoßen. Fatima kam mit ihrem Vater ganz gut zurecht, und Belaid war ein Junge. Da gab es sicher nicht so viele Probleme.

Olivier hatte einen Lieferwagen geliehen. Schnell waren die Kleider und die Schulbücher verstaut; dann fuhren wir los wie Diebe in der Nacht.

Meine Mutter hatte noch nie in ihrem Leben Geld verdient, außerdem mußte sie sich um die Kinder kümmern, die zwischen vier und dreizehn Jahre alt waren. Sie hätte natürlich stundenweise putzen gehen können, aber das wollte ich nicht. Ich wollte sie schonen und sie für die Leiden, die sie hatte auf sich nehmen müssen, entschädigen. Und so wurde ich zum Familienoberhaupt.

Ich arbeitete wie besessen, im Büro und zu Hause. Ich hatte mir vorgenommen, meine Geschwister bis zu deren Volljährigkeit aufzuziehen und mich zeitlebens um meine Mutter zu kümmern. Mir war nicht bewußt, welche Last ich da auf mich lud. Ich zahlte die Miete für die Wohnung, die wir auf Oliviers Namen gemietet hatten, denn eine Schar arabischer Kinder mit einer Mutter, die Analphabetin und arbeitslos war, hätte keinem Vermieter Vertrauen eingeflößt. Frühmorgens ging ich in die Hallen, um möglichst billig einzukaufen. Neue Kleidung gab es nur während des Ausverkaufs, und meine Mutter änderte immer mal wieder ein Stück, wenn es dem einen oder anderen nicht mehr paßte.

Ich mußte mich auch um die Schularbeiten der Kleinen und um ihre seelische Entwicklung kümmern. Meine Mutter, die glücklich war, dem Joch ihres Mannes entronnen zu sein, war nicht in der Lage, sich um die Schule zu kümmern und die notwendigen Behördengänge zu erledigen. So wurde ich für ihre Kinder eine zusätzliche Mutter und Ersatzvater.

Das war nicht einfach. Amar, einer meiner kleinen Brüder, machte mir Sorgen. In Courneuve hatte er bereits Umgang mit Jugendbanden gehabt und die Schule nur unregelmäßig besucht. Sein Verhalten besserte sich nicht. Ich mußte ihn häufig vom Kommissariat abholen, wo er wegen Nichtigkeiten festgehalten worden war. Dann trieb er sich in der Stadt herum und wurde von der Schule gewiesen. Keine öffentliche Schule wollte ihn mehr aufnehmen. So mußte ich ihn in eine Privatschule schicken, was mir finanziell gesehen den Rest gab.

Malha, meine Schwester, lehnte sich ständig gegen unsere Mutter auf. Hakim, Djamel und selbst Djamila, die Kleinste, waren durch ihre Kindheit in den Straßen der Barackensiedlung Quatre Mille mit einem alkoholsüchtigen Vater und mit einer durch die Schläge abgestumpften Mutter gezeichnet.

Trotzdem gab ich die Hoffnung nicht auf, aus ihnen aufgeweckte Wesen mit einem soliden Beruf ihrer Wahl zu machen. Nichts schien mir unmöglich zu sein. Ich durfte nur nicht krank werden.

Gott sei Dank war ich kerngesund. Schwach war mein Herz nur, wenn es sich um Gefühle handelte. Ich liebte meine Geschwister, als ob ich sie selbst auf die Welt gebracht hätte, machte mir Sorgen, wenn jemand krank wurde, und opferte mich für sie auf. Seit meinem zwölften Lebensjahr hatte sich nichts geändert. Meine Mutter bestärkte mich noch in diesem Verhalten:

»Djura ersetzt mir zehn Männer«, sagte sie gerne. Das reichte, um mich zu Höchstleistungen anzuspornen. Ich war mir sicher, endlich von der Frau geliebt zu werden, die mir ihre Milch verweigert hatte. Später wurde mir bewußt, daß das Bedürfnis nach Bequemlichkeit an dieser so schönen Liebe nicht ganz unschuldig war.

Nur auf Oliviers Liebe konnte ich wirklich bauen. Er bemühte sich, die Situation zu verstehen, gab mir moralischen Halt und akzeptierte meine Familie ohne Wenn und Aber. Und er unterschrieb die Mietverträge für die verschiedenen Wohnungen, ohne auch nur ein Wort darüber zu verlieren. Wir wußten, daß mein Vater uns die Flucht nie verzeihen würde und uns suchte. Meine Familie mütterlicherseits informierte uns jedesmal, wenn er unsere Spur aufgenommen hatte, und wir zogen bei Nacht und Nebel mit einem von Olivier gemieteten Lieferwagen um. Wir hatten nicht geheiratet, denn meine Mutter war dagegen. Hatte sie Angst vor dem, was die anderen sagen würden?

»Wenn du jetzt heiratest«, erklärte sie, »dann werden alle überzeugt sein, ich hätte dir die Erlaubnis gegeben, einen Franzosen zu heiraten, nachdem ich meinen Mann verlassen habe.«

Ein Franzose... Sie spürte nicht, daß sie selbst bis in die Knochen rassistisch war und außerdem Olivier beleidigte, der mir häufig über finanzielle Schwierigkeiten hinweghalf, obwohl er als Angestellter in einem Architekturbüro ein eher bescheidenes Gehalt hatte.

Nach längerer Zeit stimmte sie wenigstens zu, daß wir zusammenlebten.

»Aber nur, wenn es nicht bekannt wird.«

Wir wohnten zunächst bei Oliviers Eltern und dann in einer kleinen Wohnung. Selbstverständlich kümmerte ich mich weiterhin um meine Mutter und die Kleinen.

Mein Bruder griff ein und versuchte, meine Eltern zu versöhnen und wieder zusammenzubringen. Ich hütete mich, ihn bei mir zu empfangen, und schärfte Gott und der Welt ein, ihm auf keinen Fall meine Adresse zu geben. Ich traf ihn bei Mama. Er nutzte die Gelegenheit, um mich windelweich zu schlagen.

Meine Eltern zogen tatsächlich wieder zusammen, doch kaum waren drei Monate vergangen, begannen die gleichen Gewalttätigkeiten von vorne. Neuer Umzug, neuer Hilferuf. Ich kümmerte mich wieder um die Wohnung und um meine Geschwister. Diesmal ließ meine Mutter sich scheiden. Mein Vater war arbeitslos geworden und trank mehr denn je. Er war praktisch dauernd betrunken. Obwohl er immer noch Drohungen ausstieß und uns verwünschte, suchte er uns nicht wirklich. Er war in seinem Suff gleichgültig geworden.

Abends besuchte ich mit Olivier die Universität von Vincennes, meine einzigen wirklich schönen Stunden. Neben seiner Arbeit als Architekt interessierte sich Olivier wie ich für den Film. Vincennes erlebte damals revolutionäre Stunden. Ich kämpfte mit meinen Kommilitonen gegen den Rassismus, für soziale Gerechtigkeit und für eine Verbesserung der Lebensbedingungen der Frauen. Ich gehörte keiner Partei an, aber ich kämpfte für Recht und Freiheit auf jede nur mögliche Weise.

Wir hatten ausgezeichnete Professoren wie Gilles Deleuze und Jean-François Lyotard, die unser Denken stark beeinflußten. Auch auf dem Gebiet des Films bewegte sich viel. Olivier und ich belegten die gleichen Kurse, was unsere Beziehung verstärkte.

Wir arbeiteten an einem ersten Projekt: einer Fotodokumentation über die Rolle der Farbe in der algerischen Architektur. Wir wollten belegen, daß diese als primitiv abgestempelte Architektur bedeutende zeitgenössische Künstler wie Le Corbusier beeinflußt hatte. Um den Plan realisieren zu können, mußten wir in Algerien Aufnahmen machen, die wir in Paris dann zu einem Kurzfilm verarbeiten wollten. Wir beschlossen, unsere Ferien dafür zu opfern.

Gefährliche Ferien, denn mein älterer Bruder lebte immer noch in Algier. Konnten wir unsere Arbeit durchführen, ohne daß er Wind davon bekam?

Olivier meinte, es sei besser, das Problem direkt anzugehen. Da sein Urlaub einen Monat vor meinen Ferien anfing, wollte er vorausfahren und versuchen, mit meinem Bruder zu einem Arrangement zu kommen. Mohand arbeitete inzwischen als Fotograf. Er bereitete ein Buch über die Innenarchitektur der kabylischen Häuser vor. Vielleicht erleichterte das den Aufbau einer neuen Beziehung. Olivier packte sein Material in unseren alten Peugeot 404 und fuhr los.

Sofort nach seiner Ankunft besuchte er Mohand, der ihn mit offenen Armen empfing und erstaunt war, daß ich ihn nicht begleitete.

Olivier schrieb mir noch am gleichen Tag, um mich zu beruhigen. Mohand betrachte unsere Beziehung inzwischen offensichtlich als ›offiziell‹. Viel Zeit sei verstrichen; er sei nicht mehr böse auf mich. Er hatte Olivier sogar in der Wohnung in Hussen Dey untergebracht, die für mich so schlimme Erinnerungen barg, aber inzwischen in ein Fotolabor verwandelt worden war.

Ich traute kaum meinen Augen. Ich sollte einen mir freundlich gesinnten Bruder und meine Freundin Martine wiederfinden? Olivier und ich würden unsere erste Reportage in aller Ruhe durchführen und in Algerien, das ich noch so liebte wie früher, neue Erfahrungen sammeln können?

Mein Bruder und Olivier holten mich am Flughafen ab. Ich suchte als erstes den Blickkontakt zu Mohand. Er lächelte mich warmherzig an, so daß ich alle Bedenken über Bord warf.

Wir umarmten uns. Mohand lud uns zum Abendessen in seine Wohnung ein, wo Martine und mein Onkel mütterlicherseits, der in Algier wohnte und den ich sehr gern mochte, auf uns warteten. Mein Onkel wollte spät am Abend seine Schwester am Flughafen abholen. Da sie nicht mehr am gleichen Abend weiterreisen konnte, sollte sie bei meinem Bruder übernachten, während wir in dem Zimmer in Hussen Dey schlafen wollten, wo Olivier sich bereits häuslich eingerichtet hatte.

»Kannst du meinen Onkel zum Flughafen bringen?« fragte Mohand Olivier nach dem Essen. »Und unterwegs Djura und mich in Hussen Dey absetzen; ich werde ihr das Labor zeigen. Du holst uns dann ab und bringst uns nach Hause. Einverstanden?«

Es war wunderschön, an diesem Sommerabend durch Algier zu fahren. Da wir viel Zeit hatten, zeigte uns mein Bruder verschiedene Häuser, die er in sein Buch aufnehmen wollte, erklärte uns die typisch kabylische Architektur und fragte uns nach unserem eigenen Projekt aus. Ich war glücklich und entspannt.

Als Mohand und ich in Hussen Dey ausstiegen und Olivier mit meinem Onkel davonfuhr, verkrampfte ich mich plötzlich. Lag es an der Erinnerung an die schlimme Zeit, die ich in dem Zimmer verbracht hatte? Hatte ich unbewußt noch Angst vor meinem Bruder? Ich versuchte, mich zu beruhigen, denn offensichtlich fürchtete ich mich ohne Grund. Nichts zu machen. Während wir die Treppen hochstiegen, bekam ich immer größere Angst und wäre beinahe davongerannt.

Zu spät ... Mohand hatte die Tür des Zimmers hinter sich abgeschlossen; er zog ein Messer aus seiner Tasche und erklärte kalt:

»Jetzt wirst du sterben.«

Ohne daß ich etwas hätte erwidern können, warf er mich aufs Bett und schlug mich wie ein Wahnsinniger. Ich hatte Angst, er könnte mir das Nasenbein zertrümmern. Meine weiße Bluse und mein blauer Rock waren schon bald blutüberströmt. Mit meinem Schal wischte ich mir mein Gesicht ab, der weiße Stoff war blutrot gefärbt. Ich stotterte:

»Aber ... du selbst hast Olivier diese Wohnung angeboten. Du wußtest doch Bescheid. Du hast sogar gesagt, daß ...«

Die Schläge brachten mich zum Schweigen. Mohand setzte sich neben mich aufs Bett, spielte mit dem Messer und genoß meine Angst.

»Du liebst diesen Mann? Seinetwegen wirst du sterben!«

Völlig verrückt, aber meine ersten Gedanken galten meiner Mutter. Was würde aus ihr werden, ohne Geld und entehrt, da ihr Sohn ihre Tochter umgebracht hatte?

Dann wurde mir das Ausmaß meiner Naivität bewußt. Es war völlig sinnlos, wie ein Stier zu schuften und meine Familie zu lieben, eines konnte ich einfach nicht aus dem Weg räumen: meinen Vater und meinen Bruder, die mich haßten. Was wollten sie eigentlich von mir? Das Unmögliche. Ich sollte einen Algerier heiraten. Ich sollte arbeiten und das ganze Geld abliefern, damit ich auf keine dummen Gedanken käme. Ich sollte keine eigenen Entscheidungen treffen und vor allem nicht über meinen Körper verfügen.

Mohand zog mit wilden Gesten die Fotos aus der Tasche, die Olivier von mir gemacht hatte und auf denen ich ein weitausgeschnittenes Kleid trug.

»Auch deswegen wirst du sterben!«

Er hatte die Sachen meines Freundes durchwühlt. Mohand hatte alles geplant und vorbereitet. Ich war ihm wieder in die Falle gegangen. Zu meiner Entschuldigung muß ich einräumen, daß er sich als Schauspieler selbst übertroffen hatte! Freudestrahlend war ich in

Algier eingetroffen, jetzt heulte ich, allerdings nicht aus Zorn und nicht einmal aufgrund der Schmerzen. Ich weinte, weil ich völlig verzweifelt war, ausgelaugt und erniedrigt. Ich versuchte nicht einmal, mit meinem Bruder zu reden, hörte seine Beleidigungen an, ohne sie eigentlich wahrzunehmen, aber ich schaute ihn nicht an, denn ich wollte nicht wissen, wann und wo er mit seinem Messer zustoßen würde. Er weidete sich an meiner panischen Angst, an meiner Selbstaufgabe, an meinem Zusammenbruch.

Dann versuchte ich doch noch, mich zu rechtfertigen, illusionslos, nur um Zeit zu gewinnen, bis die anderen kämen.

Doch niemand kam. Später erfuhr ich, daß meine Tante ihr Flugzeug verpaßt hatte und mein Onkel und Olivier noch das nächste Flugzeug abwarteten. Wieder kam meine Tante nicht mit. Sie telephonierten mit Paris und erfuhren, daß sie erst am nächsten Tag fliegen wollte. Während dieser Zeit verging ich vor Angst.

Plötzlich hörte ich Schritte im Gang. Ich sprang hoch und wollte zur Tür. Mohand hielt mich zurück und sagte lächerlicherweise:

»Kein Wort von dieser Geschichte.«

Es war wirklich nicht notwendig, etwas zu sagen: Ein Blick genügte, um zu verstehen, was vorgefallen war. Mein Onkel war nicht wirklich überrascht. Ein Bruder, der seine Schwester verprügelt, so daß sie heftig blutet, ist in diesen Breitengraden nichts Außergewöhnliches. Olivier selbst hatte es die Sprache verschlagen. Er sagte mir später, er habe nicht gewagt, etwas zu unternehmen, und auf ein Zeichen von mir gewartet. Doch mein Bruder ließ uns keine Zeit.

»Fahren wir«, meinte er unschuldig lächelnd.

Er zog mich am Arm und bat Olivier höflich, unseren Onkel und ihn selbst nach Hause zu bringen.

Das Schweigen lastete während der Fahrt schwer auf uns. Olivier fuhr. Mein Onkel saß neben ihm, Mohand und ich auf dem Rücksitz. Wir setzten zunächst den Onkel ab, der sofort in seinem Haus verschwand, und hielten dann vor Mohands Haus. Wir hofften, er würde aussteigen und uns in Ruhe lassen.

»Du steigst aus und gehst nach Hause!«

Genau wie mein Vater nur wenige Monate zuvor: nach Hause

gehen. Mit denselben Aussichten wie damals: in vier Wände eingesperrt, Unmündigkeit, ewiges Schweigen, Isolation, ständige Angst.

Ohne zu überlegen fing ich an zu schreien:

»Nein, ich steige nicht aus!«

Mohand zog wieder sein Messer und schlitzte mir die Unterlippe
auf. Ich öffnete die Tür, um zu fliehen. Mein Bruder rannte mir nach
und versuchte, mich zu packen. Olivier wollte eingreifen.

»Du hältst dich da raus!« schrie mein Bruder. »Du hast meine
Schwester entjungfert, diese Sau, diese Hure!«

Unbeschreiblich, welche Worte er uns an den Kopf warf. Olivier
tat, was er konnte, aber er war kein Karateka, und die Szene spielte
sich nicht in einem Film ab. Ich verteidigte mich wie eine Wilde.

»Nein, ich gehe nicht zu dir. Ich werde die Polizei alarmieren!«

Als ob die Polizei in einem Land, in dem ein rebellierendes
Mädchen automatisch schuldig ist, mir hätte helfen können!

Der von dem Lärm aufgescheuchte Hausmeister kam angerannt.

»Meine Schwester«, sagte Mohand einfach.

Das reichte. Ohne nach dem Grund unserer Auseinandersetzung
zu fragen oder sich um das Blut auf meinen Kleidern und in meinem
Gesicht zu kümmern, packte er mich an der Schulter und schrie:

»Sofort ins Haus!«

Die Männer in diesem Land kennen anscheinend nur das eine
Wort! Ich kämpfte gegen den Hausmeister, der versuchte, mich
daran zu hindern, in Oliviers Wagen zu steigen. Plötzlich bedeutete
mein Bruder ihm, er solle mich loslassen. Hatte meine Drohung, die
Polizei zu alarmieren, doch noch gewirkt?

»Laß sie los«, meinte Mohand. »Ich werde sie finden, wann ich
will.«

Dann, zu mir:

»Hast du verstanden? Wo immer du bist, wohin du gehst, selbst
in Amerika, selbst in zehn Jahren oder noch später werde ich dich
finden und dich töten.«

Mit kreischenden Reifen fuhr Olivier los.

Erst nach einigen Kilometern hielt Olivier an und nahm mich in die
Arme. Während der Fahrt hatten wir nicht ein einziges Wort miteinander gesprochen.

»Es ist schlimm für dich, daß du mich kennengelernt hast, nicht wahr?« fragte er unendlich traurig.

Ich schüttelte weinend den Kopf.

»Nein. Es ist schwierig, das ist alles.«

Wir fuhren direkt zur Wohnung mit dem Fotolabor, um Oliviers Sachen, vor allem die Kameras, zu holen. Ich wusch mir das Gesicht, verband meine Unterlippe, die immer noch blutete, und zog mich um. Meine Augen waren geschwollen, meine Lippe gespalten und meine Nase breitgeschlagen wie die eines Boxers. Ich war entstellt.

Wir packten alle unsere Sachen, Fotoapparate, Kamera, Papiere und Kleider, in ein großes Laken und flüchteten noch in der Nacht. Beinahe hätte ich hinzugefügt: »wie üblich«.

Wir fuhren lange, ohne ein Wort zu sagen, bis Olivier das Schweigen unterbrach. Er fragte mich:

»Sollen wir nach Frankreich zurückkehren?«

Stotternd sagte ich ja. Olivier hielt an. Wir waren beide erschöpft. Am Straßenrand schliefen wir einige Stunden.

Ich wachte auf, wie man aus einem Alptraum hochfährt. Nur daß es sich nicht um einen Alptraum handelte. Die Beweise waren handgreiflich: das Laken mit unseren Sachen und ich selbst mit Schwellungen und Blutergüssen am ganzen Körper, entstellt bis zur Unkenntlichkeit. Warum nur war das Schicksal immer wieder gegen mich? Ich hatte doch alle Trümpfe in der Hand: Jugend, Gesundheit, Schönheit, Mut, Enthusiasmus und Zähigkeit. Ich wollte nichts anderes als in Algerien reisen, die Landschaft genießen, meine Fotos machen und mein erstes künstlerisches Werk zu Ehren Algeriens realisieren. Sollte das wirklich unmöglich sein?

Nein. Trotz der entsetzlichen Vorkommnisse wollte ich auf meinen Plan nicht verzichten. Der Widder in mir ließ sich nicht unterkriegen. Wir hatten geschuftet wie verrückt, um das Geld für die Reise und die Erlaubnis zum Fotografieren und Filmen zu bekommen, und sollten jetzt alles aufgeben, nur weil eine einzige Person – mein Bruder – sich unseren Plänen widersetzte?

»Wir fahren nicht nach Frankreich zurück«, erklärte ich meinem Begleiter, »wir werden nicht als Gescheiterte nach Hause kommen, ohne ein Bild auf den Filmen. Wir machen weiter.«

Olivier mußte lachen. Dann nahm er mich zärtlich in den Arm und setzte unseren treuen alten Peugeot wieder in Gang.

Ich entdeckte zum erstenmal meine Heimat in ihrer ganzen Schönheit: vom Golf von Bejaia über Bougie, Collo, die Calle bis in den Süden, Bou Saada, Biskra, die sieben Städte von Mzab, die Wüste, El Oued und Togghourt, das war unsere Reiseroute.

Wir arbeiteten so schnell wie möglich, da wir davon ausgingen, daß mein Bruder uns suchte. Wir vermieden natürlich meine engere Heimat, und ich mußte darauf verzichten, Setsi Fatima zu besuchen, denn in Ifigha mußten wir einfach auffallen. Dafür sahen wir andere schöne Dinge, hinreißende Landschaften und architektonische Glanzleistungen. Wir schliefen im Freien, was im August sehr angenehm ist, wenn man es nicht gerade mit Dieben zu tun hat, von denen wir gänzlich verschont wurden.

In den Dörfern wurden wir freundlich aufgenommen, auch wenn die Leute manchmal irritiert waren, mich in Begleitung eines Ausländers anzutreffen. Eines Tages fragte mich ein freundlicher Mann: »Sag mal, bist du seine Dame?«

Wir hatten unsere Kameras umhängen, so daß wir wie ›Reporter‹ wirkten, erzählten von unserer Arbeit und vermieden auf diese Weise indiskrete Fragen. Die Landbevölkerung ließ sich nicht sehr gerne fotografieren, aber da wir nur an der Architektur interessiert waren, ließ man uns in Ruhe. Innerhalb von kurzer Zeit hatten wir eine stattliche Anzahl von alten Häusern, Auslagen von Geschäften, Brunnen und Moscheen aufgenommen, von denen eine schöner war als die andere. Wir aßen, wie es uns gerade in den Sinn kam, hier einen Kuchen, dort einen Teller Grieß. Ich habe immer noch den Geschmack der Honigkrapfen im Mund, die wir in der Kasbah von Constanine kosteten. Und von dem in Krepp eingewickelten Eis in Collo, einer der schönsten Städte Algeriens, in deren Nähe das Gebirge steil ins Meer abfällt.

In El Oued konnten wir das Land der tausend Kuppeln bewundern, die skulpturenartig direkt aus der Erde zu kommen schienen. Zu unseren Füßen breitete sich die Wüste aus.

Die Wüste… unendlich sich hinziehende Kilometer, eine Mischung aus Endzeitstimmung und Ewigkeit. Ein Spiegel meiner damaligen Stimmungen? Ich konnte mich noch so sehr für das Land begeistern – das Gefühl, etwas sei endgültig zerbrochen, der Punkt, an dem es keine Rückkehr mehr gab, sei überschritten worden, lastete schwer auf mir. Zwischen Mohand und mir konnte es keine Verständigung mehr geben. Aus welchem Grund hatte er mir das alles angetan? Ich mußte an meinen Vater denken, der von meinem Leben ebenfalls endgültig ausgeschlossen war, ohne daß ich dies gewollt hätte. Dabei hatte ich wirklich alles unternommen, um mich mit den beiden auszusöhnen und zu verständigen, ohne daß es mir gelungen wäre, ihr Herz auch nur eine Sekunde lang zu rühren. Besaßen die beiden überhaupt so etwas wie ein Gefühl? Wußten sie überhaupt, was väterliche oder brüderliche Liebe eigentlich bedeutet?

Die unendliche Wüste flog an uns vorbei, monoton, quälend und doch großartig, Respekt und heitere Ausgeglichenheit ausstrahlend. Ich sagte mir, daß die Lösung aller meiner Probleme vielleicht in der Schönheit der Dinge verborgen lag, in der Hartnäckigkeit, mit der ich meinen Weg verfolgte. Ich mußte mich zwischen zwei Möglichkeiten entscheiden: auf der einen Seite Haß, Eifersucht, Niedertracht, überlieferte Traditionen, auf der anderen Seite Offenheit den anderen gegenüber, Großzügigkeit, Frieden. Die Wahl fiel mir nicht schwer. Ich schaute Olivier zärtlich an. Er schien glücklich zu sein und sehr müde.

Wir arbeiteten fieberhaft und gönnten uns nur wenig Schlaf. Trotz der beeindruckenden Schönheit, der wir täglich begegneten, und unserem Engagement bei unserer Arbeit wich der Druck keine Sekunde von uns. Wir hatten Angst, verfolgt zu werden. Und sagten uns, daß wir erst in Paris der Gefahr entronnen sein würden, so schön Algerien auch war. Zumindest der unmittelbaren Gefahr. Ich konnte erst aufatmen, wenn das Mittelmeer uns von Mohand trennte. Dabei versuchte ich, seine Drohung zu vergessen.

Völlig erschöpft kamen wir in Paris an. Ich befand mich in einem erbärmlichen Zustand. Meine Lippe war nach und nach vernarbt, doch ich hatte mit schweren Allergien zu kämpfen, die wohl von der seelischen Erschütterung ausgelöst worden waren. Ich hatte überall Pickel, und es juckte mich unerträglich. Wir riefen einen Arzt, der uns beide gründlich untersuchte und dann verkündete:

»Sie haben die Krätze! Keine Sorge, in zwei Tagen ist alles vorüber!«

Ich schaute zu Boden und fing an zu lachen, wie ich lange nicht mehr gelacht hatte. »Jetzt müssen wir den Film schneiden«, meinte Olivier freundlich wie immer.

*

Von der Krätze, nicht aber von der Angst geheilt, machte ich mich an die Arbeit. Während der kommenden Jahre sollte mich die Angst keinen Augenblick verlassen. Sie wurde zu einem Bestandteil meiner selbst. Mohands Worte blieben in mein Gedächtnis eingegraben: »Wo immer du bist, wohin du gehst, selbst in Amerika, selbst in zehn Jahren oder noch später werde ich dich finden und dich töten.« Vor ihm hatte ich mehr Angst als vor meinem Vater, obwohl uns weit mehr als tausend Kilometer voneinander trennten, während mein Vater in Paris lebte.

Bei jedem Schritt auf der Straße meinte ich, ihn zu erkennen. Unglaublich, die Zahl der Männer, die ich für meinen Bruder hielt! Merkwürdigerweise nährte meine Mutter diese Angst beständig. Jedesmal, wenn sie ihren Urlaub in Algerien verbracht hatte, warnte sie mich nach ihrer Rückkehr vor ihrem Sohn. Dort unten war ich zu einem Tabu geworden. Mohand erlaubte nicht, daß man in seiner Gegenwart von mir sprach. Er dagegen gönnte sich das Vergnügen, seine Drohung zu wiederholen, er würde mich eines Tages mit seinem Messer abstechen wie eine Sau. Das Schlimmste für mich war, daß ich nicht zu Setsi Fatimas Begräbnis fahren konnte. Während unseres Arbeits-Aufenthaltes hatte ich Ifigha bereits vermeiden müssen, doch jetzt war ich bereit, die Gefahr auf mich zu nehmen, nur um meine Großmutter ein letztes Mal zu sehen. Doch alle Familienmitglieder, mit denen ich Kontakt hatte, beschworen mich, von meinem Vorhaben abzusehen. Unter keinen Umständen würde mein Bruder mich unbestraft mein Heimatdorf betreten lassen. Ich konnte die Frau, die mir das meiste Glück in meinem Leben bereitet hatte, nicht einmal auf ihrem letzten Weg begleiten. Doch ihre Seele wird immer bei mir bleiben.

Glücklicherweise verhinderten meine vielfältigen Pariser Beschäftigungen, daß ich aus lauter Angst neurotisch wurde. Ich lebte mit meiner Angst, aber ich lebte – mit voller Kraft. Olivier und ich hatten unseren Kurzfilm, *Algérie Couleurs,* abgeschlossen. Er war sogar für das Mannheimer Filmfestival ausgewählt worden. Wir gingen sofort ein zweites Projekt an, *Ciné-Cité,* einen ziemlich fantasievollen und trickreichen Dokumentarfilm über die Stadt Paris, ›durchgesehen und verbessert‹ dank der filmischen Möglichkeiten. Drei Jahre später begannen wir mit den Dreharbeiten zu einem längeren Dokumentarfilm über die Lebensbedingungen der immigrierten Arbeiter in Frankreich, *Ali au Pays des Merveilles,* Ali im Wunderland. Die Vorbereitungen waren langwierig. Zahlreiche Interviews, Besichtigungen von Drehorten und schwierige Verhandlungen mit den Maghrebinern, die auf französischem Boden lebten, waren notwendig, damit wir möglichst realistisch und wahrheitsgetreu drehen konnten.

Mit *Algérie Couleurs* und *Ciné-Cité* hatten wir kaum Geld verdient, so daß ich weiterhin im Büro arbeiten mußte, auch wenn das Gehalt nicht gerade begeisternd war und die Tage sich unendlich lang hinzogen. Doch abends hatte ich einen Ausgleich: die Kurse und Vorlesungen an der Universität von Vincennes, wo ich meine Abschlußprüfung vorbereitete.

Das Klima an der Universität und meine Anfänge als Regisseurin halfen mir über meine schwerste Bürde hinweg: die Sorge um meine Mutter und meine Geschwister. Die Kleinen waren immer schwerer zu zähmen. Sobald ich auch nur eine Minute übrig hatte – vorlesungsfreie Vormittage und Abende, die Wochenenden –, fuhr ich zu ihnen, hielt Standpauken und versuchte, sie von allem möglichen Unsinn abzuhalten. Ich forderte sie auf, Sport zu treiben, und schrieb einige an den lokalen Konservatorien ein, um sie von all den schlechten Einflüssen fernzuhalten, die in den Außenbezirken, wo sich all unsere Wohnungen immer befanden, an allen Ecken lauerten. Vor allem Djamel machte mir Sorgen, da er von allem, was sich am Rande der Gesellschaft bewegte, magisch angezogen wurde.

1974 wurde der Familie endlich eine etwas bequemere Sozialwohnung in Epinay-sur-Seine zugewiesen. Meine Mutter war nicht zufrieden. Sie träumte von einem Haus. Ich versprach ihr, eines zu kaufen oder zu mieten, sobald ich genügend Geld verdienen würde. Sie schmollte.

Sie wurde immer mürrischer und depressiver. Ich begleitete sie zu vielen Ärzten, doch die Ergebnisse waren immer gleich. Alle ihre Krankheiten waren rein psychosomatischer Natur.

Dabei hätte es ihr ab 1974 eigentlich besser gehen müssen. Sie war offiziell geschieden, und mein Vater war nach Algerien zurückgekehrt, hatte dort ein zweites Mal geheiratet und weitere Kinder in die Welt gesetzt, er kümmerte sich nicht mehr um uns. Meine Mutter hatte von ihm nichts mehr zu befürchten, und auch ich war eine Angst los, zumindest jene, die ihn betraf.

Da mein Vater nie Unterhalt zahlte, mußte ich weiterhin für die Familie sorgen, denn das Kindergeld reichte vorne und hinten nicht. Mein mageres Gehalt wurde davon aufgezehrt... und meine Energie. Ich befand mich ständig am Rande meiner Kräfte, nahm Vitamine, um durchzuhalten, und Beruhigungsmittel, um schlafen zu können. Ich war unruhig, stand ständig unter Druck und sah Olivier, von unserer gemeinsamen Filmarbeit einmal abgesehen, kaum noch. Der Wunsch, alles auf mich nehmen zu wollen, und die absolute Priorität, die ich meiner Familie einräumte, waren wohl mitschuldig am Auseinanderbrechen unserer Beziehung. Ende 1974 beschlossen wir, uns zu trennen, unsere Arbeit an *Ali au Pays des Merveilles* wollten wir aber noch zusammen fertigstellen.

Ich zog zu meiner Mutter. Obwohl ich die Miete bezahlte, hatte ich niemals das Gefühl, es sei meine Wohnung, in der ich mich zu Hause fühlte. Doch war diese Lösung die billigste; außerdem konnte ich meine Rolle als ›große Schwester‹ auf diese Weise am besten erfüllen.

Mit meiner Schwester Fatima teilte ich ein Zimmer. Ich liebte sie sehr, spürte, daß sie zerbrechlich war, und war traurig, denn sie hatte keine Lust zum Studieren.

Als ich sie mit einem jungen algerischen Journalisten bekannt machte, war sie begeistert. Sie heirateten; Fatima wurde von allen beglückwünscht. Mama sparte nicht an Lobreden über ihren neuen Schwiegersohn. Daß er ein junger, anständiger Mann war, war weit weniger wichtig, als daß er Algerier und zudem noch Kabyle war. Meine Mutter hatte eine ihrer Töchter endlich der Tradition gemäß mit einem Araber, was sage ich, mit einem Berber verheiratet. Sie hatte ihre Pflicht erfüllt. Wenn sie in Ifigha gefragt wurde: »Was macht Djura, die Älteste? Warum ist sie nicht verheiratet?«, antwortete sie: »Djura? Sie zieht ihre Geschwister groß.« Sie hoffte, daß man so über mein Dasein als Junggesellin hinwegsähe.

Amar heiratete eine Französin, ohne daß jemand etwas dagegen eingewendet hätte. Bei uns war die Tradition anscheinend nur dann wichtig, wenn es sich um Töchter handelte. Man bat mich sogar, für die Zeremonie den großen Saal eines Restaurants in Enghien zu mieten. Schließlich handelte es sich um die Ehre meines Bruders vor der Familie seiner Braut. Im Grunde war ich froh, daß es keine Rassen-Probleme mehr gab, denn ich wollte wirklich nicht, daß meine Geschwister unter den gleichen Schwierigkeiten zu leiden hätten wie ich.

Belaid zog kurz darauf mit einer älteren Frau, ebenfalls Französin, die bereits ein Kind hatte und die ihm noch mehrere gebar, nach Südwestfrankreich.

Meine Mutter hätte eigentlich glücklich sein müssen, daß ihre Kinder sich nach und nach selbständig machten, aber sie wurde nur noch depressiver. Dabei blieben immer noch vier Jugendliche in Epinay, für die ich aufzukommen hatte. Die Jungverheirateten dachten an ihre eigenen Familien; Hilfe durfte ich von ihnen nicht erwarten. Ich, die ich in den Augen meines Vaters und meines Bruders die ›ehernen Gesetze verletzt hatte‹, war die einzige, die die Tradition hochhielt und die Familie unterstützte. Mich verbitterte das Verhalten meiner Geschwister nicht, denn für mich war das, was ich tat, ganz normal. Ich war dankbar, daß ich hatte studieren können und heute den Beruf ausübte, den ich mochte. Mit meinem ehemaligen Lebensgefährten hatte ich inzwischen in aller Freundschaft den Film fertiggestellt.

1978: Befand sich Ali im Wunderland oder Djura? Ich fühlte mich wie im siebten Himmel. Algerien hatte mich eingeladen, unseren Film im Rahmen der panafrikanischen Festspiele vorzustellen, die alle Länder Afrikas umfaßten. Ich sollte die Diskussion leiten, die nach der Vorführung in der algerischen Cinémathèque stattfinden sollte. Ich war stolz, Nachfolgerin von Godard, Robbe-Grillet und

Fassbinder zu sein, die vor mir in Algier ihre Filme gezeigt hatten. Die algerische Cinémathèque, die für ihr höchst kritisches Publikum so bekannt war! Algerien lud mich offiziell ein; dabei war ich immer davon ausgegangen, daß ich völlig unbekannt war.

Leider war diese Freude nicht ungetrübt. Zunächst ging darüber die Freundschaft mit Olivier zu Bruch. Olivier, Ko-Autor des Filmes, war tiefgetroffen, daß man ihn nicht ebenfalls eingeladen hatte. Ich versuchte vergebens, ihm zu erklären, diese Festspiele beträfen afrikanische Regisseure, und nur aus diesem Grund habe man nur an mich gedacht. Er nahm die Angelegenheit persönlich, und unsere Beziehung litt darunter.

Zum zweiten stieg die alte Angst wieder in mir hoch. Algerien, Mohand, die Drohung, mich zu töten. Sollte diese Angst mich wirklich mein ganzes Leben verfolgen? Ich nahm das Risiko auf mich und fuhr nach Algier. Aber ich schämte mich gleichzeitig. Als Setsi Fatima gestorben war, hatte ich diesen Mut nicht bewiesen. Ich bat sie in meinen Gebeten um Verzeihung. Diesmal führte mich meine Reise nach Algier und nicht nach Ifigha, mein geheiligter Geburtsort, wo meine Anwesenheit für meinen Bruder noch unerträglicher gewesen wäre.

Während der Vorführung von *Ali au Pays des Merveilles* musterte ich ohne Unterlaß die Besucher im dunklen Saal. Normalerweise tun dies Regisseure, um sich ein Bild über die Reaktionen des Publikums machen zu können, während ich versuchte, Mohand ausfindig zu machen.

Ein algerischer Freund und Vertrauter, ein Filmkritiker, saß neben mir und versuchte, mich zu beruhigen. Doch gab es überhaupt etwas, was mich beruhigen konnte? Wer konnte mich vor Mohand schützen? Meine Freunde von der Cinémathèque waren über die Gefahr, in der ich schwebte, nicht informiert, so wenig wie die Besucher.

Plötzlich entdeckte ich im Hintergrund eine Silhouette, die mich an Mohand erinnerte. Ich begann zu zittern. Die verrücktesten Ideen schossen mir durch den Kopf. Ich dachte daran, kurz vor Schluß der Vorführung einfach zu verschwinden. Aber was würden die Organisatoren von einer Regisseurin halten, die ging, bevor die Diskussion über ihren Film stattfand?

Und wenn ich selbst den Skandal auslöste? Ich könnte auf die

Bühne springen, erklären, ich sei die Regisseurin des Filmes, und mein Bruder, der sich im Saal befände, wolle mich wegen der Ideen, die ich verteidigte, und wegen meines Berufes töten. Ich könnte die Intellektuellen im Saal um Hilfe angehen und erklären, früher oder später müßten sie sich mit den Lebensbedingungen der Frau in ihrem Land auseinandersetzen, die mir im Augenblick wichtiger erschienen als *Ali au Pays des Merveilles* und die Probleme der Emigration. Anschließend würde ich auf meinen Bruder deuten. Mal sehen, was er dann antworten oder unternehmen würde.

Schließlich drohte ich den Rest meines Verstandes zu verlieren, und kam wieder auf meine erste, spontane Reaktion zurück: Fliehen! Ich drängte mich zum Mittelgang durch und lief zum Ausgang. Ein algerischer Regisseur, den ich gut kannte, saß am Rand und bemerkte mich. Er wunderte sich über mein Verhalten. Er richtete seine beeindruckende Gestalt hoch auf und sagte laut, das R rollend:

»Du hast nichts zu befürrrchten!«

Er packte mich freundschaftlich am Arm und zog mich zur Leinwand. Der Film war gerade zu Ende; die Lichter gingen an, und mein ›Leibwächter‹ stellte mich dem Publikum vor.

Beifall brandete auf. Ich schaute mich mit hocherhobenem Kopf im Saal um und hatte wieder Mut gefaßt. War Mohand verschwunden? Oder hatte ich mich getäuscht? Ich war auf alle Fälle sehr erleichtert, als ich meinen Bruder nicht entdeckte. Endlich begann die Diskussion.

Gleich zu Beginn stand ein alter Mann mit Turban auf. Ich erkannte Momo, einen der wichtigsten Mitarbeiter der Cinémathèque, dessen Kritiken sehr gefürchtet waren. Eine merkwürdige Persönlichkeit; Momo wurde trotz seines ausgefallenen Wesens von allen respektiert. Er war Dichter und las auf Bühnen aus seinen Werken, die er in einem Strohkorb zusammen mit Orangen transportierte. Alle Regisseure zitterten vor ihm, denn er gab in der Regel als erster sein Urteil ab, das nicht immer sehr sanft ausfiel. Momo sagte, was er zu sagen hatte, und verschwand. Das Schicksal des Filmes hing zum Großteil von seinen wenigen Sätzen ab, denn das Publikum folgte ihm meistens. Jeder kann sich den Zustand vorstellen, in dem ich mich befand, als er das Wort ergriff.

»Der Film von Schwester Djura«, sagte er, »ist eine großartige Beschreibung der Emigration. Das symbolische Schlußbild, das diejenigen zeigt, die Austern essen, diejenigen, die sie öffnen, und diejenigen, die die Abfälle in die Mülltonnen werfen, ist ausgesprochen geglückt. Ich mag diesen Film.«

Er drehte sich auf seinem Absatz um und verschwand. Ich hätte ihn am liebsten umarmt! Er hatte für mich den roten Teppich des Erfolgs ausgerollt.

Die Diskussion verlief dann sehr angeregt und drohte sogar einen Moment zu entgleisen, als sich die Befürworter und die traditionellen Filmgegner in die Haare kamen.

Zahlreiche Freunde begleiteten mich anschließend bis zu meinem Hotel. In der Halle schaute ich mich kurz um und überlegte, ob ich mich meinen Begleitern anvertrauen sollte, die mich in ihre Mitte genommen hatten, um sich zu verabschieden. Doch ich wollte nicht aufdringlich erscheinen. Nur mein Freund, der Kritiker, war eingeweiht. Er sagte mir häufig: »Warum suchst du eigentlich nach Stoffen? Das beste Drehbuch, das ich kenne, ist dein Leben. Diesen Film müßtest du drehen.«

Doch damals hatte ich nicht die geringste Lust, mein Leben aufzuschreiben oder zu verfilmen. Es mußte erst noch Schlimmeres passieren, bevor ich mich gedrängt fühlte, meine Vergangenheit aufzuarbeiten.

*

Merkwürdigerweise sollte mein erster großer Film, *Ali au Pays des Merveilles*, über meine Karriere entscheiden – über meine Karriere als Sängerin. Und über mein Leben als Frau.

Nachdem ich mit Olivier, von dem ich seit einiger Zeit getrennt lebte, den Schnitt fertiggestellt hatte, stellte sich das Problem, eine Musik zu finden, die unsere Bilder harmonisch untermalen konnte. Das war noch vor meiner Reise nach Algier, als die Arbeit noch nicht abgeschlossen war. Ich dachte an Djamel Allam, den kabylischen Sänger, der mir bereitwillig erlaubte, seine Tonbänder zu benutzen und mir die Adresse seines Managers gab, Hervé Lacroix, bei dem ich die Bänder abholen sollte.

Ich telephonierte mit diesem Herrn, der mich aufforderte, noch am gleichen Abend gegen neunzehn Uhr bei ihm die Bänder abzuholen; er wohnte auf der Ile Saint-Louis.

Ausgerechnet an diesem Tag versäumte ich in Epinay den Zug, so daß ich mit einer Stunde Verspätung auf der Insel eintraf. Auch wenn das merkwürdig anmuten mag: ich betrat zum erstenmal diesen magischen Ort. Unmöglich, von Epinay aus jeden Tag bis nach Vincennes zu fahren, die arabischen Schlafstädte vor Paris nach möglichen Drehplätzen abzuklappern und gleichzeitig die Wunder der französischen Hauptstadt zu bestaunen.

Ich hatte den Eindruck, mich in einer anderen Welt zu bewegen. Es war bereits dunkel, und die Gaslaternen verliehen den Straßen einen provinziellen, dabei festlichen Anstrich. Und es fand auch wirklich eine Art Fest statt: eine sehr wichtige Vernissage, die ein elegantes und intelligentes, dabei buntgemischtes Publikum anlockte. Alle Galerien auf der Insel waren hell beleuchtet, und ich hatte größte Lust, mich unter die Schaulustigen zu mischen. Doch das kam nicht in Frage; schlimm genug, daß ich bei unbekannten Leuten ausgerechnet zur Essenszeit aufkreuzte.

Endlich befand ich mich im Hof des Hauses Nr. 55 in der Rue Saint-Louis, wo Hervé Lacroix im Erdgeschoß wohnte. Ich läutete: niemand öffnete. Die Fensterläden waren geschlossen. Als ich näher hinschaute, entdeckte ich, daß im Innern noch Licht war. Eigentlich hätte es sich gehört, daß ich kehrtmachte, doch meine Anreise war zu lang, als daß ich nicht noch einen zweiten Versuch gewagt hätte. Ich klopfte, so stark ich konnte, gegen die Tür.

Ein hochgewachsener, gutaussehender junger Mann öffnete, der so braungebrannt war, daß man unwillkürlich den Eindruck erhielt, er sei gerade aus dem Urlaub zurückgekehrt. Ich war ein wenig überrascht. Ich hatte mir einen ungefähr fünfzigjährigen, etwas väterlichen, imposanten Manager vorgestellt und stand jetzt einem lässigen jungen Mann meines Alters gegenüber, der weiße Jeans trug und lächelte. Er bat mich herein.

Kaum war ich in seiner Wohnung, als die ganze Insel durch einen Stromausfall in tiefer Dunkelheit versank; nur das Haus, in dem der ehemalige Präsident Pompidou wohnte und das nur wenige Schritte entfernt war, hatte eine Notbeleuchtung.

»Großartig; sie schaffen es sogar, Sicherungen durchbrennen zu lassen!« lachte mein Gastgeber. »Warten Sie, ich hole eine Kerze.«

Ich war weder an den Pariser Humor noch an den Umgang mit Männern gewohnt, auch wenn ich mit Olivier zusammengelebt hatte. Wir waren im Dunkeln allein, und ich fühlte mich unbehaglich. Sobald die Lichter wieder angingen, sagte ich sehr bestimmt und fast unhöflich: »Gut, jetzt geben Sie mir bitte die Bänder, dann gehe ich.«

Hervé gab keinen Kommentar ab, sondern schlug vor: »Wollen wir nicht etwas trinken gehen, irgendwo auf der Insel?«

Irgendwo auf der Insel? Ich stimmte sofort zu. Hervé führte mich in das Café an der Ecke. Er erklärte mir, er habe es vorgezogen, sich einzuschließen, als ich nicht gekommen war. Er kannte viele Leute auf der Insel, haßte aber das mondäne Leben. Er war sich sicher, daß bei dem vielen Trubel an diesem Abend viele seiner Bekannten ihn bedrängt hätten, sich ihnen anzuschließen, hätten sie gewußt, daß er zu Hause wäre. Wir unterhielten uns und fühlten uns zueinander hingezogen, doch war es keine oberflächliche Verführung, sondern ein tiefes Einverständnis, das niemals Lügen gestraft wurde. Als wir uns trennten, meinten wir. wir müßten uns unbedingt wiedersehen. Unsere freundschaftliche Beziehung wurde schon bald sehr viel mehr.

Hervé repräsentierte alles, was mich anzog. Er war ein Künstler auf seinem Gebiet und entdeckte wirkliche Talente. Als Manager ging es ihm nicht um Prozente und alle möglichen Vorteile, sondern um die Künstler, für die er wirkliche Verantwortung übernahm. Wenn er an jemand glaubte, dann setzte er sich hundertprozentig für ihn ein. Geld war ihm so unwichtig wie mir. Alles, was er verdiente, investierte er sofort wieder in seine Arbeit. Als Zwanzigjähriger war er im Théâtre du Ranelagh vom Virus des Theaters angesteckt worden. Hier hatte er die Anfänge der Karrieren von Rufus und Higelin miterlebt, mit amerikanischen Gruppen wie *Temptation* Umgang gehabt und Diana Ross bewundert.

Ich war fasziniert von seiner fundierten Allgemeinbildung. Er interessierte sich für vieles und liebte Algerien leidenschaftlich. Die beiden Männer, mit denen ich zusammengelebt habe, haben meine Heimat wirklich geliebt: Olivier als Architekt und Regisseur, Hervé eher aus historischen und kulturellen Gründen, die sicher tiefer gingen als die Oliviers.

Unsere erste gemeinsame Reise ließ uns manche Gemeinsamkeiten entdecken. Hervé war Bretone. Man kann wirklich nicht behaupten, daß die Vergangenheit dieser Provinz von den Invasionen der Sarazener geprägt worden war, und trotzdem erlebte ich eine Überraschung, als er mich zum erstenmal in seine Heimat mitnahm. Wir fuhren zunächst in seinen Geburtsort, Saint-Quay-Portrieux, einen Badeort an der Nordküste. Da ich diese Gegend Frankreichs nie besucht hatte, erwartete ich von der Bretagne nur eines: Artischockenpflanzungen.

Ich hielt emsig Ausschau, sah nichts, bis ich plötzlich fündig wurde: »Dort, schau, dort!«

»Was meinst du eigentlich?« fragte Hervé.

»Endlich Artischocken. Wir sind doch im Land der Artischocken, nicht wahr?«

»Es gibt hier viel interessantere Dinge zu sehen«, antwortete er lachend.

Zunächst einmal das Meer. Das Meer der Bretagne, wild, entfesselt, wechselhaft, spektakulär. Dann das Haus seiner Großmutter, die ihn teilweise aufgezogen hatte, ein gemeinsamer Punkt, was unsere Kindheit betraf. Diesem Haus genau gegenüber zeichnete sich wie eine Fata Morgana ein orientalisches Schloß mit einem Minarett, Arabesken über den Portalen und reich verzierten Fenstern gegen den Himmel ab.

»Ein recht eigenwilliger Mann hat es zu Beginn des Jahrhunderts für eine Comtesse bauen lassen, in die er rasend verliebt gewesen war«, erklärte Hervé. Übrigens, die Insel dort heißt noch heute im Volksmund die Insel der Comtesse. Und bei dem Schloß handelt es sich um das Schloß von Calan. Ich erstarrte vor lauter Rührung. Daß sich ausgerechnet gegenüber von dem Haus, in dem Hervé einen Teil seiner Kindheit verbracht hatte, ein Schloß aus meiner Heimat befand, war für mich ein Omen.

Wir erfuhren, daß das Schloß zum Verkauf stand. Leider hatten wir wirklich nicht das Geld, obwohl es ›fast nichts‹ kostete, wie der Immobilienhändler behauptete. Ich schwor mir, alles daranzusetzen, daß wir es eines Tages kaufen konnten.

Als wir uns einige Jahre später nach dem Schloß erkundigten, war es an einen Hotelier verkauft worden. Auf dem Grundstück hatte man moderne Gebäude mit großen Fensterfronten errichtet, doch das Schloß selbst hatte man nicht umgebaut. Der neue Besitzer war so liebenswürdig, mir den großen Saal zu zeigen. Die Kacheln hätten jeden arabischen König vor Neid erblassen lassen, genau wie der dazu passende offene Kamin mit dem Goldmosaik.

Doch zurück zu unserem Ausflug: Indem Hervé mir seine Wurzeln zeigte, ließ er mich auch die meinen wiederfinden.

Eine vielleicht etwas naive Überlegung jung Verliebter, doch später, als ich mit Alan Stivell eine Schallplatte aufnahm und mit Gilles Servat zusammen sang – zwei waschechten Bretonen –, fiel mir – und da war ich wirklich objektiv – auf, daß es viele Gemeinsamkeiten zwischen der Musik der Bretonen und der der Berber gab. Besonders was die Herbheit der Töne, die Resonanz der Instrumente und die beinahe aufdringliche Hartnäckigkeit betrifft, mit der die Hauptmelodie immer und immer wiederholt wird.

Bei unserem ersten Ausflug in die Bretagne sagte ich mir, bis über die Ohren verliebt, es sei nicht weiter erstaunlich, daß dieser blonde Bretone mit den blauen Augen eine Berberin mit schwarzen Augen kennengelernt hatte, um zu Füßen eines Minaretts auf keltischem Boden mit Blick auf die Insel der Comtesse zu picknicken.

Doch von diesen Gemeinsamkeiten einmal abgesehen, gab es bei Hervé einen Charakterzug, der mich von Anfang an faszinierte: seine Großzügigkeit. Er verlieh alles: seine Gitarre, seine Wohnung, seine Kleider. Und er verstand ohne lange Erklärung, warum ich mich für meine Familie aufopferte. Er fand es großartig, daß ich so viel Verantwortung auf mich lud, und war wohl auch stolz darauf. Olivier hatte die Situation mit viel Geduld, Verständnis und Freundlichkeit ertragen, während Hervé schon bald aktiv tätig wurde. Er besuchte meine Mutter, sprach mit meinen Geschwistern und fühlte sich ›in der Familie‹ wohl. Er mochte sie und überlegte sich, wie wir ihr am besten gemeinsam helfen konnten.

Diese Großzügigkeit sollte mit zu der Katastrophe beitragen, die uns heimsuchte. Doch das konnten wir 1976 noch nicht wissen.

Schon kurz nach unserer ersten Begegnung meinte Hervé, ich müsse singen. Er hatte die Gedichte gelesen, die ich in Hussen Dey geschrieben hatte; ich war ein fröhlicher, spontaner Mensch und sang sehr gern. Er war sich sicher, daß ich eine Bühne ausfüllen konnte.

Zu Beginn nahm ich das nicht sehr ernst, und ich räume ein, daß mich seine Vorschläge eigentlich nicht besonders reizten. Zeigten sich hier noch einmal meine Prägungen durch die väterlich-brüderliche Erziehung? Die Idee, Sängerin zu werden, verband sich mit keinem meiner Ideale; höchstens noch Opernsängerin, doch dazu hatte ich nicht die geeignete Stimme.

Hervé wies mich darauf hin, daß Brassens, Montand und Billie Holiday in ihrem Gebiet ebenfalls große Künstler waren. Und Taos Amrouche? Oder Oum Kalsoum?

Nur, als Regisseurin hatte ich erfolgreich begonnen. Sollte ich das jetzt einfach aufgeben? Ich wollte einen Film über die Lebensbedingungen der Frauen in meiner Heimat drehen. Ein breites Programm... und unglaublich viele Schwierigkeiten, die zu überwinden waren. Wo sollte ich das notwendige Geld hernehmen? Und wer sollte sich den Film anschauen? Sicher nicht die Algerierinnen, obwohl diese von dem Thema direkt betroffen waren. Aber sie würde man zu Hause einsperren, falls der Film in Algerien überhaupt gezeigt würde. Er hatte betrüblicherweise die besten Aussichten, verboten zu werden. Und in Frankreich? In Studiokinos würde er sicher gezeigt werden und damit diejenigen erreichen, die von der Botschaft sowieso überzeugt waren, aber nicht das große Publikum.

Ich hatte trotz dieser negativen Überlegungen mein Projekt noch nicht aufgegeben, doch Hervé bewies mir, daß das Chanson angesichts der oben aufgezeigten Schwierigkeiten das richtige Medium war, um das auszudrücken, was ich zu sagen hatte, und zwar so, daß die Botschaft schnell und mühelos verstanden werden konnte.

Ich war überzeugt und bereit zu singen. Als ich Hervé zum erstenmal besuchte, hatte ich gehofft, für *Ali au Pays des Merveilles* eine Musik, eine Stimme zu finden. Jetzt hatte ich meine gefunden.

Der Weg war mir vorgezeichnet. Mit erstaunlich ermutigender Logik griff ein Glied der Kette ins andere. Ich war eine junge, von der Kultur der Berber faszinierte Algerierin, die sich auch um den Platz der Frau in der modernen Gesellschaft Gedanken machte. Ich hatte – wie meine algerischen Geschlechtsgenossinnen – unter den sozialen, politischen und familiären Zwängen gelitten, die trotz des angeblichen Fortschritts weiterhin bestanden, und hatte mir schon immer gewünscht, etwas verändern zu können, selbst als ich mit größter Behutsamkeit bei den Frauen von Tala-Gala das zarte Pflänzchen weiblicher Solidarität einzupflanzen versuchte.

Jetzt konnte ich in größerem Maßstab arbeiten! Ich wollte alle algerischen, maghrebinischen, afrikanischen und arabischen Frauen anderer Länder und selbst die europäischen, die zum Teil ja ebenfalls noch unter ihren Männern litten, aufrütteln. Wie Kahina wollte ich, allerdings nur mit meinen Liedern, eine Armee aufstellen, die den kulturellen Reichtum unserer Heimatländer bewahrte, aber gegen die Allmacht eines überalterten Patriarchats rebellierte.

Soweit die Theorie. Nur: Wir lebten nicht mehr zur Zeit König Tabats, und ich war allein. Ich wollte aber nicht als einsame engagierte Chanteuse abgestempelt werden. Ich wünschte mir eine Gruppe. Eine kleine Gruppe für den Anfang, aber immerhin eine Gruppe. Ich wollte keine Star-Nummern abziehen, sondern eine gemeinsame Botschaft verbreiten.

»Die Gruppe wird *Djurdjura* heißen«, sagte ich eines Tages zu Hervé.

»Das klingt gut«, meinte er.

Für mich klangen in diesem Wort zahlreiche Erinnerungen an meine Kindheit mit, aber auch der Lärm der ersten Kämpfe um die algerische Unabhängigkeit, Kämpfe, an denen die Frauen mutig und mit großem Einsatz teilgenommen hatten. Denken wir nur an Djamila Boupacha und Djamila Bouhired, an unsere Mütter und Großmütter, die mit drohend erhobenen Fäusten durch die Straßen liefen, »Vive l'Algérie!« riefen und dabei ihre Youyou-Schreie ausstießen. Was war eigentlich aus diesen ›Revolutionärinnen‹ geworden?

Die Heldinnen hatte man vergessen und die anderen nach Hause geschickt, ohne daß sich ihr Leben geändert hätte. Den Frauen, die die Französische Revolution vorangetrieben hatten, war es fast genauso gegangen, nur daß ihre Abhängigkeit von ihren Männern weitaus geringer gewesen war als unsere.

Inzwischen hatten sich in Westeuropa die Unruhen von 1968 ereignet, die zumindest etwas Positives hatten: Die Frauenbewegung geriet in einen nicht mehr zu bremsenden Aufwind. Ich hatte das Glück, in einem europäischen Land aufgewachsen zu sein, befand mich im Schnittpunkt zweier Kulturen, die beide meine Lieder beeinflußten. Ich konnte, ohne meine Vergangenheit oder meine Herkunft zu verleugnen, von einer besseren Zukunft singen.

Dafür reichte es allerdings nicht aus, eine ›folkloristische Gruppe‹ auf die Bühne zu stellen. Ich mußte neue Lieder schreiben, die von den alten beeinflußt wurden, aber klare, zeitgemäße Aussagen hatten.

Begeistert machte ich mich an die Arbeit, ohne deswegen meine anderen Aktivitäten zu vernachlässigen, mit deren Hilfe ich meine Familie ernähren konnte.

Jetzt kam mir mein mehrmonatiger Aufenthalt in Ifigha und Tala-Gala zugute, denn damals hatte ich meine Kenntnisse in meiner Muttersprache bedeutend aufgefrischt. Für mich verstand es sich von selbst, daß ich zumindest bei der Mehrzahl meiner Lieder die kabylische Sprache benutzte.

Wie dankbar war ich meinen alten Cousinen aus Tala-Gala, die mir die alten Refrains und Lieder so lange vorgesungen hatten, bis ich sie auswendig konnte. Diese eher zufälligen Kenntnisse ergänzte ich durch ein gezieltes Studium in der Bibliothèque nationale, in der ich zahlreiche Berber-Gedichte fand, die von Hanoteau und Letourneux während der Kolonialzeit aufgeschrieben worden waren. Fröhliche Lieder, aber auch Kriegsgesänge und traurige oder ironische Balladen und auch wahre Aufschreie der Frauen gegen ihre Lebensbedingungen: *Danke, meine Mutter, daß ihr mich gezwungen habt, eine Eule zu heiraten* ... Manche dieser Frauentexte kannte ich. Allerdings waren sie nicht hinausgeschrien, sondern während der Hausarbeiten, während die Frauen unter sich waren, gemurmelt worden.

Die Devise der Gruppe *Djurdjura* war gefunden: »Wir singen ganz laut, was die anderen ganz leise summen.« Jeder Mann würde in diesen gesungenen und fordernden Gedichten seine Mutter, seine Frau, seine Tochter und deren Schicksal erkennen können.

Ich wollte aber nicht nur die Revolte predigen. Ich wollte, daß meine Lieder auch zum Lachen und Hoffen anregten und den traditionellen Charme unseres schönen Landes ausdrückten. So vermengte ich, so gut ich konnte, den Reichtum unseres Erbes mit den Möglichkeiten der universellen Musik. Der Rhythmus unserer Lieder und deren Melodieführung waren mir angeboren. Meine Mutter war sprachlos, wie sehr sie die von mir komponierten Tänze und Lieder an ihre Jugend erinnerten.

Daß sie deswegen einverstanden gewesen wäre, daß ich auf der Bühne auftrete, kann man wirklich nicht behaupten. Bei jeder Gelegenheit wiederholte sie die gleiche Litanei:

»Was werden die Leute aus Ifigha dazu sagen, wenn sie das erfahren! Ich werde mich niemals mehr im Dorf zeigen können!«

Ich erinnerte sie an ihre Zwangshochzeit, an die selbstverständlich bestraften Fluchtversuche, an ihr Elend, ihre ewigen Schwangerschaften und die Schläge, die sie erhalten hatte. Sie räumte ein, daß sie, hätte sie mein Alter, wohl auch die erbärmlichen Bedingungen, unter denen viele von uns lebten, anprangern würde. Ich sagte ihr, daß ich in meinen Liedern auch von ihrem Elend spräche.

Ich versuchte sie zu beruhigen, indem ich hinzufügte, es dauere wirklich eine Ewigkeit, bis unser Ruf bis in die kabylischen Berge gedrungen sei. Wenn es schiefginge, würde niemand im Dorf davon erfahren; und wenn sich Erfolg einstellen sollte, dann war sie vor Spott geschützt. Denn wer verspottet schon die Mutter einer erfolgreichen Tochter?

Ich hatte immer noch keine Partnerinnen für meine Gruppe gefunden. Plötzlich kam ich auf die Idee, meine Schwester Fatima zu engagieren, die zunächst eher spielerisch mitmachte, bevor sie wirklich arbeitete, denn sie sprach nur schlecht unsere Sprache. Zunächst mußte ich ihr die Aussprache und die Bedeutung der Texte beibringen.

Dann erhielt ich von Mama die Erlaubnis, deren jüngere Schwester, die kaum älter war als ich, ebenfalls zu engagieren. Meine Tante war verheiratet gewesen, doch ihr Mann hatte sie schon eine Woche nach der Eheschließung verstoßen. Sie hatte jahrelang in ihrem Dorf gelebt, bis sie unter dem Vorwand, ihre Zähne richten zu lassen, nach Frankreich fuhr. Bei uns braucht eine unverheiratete Frau immer einen Vorwand, wenn sie reisen will.

Tante J. war für drei Monate nach Paris gekommen und lebte jetzt bereits seit fünf Jahren hier. Sie war eine außergewöhnliche Frau, die sich an alle Situationen anpassen konnte. Die Idee, Mitglied der Gruppe zu werden, gefiel ihr ausgezeichnet. Sie sprach natürlich unsere Muttersprache fließend und improvisierte zu den unterschiedlichsten Rhythmen, als ob sie Gast bei einer Dorfhochzeit wäre. Sie war sicher die Authentischste von uns und brachte mir, der kleinen Pariserin, viel bei. Wir traten in der traditionellen Gandura mit der dazugehörenden Fouta auf, dieser rotgoldenen Schürze, die zum Emblem meines Kampfes werden sollte.

Hervé half mir, die richtigen Musiker zu finden. Ich brauchte die typischen Schlagzeuge, Derboukas und Bendirs, aber auch ein Klavier, eine Flöte, ein europäisches Schlagzeug, eine Baß- und eine elektrische Gitarre. Mindestens fünf oder sechs Musiker, die nicht leicht aufzutreiben waren.

Hervé suchte nach Bühnen für unsere Auftritte und bemühte sich unablässig, *Djurdjura* so schnell wie möglich bekannt zu machen. Eines Abends erklärte er mir ohne Umschweife, er habe einen Vertrag für einen Auftritt am 15. Mai 1977 in Tombe in der Nähe von Montereau unterschrieben. Ich brach in Panik aus, denn ich hatte kaum zwei Monate Zeit, um die Aufführung vorzubereiten, die fünfundvierzig Minuten dauern sollte.

Das erwartete große Lampenfieber blieb aus. Es handelte sich um ein großes Fest im Freien, das mich an die Feste erinnerte, die ich als Kleinkind in Ifigha erlebt hatte, was sicher zu meiner Ruhe beitrug. Alles war bereit: die Instrumente, die Musiker, die Sängerinnen, ihre Kostüme und ihre ›Texte für Frauen‹.

Ich vergaß die aufgeregten Warnungen meiner Mutter, die mir noch am Vorabend gesagt hatte:

»Paßt auf! Bei solchen Festen gibt es immer viele Immigranten. Man kann nie wissen, ob die euch akzeptieren. Ich meine die Männer. Ihr riskiert, daß man euch von der Bühne schickt und Flaschen über die Schädel haut ...«

Es stimmt schon, 1977 waren es die algerischen Familienväter nicht gewohnt, Anklagen, das Leben ihrer Töchter, Schwestern und Frauen betreffend, zu hören. Aber wollten wir nicht gerade dies ändern?

Wir bekamen keine Flaschen über den Kopf, sondern erlebten einen Triumph, von seiten der Maghrebiner wie der Franzosen, die *Djurdjura* als Überraschung mit bitterem Beigeschmack feierten. Angesichts des Erfolgs vergaß ich die schlaflosen Nächte vor dem Auftritt. Ich spürte, wie ich in diesem für mich neuen Medium aufging. Eine befreundete Psychiaterin meinte: »Man hat den Eindruck, als ob du dein Lebtag nichts anderes gemacht hättest. Dabei ist das gar nicht überraschend: Nachdem, was du mir erzählt hast, hat deine Großmutter dich bereits am Tag deiner Geburt in Szene gesetzt.« Ich dachte gerührt an Setsi Fatima.

Hervé ließ mich nicht lange auf meinen Lorbeeren ausruhen. Er schloß weitere Verträge ab und war der Ansicht, das Orchester müsse verbessert werden. Ernsthafte maghrebinische Musiker waren Mangelware. Außerdem waren es ausschließlich Männer, die von meinen ›subversiven‹ Texten nicht immer begeistert waren. Dreiviertel dieser Musiker waren zudem reine Amateure, die regelmäßig zu spät zu den Proben kamen und manchmal sogar einen Auftritt vergaßen! So konnte es nicht weitergehen.

Glücklicherweise kümmerte sich Hervé im gleichen Jahr im Auftrag des Kultusministeriums um zahlreiche algerische Künstler. So hatte er Gelegenheit, den Dirigenten Boudjemia Merzak kennenzulernen, der für den algerischen Rundfunk arbeitete und sich kurz darauf in Paris niederließ.

Hervé hatte sich mit ihm angefreundet. Wir sprachen mit ihm über unsere Probleme. Merzak kannte fast alle in Frankreich lebenden maghrebinischen Musiker und die Probleme, die eine Zusammenarbeit mit ihnen mit sich brachte. Er empfahl uns, nicht ausschließlich Nordafrikaner zu engagieren, sondern sich auch nach Musikern anderer Nationalitäten umzusehen, die allerdings echte Berufsmusiker sein mußten und die er so ausbilden wollte, daß sie unseren Stil beherrschten.

Wir befolgten seinen Rat. Rabah Khalfa, der beste Schlagzeuger des Maghreb, war der einzige Algerier, der Mitglied unseres Orche-

sters blieb. Bei den anderen handelte und handelt es sich immer
noch um Franzosen, Bretonen – darauf legen sie Wert – und Amerikaner, die sich für uns interessierten und die inzwischen alle talentierte, gewissenhafte, hinreißende Spezialisten der Musik der Berber geworden sind.

Als das neue Team zusammengestellt war, organisierte Hervé,
der das Abenteuer liebte, mit der Gruppe *Djurdjura* und dem kabylischen Sänger Idir am 23. Januar 1978 einen Abend im Olympia.
Kein einziger maghrebinischer Künstler hatte es bisher gewagt, sich
auf dieser berühmten Bühne zu produzieren, und das Immigrantenpublikum hatte bisher kaum Gelegenheit gehabt, diesen Saal zu
betreten. Die Maghrebiner applaudierten ihren Sängern in den für
sie reservierten Sälen der Kulturzentren.

Ich hatte panische Angst, obwohl auch ich das Risiko liebe, aber
ich fand, das Olympia kam viel zu früh. Hervé beruhigte mich und
meinte, alles wäre bereit.

Alles, nur nicht das Unvorhersehbare: In den Augen meiner Mutter war die gute Nachricht eine Katastrophe, und sie verbot ihrer
Schwester strikt und förmlich, auf dieser ihrem Geschmack nach zu
bekannten Bühne aufzutreten. Sie hielt sich für den guten Ruf ihrer
Schwester für verantwortlich. Meine bisherigen Auftritte waren, so
meinte sie, nicht weiter beachtet worden, doch sie wußte, daß sich
dies in der berühmtesten Pariser Music-Hall ändern würde.

»Onkel, Tanten, Vettern, alle, die in Paris wohnen, werden kommen und sie erkennen«, erklärte sie mir. »Ihre Mutter und ihre Brüder in der Heimat werden davon erfahren und uns eine solche
Schande niemals verzeihen, weder ihr noch mir.«

Alles fing von vorne an ... Meine Tante war über dreißig Jahre alt,
stand aber immer noch unter der Fuchtel ihrer älteren Schwester.
Ich versuchte alles mögliche, schlug sogar vor, sie solle maskiert
singen, so daß sie niemand erkennen könne, es nützte alles nichts:
Von einem Tag auf den anderen mußte ich mich für immer von ihr
trennen.

Ich mußte meine ›Sternschnuppe‹, so nenne ich sie heute noch,
innerhalb kürzester Frist ersetzen. Ich nahm mit verschiedenen
algerischen Mädchen Kontakt auf, doch die Eltern schlugen meine
Angebote aus. Dann bat ich meine Mutter, meiner Schwester Malha

die Erlaubnis zu geben, uns auszuhelfen. Malha war damals zwanzig Jahre alt und in Frankreich auf die Welt gekommen. Sie verstand Kabylisch, sprach es allerdings nicht. Ich mußte ihr alles beibringen, die Texte, die Musik und auch die Art, sich zu kleiden. Ihr war ihr Äußeres völlig gleichgültig, und sie trug den ganzen Tag nichts anderes als ein T-Shirt, Jeans und Turnschuhe. Es war mehr als mühsam, sie zu überreden, sich zu schminken, einen langen Rock, die Fouta und Schmuck zu tragen. Außerdem ging sie noch aufs Gymnasium und hatte kaum Zeit für die Proben.

Doch am 23. Januar ging sie brav von der Schule direkt ins Olympia.

Hervé kam in die Garderobe und teilte mir mit, an den Kassen stauten sich die Menschen. Ich zuckte nur mit den Schultern.

»Die stehen ganz bestimmt nicht für uns an, sondern für Charles Aznavour, der nächste Woche hier auftritt.«

»An dem Tag, an dem der Saal hier voll ist, wenn du singst, wirst du mich nicht mehr brauchen«, meinte er leise.

Ich wußte, daß ich ihn immer brauchen würde, als Lebensgefährten und als Copilot meiner beruflichen Laufbahn.

In einem hatte er allerdings recht gehabt: Nach und nach füllte das Publikum, das vor der Kasse angestanden hatte, Franzosen und Immigranten, das Theater. Ich lief hinter dem Vorhang auf und ab und hatte vor lauter Lampenfieber Bauchschmerzen. Bisher waren wir meistens im Freien aufgetreten, bei Festen, deren Atmosphäre mich an meine Kindheit erinnerte und die ich mochte. Fehler gingen in der allgemeinen Euphorie und manchmal auch ganz einfach im Lärm unter. Hier im Olympia dagegen hörte man eine Mücke fliegen. Der geringste Fehler mußte auffallen. Wir würden grell beleuchtet, unter die Lupe genommen und dann beurteilt werden. Und wenn wir durchfielen? Wenn man Tomaten auf die Bühne warf? Wenn...

»Ihr Auftritt!«

Die Scheinwerfer empfingen uns auf der rechten Bühnenseite und geleiteten uns bis zur Mitte. Plötzlich erklang donnernder Applaus. Ich konnte den Ablauf des Abends nur schlecht beurteilen, aber ich fühlte mich wie elektrisiert, stolz und mutig, wie von einer Sonne umstrahlt. Die Musiker waren da und strahlten Sicherheit aus. Meinen Schwestern, die sich rechts und links von mir befanden, hatte ich vor der Vorstellung gesagt: »Habt keine Angst. Was immer auch geschehen mag, folgt meinen Anweisungen.« Ab und zu warf ich ihnen komplizenhafte Blicke zu. Wir befanden uns in einem totalen Zusammenklang, und der Abend im Olympia war ein voller Erfolg.

*

*D*jurdjura war ›lanciert‹, wie meine Freunde sagten, ohne daß mich der Begriff sonderlich beeindruckte. Er bedeutete für mich nur, daß wir keine Amateure mehr waren, sondern Professionelle, und dementsprechend andere, kritischere Maßstäbe anlegen mußten. Wir konnten nicht mehr improvisieren und durften uns keine Fehler mehr leisten.

Ich war bereit, für dieses Ziel alle Opfer auf mich zu nehmen, wobei mich die Inspirationen, die von meinen strahlenden Erinnerungen an meine Heimat und von dem Wunsch, meinen Geschlechtsgenossinnen etwas mehr Freiheit zu verschaffen, genährt wurden, Kraft verliehen. Außerdem mußte ich nicht mehr allein kämpfen. Hatte ich nicht zur Unterstützung meine beiden Schwestern an meiner Seite, die ich selbst ausgebildet hatte; konnte ich nicht auch auf die Hilfe algerischer Kreise rechnen, da ich mit meinen Kompositionen unsere Kultur verbreitete?

Diese beiden ›Stützen‹ ließen mich als erste fallen und versuchten anschließend sogar, mir die Flügel zu brechen.

Am Tag nach unserem Auftritt im Olympia hielt ich mit Fatima und Malha Kriegsrat und erklärte, wir müßten uns ab sofort auf die verschiedenen Galas vorbereiten, zu denen wir sicher eingeladen würden, und häufiger proben als bisher, auch wenn wir noch anderen Aktivitäten nachgingen. Sie schauten mich eher lustlos an; Galas, Auftritte, das war schon recht, aber die Arbeit ...

Die Probleme ließen nicht auf sich warten. Die beiden kamen zu den Proben, wann es ihnen behagte. Hervé hatte für die Produktion unserer Schallplatten eine Firma gegründet. Der Firmensitz bestand aus einer alten Scheune, die wir mit Möbeln vom Flohmarkt eingerichtet hatten und in der Hervé und ich auch wohnten. Wir mußten auf die anderen wie Arbeitgeber, sprich Ausbeuter, wirken, obwohl wir für alle Unkosten aufkamen und für die Musiker sowie meine Schwestern anständige Honorare vereinbarten. Die Musiker waren niemals zickig, meine Schwestern führten sich dagegen häufig wie verwöhnte Kinder auf. Wegen der geringsten Kleinigkeit verließen sie die Bühne, kamen heulend wieder und spielten auf dem Klavier meiner Gefühle, so daß ich nur allzu häufig nachgab. Hervé war deprimiert; er konnte für uns Verträge in ganz Frankreich abschließen, doch er konnte nie sichergehen, daß die ›Kleinen‹ auch wirklich auftraten. So wagte er sich an größere Projekte wie Auslandstourneen gar nicht erst heran. Wir waren ständig von den jugendlichen Krisen der beiden abhängig, die die Zukunft von *Djurdjura* und der Musiker aufs Spiel setzten.

Vergebens schilderte ich meinen Schwestern die angenehmen Seiten unseres Berufs und die Botschaft, die ich vermitteln wollte, die ihnen aber völlig gleichgültig war. Sie wollten nur die Vorteile einkassieren, ohne die Nachteile und oft auch Härten in Kauf zu nehmen. Sie wollten bekannt sein und geliebt werden, Blumen erhalten und Applaus; doch die ermüdenden Reisen, die zu früh am Morgen angesetzten Interviews und die zu kurzen Nächte in mittelmäßigen Hotels waren ihnen unerträglich. Selbstverständlich akzeptierten sie Hervés oder meine Kritik nicht, obwohl sie nur allzu berechtigt war. Sie wollten es sich, um den bekannten Satz Louis Jouvets zu übernehmen, »in einem unbequemen Beruf bequem machen«. Wie viele Anfänger, in denen nicht wirklich das heilige Feuer brennt, meinten sie, ein erster Erfolg und die erste, wohlwollend aufgenommene Schallplatte wären eine Garantie für ein ewiges Schlaraffenland.

Zu Beginn von *Djurdjura* waren Hervé und ich ständig in Angst und Sorgen. Einige Tage vor unserem wichtigen Auftritt im Théâtre de la Ville im März 1979, der mit dem Erscheinen der ersten Langspielplatte zusammenfiel, beschloß Malha, uns auf der Stelle zu verlassen. Ich mußte Tag und Nacht eine Sängerin ausbilden, die Gott sei Dank recht begabt war, um meine Schwester zu ersetzen. Hervé bekam aufgrund der anderen Zusammensetzung der Gruppe Probleme mit dem Theater. Er mußte auf eigene Kosten in letzter Minute die Plakate, Pressedossiers, Fotos, das heißt das gesamte Material für Presse und Werbung, neu gestalten.

Fatima verhielt sich etwas vernünftiger, war aber auch nicht besonders motiviert. Sie wollte lieber singen als in einem Büro arbeiten und hoffte, als Sängerin sehr viel Geld zu verdienen. Nur, sie brachte sich nicht ein, wie sie sich hätte einbringen müssen. Vielleicht blieb sie nur aus Zuneigung zu mir, zumindest nahm ich das an. Ich liebte sie sehr. Von meinen Schwestern stand sie mir am nächsten, war meine Komplizin. Wir hatten als Jugendliche die schlimmsten Zeiten in unserer Familie gemeinsam durchstehen müssen. Wir hatten zusammen gelitten. Ich hoffte, daß wir jetzt auch zusammen glücklich werden würden. Und wir erlebten auch schöne Tage zusammen, zumal wir nicht weit voneinander entfernt wohnten. Ich sprach mit ihr über die Sorgen, die mir die anderen Schwestern und Brüder machten, die inzwischen groß geworden waren, sich aber keineswegs um eine Arbeit bemühten. Fatima war die einzige, die mir sagte, ich würde die Familie zu stark unterstützen und täte besser daran, ab und zu auch an mich zu denken. Ich glaube sogar, daß sie 1980, als ich die zerknirschte Malha wieder in unsere Gruppe aufnahm, regelrecht verbittert war.

Sie hatte recht. Einige Monate später verließ uns Malha wieder ohne Vorwarnung, nachdem sie mir geschworen hatte, sie würde uns nie mehr verlassen, sie hätte viel überlegt und sei gereift.

Wieder einmal mußte ich einen Ersatz ausbilden. Von 1977 bis 1985 verbrachte ich mehr Zeit damit, Sängerinnen auszubilden, als unsere eigentliche Arbeit voranzutreiben. Wäre es so weitergegangen, hätte ich früher oder später die Gruppe auflösen müssen. Doch das Bedürfnis, mich auszudrücken und mit Hilfe von Worten und Musik mit anderen zu kommunizieren, war bei mir inzwischen stärker geworden als alles andere. Die Bühne und der Kontakt mit dem Publikum hatten mein Leben auf sanfte Art verändert. Ich war nicht mehr auf mich zurückgeworfen, sondern hatte die Mittel gefunden, mich auszudrücken, hatte Kontakt mit meinen Mitmenschen und zudem das Gefühl, nützlich zu sein. Das alles lohnte in meinen Augen die Mühe, die Hindernisse zu überwinden.

Nach Malha kümmerten Hervé und ich uns um die Kleinste, Djamila, die sich nicht lange bitten ließ und froh war, die verhaßte Schule verlassen zu können. Sie wollte zudem nicht mehr zu Hause leben, wo sie ständig Schwierigkeiten mit meiner Mutter und meinen Brüdern hatte. Sie war eine reizende Sechzehnjährige und zudem talentiert. Als junges Mädchen hatte ich sie bereits an der städtischen Musikschule von Epinay eingeschrieben. Sie begeisterte sich für den Tanz, und eine Zeitlang dachte ich, sie könne auf diesem Gebiet Karriere machen. Doch sie war nicht zäh genug und gab zu früh auf. Ich schrieb das ihrer schwierigen Kindheit und der Einsamkeit innerhalb einer zu großen Familie zu, obwohl ich immer versucht hatte, mich besonders um sie zu kümmern.

Wir hatten Vertrauen in sie und wollten ihr helfen. Die Musiker verhätschelten sie wie ein kleines Maskottchen, und ich brachte ihr wie den anderen die Lieder und die kabylische Sprache bei. Ganze Tage sprach ich in unserer Muttersprache mit ihr, bezahlte Unterricht in Klavier, Gesang und allgemeiner Musiklehre. Zusammen mit Fatima und mir besuchte sie eine Schauspielschule, klassische und moderne, afrikanische und sogar indische Tanzkurse, um unsere künstlerische Kultur zu erweitern und meine Inspirationsquellen zu bereichern.

Nachdem sie einige Monate begeistert gearbeitet hatte, verweigerte Djamila plötzlich den Besuch dieser ›Schulen‹, wie sie sich ausdrückte, und begann, sich gegen mich aufzulehnen, wie meine Mutter und meine jüngeren Brüder. Mit Ausnahme von Fatima betrachteten alle meine Bemühungen um ihre Zukunft als eine selbstverständliche Angelegenheit. Ich kämpfte mich ab, um mein Versprechen einzuhalten: meine kleine Familie zu Erwachsenen heranzuziehen und mich um meine Mutter zu kümmern. Sie war immer noch depressiv und mir gegenüber kaltherzig.

Gott sei Dank gab es Hervé und die Auftritte. In den Kulissen verging ich vor Lampenfieber, doch sobald ich die Scheinwerfer auf mich gerichtet fühlte, lebte ich auf. Von Lille bis Carthage, in Frankreich wie im Ausland ließ uns das Publikum nie im Stich. Von 1980 bis 1982 nahm *Djurdjura* einen verheißungsvollen Aufschwung, Tournee folgte auf Tournee, und die Presse berichtete ausführlich über unsere Arbeit. Maghrebinische Frauen und Mädchen, aber auch die anderer Nationalitäten, besuchten unsere Konzerte immer häufiger. Für diejenigen, die unsere Sprache nicht beherrschten, wurden zwischen den Liedern die Texte übersetzt, und die Botschaft kam an.

Mein Herz lebte im Rhythmus des Applauses. Das Lächeln, die

Freude und die Begeisterung der Zuhörer spornten mich an. Viele Männer schauten bewundernd auf die Bühne. Eines Tages hatte ein ungefähr fünfzigjähriger Immigrant einen Zettel auf die Bühne geworfen, auf dem in ungelenken Buchstaben geschrieben stand: »Es lebe die freie algerische Frau!« Ich verlas diese Botschaft natürlich sofort über das Mikrophon. Das Publikum tobte.

Aufrecht, stolz und in einem gewissen Sinne sogar feierlich stand ich auf der Bühne, um die maghrebinische Kultur und die Frauen des Maghreb zu ehren. Doch in meinem Innern kniete ich vor diesen Menschen, die mich unterstützten und mit offenen Armen aufnahmen. In meiner Kindheit hatte ich mich immer ungeliebt gefühlt, und jetzt, plötzlich, liebten mich alle. Ich verausgabte mich völlig, um diese Liebe zu rechtfertigen, schlug so stark in meine Hände, daß meine Armreifen mir blaue Flecken verursachten. Wir feierten auf der Bühne ständig Feste. Das Publikum spürte das, egal, welches Alter es hatte oder welcher Rasse es angehörte. Oft setzten sich Kinder auf die Rampe, schlugen den Takt und umarmten uns am Ende des Auftritts. »Zwischen *Djurdjura* und seinem Publikum ereignet sich immer etwas«, schrieben die Journalisten.

Wir tauschten mit unserem Publikum vor allem Gefühle aus: das einzig Wichtige, das ein Künstler geben kann, die einzige Wahrheit. Diese Wirkung ermöglichte es mir vielleicht, die Grenzen des Saales zu überschreiten.

Ich kämpfte, damit die algerischen Frauen, und natürlich auch die Frauen aller anderen Nationen, über sich selbst verfügen und sich von der Tyrannei ihres Vaters, Bruders oder Mannes befreien konnten. Denjenigen, die ständig wiederholten, als hätten sie die Moral gepachtet, die Frauen müßten respektvolle Hüterinnen der Traditionen sein, antwortete ich: »Ihr täuscht euch, sie ist die Hüterin der Volkskultur, das ist nicht das gleiche.« Die Kultur ist das Juwel der Völker, ihr Schatz. Sie wird im Laufe der Geschichte immer reicher und sollte in das Gedächtnis eines jeden eingegraben sein: »*Derjenige, der nicht weiß, woher er kommt, kann nicht wissen, wohin er geht*«, schreibt Gramsci. Die Traditionen dagegen enthalten gute wie schlechte Bräuche und müssen laufend entstaubt werden, wenn Fortschritte erzielt werden sollen.

Mir war die politische Reichweite meiner Texte natürlich bewußt. Ich hoffte, daß andere, vor allem die Politiker, meine Botschaft bis in mein geliebtes Heimatland Algerien tragen würden. Ich hoffte, daß meine Lieder dazu beitrugen, gewisse Tabus zu beseitigen, nicht um irgendwelche Freiheiten oder gar Ausschweifungen zu predigen, sondern um eine Harmonie zwischen den Geschlechtern zu schaffen und so unsere Gesellschaft weiterzuentwickeln.

Die algerischen Führer schienen dies nicht zu mögen. Sie hatten *Ali au Pays des Merveilles* geschätzt, doch Fatma interessierte sie nicht, weder als Emigrantin noch als in ihrer Heimat lebende Algerierin. Dabei hatten 1976 bereits die algerischen Frauen die gleichen Rechte erhalten wie die Männer, zumindest auf dem Papier. Doch die neuen Gesetze wurden nicht mit Leben erfüllt. Die ›unverschämten‹ Beschreibungen ihrer Lebensbedingungen, die wir auf der Bühne lieferten, waren leider immer noch Realität.

Unsere Lieder wurden unterdrückt, soweit dies möglich war, und meine Texte, in denen ich darauf hinwies, daß von der angeblichen sozialen Gerechtigkeit die Hälfte der Bevölkerung, nämlich die Frauen, ausgeschlossen war, verächtlich gemacht.

Natürlich wurden wir nicht nach Algerien eingeladen, und unsere Schallplatten wurden dort verboten.

Doch dieses Verbot kümmerte die Bevölkerung nicht weiter, die sich heimlich unsere Platten besorgte oder sich Kopien machte. Einige geschäftstüchtige Produzenten profitierten davon, zumal die ONDA, die algerische GEMA, die Augen zumachte. Mir war wichtiger, gehört zu werden, als die mir zustehenden Tantiemen zu kassieren.

Um unsere Anhänger zu entmutigen, streute man Gerüchte, *Djurdjura* wäre der Regierung gegenüber feindlich eingestellt. Dabei hatten weder meine Schwestern noch ich selbst uns je direkt in die Politik eingemischt.

Privat allerdings zog ich öfter die Bilanz der fünfundzwanzigjährigen Unabhängigkeit Algeriens. Ich weiß selbstverständlich, daß junge Staaten Zeit brauchen, bis sie funktionieren, doch was funktioniert in Algerien? Armut, Arbeitslosigkeit, Wohnungsnot, Verbrechen, die höchste Scheidungsrate, die höchste Geburtenrate, aber auch die höchste Selbstmordrate von Frauen, und es gibt eine frustrierte Jugend: Sechzig Prozent sind nur ungenügend oder gar nicht auf die Zukunft vorbereitet und vergöttern trotzdem ihre Heimat. Hinzu kommt die Unterdrückung aller von der Regierung abweichenden Meinungen. Die Einheitspartei FLN wird von einem harten Kern geleitet und vom allmächtigen Militär getragen, das aus diesem Kern den jeweiligen Staatschef auswählt und so die Mächtigen kontrolliert. Es ist schon richtig, daß wir ›keine Politik machten‹, was aber nicht heißt, daß wir nicht ab und zu nachdachten.

Nur, wir hatten nicht das Recht, unsere Gedanken auszudrücken. Ich war außer mir – und bin es heute noch –über diese völlige Ablehnung aller Kritik. »Diejenigen, die unter der schönen Sonne Algeriens nicht glücklich werden, sollen woanders hin ziehen«, hatte Präsident Boumédienne gesagt.

Zahlreiche Algerier waren denn auch ins Ausland gezogen, einige mit der Absicht, eine Opposition zu gründen. Sie wurden sofort beschuldigt, von feindlichen Ländern bezahlt zu werden. Dabei hatten sie auf den absoluten Mangel an Demokratie hingewiesen: Einheitspresse, Einheitsrundfunk, Einheitsfernsehen im Dienst der Regierung, die die Massen in ihrem Sinne beeinflussen und erziehen wollte.

Im Exil Lebende sprachen auch offen über das Problem des Islams als einer Staatsreligion, die kaum vereinbar ist mit sozialistischen Dogmen: »Ich bin Mohammedaner, aber ...« Müssen wir den Koran nicht einer neuen, modernen Lesart unterziehen, so wie es die Christen mit dem Evangelium gemacht haben? Auch im Evangelium heißt es, die Frau solle dem Manne untertan sein, nur daß sie sich inzwischen die Rechte erworben hat, die ihr jahrhundertelang verwehrt wurden.

Wie auch immer, bei uns in Algerien bleibt die Frau dem islamischen Gesetz unterworfen, und zwar in der Form, in der es zu Beginn des Islams interpretiert wurde. Da es kein durchstrukturiertes weltliches Rechtssystem gibt, wird das tausendjährige muselmanische Gesetz von den Gerichten anerkannt, in dem die Überlegenheit des Mannes als Tatsache festgeschrieben ist. So hat er das Recht, seiner Frau die Arbeit außer Haus zu untersagen, sie zu verstoßen, seine Töchter ohne deren Zustimmung zu verheiraten und sie nach Belieben zu züchtigen. Nicht einmal die Polygamie ist verboten.

So gesehen, ist es leicht, meine Lieder als Gotteslästerungen abzutun. Daß bei meinen Kompositionen die Kultur der Berber eine ausschlaggebende Rolle spielt, wurde so wenig geschätzt wie mein ›Feminismus‹. Die Regierung betrachtete das Einstehen für die berberische Abstammung als oppositionelle Haltung, und ich war durchaus nicht die einzige, deren Schallplatten aus diesem Grund verboten wurden. Hatte nicht bereits Slimane Azem, der Vater des zeitgenössischen kabylischen Chansons – eine subtile Mischung aus La Fontaine und Georges Brassens –, sein ganzes Leben im Exil verbringen müssen? In jüngerer Zeit wurde der berühmte kabylische Dichter Mouloud Mammeri, der große Bewahrer unserer Sprache, verfolgt. Als er eines Tages in Tizi-Ouzou vor Studenten einen Vortrag über die berberische Dichtung halten wollte, wurde er von der Polizei unterwegs aufgehalten und zur Umkehr gezwungen. Dadurch wurden 1980 die ersten Aufstände des ›Berberischen Frühlings‹ ausgelöst. Die Studenten, die das Erbe von Jugurtha und der rebellischen Kahina angetreten hatten, aber nur das Recht für sich in Anspruch nahmen, anders zu sein, wurden brutal unterdrückt. Zahlreiche kabylische Schriftsteller, Dichter und Sänger wurden zum Schweigen gebracht.

Die bis in die Antike zurückreichende Rivalität zwischen Arabern und Berbern hat in dem vereinten Algerien jeden Sinn verloren. Die Tatsache, daß ich im Djurdjura-Gebirge geboren wurde, macht mich nicht zu einer hinterwäldlerischen Berberin. Im Gegenteil, ich war und bin davon überzeugt, daß die beiden Kulturen und Sprachen nebeneinander bestehen und sich mit viel Gewinn befruchten können. Die gegen alle Einflüsse von außen verschlossene Berberkultur gehört in meinen Augen der Vergangenheit an, was nicht rechtfertigt, daß die Araber versuchen, unseren kulturellen Reichtum einzudämmen.

Aus diesen Gründen war ich bereit, Vizepräsidentin einer Vereinigung zu werden, die zum Ziel hatte, Künstler unterschiedlicher Herkunft – Kabylen, Tuaregs und Araber – in kreativer Harmonie zu vereinen. Diese Vereinigung hieß ACIMA. Zwei Jahre lang erzielten wir recht gute Ergebnisse, doch dann interessierten sich immer weniger Menschen für die Bestrebungen, sich zu vereinen und trotzdem die Persönlichkeit des einzelnen zu respektieren, und wir mußten die ACIMA auflösen.

Deswegen gab ich es noch lange nicht auf, meine Ideen zu verteidigen. Ich hatte keine politischen Ambitionen und strebte auch nicht nach Macht, doch alle Bemühungen, Gleichheit und Gerechtigkeit zu fördern, lagen mir am Herzen. So trat ich für die Frauen und kleinen Mädchen ein, die in zahlreichen Ländern verstümmelt, beschnitten, verhöhnt oder vergewaltigt werden. Ich kämpfte gegen Apartheid und Folter und gegen ungerechte, unmenschliche Gefängnisstrafen in den verschiedensten Ländern. Ich nahm an Kolloquien von Amnesty International, der Liga für Menschenrechte, der MRAP, des Komitees zur Unterstützung politischer Gefangener in Algerien und vieler anderer Vereinigungen teil, die mich baten, ihr Anliegen mit meinen Liedern zu unterstützen. Selbstverständlich lehnte ich solche Bitten nie ab und nahm in diesen Fällen kein Geld für meine Auftritte, was meine Schwestern erbitterte. Sie fanden meine Großzügigkeit grotesk. Wieder einmal mußte ich mich nach anderen Sängerinnen umsehen. Das Publikum gewöhnte sich daran, mich allein die Fahne meiner Überzeugungen hochhalten zu sehen, von jeweils wechselnden Künstlerinnen begleitet. Meine Schwestern waren häufig eifersüchtig, beschuldigten mich, ich würde mich immer vordrängen, während ich ständig versuchte, das kleine Team, dessen einziger Motor ich war, zusammenzuhalten. Meine lieben kleinen Schwestern scheuten nicht einmal davor zurück, den Inhalt unserer Auftritte zu verunglimpfen.

»Mit deiner ewigen Leier über das Los der Frauen und der Immigranten werden wir nie zu Stars«, griff mich Djamila eines Tages gemein an.

Diese ›alten Leiern‹, die mir eher schöne Gedichte zu sein schienen, hatten ihr Leben höchst angenehm verändert. Sie hatte ein anderes Milieu kennengelernt als die tristen Wohnsilos in den Vorstädten. Sie trug schöne Kleider, trank Champagner und gab Autogramme. Sie vergaß, daß sie ihre Freizügigkeit mir verdankte, denn ich hatte das Risiko auf mich genommen, mich dem väterlichen Despotismus zu widersetzen. Sie vergaß, daß Hervé und ich ihr alles beigebracht hatten. Sie verachtete ihre Herkunft und sah sich bereits als Superstar des Show-Business.

Fatima hatte keine so hochgestochenen Pläne, aber meine Art, das Leid dieser Welt als mein persönliches Leid zu betrachten, ging ihr auf die Nerven.

Die Atmosphäre wurde immer unerträglicher. Doch den Freunden, dem Publikum und den Journalisten gegenüber tat ich so, als sei alles in Ordnung, selbst wenn ich unter den ewigen Streitereien litt. Das wichtigste war, daß *Djurdjura* existierte und seine Botschaft verbreitete.

*

D as Haus des Glücks‹ ... Ich hatte es 1981 mit den ersten Gewinnen unserer Gesellschaft, meinen ersten Honoraren und einem recht stattlichen Bankkredit gekauft und so mein Versprechen gehalten: Meine Mutter konnte endlich in einem großen, eigenen Haus leben.

Hervé und ich begannen, unseren umgebauten Schleppkahn auf der Seine einzurichten, glücklich, diese ungewöhnliche und charmante Wohnmöglichkeit gefunden zu haben.

Bei dem ›Haus‹ handelte es sich um eine prächtige Villa mit sieben Zimmern, einem großen Keller, einer Garage, Balkons und einem Garten; sie lag in Lardy im Departement Essonne.

»Schade, daß sie keinen offenen Kamin hat«, meinte meine Mutter.

Ein Satz, der mir auf den Magen schlug, denn ich hatte eigentlich eine andere Art von Dankbarkeit erwartet, doch meine Mutter schien recht zufrieden zu sein und war optimistisch wie schon seit langem nicht mehr.

Djamel und Hakim, meine jungen Brüder, sollten hier, weit von ihren Banden entfernt, mit ihr leben. Ich hoffte, sie würden sich endlich um eine Arbeitsstelle kümmern und richtige Freunde kennenlernen.

Doch genau das Gegenteil traf ein: Meine Brüder wurden noch fauler und behielten ihren schlechten Umgang bei. Djamel, der jüngste, gerade achtzehn Jahre alt geworden, wurde arrogant, gewalttätig, bedrohte meine Mutter und mich und spielte den Gangsterboß. Er lehnte alle Vorschläge zu arbeiten ab und dachte nicht daran, irgendeinen Beruf zu erlernen. Er machte uns das Leben zur Hölle, so daß wir ihn zu meinem verheirateten Bruder Amar schickten, in der Hoffnung, dieser würde ihn zur Vernunft bringen. Amar gab schon bald auf und schickte ihn zu Belaid nach Südwestfrankreich weiter, der ihn ebenfalls nicht ertragen konnte und zu Mohand nach Algier verfrachtete.

Mohand ging es inzwischen als Fotograf recht gut, und er beschloß, für meine Mutter in unserer Heimat ein Haus bauen zu lassen. Ich habe nie herausbekommen können, ob er mit mir rivalisieren wollte oder ob er wirklich von später Liebe zu seiner Mutter gepackt worden war. Meine Mutter war begeistert und sprach nur noch von dem neuen Haus in der Heimat. Sie reiste sofort nach Algerien, um die Bauarbeiten persönlich zu überwachen. In der ersten Zeit kam sie alle drei, später dann alle sechs Monate und endlich nur noch unregelmäßig nach Frankreich.

Wenn ich sie dann in Lardy besuchte, lobte sie die Großzügigkeit ihres ältesten Sohnes und die Vorzüge ihres Lebens in Algerien. Was ihr Sohn ihr schenkte, war natürlich viel schöner und bedeutender als das, was ich ihr zwanzig Jahre lang geschenkt hatte: die Möglichkeit für ihre Kinder und sich selbst zu leben. Ich unterdrückte jedesmal den Schmerz, der durch ihre offene Undankbarkeit ausgelöst wurde, und freute mich, daß sie zwischen Paris und Ifigha in der Nähe ihres ältesten Sohnes, den sie zeitlebens mehr geliebt hatte als ihre anderen Kinder, glücklich wurde und sich bester Gesundheit erfreute.

Ich bezahlte natürlich die Wechsel und den Unterhalt der Villa in Lardy weiter. Es ging dort zu wie in einem Taubenschlag. Jeder benutzte das Haus, wie es ihm beliebte. Djamila wohnte von Anfang an dort und konnte so ihre gesamten Gagen von den Auftritten mit *Djurdjura* für sich behalten. Hakim war arbeitslos und zum Großteil von mir abhängig, ohne daß ihn das gestört hätte. Ich überwies weiterhin Geld und ernährte einen Teil der Familie. Wenn meine Mutter sich in Algerien aufhielt, rief sie öfter an, fragte nach dem Befinden und bat mich, Freunden, die nach Paris kamen, bestimmte Geldsummen für sie auszuhändigen, damit sie die Schulden begleichen konnte, die sie inzwischen gemacht hatte. Diese gewaltigen

Summen, unser Hausboot und die laufenden Kosten für unsere Produktionsgesellschaft belasteten Hervés und mein Budget in erheblichem Maß. Doch das störte niemanden: Alles, was ich tat, verstand sich von selbst.

Ebenso hielt meine Familie ab dieser Zeit Erpressungsversuche für normal. Am 1. April 1982 rief Djamel mich an, er sei wieder aus Algier zurück. Ich antwortete ihm, natürlich stünde ihm das Haus in Lardy offen.

»Selbstverständlich werde ich dort wohnen«, antwortete er. »Das steht doch außer Frage. Ich brauche Geld. Du bist Sängerin und hast Geld. Du bringst mir morgen fünfzigtausend Francs nach Lardy. In bar. Ich warte auf dich.«

Ich dachte zunächst, er mache einen Aprilscherz, bis ich feststellte, daß er wirklich versuchte, mich zu erpressen. Er machte es sich in der Villa in Essonne bequem, die in seinen Augen ihm gehörte, und fuhr fort, mich zu belästigen.

»Du wirst uns dieses Geld geben, oder es wird dich teuer zu stehen kommen!«

Uns? Hatte Belaid ihn vorgeschickt? Oder Mohand, der mich abgrundtief haßte? Oder gar beide? Ich weiß es nicht. Ich weiß nur, daß Hervé mich mit Hilfe eines Polizeiinspektors vor diesem Erpressungsversuch schützte und daß Djamel sich nicht lange in Lardy aufhielt, sondern über Südwestfrankreich (also Belaid) wieder nach Algier (Mohand) zurückfuhr. Es war mir klar, daß die drei unter einer Decke steckten.

Ich informierte meine Mutter, die sich damals in Algier aufhielt, von dem Erpressungsversuch, doch soweit ich weiß, machte sie Djamel nicht die geringsten Vorwürfe. Wollte sie in ihrer ewigen Angst vor einem Skandal die Geschichte unter den Teppich kehren? Oder war sie glücklich, jetzt nicht nur einen, sondern sogar zwei Söhne in ihrer Nähe zu wissen, so daß sie das geliebte Wesen unbefleckt sehen wollte? Mädchen zählten ja nicht. Sie sind für andere Familien bestimmt, sollten selbst Söhne auf die Welt bringen, die sich in ihrem Alter dann um sie kümmern würden. Ich hatte weder eine ›offizielle‹ Familie noch einen Sohn, war nicht so einfach im Familienverband einzuordnen, war, wie ich annehme, die ›Schande der Familie‹ und kümmerte mich trotzdem um die meisten.

Meine Schwestern lebten in absoluter Freiheit und hatten nie diese ›Strafen‹ auf sich zu nehmen, die mir mit der Begründung, eine Heirat mit einem mir unbekannten Araber abgelehnt zu haben und mit einem Franzosen in wilder Ehe zu leben, auferlegt wurden. Fatima ließ sich zu Beginn der achtziger Jahre von einem Landsmann scheiden, um mit einem Deutschen zusammenzuleben, von dem sie 1984 ein Kind bekam. Sie ließ auf der Stelle die Gruppe im Stich, und ich durfte mich wieder einmal um einen Ersatz kümmern.

Djamila, die damals noch zu *Djurdjura* gehörte, lebte weiterhin in Lardy. Hakim und sie hatten aus der Villa einen Unterschlupf für alle möglichen zwielichtigen Gestalten gemacht und sie in eine für alle offene Diskothek umgewandelt. Niemand dachte daran, das Haus zu pflegen, und ich war nicht erstaunt, als ich eines Tages erfuhr, daß in die Villa eingebrochen worden war.

Ich sprach mit meiner Mutter über dieses Problem. Sie hatte persönlich den traurigen Zustand der Villa festgestellt. Wir beschlossen gemeinsam, das Haus zu verkaufen. Ich wollte für meine Mutter für ihre immer seltener werdenden Aufenthalte in Frankreich eine kleinere Wohnung kaufen. 1985 beauftragte ich zwei Immobilienmakler, sich um den Verkauf des Hauses zu kümmern. Djamila und Hakim sollten noch dort wohnen bleiben, bis ein Käufer gefunden war. Anschließend sollten sie ihr Leben endlich selbst in die Hand nehmen.

Nach fünfjähriger Abwesenheit tauchte Malha, die uns 1980 verlassen hatte, wieder auf. Sie bat mich immer wieder um Verzeihung und flehte mich an, sie wieder in die Gruppe aufzunehmen. Sie erklärte, sie habe ihren ersten Mann, den Kabylen, verlassen und in ihrer jetzigen Verbindung mit einem Franzosen ihr Gleichgewicht wiedergefunden. Sie fühle sich jetzt wohler und sei bereit, noch einmal ganz von vorne anzufangen.

Wieder einmal überwältigten mich meine ›Muttergefühle‹. Die anderen machten mir damals sehr große Sorgen, so daß Malhas Zärtlichkeit mir guttat. Ich erzählte ihr, was sich während ihrer Abwesenheit zugetragen hatte: Fatimas Ausscheiden aus der Gruppe, Djamels Erpressungsversuch, die heruntergekommene Villa und

Mama, die in Algerien lebte und mir wie üblich die finanziellen Probleme überließ. Malha bedauerte mich und meinte, ich könne ab jetzt auf sie zählen.

Ich mußte stundenlang mit Djamila verhandeln, bis sie bereit war, ihre Schwester wieder in der Gruppe zu akzeptieren.

»Willst du sie nach all dem, was sie dir angetan hat, wirklich wieder mit offenen Armen aufnehmen?«

Ich erklärte, wir seien Schwestern, und wir müßten verzeihen können. Djamila zuckte nur mit den Schultern. Ich hatte eine Schwäche für meine jüngste Schwester. Hatte ich sie nicht gewickelt, in meinen Armen gewiegt und gefüttert, als ob sie meine Tochter wäre? Djamila aber behandelte mich immer schlechter. Ließ sie ihre Aggressionen an mir aus, nachdem ihre Mutter in die Heimat zurückgekehrt war? Seit einiger Zeit nannte sie mich ›Mama‹. Ich dachte zuerst an einen psychologischen Übertragungsvorgang. Dann stellte ich fest, daß sie, vor allem wenn sie mich im Beisein Dritter ›Mama‹ nannte, unseren Altersunterschied betonen wollte; ich sollte mich wohl unbehaglich fühlen. Sie stand in meinem Schatten. Aus lauter Rivalität versuchte sie sogar auf so schamlose Weise, daß ich es nicht beschreiben kann, Hervé zu verführen.

Trotzdem hatte sie recht, als sie an der Aufrichtigkeit von Malhas Versprechen zweifelte. Einige Monate nachdem sie die Arbeit in unserer Gruppe wiederaufgenommen hatte, verkündete sie kurz vor einem wichtigen Fernsehauftritt, sie flöge auf die Insel Mauritius, um Urlaub zu machen.

»Der Flug wurde mir geschenkt, eine einmalige Gelegenheit. Ich kann die Reise nicht hinausschieben, denn ich bin schwanger.«

»Eine merkwürdige Art, mir eine so schöne Neuigkeit anzukündigen«, antwortete ich kalt. »Aber ich kann nicht einsehen, daß wir aus diesem Grund auf den Fernsehauftritt verzichten sollen. Du kannst deine Abreise schließlich um einen Tag verschieben, nicht wahr? Im übrigen kannst du tun und lassen, was du willst. Wenn du nicht kommst, werde ich, wie üblich, mit dem Problem fertig werden.«

Sie erschien dann doch zu den Fernsehaufnahmen, wütend, daß sie einen kostbaren Urlaubstag verloren hatte, sprach kein Wort und verschwand auf die Insel Mauritius. Strahlend und heiter kam sie zurück und versöhnte sich merkwürdigerweise mit Djamila, um besser gegen mich opponieren zu können, wie ich schon bald feststellen mußte.

Eines Morgens rief Djamila auf dem Wohnschiff an und bat mich zu einem Treffen mit Malha; wir sollten miteinander ›diskutieren‹. Was wollten die beiden eigentlich? Neue Kostüme? Höhere Gagen?

Kaum war ich bei Malha angelangt, als beide mir ihre gemeinsam getroffene Entscheidung mitteilten: Sie wollten *Djurdjura* auf der Stelle und für immer verlassen. Djamila erklärte mir geradeheraus die Gründe, die sie zu diesem Schritt veranlaßt hatten:

»Wir haben die Schnauze voll. Wir hoffen, daß es dir dreckig geht, wenn wir dich verlassen. Dann kannst du wenigstens mit deinem Zirkus nicht mehr weitermachen. Deine Lieder sind null, du selbst bist eine Null, und Hervé ist eine Null. Mit deinen lahmen Liedern und Auftritten werden wir keine Stars!«

Dann packte sie mich am Kragen und begann, auf mich einzuschlagen. Das Baby, das ich früher in den Armen gehalten hatte, wagte es, die Hand gegen mich zu erheben!

Das war zuviel. Ich schob sie zurück und sagte so ruhig, daß ich mich selbst wunderte:

»Ihr wollt die Gruppe verlassen? Tut das. Ich wünsche euch viel Glück.«

Ich ging, erschüttert, weinend und trotzdem erleichtert. Dieser Schluß war einfach unausweichlich gewesen. Ich hatte wirklich keine Lust mehr, sie ständig zum Arbeiten ermahnen zu müssen, pünktlich zu den Proben zu erscheinen und die beruflichen Aufgaben ordentlich zu erledigen. Es gab schließlich andere Sängerinnen, die mir oft ausgeholfen hatten.

So nahm ich mit einer ehemaligen Mitarbeiterin Kontakt auf, bildete eine neue aus, und alles lief bestens. Die Atmosphäre besserte sich schlagartig; wir waren alle viel entspannter und gingen sehr viel professioneller ans Werk. Die Musiker waren über den Wechsel sehr glücklich. Unsere Proben erinnerten nicht mehr an mürrisch hingenommene Pflichtübungen. Wir suchten gemeinsam nach neuen künstlerischen Mitteln. Warum hatte ich mir nur jahrelang mit dem Versuch, meine Schwestern zu lancieren, das Leben schwergemacht?

Ich war fest entschlossen, meine Familie aus allen Bereichen meines Lebens herauszuhalten. Ich war sechsunddreißig Jahre alt, und es war höchste Zeit, daß ich mich um Hervé und mich kümmerte. Ich wollte endlich selbst ein Kind haben und über die Mittel verfügen, es aufzuziehen.

Ich ließ meine Geschwister wissen, daß ich ab sofort alle Zahlungen einstellte. Sie waren jung und gesund und konnten für sich selbst sorgen. Gleichzeitig betonte ich, daß ich weiterhin für meine Mutter aufkommen würde, allerdings nur unter der Bedingung, daß auch die anderen dazu beitrugen. Wir seien schließlich zu neunt, und es gäbe keinen Grund, daß ich allein für sie bezahlte. Ich informierte sie noch einmal, daß ich das Haus in Essonne verkaufen würde. Bis zum Verkauf könnten Djamila und Hakim dort wohnen bleiben, doch sie hätten sich darauf einzustellen, daß sie sich schon bald um eine andere Wohnung kümmern müßten. Zum Schluß äußerte ich die Hoffnung, daß wir uns regelmäßig sehen würden und daß die Tatsache, nicht mehr von mir ernährt und untergebracht zu werden, ihren Familiensinn nicht beeinträchtigen sollte.

Sie bewiesen in der Tat einen höchst ›gesunden‹ Familiensinn: Sie machten gemeinsam gegen ihren Feind – nämlich mich – Front.

Meine Mutter kam sofort aus Algerien angereist. Wir hatten gemeinsam beschlossen, die Villa zu verkaufen, doch jetzt wollte sie plötzlich nichts mehr davon wissen. Von einem Tag auf den anderen versammelten sich meine sämtlichen Geschwister in der Villa und behaupteten den Immobilienmaklern gegenüber, das Haus gehöre nicht mir und sei nicht verkäuflich. Die Makler wandten sich gegen mich, und ich mußte die Gerichte bemühen, um der Wahrheit zum Recht zu verhelfen.

Fast zwei Jahre ging das so weiter; zwei Jahre, in denen ich bedroht und beleidigt wurde. Meine Familie scheute nicht einmal davor zurück, uns nachts auf unserem umgebauten Lastkahn anzurufen und zu beschimpfen und zu drohen.

Mohand, der seit siebzehn Jahren in Algerien lebte und dort beruflich erfolgreich war, beschloß, nach Frankreich zurückzukehren. Ein Zufall? Oder wollte er die Operationen gegen mich besser leiten können? Und mich an meine ›Pflichten‹ erinnern?

Was wollten sie eigentlich? Sollte ich sie weiterhin auf meine Kosten wohnen lassen, sie ernähren, *Djurdjura* aufgeben, da meine Schwestern nicht mehr zur Gruppe gehörten, sie weiterhin finanziell unterstützen, wie ich es seit meinem zwanzigsten, nein, seit meinem vierzehnten Lebensjahr getan hatte?

Das alles wollten sie ... und noch viel mehr. Sie wünschten sich nichts sehnlicher als meinen Ruin, der mich, so ganz nebenbei gesagt, ganz real bedrohte, da sie mir, wo immer sie konnten, Schwierigkeiten bereiteten. Sie wollten meinen beruflichen und persönlichen Ruin! Ich hatte in ihren Augen alle Rechte verloren. Meine Schwestern wollten sich an mir rächen, da sie ihren beruflichen Ehrgeiz nicht hatten erfüllen können. Wären sie beruflich nicht gescheitert, hätten sie sich nicht so rachsüchtig gezeigt. Und meine Brüder warfen mir vor, ihrer Faulheit den Boden entzogen oder mich ihrer männlichen Überlegenheit nicht unterworfen zu haben. Mohand hatte seine Rache beileibe nicht vergessen. Hatte er mir nicht gedroht: »Wo immer du bist, wohin du gehst, selbst in Amerika, selbst in zehn Jahren oder noch später werde ich dich finden und dich töten.«

Meine Mutter rächte sich an mir, vielleicht unbewußt, für die Leiden, die ihr Mann ihr zugefügt hatte. Und da ich diesen Mann als Familienoberhaupt ersetzt hatte, zumindest finanziell, verlangte sie von mir, und nur von mir allein, das, was eine algerische Frau von ihrem Mann verlangen darf: materielle Sicherheit und sogar einen gewissen Luxus, an dem sie Gefallen gefunden hatte. Sie war bereit, den Einflüsterungen ihrer anderen Kinder zu erliegen, die genau wußten, daß meine Mutter meinen schwachen Punkt darstellte. Sie hetzten sie so gegen mich auf, daß es keine Umkehr mehr gab.

Eines Morgens tauchte sie tatsächlich auf dem Kai auf, an dem unser Boot vertäut lag, bedrohte mich mit ihrem Regenschirm und schrie:

»Du willst mich aus dem Haus verjagen, wie du deine Schwestern verjagt hast, an all dem ist dieser Franzose schuld, aber ihr werdet dafür bezahlen!«

Der Franzose! Hervé, der so viel für meine Familie getan hatte! Meine Schwestern hatten inzwischen das Recht, mit ihren Geliebten

zu leben, ob das nun Deutsche waren oder Franzosen, auch unverheiratet, während der einzige Mann, der ihnen wirklich geholfen
hatte, aufgrund seiner Nationalität immer noch so unerwünscht
war, daß meine Mutter behauptete, ›alles‹ sei seine Schuld. Aber
was meinte sie mit ›alles‹?

Ich versuchte, die wütende Frau, die weiter auf dem Kai schrie,
zu beruhigen. Ich erklärte, daß ich mich lange genug für die Familie aufgeopfert hätte und daß ich mich jetzt um mein Leben kümmern wolle.

Sie schaute mich an, als hätte ich sie auf unerträgliche Weise beleidigt. Mein Leben? Besaß ich in ihren Augen überhaupt so etwas
wie ein eigenes Leben? Sie drehte sich auf ihrem Absatz um, drohte
uns, bald würde es uns schlecht ergehen, sehr schlecht, wir könnten
uns darauf gefaßt machen, und ging.

Hervé war leichenblaß: Eine solche Haltung hätte er nicht für
möglich gehalten. Mehrere Tage war er krank. Ich konnte einfach
nicht begreifen, was mir widerfahren war. Meine Mutter! Das mir
liebste Wesen drohte mir wie Mohand einst in Algier! Die Dinge
mußten unbedingt wieder ins Lot kommen, auch wenn ich mir
sicher war, nicht mehr das gleiche Vertrauen in meine Mutter haben
zu können wie bisher. Doch trotz aller Bedenken konnte ich einfach
nicht zulassen, daß sie von den anderen in diesem Ausmaß mani-
puliert wurde. Ich war inzwischen davon überzeugt, daß sie mich
nicht wirklich liebte, wollte aber ihren Haß nicht wahrhaben, war er
doch von meinen Geschwistern angestachelt.

Der Muttertag war mir ein willkommener Anlaß, um den Versuch zu unternehmen, den Konflikt zumindest zu mildern. Ich
schickte ihr einen riesigen Blumenstrauß und die dazu passende
Vase. Auf die Karte des Blumengeschäfts hatte ich nur ›Meiner lieben Mutter‹ geschrieben. Sie würde schon verstehen.

Sie verstand, auf ihre Weise. Ich hatte ihr mit den Blumen bewiesen, daß ich noch an ihr hing und sie folglich Druck auf mich ausüben, grausam über meine Schwäche triumphieren konnte. Am
nächsten Morgen fand ich auf dem Gehweg vor der alten Scheune,
in der unsere Gesellschaft ihre Büroräume hatte, die in tausend
Splitter zersprungene Vase und die Blumen, auf denen wie wild
herumgetrampelt worden war. Die Botschaft war eindeutig.

Ich begriff, daß ich mein ganzes Leben lang mit meinen Opfern und meiner Hingabe nichts anderes gesucht hatte als die Liebe meiner Mutter. Und daß ich jetzt endgültig darauf verzichten mußte. Ich war eine Waise, was mein Herz anbelangte.

Ich brach zusammen. Buchstäblich. Ich hatte keinerlei Energie mehr. Wir bereiteten damals eine Schallplatte vor, doch ich ließ alles stehen und liegen, kümmerte mich um nichts mehr und schloß mich völlig niedergeschlagen in meiner Einsamkeit ein. Ich magerte ab und verlor ein Kilo nach dem anderen, obwohl ich damals zum erstenmal schwanger war. Natürlich versuchte ich, mich aufzurichten und Hoffnung zu schöpfen. Doch der Schock war zu groß gewesen; nicht einmal dieses kleine Wesen konnte mich trösten. Ich verlor das Kind.

Nach der Fehlgeburt wurde ich endgültig depressiv. Ich hatte alles verloren, meine Mutter, mein Kind, meine Vergangenheit und meine Zukunft. Warum sollte ich kämpfen, um gesund zu werden?

Trotzdem kämpfte ich unbewußt weiter. Nachts wehrte ich mich ich in meinen Alpträumen gegen ganze Armeen von Dämonen; tagsüber flehte ich Setsi Fatima um Hilfe an. Ich sah die kleine, stolze, selbstbewußte Djura vor meinem geistigen Auge, die Tochter von Kahina, der Kriegerin. Man behauptet, die Kindheit sei die Heimat der Seele. Aus meinen Erinnerungen an Ifigha schöpfte ich den Willen und die Kraft zum Überleben.

Wie damals, als mein Vater mich monatelang in Courneuve eingesperrt hatte, vergrub ich mich in meine Bücher, denn das Lesen hatte für mich schon immer eine heilende Wirkung. Lesen hat mir immer geholfen, die Dramen der Existenz zu verstehen und zu bewältigen. Die Gedichte Nazim Hikmets, eines politischen Gefangenen, der vierzig Jahre in der Türkei in Einzelhaft gesessen hatte, lagen ständig auf meinem Nachttisch. Bitter meditierte ich über seiner letzten Botschaft:

»Während meiner letzten Morgendämmerung werde ich meine Freunde wiedersehen, und dich, und nur ein unfertiges Lied mit unter die Erde nehmen.«

»Meine Freunde und dich?« Hervé wachte unaufhörlich über mich. Er und unsere Freunde sowie unsere Musiker umgaben mich mit einer menschlichen Wärme, die selbst eine Leiche wieder zum

Leben erweckt hätte. Sie zwangen mich sanft, aber bestimmt, ins Studio zu gehen und weiter an den Schallplattenaufnahmen zu arbeiten. Stehen konnte ich nicht, dazu war ich zu schwach. So sang ich auf einem Schemel sitzend. Ihnen verdanke ich es, daß ich nicht tot bin und daß neue Lieder die Welt erblickten: Im November 1986 wurde meine vierte Schallplatte ausgeliefert.

›Die Herausforderung‹ hatte ich sie, gegen mein Leben revoltierend, genannt. Eine künstlerische und eine menschliche Herausforderung. Eine Herausforderung an den Tod und an diejenigen, die sich meinen Tod wünschten. Aber eine lächelnde Herausforderung, die sich der Gewalttätigkeit der anderen widersetzte. Ich ging weiter auf meinem einmal eingeschlagenen Weg und ließ mich durch sie nicht beirren.

Auch meine Familie verfolgte ihren Weg. Unser Kampf war noch lange nicht zu Ende. An dem Tag, an dem meine neue Schallplatte erschien, forderte sie mich heraus – auf ihre ganz persönliche Weise. Das Büro unserer Gesellschaft, die alte, von uns ausgebaute Scheune, in der Djurdjura gegründet worden war, wurde von meinen Brüdern ›heimgesucht‹, von dem ältesten und dem jüngsten, von Mohand und Djamel, von dem, der mir die Lippe verletzt hatte, und von dem, der mich zu erpressen versucht hatte. Kurz darauf traf ein Brief Mohands ein, in dem er mir weitere Nachstellungen androhte.

Zahlreiche Objekte waren gestohlen worden: Teppiche, Wandschirme und andere kostbare Einzelstücke. Doch das war nicht das Schlimmste. Die beiden hatten sich die Mühe gemacht, sämtliche Geschäftsunterlagen zu vernichten. Viele Papiere lagen in Fetzen zerrissen auf dem Boden. Die Buchhaltungsunterlagen waren wie die Fotografien, die Kleider für unsere Auftritte, die Pressedokumente und vieles mehr verschwunden.

Wir erstatteten Anzeige. Die Polizeiinspektoren fanden im Keller des Hauses in Lardy einen Teil der Buchhaltungsunterlagen; der Rest war auf Nimmerwiedersehen verschwunden. Meine Geschwister und meine Mutter wohnten weiterhin in der Villa und machten sich über die Polizei lustig. Ohne sich zu scheuen, erklärten sie:

»Wir werden diese Geschichte auf ›algerische Weise‹ regeln.«

Die Polizeibeamten wußten nicht, was dies bedeutete. Hervé und ich übrigens ebenfalls nicht. Wir hätten uns keine Sekunde diese Strafexpedition vorstellen können, der wir zum Opfer fallen sollten.

*

Trotz der mehr oder weniger direkt ausgesprochenen Drohungen beschloß ich, den Erpressungsversuchen nicht länger nachzugeben. Die Koalition, die die Familie gegen mich gebildet hatte, öffnete mir endlich die Augen. Mein ganzes Leben war ich von der Liebe zu meiner Familie abhängig gewesen. Die Verbissenheit, mit der sie mich jetzt verfolgte, hatte mich von dieser Abhängigkeit befreit. Jetzt mußte ich stark bleiben und an meine eigene zukünftige Familie denken: mit Hervé und einem Kind, falls Gott mir noch eines schenken wollte. Ich wollte mich nicht an ihnen rächen. Ich wollte vergessen und vor allem vergessen werden.

Nur, man vergaß mich nicht: Man belagerte unser Hausboot, mal ein Bruder, mal eine Schwester, nur um uns zu zeigen, daß sie immer da waren. Sie telephonierten – auch meine Mutter –, stießen Drohungen aus, verspotteten mich und legten dann abrupt wieder auf. Ein regelrechter Nervenkrieg. Ich wagte es nicht mehr, auszugehen, ihr Terror funktionierte.

Wir hatten die Polizei informiert, doch diese hatte uns gesagt, sie könne nichts unternehmen, solange keine ›wirkliche‹ Aggression vorläge. Eine körperliche. Die moralische Folter, der wir unterlagen, gehörte nicht zum Bereich der Polizei.

In einer solchen Atmosphäre hatte ich Schwierigkeiten, zu komponieren und zu schreiben. Ich hatte in meinen Arbeiten die Gewalttätigkeit, den Fanatismus und den Despotismus der Männer in unserem Land denunziert, damit diese abscheulichen Praktiken endlich eingestellt würden. Jetzt litt ich selbst wieder darunter, vielleicht sogar noch schlimmer als während meiner Jugend. Hatten meine Worte, meine Schreie denn gar nichts genützt? Hatte ich überhaupt noch das Recht, anderen Hoffnung auf eine mögliche Besserung ihrer Lage zu machen? Wo sollte ich die Kraft und den Optimismus hernehmen, die bei aller Kritik meine Gedichte beseelten?

Einige Monate später konnte ich diese Fragen beantworten, als ich zu Beginn des Jahres 1987 erfuhr, daß ich wieder schwanger geworden war. Einen schöneren Jahresanfang konnte ich mir nicht vorstellen. Ich fühlte mich wieder in der Lage, zu schreiben, aufzutreten, im Fernsehen zu arbeiten und für die gerechten Anliegen der Menschen einzutreten. Die Freude war in unser Haus zurückgekehrt. Zum Teufel mit den anonymen Telephonanrufen und anderen Warnungen!

Am 3. April wurde ich zu meinem achtunddreißigsten Geburtstag mit Geschenken und Blumen überhäuft. Meine Freunde bezeugten mir auf diese Weise ihre Zuneigung und ihre Hoffnung auf eine gut verlaufende Geburt im September.

Am Nachmittag, als wir noch feierten, erfuhr ich, daß mein Vater gestorben war, den ich siebzehn Jahre zuvor an der Gare du Nord hatte stehenlassen. Daß er ausgerechnet einen Tag vor meinem Geburtstag gestorben war, beschäftigte mich sehr, und ich war traurig, daß ich ihn zu Lebzeiten nicht mehr gesehen hatte. Ganz waren die Traditionen in mir nicht erloschen. Ich hätte ihn gerne noch vor seinem Tod gesehen und ihn um Verzeihung gebeten, so wie ich ihm verzeihen wollte. Ein Brauch aus unserer Heimat, ein guter Brauch. Mein Vater hatte meine Kindheit und Jugend zur Hölle werden lassen, aber er war auch unglücklich über mich gewesen, auch wenn ich nicht persönlich daran schuld war, sondern seine völlig veralteten Wertvorstellungen.

Ich mußte ohne diesen letzten Gruß auskommen, doch ich wollte ihm die Verzeihung gewähren, vor seiner sterblichen Hülle. Dabei hätte ich ihn um ein Haar nicht einmal als Toten besuchen können.

Außenstehende hatten mir seinen Tod mitgeteilt. Ich hatte nicht gewußt, daß er wieder in Frankreich war und seit einiger Zeit in einem Krankenhaus gelegen hatte. Meine Mutter und meine Geschwister waren von seinem Ableben informiert worden, obwohl mein Vater seit seiner Wiederverheiratung keine Verbindung mehr zu ihnen hatte. Niemand hatte es für notwendig befunden, mich zu informieren.

Als sie erfuhren, daß ich Bescheid wußte, wollten sie mir den Zugang zur Leichenhalle verbieten und bedrohten mich. Sie konnten den Eingang zum Gerichtsmedizinischen Institut aber nicht ständig überwachen. So gelangte ich unbemerkt ins Innere, während Hervé

Wache schob, um mich sofort zu alarmieren, falls sich ein Mitglied meiner Familie zeigen sollte. Eine Freundin begleitete mich bei meinem schweren Gang.

Mein Vater lag hinter einer Scheibe, grau, die Gesichtszüge von den letzten Schmerzen verzerrt. Ich sagte zu meiner Freundin: »Selbst jetzt habe ich noch Angst vor ihm. Ich habe Angst, daß er aufsteht und mich schlägt.«

Dann fing ich an zu heulen angesichts dieses alten Mannes, den ich nicht auf dem Weg zu seiner letzten Ruhestätte begleiten konnte, denn das wäre zu gefährlich gewesen. Ich sagte: »Adieu, Papa, adieu, Papa, adieu, Papa«, insgesamt zweiundsiebzigmal, für jedes Jahr seines Lebens einmal. Wie unglücklich mußte er in seinem Leben gewesen sein! Nur so konnte ich mir seinen Alkoholismus und seine Gewalttätigkeit erklären.

Doch ich wollte an das ganze Elend nicht mehr zurückdenken. Ich verzieh ihm und bat ihn, mir im Jenseits auch zu verzeihen, und sagte dann zum Abschied: »Friede deiner Seele, Papa.«

Und ich fuhr wieder zu unserem Schiff zurück und dem Leben entgegen, das ich in mir trug.

›Djura erwartet ein Kind!‹ Die Nachricht muß wie eine Bombe in der Familie eingeschlagen haben. Ich war mir gewiß, daß inzwischen alle informiert waren. Bis zum sechsten Monat trat ich noch auf, so daß jeder wußte, daß ich schwanger war.

Diese Schwangerschaft muß bei ihnen die letzten Hemmungen beseitigt haben. Jetzt drohte ich ihnen endgültig zu entwischen. Sie konnten nicht mehr hoffen, daß ich wieder in den Kreis der Familie zurückkehren würde. Ich liebte jemand anderen, endgültig.

Im April und Mai fuhren sie mit ihren Einschüchterungsversuchen am Telephon, in den Straßen und auf dem Kai fort. Giftschlangen. Schlangen, die ich genährt und geliebt hatte. Verschworene, die sich gegenseitig haßten, sich verfluchten, dauernd Streit miteinander hatten, die aber gemeinsam handelten, sobald es darum ging, ihre Geldquelle nicht zu verlieren: mich.

Hervé übernahm bei dieser monströsen Racheaktion die Rolle des Sündenbocks. Er hatte mich ›vom rechten Weg‹ abgebracht, er hatte mich überredet, sie nicht mehr auszuhalten. Davon gingen sie aus, obwohl es völlig falsch war. »Ihm gehörte die Firma«, behaupteten sie später im Prozeß.

Wie auch immer. Wir weigerten uns beide, uns für die Familie zu ruinieren, und wagten es, für unser Kind zu planen. Das sollten wir ›bezahlen‹, wie meine Mutter sich ausgedrückt hatte. Wir blieben auf der Hut, erwarteten neue Einbrüche und Erpressungsversuche und waren selbst darauf gefaßt, daß sie unser Büro oder unser Wohnschiff verwüsten wollten. Doch mit dem, was am 29. Juni passierte, damit hatten wir wirklich nicht gerechnet.

Eine Abscheulichkeit. Eine vom Clan beschlossene und von meinem Bruder Djamel und meiner Nichte Sabine durchgeführte Strafexpedition.

Ich hatte Sabine, die Tochter Mohands, seitdem ich in meinem Zimmer-Gefängnis in Hussen Dey auf sie aufgepaßt hatte, nicht mehr gesehen. Erst als Djamel, mit dem Revolver in der Hand, sie im Treppenaufgang zum Deck mit ihrem Namen gerufen hatte, wußte ich, wer sie war. Sabine! Noch ein Säugling, den ich gewickelt hatte, wie Djamel, der sie in diesen Rachefeldzug verwickelt hatte.

Später erfuhr ich, daß die beiden sich häufig sahen, seit Sabine in Paris wohnte. Sie verkehrten in den gleichen Jugendbanden, rauchten Hasch und vergnügten sich mit mehr oder weniger riskanten ›Affären‹.

Im Krankenhaus sah ich immer wieder die gleichen Szenen vor mir, auch wenn ich mich anstrengte, an anderes zu denken: Djamel, der in die Kabine eindringt, den Revolver auf meinen Bauch richtet und dann auf Hervé einschlägt. Ich höre immer den Schuß, der an Deck fällt, und sehe meinen blutüberströmten, schwerverletzten Freund vor mir. Ich spüre wieder und immer wieder die Fußtritte meiner Nichte, die nach meinem Baby zielt.

Dann dachte ich an dieses kleine Wesen, dem sie nichts hatten anhaben können, aber das sich immer noch in Gefahr befand. Ich atmete tief durch, versuchte, mich zu beruhigen und meinen Mut zusammenzunehmen. Ich schaute zu Hervé hoch, der sich totenbleich über mich beugte. Er hatte Kopfverletzungen erlitten und war an der Schläfe und der Nase genäht worden und trug eine Gipsmanschette um den Hals.

Ich konnte einfach nicht verstehen, aus welchem Grund die beiden Aggressoren sofort wieder freigelassen worden waren. Denn man hatte sie kurz nach der Tat durch einen außerordentlichen Zufall verhaften können.

Aufgrund der drückenden Hitze waren die Kais an diesem Junimittag menschenleer. Beinahe. Ein einziger Zeuge war aufmerksam geworden, als Djamel auf Hervé geschossen hatte, und er hatte die Flucht der beiden beobachtet. Doch es handelte sich um einen erstklassigen Zeugen: einen Polizeiinspektor in Zivil, der an den Kais spazierenging.

Wie vom Himmel gesandt! Ich hatte vom Schiff aus die Polizei bereits alarmiert, doch die beiden hätten in aller Seelenruhe fliehen können. Ich hätte nie beweisen können, daß wir von Djamel und Sabine überfallen worden waren. Der Inspektor verfolgte die beiden Blutbesudelten. Djamel, der ihn mit dem Revolver bedrohte, entwischte ihm, aber er hatte ihn gesehen und sich das Gesicht eingeprägt. Sabine hatte er festhalten und ihr Handschellen anlegen können.

Djamel, der wohl davon ausging, daß Sabine ihn früher oder später verraten würde, stellte sich freiwillig auf dem Kommissariat. Ich bin mir sicher, daß die Familie ihm dazu geraten hatte, in der Hoffnung, dieser ›Reuebeweis‹ würde ihm später vor Gericht zugute kommen. Die Nacht über blieben die beiden auf dem Kommissariat, wurden aber bereits am kommenden Morgen bis zum Prozeß freigelassen.

Sie hatten nichts Besseres zu tun, als uns sofort anzurufen:
»Wir sind frei! Die Justiz ist auf unserer Seite. Auf bald!«

Würden sie ihr Todesurteil gegen uns ungestraft vollstrecken können? Wir waren mit knapper Not einem Mord entkommen. Hervé war schwer am Kopf verletzt worden, und es war noch nicht sicher, ob mein Kind das alles überstehen würde. Würde das Gericht diesen ›Zwischenfall‹ als eine einfache ›Familienangelegenheit‹ abqualifizieren? Würden die beiden mich wenigstens bis zum Prozeß in Ruhe lassen, dessen Termin noch ungewiß war, da die Sommerferien vor der Tür standen?

Hervé flehte mich an, mich nicht mit Mutmaßungen zu belasten, sondern an unser Kleines zu denken. Aber ich brauchte lange, bis ich den Schock überwunden hatte. Leiser Donner, Autolärm, ein knatterndes Motorrad ließen mich zusammenfahren ...

Sobald ich das Krankenhaus verlassen konnte, versteckte mich Hervé an einem Ort, den niemand in Paris erfuhr, nicht einmal die engsten Freunde, und ließ mich bis zur Entbindung keine Sekunde allein. Er bestand darauf, daß wir noch vor der Geburt heirateten. Bis zu diesem Tag hatten wir immer wieder lachend gesagt, wir seien ›Gefangene auf Ehrenwort‹. Doch die Zeiten hatten sich geändert.

»Stell dir vor, Djamel hätte mich getötet. Unser Kind wäre unehelich auf die Welt gekommen, für deine Familie ein gefundenes Fressen. Ein solches Risiko dürfen wir nicht mehr eingehen.«

So gingen wir eines Morgens zum Rathaus und verschwanden dann wieder in unserem Versteck. Hervé versuchte, mich zu beruhigen, lächelte mir aufmunternd zu, nahm seine Gitarre und sang Chansons von Brassens: »*Zieh die Vorhänge vor deinem früheren Elend zu. Auch wenn es draußen regnet und stürmt: Das schlechte Wetter ist nicht mehr dein Los.*«

Der 4. September 1987, an dem mein Sohn auf die Welt kam, war ein ausgesprochen schöner Tag. Mehrere Monate lang begeisterte ich mich – wie jede junge Mama – an seiner außergewöhnlichen Schönheit und seiner bemerkenswerten Intelligenz, die sich bereits in der Wiege zeigte!

Doch irgendwann mußte ich wieder auftauchen. Wir konnten uns schließlich nicht auf ewig mit unserem Kind verkriechen. Es galt, Konzerte zu organisieren und wieder ein ›normales‹ Leben zu führen, wenn man dieses Adjektiv in meinem Fall überhaupt gebrauchen darf.

Wir bezogen wieder unser Hausboot, auch wenn wir natürlich wußten, daß es ›die anderen‹ immer noch gab. Der Terror hatte in uns inzwischen dem Selbsterhaltungstrieb Platz gemacht. »Wir verstehen Sie, aber wir können Sie nicht vierundzwanzig Stunden am Tag beschützen«, hatte die Polizei uns gesagt. Wir mußten uns selbst um unsere Sicherheit kümmern. Man hatte uns empfohlen, Leibwächter zu engagieren und einen Waffenschein zu beantragen. Hervé entschied sich für ein Netz von Sicherheitsmaßnahmen, die ich aus verständlichen Gründen hier nicht näher aufzählen will.

Djamel wurde zu achtzehn und Sabine zu sechs Monaten Gefängnis verurteilt. Sie legten Berufung ein. Die Strafe meines Bruders wurde auf zehn Monate Gefängnis herabgesetzt; die acht Monate wurden zur Bewährung ausgesetzt. Außerdem sollte er einhunderttausend Francs Strafe bezahlen... in Monatsraten zu fünfhundert Francs. Sabine, die vor Gericht ausgiebig geweint und das junge Mädchen gespielt hatte, das von der bösen Familie zu ihrer Tat verführt worden war, mußte nicht ins Gefängnis, da ihre Strafe ganz zur Bewährung ausgesetzt wurde, und sie hatte nur zehntausend Francs zu bezahlen.

Das war sehr wenig für die unwahrscheinliche Brutalität, mit der sie uns überfallen hatten, aber die Gerichtsverhandlung insgesamt war für uns doch von Vorteil: Die Justiz hatte ein Auge auf meine Familie geworfen und würde beim nächsten Mal zu erheblich härteren Strafen greifen. Anscheinend hatten das auch meine Geschwister verstanden, denn weitere Angriffe unterblieben.

Trotzdem verfolgten sie uns weiter, und zwar vor Gericht! Sie erfanden die unwahrscheinlichsten Geschichten. Vor dem Prozeß gegen Djamel und Sabine hatte ich noch nie etwas mit der Justiz zu tun gehabt; jetzt wurde ich ausreichend bedient. Meine Mutter, meine Brüder und meine Schwestern forderten Geld von uns, denn sie behaupteten, die eigentlichen Urheber meiner Lieder zu sein. Sie versuchten sogar, mir öffentliche Auftritte zu untersagen. Alle waren plötzlich Texter und Komponisten, und Djamel behauptete, er habe seit Beginn von *Djurdjura* an den Chansons mitgearbeitet – damals war er gerade dreizehn Jahre alt!

Meine Schwestern griffen mich vor dem Arbeitsgericht an, immer noch von der falschen Voraussetzung ausgehend, ich sei ihre Arbeitgeberin gewesen. Und selbst meine Mutter schwor, sie habe meine Lieder komponiert! Dann wollte sie mich wegen Unterschriftsfälschung belangen. Natürlich hatte ich zahlreiche Dokumente für sie unterschrieben. Und das seit meinem zwölften Lebensjahr. Bei der Krankenversicherung, der Kindergeldkasse und vielem mehr. Aber doch nur, weil sie Analphabetin war und nicht schreiben konnte!

Einige dieser Prozesse sind noch im Gang. Die abgeschlossenen habe ich alle gewonnen. Außerdem ist es mir gelungen, wieder in den Besitz des Hauses in Lardy zu gelangen.

Was für eine Verschwendung von Zeit und Energie. Wieviel Schmerzen jede dieser Auseinandersetzungen kostet! Ich wünsche mir nichts sehnlicher, als daß dies aufhört. Ich weigere mich, meine Vergangenheit mit meiner Gegenwart zusammenfließen zu lassen. Jetzt, da ein kleiner Junge neben mir der Zukunft entgegenlächelt. Doch auf welche Weise diese Qualen beenden?

Da ich nicht in Ifigha neue Kraft schöpfen konnte, denn es wäre viel zu gefährlich gewesen, dorthin zu fahren, fuhr ich ins Schloß von Calan in der Bretagne, um nachzudenken. In diesem orientalischen Monument, das inzwischen Keer Moor hieß, Meervilla, dachte ich viel an Setsi Fatima, die mich ihre ›Lichtrose‹ genannt hatte oder ›Joujou, die Zärtliche‹. Würde ich mich von der Last meiner Erinnerungen überrollen lassen und meine Fähigkeit zu lieben verlieren?

Ich dachte auch an Tahar, den Marabut, den ich mit meiner Großmutter zusammen besucht und der mir eine glückliche Zukunft vorausgesagt hatte.

Ich flehte sie an, mir den Weg zu zeigen, der meine Seele von dem Übel befreien würde.

Denn es handelte sich um ein Übel. Der Schmerz nagte in mir wie ein Gift. Ich wollte nicht, daß er sich in Bitterkeit oder in Rachsucht verwandelte. Ich wollte, daß dieser Schmerz weichen, daß er sich ein für allemal ausdrücken und mich dann in Ruhe lassen sollte.

Setsi Fatima und der alte Weise haben mich sicher zu der mich befreienden Lösung inspiriert: meine Gefühle, meine Tränen und meine Kämpfe, aber auch die fantastische Welt der Legenden und Geschichten, aus der ich komme, meiner Feder anzuvertrauen.

Ich wollte auf gar keinen Fall mit meiner Familie abrechnen. Ich habe mein Leben niedergeschrieben, ohne an Rache zu denken. Während sich die Seiten füllten, habe ich diejenigen entmystifiziert, die mich gequält und unterjocht haben, von denen ich aber nicht wollte, daß sie zu meinen Phantomen werden. Ich wollte nicht mehr an die fast kriminelle Undankbarkeit denken, deren Opfer ich war, und habe meine Rachsucht und meine Leiden ausgelöscht.

»Mach es gut und vergiß es«, lautet ein arabisches Sprichwort. Beim Schreiben vergaß ich.

Ich liebe meine Mutter weiterhin, auch wenn diese Liebe nie erwidert wurde. Sollte jemand ihr dieses Buch vorlesen, dann möchte ich, daß sie eines weiß: Auch für sie habe ich das ganze Leid aufgeschrieben.

Für dich, Mama, und für die vielen, die dir gleichen, die zur Heirat gezwungen wurden und den brutalen Zorn sowie das ›natürliche‹ Verlangen‹ ihrer Männer aushalten mußten. Für alle Noras, Zoras und Fatimas, die verleugnet oder getötet wurden, wenn sie die Flucht ergriffen. für die jungen, in Frankreich aufgewachsenen Mädchen, die man im heiratsfähigen Alter zu Ferien nach Algerien einlädt und dann dort festhält, damit sie den Mann heiraten, den die Familie für sie ausgesucht hat, und die nicht mehr zurückkönnen, da man ihre Ausweise einbehalten hat.

Für die Immigranten, die mich am Ende meiner Konzerte besuchen und mir ihr Unglück und Leid anvertrauen. Häufig sehen sie sich zweierlei Druck ausgesetzt: einmal dem Rassismus und dem Fremdenhaß der Franzosen, die in allen Ausländern Verbrecher sehen, und zum andern dem Druck ihrer eigenen Tradition, die selbst die Dichter in verschiedene Lager spaltet. Schreibt der eine: »Entferne deinen Schleier, zerreiße und begrabe ihn«, ruft der andere: »Bei Gott, ich weise den Fortschritt zurück, der das keusche Gesicht der Frauen entschleiern will«, als ob die Keuschheit von einem Stück Stoff abhinge. Keuschheit und Treue gehorchen anderen, ebenfalls fordernden Herren: der Ethik und der Liebe. Wissen das unsere männlichen Freunde?

Ich hege die kühne Hoffnung, daß einige Männer meiner Rasse, meiner Religion und meines Landes dieses Buch lesen, ohne ›Subversion‹ und ›Ausschweifung‹ zu brüllen. Wir hassen sie nicht, wir wollen sie nicht verraten. Aber sie sollten wissen, daß sie, wenn sie umhätschelt und geliebt werden wollen, uns vor allem die Freiheit schenken müssen, über unser soziales, berufliches und emotionales Leben selbst zu entscheiden.

Ich hoffe, daß meine Heimat, nachdem sie die Unabhängigkeit errungen hat, auf dem Weg zur Demokratie voranschreitet. Dann könnte ich endlich wieder einmal hinfahren und dort mein wichtigstes Lied singen: *Tilleli*, Freiheit! Die Freiheit, seine Meinung zu sagen, die Freiheit, sich mit dem zu befreunden, sich in den verlieben zu dürfen, den man sich selbst aussucht, auch wenn es sich um einen Ausländer handeln sollte. Oder um einen Andersgläubigen. Jeder soll seiner Religion nachgehen dürfen, aber gleichzeitig sehr vorsichtig sein mit seinen Gewißheiten und Überzeugungen.

Diese Sehnsucht nach Harmonie, diese Hoffnung werde ich für die Generation meines Sohnes besingen. Dieses Buch ist nur ein winziger Baustein zu einem sehr zerbrechlichen Bauwerk, aber ich hoffe, daß es den Kindern, die das Alter meines Sohnes haben, helfen wird, nicht diese gefährliche Angst vor den anderen zu kultivieren, ob diese nun in Frankreich geboren sind oder woanders, von einer oder von mehreren Kulturen geprägt werden. Denn die Angst vor dem Unterschied ist die Quelle des Hasses; dabei sollte der Unterschied eine Quelle der Bereicherung sein. Diese Angst hindert viele Menschen noch daran, sich zu verstehen und folglich sich zu lieben oder zumindest ohne Aggressionen miteinander zu leben.

Wir haben unseren Sohn Riwan getauft. In der Sprache der Berber bedeutet das ›Kind der Musik‹; in der Sprache der Bretonen zu Zeiten von König Arthus und den Rittern der Tafelrunde ›der König, der vorangeht‹.

Riwan ist ein Berber-Bretone.

DANKSAGUNG

Meinen Freunden auf beiden Seiten des Mittelmeeres, allen, die mir durch ihre Freundschaft geholfen haben, möchte ich herzlich danken.

So meiner Rechtsanwältin Isabelle Thery, die mir während meiner letzten Prüfungen beistand und ohne die dieses Buch nicht hätte erscheinen können.

Und besonders Huguette Maure, die meinen Text mit viel Feingefühl überarbeitet hat.

Inschallah!

Frauenleben im Orient

19/306

Fadhma Aith Mansour Amrouche
Mektoub - „Der Wille Allahs geschehe"
Die Lebensgeschichte einer Frau aus der Kabylei
19/2029

Sousan Azadi
Flucht aus dem Iran
Eine Frau entrinnt den Ayatollahs
19/106

Djura
Der Schleier des Schweigens
Von der eigenen Familie zum Tode verurteilt
19/176

Sattareh Farman-Farmaian
Schahsade's Tochter
Die faszinierende Lebensgeschichte einer Frau im Iran
19/2012

Lea Fleischmann
Ich bin Israelin
Erfahrungen in einem orientalischen Land
19/115

Susan Francis
Inschallah!
Der verzweifelte Kampf einer Frau um das Leben ihrer Familie
19/2039

Zana Muhsen
Noch einmal meine Mutter sehen
Vom eigenen Vater in die Sklaverei verkauft
19/2008

Wilhelm Heyne Verlag
München